EMPIRE OF CENSORSHIP

検閲の帝国

文化の統制と再生産

紅野謙介・高榮蘭・鄭根埴・韓基亨・李惠鈴［編］

新曜社

検閲の帝国——文化の統制と再生産　目次

装幀――難波園子

はじめに

紅野謙介

近代国家が生み出されるとき、その起源には必ず暴力が介在する。内乱、革命、戦争、テロリズムもときによって国家の誕生に貢献する。しかし、いったん国家が成立すると、国家は暴力を行使する権利を独占し、その秩序を乱すものを暴力的に排除する。軍隊をもつことができるのは国家であり、多くの国で廃止が進んでいるとはいえ、日本に残る死刑制度の執行を命じることができるのも、国家の専権事項である。

起源の暴力を経験知として記憶しているものたち、彼ら、彼女らはおそらく暴力をふるうもの同士の置かれた苛烈な対立、葛藤、憎しみの由来するところを想像することができたろう。しかし、国家があたかも自然の永続的な制度であるかのように錯覚するようになったとき、もはや暴力についての想像は働かなくなる。忌避と排除のルールのみが厳格に作動し、暴力の独占は国家に委ねられたままとなる。現実の暴力、人は人を殺すことがありうるという、人間的であり、同時に非人間的でもある行為について想像は及ばない。それはエンタテイメントやニュース報道の領域に限定され、日常的に起こりうる行為に対するまなざしも深みへは届かなくなる。超越的な審級である国家のみを例外とし、「犯罪」という名ですべてを囲い込む。

人口政策に関与する国家は、性と生殖においても介入を止めることはない。結婚や家族制度の維持と、性的欲望を適度に充足させることによる馴致のシステムは国家の得意分野のひとつである。このときジェンダーや性的指向、地域、階級、民族などによるさまざまな差異は、分断や一元化などの無数の処方箋によって封じ込められていく。国境はまさにそのときつごうのいい認識の境界線となる。この国家の内のりのなかで解釈の共同体が作り出される。

人びとの意識や身体をこのなかに組み込む装置として、メディアや教育、文学や演劇、映画などの文化が利用される。表現に与えられた制約、それを意識しないようにまでできればこの統制は成功する。

しかし、この社会を生きる人びとのさまざまな欲望や情動は果たして齟齬を来すことなく滑らかに適応できるだろうか。まして、国家が巨大化し、さらに国境を超えてこれまでの枠組みを超えたグローバルな「帝国」の時代に。しかし、そうであるからこそ国家は情報を求め、テクノロジーを駆使して検閲と監視の機能をますます精緻にしていく。歴史をふりかえって、「検閲」と「統制」、そして文化の「再生産」を問うのは現在に向き合うための重要な迂回路でもある。

東京とソウル――。

さて飛行機のフライトでわずかに二時間半もあれば、行き来することができる二つの都市。しかし、その距離のなかに言語と文化の差異、歴史的に蓄積されたヒト、モノ、コトバの往復があり、さらにこの百年強のあいだに刻み込まれた数々の暴力の記憶が存在する。しかも、それぞれの国において、一極集中した東京やソウルとそれ以外の地域との経済的格差が複雑にからみ、互いに対する関心と反発、親しみと怒りがグラデーションを描き、魅了されながらも拒絶する関係の錯綜がつづいている。

私たちは、この東京とソウルのあいだを、二〇一〇年から三年間、半年ごとに往復した。交わされたキイワードは「検閲」であり、近代国家の情報統制や言論統制をメインテーマとして、対話を重ねてきた。二〇一〇年は、朝鮮半島が大日本帝国の植民地となってから百年という節目のときでもあった。この百年目をどうとらえるかについても、両国政府の対応が異なるなかで、帝国と植民地という歴史的事実を踏まえながら、支配する／支配されるという単純な構図に収まりきらない、文化の生産と再生産をめぐる非対称でアンバランスな現場をとらえようというのが目的であった。

どのような学問や研究であったとしても、その言説を成り立たせているフィールドがある。日本語で書かれた研究は、日本語を中心とする学術用語と認識の体系のなかで受容され、議論の対象となる。韓国語で書かれたものであれば、それはまたもうひとつのフィールドのなかで育つ。すぐれた学問はつねにそのフィールド自体から抜けだそうとするものであるが、しかし、つねについてまわる枠組みから簡単に自由になれるものでもない。だからこそ、異なるフィールドに立つものたちが対話を重ねなければならない。私たちはそう考えて、往復を重ねた。当然ながら滑らかに対話が進んだわけではない。互いの文脈を手探りしながら会話を交わすという素人めいた場面もあった。しかし、そうした緊張感のある、しかも忍耐づよい対話こそが真の意味でのグローバル化につながる。それが私たちの信念であった。互いに分かっていないことが分かる。それでもいいという覚悟で私たちは臨んだ。

私自身、これまで日本の近現代文学を通して「検閲」に取り組んできたが、そのテーマの重要性は三つあると考えてきた。近代の国民国家になればなるほど、情報統制による「国民的」な意思統一へ向かう政治の力学が働く。民主主義を標榜するならば、そこで多数派を形成しなければならない。人々の耳に届く情報をコントロールし、いかにカウンター情報が歪んでいるかをフレームアップできるか。とりわけ公的なメディアに表われる情報にチェックを行ない、必要に応じて規制できるようにするのが「検閲」の制度である。こうした規制と削除の「検閲」と、権力につごうのいい情報を積極的に押し出していく宣伝プロパガンダは、コインの表裏の関係にある。どこの国でも機能しているはずの、こうした情報統制の文化＝政治を明確にしていくことが第一の課題である。

一方、そうした情報統制は一律に同じように働くわけではない。言葉や表象という、その社会特有の文化的基盤によって、統制の方法や実践は異なるバリエーションを見せる。西欧的な近代化を目指す東アジアの後発国においては、とりわけそうした歴史的な「遅れ」の認識がさらなるバイアスを加える。日本は、西欧列強の帝国―植民地主義を取り入れ、非西欧圏において初めて植民地をもち、「帝国」と自称した。台湾、朝鮮半島、南洋諸島、満州、中国などへと拡大した「帝国」の膨張とともに、国家による情報統制はコントロールできない不穏さを抱え込む。そのとき、どのような統制がなされ、「検閲」が実行されたか。「内地」と「外地」の区分や、法制度や運用の差異が注目される。植民地として獲得した「外地」では、「検閲」は「内地」の法制度とは異なる基準のもとに行なわれた。また歴史的に見ても、韓国では武断統治時代と文化統治時代で基準も異なった。さらには、こうした植民地において改変された「検閲」の制度と実践を、総力戦時代になると「内地」にも適用し、強力に一元化しようとして、失敗することになる。こうした多様な複数基準や歴史的変化をとらえることが第二の課題となる。

一般的に、この第二の課題に挑むとき、一九四五年八月をひとつの切断点としてとらえる考えが支配的であった。すなわち日本においては、大日本帝国の崩壊、戦後日本の出発という認識になり、韓国においては、暗黒の日帝植民地時代とそこからの解放（光復）となる。しかし、近年、アメリカ占領期の日本で行なわれたＧＨＱ／ＳＣＡＰによる検閲研究が明らかにしたように、四五年以後、「検閲」がなくなったわけではない。検閲する主体が代わったにすぎない。そしてそのことはサンフランシスコ講和条約以後、日本の独立を謳った一九五二年以後も、刑法一七五条「猥褻図画」をめぐる「検閲」が継続し、他方、天皇家や天皇制をめぐる言論や表現については非公式なかたちでの強制、暴力的排除が公然と行なわれ、政府はそれを黙認しつづけた。解放されたはずの朝鮮半島でも、潜在していた東西冷戦が明るみに出たときには、南北に分断された韓国あるいは北朝鮮において、日帝時代の「検閲」を彷彿とさせるような「検閲」や情報統制が冷酷なかたちで進行した。まぎれもなく「検閲」は転移したのである。日本、韓国、北朝鮮のいずれにおいても、「検閲」とは呼ばれないだけで、今も情報統制のシステムは稼働しつづけている。

このように時間的にも空間的にも広がりのある課題は、少数の研究者でカバーできるものではない。そのようなことを考えていたときに、鄭根埴《チョングンシク》さんや韓基亨《ハンキヒョン》さん、李恵鈴《イヘリョン》さんといった韓国の研究者たちに出会うことができた。鄭さんは韓国近代史を、韓さん、李さんは韓国近代文学を専門とする研究者であったが、彼らは近現代の朝鮮半島、韓国における「検閲」の実態を検討する研究会を長くつづけていた。数多くの資料集や論文集をすでに韓国で刊行している。韓国近代の言論や文学、芸術表現には、その歴史的経緯からして大日本帝国とその意向を受けた朝鮮総督府による「検閲」や情報統制との確執が深く刻み込まれている。思想や表現の近代の起源をたどろうとすれば、そこに必ず検閲官たちが関与する。韓国の近代史・文学研究ではそのような条件をあらかじめ課されていたのである。
たとえば、こういうテーマであれば、日本文学を研究するものたちで集まるという選択もありえた。もちろん韓国には多くの優秀な日本文学研究者がいる。日本文学を研究する多国籍な人材を集め、国際研究を唱え、学問のグローバル化を主張するそのような研究書は他にもたくさんあるだろう。しかし、研究対象を日本文学としているかぎりにおいて、第一言語を日本語にしてきた研究者の優位は簡単に揺らぐことはないし、資料調査の便宜において日本在住の研究者が有利であることは言うまでもない。そうした非対称な関係のままで議論の場を作ることは、無意識のうちに日本を中心とした認識の閉域を作り上げてしまう。おそらく韓国文学の研究者にとっても同じような問題があったはずである。私たちはそこであえて困難を承知で、日本文学と韓国文学のそれぞれの研究者だけで議論してみるという無謀な試みを始めた。

台湾や中国にも当然ながら同じ関心をもつ研究者がいるはずである。したがって、研究対象と参加する研究者を、東アジア全体に拡大することも考えたが、異なる言語、異なる文脈にある問題を一元化したフィールドに置き、概括的に説明してしまう危険性も避けられない。「検閲」はどこの国家でも起きている問題であるが、同時に個々それぞれの文脈のなかで多くの差異を有し、異なる文化的特性と複雑にからみ合っている。東アジアという地域的なくくりやグローバル化はたしかにトレンドではあるが、だからといってその地域性を見ないで簡単に対話が可能だと言い切るのは無理がある。そこでひとまず日本と韓国の研究者たちの対話に限定することにした。それだけでも膨大な問題がある。進め方としては、半年に一回、私をふくめて複数参加者がいる日本大学文理学部と、同じく韓国の成均館大学校を会場に、互いに行き来しながら合計六回ほどの会議を開催。延べ六〇本に近い報告を用意し、やりとりを重ねてきた。そのなかから注目すべきテーマを絞り込み、一八人から論文を集めたのが本書である。

全体の構成を概観しておこう。

第一部「検閲の拡張、揺れ、転移」では、大日本帝国が「検閲」制度を支える法体系において「内地」と「外地」を区分し、ダブルスタンダードを設けたことによってどのような現象が生じたのか、また実際の「検閲」における基準の揺れや動態を探り、「検閲」が表現への制約として働く過程をたどっている。いわゆる「植民地検閲」が言語表現ひいては文学の生成においても箍《たが》をはめ、こうした特殊な被検閲の体験が解放後の朝鮮半島においてどのような転移を見せるかがとらえられている。一方、法的統治の異なる基準をくぐりぬけたものたちの歴史的体験に焦点をあてた。ひとつは帝国時代の「内地」と「外地」という空間の差異に基づくもの、もうひとつは帝国の崩壊を挟んで、連合軍による占領という時間の差異に基づくものである。後者についていえば、かつて帝国に「併合」された社会の独立と分裂が過去を消し去ることによって実体化されていく情報統制の仕組みをあぶりだそうとしている。

第二部「検閲されるテクストと身体」は、「検閲官」たちの注目した二大ポイント、「安寧秩序の紊乱」と「風俗壊乱」という網の目がどのように交差しているかを、日露戦争後の日本と、植民地期の朝鮮において具体的にとらえることから始まる。同時にここでも、国境という空間の差異を超えていくものたちについてどのようなまなざしが用意されていくかが、ジェンダーやセクシュアリティの観点を交えながら考察されることになる。もちろん、「検閲」の対象は文学だけではない。さまざまな種類の演劇や芸能、写真もその対象となった。表現の媒材が異なれば、「検閲」の方法も異なってくる。媒材に応じて、その表現を産業として成り立たせる仕組みも異なる。「検閲官」たちはどのように取り組んだのか。個別的な事例に着目したのが後半の論文である。

「検閲」体制は、表現の自由をめぐる闘争の場を作るが、同時に書き手のアイデンティティを編み出す場をも形成する。第三部「アイデンティティの政治――検閲と宣伝の間」が取り上げるのは、そうした問いを引き出す「検閲」の痕跡である。同時代の言説を主導する偶像を生み出すことは、情報戦における戦略のひとつでもあった。転向小説とそのフレームアップも同じ線のもとにとらえることができるだろう。統制は当然、地理的な境界線の内部で行なわれる。移動や越境はその枠組みを超える可能性を持つが、ときにそれが内部と外部を補強する仕組みにも転化する。境界線上で演じられるこの微妙なふるまいを凝視しながら、枠組みを瓦解させるピンホールが探られる。

そして一九四五年以降の冷戦下における「検閲」の新たな強化、イデオロギーによる文学の利用、学問的著作までもが意味の変容を強いられていく過程をめぐる論究が掉尾を飾る。

本書が扱うのは、一九世紀半ばから二〇世紀後半、七〇年代のあたりまでである。自国の「検閲」の歴史についてはおぼろげながら知っている人も多いだろうが、韓国までふくめてとなると心許ない。そこで日本と韓国の「検閲」をめぐる歴史年表を参考として付けることにした。ぜひ、年表も参照いただきながら、お読みいただきたい。

こうした国境をまたいだ共同研究を維持していくには、一定の資金がいる。二〇一〇年度からは日本大学人文科学研究所総合研究プロジェクトから、二〇一二年度からは独立行政法人日本学術振興会の科学研究費補助金（基盤研究（C））「「検閲」と文学言説の統制をめぐる超域的文化研究」のプロジェクトから支援をいただいた。韓国側では、成均館大学校東アジア学術院HKプロジェクトが同様に支援してくれた。これらのプロジェクトのもとに、会議の通訳や報告書の翻訳、運営サポートにあたってくれた多くの仲間の協力に感謝したい。また本書の刊行は、二〇一四年度の日本大学文理学部学術出版研究助成に採用されたことによって可能になったものである。これを受けて、人文科学の学術研究がむずかしい時期に出版を引き受けてくれた新曜社、そして編集の渦岡謙一さんをはじめ、関係されたみなさんにあらためて御礼を申し上げる。少なくとも、これは対話をめぐる研究の始まりを告げる。新たな芽吹きに期待したい。

＊本書の人名・書名などの表記についてあらかじめお断わりしておきたい。朝鮮・韓国の人名については、日本で一般的に使用される漢字で表記可能な場合は漢字を用いて、ルビにハングルによる読み方を付した。あてはまる漢字が不明な場合は、カタカナによる表記を用いた。また文献など、ハングル使用者の便宜を考慮し、言及される対象の人名・書名については適宜、ハングルを補った。

第Ⅰ部

検閲の拡張、揺れ、転移

植民地検閲と「検閲標準」

鄭根埴《チョングンシク》
翻訳：金泰植

1　問題の提起――事例と標準

朝鮮総督府警務局図書課で朝鮮語出版物の検閲を担当していた魏鐘冀《ウィジョンギ》は、総督府の機関紙である『朝鮮』に寄稿した「最近の朝鮮刊行物の現況」（一九二八年）という文において、一九二七年の出版物検閲状況を説明しながら、次のように言及している。

大抵は創刊号や廃刊号が非常に脱線することがあり、それは創刊号を出す時には我社はこのような主張で書くということを発表してこそ社会に自分の宣伝をできると同時に、当局に対して彼らの肝っ玉を暗示することが出来、削除されれば追加し不許可になれば当局の検閲標準を知らずにそうしたと弁解する一方で、社会に対しては各新聞の広告を通して検閲を遵守しないと雑誌経営が難しくなると同情を求めることであり、……[(1)]〔傍点引用者〕

これは、当時の朝鮮総督府検閲当局と朝鮮人経営の雑誌社が検閲をめぐって攻防を繰り広げる状況の一断面を、検閲当局者の立場から説明したものである。彼の言及は、植民地検閲が朝鮮雑誌社と検閲当局、そして朝鮮人「社会」という三つの主体の間の相互関係のなかで厳しいやりとりがあったことを示している。ここで、一九二七年の時点で検閲担当者が実際の検閲過程に適用する基準を指し示す用語が「検閲標準」という言葉であったことを知ることができる。ただ、その具体的な内容は明らかではない。

「検閲標準」は法律的水準における掲載禁止事項を指し示し、実際の検閲過程で検閲官が適用する基準を意味する。前者は公開されるが、後者は通常は公開されない秘密に属する〔ここでは一般的に検閲の内容を規定する検閲基準に対して、実際の検閲の場面で作動していた曖昧な尺度そのものに焦点をあてている。それを当局吏員たちの用語に照らして「検閲標準」と呼ぶ―編者注〕。植民地―戦時期を通じて明確に持続的に公開された検閲基準は、新聞紙法と出版法が規定した「治安妨害」（または「安寧禁止」）と「風俗壊乱」だけだった。植民地検閲当局と雑誌社または作家との意思疎通が、許容の境界をめぐる非対称的対話であり権力ゲームであったという点を思い出すならば、雑誌社や作家が「検閲標準」を知らなかったという言葉は「弁解」ではなく事実であるかもしれない。

魏鐘冀の言及から八年後の一九三六年、図書課の検閲官だった兼田要は「警務彙報」（一九三六年九月号）にのせられた新聞の取締りに関する文のなかで、「検閲標準」について議論しながら次のように書いている。

> 差止事項に抵触する場合の差押はこの認定が比較的容易だが、差止された事件ではない一般的取り締まりにおいてそれが治安を妨害するかまた風俗を乱すかについての可否を決めるのは困難で、検閲当事者の感覚が重要である。〔抵触の有無は〕桀や秤で量や形を測るわけにもいかず、単に取締当局の認定によるものであり、〔同一な事柄でも〕それぞれ違うように判断する場合もある。(2)（括弧の中は引用者挿入）

このような言及は検閲官自らが具体的な検閲状況において「検閲当事者の感覚」が重く作用していることを認めたものである。これはたびたび「検閲官関係者の趣味嗜好主義主張に依って、当然発禁になる可きものが発禁にならなかったり、憎悪や指摘関係憎」までが検閲過程に介入する可能性を開いている。(3)兼田の言及は逆説的には一九三六年頃、「検閲標準」の明確化が争点になっていたことを知らせてくれる。

魏鐘冀と兼田の相反した言及が、それぞれ掲載された媒体の性格の差によるものだとしても、[4]検閲官が検閲の具体的な状況で適用した基準とそれの柔軟性の問題は、検閲研究において重要な主題である。

検閲基準は、日帝の植民地統治に対する批判や抵抗と、これに対する寛容と抑圧の程度により変化する。検閲基準の各項目は、植民地統治者としての朝鮮総督府が予想している抵抗の主な地点を指示する一方、検閲記録に現われる統制の事例は抵抗と統制がぶつかる現場を見せ、両者はフィードバックを通じて修正される。これとともに検閲基準をどの程度まで具体化して提示するのかという問題と、検閲基準をどの程度まで公開するのかに対する問題は、検閲当局が時期ごとに当面しなければならなかったジレンマであった。検閲当局は、潜在的な被検閲者たちに向かって治安妨害と風俗壊乱が厳密に適用される検閲基準だという点を脅迫的に提示しながら、検閲実務者には被検閲者などの反発を最小化するために主観的「感覚」の恣意性を排除し、一貫した評価または識別のための装置を提供する必要を感じていた。植民地検閲における検閲基準は個別的事例と一般的標準との関係、そして許容/禁止線の設定と秘密維持という検閲権力の実践という二次元で構成されたわけである。

植民地検閲の基準に関する議論におけるもう一つの争点は、この基準が全面的に朝鮮総督府検閲当局の内部的経験と資料蓄積に基づいて用意されたのか、さもなければ植民母国だった日本の検閲当局が施行する基準の演繹的適用であったのか、さらに帝国内の検閲当局間の検閲基準をめぐる疎通はどのように成り立っていたのかである。私はここで、「当局の検閲標準」の実体に注目しながら、植民地検閲基準の力学に関する議論をしようと思う。紙面の都合により強制併合前後の検閲基準は省略するが、一九二〇年から戦時検閲が成り立つ一九三七年までを、『出版警察年報』を通して検討する。

2　一九二〇年代検閲基準の変化

世界的に見ても、また日本帝国の出版物検閲においても共通して提起される争点は、政治的権力と社会的道徳の問題として集約される。日韓併合直後に国語と漢文体で発刊された境喜明の『朝鮮警察実務要書』によれば、出版物に対する検閲制度で一般的に提示される「記載を禁止あるいは官庁の許可がなければ記載できない事項」として提示されているのは、公判に送致されなかった刑事事件、犯罪を教唆したり弁護すること、犯罪に対する賞恤救護の募集や救護者の氏名を記載すること、議会の秘密会議の記事、軍隊の進退と外交に関わることなどの五種類であった。[5]

合わせて彼は一九〇九年二月に制定された「出版法」の第一一条に規定された処罰条項を説明している。そこには、①国交を阻害して政体を変改し、国憲を乱す文書図画を出版した場合は三年以下の実刑、②外交軍事の機密に関する文書図画を出版した場合は二年以下の実刑、③前二項以外に安寧秩序を乱し、風俗を壊乱する文書図画を出版した場合は一〇ヶ月以下の禁獄、その他の文書図画を出版・印刷した場合は一〇〇ウォン以下の罰金の条項などがあった。第一二条には、外国で発行された文書図画と外国人が国内で発行した文書図画で、安寧秩序を妨害し風俗を壊乱したと認められる場合は、発売頒布禁止と印本押収をすると規定されていた。一九〇七年七月二四日に法律第五号として規定された「新聞紙法」の第一一条は、皇室の尊厳を冒瀆する、国憲を紊乱する、あるいは国交を阻害する事項の記載禁止を規定している。

植民地期の間ずっと、朝鮮において出版関係法により規定された絶対的な禁止事項は、犯罪関連の刑事裁判中の者を救護し、支援する記事、予審関連事項の公判前または傍聴禁止の訴訟事項、法律によって傍聴禁止された公会の議事、安寧秩序を乱し、風俗を壊乱する文書図画など四種類で、官庁の許可を受けなければならない事項は、外交軍事その他官庁の機密関連文書や官庁の議事、軍事機密に関する文書図画など二つであった。[6]

具体的な検閲状況において実際に適用される検閲基準が重要になるのは、朝鮮語民間新聞と雑誌がいわゆる「文化統治」により拡充され始める一九二〇年からである。朝鮮語出版物の拡大は、法律上に規定された検閲基準の具体的適用をめぐって葛藤の歴史が再び始まることを意味した。実際に適用された具体的な検閲基準は、一般人や被検閲者などにはうかがい知れない出版警察内部の秘密の領域に属し、相当な期間が経過した後に朝鮮総督府や警務局図書課が作成した秘密資料によって、その姿を少しずつ表わし始めた。検閲当局は、検閲行為を実践しながら行政処分の対象になった「不穏記事事例」を収集して分類しておくことによって、検閲官の間でその事例を共有して以後の検閲業務に参考にするように指示した。

検閲基準は、その時その時の検閲の項目と具体的結果をともに整理しながら再構成される。検閲結果は検閲された事例を羅列する「列挙主義」方式で回覧され、これが累積して一種の一般的標準を構成することになる。(7) これに対して、相対的な検閲基準の提示方式は「標準主義」だと言えるが、これは抽象的な基準を概念化して提示し、これを具体的な状況に作用する方式である。

一九三六年に図書課検閲官を勤めた兼田要によれば、植民地化以後、検閲基準が用意され、全国的に施行されたのは一九一七年のことだったという。次の文を見てみよう。

> 取り締まりに従事する人は、検閲する新聞の内容を見て、あらかじめ研究して予備知識を十分に知っておく必要があり、同時に治安妨害や風俗壊乱に該当する検閲上の標準を十分に理解しておく必要がある。この標準は一九一七年三月二九日付内訓甲二号において各道に通告したものを参照すれば一目瞭然だが、この訓令は二〇年前の物なので、その後、社会情勢が変化し、内容を多少変更する必要があると考えられる。いずれ具体的に改正する時期があることと考えられるが、概して今日検閲の具体的基準は前に話した内訓の他に、目下内務省が定めた標準に朝鮮の特殊事情を加えた物を参考にする。この参考標準は一般的標準と特殊的標準に区別し、一般標準は記事の内容を検討し、特殊標準は内容と関係なく新聞紙頒布の目的、頒布区域、読者層などをいう。(8)

残念ながら、ここで言及された「内訓甲二号」として各道に通告された検閲標準の内容を現在確認することはできない。ただしそのような検閲標準がなぜ一九一七年三月に作られ、全国的に伝えられたのかに関して、次の通り推定することができる。日本特高警察に関して研究した荻野富士夫によれば、日本における「朝鮮人取り締まりは一九一六年が大きな画期」であった。すなわち一九〇九年から一九一六年六月まで「排日朝鮮人の行動を収集」した「朝鮮人概況」が警保局保安課によって作られ、これが七月一日付で「要視察朝鮮人　視察内規」という訓令として示達された[9]。以後、ロシア二月革命の影響が日本に波及し、寺内内閣の内相に就任した後藤新平が一九一七年八月、内務省と警視庁の高等警察および図書検閲を大きく強化した[10]。ここから推察すると、朝鮮での内訓による検閲標準が用意された一九一七年三月末という時点は、日本での朝鮮人取締りの強化とロシア二月革命という二種類の外的事件によって影響を受けたと言える。

三・一運動によって朝鮮総督府の統治方式が「文化統治」に転換された以後、朝鮮における検閲基準に関する体系的議論は、映画検閲の統一に関する議論をした一九二四年、全国道警察部長会議によって起こった。この時期に映画は、日本だけでなく朝鮮でも重要な検閲対象であり、統一的基準が用意されなければならないという世論が形成されていた。一九二四年の警察部長会議で提起された「検閲基準」を見ると、「皇室の尊厳の冒瀆」を筆頭として総計二四項目があがり、風俗紊乱に関連した項目がたくさん含まれている[11]。

検閲基準問題が再び確認されるのは、朝鮮総督府警務局の高等警察課長田中武雄が、一九二五年に福岡で開かれた外事警察講習会で講演した内容を出版した『朝鮮事情』においてである[12]。この資料のなかで「言文新聞紙差押事項」と命名された部分は、併合前の押収記事記録と同じように列挙主義的に作成され、五種類の差押基準を記している。その基準は「朝鮮民族独立思想を鼓吹宣伝したり朝鮮民族独立運動を扇動する恐れがある記事」「排日思想を宣伝したり排日運動を扇動する恐れがある記事」「社会主義を宣伝したり社会革命を扇動する恐れがある記事」「その他治安紊乱の恐れがある記事」「風俗壊乱の恐れがある記事」などだが、五種類の項の下にもう少し詳細な下位項目を掲げた。たとえば、初めの項である「朝鮮民族独立思想を鼓吹宣伝したり朝鮮民族独立運動を扇動する恐れがある記事」は「朝鮮独立が必要だったり可能になると論じる記事」と「独立運動を賞賛し扇動する記事」の二つの下位項目を持っていて、そのそれぞれの項目ごとに実際の例を提示している。二番目の「排日思想を宣伝したり排日運動を扇動する恐れがある記事」の項は三項目を、そして「社会主義を宣伝したり社会革命を扇動する恐れがある記事」は二つの項目、「その他治安紊乱の恐れがある記事」は六つの項目、そして五番目の「風俗壊乱の恐れがある記事」は下位項目がなく、例だけを載せている。このようにして五種類の下に置かれた下位項目を全部合わせれば、一四項目の分類基準になっていた。

一九二四年の映画検閲において議論された基準と、一九二五年に田中が言及した基準を比較してみると、前者は日本で活用されていた検閲基準を朝鮮に適用したことに近い。後者は併合以前の時期から蓄積した朝鮮での検閲事例から抽出されたと言える。このような推論の根拠は、日本の天皇制に対する直接的批判や風俗関連記事は日本では多く朝鮮では少なかったが、映画検閲基準にこれらがたくさん含まれたためである。

一九二六年四月、図書課の発足後に発刊された一九二六年の『新聞紙要覧』には「朝鮮文新聞紙雑誌に掲載された不穏記事の事例」という名の下、五種類一四項目の基準が提示されていて、不穏記事の事例が項目により整理されている。

表1を見ると、検閲の焦点は民族運動と社会主義運動に向かっていて、当時の衡平運動や農民運動が治安紊乱として扱われていたことがわかる。項目の数は同じではなく項目別の事例の数も違うが、これらを証明する事例として八三例が提示されている。この五種類一四項目の分類は、前に言及した田中の「言文新聞紙差押事項」の基準と同一である。これは一九二六年度の図書課発足以前である高等警察課の時期に、検閲結果に対して相当な水準で整理されており、図書課発足直後にもこのような枠組みが維持されたことを表わす。

一九二六年度の『新聞紙要覧』は、警務局図書課発足以後に図書課が発行した最初の『出版警察年報』に該当する。以後、一九三〇年度の年報まで持続的に検閲基準とそれにともなう押収記事を提示している。これを整理すると表2のとおりである。

一九二七年度から検閲項目の分類と事例の提示方式は大きく変わる。最初に、一九二六年『新聞紙要覧』に現われた検閲項目は「朝鮮文新聞紙雑誌に掲載された不穏記事の事例」として提示されているが、一九二七年度の『新

表1　1926年『新聞紙要覧』に表われた検閲項目

項	目	事例数
1　朝鮮民族独立思想を鼓吹宣伝したり朝鮮民族独立運動を煽動する恐れがある記事	例1　朝鮮独立の必要や可能を論じる記事	6
	例2　独立運動を賞賛したり煽動する記事	9
2　排日思想を宣伝したり排日運動を煽動する憂慮のある記事	例1　日本の朝鮮統治政策を批難する記事	11
	例2　排日的直接行動を煽動する記事11	5
	例3　日本を呪う記事	4
3　社会主義の宣伝または社会革命を煽動する憂慮のある記事	例1　資本主義を呪い、階級闘争を煽動する記事	7
	例2　社会革命を風刺する記事	11
4　その他治安紊乱が憂慮される記事	例1　朝鮮民族の境遇を極度に悲観する記事	12
	例2　事実に関する無稽な風説を流布し人心を動揺させる憂慮のある記事	8
	例3　国家に対する義務を否認する記事	1
	例4　衡平運動を煽動する記事	1
	例5　劇壇にて官吏を罵倒する記事	3
	例6　小作争議を扇動する記事	2
5　風俗を壊乱する憂慮のある記事	例1	3

表2　1926-1930年の年報に表われた検閲項目の変化

年　　報　　名	1926年『新聞紙要覧』	1927年『新聞紙出版物要項』	1929年『朝鮮に於ける出版物概要』	1930年『朝鮮に於ける出版物概要』
題　　　　目	朝鮮文新聞紙雑誌に掲載された不穏記事の事例	刊行物行政処分標準	朝鮮文刊行物行政処分例	朝鮮文刊行物行政処分例
項目及び事例数	5項14項目83事例	19項30項目105事例	19項31項目120事例	19項31項目123事例

聞紙出版物要項』（一九二八年）には「刊行物行政処分標準」という用語が使われた。この「刊行物行政処分標準」がまさに魏鐘冀が言及した「検閲標準」と同一だった可能性がある。(13)第二に、検閲事例の分類方式も変化し、五種類一四項目から一九項目を含んだ総計三〇項目に細分されて、提示された事例は一〇五例まで増加した。

第三に、一九二七年度の朝鮮における検閲結果に基づき、「不穏記事の事例」を分類集合する形式だけにとどまらず、一九二四年の警察部長会議で討論された統一された基準と同じ項目である「1、皇室の尊厳を冒瀆する記事」や、日本で通用する基準に加えて朝鮮の特殊性を反映した「9、朝鮮の統治を否認する記事」などと組み合わせて一九項目の検閲基準を掲載し、その基準を通称して「刊行物行政処分標準」と呼んだ。(14)第四に、これに劣らずに重要なのは、追加された基準のなかに不穏内容を明示する次元を越えて、検閲への対抗戦略に対して形式的なことまでも統制しようとする意図、すなわち、「伏字と図画を使ってもこれが標準の各項に該当することが認められる場合」は禁止対象になるという第一八項目が含まれるようになったことである。(15)第五には、猥褻、乱倫、残忍およびその他の風俗を害する記事を処分対象として明示化した。後者は「風俗壊乱」という一般的な行政処分用語に該当し、一九二六年度年報では「風俗壊乱」項目がまだ含まれていないことがわかる。朝鮮の出版文化において「風俗壊乱」は「治安妨害」に比べてはるかに軽い問題であり、日本の「風俗壊乱」に比べてほとんど無視できるほどの現象であったという点を勘案する時、一九二七年度から公式に「風俗壊乱」に該当する項目が挿入されたというのは、朝鮮でもそれに抵触する現象が発生し始めたことを意味するが、同時に朝鮮の検閲基準が日本のそれによって影響を受け始めたと言わなければならないだろう。「検閲標準」は、朝鮮で蓄積した検閲事例の分類と日本帝国の検閲基準が結びついて提示されたものだが、列挙主義的な検閲基準が抽象化の低い段階であるのに対して、「検閲標準」は抽象化の高い段階から得られるもので、帝国の他の地域との共約可能性が大きくなったのだ。

それならば、一九二七年度に提示された一〇五の具体的事例はどのように選択されたのか。最初に一九二七年度に朝鮮で発行された新聞雑誌において行政処分された記事は、新聞が二〇二件、雑誌が六件で、これらは全部、治安妨害項目に関連するということだった。このなかで日本人の発行媒体において摘発されたのが六五件、朝鮮人発行媒体において摘発されたのが一四〇件、外国人の発行媒体において摘発されたのが三件だった[16]。これらのなかでごく一部だけが一九二七年度の事例に含まれた。すなわち提示された事例は、その年に摘発されたすべての行政処分記事を網羅するものではなかったのである。

二番目には、一九二七年度の検閲基準の変化が分かれば、分類方式の変化がそれを構成する事例の選択にどのように影響を及ぼしたかを問うことができる。一九二七年の場合、項目別に提示された記事の事例総計一〇五例のなかで一九二六年までに摘発された記事のうち選択されて提示された事例は五九例、一九二七年度に新しく摘発された事例のなかで選択されたのは四六例であった。すなわち約四四%の事例が新しい分類方式にともなう範疇の構成を後押ししているわけであり、同時に一九二六年度に提示された総計八三の事例の相当数について事例としての有効性がなくなったとして提示されなくなったことを意味する。また総計三一項目のうち、九項目が一九二七年度分の摘発記事のみで事例を提示した。これは検閲事例の分類項目が社会の変動により改廃されるということを意味する。

『朝鮮に於ける出版物概要』という表題がついた一九二九年度と一九三〇年度の年報では「刊行物行政処分標準」という用語が使われず、「刊行物行政処分例」という以前の表題が再び登場する。しかし、この名称の変化は一九二七年度の検閲基準の標準化傾向への回帰を意味しない。実際の羅列された基準の項目を調べると、一九二七年度年報の一九項目が一九二九年度と一九三〇年度の「刊行物行政処分例」にそのまま含まれている。すなわち、一九二七年度から一九三〇年度まで同じ分類体系が維持されている。ここで一つ分析する必要があるのは同じ項目を支えている事例の累積性の可否である。

一九二七年に用意された検閲基準は一九項目に分類されたが、この項目のなかで下位項目に再び分類されるのは国憲紊乱、朝鮮統治の否認、私有財産制度否認、階級闘争煽動など四項目だった。残りの項とこれら細分された目を合わせれば実質的に三〇項目に分類されたわけである。最も細かく分類された項は「朝鮮統治を否認する記事」で、ここに六つの下位項目が追加で分類された。

一方で、一九二七年度の資料と一九二九年度の資料を比較してみると、最も重要な差は一〇番目の項目の「朝鮮統治を否認する記事」を構成する下位項目の変化であり、「内鮮両民族を極度に侮辱誹謗し内鮮融和を阻害する恐れがある記事」が二項の三つ目の下位項目に新しく追加された。つまりこの項目は一九二七年の資料にはないが、一九二九年の資料には現われているのだ。この項目は。一九二三年、一九二四年、一九二七年に押収された三つの記事を基に構成されている。このことから新しい分類項目が常に新しく出現した現象に基づいたものだけではないという点を知ることができる。新しく項目が作られれば過去の事例を引き出して提示する方式が採択された。ところがこの項目を除けば、一九二九年と一九三〇年に提示された事例は、一九二七年度に再分類を通じて選択された事例に、その年に新しく摘発された事例のなかで特に意味のある事例を追加する方式で構成された。

一九二六年から一九三〇年までの年報資料で提示された半ば抽象化された検閲基準は、一九二〇年から始まった押収記事事例を基にして成り立ったものであり、資料源としての全体検閲記録は、一九三二年に図書課が秘密資料として編集した調査資料第二九集『東亜日報押収記事』、調査資料第三〇集『朝鮮日報押収記事』、そして調査資料三一集『時代日報・中外日報押収記事』として編集されている。(17)

一九三二年度や一九三三年度の『出版警察年報』である『昭和七年朝鮮に於ける出版物概要』や『朝鮮出版警察概要(昭和八年)』は、検閲基準や検閲された事例に関する情報を載せていなかった。そのため日本の満州侵略と満州国成立期に作られた検閲基準に関しては、『出版警察月報』を分析する必要がある。

3　検閲基準の体系化と帝国化

①一九三六年の「検閲標準」

朝鮮における検閲基準の提示方式は、一九三六年度に重要な変化をとげた。一九三七年に出版された『一九三六年度出版警察概観』によれば、「検閲標準」という用語が出版警察記録に再び現われ、検閲基準提示の様式が変わったのである。[18] 一九三六年に起きた変化は、まず以前には検閲項目らとともにそれに該当する事例が提示されたのだが、この「検閲標準」では事例が省略された。第二に、検閲の対象になる記事を判断する基準が二元的であるという点を明確にした。すなわち検閲基準が「一般検閲標準」と「特殊検閲標準」に区分された。前者が個別記事の内容を中心にしたものであり、後者はそれの形式や脈絡を中心にしたのである。さらに検閲の対象になる記事の内容を「治安妨害」および「風俗壊乱」という二大カテゴリーで区分し、「特殊検閲標準」は六項目で整理した。第三に、「一般検閲標準」は安寧秩序妨害の事項として二八項目を提示し、「風俗壊乱」に該当する内容が多様に細分化された。一九三〇年当時の風俗壊乱に関連した項目は一六番目の項目で、「猥褻、乱倫、残忍、その他風俗を害する記事」として簡単に規定されるだけだったが、一九三六年度には風俗壊乱の範疇が一一項目にまで分化した。

一九三六年度に提示された「検閲標準」は、一九三七年度と一九三九年度の資料においても、微細な調整はあるが、同一のパラダイムを維持していた。一九三六年度の年報では、「一般検閲標準」を治安妨害の事項とし、「風俗壊乱新聞紙出版物検閲標準」と「特殊検閲標準」を列挙し、一連番号をつけた。だが、一九三七年度年報では、内容はそのままおいて羅列の形だけを整理し、「一般検閲標準」と「特殊検閲標準」に二分し、前者に安寧秩序（治安）妨害事項と風俗壊乱事項を帰属させ、体系性を期したのである。

一九三六年の禁止標準二八項目を、一九二九－三〇年の検閲基準である三一個の項目と比較してみると、検閲基準の内容上の変化が分かる。まず、一九三〇年当時の外国の状況を扱った記事の問題や伏字、そして図画に対する別途の規定が一九三六年には消え、一一番目の項目だった私有財産制度や階級闘争を取締まる項目がもう少し単純化された代わりに、軍関連項目が新しく現われた。また、一九三〇年度の七番目の項目、すなわち帝国を侮辱したり呪う記事が一九三六年にはさらに細分化された。朝鮮統治に対する挑戦を統制する項目は具体的に提示されたが、これは「検閲標準」でもそのまま維持された。

一九三六年に総合的な姿で提示された「検閲標準」は、こうして事例提示方式をやめて、概念的体系化を成就することによって、名実ともに「検閲標準」になった。これと合わせるように、一九三〇年代前半期に日本政府によって進行された社会主義や共産主義に対する弾圧の強化とこれにともなう挑戦の減少、そして満州侵略以後の軍事関連情報の比重増大と軍国主義化傾向を反映していたのである。

②台湾および日本との比較

一九三六年の検閲基準の体系化は、単に朝鮮内の検閲の経験から確立されたのだろうか。もしくは一九二七年の変化のときのように、もう一度、外部からの影響が大きく作用したのだろうか。この答えを探すためには植民地検閲のもう一つの主な現場である台湾、そして帝国検閲の中心である日本との比較を試みる必要がある。周知のように帝国日本の出版警察体制は、日本本土すなわち「内地」だけでなく「外地」すなわち「朝鮮」「台湾」「関東州」「樺太庁」などを包括していて、この体制については一九三〇年代初期から調整が強化されていた。

この時期の台湾の検閲状況または「検閲標準」の内容を具体的に知らせる資料が、鈴木清一郎が一九三七年に編纂した『台湾出版関係法令釈義』という本である。彼は台湾総督府の警務局安全課図書検閲室で長年、出版物検閲を担当した検閲官であり、この本は朝鮮と同一に一九三六年から明確に姿を表わした台湾の「検閲標準」を詳しく説明している。まず彼は、朝鮮の出版警察資料からは探すことが難しい「禁止標準」、また「検閲標準」に関する定義と、その社会的構成の原理を明確に明らかにした。鈴木は「禁止標準」に関して次のような説明をしている。

法規上で単に安寧秩序を乱したり風俗を壊乱することと表現されているが、その限界の標準は明確でない。これを厳格に適用すれば言論圧迫になる。極左や極右たちの中にはたびたび出版物の安寧秩序妨害と風俗壊乱は官憲の恣意によるものと歪曲する人がいる。当局でも慎重に恣意に陥らず中正の判断を下さなければならず、あらかじめこれの限界を具体的に決めておいて納本検閲に受けてこの標準によって処理することが理想的だ。この限界を禁止標準または検閲標準と呼ぶ[19]。

このような言及は、一方では兼田が話した検閲当局者の「感覚」を強調することとは相反する脈絡で成り立っている。これは、検閲が個別検閲官の「恣意性」を排除し、同じ普遍的原則に基づいているという正当性擁護の必要性がこの時期に発生していることを意味する。彼は日本と植民地での検閲の差についても言及している。

この禁止標準はその地方の民族、政治組織、その他の事情の違いによる当該記事の効果の影響力に関係がある。例えば内地での禁止標準と外地すなわち朝鮮と台湾などでの標準は明確に違う。外地は内地に比べて特殊事情が存在するので、これにより禁止標準も内地と違うのが一般的であり、その結果外地での禁止標準が内地に比べて特殊事情に依存する場合が多い。そのために外地は内地に比べて言論を圧迫しているという非難が生じることが多い。(20)

ここで知ることができるように「特殊事情」論はいつも朝鮮や台湾での差別を正当化する根拠として作用した。日帝の検閲当局には、このような「特殊事情」と普遍的原則を同時に満足させる検閲基準を作る必要があった。鈴木は検閲基準が地域により違うだけでなく社会変化に対応するが、同時に視空間的な差異を越えた日本帝国の本質的検閲基準に関しても明らかにしている。

標準は決して日々不変なのではなくて、社会情勢によって変わるので当局は常に社会情勢の変遷をよく見回して妥当な標準を求めなければならない。もちろん皇室の尊厳、国体の基礎などに関しては絶対に永久不変である。(21)

彼は、この本の序文でなぜ自身がこの本を書いたのかについて詳しい言及をしているが、ここに検閲官が「検閲標準」を必要とする理由が明らかにされている。

最初に、その取締りに関する法令を研究しないため掲載禁止事項が何なのかを分からなかったり安寧紊乱風俗壊乱の禁止標準が何なのかを分からないと、当局の取締りに対し不法弾圧だとの非難を受ける。第二に、時々公私人の非行を掲載することを検閲官が自由に抹消処分できるという誤った認識を与えうる。第三に、新聞記事の社会への波及力が大きくその行為に関する非難攻撃でまたは不良記載によって深刻な名誉毀損を受け社会から埋葬されることが起きる。第四に時々被害者中に彼に関する救済を受ける方法がないという誤った考えを与える可能性もある。取締りを行う官憲も法令の範囲内で一定の禁止標準に基づいて取締りをするので、その範囲を超越できない。[22]

私たちはここで、検閲基準が「禁止標準」という用語で定着したということを認識できる。彼の言及の背景を吟味してみれば、一九三六年前後に当局の取締りに対して、不法弾圧だという抗議や不満がたくさんあり、取締りを行なう官憲の業務が恣意的に見えたり、無限の権力を持っているという認識が持たれたりする場合が相当に多かったことが想像される。このような状況が検閲官に出版関係法令を理解させ、検閲基準もまた法的規定に土台を置いていることを強調するようにさせた。

次の文章は検閲基準に関して言及している部分である。

「安寧紊乱」、「風俗壊乱」などの禁止標準はその当時の社会観念を標準として客観的に決定されるので重複する感じがなくはないが、多数の判決例を掲載して時代の変遷にともなう変化状態が分かるようにした。[23]

鈴木は「台湾新聞紙令」「台湾出版規則」「台湾不穏文書臨時取り締まり令」「台湾蓄音機レコード取締規則」「台湾活動写真フィルム検閲規則」「輸移出活動写真フィルム取締規則」などを説明しながら検閲基準について言及し

ているが、このなかでも「台湾新聞紙令」にともなう一般的掲載禁止事項と行政処分、そして島外発行新聞紙の移輸入禁止条項などが検閲基準と密接に関連している。また、「台湾出版規則」における出版物掲載事項の制限項目の絶対的禁止事項と相対的禁止事項の項目もこれと関連している。

「台湾新聞紙令」第一一条は新聞紙に掲載できない「一般的禁止事項」を規定しているが、ここにはまず皇室の尊厳を冒瀆し、政体を改変、朝憲をみだす事項、第二に予審中の被告事件の内容、検察官の禁止した求赦中や予審中の被告事件、そして公開を禁止した訴訟の弁論に関する事項、第三に犯罪を煽動したり、曲解して犯罪人や刑事被告人に害を及ぼしたりする事項、第四に公的な官文書、上申書、建白書や請願書、または官庁の議事に関する事項で許可を受けなければならないもの、第五に法令で組織された公会の公開を禁止した議事などが含まれる。焦点は皇室の冒瀆と政体改変、朝憲紊乱であったが、ここでの政体は主権発動の形式を、朝憲は法によって規定された国家の基本組織を意味した[24]。

「台湾出版規則」における絶対的禁止事項は、第一に公判に送られる以前の重罪や軽罪の予審に関する事項と傍聴禁止された訴訟に関する事項、第二に刑事被告人と犯罪人を救護したり哀れんだり、犯罪を曲解するような事項、第三に傍聴が禁止された公会の議事などだった。また相対的禁止事項は該当官庁の許可を得てこそ掲載できるもので、第一に官庁の文書図画および官庁の議事、第二に外交や軍事の機密に関する文書であった[25]。これに違反すれば刑事処罰の対象となった[26]。ここで興味深いのは「掲載禁止」項目と検閲基準の項目が異なるように概念化されているという点、そして掲載禁止の基準が絶対的禁止事項と相対的禁止事項に分けられたという事実である。

このような掲載禁止事項と別に、「台湾新聞紙令」ではくわしく行政処分に関する内容が規定されており、ここに安寧秩序紊乱と風俗壊乱に関する「一般的標準」と「特殊的標準」が提示されている。台湾でも朝鮮と同じように一九三六年に安寧秩序紊乱と風俗壊乱にそれぞれ「一般的標準」と「特殊的標準」が適用された。鈴木はこの『台湾出版関係法令釈義』で朝鮮での差押記事列挙方式とは違う判例中心の事例を提示しているが、ほとんどが日本と台湾の判例のならぶなかに、大変珍しいことに朝鮮での判例を取り入れている[27]。

表3　1936年朝鮮における安寧秩序紊乱の禁止標準および台湾・日本との比較

朝鮮（1936）	台湾（1936）	日本（1930）
1　皇室の尊厳を冒瀆する事項	○	○
2　神宮、皇稜、神社などを冒瀆する憂慮がある記事	×	×
3　肇國の由来、国史の大体を曲折紛坑し国体観念を動揺させる憂慮がある事項	×	×
4　国旗、国章、軍旗または国家を冒瀆する憂慮のある記事	×	×
5　君主制を否認する記事	○	○
6　共産主義、無政府主義などの理論および戦略、戦術を宣伝したり、その運動実行を煽動したり、その革命団体を支持する条項	○	○
7　革命運動を煽動したり褒め称える事項	×	×
8　法律、裁判所など国家権力作用の階級制を高潮させ歪曲する事項	○	○
9　暴力行為、直接行動、大衆暴動などを煽動する事項	○	○
10　納税その他国民の義務を否認する事項	×	×
11　植民地の独立運動を煽動する事項	○	○
12　非合法的に議会制度を否認する事項	○	○
13　国軍存立の基礎を同様させる事項	○	○
14　軍質紊乱、国民離間、反軍思想の煽動鼓吹	×	×
15　外国の君主、大統領もしくは帝国に派遣された外国使節の名誉を毀損し国交上重要な支障をもたらす事項	○	○
16　軍事外交上重大な支障をもたらす機密事項	○	○
17　犯罪を煽動したり歪曲し、犯罪人や刑事被告人を相恤救護する事項	○	○
18　重大犯人の捜査上甚大な支障をもたらしその不検挙により社会不安を惹起する事項	○	○
19　公開されていない官庁の文書および議事に関する事項	×	×
20　公判回付前重罪軽罪予審に関する事項および傍聴禁止裁判に関する事項	×	×
21　財界を攪乱したりその他顕著な社会不安を惹起させる事項	○	○
22　戦争挑発の憂慮がある事項	○	○（1934）
23　反湾抗日または排日を示唆煽動または褒め称える	×	×
24　内鮮（日本と朝鮮／台湾）融和を阻害する事項	○	
25　朝鮮（台湾）独立をそそのかしたり民族意識を使嗾させる事項	○	
26　朝鮮（台湾）総督を誹謗したりその威信を失墜させる事項	○	
27　朝鮮民族の境遇を曲折しこれを侮辱その他朝鮮統治上有害だと認定される事項	○※	
28　その他顕著な治安妨害事項	○	○（1934）

（※台湾統治や施政方針に悪宣伝をして民度が低い道民に疑惑をもたせる事項）

前頁の表3は一九三六年の朝鮮の禁止標準のなかで、安寧秩序紊乱に関する項目を台湾や日本のそれらと比較したものである。

この表を見ると、朝鮮と台湾の禁止標準の構成方式と内容はほとんど同一である。一九三〇年に活用され、一九三四年に補完された日本の禁止標準と、一九三六年の台湾の禁止標準を比較すると、両者はほとんど同一であり、違いが生じるのは第二四項から二七項までである。鈴木はこれらを台湾の特殊性と説明しているが[28]、これは朝鮮にも同じように適用された。かえって日本と台湾にはないが、朝鮮にはある項目が多いと言える。特に二、三、四、七、二三項などは主に日本の国体と関連したことで、それだけ朝鮮での国体否定の危険性に対し敏感であった証拠である。

風俗壊乱の場合はどうか。朝鮮で風俗壊乱の項目は総計一一であった。台湾の場合、猥褻、乱倫など六種類の項で構成されていて、猥褻に関する事項は再び五つの項目に分かれている。つまり台湾の風俗壊乱の項目は一〇個になる。朝鮮と台湾の差異は第一に、朝鮮での項目は単一次元で構成されたことに比べて台湾では項と目の区分があるという点、第二に、朝鮮には台湾にはない「書籍または、性具薬品広告で顕著に社会の風教を害する事項」が追加で含まれているという点である。このような違いがどこから来たかは正確には分からない。

台湾の「禁止標準」における「特殊標準」は、出版物と新聞紙記事発表の目的、文書図画取扱いの態度、頒布対象の状況、頒布区域の状況、発行部数およびその社会的勢力、不良箇所の分量などだ。これは朝鮮でも同一である。鈴木は「台湾新聞紙令」と「台湾出版規則」に規定された各種禁止事項以外に「台湾不穏文書臨時取締令」「本暦、略本暦および一枚擢暦」の出版、菊御紋章および皇室関連文字の乱用取締り、神社寺院の守礼の出版、天皇の肖像および宸筆の出版などについて言及している。ところでこの内容は一九三五年末に施行された日本の「出版警察執務心得」と同じである。これを通じて日本の「出版警察執務心得」と台湾の「禁止標準」の確立において両者の内的関連性を確認することができる。

朝鮮においては、一九三六年度に成立した検閲基準の体系化が台湾でも進行したという事実から、「検閲標準」

の確立が帝国的な必要によるものだったという仮説が成立する。朝鮮や台湾の禁止標準と比較できる日本の標準は一九三〇年版『出版警察概観』（二六頁）で提示されたが、この時の「一般的標準」の項目は一三の項目だった。そして一九三〇年代前半期に国家主義的ファシズムの論調が流行するとすぐに、一四番目の標準として「戦争挑発が憂慮される事項」、一五番目の標準として「その他顕著に治安を妨害する事項」が追加された(29)。この日本の事情は、より一般的な意味での日本の特高警察体制の変動と関連している。日本の特高警察は一九二八年と一九三二年の二回に分けて拡充されたが、「新聞紙法」と「出版法」にともなう安寧秩序紊乱事項を適用して取締まった件数が一九三〇年から一九三三年にいたる期間に大幅に増加した(30)。荻野富士夫の研究によれば、「反戦反軍の論調が高まれば高まるほど、出版法・新聞紙法の安寧秩序紊乱規定を活用した弾圧が加わった。その際、行政処分のための執務内規として検閲標準が具体的に定められていた」という。さらにどの段階で作成されたものかは不明だが、一九三〇年以降の「一般的標準（安寧）」は「十三項目」ほどあった(31)。その後追加された一四番目と一五番目の標準はいろいろな事件が起きることを予想した標準だった(32)。日本の検閲体制の整備は「出版警察執務心得」の制定で一段落した。荻野によれば、一九三五年末に日本の内務省は第一線の警察署の出版警察が知っておかなければならない「出版警察執務心得」を制定し、各県の警察部が各警察署にこれを伝えた。その一つの事例が一九三五年一二月一日に兵庫県が各警察署に出した訓達である。これは兵庫県警察部長書記官吉永時次が各警察署長に「特高訓第四号」として訓達したものだ(33)。この資料を分析してみると、出版警察の「心得」は突然制定されたのでなく、一八八八年から一九三四年までに成立した各種検閲関係通達および通牒を廃止しながら制定されたものであり、第一線の出版警察の検閲行為を含んだ検閲関係規則の集大成というだけでなく、当時日本の県警察部と警察署間の業務指示と連絡のために使われたということがわかる。

この「出版警察執務心得」は、「第一章　通則」「第二章　視察取締り」「第三章　明達」「第四章　検閲」「第五章　差押処分」「第六章　報告および台帳」など、全体に五八条で構成されている。このなかで第四章の検閲に関する規定は二七条から三一条までである。二七条は、第一線の出版警察が入手したり発見したりした出版物を

「検閲標準」によってすぐに検閲するものの、要注意の新聞については綿密に検討しなければならない、二八条は、検討後、標準に抵触する新聞紙の場合は直ちに電話で要点を伝えた後、すぐに書面報告をしなければならない、その他出版物はすぐに書面報告をしなければならないといったことなどを規定している。新聞紙および出版物に対する一般的検閲標準は二九条に規定されているが、そこでは「安寧紊乱出版物」の検閲標準として一五項目を、風俗壊乱出版物の検閲標準として六項目を設定している。風俗壊乱の一項である猥褻は四つの下位項目で構成されている。風俗壊乱と関連した規定はこれで終わらず、三〇条は写真を含んだ裸体絵葉書に関する検閲標準として、さらに七項目を追加で規定した。三一条は暦などに類似した出版物に対する「検閲標準」である。第五章は差押処分に対する規定で、三二条から三九条までがこれにあたる。第六章は報告および台帳で、四〇条から五八条で構成されている。

もちろん申告主義を選んだ日本と、許可主義を選んだ朝鮮と台湾の検閲基準を、表面的に比較するわけにはいかないが、日本の状況の変化が植民地検閲での「禁止標準」の確立過程に反映されていることは確かである。一九三〇年の日本の『出版警察概観』において安寧秩序に関する「一般的禁止標準」が一三項目で確立され、一九三四年に二項目が追加されて一五項目になったが、これが一九三六年に朝鮮と台湾に拡大適用されたと見られる。台湾の場合、日本で施行される一五項目以外に、台湾にだけ適用される四項目が追加され、全一九項目で構成されたが、朝鮮の場合はこれよりさらに細分されて複雑に二八項目で構成されたのである。

「特殊標準」の場合、朝鮮で適用された内容はすべて日本と台湾でも同一に適用された。正確にいえば、朝鮮での安寧秩序に関する「一般標準」が朝鮮の事情をたくさん反映している一方、風俗壊乱に関する「禁止標準」や「特殊標準」は日本で形成されたものが朝鮮と台湾に適用された側面がさらに強い。日本の「禁止標準」は台湾より朝鮮でさらに多く変容されたといえる。

4　結論

植民地検閲は、一方では検閲過程で累積した事例の分類と反復的な再分類を通じて変化する状況を能動的に統制し、他方では帝国全体に通用しながら植民地の特殊な状況を同時に捉えなければならないという二重の課題を抱えていた。今まで考察したように植民地朝鮮における検閲基準の体系化は、一九二七年と一九三六年の二度に分けて遂行され、朝鮮の特殊事情に基づいて帝国的普遍性をさらに多く反映する方向で確立されていった。

出版物に対する禁止の領域は、法令による規定と、個別事例に対するその時その時の判断の間で形成される。法律による禁止は非常に抽象的で曖昧である。具体的な検閲ではこのような抽象的規定の適用でなく、むしろ検閲官の政治的感覚にともなう具体的判断が先行し、この瞬間的判断による検閲事例の累積を通じて検閲項目が細分化していった。検閲官の「感」は次第に内容と形式的な次元に区分され、これは「一般的標準」と「特殊的標準」で概念化された。

具体的事例から抽象化された標準への移行また転換は、一次的には植民地検閲で累積した資料と検閲官の身体化された「感」、経験的事例からの帰納の結果であるが、二次的には植民母国での抽象化された概念の植民地への適用の結果でもある。結局、一九三六年の「検閲標準」は、植民地で成り立った検閲実践の帰納的一般化と植民者たちの母国で形成された抽象的基準の演繹的適用の結合として把握されなければならない。安寧秩序に関する「一般標準」が朝鮮の事情を多く反映している一方で、風俗壊乱に関する「禁止標準」や「特殊標準」は、日本で形成されて朝鮮と台湾に適用された側面がさらに強い。「検閲標準」は日本や台湾より帝国に対する挑戦が最も深刻だった朝鮮で最も複雑に細分化された。これは特に安寧秩序に関する「一般標準」にはっきりとあらわれている。

検閲の究極的目的は、検閲官が検閲の基準を出版社や作家に周知させ、彼らが禁止した限度を越さないように誘導することにある。しかし、出版における掲載禁止項目は法令に曖昧に規定され、被検閲者などには彼らが出版のために提出した原稿の削除表示とともに、「治安妨害」や「風俗壊乱」などの広義の基準を入れた印判を通じて知らされた。検閲の具体的な基準は常に秘密に属したのである。

私たちは、ここで公開された法令と公開されなかった「禁止標準」との乖離、すなわち「秘密」の意味を考えることになる。権力の本質的な属性上、検閲基準が細部的に公開されなければされないほど、出版警察の権威と強度がさらに効果を発揮し、出版人と作家たちを内部検閲と自己規制へより一層強く誘導することもできた。しかし、その一方で検閲の恣意性をめぐる非難をかわすために、これを正当化する論理と規範が必要だった。一九三五年末に日本で作られた「出版警察執務心得」が一九三六年度に確立される朝鮮の「検閲標準」に及ぼした影響は、台湾の事例を媒介として推定することができる。この時期の検閲基準の体系化と帝国化は同時に進行していた事態の二つの側面だったことは間違いない。

注

(1) 魏鐘冀「最近の朝鮮普通出版物概況」『朝鮮』(朝鮮語) 一二六号、一九二八年四月号、四八頁。
(2) 兼田要「新聞の取締に就いて」『警務彙報』三六五号、一九三六年九月、五五頁。
(3) 立花高四郎『これ以上は禁止——ある検閲係長の手記』(先進社、一九三二年、八頁)。
(4) 前者が朝鮮総督府の発行する公開的な広報雑誌なのに比べて、後者は植民地警察内部で回覧される事務用雑誌である。
(5) 境喜明編『朝鮮警察實務要書』(日韓印刷株式會社、一九一〇年、三五一—三六一頁)。
(6) 玉川謙吾『朝鮮警察法大意』(巖松堂京城支店、一九一九年、二八二頁)。
(7) 「列挙主義」という表現は日本から出た用語で、警報委員会が新聞紙法改正審議をする時に送った一九二八年八月二日付公式返信でもこの用語が発見される。山根真治郎『新聞紙法制』(啓成社、一九二九年、三四頁)。
(8) 兼田要、前掲書、五六頁。
(9) 荻野富士夫『特高警察体制史——社会運動抑圧取締の構造と実態』(せきた書房、一九八四年、一〇七—一〇八頁)。
(10) 荻野富士夫、同書、一〇三—一〇六頁参照。

(11) 朝鮮総督府はこの措置以後、一九二六年七月五日、部令第五九号で「活動写真フィルム検閲規則」を制定し、八月一日から施行した。この規則は日本の内務省令に制定された「フィルム検閲」規則を土台にし「朝鮮での特殊な事情を参酌考慮して制定」された。朝鮮総督府警務局『活動写真フィルム検閲概要』(一九三一年、三頁)。これとともに警務局図書課は「活動写真事務係員執務心得」を制定した。この内容は同書一六―一九頁。

(12) 田中武雄「言文新聞紙差押事項」(『朝鮮事情』一九二五年一二月、二〇―三〇頁)。田中が参加した講習会は、一九二五年七月一日から一〇日まで開かれた第三回外事警察講習会で、この講習会は日ソ基本条約締結(一九二五年一月)前後に赤化思想伝播の危機感によって開かれた。治安維持法制定とともに日本の警保局は「過激思想」の流入を防止するために一九二五年六月「過激宣伝取締内規」を制定し、ここでロシアと関係を持つ日本人と朝鮮人を厳重注意することを指示した。これに関しては荻野富士夫、前掲書、一六六―一六七頁参照。

(13) 無名居士「朝鮮新聞界縦横談」(『銅鉱』一九三一年一二月、七八頁)に「新聞をやめるなら分からないが、新聞の生命を維持することを前提とするならば、当局の検閲標準によってだんだん去勢される以外に方法があるか」という言及が出てくる。これは一九二七―二八年頃に総督府文献に使われた「検閲標準」という用語が一九三一年頃までずっと使われていたことを示している。なお、この引用は、パクヨンギュ 박용규 の論文からの孫引き。パクヨンギュは『朝鮮新聞界縦横談』の著者「無名居士」をチュヨハンと推定している。パクヨンギュ「植民地期文人記者たちの物書きと検閲 식민지 시기 문인기자들의 글쓰기와 검열」(『韓国文学研究』第一二巻)七九―一二〇頁の脚注七八。

(14) 「刊行物行政処分標準」は『新聞紙出版物要項』(一九二八年)の第三章「朝鮮内発行新聞出版物取り締まり状況」のなかの「朝鮮人発行新聞雑誌取り締まり状況」に含まれている。五四頁から九八頁にかけて実際の行政処分を受けた出版物の抜粋翻訳が証拠資料として載っている。

(15) 朝鮮總督府警務局『昭和四年朝鮮に於ける出版物概要』(一九二九年六月、一二九頁)。

(16) 一九二七年度新聞紙出版物要項の九九頁表七‐一参照。

(17) これらの記事はすべてチョンジンソク 정진석 編『日帝時代民族紙押収記事集成 일제시대 민족지 기사모음 Ⅰ、Ⅱ』(LGサンナム言論財団、一九九八年)に収録されている。

(18) 興味深いことに一九三六年九月に発刊された『警務彙報』に載った兼田の文章には、「禁止標準」の「項目」が『一九三六年度出版警察概観』で確認される二八項目でなく一五項目となっている。彼が言及した治安妨害の取締りに必要な「一般標準」は一五項目で、風俗壊乱の取締りに必要な「一般標準」は九項目だった。恐らくこれは一九三四年に日本で使われていた内務省が定めた標準だと考えられる。彼が朝鮮の「検閲標準」の改正の必要性を言及してまもなく実際にこれが改正されたようだ。

(19) 鈴木清一郎『台湾出版関係法令釈義』(台北：杉田書店、一九三七年、一〇五頁)。

(20) 鈴木清一郎、同書、一〇五頁。

(21) 鈴木清一郎、同書、一〇六頁。

(22) 鈴木清一郎、同書、序文一―二頁。この本で彼は台湾の新聞紙令と出版物規則に基づき検閲関連法令などの条項を検討しているのみならず、これらの地域で施行されている法令を付録として収録している。

(23) 鈴木清一郎、同書、序文四頁。

(24) 鈴木清一郎、同書、五五―五九頁。

(25) 鈴木清一郎、同書、二二一―二二二頁。

(26) 鈴木清一郎、同書、二二一―二二三頁。

(27) 一九二〇年一二月一六日「朝憲紊乱」に関する朝鮮高等法院判決、鈴木清一郎、同書、六三頁。

(28) 鈴木清一郎、同書、一〇七頁。この項が上の表3の二四番から二七番である。

(29)『出版警察概觀一九三四年版』一八頁。これに関する指摘は前掲の荻野富士夫『特高警察体制史』二四六頁。

(30)『出版警察概観一九三五年版』二一〇頁。

(31) 荻野富士夫、前掲書、二六三頁。

(32) 荻野富士夫、同書、二六四頁。

(33) この資料は一九四五年に米軍が日本を占領しながら押収した警察資料の一部であり、現在は早稲田大学図書館で見ることができる。

文学を検閲する、権力を監視する──中西伊之助と布施辰治の共闘

紅野謙介

1　「内地」と「外地」のずれ

検閲をめぐる問題は、権力とは何かという問いを含む。たとえば、検閲する主体と検閲される対象という分け方がある。では、検閲の権力を行使する主体はどこにいるのだろうか。

近代日本における出版物についてみると、一九四五年以前、大日本帝国時代の過半、いわゆる「内地」では内務省警保局図書課が納本制による事後検閲を担当した。図書課の吏員たちがおり、課長、警保局長、内務大臣という位階のなかに位置づけられる。たしかに彼らは検閲する直接のエージェントである。しかし、検閲官はときに弾圧された書き手とも近しく、ときには文学志望の検閲官さえ存在した。検閲の基準が存在したことはやがて明らかにされたが、何をもって「安寧秩序」の紊乱と見るか、「風俗壊乱」と判断するかには、その吏員や上司たちによって微妙な解釈の幅があり、経験的な蓄積がある一方で、ときに発売頒布禁止の指示が揺れるなど基準のずれが露呈することもあった。

しかも、検閲を担当したのは図書課ばかりではない。各地方の警察署にも納本の義務が課され、それぞれに検閲係がいた。さらに一九二八（昭和三）年七月以降は、警視庁に特別高等課が設置され、ここにも検閲担当の係員が配属された、同じく地方裁判所にも思想係検事が設置された。相互に連携はしていたはずであるが、検閲される側

にとって不明瞭な基準は、検閲する側にとってもぶれを免れなかった。内閣直属の国策調査機関であった企画院においても、職員や調査官が治安維持法違反の嫌疑をかけられて検挙、起訴されるなど、みずからにも思想検閲の刃は向けられた。総力戦体制下において「情報局」が成立する。これはそれまでの内閣情報部と外務省情報部、陸軍省情報部、海軍省軍事普及部、内務省警保局図書課、逓信省電務局電務課に分属されていた情報事務を統合した機関であったが、それでも陸軍省、海軍省、内務省は各自の権限を手放さないため、情報の収集・統制・発信は一元化することなく並行しながら進められた。情報をめぐる権力の主体は複数がからまりあいながら錯綜し、互いに内／外を切り分けながら、しかし、総体としては不透明な内部組織として強い力となって働いたのである。(1)

検閲される対象はどうか。出版物の場合は、著者とそれを活字化する編集・出版者がいる。その編集・出版者は発売頒布禁止による経済的被害を回避するために、検閲の基準を想像しながら処分を避けようとする。事前のチェックや伏字、削除といった自己検閲が起きるのはそのためである。編集・出版者のなかに検閲する主体が刷り込まれたと言っていいだろう。では、しかし、編集・出版者と著者は明確に区別できるか。表現主体である著者も当然ながら、同時代の表現の水準を意識するとともに、検閲されることを意識しないではいられない。何を書くかという志向は、何を書かないかという抑制とともに表現する主体のなかでたえず葛藤を起こす。新聞雑誌ジャーナリズムから出発し、同人雑誌などをも周辺に生み出しながら発展した日本の近代文学において、著者と編集・出版者の垣根はそれほど高くない。多くの書き手がみずから編集し、雑誌発行に関わる体験を持っていた。

こうしてみたとき、検閲のシステムは単純な抑圧と被抑圧の構造から成るのではなく、複雑に遍在し、分散していると言ってもまちがいではない。官僚の位階制があり、さらに複数の権力の主体があり、一元化できないその相互の対立や葛藤、また検閲される側にとっての権力の内面化をめぐる問題系がある。一方、こうした複雑さを理解するなかで、権力の執行をめぐる暴力性や責任の所在は曖昧になり、見えにくくなる。個々のミクロなレベルでは小さな権力に過ぎないにもかかわらず、マクロなレベルで巨大な言論統制、情報統制を執行する。

しかし、こうした「内地」の複雑な権力システムの外部で、より直接的な権力に直面していたのが、大日本帝国による旧植民地、いわゆる「外地」であった。権力の分散による真綿でしめつけるような「内地」の規制型の暴力と、むきだしの「外地」の弾圧型の暴力。ひとつの国家の内部でのみ完結しない「帝国」においては、両者を連動させてとらえてこそ、初めて検閲＝権力システムの問題が全体として浮上するのではないか。もちろん、そのすべてを把握することはできないが、「内地」と「外地」のずれに身を置き、そこに目をこらすことを通して、権力の作動する様態が初めて見えてくるだろう。中西伊之助（一八八七―一九五八）とその文学的試み、とりわけ弁護士布施辰治（一八八〇―一九五三）との連携に注目するのは、そのためである。

2　中西伊之助と朝鮮の監獄

中西伊之助は書き下ろし長篇『赭土《あかつち》に芽ぐむもの』（改造社、一九二二年）によって一躍、注目を集めた。その後、『汝の背後より』（改造社、一九二三年）や『農夫喜兵衛の死』（改造社、同年）などを発表するとともに、初期プロレタリア文学運動の雑誌『種蒔く人』に参加。同誌が関東大震災による混乱のなか終刊した後、ふたたびプロレタリア文学を結集した『文藝戦線』創刊（一九二四年六月）にいたるなかで、積極的に動いたのが金子洋文と中西伊之助であった。中西はその後、堺利彦らとともに戦争下においても軍部や政府に非協力的姿勢を貫いた。戦後は、日本共産党に入党。一時期、国会議員をつとめるなど政治活動も行なったが、極左冒険主義を批判して、五〇年問題のなかで離党した。その後も社会運動に一貫して関わったが、一九五八（昭和三三）年に七一歳で亡くなった。

実質的なデビュー作である『赭土に芽ぐむもの』は、朝鮮を思わせる「C半島」を舞台に、農民の金基鎬を視点人物とした語りから始まり、総督府による土地収奪、貧民化した朝鮮人たちによる犯罪、そしてそれを取り締まる警察・司法制度を描き、やがて日本人の新聞記者槇島久吉に視点を移して、鉱山労働者の虐待を摘発して日本企業や総督府を批判。信用毀損罪による逮捕・収監をへて、監獄で槇島が死刑囚となった金基鎬と出会うという物語の展開になっている。さらに『汝の背後より』では、前作で死刑になった金基鎬の息子金成俊を登場させ、朝鮮独立運動へ参加していくまでをドラマティックに描いている。近年、注目されている短篇「不逞鮮人」（『改造』一九二二年九月）[2]は、「世界主義者」を任じる日本人を語り手にして、朝鮮半島北西部の反日運動の熾烈な地域へ旅行した記録の形式をとっている。「不逞鮮人」とされた人々におそるおそる接触するなかで、逆に日本社会の認識のありようが浮かび上がる構図となっていて、黒川創の発言を借りれば[3]、ジョセフ・コンラッド『闇の奥』（一九〇二年）やE・M・フォースター『インドへの道』（一九二四年）など、植民地を舞台にしつつ、すぐれて植民地主義への批評を含んだ小説となる可能性のあった短篇小説ということになる。

さらに中西には中国を舞台にした『国と人民』（平凡社、一九二六年）や『満洲』（近代書房、一九三四年）、『軍閥』（実践社、一九三五年）のほか、『熱風』（平凡社、一九二八年）など、植民地のみならず、アジア全域への関心を生かした長篇小説もある。しかし、そうした著作のなかでも注目されるのが植民地朝鮮への一貫した関わりであった。中西自身は日本語による創作に終始したが、その小説の対象として当時の作家としてはめずらしく、朝鮮半島を舞台にし、登場人物にも多くの朝鮮人を描き、朝鮮語に翻訳された[4]。

『赭土に芽ぐむもの』では、日本人を「N人」、朝鮮人を「C人」、大同江を「D江」、平壌を「H市」など、一般的な国名、地名をイニシャルにした記号が数多く登場する。これ自体は日本と朝鮮半島について直接、名指ししていないだけで、実質的には隠蔽の役割をなしていない。作中に伏字箇所も増えていくのであるが、ここで議論したいのはひとまずそうした作家、編集者の自己規制についてではない。

小説に描かれた朝鮮での獄中体験は、中西伊之助自身のものでもあった。中西に言及する際にしばしば引用される「愛読者への履歴書」（『新興文学全集』第二巻所収、平凡社、一九二八年）には、徴兵による軍隊入営後について次のように書かれている。

退営後、朝鮮へ渡つた。自然主義にかぶれて、遊蕩児になつた。しかし、新聞記者になつてから、寺内総督を攻撃し、大資本家、藤田伝三郎の鉱山に於ける労働者虐待を暴露して、大いに気を吐いたために、その新聞は潰れ、私は監獄にブチこまれた。鉱山はそのため労働者が行かなくなつて滅茶になつた。

中西が実際に朝鮮へ渡ったのは二四歳、一九〇九（明治四二）年頃と推定される。(5) 私生児として生まれたため、当時、中西は社会的にさまざまな不如意を強いられたが、実母が朝鮮に在住しており、その母を訪ねての渡航であった。曲折の末、『平壌日日新聞』(6)の記者となる。人力車夫や新聞配達をしながら苦学していた東京時代に、平民社と出会い、社会主義に目覚めていた中西は『平民新聞』を「真似て大に平民労働者の気焔をあげ」た。これによって「発行停止機械処分」などの弾圧を受けたのである。

この『平壌日日』記者時代に、長州閥に属し、井上馨らと組んで「政商」と呼ばれた藤田伝三郎の率いる藤田組が開発していた鉱山(7)の労働者虐待をスクープした。藤田組は西南戦争のなかで軍需産業として急成長し、建設業、紡績業、鉱山採掘業、鉄道、電力、金融、報道など、多角的な事業経営を行ない、三菱、三井とならぶ藤田財閥と称された企業である。久原房之助、小平浪平などがこの藤田組から出て、のちに日産、日立製作所という企業グループを生み出す。藤田組もまた朝鮮半島北部の豊富な非鉄系金属鉱物資源に注目して参入した多くの企業のひとつであった。日本が朝鮮半島を支配下に入れてのち、鉱山開発から欧米の外国企業を一掃して日本の企業を呼び込んだ総督府の政策の一環でもあった。のちには中国人労働者の強制連行と虐待による蜂起事件の起きる花岡鉱山（秋田県大館市）も鹿島組とともに藤田組が関与した場所である。

中西は藤田組の非人間的な労務管理とそれを黙認する総督府の不正をキャンペーン記事としたのだが、その結果、刑法第二三三条「信用毀損及業務妨害」違反によって起訴された。検閲のチェックはくぐり抜けたものの、信用毀損罪が適用され、『平壌日日新聞』記事は禁止されたのである。回想では「鉱山はそのため労働者が行かなくなつて滅茶になつた」と誇らしげに語っているが、果たしてそこまで影響力があったかどうかは判然としない。(8)

中西が収容されたのは平安南道唯一の刑務所・平壌監獄である。ここで植民地朝鮮における苛酷な「監獄」を、身をもって体験するのだが、それが『赭土に芽ぐむもの』の後半部分に虚構をまじえつつ取り込まれている。

「灰色の巨獣が横わつてゐる」ような「H監獄」に運ばれた槇島は、裸にされて「浅黄の未決囚衣」に着替えたのち、第一三房という監房に入れられる。そこではわずか三畳の独房に囚人一三人が押し込まれていた。

咽びかえるやうな人息れと蒸風呂の中に這入つたやうな温気とが、彼の全身を抱いた。一層強い腐れ綿の匂ひ、異人種の皮膚と呼吸の匂ひ、更らに判断のつかぬ異様な匂ひが、その小さい監房の中に漲り返つて、濃厚な牢獄の気分を作つた。彼の足許には、笊の底に重なり合つて横わつた魚の様な有様をした人間の一団を彼は発見した。〔中略〕——苦熱の中から絞り出された膏と汗でぬるぬるする人間の素肌の間へ、自分の足を差し込んで立つた彼は、もう一歩も動けなかつた。彼は先刻の青い蚊帳と寝台がさつと頭を掠めた。そして監獄について自分の考へのあまり安価であつたことを自ら呪つた。彼はマラリヤ熱を病んでゐるやうな気持になつていつか意識が朦朧として来た。(第五三節)

槇島はこの独房の現状に当初、「人間性に対する憤《いきど》おろしき侮辱」を覚えるが、その言葉はまだ「近代的」すぎて、この悲惨さに降りていないと考える。そこでの「人間」は近代社会の市民に見られるようなヒューマニティを前提にしている。しかし、ここでの「侮辱」は「土人」とされる「C人」たちにとっても「十分に感得し得られる生々しき人間の実感」であり、「いかなる人間にも実感せらるべき侮辱」、「否、むしろ生物のすべてに感ぜられるべきそれは共通の感情」(傍点引用者)だと、彼は考える。

こうした「監獄」のなかでも最低最悪の「監獄」の場面を用意することによって、『赭土に芽ぐむもの』は近代人としての「N人」や、「土人」と見なされる「C人」の差異のない「生物すべて」のレベルにまで降りて、そこに加えられる、もはや生き物の尊厳すら与えられない「侮辱」をとらえる。その監獄をめぐる場面は全七三節のうち、五三節以降、七二節まで続いており、長すぎることによって前半部に比べても小説としての展開力を弱めているのだが、少なくともその執拗なまでの記述量のなかに、このテクストのモチーフがはっきりと示されている。それはもはや矯正や懲罰としての人間的な機関ではない。外地の「監獄」は実存としての人間に対するむきだしの暴力として描き出されたのである。

3　東京監獄と未決囚の体験

大家眞悟は、里村欣三を研究する立場から布施辰治関係資料を調査し、そのなかの「中西伊之助刑事訴訟記録」の「聴取書」に次のような「陳述」があると報告している(9)。

一、私は明治四十五年中朝鮮平壌日々新聞で総督府と藤田組の問題を書いて平壌覆審法院で信用毀損罪で懲役三月に処せられ当時平壌監獄で服役致しました

これは布施法律事務所による「大正九年二月二十七日付けの検事調書」の写しであるが、「平壌覆審法院で信用毀損罪で懲役三月に処せられ」とある。つまり『赭土に芽ぐむもの』では「未決囚」とだけされているものの、実際の中西伊之助は当然ながら「未決囚」の段階から判決が確定して、「既決囚」として三ヶ月の「服役」をしていることになる。監獄体験を強調し、そのグロテスクな現実を描くのであれば、刑が確定してからの「既決囚」であってもかまわなかったはずである。なぜ「未決囚」としたのか。そこに監獄に対するとらえ方が表われている。

出獄して朝鮮・満州から帰国した中西は一九一六（大正五）年頃より堺利彦の売文社に出入りし、尾崎士郎や北原龍雄らと本格的に社会主義を学んだ。そして一九一八（大正七）年二月、『時事新報』記者に転じ、警視庁丸の内倶楽部に出入りするうち、ふたたび「労働運動の実際問題(10)」に関係するようになった。東京市電の労働争議である。

一九〇六（明治三九）年、東京市内の交通網を支えてきた東京電車鉄道（電鉄）、東京市街鉄道（街鉄）、東京電気

鉄道鉄道（外濠線）が合併して東京鉄道株式会社が成立した。その直前の三月、三社は三銭均一の電車賃を共通して五銭均一に値上げすべく、府知事や警視総監に申請。これに対して日本社会党などが大規模な反対運動を展開した。三月一五日にはデモが暴徒化して、車両が燃やされるなどの事件が起きたため、賃上げ申請は却下。三社は合併して経営合理化をはかったのである。しかし、それも五年と続かなかった。一九一一（明治四四）年八月には東京市が東京鉄道を買い上げることとなり、東京市電が誕生。急成長する都市のインフラを支えるためには一企業に委ねていられなくなったのである。東京市電気局が設けられ、ここが東京市電の運営を行なうことになった。

しかし、市営移管に伴う東京鉄道解散手当の分配をめぐり、五ヶ月後の一二月に市電の労働者たちから争議は起こった。暮れの三〇日には一部、三一日から翌年一月一日まで全線罷業という闘争手段がとられたのである。治安警察法第一七条は労働者などの団結や争議行為そのものを禁止してはいないが、そのために「他人ニ対シテ暴行、脅迫」などをすること、とりわけ「他人ヲ誘惑若ハ煽動スルコト」を禁じ、実質的に争議の手段としての罷業が禁止されていた。これにより指導者と目された片山潜らが検挙された。

以後、東京市電は紛争のたえない公共事業となる。その最大の争議が、一九一九（大正八）年九月に結成された「日本交通労働組合」による闘争であった。

背景には日本の労働運動の大きな変化がある。第一次世界大戦後に結ばれたヴェルサイユ条約にはロシア革命など社会改革への懸念と国際協調の動きから、社会正義の実現を目指す国際労働規約が盛り込まれていた。これにより発足したのが国際労働機関（ＩＬＯ）である。ＩＬＯは、一九一九（大正八）年、参加国による総会、国際労働会議を開催した。日本もＩＬＯに加盟したため、この会議に代表（政府・使用者・労働者の各代表）を派遣することとなった。労働者代表をどのように選出するかの手続きで、さまざまな紛糾があったとはいえ、ＩＬＯ加盟は、政府が労働組合を自由に弾圧することを困難にした。ユニテリアン系の共済組合、友愛会（日本労働総同盟）や、欧字植字工組合であった信友会をはじめ、組合が堂々と活動できる余地が出て来たのである。そこで未組織労働者の集団として浮上したのが、「東京市内外に二万の労働者を有し、全国に五十万の労働者を有して、しかも「公共事業」なるが故に他の産業労働者の如く賃銀の値上、待遇の改善運動をなし得ざる虐げられた交通労働者[11]」の分厚い層であった。

交通労働者の給与や待遇は低劣をきわめていた。なかでも市電労働者の勤務実態はきわめて厳しく、勤務時間は一二時間以上、終業時に裸にさせて持ち物検査をされるなど、東京市局から人格を持った存在として扱われていなかった。中西はこの労働者たちに近づき、組織化しようとした。九月三日、市電従業員三五名が集まり、「日本交通労働組合」の旗揚げが宣せられた。中西が組合理事長（委員長）に選出され、綱領や組合規則がまとめられた。中西は時事新報社を依願退職、組合専従となった。

こうして日本交通労働組合は着々と組合員を増やし、市内に各支部を設け、大きな勢力となった。一一月八日、組合は東京市に人格の尊重、八時間勤務、日給制、期末手当の支給、退職手当の増額など、五ヶ条の改善を要求する。これに対して、東京市は市の財政を逼迫させるとして、組合幹部一〇名を解雇。組合は一一月二一日、新たに二一ヶ条の改善要求を掲げてストライキも辞さないと対立。他に交通手段のない時代に交通労働者の大きな役割を意識させたのである。事態を重く見た政府は警視総監による調停に入り、半期手当や退職手当の増額、一時金支給が約束された。活動家としての中西の名前はこのときに高まった。

翌一九二〇年は普通選挙運動をめぐって大きな盛り上がりの年であった。二月の第四二議会に、それまで反対してきた憲政会、立憲国民党がそれぞれ普通選挙法案を提出。二月一一日、東京では一一一団体、数万人による「普通選挙大示威行進」のデモが実施された。こうしたなか日本交通労働組合も市当局との交渉を再開した。しかし、先の改善要求に対して「調査検討中」と回答して引き延ばしていた東京市は、突然、交渉を拒絶。二月二四日、巣鴨車庫からサボタージュが始まり、二八日には大半の電車がストップする事態になった。その前日、二七日に中西はそれ以前に行なった演説が治安警察法に違反するとして逮捕。いったんは車掌三五九名、運転手二一六名の解雇が発表されるが、解雇の撤回と調停案が表明され、二九日には罷業打切りとなった。

中西はこのとき未決犯として東京監獄に収監される。一ヶ月後の四月一日に出獄。すでにこのとき組合員数は六千人を越える数にふくれあがり、出獄者は歓喜のもとに迎えられた。しかし、東京市は調停案を反故にしたため、三度目の組合との対決となった。全面罷業は四月二五日から三〇日まで続き、東京市内の交通網は完全に麻痺状態に陥った。組合員千数百名は雑司ヶ谷の玉椿相撲道場に集結、籠城作戦に入った。警察がこれに介入して、ふたたび理事長の中西伊之助を逮捕。警察官と組合員の乱闘事件もあり、検束は三〇名に及んだ。結局、解雇三二八名、投獄八四（あるいは八三）名、起訴三四名を出し、「日本交通労働組合」は結成後わずか八ヶ月で事実上壊滅した。(12)中西は九月三〇日まで五ヶ月を刑務所で過ごす。さらに出獄後も、解雇されたものたちの復職の方法をめぐって内部対立を起こすなど、多くの犠牲やしこりを残して運動は四分五裂した。(13)「あれ以上に味噌がつけられない程に典型的な敗北」（山川亮(14)）を喫したのである。

最初に掲げた「刑事訴訟記録」はこの年の二月二七日付けのもので、未決犯のときの調書である。このとき中西の依頼を受けて弁護にあたったのが布施辰治であった。

のち大杉栄は「元来僕は労働運動者としての中西伊之助君をひどく軽蔑してゐた」として、「電車従業員の組合に会長だか理事長だかをしてゐた時の、其のい丶気な指導者ぶり、労働ブロオカアぶりには、全くヘドをつきたい位だつた」（「労働運動と労働文学」『新潮』一九二二年一〇月）と厳しく批判した。たしかに一種の冒険主義、英雄主義があったと見られてもしかたがない。「当時の労働者は西も東もわからぬ子供のやうなもの(15)」だ、ストライキをやれば「惨敗」するのを承知でやる、「この呼吸、技術、腹芸、こいつがなみ大ていの仕事でない、しかしそんなことを一向御存知のない当時の極左アナキスト等には全く悩まされたものだ」という中西の語り口を見ると、大杉の批判に納得するところもある。しかし、冒険的な英雄主義といえば大杉栄と中西伊之助にどれほど大きな差があるだろうか。市電労働者の労働条件はこの争議の前と後ではやはり大きく変化する。産業別組合の結成、基幹となる公共事業への着目など、労働運動の先駆としての成果も見逃すことはできない。

しかも、ここで重要なことは中西がこのとき「未決囚」として長い監獄体験をへたことである。『赭土に芽ぐむもの』には次のような一節があった。

既決囚には放免される日の確定した目標がある。彼等はただそれまでの苦役を忍べばいい。しかし未決囚にはそれがない。彼等はいつ釈放されるものか、全く見当がつかない。ただ「裁判所の事務の都合」と云ふ不確定な、頼りどころのない、それは到底当人より外には理解し得ない不安な心持で、その日を暮して行かねばならない。法律で確定した刑期――たとへば治安警察法第十七条の規定した重禁錮（懲役）六箇月――以上に未決拘留のつづく例さへあつた。（第六一節）

すでに見たように平壌監獄での獄中体験は刑法第二三三条「信用毀損及業務妨害」によるもので、未決拘留期間の他に「既決囚」としての懲役三ヶ月であった。しかし、ここで例として「治安警察法」の規定が挿入されているように、小説における獄中体験は市電争議に関わる東京監獄での「未決囚」としての体験を加えたものとなっている。いつまで拘留されるのか分からない。最長の期間を指折り数えても、また別件で取調べのために拘留延長がなされることがある。平壌監獄での実存的な暴力とともに、検事局や裁判所の恣意によって拘留期間が際限なく延長されるという、「未決囚」への精神的暴力が重ね合わせて小説に取り込まれたのである。

中西はみずからのエッセイを次のように書き出している。

「僕はこれ迄に、監獄や留置場はたんのうする程見せられてゐた」[16]。

たしかに中西伊之助の監獄体験は、大杉栄と比べても遜色ない。いや、大杉は「一犯一語」と獄中での外国語習得を豪語し、密入国したフランスの刑務所ではビールを飲んだと誇らしげに語った。これに対して「内地」と「外地」の監獄の違いを目の当たりにしたのが中西である。さらに警察の取調べや予審のあり方、裁判や法廷について、中西は身をもって認識を深めた。司法の場は解釈をめぐる闘争を展開する場所であるとともに、物理的精神的に容疑者を追い込むことによって、ときに真実すら捏造する場所ともなる。『赭土を芽ぐむもの』は二つの監獄体験を通して、そうした事態を暗示したのである。

国家の「権力」は死刑を執行する暴力であるとともに、裁判事務の遅延や渋滞のようなたわいのない不作為としても現われる。それが収監されたものたちを極度の不安の底に突き落とし、ときに錯乱や狂気にまで追いやる。他方、「外地」においては、もはや人間の名に値しない扱いを受けさせるによって、人としての尊厳を破壊しつくす。こうした暴力＝権力の二重の構図を浮かび上がらせたのである。

4　布施辰治との共同作業

中西は、キリスト教社会運動家として知られた賀川豊彦の長篇小説『死線を越えて』（改造社、一九二〇年）を読み、「これくらいなら俺だつてかける」と考えたという。既存の作家コースや文学修業とは異なる筋から登場した書き手が注目を集める時期となっていた。「四五年も前から、「朝鮮」について、何か長篇をかいてみようと思つてぽつぽつ書きためておいたもの」、それが『赭土に芽ぐむもの』[17]であった。

同作が発表された一九二二（大正一一）年、中西はつづいて「緑陰」（『早稲田文学』七月）、「不逞鮮人」（『改造』九月）、「死刑囚と其裁判長」（『早稲田文学』一〇月）と、あいついで三つの短篇を発表している。これらは『死刑囚と其裁判長』（自然社、一九二二年）として同年のうちに刊行されるのだが、三篇には一貫して犯罪とその背景、それぞれにとって何が事実なのか、悪とは何かをめぐる切実な問いが提示されている。なかでも単行本表題作となった「死刑囚と其裁判長」は、死刑囚と、判決を四年前に下した裁判長との面会を描く。裁判長はキリスト教的な精神に立って罪を悔悟することを求め、落ち着いて死を迎えることを説くが、死刑囚は冤罪であることを主張し、死を強制される不安と憤り、神および権威への呪詛を放つ。この二人だけの対話劇で、ついに両者の対話は交差する場所を見出し得ない。

中西がこうした題材を得たのは、みずからの市電争議のときの裁判で弁護を担当した布施辰治との交流による。「死刑囚と其裁判長」の「附記」には、「本篇の山村孫治のモデルになつた死刑囚は、作者と同じ監獄にゐたのですが、大部分の素材は、作者の畏敬せる弁護士布施辰治氏より戴いたのです」とある。布施辰治の名前が中西の著作で初めて登場するのがこのときである。

布施辰治については、布施柑治『ある弁護士の生涯――布施辰治』（岩波新書、一九六三年）、大石進『弁護士布施辰治』（西田書店、二〇一〇年）といったモノグラフの他、高史明・大石進・李熒娘・李圭洙『布施辰治と朝鮮』（NPO法人高麗博物館、二〇〇八年）、明治大学史資料センター監修による『布施辰治研究』（山泉進・村上一博編、日本評論社、二〇一〇年）など、近年、再評価が進められている。とりわけ「自由法曹団」を組織するなど、布施は弁護士として司法改革を訴え続け、反政府運動や生活弱者に対する法的救済に尽力した。(18)

中西と布施の接点がどこから始まったかは定かではない。しかし、一九〇六（明治三九）年の東京市電値上げ反対騒擾事件のときにも布施は担当弁護士となっている。一九二〇年の東京市電大争議のときに、治安警察法違反で逮捕された中西が布施に弁護を依頼したのも、ある意味で当然だったかもしれない。布施は結局、この裁判のなかで経営者である東京市電気局の管理の「怠慢」、車両整備の不備、悪条件における運転の危険性などを徹底的に証明して批判し、被告八三名のうち、八一名の無罪を獲得する（六月二九日）。労働運動としては「敗北」であったとしても、法廷闘争においては一定の「勝利」をもたらしたのである。もちろん、一部のアナキストにとって法廷闘争は無意味に映ったかもしれない。しかし、内部から改革を目指すとしたら、司法の場は重要なアリーナでもあった。

同じ六月、布施は雑誌『法廷より社会へ』（社会法律社、一九二〇年六月―二一年一〇月）を創刊、実際にはその誌面のほとんどを個人で執筆した。のち、雑誌は『生活運動』（一九二一年一一月―二七年五月）、『法律戦線』（二七年七月―三〇年一一月）と長期にわたってつづいた。閉ざされた司法を社会の場に連れ出すことによって改革するという目的のもと、みずからの社会的な時事問題についての講演や裁判批判、弁護論などを展開したのである。

その端緒となる第一号で、布施は「自己革命の告白」を発表。「弁護士の戦線を拡張して法廷の戦士より社会運動の闘卒を任ずる」ことを宣言した。そして今後、取り扱う事件を、①「官権専の人権蹂躙に泣く寃罪者の事件」、

②「財閥横暴の抂屈に悩む弱者の事件」、③「真理の主張を圧迫する筆禍舌禍の言論犯事件」、④「無産階級の社会運動を迫害する事件」を中心とすると言い切った。[19]

布施はそれ以前にも『君民同治の理想と普通選挙』（布施辰治法律事務所、一九一七年）、『司法機関改善論 噫々刑事裁判の時弊』（同事務所、同年）、『予算案の根本枇評と普通選挙』（同事務所、一八年）、『生きんが為に 法廷より社会へ 米騒擾事件の弁論公開』（同事務所、一九年）など、四冊の著書を自費出版していた。したがって、雑誌発行もその流れに立ったと言えるのだが、まさに戦線拡張の転換点で中西伊之助の弁護を担当し、ついで逮捕起訴された「日本交通労働組合」の活動家たちの弁護も引き受けたのである。

中西伊之助と布施辰治の共同戦線は、もうひとつ朝鮮および朝鮮人に関わって接点を結ぶ。布施が最初に朝鮮人の弁護にあたったのは、一九一九（大正八）年二月八日の「二八独立宣言事件」の控訴審においてである。神田のYMCA会館に集まった在日の朝鮮人留学生たちが「独立宣言」を起草。これが朝鮮自体にも飛び火し、三・一事件（万歳事件）の引き金となった。この独立宣言をめぐって、留学生たちが治安警察法違反容疑で起訴されたのである。結局、第一審で有罪となった被告たちを控訴審で無罪にすることはできず、わずかな減刑しか獲得できなかったが、このとき朝鮮独立運動への強い意思をもった人々との交流が、布施をして中西の経歴と結び合わせることになる。

しかも、このときの裁判は、二月八日に検束、二日後の一〇日に起訴、一五日には第一審の判決。控訴がなされたが、三月二一日には控訴審判決。上告がなされるも、六月二六日には上告審の判決が出て結審した。事件からわずか五ヶ月で、どの審級の裁判もすべて終了したのである。この審議過程を「内務省警保局保安課の極秘資料（大正九年六月三十日朝鮮人概況第三）」から調べた大石進は、排日独立運動に関する事件を長引かせないという「朝鮮本土での原則を、ここでも適用した」と推測しているが、[20]まさにこうした強引な裁判の進め方に、「内地」と「外地」の異なる法体系の適用および執行のずれ、二重基準が露呈していた。布施はそれをまざまざと目撃したのである。

中西がみずからの二度にわたる監獄体験を重ね合わせながら『赭土を芽ぐむもの』を発表したのが一九二二年二月。その一年後の一九二三（大正一二）年七月には、布施辰治は京城地方法院でテロリズムによって独立運動を目指した義烈団員の弁護のために、朝鮮半島に渡る。さらに慶尚南道での反差別運動団体・衡平社創立記念パーティに参加、朝鮮人留学生たちの団体・北星会の夏季巡回講演会にも参加するなど、一気に朝鮮の政治的社会的運動のただなかへと入っていく。一九二五（大正一四）年に朴烈・金子文子のふたりが大逆事件により起訴されたときも、布施はたとえテロリズムの心情の持ち主であったとしても被告を弁護するとして、支援をつづけた。

まさに両者は法廷と文学のそれぞれから互いに交差した。少なくとも中西は朝鮮における司法と監獄の体験を伝え、布施は日本の「内地」における司法の矛盾や問題点を具体的に語った。こうした体験と情報の共有を通して、二人は日本と朝鮮を往復し、共同戦線を作りだしたのである。

布施辰治は、没後、半世紀をへた二〇〇四（平成一六）年、大韓民国より建国勲章愛族賞を授与されている。もとより国家の勲章にどれほどの価値があるかは、どこの国家のものであれ疑問ではあるが、日本人として初めての受賞者となったことは記憶に値すべきことであろう。

5　権力を監視する

布施は、一九一七（大正六）年の『司法機関改善論　噫々刑事裁判の時弊』において、鈴ヶ森のお春殺しで死刑判決を受けながら、最終的に無罪となった小守壮輔の具体例をあげ、冤罪事件の背景や捜査の違法性、裁判の問題点などを批判した。この事件については、警官殺しをはじめ、多くの犯罪を重ねていたべつの死刑囚が自分が真犯人であると名乗り出たため、新聞報道でも大きな記事となった。しかし、事実の奇怪さは注目されても、その詳細については伝わらない。そこで担当弁護士になった布施が依頼を受けた始まりから、小守との面会、信頼の構築、事件の再調査、検事調書の再読を重ね、冤罪と分かるまでの経緯を書いたのである。しかし、表題からも分かるように、誠実な提言であるとしても出版市場では話題になりにくい内容であった。これを中西伊之助が小説化したのが、『一人生記録』（新作家叢書第一巻、聚芳閣、一九二四年五月）である。

聚芳閣は、徳田秋声門下の作家の足立欽一を社主とし、「新進の青年文士[21]」たちによって経営された出版社で、当時、その活動が新聞にも取り上げられた。今ではその編集部に無名時代の井伏鱒二がいたことでも知られる[22]。一九二四（大正一三）年一〇月からは投稿欄を充実させた文芸雑誌の『文学界』を創刊するなど、震災後の復興機運のなかで既存の文学を一新しようとした新興出版社であった。「新作家叢書」は「現文壇の新人」による書き下ろし叢書で、中西の『一人生記録』が一冊目にあたる。ついで十一谷義三郎『生きる』、前田河広一郎『快楽師の群』、近藤栄一『沙本姫』、新井紀一『悪夢』、佐々木味津三『二人の異端者』が続刊として巻末広告に載っている。『文藝戦線』派の中西、前田河、新井、『文藝時代』同人の十一谷、佐々木らを登用し、変形のB六判で、小さいながらも短篇集とせず、すべて書き下ろしの一作品で一冊という野心的な試みであった。

まず布施の『司法機関改善論』ではどのように書かれているか。「恐るべき拷問と刑事裁判の時弊（小守事件の真相）」と題された章の一節を引いてみよう。

> 小守壮輔の弁護人たりし吾輩は、大正四年十一月二十八日の第一回公判廷に於て、小守壮輔は、断じて冤罪者である、彼れは警視庁の幼稚にして、旧式なる捜査方針に誤まられたる犠牲者である、言を強めて云へば、警視庁の捜査責任に関する、一段の梟《けり》を結ばんが為めに、作られたる偽犯人である、而して此の偽犯人を作為したる、警視庁の犯罪不法捜査と、小守不当検挙の内容は、正しく刑事裁判の時弊を結晶せしめたる疑獄、怪獄であることを絶叫して、検事予審判事の手を触れざりし、若しくは、手を触れて、其の真を極めざりし幾多の証拠を提供して、小守の冤を訴ふると同時に、他の真犯人の存在する事を主張したのである。

この部分は、小守をめぐる控訴審で布施弁護士が展開する陳述を整理したものだが、布施は全体の結構を、まず冤罪事件一般を「人権蹂躙」として位置づけ、捜査の不法や不当な検挙、これを見抜くことのできない裁判の弊害を説き、問題のお春殺しについて共犯ではない二人の犯人が同一の事件でそれぞれに起訴されるという「聖代の怪事」として、事件の内容に入るという展開にしている。「司法機関改善」を目的とした論述として一般的な「総論」から具体的な「本論」へと焦点を絞る流れは当然といえば当然であるが、対象とされる事件の「真実」をすでに知るものによる整然たる語りによって組織されている。

「鈴ヶ森お春惨殺の現場」と題した節で事件の概要を紹介しながら、すぐに「現場検証の不充分」を指摘し、「要するに、現場検証の甚だ不充分なりし事は、本件最初の捜査方針を決すべき必要の注意点を閑却して仕舞つたのである」と結論づける。十分な現場検証がなされぬまま、嫌疑のかかったものを一斉に別件逮捕し、そのなかから怪しいものを「雑魚選り」する。しかし、もとより証拠がない。やむなく証拠を捏造する違法が行なわれる。こうしたずさんきわまりない、しかも悪意のある捜査に対して、「警視庁の上級に位する監督官」が虚偽を見抜くべきなのだが、「検事若しくは予審判事」はむしろ「警視庁刑事等の陰険苛辣に倣ひたるや」と疑わせる訊問を行なう。弁護士の「吾輩」にとって不当な捜査、取調べが行なわれたことはすでに明白であり、その確信に揺るぎはない。少なくとも布施辰治にとって刑事裁判は普遍的な真実にいたる認識の階梯であり、真実探求の知的な審級が生かされていないことに怒りが表明される。的確な検証や取調べができていれば解消されていたにもかかわらず、それがなされなかったことへの痛憤がその言説を貫いている。

これに対して中西伊之助は、その「自序」で、ユダヤ人哲学者で作家のマックス・ノルダウの、「刑事裁判制度の罪悪」を憤る言葉を引いた上で、東京市電争議により獄中にあったときに「私たちの弁護人であつた布施辰治氏から、氏の著『司法機関改善論』を差入れて」もらい、「獄窓の薄明りで、そのなかにある一疑獄事件の経過を読んで行くうちに、思わず戦慄」し、これを題材にすることを考えたと書いている。さらに一年前の三月二六日は、関西での交通労働者の争議をめぐる逮捕起訴により「私の公判が確定して、中野監獄に下つた当日」であることを思い出し、三回目の獄中体験をも振り返っている。弁護する立場ではなく、「審かれる」立場、「弁護される」立場であることによって感じられる不安と葛藤こそ、中西の身を貫く体験であった。布施をモデルにした弁護士を語り手としながらも、中西のテクストはおのずとその文体を異なったものにしていった。

ある日、私の手許に、一通の書面が届いた。／玄関から雑多な郵便物が束になつて抛りこまれる中にまざつて、その書面の封筒はみじ目に汚れてゐた。そして、『閲』『許可』など、云ふ朱印が肉太く捺されてある。それが、未決監に収監されてゐる刑事被告人から来たものであることは、すぐにわかつた。

「私」のもとに届いた手紙を見て「未決監に収監されてゐる刑事被告人」からと判断したのは弁護士の習性であるとしても、ここでわざわざ「未決監」と言及していることに注意しておきたい。そしてその手紙の投函された日付と、その被告が関わる事件の推移を追った手許の新聞綴を参照し、すぐに次のように続ける。「梅田鉄吉」が「自白」したと報じられたのは、「六月×日」であった。「私」に手紙が届いたのは「八月×日」である。彼は「自白」後には警察署から「××監獄」に送られた。その後、彼は予審が決定するまで、一切の通信と面会を禁止される。

その期間は実に七十余日であつた。彼は、この長い時日を、獄底に、土龍の如く黙して悩んでゐたのであらう。そして彼が七十余日の後、発信及び接見禁止を解かれて、なつかしい社会の第一信は、私へ向けたものであつたらしい。

私は、なんらかの謎を蔵してゐるやうなその書信の封を押し切つた。

同時期に始まろうとしていたミステリー小説ジャンルにほぼ同調するかのように、小説は獄中からの手紙を開封することから始まる。それは官憲と司法の権力の「闇」を追及する語りの始まりを告げる。殺人事件が起きたのが

「四月×日」。それから数日をおかずに、鉄吉は逮捕拘留された。拘留期間は最長の「二十九日」である。しかし、ようやく二九日目になって解放されると思いきや、ふたたび「二十九日」の拘留がくりかえされた。以後、鉄吉の自白まで拘留の延長がつづいた。今度は予審判事による聴取が行なわれ、「七十余日」が過ぎた。そして予審で鉄吉の死刑が確定したところで、初めて外部の第三者に連絡をとることが許されたのである。

鉄吉に面会して、冤罪を確信した語り手はこうした長期の拘禁状態が人間に及ぼす精神的な影響にふれていく。そこで語り手は「読者よ、試みに想像してみたまへ――」と直接に読者に語りかける。

> 曾て坐つたこともない、冷たい固い板の間の上に、ぽつねんと膝を折つて、終日もの思ひに沈んでゐなければならない。窓は形ちばかりで高い建物に前を掩はれてゐるから、一日中日光の影さへ見られない。そしてあたりの壁は撫てみたら苔さへ生へてゐないかと思はれるばかりのしめり気と、人間の汗と膏に汚れてゐる。狭い室内には、形容することのできない臭気が、人間の排泄物の匂ひと絡みあつて、色濃く澱み切つてゐる。〔中略〕／寝覚め勝ちな夜が白々と明けかゝる。土の牢のやうな拘留場の高い窓にもいつしかその薄い光が、ほのかに射して来る。それにふと心ついた拘留者は、魂を躍りあがらせて叫ぶ。
> 『お、、もう一日たつたんだ！　もう俺の拘留日数は、あと幾日になつたんだ！』

こうした未決囚の不安に満ちた身体感覚を想像させながら、語り手は官憲にとって囚徒の「暗鬱な焦燥」と「もの狂は《ママ》うしい放免を待つ心持」こそが相手を締めつける「武器」なのだと言う。権力の罠と、そこに落ちていく人間心理を小説は独自に描き出す。

布施辰治が見出し、中西伊之助が小説に取り込んだ権力の罠は、別件逮捕による拘留延長であり、同じ独房のなかに警察の「諜者」を潜入させて容疑者を心情的に籠絡することであり、実質的な「拷問」や証拠の捏造であり、証人から必要な証言のみを採取する訊問レトリックなどである。とりわけ自白にいたる心理の解明が小説では主となり、精神的に追いつめられた容疑者がスパイに心を許していき、いつまでつづくか分からない取調べの苦痛を逃れるためにいったん自白をし、あとで否認することで対処できると錯覚するまでの過程が明らかにされる。中西の小説はこうした過程を、布施を経由した調書や上申書を通して浮き彫りにする。

審理の過程でひとつの焦点となるのが「春画」をめぐる問答である。殺された女性は財布に春画を隠し持っていたという妹の証言が出た。しかし、その春画はなくなっていた。容疑者の鉄吉も春画を持っていた。それは事件のあとなのか、前なのか。鉄吉が持っていた春画は被害者のものと同一なのか。警察にとってこれは「有力な証拠」となる。刑事は鉄吉の妻が事件より前に見たという証言について訊問する。いったん見たという妻はのちに「事実相違」するので「改めて取消します」と証言した。彼女には春画の証拠としての価値は知らされていない。さまざまな質問のなかに春画の件は紛れ込まれている。妻が「私」に語ったところによれば、刑事は彼女が見た春画の内容を事細かに問いただし、具体的に細部を答えられないと、「偽証罪」になると言って「取消」をさせていたのである。

こうした「悪辣なトリック」に予審判事も同調する。春画のことは知らないと証言していた同僚がいったん押収された春画を見せられ、思い出したかのように「これは私が見た様です」と語った。再見を求める証人に対して、判事は「再び示す事は都合上許し難い」と拒絶。その上で、春画については知らないと言いながら、前言を翻したのはどういうことだと詰問し、最終的に「ふと想ひつき」で証言したが、不確かであるため「唯今見たと云ふた事は御取消しを願ひます」と結論づけるようにリードしていたのである。

訊問調書はもちろん問いと答えからなる。その問いと答えの亀裂を見出し、くさびを打ち込んだのは弁護士であろう。その発見にもとづきながら、小説家はそのときどきの容疑者や証人の動揺や不安を読み込んだ。そのなかで新たに語り直されたとき、記憶の不確かさや心理の空隙に陥る被告、証人、そしてそれを誘導する刑事、検事、判事の問答のありようが描き出されるのである。

6　法の亀裂と〈内地─外地〉の関係

『一人生記録』が出版された一九二四年（大正一三）、中西は布施との連携になる書物を他に二冊も刊行している。共著の『審くもの審かれるもの』（自然社）、中西単著の『死刑囚の人生観』（越山堂）である。[23] この前年には関東大震災が起き、大杉栄、平沢計七らの無政府主義者・社会主義者や多くの朝鮮人が虐殺された。同じ二四年三月、中西は、殺された平沢計七の戯曲集『一つの先駆』（玄文社）を刊行し、菊池寛の序文とともに「著者小伝」を書いた。司法が形骸化しているなかで、そのずさんさに輪をかけた国家の暴走が始まった。それによって殺された無名作家の記憶を残そうとしたのである。

『審くもの審かれるもの』は、柳瀬正夢の装幀、布施辰治の序文、中西伊之助による「布施氏と私」という二人の序文をつけた上で、「若い労働運動者と検事との対話」「『死刑囚製造法』」「法廷小話」「召喚状の威嚇」「一人に三度の死刑宣告」「事実の姦通・法律の姦通」「『井伊大老の朱筆』」「『社会的制裁』への抗議」「警察署長の『強盗殺人』」「死刑囚と其裁判長」と、創作的なフィクション、読み物、ルポルタージュが並んでいる。「若い労働運動者と検事との対話」が序文的な対話様式で書かれ、再録された「死刑囚と其裁判長」がしめくくりの対話劇となっている。

『死刑囚の人生観』はクレジットが明記されていないが、おそらく柳瀬正夢のデザインによる装幀。総論として死刑囚の「人生観及死に関する考察」と「死刑制度に関する考察」を掲げ、本論として「死刑囚の人生観」の概説と各論、国家観や社会観、宗教観、恋愛（結婚）観などを抽出。さらに詳論として山田憲、島倉儀平、幸徳秋水、野口男三郎といった実際の死刑囚、そのうち三人は「私が直接会つたことのある人々」だという面識をもとに、その横顔を描き出し、最後を「朝鮮獄中の生活」というエッセイで締めくくっている。

ケーススタディにとりあげられている四人のうち、山田は外米輸入商の鈴木弁蔵（鈴弁）殺しの犯人として検挙され、死刑になった元農商務省の臨時外米部の専任研究員である。贈収賄のこじれから鈴弁を殺害し、遺体をばらばらにして遺棄していたのが発見され、逮捕された。被害者を悪徳商人と断じ、天誅を加えたという確信犯である。一九二一（大正一〇）年に処刑された。島倉は窃盗、放火、詐欺、強姦、殺人などの事件で死刑判決を受けたが、自白は拷問によるものだと主張し、無実だと主張し続けた。控訴審に向けて二千枚にも及ぶ嘆願書を書き続けたが、突然、獄中で自殺した。ほんとうに冤罪であったのか、狂言なのか、真相がついに不明になった死刑囚である。幸徳秋水はいうまでもない。中西はわずかに出会った幸徳の記憶に、連座して死刑にされた森近雲平の記憶をつなぎながら、国家に謀殺された人々として記録している。

そして野口男三郎は、ハンセン病の漢詩人野口寧斎の義弟で、その義兄殺しと少年を殺害して臀部の人肉をそいだという猟奇的な事件、薬局の主人殺しなどで起訴され、一九〇八（明治四一）年に死刑になった。しかし、中西は野口の事件でも、拷問による自白があった可能性にふれ、最終的に裁判のなかで義兄と少年の殺害容疑については無罪、最後の殺人についてのみ有罪とされて処刑されたことに読者の注意を促している。特定の犯罪について誰がほんとうの加害者かが曖昧なまま、容疑者に押しつけられていく過程があると指摘しているのである。

つまり、確信犯の殺人、真相不明、まったくの冤罪、犯罪の押しつけといったさまざまなバリエーションにふれた上で、取調べを行なう警察、検事、審議を行なう予審判事、審理を通して判決を下す裁判官といった一連の法の執行官たち自体の誤りを克明にたどっている。注目しておきたいのは、ここで中西がとりあげる「死刑囚」たちは思想犯だけではないということである。『一人生記録』の「鉄吉」はあらかじめ刑事たちに「目星」をつけられるような一般的な不徳義漢であった。『死刑囚の人生観』の四人のうち、幸徳は思想犯、政治犯であり、山田はエリートだとしても、島倉も野口も複数の前科がある。怪しいとにらまれた人々が冤罪に陥れられるのだとして、そのとき幸徳と彼らにどのような違いがあるか。中西は、猟奇事件の犯罪者で「色魔」と報じられた野口について、寧斎の妹にして愛人であった曾恵との愛情にふれ、「真情、惻々として人に迫るものがある」とし、「彼の恋愛観」は「口舌の遊戯」ではないと擁護する。

社会的な地位や名誉の有無、不良かそうでないかに関わりなく、むしろ、差別や排除のまなざしが冤罪をもたらす。こうした認識は次のような「外地」での見聞とひとつながりになっている。

我国に於ける朝鮮及台湾のやうな――若しくは英国に於ける印度のやうな、主権国と被統治国との言語が一致せず、又、習慣、風俗が異なる国に於ては、審理されるものが被統治国民である場合、その誤判の多きことは驚くべきものがある。／朝鮮の某監獄に於て、朝鮮人に死刑を執行した。然るにその死刑囚は、自分は断じて冤罪であると云ふので、絞首台に上ることを飽くまでも拒んだ。が、それは容易に多数の看守によつて執行されてしまつた。その死刑囚が死に臨んで云つた。『自分は、日本と云ふ国は立派な国だと思つたが、かうして罪のないものを殺すと云ふのは、なんと云ふ恐ろしい国であらう。』と。

『死刑囚の人生観』で「死刑廃止論」を述べたくだりの一節である。さらに同じ犯罪事実により共犯ではないべつべつの異なる容疑者が刑を確定され、服役していた事実が紹介される。どちらも冤罪であるとして「再審」を訴えた。しかし、検事は冤罪と分かった上で再審に入らなかった。「検事の面目に関することであつたから」。そして冤罪者は「検事と典獄のある黙契」により「仮出獄」だけが約束されたのだという。

最後におかれた「朝鮮の獄中生活」は、「朝鮮の監獄」について世界最悪の監獄であり、日本と比較して「天国と地獄の相違」だという。独房にたくさんの未決囚がすし詰めにされている状況を紹介し、「法律に定めた以外の「苦痛」を強いる「国家」の理不尽を批判している。食事の粗悪、強制労働と化した労役、看守の暴力、軽犯罪の重罪化、長期にわたる未決囚の収監など、法の運用はまったく「内地」と異なり、不当、不合理な権力の執行も際立っていたことにふれている。

投獄された囚人たちは「兇暴な人間」であるといわれるが、そうした先入観はみごとに裏切られたという。「愛嬌のある」笑顔の囚人が強盗犯であったように、予測と実態は食い違う。彼らの「刑事責任感」も軽い。「風俗人情を異にする他国の人々の手で出来上がった」法律を、そのままで異なる地域に適用することになれば、「立法精神と犯人の責任感」とのあいだに「大きい溝」ができる。それが認識されていない上に、朝鮮にいる裁判官の「刑事政策にたいする驚くべき無理解」が加重されていった。ここで中西のまなざしは、司法制度に限定しながらではあれ、まさに植民地主義の問題点を鋭くとらえていると言っていい。

法の運用に関して、こうした背景のなかで「外地」でははるかに多くの「誤判」が行なわれ、権力の強制と司法の腐敗があった。中西はその認識を「内地」に持ち帰った。一見すれば、「外地」に比べて「内地」の法の運用や監獄は恵まれていたと言えるかもしれない。しかし、そこでも数多くの冤罪があり、驚くべき不合理に満ちた「誤判」が数多くあった。中西は布施を通して、日本の司法制度の深刻な問題点を理解し、文学を通してそのことに言葉を与えていったのである。

権力は確かに多くの矛盾をはらみ、多くの無責任なシステムの連係の上に成り立っている。文学はそのなかでさまざまな検閲を受けてきた。ありとあらゆる新聞も雑誌も、演劇も芸術も検閲を免れるものはない。

権力は検閲を正当化し、情報統制を行なう。たしかにそのことは批判されるべきであるが、複数化した主体による検閲のシステム自体を完全に廃棄できるであろうか。それはすがたかたちを変えながら、さまざまに作動するのではないか。責任の所在はいつも曖昧になる。むしろ可能な、そしてありうべき対抗の選択は、システムの亀裂をさらに切り開き、どのように権力が作動しているかを解き明かし、監視することではないか。司法のレベルでいえば公的に残される記録があり、調書がある。中西と布施はそれを読み解くことを通して微細に働く個々の権力をとらえ、テクストの俎上に載せた。少なくともこうしたテクストが朝鮮半島と日本を往復するなかで生まれたことに注目すべきであろう。もちろん、その効力はまだ限定的なものに過ぎなかったし、小説として優れているとは言いがたい。しかし、完成度の高さを競うのではなく、小説だから可能な批評性と表現を達成していることにもっと驚くべきである。思想犯の名誉回復を願う人々は、思想犯と一般刑事犯とを切り離そうとする。たしかに同一ではない。しかし、そこに大きな差はないと見た中西らの認識こそ、いままさに評価されるべきである。彼らが期せずして実現した批評の射程は、一九二〇年代の歴史的制約を超えて現在をもとらえている。

注

（1）一九四一（昭和一六）年、企画院の調査官、職員一七名が治安維持法違反容疑で検挙された事件を指す。戦時統制経済を推進する革新官僚たちが経済界などの反発を受けて弾圧されたと言われている。戦後、すべて無罪となった。

（2）近年は、この「不逞鮮人」への関心が高まっている。アンドレ・ヘイグ「中西伊之助と大正期日本の「不逞鮮人」へのまなざし――大衆ディスクールとコロニアル言説の転覆」（『立命館言語文化研究』第二二巻三号、二〇一一年一月）、安都根「中西伊之助における植民地朝鮮認識の構図――作品『不逞鮮人』を素材に」（『愛知県立大学大学院国際文化研究科論集』一三号、二〇一二年）などを参照。

（3）黒川創「解説」（黒川編『〈外地〉の日本語文学選3　朝鮮』新宿書房、一九九六年）。

（4）とりわけ中西伊之助の小説が当時、朝鮮で翻訳されたことは注目すべきであろう。『熱風』はまず李益相の訳により『朝鮮日報』（一九二六年二月―一二月）に連載され、そのあとに日本で刊行されている。『汝の背後より』は同じく一九二九年に刊行されたという。権寧珉「中西伊之助と一九二〇年代の韓国階級文壇――カップ創立準備会会合時の写真を公開しながら」（呉皇禪訳、『社会文学』第七号、一九九三年七月）参照。

（5）呉皇禪「中西伊之助論――生涯と文学（上）」（『明治大学日本文学』第二〇号、一九九二年八月）四〇頁参照。

（6）『平壌日日新聞』については、これまで具体的な情報がほとんどなかったが、中西伊之助研究会の調査により、『平壌と人物』（平壌日日新聞社、一九一四年、『日本人物情報大系』第七二巻所収、皓星社、二〇〇一年）の著者中西未銷が中西伊之助であると特定された。勝村誠「中西伊之助文学における〈朝鮮〉」（木村一信・崔在喆編『韓流百年の日本語文学』人文書院、二〇〇九年）参照。その序文などによれば、これは『平壌日日』に連載された平壌在住の日本人名士の人物月旦で、中西が日本への帰国費用を捻出するために刊行された。とすれば藤田組攻撃の記事で「新聞は潰れ」たという回想はいささか事実と相違する。なお高榮蘭氏の協力により、Korean History Online の検索で一九〇九（明治四二）年七月三一日付けの「憲機第一五一九号」に『平壌日日新聞』元主筆（日戸勝郎）の動向が記録され、『朝鮮総督府官報』第四二九号（一九一二年二月五日）に「平安南道警務部令」が『平壌日日新聞』を通して布告された記載などが見つかった。のちに『平壌毎日新聞』と改題されたこともわかった。

(7) 藤田組の後身である同和鉱業株式会社『七十年の回顧』(同社、一九五五年)によれば、明治末期に藤田組が関わった朝鮮半島の鉱山は「陽徳院鉱山　朝鮮江原道洪川群(金・銀)」「安突鉱山　朝鮮平安北道熙川群(金・銀・鉛)」「蘇民鉱山　朝鮮平安北道寧平群(亜鉛)」の三カ所である。『赭土に芽ぐむもの』では「D江」に沿った「S炭坑」として登場する。

(8) 藤田組はその後も朝鮮半島で鉱山業に従事し、『大阪毎日新聞』の「鉱業に及せる労銀問題　藤田組朝鮮採鉱放棄」(一九二〇年三月六日)という記事によれば、第一次大戦後の賃銀高騰により不採算となってようやく撤収したことが報じられている。ちなみに『大阪毎日新聞』社長の本山彦一も藤田組の元支配人である。

(9) 大家眞悟『里村欣三の旗――プロレタリア作家はなぜ戦場で死んだか』(論創社、二〇一一年)第五章を参照。「中西伊之助刑事訴訟記録」は宮城県石巻文化センター所蔵の布施辰治関係文書のひとつ。なお石巻文化センターは東日本大震災による津波被害のため、現在閉館中である。

(10) 注7と同じく、「中西伊之助刑事訴訟記録」にある発言。大家眞悟『里村欣三の旗――プロレタリア作家はなぜ戦場で死んだか』(前掲)からの引用。

(11) 中西伊之助「桜花爛漫下の大ストライキ」(初出『改造』一九三〇年三月、『随筆　冬の赤い実』所収、実践社、一九三六年)。

(12) 小林茂夫「解説」(『日本プロレタリア文学集・6　中西伊之助集』新日本出版社、一九八五年)に『東京交通労働組合史』(東京交通労働組合、一九五八年)の記述などを交えた。

(13) このときの組合の分裂については、「日本交通労働組合」専従書記であった里村欣三(本名・前川二享)に即した詳細な調査がなされている。大家眞悟『里村欣三の旗――プロレタリア作家はなぜ戦場で死んだか』(前掲)の第四章・第五章を参照。

(14) 山川亮「書評」(『種蒔く人』一九二二年五月)。

(15) 中西伊之助「市電大争議を語る」(初出『政界往来』一九三四年一〇月、前掲『随筆　冬の赤い実』所収)。

(16) 中西伊之助「留置場裏の人生」(初出『読売新聞』一九二二年八月、前掲『随筆　冬の赤い実』所収)。

(17) 中西伊之助「『赭土』を書いた前後その他」(『新興文学全集』月報「新興文学」、一九二八年三月)。

(18) 筆者にとって、布施辰治の名前は、戦時中に獄死した布施杜生の父として記憶された。野間宏のデビュー作「暗い絵」

（『黄蜂』一九四六年四、八、一〇月）に登場し、主人公深見進介とともにブリューゲルの画集に現われた痛みと苦しみを共有する友人、木山省吾のモデルである。歌人、詩人としての将来性ももっていた布施杜生については、のち中野重治や野間宏らによって遺稿集『獄中詩 鼓動』（永田書房、一九七八年）がまとめられた。

(19) 大泉進『弁護士布施辰治』（前掲）の第四章より引用。

(20) 大泉進『弁護士布施辰治』（前掲）の第五章より引用。

(21) 無署名「盲人が杖無しで闇を歩くやうだ――併し文士揃で経営する聚芳閣はどんな方針で出版するか」（『読売新聞』一九二四年一〇月一二日、「読書界出版界」欄）。

(22) 前田貞昭「『文学界』（聚芳閣）細目稿」（『兵庫教育大学近代文学雑志』第一一号、一九九九年一月）、同「井伏鱒二の聚芳閣入社は大正一三年一一月か――井伏鱒二聚芳閣勤務時代の検証」（兵庫教育大学言語表現学会『言語表現研究』第一七号、二〇〇一年三月）、同「『文学界』（聚芳閣）新出資料と井伏鱒二聚芳閣勤務時代」（同上、第一八号、二〇〇二年三月）などを参照。

(23) 中西はさらに一〇年以上たってから、類似した趣旨の『裁判官を裁く』（実践社、一九三六年）を刊行している。「人民の戦慄を描く――自序に代へる言葉」に始まり、「一、教誨師との対話」「二、花嫁は誰が殺したか？」「三、警察署長は強盗殺人をやつたか？」「四、女子大教授は殺人教唆をしたか？」「五、幽霊はなぜ監房に現はれたか？」「六、殺人家業天下御免」から成る。内容的には『審くもの審かれるもの』とも部分的に重複するが、「裁判官を裁く」という表題のメッセージはより強烈になっている。

「法域」と「文域」——帝国内部における表現力の差異と植民地テクスト

韓《ハン》基《キ》亨《ヒョン》
翻訳：高橋梓

1 想像力の空間的分裂

朝鮮の詩人・文芸評論家林和《イムファ》（一九〇八―一九五三年）(1)が日本で発表した三篇の詩、「曇―一九二七」（雑誌『藝術運動』創刊号、一九二七年一一月）、「タンクの出発」（雑誌『プロレタリア藝術』一九二七年一〇月）、「病監で死んだ男」（雑誌『無産者』第二号、一九二九年七月）は、彼が追究した政治文学の精髄が含まれていた点において、発表当初より高い関心を集めてきた。特に「曇―一九二七」は、革命意識の高揚と、抑えられた事実描写が見事に結合した、革命的モダニティの直接的な簡潔さが際立った作品である。この詩では、アメリカのイタリア移民であった労働者サッコ（Nicola Sacco）とヴァンゼッティ（Bartolomeo Vanzetti）の死が、ブルジョア国家権力によって引き起こされた司法殺人とされ、反資本主義闘争の世界的な触発を正当化する事件として描き出された。

「曇―一九二七」の意図は、コミンテルンを中心に展開された世界革命の過程が、生き生きと描き出されたところにある。林和は、革命のドミノが全世界に拡散していく様子を、数字の連続の配列を通して暗示した。興奮と緊張を高めさせ、終末論的な切迫感を連想させた林和の修辞的戦略は、後に朝鮮の詩人・作家である李箱《イサン》の「詩第一号」（『朝鮮中央日報』一九三四年七月二四日）に継承された(2)。林和が追究した芸術と政治の一体化は、この作品を通して実験的に行なわれたのであった。

しかし、朝鮮で発表された林和の詩には、「曇―一九二七」とは大きく異なる特徴が見られる。朝鮮において林和の詩人としての名を轟かせることになった「若き巡邏の手紙」（雑誌『朝鮮之光』一九二八年四月）、「十字路の順《ス》伊《ニ》」（『朝鮮之光』一九二九年一月）、「うちのお兄さんと火鉢」（『朝鮮之光』一九二九年二月）、「傘さす横浜の埠頭」（『朝鮮之光』一九二九年九月）などの詩には、革命の当為性や革命闘争を煽動するような直接的な表現は、もはや登場しない。これらの詩においては、闘争の現実をめぐる躍動的な描写に代わり、革命運動の暗い面をめぐる反芻が、その多くの部分を占めている。投獄された者の描写が目立つ点も、それと関連したものであった。

注目すべき点は、朝鮮で発表された林和の詩のほとんどが、革命の時間をただ未来のものとして捉えていたことである。革命的な状況が「現在」とかけ離れたものとされたことは、「曇―一九二七」の時間意識とは質的に異なっている。ところで、誰も知ることができない未来の時間のなかに革命が封じ込められたことは、朝鮮の左翼作家が創作する上で直面していた大きな難関、すなわち検閲の問題が深く関わっていた。

これらの詩において、革命が未来の時間のなかに幽閉されたことは、表現の不可能性をめぐる憂慮が、想像の臨界を抑圧したことにより生じた現象であった。その過程で、感傷と浪漫の叙情や、親族間の絆などが、重要な詩的要素として浮上した。革命への信念を作品にあらわすことができない現実が、革命への期待そのものを弱めさせるような状況を作り出したのであった。林和の詩において頻繁に見られる家族への呼びかけは、未来を現在のものとすることができないために、個人的な経験の世界へと立ち戻らざるをえない、植民地人の精神構造を反映していた。

宣言的な言説から独白の言語に急激に傾倒していった林和の詩の情調は、「十字路の順伊」の一節によくあらわれている。林和は、兄の妹への呼びかけという形式を通して、肉親との私的な関係を表象した。そして、そこに彼が描きたかったであろう、反権力的な政治的意図を隠そうとしたのである。

若き日を闘いのなかで過ごしてきたその手で
今は若き血でレンガの塀に暦を描く

そしてこの寒い夜に細い脚はピアノ線のように震える

「十字路の順伊」において、林和は監獄に幽閉された社会主義者の姿を描き出した。しかし、「ピアノ線のように震える」脚を持った革命家の衰えた身体は、「曇―一九二七」で「スパルタキストの勇敢な闘士」と描写された、革命前衛の姿とはあまりにもかけ離れていた。

林和は、朝鮮で刊行された『カップ詩人集』（集団社、一九三一年）には、自分が日本で発表した作品を一篇も載せようとしなかった。それは、検閲を通るかどうかを疑ったためだろう。「曇―一九二七」は、玄海灘を渡った『藝術運動』の誌面を通さなければ、朝鮮の読者と出会うことはなかった。しかし、『藝術運動』が朝鮮で合法的かつ自由に発売されるのは、ほとんど不可能なことであった。朝鮮に移動する過程で、出版物をめぐる新たな検閲基準が適用されたためである。

発表地域の違いによって詩の表現と情調が決定づけられる、と断定することはできない。しかし、偶然にも林和の詩においては、発表地域と表現内容の等価化が見られるのも事実である。もしこの林和の例が、自意識の空間的分裂が招いた構造的現象であるなら、その問題は林和の作品に限定した議論では、明らかにすることはできないだろう。

2 「法域」の偏差、「文域」の生成

林和のように、多くの朝鮮人社会主義者は、日本と朝鮮の検閲の差異を活用して、故国では表現できないものを何とか表現しようとしていた。植民地人にとって、東京が検閲を回避するための避難所となった点は興味深い。[3] しかし、彼らの意図は、表現の自由を得ようとすることに限定されたものではなかった。より重要な目標は、事前検閲下では計画することすら不可能だった革命的出版物を作り、それを再び自分たちの故国に送り返すことであった。[4]

しかし、朝鮮語の社会主義文献を朝鮮内に持ち込むのは、たやすいことではなかった。「朝鮮においては創刊号から全て」と雑誌『思想運動』の検閲記録にあるように、[5]それらのほとんどは発売・頒布が禁止されたり、押収されたりしていた。それは、植民地と「内地」の間に厳然と存在した、検閲環境の違いがもたらした結果であった。両地域の検閲をめぐる本質的な差異は、差別の強度ではなく、表現水位の許容範囲において見ることができる。日本においても、社会主義とポルノは厳しく取り締まられていたが、朝鮮と比べると、それらを排除する方式は著しく異なっていた。国家検閲の方法をめぐっては、地域間に位階が存在していたのである。

そのような地域間の検閲の偏差を、「法域」と「文域」という概念によって説明してみようと思う。「法域」とは、法や行政規則などの検閲手段が、ある地域とその人口集団におよぼす「影響圏」を意味し、必ず国家権力の政策意図を反映する。朝鮮は帝国日本の領土とみなされたが、検閲法と検閲行政、検閲基準などは、日本と違うものが適用された。さらに、朝鮮人と日本人は、それぞれ違う法律が適用された。日本人は、朝鮮においても「内地」にいる時と類似した法的地位を維持することができた。それに対し朝鮮人は、居住地域によって異なる法律が適用された。このような「法域」の差異によって、帝国版図内における知識文化の地域間の非対称性が制度的に構築されたのである。

「法域」の構成は、同時に「文域」の生成をもたらした。「文域」とは、各「法域」において許容される叙述可能性の臨界（the limits of the possibility of representation in each jurisdiction）を意味する。「文域」は、合法的に刊行されたテクストの総体に対応し、完結することのない流動性をその特徴とする。「文域」が完結しないものであるのは、検閲の運動性によって「法域」の内的体系が変化し続けたためである。[6]「文域」は、検閲の過程とその結果をあらわす点において、「法域」のメタ表象であった。

このように「文域」は、検閲の持続的な反復によって定められ、特定の規範性を帯びるようになる。たとえば、「どのような文章を検閲すべきか」という問いに回答した総督府図書課の検閲事例集は、規範から外れた朝鮮語資料が整理されており、「文域」の存在を公式的に立証したものである。その代表的なものが、植民地の検閲標準であった「朝鮮文刊行物行政処分例」（『朝鮮に於ける出版物概要』一九三〇年）である。[7] この行政文書における社会主義出版物の検閲基準は、以下のような例示文によって提示された。そこからは、レーニンやトロツキーをめぐる肯定的な言及が、朝鮮内における検閲の重要な焦点となっていたことを読み取ることができる。

①ああ、二年前の同じ月の同じ日の午後六時（朝鮮では正午）！偉大な破壊者であり、建設者であるレーニンが、本当に逝ってしまった。しかし、彼が逝った後も、労農の基盤は葉は茂り、根は深く堅固である。死後から二年経つ今日においても、いっそう新しく、決して古さを感じさせない、忘れえぬ偉大な創造者よ！（『東亜日報』一九二六年一月二一日）

②去る日、ロシアで革命が起きた時、それを国際的蹂躙から救い、内乱の惨禍を防いだ者は、他でもないトロツキーの赤衛軍であった。（『東亜日報』一九二七年二月一一日）

このようなタブーの提示によって、朝鮮において社会主義ロシアと革命運動の実情に言及することは、非常に困難になった。朝鮮で最も影響力のあった雑誌『開闢』は、「労働階級の同盟が赤露（ロシア）革命の勝利において最も大きな助けとなった。赤露革命史は人類解放運動に大きな影響を与えた」[8]などの記述が問題となり、一九二六年八月に強制廃刊になった。

しかし、これに対し、日本の状況は異なるものであった。植民地人に強要された表現の限界、すなわち「文域」の制限を越えようとする朝鮮人の試みは、一九二〇年代の中盤以降、『思想運動』『理論闘争』『現階段』『芸術運動』『無産者』などの、日本で刊行された朝鮮語の社会主義雑誌を通して盛んに行なわれた。これを『新生活』『開闢』『朝鮮之光』などの、朝鮮内の媒体と比べてみると、「内地」と植民地の間の表現の格差がどのようなものであったか、明確にわかる。つまりそこには、社会主義者たちが自身の思想的アイデンティティを直接表現できるか否か、という問題が存在していた。

日本で刊行された朝鮮語の社会主義刊行物の多くは、特定の運動路線と組織を具体的に代弁するものであった。『思想運動』は一月会[9]の立場を、『藝術運動』と『無産者』はカップ新世代[10]の立場を反映していた。しかし、朝鮮共産党の機関誌であり、当時の代表的な社会主義雑誌であった『朝鮮之光』には、そのような関係の様相を求めることは難しい。カップの機関誌『藝術運動』と同じ時期に刊行された『朝鮮之光』第七三号（一九二七年一一月）の目次には、社会主義革命をめぐる具体的な表現はほとんど存在しない。不穏な表現のほとんどは、文章のなかに注意深く隠しこまれていたか、あるいは事前検閲によって削除されていた。

このような差異が生じたのは、朝鮮と日本の検閲基準と検閲慣行が、それぞれ異なるものであったためである。植民地検閲当局は、朝鮮人社会主義者が日本で刊行し朝鮮に持ち込んだ書籍を、「最も注意を要する」[11]きわめて危険な出版物として分類した。その理由は、何よりもこれらの出版物が、朝鮮社会の革命的変化の当為性を、植民地の現実に基づいて強く煽動したためである。朝鮮語が用いられたことで、朝鮮における可読性が高まった点も、それらの出版物がさらに危険視される要因となった。

一九二〇年代末、東京で刊行された朝鮮人発行の出版物二八種類のうち二二種類が、反帝国主義運動に関連していた。特にそのなかの八種類の連続刊行物は、朝鮮では発売頒布禁止および押収の対象として、特別に取り締まられた。

植民地検閲機関が、日本で刊行された朝鮮語の社会主義媒体の移入を警戒したのは、それらの雑誌が朝鮮の出版物とは違い、非合法的に地下流通する可能性があったためである。日本では、発行三日前に製本二部を内務省に納本することで出版手続きが完了したため、発売禁止などの行政処分を受けたとしても、出版物は内容に損傷のないまま地下流通の道を選ぶことができた。それは、日本の左翼出版物が持っていた、一つの特権であった[12]。

ところが朝鮮では、出版物をめぐる削除と没収という、事前検閲が容赦なく行なわれたため、地下流通を活性化させるような内容上の資産を持つことは困難であった。朝鮮人は、検閲機構の要求を受け入れるか、国家権力の出

表1　在東京朝鮮人発行注意雑誌一覧表（1927-1928）

題　名	法律根拠	記事内容	創刊日	部　数	発行人	備　考
『学之光』（朝鮮文）	出版法	民族、社会	1911年9月	1,000	朴亮根	学友会機関紙、不定期
『朝鮮労働』（朝鮮文）	新聞紙法	政治、労働、社会	1925年8月	1,000-3,000	金相哲	在日本朝鮮労働総同盟、機関紙
『青年朝鮮』（朝鮮文）	新聞紙法	政治、労働、社会	1926年8月	約1,000	方致規	東京朝鮮青年同盟機関紙
『新運動』（国文）	新聞紙法	社会、朝鮮	1925年9月	1,000-3,000	李　達	寄附金募金時提供
『大衆新聞』（朝鮮文）	新聞紙法	社会、民族（共産）	1926年6月	1,000-1,500	崔益翰	螢雪会（旧一月会系列）機関紙
『黒友』改題『自由社会』（国文）	新聞紙法	社会（無政府）	1927年6月	1,000	李弘根	黒風会（黒友会）機関紙
『女子界』（朝鮮文）	出版法	民族、女性	1927年1月	1,000	李淑鐘	女子学興会機関紙
『新朝鮮』（国文）	新聞紙法	社会、朝鮮	1925年9月	約2,000	姜世馨	寄附金募金時提供
『新興科学』（朝鮮文）	出版法	社会	1927年3月	1,000	李丙鎬	新興科学研究会機関紙
『理論闘争』改題『現階段』（朝鮮文）	出版法	社会	1928年7月	不明	張準錫	在京左翼団体機関紙

『新聞紙出版物要項』（1928年）と『朝鮮に於ける出版物概要』（1929年）に基づいて作成。

版統制を徹底的に否定するかの、二者択一を迫られていた。日本における出版物の柔軟な生存方式は、植民地では決して許されるものではなかった。

国家権力と出版資本が、表現の水位をめぐり事前に調節を行なうことを意味する「内閲」の問題は、日本と朝鮮の出版環境の違いを理解するための重要な手がかりとなるだろう[13]。ここで、よく知られている中野重治の「雨の降る品川駅」の例を見てみよう。中野重治の「雨の降る品川駅」は、一九二九年二月、意味が把握できないほど伏字が入った状態で、雑誌『改造』に掲載された。それは、その詩において暗示された天皇に関わる表現、つまり「大逆」の可能性を避けるために[14]「内閲」が行なわれた結果であった。

一九二八年四月一三日、日本の閣

議では満場一致で言論をめぐる「厳重な取締り」が決定された。鈴木喜三郎内相はすぐに山岡万之助警保局長を呼ぶと、発売禁止とされながらも反省の色を見せない新聞・雑誌については、「司法処分により発行禁止の極刑に処す」ことを命じた。[15] この時『改造』についても、「最近非常に急進的な態度を取っている雑誌として大きく注視すべき、という評価が下されている。『改造』は、自己検閲を強化することで、政府の政策に歩調を合わせる一方で、中野重治の詩を伏字が入った状態で掲載することで、政治的犠牲者という媒体のイメージを作り出したといえる。一方では生存と妥協、もう一方では知識商品としての権威の維持という目標が、同時に追求されていたのである。

しかし、朝鮮の出版資本の場合、自らの出版政策を維持しながら国家権力と共謀するという、日本のような社会的環境を持つことはできなかった。「内閲」が全く存在しなかったというわけではないが、特殊な事例にすぎなかった。「内閲」は、出版資本と国家権力の間の力の均衡、あるいは利害関係の一致を前提とした合意の過程を意味するが、朝鮮ではそのような力の均衡と利害関係の一致はありえなかったためである。ほとんどの朝鮮の出版物は、植民地出版法によって規制されていたが、その法の核心的な趣旨は、原稿の事前検閲であった。「事前検閲」こそ、植民地テクストをめぐる植民地権力の一方的な関係を端的にあらわす用語である。

一九二九年五月、日本で刊行された朝鮮語社会主義雑誌『無産者』に、「雨の降る品川駅」の全文を朝鮮語に翻訳したものが、ほとんど完全な状態で掲載された。[16] それが可能だったのは、『無産者』が合法的な生存を窮極的には目的としなかったためである。『無産者』にとって、「内閲」によって日本の検閲当局と共謀する理由は存在しなかった。日本と朝鮮における地下流通の道も開かれており、最大部数三〇〇〇部未満の雑誌にとって、商業的な理由によって妥協を選ぶ可能性は無に等しかったといえる。もし『無産者』のような社会主義雑誌が「内閲」を試みた場合、その小さく不安定な自身の出版市場すら守ることはできなかっただろう。『無産者』を入手しようとした朝鮮人たちは、非常に危険度が高い雑誌を好んだためである。

一九三六年一〇月、「朝鮮共産党再建京城準備グループ機関紙部」が発行した『赤旗』第一号には、以下のような内容が含まれていた。しかし、『赤旗』こそ典型的な意味で不穏文書であった。

『赤旗』は、奴らにとって強大な敵であると同時に、弾圧の唯一の物的証拠である。頒布者諸君は、紙面から他の同志の指紋を消すために、受け取ったら全紙面を自分の手で拭うこと。『赤旗』は我々の座右の銘である。読んだら必ず燃やすこと。『赤旗』を手にしている時は、閒遊、訪問、散歩は厳禁である。街を行く時は、十字路などの見通しの良い場所は避け、袋小路には特に注意を払い、辺りをよく見まわし、スパイのような者を見つけたら、すぐに自分の行き先をくらませること。(17)

国家が制定した法体系と行政規則に基づいて刊行された出版物が、国家の命令に背き地下で流通したことは、深刻な問題であった。しかし、処罰の法的主体が明らかであったという点では、その状況が国家秩序そのものの根本的否定であったとは言いがたい。ところが、『赤旗』は出版をめぐる国家権力の要求を拒否することで、実定法の境界を越えることになる。そのため、『赤旗』のようないわゆる「不穏文書」は、特定の「文域」の影響を受ける必要はなかった。それは同時に、公けに流通する文字メディアの場においては、想像の自由と表現の可能性が互いに収斂することを意味していた。ところで、ある出版物が国家の合法の範疇と統制の臨界線を考慮しないですむということは、近代における出版物をめぐる一般的な生存環境からは離脱した、全く新しい次元の問題であった。

3　二つの出版市場と植民地「文域」の混乱

一九二〇年代後半にさしかかると、朝鮮で日本人が刊行した出版物が持っていた独自の意味は、ほとんど失われることになる。在朝日本人出版の不振は、何よりも「内地」から直接入ってきた移入出版物の影響によるものであったからだ。朝鮮総督府図書課は、「近時内地ヨリ移入ノ刊行物ニ圧倒サレ其ノ個人経営ニ係ルモノニアリテハ其ノ経営相当苦境ニアルノ実情ニアリテ特殊ノモノヲ除キテハ到底内地ノ移入出版物ニ及ハズ多ク経営ノ収支償ハズ其ノ発行亦不振ノ情況ニアリ」（朝鮮総督府警務局図書課『昭和二年度新聞紙出版物要項』一九二八年、三三頁）と、在朝日本人出版業の現状を説明していた。

朝鮮への移輸入新聞・雑誌の総数は、一九一九年には五万一五九四部であったものが、一九三〇年には三二万五〇三〇部にまで増加した。三・一独立運動以降の一一年間で、六二九％の量的拡大があったことになる。ここに単行本の搬入量を加えると、移輸入出版物の総量はさらに増えることになるだろう。また、一九二七年度の二六万六三九七部のうち九九％は日本からの移入出版物であり[18]、輸入出版物は中国からのものが一二五五部、その他の外国からのものは九七一部（計二二二六部）と、移輸入出版物全体の一％にも満たなかった。この数値は、「文化政治期」を通して朝鮮社会が日本の出版市場に急速に隷属されていったことを示している[19]。

朝鮮総督府関係者は、日本出版資本の朝鮮への進出について「内地又ハ外国ヨリ朝鮮内ニ輸移入セラルル新聞雑誌ハ〔中略〕逐年増加ノ傾向ヲ示シツツアリテ斯ノ如キ傾向ハ即チ朝鮮文化ノ向上ヲ如実ニ示ス証左ニシテ洵ニ喜フヘキ現象ナリ」（「新聞紙雑誌輸移入及其ノ種類数量」朝鮮総督府警務局図書課『新聞紙要覧』一六頁）と、積極的に評価した。しかし、それと同時に、日本の出版物の移入の増加は、植民地検閲当局の新たな悩みの種を生み出した。つまりそれは、「内地」の出版物の移入増加と比例して、不穏な内容が朝鮮内に運び込まれることが多くなると考えられるため、それらを事前に遮断しなければならないということである。すなわち、検閲の需要の膨張を意味していた。日本の出版物が、植民地「法域」の基準に抵触する可能性が高まったのである。

「京城に到着した日本の各新聞が当局の取締りによって押収」されたという記事が、一九二〇年代初頭より朝鮮語の新聞紙上において頻繁に登場するようになる。「雖又一面此等多数ノ新聞雑誌ノ輸移入ニ伴ヒ民衆ノ思想上ニ及ホス影響尠ナカラサルモノアルヲ以テ此ノ方面ニ対シテハ特ニ深甚ノ注意ヲ払」（「新聞紙雑誌輸移入及其ノ種類数量」朝鮮総督府警務局図書課『新聞紙要覧』一六頁）わざるをえない状況になったのである。

表2によると、移入媒体の部数拡大は、一九二六年から続いていたことがわかる。一九三〇年代に入ると、朝鮮

表２　日本で刊行された主要新聞・雑誌の朝鮮内移入量（部数）

	区分	1926年	1927年	1928年	1929年	1931年	1934年	1935年	1937年	1939年	1940年
『大阪毎日新聞』	総数	44,184	48,327	50,861	48,853	45,804	57,258	59,574	73,334	83,339	92,970
	朝鮮人購読	1,881	1,746	2,503	2,566	3,258	5,374	6,062	8,930	14,319	23,143
『大阪朝日新聞』	総数	36,528	34,799	42,242	41,572	41,229	54,981	57,694	66,276	72,859	90,529
	朝鮮人購読	1,658	1,411	3,255	2,046	2,757	5,723	6,258	7,962	12,527	20,495
『キング』	総数	13,753	16,224	20,487	17,693	20,248	31,074	34,390	34,593	41,994	43,419
	朝鮮人購読	386	810	1,121	1,248	1,716	4,715	5,007	7,007	10,763	13,925
『主婦之友』	総数	7,704	10,004	12,946	14,555	18,944	27,536	30,393	29,509	34,259	36,833
	朝鮮人購読	42	393	342	532	398	1,830	1,748	3,148	6,283	8,507
『改造』	総数	1,195	2,940	2,907	2,820	3,605	3,902	4,050	3,540	4,922	5,745
	朝鮮人購読	164	572	306	254	401	670	676	828	1,435	2,082
『中央公論』	総数	1,486	1,358	1,454	1,458	2,511	2,898	3,310	3,891	3,181	4,384
	朝鮮人購読	98	167	116	61	213	450	484	904	1,271	1,418
『無産者新聞』	総数	436	280	381							
	朝鮮人購読	428	237	367							
『解放』	総数	114									
	朝鮮人購読	26									
『進め』	総数	131									
	朝鮮人購読	125									

人の読者数も著しく増えていった。しかし、移入量増加の裏側では、出版物をめぐる徹底的な監視の努力も常に存在していた。表3によると、日本からの移入出版物の朝鮮内における検閲行政処分（三〇〇六件）は、朝鮮の外における官庁通報による処分（六五一件）より、四六一％も上回っていたことがわかる。その数値は、移入過程における強度の高い検閲の存在を示唆している。

日本から移入された出版物に対して行なわれた検閲も緻密なものであったが、帝国の領域外から入ってくる出版物に対しては、さらに高いレベルによる統制が行なわれていた。一九二六年から一九三〇年までの五年間で、日本の出版物と国外の出版物の行政処分件数は、それぞれ三六五七件と一七一二件であった。日本以外の出版物をめぐる朝鮮検閲当局の行政処分件数は、日本からの移入物の処分数の四六％であった。移輸入新聞・雑誌の総部数において、日本以外の地域の比重が一％にも満たなかったこ

表3　移輸入出版物をめぐる行政処分件数（1926-1930）

発行地	発見原因	区別	治安妨害	風俗壊乱	計
内地	朝鮮外 官庁通報	新聞	425	31	456
		雑誌	151	44	195
	朝鮮内 検閲	新聞	2,970 *883	1 *103	2,971 *986
		雑誌	35		35
国外	朝鮮外 官庁通報	新聞	13		13
		雑誌	8		8
	朝鮮内 検閲	新聞	1,690 *252	*2	1,690 *254
		雑誌	1		1
計		新聞	5,099(*1,135)	32(*105)	5,131(*1,240)
		雑誌	195	44	239

＊は、1928年度の資料において、新聞雑誌の種類別の区分と発見原因が区分されないまま、その総数だけが記載されたものを示している。ここでは統計に算入せず、別途表記した。986件と254件には、新聞と雑誌の行政処分件数が混在している。

『新聞紙要覧』（1927年）、『新聞紙出版物要項』（1928年）、『朝鮮に於ける出版物概要』（1929、1930、1932年）などを参照して作成。新聞紙法と新聞紙規則によって発生したものに限定した統計であるため、出版法によって刊行された出版物の検閲統計は除外した。

とは、上述したとおりである。これらを併せて考えると、日本以外の地域の出版物をめぐる朝鮮検閲当局の行政処分件数は、非常に高い数値であることがわかる。国外の出版物と日本の出版物の比較において、行政処分比率が搬入量比率より四六倍も高い数値だったのは、特別な政策が行なわれた結果であった。それは、輸入（日本以外）出版物に対する、朝鮮検閲当局の極端な緊張感をあらわしている。

一九二六年から一九四〇年までの一四年間で、『大阪毎日新聞』一一〇％、『大阪朝日新聞』一四七％、『キング』二一六％、『主婦之友』三七八％、『改造』三八一％、『中央公論』一九五％、それぞれ移入量の増加が見られた。同時期の朝鮮人購読者数は、『大阪毎日新聞』一一三〇％、『大阪朝日新聞』一一三六％、『キング』三五〇八％、『主婦之友』二万一五五％、『改造』一一七〇％、『中央公論』一三四七％も増加した。注目すべきは、新聞に比べて雑誌が相対的に急速に普及した点と、朝鮮人購読者の比率が著しく上昇した点である。

ところで、一九二〇年代後半以降、朝鮮で五大日本媒体の普及拡大が展開されたことと、社会主義関連の媒体の退潮は、相互に関連した現象であった。朝鮮総督府の特別な関心を集めていた『無産者新聞』は一九二八年以降、『解放』と『進め』は一九二六年以降、朝鮮出版警察の年報作成対象から除外された。年報の統計対象から除外されたということは、それらの朝鮮への移入がほとんどなかったことを意味している。『無産者新聞』への総督府の深刻な憂慮は、この新聞の購読者が主に朝鮮人であったことに起因するものであった。総督府は、日本と朝鮮の社会主義運動の連携を遮断するために、人びとが朝鮮でこの新聞を購買できないようにした。一方で、『無産者新聞』とともに「主義的色彩記事所掲新聞雑誌」(「新聞紙雑誌輸移入及其ノ種類数量」朝鮮総督府警務局図書課『新聞紙要覧』一七頁)と分類された『改造』は、朝鮮での販売をめぐり、特に制約されなかった。

日本の出版物の朝鮮内への移入が普遍化したことで、朝鮮の出版市場において、日本語市場と朝鮮語市場がはっきりと二分化し始めた。これらの競合については、まだ明らかにされていない点が多い。しかし、植民地の知識文化と深い関わりを持っていた検閲政策が、この二つの出版市場の関係に多大な影響を及ぼしたのは確かである。日本の出版物の検閲基準を朝鮮の「文域」に合わせるか、あるいは朝鮮より緩めるかによって、市場の反応は変わらざるをえなかったためである。もし、植民地「文域」の非対称性から抜け出そうとする朝鮮人の欲望と、移入出版物の検閲基準を緩和し、日本の出版資本を支援しようとする植民地検閲政策が結びついたとしたら、朝鮮語の出版市場の萎縮は火を見るよりも明らかであっただろう。

一般的に、植民地朝鮮の出版市場は「閉鎖的二重性」によって二分化していたと考えられてきた。朝鮮では、日本語出版物と朝鮮語出版物が共存していたが、朝鮮語出版物が「内地」に進出することはほとんどなく、日本の出版市場のような広域化現象を模倣することはできなかった。朝鮮の出版市場は、日本の出版市場に囲い込まれた、一つの「地方市場」にすぎなかった。

しかし、そのような必然的な位階性すら、維持することは困難であった。朝鮮の出版市場は、日本の出版市場に比べて非常に小規模であったにもかかわらず、その出版市場の成長と外形的な拡大は、制度的に阻まれていた。植民地検閲とは、そのような出版市場の変動可能性を規律する、核心的な国家制度であった。検閲においては、思想統制と精神訓練に重点が置かれたが、一方で知識資本の掌握にも高い関心が向けられていた。植民地検閲を通して生じた日本と朝鮮における表現力の差異こそ、朝鮮の出版市場における朝鮮語出版物と日本語出版物の生産環境の差異を形成した要因であった。

この点と関連して、朝鮮において『改造』の販売が許容され続けたことは、日本の出版物が朝鮮内の思想文化の領域まで蚕食した現象として理解することができる。『改造』の例が、検閲当局の政治的目的によるものであったとするなら、それは出版市場の競争という方式によって、朝鮮の知識文化全体への間接統制が成功したことを意味していた。一九三九年に『改造』の朝鮮での販売量が四九二二部であったことが、どれほどその経営を助けることになったかは不明である。しかし、朝鮮社会における『改造』の存在と歩みは、販売量とはまた別の次元の意味を作り出していた。

> 業者の証言によると、売れる本の傾向は、地域により異なっていた。はじめに立ち寄った朝鮮社会では、当時内地でもあまり売れなかった思想関係と経済関係の書籍が人気だったため、台湾にも持って行ったところ、全く売れなかった。〔中略〕出版資本の厄介者であった「幽霊」たちが植民地に追放された瞬間、利益をもたらす受益商品へと変身したのであった[20]。

高榮蘭が描写した植民地の風景は、朝鮮の「文域」と関連したものとして、非常に興味深い。なぜなら、日本の出版業者にとって、朝鮮は社会主義商品を処理する市場にすぎなかったが、朝鮮人書籍購買者は在庫商品を購入する過程で、長い間抑圧されてきた植民地「文域」の限界を解消する機会を得ることになったためである。しかし、認識の限界を拡張するために、「内地」の出版物を利用するしかなかった植民地人の現実が、被支配者の不穏な欲望すら寛大に受けいれる帝国、という逆説的イメージを作り出してしまった点も、忘れてはならない。

一九三〇年代に入ると、急激に規模を拡大させていった日本の出版市場の影響によって、「法域」が「文域」を誘導するという状況は一変する。同じ「法域」内においても、出版物が資本の性格によって異なる表現水位を持ちうるという状況が作り出されるようになった。その結果、「内地」と「植民地」の空間的な区別は弱まったが、それらをめぐる差別化の形成において、出版資本の影響がさらに介入する余地が生み出された。一九三〇年代後半になり、朝鮮社会において植民地性をめぐる自意識が全般的に稀薄化したのは、このような間接統制の拡大と関連した現象であるといえるのではないだろうか?

「域」の問題と、植民地の出版市場の関係を照らし合わせながら、日本文学の朝鮮語への翻訳状況を見てみると、翻訳と翻案のすべてを合わせても、それらの数が非常に少なかったことがわかる。それだけではなく、ほとんどの作品が日本文壇における主流傾向とはかけ離れていた。それらの翻訳と翻案は一般的な予想から外れるものであった、という事実をここで確認するとともに、地域間における近代知識の移動の問題と植民地との関係について、あらためて考えてみたい。

一九一〇年代以前には、矢野龍渓の政治小説『経国美談』、末広鉄腸『雪中梅』などが、一九一〇年代には徳冨蘆花『不如帰』、渡辺霞亭『想夫憐』、菊池幽芳『己が罪』、尾崎紅葉『金色夜叉』、柳川春葉『生さぬ仲』などが朝鮮語に翻訳されたり、または翻案が作られたりした。一九二〇年代に入るとその数はさらに減り、中西伊之助の『熱風』と『汝等の背後より』などがあるぐらいである。この時期がプロレタリア国際主義の全盛期であったとは、とても考えられないほどである。

しかし、日本語小説の翻訳は、むしろ総力戦の時期に活発に行なわれていた。雑誌『文章』[21]における、総督府の意図が介入した「戦線文学選」の目録を見てみると、かの有名な『麦と兵隊』の著者である火野葦平の「土と兵隊」「煙草と兵隊」をはじめとし、林芙美子「戦線」「星の明るい一夜」「戦場の道徳」、徳永進「大部隊の敵」、尾崎士郎「陸軍飛行隊」「非戦闘員」など、三三篇の作品が朝鮮語に翻訳されていたことがわかる[22]。

朝鮮と日本の密接な関係と照らし合わせて考えてみると、朝鮮語に翻訳・翻案された日本文学の数はあまりにも少ないことがわかる。さらに深刻なのは、それらの作品の選択をめぐり、強い偏りが存在していることである。これは、近代における朝鮮と日本の文化関係の実情が極端にあらわれた資料であるといえる。日本文学の翻訳状況については、それ自体がさらなる議論を必要とするテーマである。しかし、本稿における筆者の関心は、日本文学の朝鮮語翻訳・翻案目録が貧弱なものであったという問題よりも、なぜこのようなことが起きたのかを明らかにするところにある。はたして、植民地朝鮮において「翻訳されなかった帝国」とは、どのような意味を持つ社会現象だったのだろうか？

ここには、以下のような理由があったと考えられる。第一に、多くの朝鮮知識人は日本語を駆使するリテラシーを獲得していたため、彼ら以外の購買者がどれぐらいいたのかを予測できなかったという点を指摘する必要がある。つまり、市場の不確実性が、翻訳を萎縮させたことが考えられる。第二に、開闢社をはじめとした朝鮮の主な出版社は、自身の媒体の内容を補うために日本の知識と文化を翻訳することについて、非常に否定的であった。それは、民族主義のあらわれとして理解できるかもしれないが、一方で、朝鮮という「地方」の市場を掌握していた土着出版資本が選ばざるをえなかった、必然的排他性の問題であるともいえる。朝鮮出版市場における支配力の維持は、模倣することができないような出版材料を持っているかどうかにかかっていたためである。第三に、検閲の観点から、日本のものを翻訳することは、常に未知の危険性を内包していた。翻訳された内容が植民地朝鮮の検閲を通過できるかどうか、という問題は、上述したように「文域」の偏差によって生じたものである。その問題は、日本文学を朝鮮語に翻訳する際に、常に制約となっていた。堺利彦が翻訳したウィリアム・モリスの *News from Nowhere*（一八九〇年）[23]を朝鮮に紹介した鄭柏《チョンベク》は、社会主義の思想と文化をめぐる翻訳が引き起こすであろう危険な状況を避けるために、作品の出処が堺とモリスにあることを必死に隠そうとしていた[24]。

これらの理由から、日本の知識文化の朝鮮語への翻訳は、積極的には行なわれなかった。そして、日本の出版市場が朝鮮に拡大することで、翻訳の問題は人びとの関心からさらに遠のいていった。その渦中で国策文学が大量に翻訳されたのは、それらの作品が検閲を必要としないテクストであったためである。朝鮮総督府の中核的な検閲官であった西村真太郎が『麦と兵隊』（一九三八年）を朝鮮語に翻訳し、総督府がこれを無料で頒布したことは[25]、帝国の権力が介入しないかぎり、植民地において帝国の文学を翻訳することがどれほど困難であったかを、象徴的に示している。

4　結び

「文域」の問題を考察せずに、植民地人の文章を深く理解することはできないだろう。帝国の膨張が朝鮮近代の語文秩序に与えた強い圧力は、植民地人の文章の端々にその痕跡を残した。植民地人は、自らに強いられた「文域」の外延と内包を正確に理解しなければ、安全に自身の意志を伝えることができなかったのである。

しかし、さらに問題なのは、「文域」の流動性により、その合法的な発話の基準そのものが可変的であったことである。そのような制約が、植民地人の発話の欲望と文字表現をめぐるすべての過程を掌握したことによって、植民地人は自らの認識と、その文字表象のプロセスを体系化することが困難な状況に陥ることになった。こうして植民地人は、植民地以外の地域の人びとよりも、非正規の発話／表現に敏感にならざるをえなくなったのである。これは、植民地において展開された言語秩序の近代的な均質化の過程において、必然的に非均質的要素を内包していくという、自己矛盾の構造であったことを暗示している。

合法性と発話目的を統合しようとする意図、あるいは反植民地主義の意図を持つものだとしても、それを植民地検閲が定めた制限のなかに置かなければならないという合法性への強迫観念によって、言述内容の倒錯と異質性が生み出されることになった。それらは植民地文化の未成熟をあらわすものとして理解されたり、あるいは植民地人の知的活動を見下すための証拠として用いられたりしてきた。朝鮮近代小説史には世界に名を残すような「偉大な大作」が存在しない、というコンプレックスの裏側には、植民地の固有な環境を、非植民地の観点から（誤解を怖れずにいえば帝国の観点で）評価せざるをえなかった、逆説的植民地性という長い慣性の影響が見られる。[26]しかし、植民地人の発話方式をめぐる新たな分析方法を考える上で、そのような「非均質性」、あるいは「異質性」は再評価される必要がある[27]。

このような観点は、植民地の文学が植民地そのものの文学生産メカニズムを通して分析されるべきである、という必要性を促すものである。そして、既存の美学体系に付随した近代文学の解釈をめぐる限界を、植民地的特殊性の解明を通して補完されなければならない、という問題意識を同時に含んでいる。本稿で論じてきた「域」をめぐる議論もまた、これまで植民地人が直面した特殊な局面をめぐり、非植民地的な理論によって覆い隠されがちであった学術的慣行を覆そうとするものである。そして、それらの特殊な局面をめぐり、植民地の歴史現実そのものの構造に基づいた再解釈を試みようとする、一連の努力の過程のなかに位置づけることができるだろう。

付記

本稿は、韓国の学術誌『民族文学史研究』(第四四号、二〇一〇年)に発表した論文「「法域」と「文域」:帝国内部の表現力の差異と出版市場〝법역(法域)〟과 〝문역(文域)〟: 제국 내부의 표현력 차이와 출판시장」を推敲・補完したもので、日本語訳は『文学』(第一四巻四号、二〇一三年七・八月号)に掲載された。

注

(1) 一九〇八年、ソウル・駱山《ナクサン》に生まれる。本名は林仁植《イムインシク》。詩人、文芸評論家、文学史家、映画俳優として活動。特に、朝鮮プロレタリア芸術同盟(カップ)の書記長を歴任し、一九四五年植民地解放以降は「朝鮮文学家同盟」を主導するなど、左翼文芸運動史における卓越した理論家であり、実践家であったことで有名。朝鮮戦争以後、北の政権によって南朝鮮労働党系が粛清されるが、彼もまた銃殺された。

(2) このような林和と李箱の作品に見られる共通点は、朝鮮近代文学におけるプロレタリア文学とモダニズムの内的連帯を暗示している。金允植《キムユンシク》は林和のこの詩について、未来派およびダダイズムの洗礼がプロレタリア詩の芸術性に寄与した典型的な例であると説明した(金允植『林和研究』文学思想社、二〇〇〇年、第六版、一一六—一二二頁)。

(3) もちろん、日本において享受された朝鮮人の自由は、非常に限定的なものであった。朝鮮人社会主義者が刊行した雑誌『思想運動』には、「安寧秩序紊乱罪」によって発売禁止や押収などの処分を受けたという、検閲をめぐる発言の様々な例が登場する。

（4） 植民地期に朝鮮人が日本で刊行した新聞・雑誌の目録は、梁永厚《ヤンヨンフ》が作成した「戦前の在日朝鮮人の新聞、雑誌目録」（『関西大学人権問題研究室紀要』第五〇号、二〇〇五年三月三一日）を参照。

（5） 『思想運動』第二巻第一号、一九二五年八月、巻頭言。

（6） 国家検閲の流動性については、拙稿「植民地検閲場の性格と近代テクスト 식민지 검열장의 성격과 근대 텍스트」（検閲研究会編『植民地検閲：制度・テクスト・実践』ソミョン出版、二〇一一年）を参照のこと。

（7） 検閲標準の問題については、鄭根埴「植民地検閲と検閲標準の成立 식민지 검열과 검열표준의 성립」（ソウル大学奎章閣韓国学研究院主催『日帝下韓国と東アジアにおける検閲をめぐる新たな接近 일제하 한국과 동아시아에서의 검열에 관한 새로운 접근』国際ワークショップ資料集、二〇〇六年一二月七―八日）を参照。

（8） 『開闢』第七二号、一九二六年八月、一一八頁。

（9） 一九二五年一月三日、東京の朝鮮人留学生安光泉《アングァンチョン》、李如星《イヨソン》、河弼源《ハピルウォン》らが、それまでの北星会を発展させて再組織した社会主義思想団体。朝鮮語機関誌『思想運動』と『大衆新聞』を発行した。

（10） 「カップ新世代」は、趙重滾《チョジュンゴン》、金斗鎔《キムドゥヨン》、韓植《ハンシク》、洪曉民《ホンヒョミン》、李北滿《イブンマン》らによる「第三前線派」と、金南天《キムナムチョン》、林和、権煥《クォンファン》、安漠《アンマク》ら「無産者社」関係者のことを意味する。彼らを中心に、一九二七年以降、朝鮮では左翼芸術運動の政治闘争が本格化していった（権寧珉《クォンヨンミン》『韓国階級文学運動史』文芸出版社、一九九八年、三一―四頁参照）。

（11） 朝鮮総督府警察局図書課『新聞紙出版物要項』一九二八年、一一四頁。

（12） 高榮蘭「帝国日本の出版市場と戦略的「非合法」商品の資本化をめぐる抗争――一九三〇年代前後の検閲と不逞鮮人メディアを軸に 제국일본의 출판시장과 전략적 비합법 상품의 자본화 경쟁――1930년전후 검열과 〝不逞鮮人〟 미디어의 효과」（成均館大学東アジア学術院・人文韓国（HK）事業団共催『近代検閲と東アジア 근대검열과 동아시아』学術大会資料集、二〇一〇年一月二二日）。

（13） 「内閲」については、紅野謙介『検閲と文学――一九二〇年代の攻防』（河出書房新社、二〇〇九年）、第四章「「内閲」という慣行」を参照。

（14） 金允植、前掲書、二四四頁。

（15） 『東亜日報』一九二八年四月一七日。

(16) この翻訳には、「天皇」を「××」としたような、形式的な伏字をいくつか見ることができる。

(17) 『赤旗』第一号、一九三六年一〇月二〇日（金昊一《キムギョンイル》『李載裕《イジェユ》研究』創作と批評社、一九九三年、三〇二頁、資料一）。

(18) 「移入」は日本で刊行された出版物の朝鮮内への搬入を、「輸入」は日本以外の外国で刊行された出版物の朝鮮内への搬入を意味する用語である。

(19) これらの統計と表2は、朝鮮総督府警務局図書課が作成した出版警察年報『新聞紙要覧』（一九二七年）、『新聞紙出版物要項』（一九二八年）、『朝鮮に於ける出版物概要』（一九二九、三〇、三二年）と『朝鮮出版警察概観』（一九三四—四〇年）などの資料に基づいたものである。

(20) 高榮蘭「帝国日本における出版市場の再編とメディアイベント——「張赫宙」を媒介とした一九三〇年代前後における改造社の戦略 제국 일본의 출판시장 재편과 미디어 이벤트—— "장혁주（張赫宙）" 를 통해 본 1930년 전후의 개조사（改造社）의 전략」『사이《サイ》／SAI／間』第六号、二〇〇九年五月、一三四頁。

(21) 一九三九年二月一日、京城で創刊された文学総合誌。鄭芝溶《チョンジヨン》（詩）と李泰俊《イテジュン》（小説）を中心に、一九三〇年代後半の朝鮮文学の活況を招いた。戦時体制下の朝鮮語媒体の弾圧政策によって、一九四一年四月、通巻二六号で廃刊になった。

(22) 朴光鉉《パクグァンヒョン》「検閲官西村真太郎と朝鮮語文」（林榮澤・韓基亭・柳浚弼・李惠鈴編『揺れ動く言語 흔들리는 언어들』成均館大学大東文化研究院、二〇〇八年）。

(23) William Morris（ヰリアム・モリス、堺利彦訳）『理想郷』平民社、一九〇四年。

(24) 韓基亭「『開闢』の宗教的理想主義と近代文学の思想化『개벽』의 종교적 이상주의와 근대문학의 사상화」（イムギョンソク 임경석、車惠英《チャヘヨン》ほか著『『開闢』に映し出された植民地朝鮮の顔 개벽에 비친 식민지 조선의 얼굴』モシヌンサラムドゥル、二〇〇七年、四三八—四三九頁）。

(25) 朴光鉉、前掲論文、四〇二頁。

(26) 「非植民地」という用語の選択は、植民地の「外部」が植民地を相対的に価値化する主体となるべきではない、という意図を含む。植民地文化の特質を分析するために、植民地人が自身を特別な方法で表象せざるをえなかったことを解明すべきである、ということは周知の事実である。しかし、西欧の学術成果を普遍化する理論と分析枠組みでは、その実情を完全に捉えることはできない。朝鮮近代文学研究の限界は、ほとんどここから生じたものである。朝鮮近代文学は、主に植民地期に形成されたが、植民地という複雑に重なりあった異種時空間を分析するために、どのような独自の体系と基準が必要であるかについては、きちんと考察されてこなかった。近年二〇年間、脱植民地主義と関連した議論が増えたが、それが韓国社会における「知的啓蒙」以上のはたらきをなさなかったのも、このためである。植民地を深く理解するためには、植民地の「外部」と植民地を性急に結びつけようとする普遍化の欲望とは、意識的に距離を取る必要がある。

(27) この点については、李恵鈴(酒井裕美訳)「監獄、あるいは不在の時間——植民地朝鮮における社会主義者の表象とその可能性をめぐって」(『文学』第一一巻第二号、二〇一〇年三・四月号)の問題意識に注目していただければと思う。

植民地を描いた小説と日本における二つの検閲
――横光利一『上海』をめぐる言論統制と創作の葛藤

十重田裕一

1　『上海』と内務省の言論統制

二〇世紀前期に創作された、東アジアの植民地を舞台とする小説をとりあげ、それが日本の内務省とGHQ／SCAP（General Headquarters/Supreme Commander for the Allied Powers　連合国軍最高司令官総司令部）のメディア規制とどのようにかかわるかを、具体的な小説の表現に即して考察するのが本稿の目的である。分析の対象となる小説は、横光利一の代表作の『上海』である。この小説の本文に見られる多数の異同をめぐって、これまで様々な考察が行なわれてきた[1]。しかし、従来の研究では、作者の創作意図を前提としていたため、本文の異同が言論統制と関連づけて捉えられることはほとんどなく、『上海』の本文がメディア検閲とどのように関与していたかについては注目されてこなかった。

『上海』は、西欧列強諸国の植民地政策によって分割された一九二〇年代の上海の租界を舞台とする、言論統制の制約を受けやすい内容を持つ長編小説であった。この小説の主人公は、銀行を解雇され、異国の地で日々死を考える虚無的な日本人・参木である。彼を中心としつつ、植民都市の政治・経済に翻弄されながら生きる様々な国籍の人々が登場し、列強諸国のナショナリズム（国粋主義）とコロニアリズム（植民地主義）を背景に、世界的な市場を舞台に資本主義経済における搾取と収奪が描かれている。最大のクライマックスは、一九二五（大正一四）年五月、中国人紡績労働者の死を契機に、反帝国主義運動が絶頂を迎えて発生した、五・三〇事件の暴動に参木が巻き込まれていくところだ。この暴動を煽動する中国共産党の女性革命闘士・芳秋蘭と、彼女とは国籍・人種・イデオロギーの異なる参木が、革命の波が高潮するとともに接近し、退潮と同時に別れていく設定となっている。以上のように、『上海』の物語内容には、検閲の対象となる要素が少なからず内包されていたのである。

この小説には、総合雑誌『改造』連載時に多くの伏字が見られ、内務省検閲下の出版社による自己検閲の歴史の痕跡が認められる。伏字が多いことで知られる雑誌『改造』[2]に、自己検閲の対象になり得る要素を少なからずもつ小説が掲載されたのであった。『改造』に掲載の本文を改稿したことで、一九三二（昭和七）年に改造社から刊行の『上海』では伏字が少なくなったが、それでもかなり残存している。しかし、興味深いことに、この改造社版の本文に加筆・修正が施され、一九三五（昭和一〇）年に刊行の書物展望社版『上海』では、伏字がほとんどなくなっている。これから述べていくように、そこには、内務省の検閲との葛藤が深くかかわっているように見える。

こうした戦前・戦中日本の検閲と『上海』との相関関係に加えて、考慮しなければならないのは、戦後日本の占領下におけるＧＨＱ／ＳＣＡＰの検閲である。戦後、横光自身が『上海』に加筆・修正を施す機会がなかったため、本文には検閲の痕跡は認められない。しかし、彼の没後すぐに刊行された、改造社版『横光利一全集』収録の『上海』は、ＧＨＱ／ＳＣＡＰの検閲の終了を待つかのように刊行されている点で、この時期の言論統制と少なからず関連していることがうかがえる。

以上のように、『上海』の本文を検討するにあたって、戦前・戦中の内務省と戦後のＧＨＱ／ＳＣＡＰによる、二つの性質の異なる検閲を想定する必要が出てくる。そこで本稿では、『上海』を考察する際に、これまでほとんど注意の払われてこなかった、本文に見られる検閲の痕跡を明らかにするとともに、この小説における改稿の重要性に照明を当てることにしたい。

2　直筆原稿と総合雑誌『改造』掲載時の本文と伏字

『上海』における伏字の検討にあたって、まず、この小説が発表された時期に実施されていた内務省の検閲のあらましを確認しておきたい(3)。一九四五（昭和二〇）年に終戦を迎えるまでの日本では、明治時代に施行された出版法（一八九三年公布）・新聞紙法（一九〇九年公布）に基づき、内務省は活字メディアに対する検閲を行なっていた。ここで規制の対象になったのは、「安寧秩序ヲ妨害」・「風俗ヲ壊乱」するという表現であった。内務省警保局図書課によって安寧秩序紊乱・風俗壊乱にあたると判断された出版物は、発売・頒布を禁止されることもあった。しかし、多くの場合はその段階に至る前に、出版社による自己検閲が行なわれていた。出版社での自己検閲は、著者が書いた原稿を編集者がチェックし、安寧秩序紊乱・風俗壊乱に該当すると思われる表現を伏字にしていたのである。その際、検閲官に内閲を求める場合もあった。伏字には、「××」「、、」「……」などの記号や、削除字数が用いられた。こうした自己検閲による伏字は、内務省の検閲下における出版社が、発売禁止処分を回避しようとするために講じたものであり、検閲の実施を明示化するものであった。一九二五（大正一四）年に治安維持法が公布・施行されて以降、表現する側と検閲する側の鬩《せめ》ぎ合いはより顕著になっていく。この少し後に、『上海』は発表されていたのである。

『上海』の雑誌『改造』掲載分の伏字について、直筆原稿に遡れるものを連載時ごとに整理し検討を加えていくことにしたい。横光は、上海での約一ヶ月の滞在からの帰国後、「ある長篇」（「或る長篇」）の一章であることを小説の末尾に示して『改造』に連載したが、以下がそのタイトルと掲載号である（以降、副題は省略）。

「風呂と銀行」（第一〇巻一一号、一九二八年一一月）

「足と正義」（第一一巻三号、一九二九年三月）

「掃溜の疑問」（第一一巻六号、一九二九年六月）
「持病と弾丸」（第一一巻九号、一九二九年九月）
「婦人——海港章——」（第一三巻一号、一九三一年一月）
「春婦——海港章——」（第一三巻一一号、一九三一年一一月）

『改造』連載段階では、『上海』というタイトルは冠されていない。連載終了後、一九三二（昭和七）年七月に改造社から長編小説として出版する際に、はじめて「上海」と命名されたのである。改造社社長の山本実彦が、紀行文としての刊行を望んだのに対して、横光は、あくまでも長編小説としての上梓を希望していた。それは、彼に上海行きを強く勧めた芥川龍之介の紀行文『支那游記』（改造社、一九二五年）を意識してのことだった。横光は、芥川の出版した紀行文ではなく、小説という表現にこだわったのである。

『改造』連載分のうち、「風呂と銀行」「足と正義」については、現段階では直筆原稿による確認ができないことから、ここでは扱わない。従って、直筆原稿があり、伏字箇所に記されていた表現の確認ができた「掃溜の疑問」「持病と弾丸」「婦人」「春婦」について考察する。(4) なお、直筆原稿から明らかとなる伏字箇所の表現については、それぞれ丸括弧内で補い、対応する箇所がわかるように傍線で補った（以下同様）。

まず、「掃溜の疑問」について述べていく。「掃溜の疑問」における伏字箇所は、以下に示すとおりである。(5)

・「あたくしたちは、お国の方の工場に、ヽヽヽヽヽ（暴徒の起る）ことを願つてゐます。」
・「譬へば、あたくしたちが、中国人の経営する工場へ闘争力を注ぐよりも、先づ、ヽヽヽヽヽ（お国の方の）工場へと云ふやうに、自然により強力な方向へ動いて参りますの。」
・「あたくしたちは、もう、ヽ（各国）の、ヽヽヽヽヽヽヽヽ（プロレタリアート）以外の人々には、ヽヽ（信頼）することが出来なくなつてをりますの。」

・「あたくしたちがお国に、、（反抗）するのは、お国のプロレタリアにではありませんの。」
・「その第一に、今もあたくしたちはあなた方の工場に、、（罷業）を起さうと企んでゐるんでございますの。多分もう今頃は、、、、、（操業が停止）されてゐる頃かと思はれますが、どうぞ暫く、お国のプロレタリアートのために、御辛棒をお願ひします。」
・「僕はさきにも申し上げた通り、あなた方がわれわれの工場の機械を、、、（お停め）になると云ふことには、御同情しなければならないと思つてゐます。」
・「あたくしたち中国人にとつて、殺倒して来る各国、、（武力）の、、（圧迫）から逃れるための方法としてでも、マルキシズム以外の思想が存在するとお思ひになりまして。」

興味深いことに、引用の伏字箇所のほとんどは、中国人の革命家・芳秋蘭のセリフであり、ここからは、『改造』編集部が、ストライキ・日本への抵抗・各国プロレタリアの連帯・植民地の武力制圧などを想起させるような表現を自主的に規制し、伏字にしていることがわかる。

次に述べていく「持病と弾丸」には、多数の伏字が見られる。該当箇所が多いことから、ここではその特色を整理するとともに、特徴的なものを例示することにしたい[6]。「持病と弾丸」では、反帝国主義・共産主義・官憲への反抗などにかかわる表現が伏字になっている。なかでも目を引くのは、「今度の罷業は、、（日本）の方がいけません、、、、（日本人）は支那工人を、（殴）るからです」「、、、（日本人）を倒せ」「、、、（日本は）、、、、、、、、、、、（罷業を巻き起こされて）、逆に儲け出したのだ」「、、（日貨）を潰せ」など、植民地政策の加害者性を消すために、中国人労働者から繰り返し批判される「日本」「日本人」「日貨」など、「日本」にかかわる表現が削除されている点である。他にもたとえば、中国人労働者たちの暴動が描かれる「持病と弾丸」の七章以降、一二頁にわたって伏字のある頁が続くのだが、そのなかには次のような場面がある。

彼ら〔一団の新しい敵群――引用者注〕は見る間に機械の上へ飛び上ると、、、、、、、、、、、、（細部の機物を破壊した）。彼らの後から、陸続として飛び上る群衆は、間もなく機械の上で、盛り上つた。彼らは、、（破壊）する目的物がなくなると、、、（邦人）目がけて雪崩れて来た。

「、、、（日本人）を、倒せ。」

「、、（機械）を潰せ。」

団々と膨脹して来る群衆の勢力に、、、、（反共産）派の工人達は巻き込まれた。彼らは群衆と一つになると、新らしく群衆の勢力に変りながら、逆に、、（邦人）社員を襲ひ出した。、、（邦人）社員は、今はいかなる抵抗も無駄であつた。

この群衆の場面では、ストライキによる破壊行為、群衆の攻撃対象となった日本人や、共産主義にかかわる表現などが伏字となっている。このように、日本の帝国主義の秩序を脅かし、治安維持法に抵触すると判断される表現が、「持病と弾丸」において自己検閲の対象になっている。表現する側と検閲する側の葛藤が、ここには映し出されている。「持病と弾丸」では、上海という都市の特色が描かれるのと同時に、『上海』のクライマックスにあたる五・三〇事件に至るプロセスが中心となるため、総じて暴動場面で伏字が使われることが多い。

続いて、「婦人」における伏字に検討を加えていく。「婦人」の場合も、「持病と弾丸」と同様に多くの伏字があることから、ここではその特色を整理するとともに、特徴的なものを例示することにしたい。「婦人」では、「日本人」が格闘、負傷した箇所が伏字となっているなど、政治や革命にかかわる表現が自己検閲の対象になっている。[7] この点では、「掃溜の疑問」「持病と弾丸」と共通するが、死体ないし残酷な表現を伏字にする、新たな傾向が加わっている。具体的には、「死人」「殺されて」など殺人を喚起する表現が、さらに間接的に死体を想起させる「蛆」という語彙も伏字となっている。使用されている記号は、それまでの「、」ではなく、「×」である。また、「婦人」では、他では見られない特色として、これまでに例示した「、」「×」ではなく、以下のように、マル括弧内に削除字数を示す伏字の形式も散見される。なお、伏字の字数を示すにあたって、『改造』編集部では、句読点を換算していないことがわかる。

・「壁にぶらりと下つた幾つもの白い人骨の下で、一人の支那人が刷毛でアルコールの中の（六字削除）足を洗つてゐた。」（腐つた死体の）

・「一方の隅から渡つて来た鼠の群れが真黒になりながら、肋骨と云はず口と云はず、出たり這入つたり壁を伝つて下へ降りると、支那人の（十字削除）周囲に群がりよつた。」（洗つてゐる死体の足）

・「さうだ。あれを飼つとくと手数がはぶける。（四十七字削除）」（一人の人間なら二日をいとけば、もう骨ばかりだ。今夜ひとつ、君の乗つて来た車曳きを噛ぢらせて見せやうか。）

・「さうだ。死人になつたら、俺の家（十八字削除）定めし鼠どもも本望だらう。」（の鼠に俺を食はしてくれ。社長を食つたら）

・「言葉が一つも通じないもんだから、逢つたらいきなりあたしを（十八字削除）びしやびしや叩くの。」（ベットの上へ倒しちやつて、そしてお尻を）

引用の事例から明らかとなるように、ここでは削除された字数を示す方法がとられており、その点が、「婦人」における伏字の特色の一つとなっている。また、編集者が伏字の指示を直筆原稿に直接書き入れている点も、他ではあまり見られない興味深い事例である。それが雑誌掲載本文の箇所に対応することから、編集部で行なった自己検閲の指示であることは間違いない。他方、「掃溜の疑問」「持病と弾丸」の直筆原稿には、伏字の指示は直接書き込まれていない。それは、著者の直筆原稿に直接書き込むことを避けて、校正の際に作業を行なったためと考えられ、従って、「婦人」の草稿に朱の指示が入っていたのは、編集を急いだことによる例外的なケースと推定される。

最後に、「春婦」の伏字の特色について述べていく。この章では、春婦となったお杉の心中思惟における、次の一箇所に伏字が見られる(8)。

南の窓の下の机の上には、蘇州の商人の置いていつた××××（男性用の）杭州人形や、水銀剤や、枯れ凋んだサフランや、西蔵産の蛇酒の空瓶が並んでゐるし、壁には優男の役者の黄金台の画が貼つてあるし、いや、それより、何より参木の着てゐるこの蒲団は、もう男達の首垢で今はぎらぎら光つてゐるのだ。

引用にある「××××（男性用の）杭州人形」は、「男性用の」という表現があることから、風俗壊乱を想定した伏字と考えられる。「婦人」では多くの伏字が見られるのに対し、「春婦」では、伏字があるのはこの一箇所だけである。章のタイトルと内容から推測するに、「婦人」よりも、さらに伏字に該当する表現があり得たように思われる。「春婦」に伏字がほとんど見られないのは、横光と編集部が内務省の検閲を内面化したうえで創作・編集し、予期的に伏字を回避したことによるからなのかもしれない。

これまで述べてきたように、連載小説であるにもかかわらず、各回の伏字にはぞれぞれ特色があることがわかってきた。「掃溜の疑問」で伏字となったのは主に中国の革命闘士の芳秋蘭のセリフであり、内容的には安寧秩序紊乱に該当する箇所であった。暴動のクライマックスの描かれた「持病と弾丸」では、民族・国家・植民地主義に関連する多数の表現が伏字となっているが、そのほとんどは安寧秩序紊乱に該当する箇所である。一部、風俗壊乱にかかわる箇所もあるが、安寧秩序紊乱を念頭においた自己検閲が圧倒的に多い。「婦人」における特色は、伏字の字数を示す方法がとられることが多く、内容的には風俗壊乱に該当する箇所が、安寧秩序紊乱よりも目立っていた。それは、この章が上海の騒乱後の、都市風俗を描いていることとも少なからずかかわっている。「春婦」においても同様に、風俗壊乱に該当する伏字が見られる。総じて、『上海』前半の章では、安寧秩序紊乱を想定した伏字が中心であったが、連載中断後の「婦人」「春婦」では、風俗壊乱を想定した伏字が多くなる傾向がうかがえる。

3　消された伏字と残された伏字――改造社版『上海』をめぐって

雑誌『改造』での連載を終えてまもなく、横光利一は『上海』というタイトルの書物を改造社から刊行する。『上海』という書名は、著者の横光自身が望んだものでは必ずしもなかった。単行本のタイトルは、改造社の「商業主義」によりつけられたものであり、著者とのあいだに充分な相談はなされていなかったようだ。そのために、横光の想定していた書名（「ある唯物論者」）が生かされなかった。この経緯については、当時『改造』の編集者であった水島治男が次のように証言している(9)。

横光は『上海』と名づけられた長編の題をきらっていた。雑誌掲載が終わるや否や数日のうちに電光石火のごとく本になってしまったのだ。彼の腹中にもっていた題名は「ある唯物論者」というものであったことを聞かされた。私は愕然とした。いずれは単行本になるとは思っていたが、一本になるにあたってなぜ著者と打ちあわせをしなかったのか、出版部と山本は何していたのか、横光さんの苦渋を見るに耐え得なかった。「ある（或る?）唯物論者」が本書の題名としていかなる含みをもつかなどはよけいな詮索である。中味の作品の各々の題が奇妙であること、そしてそれが文学書としてふさわしくないので、俗耳に入りやすい「上海」にしたのでは安っぽい商業主義である。横光としては作品の性格から適応した題名を考えていたのである。儲け主義の裏を行った方が奇効を奏することだってあるのだ。上海をテーマにしたのだから「上海」と名づけた本にしたのでは味気ない、次元の低い題であった。それよりも著者に対して冒瀆である。

改造社社長の山本実彦は、中国に強い関心を持ち、東アジア路線を雑誌『改造』ならびに単行本の出版で打ち出しており、『上海』という書名の方が市場で流通しやすく、商業主義にかなっていると考えたに違いない。連載直後まもなく刊行された理由も、一九三二（昭和七）年の第一次上海事変勃発と少なからずかかわっていただろう。この事変によって、改造社ではそれまでにもまして、上海ならびに中国に関する記事を『改造』誌面に掲載するとともに、この都市に関連する書物を刊行していく。それは、山本の関心の現われであるだけでない。戦争により衆目の集まる上海ならびに中国をめぐる情報が、さらに商品価値をもつに至ったことが大きく影響していたのである。

横光は、改造社版『上海』の「序」のなかで、「外国関係を中心とした此ののつぴきならぬ大渦を深く描くと云ふことは、描くこと自体の困難の他に、発表するそのことが困難である」[10]と述べていた。これまで考察してきた『改造』連載初出・改造社版・書物展望社版における横光の伏字の扱い方に、「発表」の「困難」の理由の一端が見え隠れする。

横光は、『上海』を上梓するにあたって、伏字をどのように扱おうとしたのだろうか。横光と編集部が『上海』刊行に際して、伏字の箇所を消すか残すかの対応に苦慮したことが、本文を校合すると明らかになってくる。伏字を消す際には、おおよそ以下の三つの方法がとられた。一つ目は伏字の箇所そのものを削除する、二つ目は文脈に即して表現を変えて伏字の箇所を消す、三つ目は伏字の箇所に本来書かれてあった表現を入れてもとに戻す。一方、伏字を残す際には、二つの方法がとられた。一つは伏字箇所をそのままとする、もう一つはその表現を一部変える方法である。以下では、こうした伏字への対応を、「掃溜の疑問」「持病と弾丸」「婦人」「春婦」に即して、見ていくことにしたい。なお、改造社版『上海』の伏字では、「×」が使用されている。

「掃溜の疑問」に対応する箇所では、伏字はすべてなくなっている。「お国に、、（反抗）するのは」のように、直筆原稿に書かれてあった「反抗」の表現を戻して「お国に反抗するのは」とするケースや、「各国、、（武力）の、、（圧迫）から逃れるための方法」のように、最初の伏字の箇所には直筆原稿にあった「武力」の表現を戻し、後の伏字は削除し、「各国武力から逃れるための方法」とするケースが見られた[11]。「掃溜の疑問」でもっとも多いのは、次のように、文脈に即して表現を変える方法である。引用の前者が『改造』掲載本文で、後者が改造社版『上海』掲載本文である[12]。雑誌掲載本文と改造社版本文の対応箇所は網掛けで示した。

・「お国の方の工場に、、、、、（暴徒の起る）ことを願つてゐます」
↓「お国の方の工場にあんなことの起るのを願ふこともございましたわ」
・「先づ、、、、、（お国の方の）工場へと云ふやうに」
↓「先づ外国の工場へと云ふやうに」
・「もう、、（各国）の、、、、、、、（プロレタリアート）以外の人々には、、、（信頼）することが出来なくなつてをりますの」
↓「マルキシズム以外の人々には、もうちつとも信頼することが出来なくなつてをるでございますの」
・「工場に、、、（罷業）を起さうと」
↓「工場に、不平を起さうと」
・「今頃は、、、、（操業が停止）されてゐる」
↓「今頃は何んとかされてゐる」

このように、改造社版『上海』では、伏字箇所に本来書かれていたものとは異なる表現をあて、あるいは、直接的な表現を曖昧にする修正を施すことで、伏字を回避しようとしていたことがわかる。一方、伏字箇所にもともと書かれていた表現に戻したものも見られる。

伏字の多数ある「持病と弾丸」については、前節で取り上げた、一二頁にわたって伏字の続く暴動の場面を例にあげて述べていきたい。前掲の引用箇所は、改造社版『上海』では三〇章に当たるが、そこでは次のような加筆・修正がなされた。その結果、次のように伏字は減少した[13]。

彼らは見る間に機械の上へ飛び上ると、礫や石灰を機械の間へ投げ込んだ。それに続いて、彼らの後から陸続として飛び上る群衆は、間もなく機械の上で盛り上つた。彼らは××する目的物がなくなると、××目がけて雪崩れて来た。
反共派の工人達はこの団々と膨脹して来る群衆の勢力に、巻き込まれた。彼らは群衆と一つになると、新らしく群衆の勢力に変りながら、逆に××社員を襲ひ出した。××社員は、今はいかなる抵抗も無駄であつた。

雑誌掲載当時の「、、、、、、、、、、、、（細部の機物を破壊した）」は、「礫や石灰を機械の間へ投げ込んだように」と、暴動場面における破壊行為を表現する際に、「破壊」という語彙を使用せずに書き改められている。同様に、雑誌掲載時にあった「、、、を、倒せ。」「、、を潰せ。」と反復されるシュプレヒコールは、改造社版では削除されている。セリフの箇所を削除することによって伏字を回避する措置は他でも見られ、それにより、暴動場面の臨場感が弱められることになったのは否めない。その一方で、「反共産」という語彙のように、雑誌掲載時には伏字となっていたものが、改造社版では使用されている場合もある。

改造社版では、「、、（破壊）する目的」「、、（邦人）」というように、伏字が残されている箇所もある。「破壊」「邦人」の伏字はいずれも、無理に消すことで、本来の創作とは異なってくるおそれがあることから、そのままにされているように見える。「邦人」については、弱い日本人の表象を回避するべく、伏字のままとせざるを得なかったようだが、このようなケースは「持病と弾丸」には散見される。暴動場面のクライマックスを描いた「持病と弾丸」には、雑誌掲載時から多数の伏字が見られたが、改造社『上海』刊行に際しても、そのすべてを消すことは不可能だったのである。

伏字箇所は、「婦人」では、「掃溜の疑問」の場合と同様になくなっているが、改造社版『上海』では具体的にどのように扱われているだろうか。「掃溜の疑問」の場合と同様に、「婦人」においても、伏字はすべて消されている。たとえば、雑誌掲載時には、「死人」「死体」の表現に対応する箇所はたびたび伏字になっていた。しかし、改造社版『上海』では、いずれも元の表現に戻すか、改稿することでこれを抹消している。前掲の字数を明示した伏字に

ついても、次のように表現を改めることで、伏字となることを回避している。(14)

・（六字削除）「腐つた死体の」→「ちぎれた」
・（十字削除）「洗つてゐる死体の足」→伏字を含む該当部分を削除。
・（四十七字削除）「一人の人間なら二日をいとけば、もう骨ばかりだ。今夜ひとつ、君の乗つて来た車曳きを噛ぢらせて見せやうか。」→「鼠といふものは昔から、地上を清めるために生息してゐるものなんだ。」
・（十八字削除）「の鼠に俺を食はしてくれ。社長を食つたら」→「の鼠にやつてくれ。定めし鼠どもも本望だらう」
・（十八字削除）「ベットの上へ倒しちやつて、そしてお尻を」→「ここを抱いて」

ここからは、横光と『改造』編集部が、残酷な表現、性的な表現をそれぞれ書き換えることで、伏字を回避する対応をしていたことがわかる。これと同様に、「春婦」における「蘇州の商人の置いていった××××（男性用の）杭州人形」も、風俗壊乱となるのを回避するべく、改造社版では伏字を削除し、「蘇州の商人の置いていった杭州人形」としているのである。(15)

改造社版『上海』における伏字について検討を加えてきたが、総じて、単行本において自己検閲される可能性が高いと判断されるときには、伏字を含む文章や節を削除する、あるいは、表現を置き換えていたことがわかってくる。また、著者および編集部が、当初書かれてあったとおりに戻した場合も少なくない。その理由として、単行本における自己検閲を定期刊行物の雑誌よりも緩和しようと判断したこと、あるいは、雑誌掲載時における伏字の措置を過剰な対応と考えたことが想定される。

暴動場面のクライマックスを描いた「持病と弾丸」については、雑誌掲載時から多数の伏字が見られたが、改造社版『上海』でもかなりの数が残っている。伏字箇所を直筆原稿のまま活字化すれば、発売禁止処分となるだろう。

しかし、伏字箇所を削除したり書き改めたりすれば、当初想定していた創作とは異なったものとなりかねない。両者の間で引き裂かれながら、ある箇所では伏字を消し、別の箇所ではこれを残す対応を、横光と改造社編集部がとっていたことがうかがえる。横光および改造社編集部が、内務省の検閲による規制を意識し、これと闘ぎあうさまが、消された伏字と残された伏字からは明らかとなってくるのである。

4　「改竄」の意味——書物展望社版『上海』をめぐって

改造社版『上海』における伏字は、書物展望社版『上海』ではどのように扱われているのだろうか。結論から述べると、興味深いことに、ごく一部を除いては、伏字を消すべく周到に加筆・修正が行なわれている。ただし、書物展望社版では総じて伏字の痕跡を消すように改稿が行なわれていたが、主人公の参木が「×英米三国の資本の糸で踊る支那軍閥の手のために、彼女は生命を落すであらう。——」(二六章)と、芳秋蘭の身を案じる内言の部分に伏字が残っている。たとえ、虚構における過去の出来事であり、登場人物の内言だとしても、日英米の資本力によって操られた中国軍部の謀略による革命女士の暗殺が示されたこの箇所は、伏字にせざるを得なかったと推察される。[16] この一文は改造社版にも見られ、そこでも伏字となっていた。

改造社版における伏字が、書物展望社版でどのように扱われているか、以下に主要な箇所をあげながら検討を加えていく。まず、前節で引用した改造社版の三〇章だが、書物展望社版では三一章となり、次のように書き換えられている。[17]

彼らは見る間に機械の上へ飛び上ると、礫や石炭を機械の間へ投げ込んだ。それに続いて、彼らの後から陸続として飛び上る群衆は、間もなく機械の上で盛り上つた。彼らは破壊する目的物がなくなると、社員目がけて雪崩れて来た。

反共派の工人達は、この団々と膨脹して来る群衆の勢力に巻き込まれた。彼らは群衆と一つになると、新しく群衆の勢力に変りながら、逆に社員を襲ひ出した。社員は今はいかなる抵抗も無駄であつた。

興味深いことに、改造社版『上海』においてもなお、残されていた四つの伏字――「××する目的物」「××目がけて」「××社員」「××社員」――は、一番目に「破壊」が、二番目に「社員」がそれぞれ書き加えられ、三、四番目の「××」は削除されている（該当箇所は網掛けにした）。「破壊」については、直前の破壊行為を表現した箇所が改造社版で特に問題にならなかったためか、直筆原稿で書かれた語彙を伏字箇所にそのまま書き入れている。直筆原稿で「邦人」と書かれてあった二番目は、日本人であることを明示せず「社員」とし、三・四番目の伏字もこの原則で対応している。このように、民族・国籍・国家を明示しないことで伏字を回避しようとする加筆・修正は、書物展望社版では他にも見られる。

伏字箇所とその前後を省略する対応は、書物展望社版においても少なくない。以下の改造社版（三三章）の箇所は、[18]書物展望社版（三三章）では削除されている。

「××人を倒せ。」
「××を潰せ。」
「われら中国の幸福のために。」

この直後には、「掲示板」に暴動に関する詳細な情報を示すくだりが約二頁分続き、それが削除されている。そこには、「――棺柩を包んで激烈なる××演説輻輳す」「――所々×××との衝突あり、検束者十数名に及ぶ」「――学生隊は検束者を奪はんとし、××を襲ふ」のように、伏字を含む箇所がある。

多数ある会話文の伏字のなかには、その箇所を削除するだけでなく、次のように、削除したセリフを地の文において説明する加筆・修正がなされているものも見られる。前者が改造社版[19]で、後者が書物展望社版[20]である。

【改造社版・三四章】

「諸君、団結せよ。同胞は殺されたのだ。われわれは××（日本）に向つて復讐しつつある。然も、われわれを圧迫するものは、×（英）国官憲に変つて来た、彼らを倒せ。」

云ひ終ると、彼は脳貧血を起して石の上へ卒倒した。

【書物展望社版・三四章】

彼は激昂しながら同胞の殺されたことや、圧迫するものが英国官憲に変つて来たことを叫んでゐるうちに、突然脳貧血を起して石の上へ卒倒した。

この後に続く会話文や地の文では、改造社版に多数の伏字が見られるのだが、書物展望社版ではすべて削除されている。伏字を含む会話文は特に目立っており、三度繰り返される「×（英）国人を倒せ。」が削除されたことで、群衆の暴動場面の臨場感は大きく後退したように見える。このように、書物展望社版では、伏字を周到に消すべく加筆・修正が行なわれていたのである。

以上たどってきたように、書物展望社版『上海』では、改造社版に残存していた伏字を消すべく加筆・修正が施された。そうすることについて、横光は忸怩たる思いを抱いていたように想像されるが、それは「序」において間接的に吐露されている。横光は、書物展望社版『上海』の「序」で次のように記していた。

この作品は私の最初の長篇である。私はそのころ、今とは違つて、先づ外界を視ることに精神を集中しなければならぬと思つてゐたので、この作品も、その企画の最終に現れたものであるから、人物よりもむしろ、自然を含む外界の運動体としての海港となつて、上海が現れてしまつた。昭和七年に私はこの作を改造社から出したが、今見ると、最も力を尽した作品であるので、そのままにしておくには捨て切れぬ愛着を感じ、全篇を改竄することにした。幸ひ書物展望社の好意により、再び纏めることの出来たのを悦ばしく思ふ。この書をもつて上海の決定版としたい。

既に述べたように、改造社版で多数あった伏字が、書物展望社版では一箇所となっていた。横光はこの書物の「序」で、改造社版の「全篇を改竄することにした」としたうえで、書物展望社版を「決定版としたい」と記している。「改竄」したものを「決定版」と述べる意図は、にわかには理解できない。また、「改竄」という言葉は、改稿の謙譲、あるいは修辞的な言い回しと考えるには、あまりにも強い表現のように見える。しかし、「序」におけるこの表現と、書物展望社版でそれまであった多数の伏字が消された事実とを照らし合わせると、横光があえて「改竄」という表現を選択しなければならなかった理由も理解されてくる。改造社版・書物展望社版のいずれにおいても、加筆・修正の動機と目的は、すべての伏字を消去することだけにあったのではない。これまでたどってきたように、初出雑誌掲載時から二つの単行本刊行に至るまで、横光は、内務省の検閲を常に念頭に置きながら、伏字への対処をしなければならなかったのである。

5　GHQ／SCAP検閲との関連について

以上論じてきたことから、雑誌『改造』連載・改造社版・書物展望社版の三段階のいずれにおいても、横光が伏字と格闘していたことが明らかとなった。従来の研究では、創作の意図という観点から改稿について検討が加えられてきたため、多数ある伏字を消すための加筆・修正という点は看過されてきた。言論統制が厳しさを増していく状況下にあって、伏字の多いメディアとして知られる雑誌『改造』に、国際的な植民都市で実際に起こった罷業に端を発する暴動事件を扱う小説を連載する時点で、内務省の検閲との鬩ぎあいは想定されていたに違いない。『改造』を舞台に、後に『上海』にまとめられる小説を連載すること自体に、伏字との格闘は織り込まれていたのである。

伏字との格闘を改稿ごとに繰り広げていた『上海』は、敗戦直後の日本ではどのように扱われたのであろうか。戦前・戦中は内務省のメディア規制により、多くの雑誌や単行本が検閲の憂き目にあったが、敗戦後のアメリカ軍占領下の日本では、新たな検閲のもとで活動を再開することになる。(21) 第二次世界大戦後、出版法（一八九三年公布）・新聞紙法（一九〇九年公布）が廃止されるのはいずれも一九四九（昭和二四）年であるが、一九四五（昭和二〇）年九月には事実上失効する。これに代わって、敗戦後日本の占領下で、一九四五（昭和二〇）年から一九四九（昭和二四）年までアメリカ軍によって行なわれた、GHQ／SCAPが日本のメディアを規制していたのである。出版前に検閲を行なう事前検閲では、出版物が刊行される前に、校正刷を当局に提出し、検閲官によってCCD（Civil Censorship Detachment　民間検閲局）の三一項目に及ぶ検閲指針「掲載禁止・削除理由の類型」（Categories of Suppressions and Deletions）に即してチェックが行なわれ、掲載不許可（suppress）、一部削除（deleted）、許可（pass）、留保（hold）などの判断が下された。

一九四五（昭和二〇）年から一九四九（昭和二四）年まで実施されたこの検閲は、新聞・雑誌・書物・放送・映画などのマスメディアだけでなく、郵便・電話・電信など個人のメッセージをやりとりするメディアに至るまで規制していた。出版に関しては、雑誌刊行以前にゲラを当局に提出する事前検閲と、刊行後雑誌を当局に納本する事後検閲があり、占領開始当初は前者が実施されていた。その後、事前検閲が日本の各メディアに浸透していった段階で、GHQ／SCAPは事後検閲に切り替えている。そして、一九四七（昭和二二）年末には、ほとんどの雑誌は事前検閲から事後検閲に移行することになった。書籍よりも刊行点数の多い雑誌の方が、事前検閲に大きな負担がかかるため、事後検閲への移行が速やかだったのである。

戦後、横光の旧作の多くは再刊されているのだが、そのなかに『上海』は含まれていない。その理由は明らかにされていないが、「掲載禁止・削除理由の類型」に植民地主義や軍事的な記述の規制が明記されている以上、たとえ過去のものであるにしても、占領下で『上海』を出版するには大きな困難が伴ったことが想定される。単行本としての再刊はなかったが、横光が一九四七（昭和二二）年一二月に没し、その直後、『横光利一全集』の刊行が企画された。いくつかの出版社が出版を検討した結果、改造社から刊行されることになった。全集であるゆえ、当然、横光の代表的な長編小説である『上海』は取り上げてしかるべきだが、実際には、最終配本の第二一巻（一九五一年三月三一日）に収録されている。『上海』は横光の著わした最初の長編小説で代表作でもあることから、全二三巻中の第二一巻に収録され、最終配本になることは通常では考えにくい。しかも、この全集のなかでは、小説は一八巻までに収録されており、『上海』だけが例外的に、戯曲や紀行文の巻の後に配置されている。『上海』が第二一巻に収録されたことの奇異な感は否めない。

しかし、この小説が五・三〇事件を題材とし、植民地での暴動や革命をテーマにしていることを想起すると、最終配本になった理由も理解されてくる。おそらく、その理由として考えられるのは、GHQ／SCAPによる検閲の回避である。『上海』は、横光の小説のなかで検閲の対象となる表現をもっとも多く含む小説である。そのため、内務省の検閲下においては、少なからぬ表現を伏字にしなければ発表できず、雑誌『改造』連載時の本文はもとより、改造社から一九三二（昭七）年に刊行の単行本『上海』にも多数の伏字が見られるのである。

GHQ／SCAPの検閲下においても、『上海』の刊行は、検閲の対象となる箇所は異なるものの、規制される表現が少なからず含まれているために難しかったことがうかがえる。『上海』では、西欧列強諸国の植民地政策によって分割された一九二〇年代の上海の租界を舞台に、列強諸国の国粋主義と植民地主義、資本主義経済における搾取と収奪が主題となっていたからである。加えて、『上海』では植民地における階級闘争も描かれており、冷戦構造を背景とするレッドパージが影響していたことも考慮に入れる必要がある。小説の内容から考えて、占領下における『上海』の刊行は、『旅愁』以上に難しかったに違いない。従って、『旅愁』刊行で苦慮した改造社が、GHQ／SCAPの検閲が終了する一九四九（昭和二四）年一一月以降に、上梓を計画したとしても何ら不思議ではなかったのである。
以上たどってきたように、植民地を舞台に創作された『上海』は、その主題と物語内容ゆえに、戦前・戦中には内務省の、戦後にはGHQ／SCAPの検閲に翻弄されてきた。戦前・戦中に繰り返された『上海』の改稿と占領下の刊行時期の遅れに、二つの異なる検閲が深く刻印されていたのである。

注

（1）祖父江昭二「『上海』――初出と初版本の比較を中心に」（伊藤虎丸・祖父江昭二・丸山昇編『近代文学における中国と日本』汲古書院、一九八六年）、渋谷香織「『上海』の改稿をめぐって㈠――人物像の変遷」（『東京女子大学日本文学』第六六号、一九八六年九月）、同「『上海』の改稿をめぐって㈡――人物像の変遷」（同誌第六七号、一九八七年三月）、玉村周『横光利一』（明治書院、一九九二年）などで、『上海』の改稿について考察が行なわれている。
（2）関忠果・小林英三郎・松浦総三・大悟法進編著『雑誌『改造』の四十年 付・改造目次総覧』（光和堂、一九七七年）に、言論統制と『改造』および改造社について言及がある。
（3）紅野謙介『検閲と文学――1920年代の攻防』（河出書房新社、二〇〇九年）、ジェイ・ルービン『風俗壊乱――明治国家と文芸の検閲』（今井泰子・大木俊夫・木股知史・河野賢司・鈴木美津子訳、世織書房、二〇一一年）などに、日本近代文学における内務省の検閲に関する成果が示されている。
（4）『「改造」直筆原稿 画像データベース』（雄松堂出版、二〇〇七年）、『山本実彦旧蔵 慶應義塾図書館所蔵 改造社出版関係資料』（雄松堂出版、二〇一〇年）に、横光利一の『上海』直筆原稿の画像が収録されている。
（5）『改造』第一一巻六号、一九二九年六月、一―一三頁。
（6）『改造』第一一巻九号、一九二九年九月、一―二四頁。
（7）『改造』第一三巻一号、一九三一年一月、一―一七頁。
（8）『改造』第一三巻一一号、一九三一年一一月、一―一二頁。
（9）水島治男『改造社の時代 戦前編』図書出版社、一九七六年、五四頁。
（10）改造社版『上海』一頁。

(11) 改造社版『上海』一四二、一四四頁。
(12) 改造社版『上海』一三七—一四三頁。
(13) 改造社版『上海』一八三頁。
(14) 改造社版『上海』二五三—二八三頁。
(15) 改造社版『上海』三〇七頁。
(16) 書物展望社版『上海』一六七頁。
(17) 書物展望社版『上海』二一四頁。
(18) 改造社版『上海』二〇二頁。
(19) 改造社版『上海』二〇七頁。
(20) 書物展望社版『上海』二三一頁。
(21) 江藤淳『閉された言語空間——占領軍の検閲と戦後日本』(文藝春秋、一九八九年)、山本武利『占領期メディア分析』(法政大学出版局、一九九六年)、有山輝雄『占領期メディア史研究——自由と統制・一九四五年』(柏書房、一九九六年)、山本武利『GHQの検閲・諜報・宣伝工作』(岩波書店、二〇一三年)などに、占領期日本のメディア検閲研究の成果が示されている。

検閲の変容と拡張、「親日文学」というプロセス

李鍾護《イジョンホ》
翻訳：金誾愛

嗚呼、この日！　人類の歴史に永遠に輝く
一九四一年一二月八日
金基鎮《キムギジン》(1)

1　非常時と動員

一九四一年一二月八日、いわゆる「太平洋戦争」は、ハワイのアメリカ海軍基地への日本の奇襲攻撃と「宣戦布告」によって始まった。これによって日中戦争（一九三七年）、いやそれ以前の満州事変（一九三一年）以来、「危機」を克服するための戦略として設けられた「戦争」は頂点へ駆け上がった。周知のように、帝国主義日本は一九二〇年代後半から持続的な危機局面に直面していた。経済不況と世界大恐慌の連鎖のなかで触発された昭和恐慌は、当時日本の資本主義の危機を表面化していた。また、社会主義および民族主義に基づいた反帝国主義運動とその闘争は、植民地と本国をめぐる既存の統治システムを臨界点まで引き上げていた。亀裂が生じていた秩序の下で、危機の局面を突破し、新たな秩序を再構築する方策として可視化されたのが戦争だったが、これは日本の真珠湾空襲

とともに始まった太平洋戦争によって頂点に至ったのだ。ところで、この戦争は過去に日本が遂行した日清戦争や日露戦争とはその性格面において質的な差異を持っている。それは裕仁天皇の宣戦布告詔書の次の文章においても明らかにあらわれている。

朕茲《ココ》ニ米国及英国ニ対シテ戦ヲ宣ス朕カ陸海将兵ハ全力ヲ奮テ交戦ニ従事シ朕カ百僚有司ハ励精職務ヲ奉行シ朕カ衆庶ハ各々其ノ本分ヲ尽シ億兆一心国家ノ総力ヲ挙ケテ征戦ノ目的ヲ達成スルニ遺算ナカラムコトヲ期セヨ(2)

宣戦布告詔書には、戦争に動員され、それを遂行しなければならない主体について明確に記されている。実質的に戦闘を行なう軍人および戦争を運用・管理する「百僚有司」(官僚)だけではなく「衆庶」までを、その遂行と動員の主体として明記し、「億兆一心」で「国家の総力を挙げ」るように求めていることに注目しなければならない。このような表現は日清戦争や日露戦争の宣戦布告文には見られないものである。例えば、過去の二つの宣戦布告文において、軍人と官僚(管理)が戦争遂行の主体として記述されているのに対し、一般「百姓」(または民間人)がその動員の主体として言及されることはなかったのである(3)。上記の文章は、この戦争の特徴を端的に見せている。いわば内外的な危機を収拾し、戦争を遂行するに当たって、軍人と官僚の動員だけでは不可抗力の状況にあり、さらに内地の動員だけでは力不足であった。内地・外地。植民地をはじめ、すべての臣民が帝国日本の旗の下に総動員されなければならなかった。

過去に「朝鮮プロレタリア芸術家同盟」(カップ、ＫＡＰＦ)の創立と解散を経験しながら、反帝国主義的な社会主義文学を志向していた、植民地朝鮮の文人金基鎮は、もはや「朕カ衆庶」となり、「亜細亜の血」という長文の詩を通じて「恐れ多くも詔書が下された!「宣戦布告」だ!」と天皇のことばを書き留めた。さらに「考えろ!太平洋の海で、陸地で、空中で/火の塊となって戦っている皇軍勇士を!/忘れるな! 銃後の結束は大砲に劣らないということを！」と詠いながら、「経済と産業の秩序を守り／銃を担ぐような心で手鍬と金槌も持とう／われらの職場はわれらの戦場だ！」と強調した。自分自身の文章を書く行為をはじめとして多様な形態の具体的な活動を、戦争遂行という抽象的な労働（行為）へと収斂し、（自由時間と労働時間に分節されている）日常の時空間を閉鎖的な戦争と動員の時空間の方に包摂した。金基鎮はこのような収斂と包摂を、「一億の国民が一気に立ち上がった。あらかじめ約束することなく一致してしまった」と、「現在完了形」の語法を用いて、急いで結論づけている。しかし、事態はそれほど簡単ではなく、実際に何一つ決定されていない状況であった。収斂と包摂を通じた新たな秩序への跳躍と再編成は、自動的に作られる過程ではなく、数多くの人為的な装置、つまり制度的な基盤と知的・情動的な工程という具体的な装置を通じて、はじめて現実化されるものである。そして、ここには必然的に激しい抵抗と衝突、葛藤と不協和音、悲鳴と苦痛が伴うのだ。

帝国日本の頂点にいた天皇と対極に置かれていた植民地原住民（百姓）との垂直的な形態でのやり取り――御命と奉公――や、各々の発話をめぐる含意はどのように理解すればよいのだろうか。この問いに対する一つの手がかりを、当時帝国日本の最高の知性ともいえる京都学派のメンバー四人による「座談会」から見出すことができるだろう。宣戦布告の直前、雑誌『中央公論』の「世界史的立場と日本」を皮切りに始まった座談会は、太平洋戦争開始からおよそ一年が経過した一九四二年一一月二四日には、三回目の「総力戦の哲学」の開催に至る(4)。この座談会に参加したメンバーは、「大東亜戦争」の実質的な始まりを「支那事変」（日中戦争）にさかのぼらせ、この戦争の特徴を「総力戦」であると規定する。座談会では、ルーデンドルフの「総力戦論」などが援用されつつ、当時の戦争の性格が変わったことが繰り返し強調される。高度な国防国家の建設、非常時と平時の境目の無化、戦線と銃後の区別の消去、単純な武力戦を超えた経済戦、政治外交戦、思想戦としての性格などがそれである。言いかえると、軍人および官僚だけではなく民間人までをも含む、すなわち全国民が戦争に動員される「総動員体制」の確立を意味する。従って、これまで帝国日本が行なってきた日清戦争や日露戦争とは異なる次元の戦争遂行が要請されるが、これは必然的に、社会のすべての部門、さらに体制および主権の変容が伴わないとできないことであった。そして、座談会では、このような変容が一国的な次元ではなく「広域国家」の次元で進められるべきであると、すなわち「本当の総力戦といふものは、国家総力戦であるだけでなく、「共栄圏総力戦」であるべき」だと力説された。「言いかえると、「共栄圏の資源や労働力を組織的に統合」し、「共栄圏内の民族がおのおの総力戦を分擔する、そして……日本が中心に立つてその総力戦の体制を組織する。かういふところに」進むべきであると主張されたのである。

要するに、当時の「総力戦」をめぐる議論には、主権の内部的な変容とともに一国的な次元を超える、主権そのものの変容が含まれていた。戦争という非常時において、このような構想と実行、体制の移行は、それ自体が緊急を要することでもあったが、それが何の抵抗にも直面もせず、順調に進んでいったわけではない。その抵抗のなかで最も大きな比重を占めていたのは、やはり民族問題であった。

この問題に対する座談会の論旨は、「既成の「民族」を固定して考へる、さういつた立場」の「民族自決主義」への批判を媒介に展開された。文化的、民族的、言語的な一体化に基づいた「自然民族」という概念は、作り出されたものにすぎないため、「大東亜共栄圏内の諸民族の或るものを日本人化する、教育によつて徹底的に日本人化するといふことも、空想ぢやない」というのである。いわば、一つの「フィクション」をもう一つの異なる「フィクション」に代替する方法を通じて解決しようとする目論見である。ところが、問題は二つのフィクションが等価関係にある場合は、こうした代替は難しくて、一つがもう一つを圧倒する方法で行なわれなければならないということだ(5)。こうした代替と変形過程には、物理的な暴力を伴なう「新しい形の民族理論」のような論理が要求された。

これが植民地朝鮮においては「内鮮一体論」としてあらわれた。日本が朝鮮を植民地として併合した瞬間から予想された手順であったとも言えるが、植民地朝鮮の統治政策として「内鮮一体論」が採用されたのは、一九三七年日中戦争勃発の前後であった。一九三六年八月五日、南次郎が第七代の朝鮮総督に赴任した際にとったこの政策は、以後「皇国臣民の誓詞」の制定、公布（三七年一〇月）、「国家総動員法」の制定（三八年四月）、「国民精神総動員朝鮮連盟」の結成（三八年七月）、「国民総力運動」、朝鮮人への「徴兵制」の実施などによって具体化していく(6)。

こうした流れは、思想統制や思想転向の問題においても変化をもたらした。一九二〇年代には、治安維持法をはじめ日本帝国の思想統制は、社会主義者を検挙し処罰する厳罰主義に立脚していたが、[7]三〇年代に入ってからは「思想犯保護観察法」(三六年)などを通じた「転向」作業に重点が置かれた。[8]しかし、日中戦争前までの「転向」とは、社会主義思想を諦め、社会へ復帰することを意味したものであり、それがそのまま日本帝国への積極的な協力という「親日」の問題につながるものではなかった。また、思想統制の焦点は、主に社会主義者に向けられていたため、民族主義右派や植民地ブルジョアの場合、この問題から一定の自律性を確保していた。日中戦争の勃発と内鮮一体論の登場は、こうした思想統制の地形図を大きく変えさせた。内鮮一体論では、既存の民族主義運動はすべて否定され、そのうえ単純な否定を超えた協力(親日)が要求された。その代表的な事例として、李光洙《イグァンス》に代表される「(修養)同友会」事件が上げられる。

「民族改造論」と「興士団」に基盤を置いた(「同友会」の前身の)「修養同盟会」は、一九二二年二月一二日に創立されたが、当時の総督・斎藤実から、了解と勧奨はもちろん経済的な支援まで約束された。[9]ところで、朝鮮総督府から合法的な許可を得て、活動していた団体が、一五年余が過ぎた三七年六月七日、すなわち日中戦争が目前に迫っていた時期に、急に/自然に治安維持法違反として弾圧を受けるようになった。この事件によって李光洙を含め、同友会員一八一名が検挙され、四二名が治安維持法違反のかどで起訴された。この事件は、四一年一一月になって彼らが無罪釈放されることによって一段落した。事件の取調べにおいて心理的圧迫と拷問が加わるなか、李光洙は心身に打撃を受け、病気を理由に保釈された。また彼の小説『無情』と『土』は発売禁止された。[10]安昌浩《アンチャンホ》の死を招いたこの時間を契機に、李光洙は本格的な「親日」(協力)の道を歩むようになる。結局、朝鮮総督府は、民族解放運動の左派(社会主義)と民族解放運動の右派(民族主義)の間の分割統治を通じて、両者すべてを壊滅させる方法をとったと言っても良いだろう。

ところで、社会主義問題と民族問題は、現実的な側面から考えると、同一の重みを持っていたわけではない。植民地という条件において社会主義は、現実化できない可能態もしくは潜在的な形態で存在する理念型に近いフィクションであった。しかし、朝鮮人という民族アイデンティティは、常に「脱植民(独立)」すべしという当為を呼び起こすフィクションでもあり、生まれた途端、既に取得できる自然化された「事実」に近いフィクションだった。その意味において、社会主義を諦めることと、民族アイデンティティを諦めることは、同一の思想転向であったとしても、その帰結点は異なっていた。言い換えると、社会主義の諦めは、日常的な生活人としての復帰を意味することもあり得たが、民族アイデンティティの諦めは、直ちに協力と新日の回路のなかに吸い込まれることを意味したのだ。したがって、後者は前者に比べて根本的な反発と抵抗に直面することになったのである。

2 「告発と裏切り行為」（=国民化）の時間——全臣民の検閲官化

これは李光洙の思想転向において赤裸々にあらわれたが、それと関連して鄭飛石《チョンビソク》は次のように回顧している。

> 僕が田舎へ帰り、不安に包まれていたあの頃、ソウルでは考えさえもできなかった「文人投書事件」という大変な事件が発生していた。「文人投書事件」とは、誰かが李光洙に脅迫状を送ったが、夫人の許英肅《ホヨンスク》女史がその脅迫状におびえて、問題の投書を京畿道の警察部へ告発したことによって明らかになった。[11]

鄭飛石の回顧によると、この脅迫状は李光洙の創氏改名（香山光郎）、朝鮮語ではなく日本語の使用を批判しながら、「独立する日……民族の裏切り者として処断されるだろう」という内容で構成されていたという。この告発を受け付けた京畿道の警察部はすぐに捜査に着手する。投書は原稿用紙に書かれていて、封筒には「西大門郵便局」のスタンプが押されていたため、容疑者は西大門地域に居住する文人に絞られた。それによって鄭芝溶《チョンジヨン》、崔永《チェヨン》秀《ス》、桂鎔黙《ケヨンムク》が検挙され、拷問と筆跡調査などで責められるが、それぞれ一週間、十余日、二十余日をへて釈放された。最終的には一九四〇年一一月に鄭飛石が容疑者として検挙され、「飛行機に乗るような最悪の拷問」を受けた。彼は肩が外れるなどの苦しみを味わされるが、一九四一年三月に無罪釈放された。[12] この事件は当時の朝鮮文人たちに大きな波紋を呼んだようである。桂鎔黙の回顧には、取調べの過程で自分と親しい四〇余名の文人を陳述し、そのうち十余名が検挙されたが、とりわけ「鄭飛石はかなり辛い思いをした」と強調されている。[13] そして桂鎔黙が言及しているように、これは李石薫《イソックン》の「静かな嵐」[14]にも、文人たちの日本帝国への協力と対比される重要な挿話として登場するくらい、朝鮮文壇を不安と恐怖に突き落とした事件であった。

この事件の全貌および弾圧を受けた文人を通じて、日本帝国の思想管理の幅とその境界を確認することは重要な作業である。しかし、それよりもここで注目しておきたいのは、この事件がどのような経緯によって発生したのかである。鄭飛石の回顧にも言及されているように、この事件は許英粛の「告発」という形で全面化された。脅迫状が入った手紙の封筒を開けることが可能な人は司法当局でもなく、郵便物の受取人の李光洙か許英粛であった。「民族の裏切り者を処断する」という脅迫が書かれた手紙を前にして、許英粛はかなり苦心しただろう。彼女の苦心とは、「誰が我が家族を守ってくれるのだろうか」という安全《セキュリティ》をめぐる問いとともに、「誰が敵で、誰が同志なのか」という政治的な問いに違いないだろう。[15]「朝鮮民族なのか、日本国家なのか」という問いの前で、彼らが選択したのは日本国家であり、それは「告発」（密告）の形式を借りて表現された。

これより少し前に、もう一つの事件があった。金晉燮《キムジンソプ》の反戦記事の筆禍事件であるが、これは鄭晉錫《チョンジンソク》の研究によって知られる。[16] 一九四〇年一月六日付けの『毎日新報』学芸面に、「欧州大戦と文化の将来」という企画のもとで、林和《イムファ》の「市民文化の終焉」と金晉燮の「まだ心配ない」が掲載されるが、そのうち金晉燮の文章が「反戦思想」を煽動したという理由で検閲にひっかかった。興味深いのは、当時新聞の検閲を担当した総督府の警務局図書課がこの記事の掲載を許可しているのに、新聞が発行されてから幾日かが過ぎた一月九日、朝鮮軍司令部の報道部がこの記事について問題提起をしたということである。[17] この筆禍事件によって金晉燮は一月一三日に京城憲兵隊本部へ出頭し、取調べを受けた後、「国策的な見地に立脚して文筆報国に邁進すること」という誓約書を書いて釈放されるが、問題はここで終わらなかった。『毎日新報』の発行人・李相協《イサンヒョプ》と編集者・金善欽《キムソンフム》をはじめ、警務局図書課の朝鮮語新聞の検閲担当者もやはり始末書を作成しなければならなかった。[18] さらに、当時、学芸部長として勤務していた趙容萬《チョヨンマン》は解任され、編集局長・金炯元《キムヒョンウォン》は自ら辞任した。執筆者、新聞社、朝鮮総督府にいたるまでの関係者が問責を受けるかなり大きな規模の事件になったと言える。当事者であった趙容萬は次のように振り返る。

　私は、警務局から出たらそのまま拘束されると思ったが、何の知らせもなく、ただあちらこちらから私を非難する声だけが降りかかってきた。軍部や総督府から叱られることは当たり前だ考えよう。しかし緑旗聯盟の人びとや戦争に積極的に協力する朝鮮人忠臣の騒ぎなどは不快きわまりなかった。緑旗聯盟という団体は、皇道宣揚を目的とする日本人の圧力団体だが、そこには名が知られた韓国人も多く入っていた。この度、金晉燮の文章に目をつけたのも、その中の韓国人であって、そのことば尻を持って総督府以上に興奮し、軍部にそそのかしたのも彼らであった[19]。

この引用文によると、趙容萬はこの筆禍事件を起こした実質的な首謀者として、「緑旗聯盟」の朝鮮人を名指している。最初に、この文章を「検閲」した主体は、総督府の警務局図書課の担当検閲官でもなく、朝鮮軍司令部報道部でもない。と言って、『毎日新報』の自己検閲でもなかった。もしかするとこの事件は、検閲研究において一般的に分類される国家による検閲、資本による自己検閲、もしくは書き手の自己検閲の問題などとは異なるレベルで発生したものなのかもしれない。

趙容萬は、この事件をほぼ事実に近いように再構成した『最悪の群れ』という小説のなかで、この事件の検閲主体について描き出した[20]。そこには趙容萬の大学一年先輩で、学生時代にはアナキストとして活動するが、のちに熱烈な日本主義者に変身し、「青旗連盟」（緑旗聯盟）で活動しながら、大東亜共栄圏の確立と皇国臣民化を主張する人物が描かれている。当時の状況と照らし合わせながら、これに該当する人物を探してみると、玄永燮《ヒョンヨンソプ》が有力な候補になるだろう。玄永燮は京城帝大英文科を卒業し、オスカー・ワイルドの「社会主義下の人間精神」を翻訳するなど[21]、アナキズム活動を展開していたが、のちに内鮮一体論者、朝鮮語廃止論者に変身する人物である。実際にその人物が誰なのかはそれほど重要な問題ではないかもしれない。『毎日新報』に掲載された金晉燮の文章は、一次的には「正常な」国家検閲の手続きに従ったものであって、行政的にみると何の問題の素地もなかったはずだ。それにもかかわらず、新聞を読む読者、それも朝鮮人が問題提起をし（「検閲」を行ない）、軍当局に「告発」したため、筆禍事件にまでいたったのである。この点がもっとも重要なポイントであるだろう。実質的に「告発」行為を通して、検閲行為を誘発した「視線」は、国家権力もしくは行政的な検閲の水位を超えていた。越権であり過剰なのである。

朝鮮民族であることを諦め、日本国民（皇国臣民）になるということは単純な否定と沈黙のような消極的な行為だけでは表出できない。自分の転向が完了し、臣民になったことを積極的な行為をもって、表に出さないといけなかった。それは創始改名や協力的に文章を書くことに限らず、自分が属していた既存の共同体の構成員らを「告発」するという、より直接的な行為で発散されることもあった。

許英肅と玄永燮の事例から読み取れるように、こうした告発は必然性を伴うものではなかった。許英肅は郵便物という封印された（私的な）形式の脅迫状について、そのまま沈黙することもできたはずである。鄭飛石の回顧が事実だとすれば、その手紙の脅迫は、今すぐにでもあなたたちの命を奪うという内容でもなかった（転向を決心した李光洙と許英肅にとって、「独立する日、処断される」という脅迫は、永遠に来ない時間として考えられたかもしれない）。そして、厳密にいって民間人に過ぎない玄永燮にとって、図書課による検閲が完了した新聞記事について是非を問い、筆禍事件を誘発させるような職務上の責任はなかった。しかし、彼らは告発をすることで、当時機能していた思想統制と検閲の基準を超えてしまったのである。

ある意味で、この人たちは、植民地朝鮮の思想と情報を統制・管理する帝国日本という国家権力の遂行者、すなわち検閲官に比べて、より一層高い水準の精密で暴力的な「検閲行為」を遂行していたのかもしれない。この過剰な行為は、当局の立場にとって予想できなかったというより、むしろ期待されていたことであっただろう。検閲というフレームを媒介に考えると、日本帝国の末期における国民化の時間は、全臣民をより執拗で過剰な検閲官に作り上げる時間であったことがわかる。むしろ、この時期は、国家権力の遂行者としての検閲官という肩書きを持っている、可視的な行為者たちを相手に、対応していくことの方が簡単だったかもしれない。約三〇年の間に行なわれた検閲をめぐる駆引きのなかで、植民地の文人や出版従事者らは、それなりに交戦術を身につけていた。そのため、公式的に作動する検閲の回路を覆すことはできなかったとはいえ、そこから逃れる、もしくは迂回できるようなノウハウを取得していたと考えられる。(22)

むしろ問題は、いつ、どのように告発と裏切り行為をするか予測できない、不可視の存在であった。彼らは敵なのか味方なのか区別できない、同じ民族の構成員でもあり、長い間、直接的間接的な経験を共有してきた文壇の同僚および隣人でもあったため、誰を疑い、誰に対する交戦を準備すべきなのか、わからない状況であった。蔡萬植《チェマンシク》は「民族の罪人」のなかで、当時の状況を次のように述べている。

ある青年が言った。「今現在、私たちの目の前はまっ暗です。すぐ悲観的になってしまいます。どうすれば良いのか分かりません。」

私は答に詰まってしまった。そりゃ、答えようとすれば、はっきり言えなくもない。しかし、ここに集まっている一〇人以上の人々、そのみんなが信じられる人々だとしても、私がここでしゃべった内容が、人々の口伝えで警察の耳に入らないと、誰が保証できるだろうか。(23)

〈米英撃滅国民総決起大会〉の時局講演を終えて、動員された青年たちと向き合った席で、劇中の人物は講演内容と異なる本音をあらわすことを躊躇する。同じ朝鮮人ではあるが、誰が、いつ、突然敵になって、告発と裏切り行為をするかわからないという、不安が常に襲いかかってくる。周囲にいるすべての人々が、潜在的な検閲者であるということだ。この不安と疑いの状況において、沈黙は容認されず、許される話と文章は公式的な内容に限定される。そして、検閲は、書くことや話すことという生の部分的な領域に限定されず、生の全体もしくは生そのものを管理するものとして位置づけられる。

3　行為の検閲という形式的な包摂から実質的な包摂へ——「検閲」と「奨励」の間で

当時、国家による検閲と作家による対応は二重的なものであったようだ。これに関連して、鄭飛石は次のように興味深い発言をしている。

> 原稿を完成したあとは、朝鮮総督府の検閲が問題だった。……出版部は毎日新報社の名義で検閲に提出した。しかし、約一週間のあと、「この小説は時局上、不要不急な出版物だけでなく、内容も時局に適していないため、検閲から取り下げろ」という通知が来た。その方面において経験が豊富な梁老人〔梁在璣《ヤンジェギ》（毎日新報出版局長）—引用者〕はその不吉な通告を私に知らせながら、「これからは仕方がないから、作家本人が直接検閲官のところを訪ねて、事情を説明したあと、夜にでも自宅へ土産を持っていけ」と話した。言い換えると、賄賂ぜめでもしてみろということだった。[24]

鄭飛石のこうした挿話は、当時の国家の検閲に対応する民間資本および作家のある様相が読み取れる事例になるだろう。植民地時代の作家らは、検閲をめぐる国家との長い交戦の末に形成された癒着関係を通じて、慣性化され、慣れ始めた既存の検閲メカニズムを乗り越える方法を体得していたようだ。実際に鄭飛石は、担当検閲官に「絹一疋」を賄賂として渡して、小説の検閲は無事に通り、出版にまで至った。[25]「時局上、不要不急な出版物だけでなく、内容も時局に適していない」という検閲官の視点には、少なくとも当時の検閲基準においては許可しても問題にはならないが、国家が要求する水準の内容は含まれていないという意味が含まれている。要するに、検閲官の視点は、一つの基準を超えて、二つの基準を要求していたのだ。「禁止する検閲」の基準から考えると無難な作品ではあるが、「奨励する検閲（宣伝）」の基準から判断すると、期待に達していないということである。[26]

二つの基準の間において鄭飛石と検閲官は、絹一疋を媒介に「禁止する検閲」の基準において妥協したのである。この基準については、検閲を受ける方や行なう方、両方ともに慣れていたと見ても良いだろう。一方では、国家権力は「禁止する検閲」を構成員の個々人の身体に刻印させたとみえるが、観点を変えると、検閲を受ける立場では「豊富な経験」によって禁止の領域と可能な範囲を見計らうことができるようになり、それを逆利用する契機を作っていたとも言えるだろう。

戦時体制期に入り、植民地当局は「禁止する検閲」を越えることを要求した。この検閲方法は、植民地原住民の反体制的な主体性が形成できないようにすることには有用だったが、彼らを積極的な方法で体制に協力させたり、動員させたりすることには適合していなかった。一九三七年、日中戦争の頃に稼動し始めた総動員体制は、植民地原住民をも戦争を遂行する労働者や軍人（これも広い意味で労働形態の一つである）に変換させようとした。彼らを有効な労働力、生産力として動員できるかどうかは、戦争の勝敗を左右する死活の問題であった。沈黙する原住民、体制に傍観的な人間のタイプでは戦争遂行を継続できなかった。

検閲が、新聞社の編集者を通じて、作家に誓いを要求してきた。必ず、時局的な小説であることと、小説のあらすじを先に提出すること、そしてそのあらすじに従い、忠実に書き出すことなどの誓いだった。[27]

上記のように、蔡萬植は「民族の罪人」のなかで、検閲の性格がどのように変化していたのかについて述べている。鄭飛石の場合、「禁止する検閲」と「奨励する検閲（宣伝）」の間において、前者に焦点を合わせながら検閲の回路から逃れられるような契機を作ったが、蔡萬植の場合はできなかったようだ。検閲は、「時局に適」する作品を生産させる方向へと移動していて、これについての対応が円滑ではなかった。「書きながらたまに裏切る」こともあったが、「検閲官―退職巡検から叱られたり、文学講義をうけ」る状況におかれたため、蔡萬植が選択できる活路はあまりなかった。蔡萬植は日本帝国末期に、そのような文章を書くことは、「生活のための稼ぎ」に直接かかわることであり、それによってやっと「二合二作の配給米」が手に入るような、生活手段であったと告白している。もちろん「親日」と「協力」に対するくだらない言い訳にも聞こえるが、一方では否認できない事実でもあった。

このような「禁止する検閲」から「奨励する検閲」への移行は、検閲による、書くことや話すことなどの人間の行為を包摂する性格が、変わりつつあったことをあらわしている。一方では、検閲と宣伝という二つの系列が一つに合流したと捉えられるが、質的な側面においては、検閲の包摂の程度それ自体が変わったと、積極的に解釈しても良いだろう。多少単純化しすぎかもしれないが、次のようにまとめられる。「禁止する検閲」は、通常の文章を書く行為をまるごと対象とし、検閲が管理者や指示者としてその過程に介入していく局面で発生する。こうした条件の下では、先述のように、熟練した執筆者は検閲回路から逃れる一定の自律性をわずかに獲得することもできたし、他方、しばしば検閲過程との矛盾をきたす場合もあった。ところが、戦時体制期に入り、検閲の地形図は根本的に変わり始めた。新聞や雑誌をはじめとするメディアが統廃合され、文章を書ける空間が狭くなったことはもちろん、書くことのできる内容も限定された。そして、検閲機構が変化し、軍が介入することにより、書く行為と内容および過程が、宣伝と心理戦に合わせて変化せざるをえなくなった。挙句の果てに、国民総力聯盟、朝鮮文人協会、朝鮮文人報国会などの官が主導する団体が組織され、それらの団体に（先に述べた蔡萬植の事例からもわかるように）執筆者たちが直接的に組織化されることによって、もうかつてのような書く行為をめぐる駆引きの過程は存続できなくなった[28]。このように「奨励する検閲」の局面は、書く行為およびそれらにかかわる条件そのものを根本的に変化させ、さらにその行為自体を最初から最後まで、企画・統制・生産・流通という形態で包摂していく。事実上、「禁止する検閲」の局面において可能だった行為者の自律性は、それ以上存続しにくい状況が作り出されていった。まるで労働過程をある程度統制できた熟練工中心の工業から、機械制大工業へと転換されることによって、ベルトコンベヤーの前に坐って自動機械に従属するしかない労働者のように、文章を書く行為者はまさに「奨励する検閲」という軍官民組合わせの機械装置に従属し、書く行為を遂行する技能工へと変化していった。筆者はこうした変化を積極的に意味化し、強調するために、「行為の検閲への形式的な包摂（formal subsumption）から実質的な包摂（real subsumption）への移行」として概念化したい。[29]

そうであるならば、行為の検閲への実質的な包摂における作家の書く行為と生は、どのような意味を持っていたのだろうか。そのような包摂の程度が、より深化し具体化していく日本帝国末期に入ってから、『東亜日報』と『朝鮮日報』は廃刊（一九四〇年八月一〇日）され、生き延びた朝鮮語の新聞は『毎日新報』のみになる。そして文芸誌の場合も『文章』『人文評論』が廃刊され、『国民文学』に統廃合された。植民地の文人らが原稿料で食べていく紙面は徐々に減らされ、それと連動する形で、文人の活動の幅はより狭くなった。蔡萬植の言い訳に近い、上記の告白は、当時の植民地文人をはじめ、知識人の（階級的）位置がどのように墜落していったのか、その片鱗を見せている。

こうした流れは、いわば総動員体制のための「エンクロージャー」または「本源的な蓄積」に近い形態であった。植民地時代に存在した文芸団体「カップ（ＫＡＰＦ）」と「朝鮮文人協会」を連続線上において考えてみよう。社会主義を標榜した文芸団体であるカップは、一九三五年五月に公的に解散する。結果論に過ぎないかもしれないが、そのとき既に「朝鮮文人協会」の結成に向かう道があらわれていたのかもしれない。一九二九年頃から親日協力文芸団体として「朝鮮歌謡協会」が存在し、カップの解散から二年後の一九三七年五月に朝鮮総督府の指揮下で「朝鮮文芸会」が結成された。そして、いよいよ一九三九年一〇月に「朝鮮文人協会」が結成される。[30]

この一連の流れは、一方では朝鮮総督府の植民権力によって、これまで植民地朝鮮の文学者らが「脱植民」に進むために足を踏み、自ら耕作してきた社会主義および民族という「共有地」（commons）が解体される過程であった。またもう一方では、総動員という「国有地」の労役者として文学者を再配置する、分離・接続の過程でもあった。今日、私たちがいわゆる「親日文学」と呼ぶそれらは、こうした分離・接続の過程のなかで、それに寄り添いながら誕生したものであると考えてもいいだろう。

4 「親日文学」という機械装置

朝鮮総督府警務局の主導で行なわれた『文章』『人文評論』の廃刊と「朝鮮唯一の文芸雑誌」である『国民文学』の創刊という一連の過程は、単純に雑誌メディアの盛衰および交代だけを意味するものではない。この過程は、何を話さないようにさせ、またどのように話すのかを決定する、検閲と宣伝そのものを意味するものであった。『文章』と『人文評論』というメディア装置に接続したときに書ける文章と、『国民文学』というメディア装置に接続したときに書ける（書くべき）文章は使い分けるしかなかった。また、それぞれの装置に接続する文学人の性格も（同一人物だとしても）、その社会的な位相と配置も変わることになる。

長い時間にわたって総督府の検閲権力は、植民地朝鮮の文学人らを、共有地の耕作者から国有地の労役者に転化（墜落）させていき、その終着地は（外形上では）国策に合致する一方的な声に帰結する「親日文学」であった。言い換えると、植民地知識人は、芸術という自由な活動と奴隷労働に近い国家労働の間で揺れ動いていた。そして、検閲と宣伝という権力の包摂の程度が厳しくなり、その様相が変化するにつれ、それは強制労働に近い性格を帯びるものになった。

一例として、金南天《キムナムチョン》の「灯火」を取り上げてみよう。金南天は、思想犯保護観察令、予防拘禁令などによって転業した転向者の生を、書簡体の形式を用いて織り出した(31)。本稿の主題と関連させて注目したい点は、彼が小説のなかで、生活者に転落した転向者の生を「労働」というフレームを通じて再構成し、文学（芸術）と強制労働を同一線上において縫合する方法を取っているということだ。話者であり主人公の「私」（チャンユソン）が転業したあとに起きたもっとも大きな変化は、強制労働の時間によって日常が再構成され始めたという点である。「私が自由に書ける時間は三時間しか残っていません」という部分は、自分の一日の日常が以前とは異なって、労働時間と仮処分の時間に分節され、転業者の生が強制労働時間によって再配置されていることを吐露しているところでもある。

そうした境遇におかれている彼にとって、「高い精神によって作られた伝統」としての文学と芸術は、強制労働の「熟練された美しさ」と同一の位置につけられる。しかし、このような表現とはうらはらに、物語構図のレベルでは、「貧しさを怖れず、世俗的な欲望に囚われず、貧しい生活にむしろ誇りを持ち」ながら展開してきた文学および芸術が、その自由な活動から墜落し、熟練された強制労働のリズムへと包摂されていくという、総動員体制下における植民地朝鮮の憂鬱な労働帝国の現実が露呈している。

芸術活動は強制労働に編入されなければならない、また、共有地の文学者は国有地の労役者に転化されなければならないという、当為の声は、日本帝国の真珠湾攻撃から始まった太平洋戦争の勃発から間もない時期に、『国民文学』の崔載瑞《チェジェソ》によって、次のように「労働」と「生産」というフレームを通して言挙げされた。

> 然しながら広く芸術を非生産的なりとする見方はそれこそ全く旧体制的で、自由主義経済と共に早く一掃してしまはなくてはならない。この点に関して国民主義経済学の先駆者なるリストの見解は随分革新的である。即ち、「豚を飼育し、風笛を作る者は生産的であるが、青年や成年の教師、芸術家、医師、裁判官、行政官等は更に一層生産的である。前者は交換価値を生産し、後者は生産力を生産する。これら将来の人々に生産の能力を賦与し、現在の人々の間に道徳心や宗教心を促進し、人間の精神を高尚にし、向上せしめ、患者の生産力を救ひ、法律を保護し、公的秩序を作り出し、その技術とそれに依つて与へる享楽とに依つて交換価値を生産するやうに刺戟する。これら生産力の生産は生産的であると云はねばならぬ。一国民の繁栄は、その国民が富即ち交換価値を生産すればする程それだけ大となるものではなくて、国民がその生産力を発展せしむればせしむる程、それだけ大となるものである」(32)。

芸術をはじめ非物質労働、認知労働を生産的な労働として認めるか、非生産的な労働と見なすかという立場に圧縮されているこの議論は、まるでマルクスの「生産的労働と非生産的労働」に関連する議論(33)を連想させる。しかし、ここで、崔載瑞が芸術活動を生産的労働として規定するために用いた議論は、フリードリッヒ・リストの「生産力」理論である。当時、リストの主な著作である『政治経済学の国民的体系』（*Das nationale System der politischen Ökonomie*）が日本語に翻訳され、それと関連した二次文献が一定の間隔を置きながら日本語で出版された[34]。崔載瑞が自分の議論の根拠として積極的に引用しているように、当時の総動員のような国家主義的な傾向と呼応するところがあったとみても良いだろう。上の引用文から読み取れるように、崔載瑞はリストの議論を土台としながら、文学や芸術のような活動を生産的な労働および生産力として規定することによって、単純なイデオロギーの次元を越え、実質的な国家の富に編入させうる論理を作り出した。さらに、実際『国民文学』のようなメディア装置を通じて、文学活動を強制労働に包摂し、国家の生産力（富）に転化させる一連の作業も遂行した。

一つの親日文学のテキストが誕生するためには、数多くの工程と手続きが要求される。総動員体制のためのエンクロージャーと本源的な蓄積は自動的にできるようなものではなかった。無数の可視・不可視の抵抗に直面しながら、その抵抗を体制内的な労働力として再配置するための努力が必死に要請された。すなわち、そのためには、各種の法律、行政、軍隊という国家的なレベルにおける下図とともに、各種の官辺団体、民間団体のような民間的なレベルにおいて、国家の企画が実行されなければならなかった。また、各種のメディアは、そうした企画と実行が大衆的な形態で拡散できるように、それらを書きとめ、再現する役割を担当しなければならなかった[35]。

例えば、日中戦争三周年を記念するために、雑誌『三千里』は李光洙、朴英熙《パクヨンヒ》、兪鎭午《ユジノ》、鄭寅燮《チョンインソプ》、金東煥《キムドンファン》などの「聖戦記念詩歌と文章」を掲載したが[36]、これは朝鮮文人協会との協力のもとで行なわれたものである。つまりこの親日テキストは、朝鮮文人協会という団体とそれをめぐる制度的な基盤および『三千里』というメディアの結合を通じて生まれたのである。周知のようにこの朝鮮文人協会ももちろん、文人だけの独自の団体ではなかった。イゴンジェ（이건제）と鄭根埴の研究によれば[37]、朝鮮文人協会は、朝鮮総督府の図書課と朝鮮軍報道部の主導によって朝鮮文人らが参加した、国民精神総動員朝鮮聯盟を媒介として形成された軍官民複合プロジェクトの一環として作られた。その構成員は、既存の朝鮮文人をはじめ、京城帝大の教授・辛島驍、「緑旗聯盟」の幹部・津田剛、朝

鮮総督府学務局長など、朝鮮人と日本人をまとめながら、官界・学界・民間団体に至るまで幅広く人脈を確保していた。[38]また、言論機関『京城日報』は、社説を通じて、この団体に総動員運動に貢献するよう促しながら、[39]その外延を形成した。その結成に止まらず具体的な活動においても、このような複合的な要素が結合するなかで実行されていた。朝鮮文人協会は結成以後、協力意識を鼓吹するための行事や、勤労奉仕および皇軍慰問などを自ら実行する[40]一方、多様な文芸行事および講演会を通じて大衆や読者らと対面しながら、時局へ協力することを促し、[41]各種の声明書をも発表した。[42]また『国民文学』と『新時代』などの雑誌と協力し、国民文学建設のための懸賞小説公募を推進するなど、メディアとの密接な結合を通じて活動を展開していった。そして、朝鮮総督府の支持と後援の下で、内鮮作家との懇談会の開催、生産現場への作家らの動員、国策協力のための作品の生産などが推進された。[43]このような軍官民複合プロジェクトとしての朝鮮文人協会の活動は〈大東亜文学者大会〉参加を通じて「ある頂点」に至る。

もう一つの例として『国民文学』が主催した「文芸動員を語る」という座談会[44]に集まった人的構成を簡単に見ておこう。ここには、

総督府保安課長（古川兼秀）、総督府図書課長（本多武夫）、総督府保安課職員（松本泰雄）、京城保護観察所長（長崎祐三）などの国家行政官僚ら

緑旗聯盟主幹（津田剛）、緑旗聯盟員（星野相河）、総力聯盟文化部長（矢鍋永三郎）などの官辺民間団体の関係者

京城帝国大学法門学部教授（辛島驍）などのアカデミー関係者

京城日報編集局長（嶋元勧）、京城日報学芸部長（寺田瑛）、毎日新報学芸部長（白　鐵《ペクチョル》）、放送局第二放送部長（八幡昌成）などのメディア関係者

朝鮮の文学評論家（林和）

『国民文学』関係者（崔載瑞）

などが集まった。この場では、高度国防国家建設のために文芸動員をどのように行なうべきかについての議論が行なわれた。おそらく平時だったならば、彼らが一つの場に集まることはほとんどなかっただろう。立場の異なる彼らが同じ時空間で向かい合うということは、決して自然なことではなかった。しかし、当時は、このような集まりと対話の場が一つの当為として強制された。そして、こうした過程において「親日文学」は企画、実行され、大衆に流通されたのである。

こうした過程と事実とを充分考慮するならば、「親日文学」という過去について、どのような問いをなげかけるべきなのか。また、「親日文学」について問うということは、どういう意味を持つだろうか。筆者はまだこの「問い」に対して、積極的で詳細な解答を出す準備ができていない。そのため、これまで「親日文学」について解答を出してきた、二つの事例を簡単に見ておくという迂回路をとりながら、この「問い」について考えていきたい。

林鍾國《イムジョンクク》の『親日文学論』（平和出版社、一九六六年）を遺産として受け継いだという民族問題研究所の『親日人名事典』（二〇〇九年）は、その遺産を固有名に書きなおす作業の所産であった。三千ページにもなるこの辞典に細かく記載されている固有名は、彼らが日本帝国の末期にどのような行為を現実に行なったのかを詳しく示している。これ自体でも価値ある作業であり、記念碑的な業績である。しかし、それが何であったのかについては、充分な解答を導きえていない。ただ「反民族的」な行為であったと処理することは、この辞典が持つ量的・質的な苦労を鑑みた時、とても残念であり、不十分だと思われる。もちろん、解答を出すことは、その辞典を見る読者や研究者の役割かもしれない。しかし、その苦労に報いるつもりで、もう少し考えてみよう。

林鍾國の『親日文学論』と民族問題研究所の『親日人名事典』の差異は、この固有名を扱う方法において見つけることができるだろう。『親日文学論』は具体的な親日「作家および作品論」という項目を叙述するために、「政治社会的背景」「文化機構論」「団体および団体的活動」などを叙述しなければならなかった。すなわち、単独者としての個人に言及するために、そうした個人を生み出した多くの植民地当局の制度とプロセスについての叙述が必要とされた。『親日人名事典』はこの制度とプロセスについての叙述を、単独者の個人に帰属させる方法を取った。そのため、その個人が何をしたのかを調査するには有用だが、その個人がどのように生産されたかを見るのには、あまり有効ではない。もちろん個人の非倫理的な協力行為を看過してはいけない。しかし、そこに止まって満足してはいけないと考えられる。今現在にもそのようなプロセスやメカニズムが、作動し続けているかもしれないからだ。

一般的に「親日文学」と言われる、文字化されたテキストとその行為者は、それを産出させた「全体プロセス」の中間結果、または最終結果の一部である。その全体プロセスは、通常の「産業機械」や「産業工場」に例えられる、もう一つのレベルの巨大な「機械装置」または「社会化された工場」ではなかっただろうか。例えば、親日文学の一つの頂点であったと言える「大東亜文学者大会」には、この大会だけではなく、その大会をめぐる、紀行文、後記、感想、座談会、そしてそれに先行する組織化過程など、すべてが包括される。こうした機械装置に、無数の植民地原住民が投入されることによって、テキストが生産され、また親日行為者が生産された。そうであるならば、このときの主体（文学者）の位相は問い直される必要がある。「文章報国」「職役奉公」という帝国日本の修辞は、このような「機械装置」との結合を誘導する「分業論」のような役割を果たしただろう。このような観点から考えると、「文学者」という存在は、この「機械装置」に投入される可変資本（もしくは労働力）として考察することもできるだろう。結局、最終的にこの機械装置によって生産された商品は、文字通りの「親日文学」とともに総動員体制に自発的に符合する「新たな人間の型」だったのである。

注

（1）金八峯「亞細亞の血　亞細亞 의 피」（『毎日新報』一九四一年一二月一三日—一九四一年一二月一六日）。

（2）「米英両国ニ対スル宣戦ノ詔書」（『官報』号外、一九四一年一二月八日、下線は引用者）。

（3） 日清戦争、日露戦争の宣戦布告の詔勅のなかでこれに該当する部分は以下の通りである。「朕茲ニ清国ニ対シテ戦ヲ宣ス朕カ百僚有司ハ宜ク朕カ意ヲ体シ陸上ニ海面ニ清国ニ対シテ交戦ノ事ニ従ヒ以テ国家ノ目的ヲ達スルニ努力スヘシ」（「清国ニ対スル宣戦ノ詔勅」『官報』号外、一八九四年八月二日）。「朕茲ニ露国ニ対シテ戦ヲ宣ス朕カ陸海軍ハ宜ク全力ヲ極メテ露国ト交戦ノ事ニ従フヘク朕カ百僚有司ハ宜ク各々其ノ職務ニ率ヒ其ノ権能ニ応シテ国家ノ目的ヲ達スルニ努力スヘシ」（「露国ニ対スル宣戦ノ詔勅」『官報』号外、一九〇四年二月一〇日）。

（4） 高坂正顕・西谷啓治・高山岩男・鈴木成高（座談会）「総力戦の哲学」（『中央公論』一九四三年一月、本稿では、『世界史的立場と日本』中央公論社、一九四三年、二六五―四四三頁）による。

（5） 黄鎬徳《ファンホドク》『虫と帝国 벌레와 제국』（セムルキョル、二〇一一年）一七九―一八七頁の「政治的リアリズムとフィクション 정치적 리얼리즘과 픽션」から部分的な示唆を得た。

（6） 崔由利《チエユリ》『日帝末期植民地支配政策研究』（国学資料院、一九九七年）を参照。

（7） チャンシン 장신「一九二〇年代民族解放運動と治安維持法 1920 년대 민족해방운동과 치안유지법」（『学林』第一九輯、一九九八年）を参照。

（8） 池昇峻《チスンジユン》「一九三〇年代日帝の「思想犯」対策と社会主義者らの転向論理 1930 년대 日帝의 '思想犯' 대책과 사회주의자들의 전향논리」（『中央史論』第一〇・一一合輯、一九九八年）、チャンシン「一九三〇年代前半期日帝の思想転向政策研究 1930 년대 전반기 일제의 사상전향정책 연구」（『歴史と現実』第三七号、二〇〇〇年）を参照。

（9）「判決文番号：昭和十五年刑上第一〇二乃至一〇四号」（同友会事件 判決文、高等法院、一九四一年七月二十一日判決）参照（ここでは「裁判記録―スヤン同友会」『独立運動史資料集』第一二輯、一九七七年、一四二五頁参照）。

（10） 李光洙「わが告白 나의 고백」『李光洙全集 이광수전집』第七巻（三中堂、一九七一年）二六八―二七六頁を参照。

（11） 鄭飛石「遺したい話――文学誌を通してみた文壇秘史 남기고 싶은 이야기――文學誌를 통해 본 文壇秘史」（『中央日報』一九七八年四月四日付）五面、下線は引用者。

（12） これについての事件記録は、〈韓国歴史情報統合システム〉を通じて確認できる。事件記録に基づいて考えてみると、事件は一九四〇年末に発生し、四一年二月頃終わったようだ。「思想転向者ニ対スル脅迫状発信者検挙ニ関スル件」『思想ニ関スル情報（一四）』（京高特秘第二七八八号）［発送者：京畿道警察部長（一九四一年二月一二日）、受信者：京城地方法院検事正など（一九四一年二月一八日）］。

(13) 桂鎔黙「暗黒期の我らの文壇 암흑기의 우리 문단」(『現代文学』第三巻第二号、一九五七年二月)。桂鎔黙の回顧を通じて、総力戦時期の日本帝国の思想管理について研究したものとしては、キムジェヨン 김재영「回顧を通してみる総力戦時期日帝の思想管理：桂鎔黙、蔡萬植、柳致眞の場合 회고를 통해 보는 총력전 시기 일제의 사상관리：계용묵、채만식、유치진의 경우」(『韓国文学研究』第三三輯、二〇〇七年下半期)がある。

(14) 牧洋「静かな嵐」(『国民文学』一九四二年一一月)。

(15) カール・シュミット『政治的なものの概念――序文と三つの系論を収録した一九三二年版』(キム・ヒョジョン訳、ポッムン社、一九九二年)[Carl Schimitt, Der Begriff des Politischen. Text von 1932 mit einem Vorwort und drei Corollarien, Berlin: Duncker & Humblot, 1963, S.124] を参照。

(16) 鄭晉錫「日帝末期『毎日新報』筆禍の顚末：日帝の言論弾圧と朝鮮人文人の葛藤が見える記録資料発掘 일제 말기『매일신보』필화의 전말：일제의 언론 탄압과 우리 문인들의 갈등을 보여주는 기록자료발굴」(『文学思想』二〇〇五年七月)、鄭晉錫『言論朝鮮総督府』(コミュニケーションブックス、二〇〇五年)二一八―二二二頁、鄭晉錫『戦争期の言論と文学 전쟁기의 언론과 문학』(ソミョン出版、二〇一一年)二二五―二五〇頁などを参照。

(17) 趙容萬「"罷免記者"時節」(『月刊中央』一九七四年八月)。

(18) 『朝憲高』第八二号、昭和一五年一月一三日(本稿では「『朝憲高』第八二号――総督府機関紙『毎日新報』の反戦記事掲載に関する事件報告「通牒」총독부 기관지『매일신보』의 반전기사 게재에 관련된 사건 보고 통첩」『文学思想』二〇〇五年七月、四三―四八頁、翻訳文を参照)。

(19) 趙容萬、前掲(下線は引用者)。

(20) 趙容萬「最悪の連中 最惡의 무리」(『趙容萬 創作集――九人会を作る頃 九人會 만들 무렵』ジョンウム社、一九八四年)二四一―二四二頁。林和、金晉燮などが実名で登場し、一九四〇年一月の『毎日新報』筆禍事件について描き出している。ただし、趙容萬は、自分に該当する人物を「イチョル」に、検閲の主体を「黄という名前の野村」としてそれぞれ登場させている。

(21) オスカー・ワイルド「社会主義下の人間精神」(玄永燮訳、『新興』第七号、一九三二年一二月)[Oscar Wilde, "The Soul of Man under Socialism" (1891)]。

(22) 植民地朝鮮の文人らの総督府の検閲回路に対して迂回した様相についての研究は、韓萬洙によって活発に行なわれた。

韓萬洙「一九三〇年代「郷土」の発見と検閲迂回 1930년대 '향토'의 발견과 검열우회」（『韓国文学理論と批評』第三〇号、二〇〇六年三月）、「姜敬愛「塩」の伏字復元と検閲迂回としての「分けて書くこと」강경애「소금」의 복자 복원과 검열우회로서의 '나눠쓰기'」（『韓国文学研究』第三一号、二〇〇六年一二月）、「一九三〇年代文人らの検閲迂回類型」（『韓国文化』第三九号、二〇〇七年六月）、「李泰俊の「浿江冷」にあらわれる検閲迂回について 이태준의「패강냉」에 나타난 검열우회에 대하여」（『尚虚学報』第一九号、二〇〇七年二月）などを参照。

(23) 蔡萬植「民族の罪人」（「民族의 罪人」）下（『白民』一九四九年一月）五〇―五一頁。

(24) 鄭飛石「遺したい話（総督府図書課）――文学誌を通してみた文壇秘史 남기고 싶은 이야기（總督府 圖書課）―文學誌를 통해 본 文壇秘史」（『中央日報』一九七八年四月一〇日付）五面。

(25) 鄭飛石「遺したい話（買収された検閲官）――文学誌を通してみた文壇秘史 남기고 싶은 이야기（買收된 檢閱官）―文學誌를 통해 본 文壇秘史」（『中央日報』一九七八年四月一一日付）五面。

(26) この時期における検閲の変化については、「消極的（negative）な検閲とは異なる、いわゆる積極的（positive）な検閲へ」（金仁洙「総力戦期、日本語の書く行為の思想空間と言語検閲 총력전기 일본어 글쓰기의 사상공간과 언어검열」『植民地の日常支配と亀裂 식민지의 일상 지배와 균열』文化科学社、二〇〇六年）、「禁止から勧奨へ」（韓萬洙「一九三〇年代検閲基準の構成原理と作動機制 1930년대 검열기준의 구성원리와 작동기제」『韓国語文学研究』第四七輯、二〇〇六年）、「検閲から宣伝へ」（鄭根埴「検閲から宣伝へ：日帝下朝鮮からベトナム言説の推移 검열에서 선전으로：일제하 조선에서의 베트남 담론의 추이」『社会と歴史』第八七輯、二〇〇八年）などにおいて議論されてきた。

(27) 蔡萬植、前掲、五三頁。

(28) 最近、鄭根埴は、朝鮮総督府の検閲が戦時体制期にどのように変化したのかについて、メディア地形図の変化（新聞と雑誌の統廃合）、検閲機構の変化と軍の介入、作家らの組織化を通じた自己統制と動員という三つの側面から、総合的かつ総体的に考察した。鄭根埴「植民地戦時体制化における検閲と宣伝、そして動員 식민지 전시체제하에서의 검열과 선전、그리고 동원」（『尚虚学報』第三八号、尚虚学会、二〇一三年）を参照。

(29) 「包摂」（subsumption）という概念は、もともとマルクスによって、労働が資本に包摂される形態およびその程度を叙述するために考案されたことばである。マルクスはこれを「労働の資本への形式的な包摂と実質的な包摂」に分けて述べている。資本主義が生成したときは、既存の労働過程がそのまま資本へ包摂され、資本家は指示者・管理者としてその労働過程に介入する。こうした変化は、それ自体が労働過程(実質的な生産過程)の根本的な変更を含蓄するのではなく、事実上資本は労働過程をありのまま包摂する。これが労働の資本への形式的な包摂である。労働の資本への実質的な包摂は、資本主義特有の生産方式に照応できるように労働過程とその実質的な条件らの性格を変形させる。もちろん、この場合も形式的な包摂の一般的な特徴は存続する。これは機械制大工業化においての労働過程のリズムが、機械によって掌握されていく過程とある程度相応する。資本家は機械装置の導入を通じて、労働過程およびそのリズムを実質的に掌握し、労働過程の根本的な変化を導きながら統制した。包摂については、カール・マルクス「直接的生産過程の諸結果」キムホギュン訳、『経済学ノート』理論と実践、一九九八年、八八—一一七頁(カール・マルクス『直接的生産過程の諸結果』岡崎次郎訳、大月書店、一九七〇年)参照。筆者は、この包摂の概念を通じて植民地期の検閲の性格変化を眺望することによって、国家権力が遂行した検閲の役割を、労働および生産力の概念と交差・関連させて議論ができると考えている。そして、それによって書く行為を、一つの非物質的な労働や認知労働の形態として把握することで、国家資本との関係の下で考察できるという、作業仮説を立てている。最近、人文地理学・政治地理学の分野における空間の包摂を論じる際に、この包摂概念が応用されることによって、その概念が持っている生産性が見出されている。これについては、水岡不二雄「空間、領域、建造環境」(水内俊雄編『空間の政治地理』朝倉書店、二〇〇五年)を参照。

(30) イゴンジェ 이건제「朝鮮文人協会成立過程研究」(『韓国文芸批評研究』第三四輯、二〇一一年四月)。

(31) 金南天「灯火 등불」(『国民文学』一九四二年三月)。

(32) 崔載瑞「文人気質」(『東洋之光』一九四二年一月)四六—四七頁。

(33) 前掲、カール・マルクス「直接的生産過程の諸結果」(キムホギュン訳)一〇六—一〇七頁。前掲、カール・マルクス『直接的生産過程の諸結果』(岡崎次郎訳)も参照。

(34) 総動員体制下で出版されたフリードリッヒ・リストと関連する単行本は、次のものが参照できる。フリードリッヒ・リスト『国民経済学体系』(谷口吉彦・正木一夫共訳、改造社、一九三八年)、住谷悦治『リストの国民主義経済学』(河出書房、一九三九年)、高島善哉『経済社会学の根本問題——経済社会学者としてスミスとリスト』(岩波書店、一九四一年)、大河内一男『スミスとリスト——経済と倫理と経済理論』(日本評論社、一九四三年)、小林昇『フリードリッヒ・リスト序説』(伊藤書店、一九四三年)。

(35) これと関連して、次の叙述が参考になる。「親日文学は、徴兵、徴用のように動員可能な集合的な身体(collective

bodies）としてしかその使い方が認められていない、量化された植民地人口の配置を企てた総動員体制のイデオロギーの一部であった。そしてそれに止まらず、社会組織化された動員システムの実際的な効率性を増強させることに寄与できるように考案された、官民複合のプロジェクトでもあった。作品として表出された親日文学は、植民地政府によって組織され、後援された文人の団体と講演活動、満州および内地の紀行文、媒体活動などとセットになった、メディアの複合的なプロジェクトの一環であった」。李恵鈴「植民地遺産としての「親日文学」（論）の位相　식민지 유산으로서의 ′친일 문학′ (론) 의 위상」（鄭根埴、李炳天《イビョンチョン》編『植民地遺産、国家形成、韓国民主主義2』チェッセサン、二〇一二年）三八三頁を参照。

（36）「事変三周年記念『聖戦記念文章』特輯」（『三千里』一九四〇年七月）八六―九三頁。

（37）イゴンジェの前掲論文、鄭根埴の前掲論文を参照。

（38）朝鮮文人協会の構成員については、「日本精神を発揚！――〝文の内鮮一体〟を絶叫――朝鮮文人協会結成大会盛況」（『毎日新報』一九三九年一〇月三〇日）、「朝鮮文人協会創立」（『朝光』一九三九年一二月）二二五―二二六頁を参照。

（39）社説「朝鮮文人協会に寄す――その成果を全うせしめよ」（『京城日報』一九三九年一二月六日）。

（40）「朝鮮文人協会一周年記念奉告祭および文筆報国祈誓式」（一九四〇年一一月三日）、「皇軍の武運長久祈願と銃後精神運動修練のための内地聖地巡拝」（一九四一年一月一七日）、「日中戦争四周年記念のための護国神社での勤労奉仕」（一九四一年七月六日）、「自筆慰問文と慰問書籍を軍へ委託発送」（一九四一年七月七日）。

（41）「文芸の夜」（一九三九年一二月二一日）、「文芸大講演会」（一九四〇年二月一一日）、「芸術人色紙展覧会」（一九四〇年八月二一日―二五日）、「銃後思想運動のための全鮮巡回講演会」（一九四〇年一一月―一二月）、「決戦下文化大講演会開催」（一九四一年一二月一三日）、「国民文芸の夜」（一九四二年五月一一日）、「国民詩朗読会」（一九四二年一二月八日）。

（42）朝鮮文人協会「知識人に愬ふ（上・中・下）」（『京城日報』一九四一年七月八日―一〇日）。

（43）朝鮮文人協会の具体的な活動については、林鍾國『親日文学論』（二〇〇五年、増補版）九六―一〇九頁を参照。

（44）「座談会 文芸動員を語る」（『国民文学』一九四二年一月）。

占領・民族・検閲という遠近法

――「朝鮮／韓国戦争」あるいは「分裂／分断」、記憶の承認をめぐって

高　榮蘭

金達寿《キムダルス》の長編『日本の冬』は、一九五六年八月一八日から同年一二月三一日まで、日本共産党機関紙『アカハタ』に連載され、一九五七年四月には筑摩書房から単行本化される。その単行本の「折込付録」には、連載早々、「十数通の投書が『アカハタ』編集局あてに寄せられ、その多くは不満の声であった」。「アカハタ編集部内にも（一部であり、全部ではない）連載を不快とする人々があり、投書を奇貨とし、〈大衆の世論〉に藉口して、暗に作者の執筆に干渉しようとする動きがあった」と記され、それに対する金達寿の反応として「作者から」が収録されている。そこで、金は投書の「なかには激励してくれているものもありましたが、多くは一九五〇年以後の党の混乱にふれた叙述の部分にたいする不満でした。〔中略〕われわれは、これからは、異なった意見をも許容しながら、すこし、ゆっくりと歩もうではありませんか」と語られる。しかし、その「作家から」が掲載されると、「全国から、こんどは作者あてに三十通の投書が寄せられた。（他にアカハタ編集局にも投書があった）」（『アカハタ』編集部）という。

注目すべきは、『日本の冬』が、当時の日本共産党の「プロパガンダ」として読まれていたことである。例えば、ある「名古屋一読者」は、『日本の冬』が小説というジャンルの言語に即したものであることを踏まえながらも、「悲しい過去を、「二つの党」の存在したことを認めること、これの根本的究明追求でなく「一つの党」のプロパガンダは止めてほしい」とまで述べている。また、「党内のバクロ」（「高知県〇〇高校アカハタ読書会」）行為として捉

えられ、それをやめることを促している読者も現われる。このような紛糾が『東京新聞』などに報道されるなど、日本共産党機関紙『アカハタ』という空間において繰り広げられた読者・書き手・編集者の激論は、外部にも知れわたることになる。

『日本の冬』の物語内容は、朝鮮戦争最中の東京や広島における朝鮮人「部落」を背景とするものであり、大半の登場人物が朝鮮人である。にもかかわらず、『日本の冬』をめぐる議論の争点として「朝鮮」という言葉が前景化することはなく、日本共産党の「プロパガンダ」であるかどうかが問われている。しかも、書き手である金達寿も、「朝鮮」という言葉を介在させない形で、日本共産党と「五〇年問題」の歴史化をめぐる議論を展開している。

本稿では、このような『日本の冬』論争を手がかりとしながら、占領の記憶が再審にふされる空間において、「文学」とエスニック・アイデンティティをめぐる記憶が如何に再編されたのかについて考えてみたい。これまで、一九四五年から一九五二年の間は、「占領」という言葉に覆われ、それに合わせた形で歴史的な枠組みが作られてきた。とりわけ、占領と連動する形で注目されるのが「検閲」という言葉である。この言葉の周辺には、「勝者」による「敗者」への抑圧の痕跡を浮き彫りにするための研究が蓄積されることが多かったのは確かである。

ここでは、法の言語によって発動される合法的な暴力装置としての検閲だけではなく、例えば、「朝鮮」系や「日本共産党」系に分類され、もっとも抑圧を受けていたメディア、その組織内部の言葉をめぐる自主規制が、検閲コードの内面化とどのように駆引きしながら、展開されていたのかについて注目したい。

1　韓国／朝鮮なき「朝鮮」戦争と『日本の冬』

先述の『日本の冬』論争で「悲しい過去」「二つの党」と表現された五〇年問題の発端は、一九五〇年一月六日、コミンフォルムの機関紙に「日本の情勢について」が掲載され、当時、日本共産党の指導方針として採用されていた野坂参三の平和革命路線が徹底的に批判されたことによる。「植民地収奪者」である「アメリカ帝国主義者」との戦いを促す、このスターリンの論文（無署名で公表）に対する日本共産党側の反応が示されたのは、同年の一月一二日である。日本共産党は、「所感」を発表し、これまで占領軍の政策転換に対抗する過程で、野坂理論の欠点は実践的に克服されたと釈明した。しかし、それから一週間後の一九日、共産党拡大中央委員会は「所感」を撤回し、コミンフォルムの批判を全面的に受け入れる。この論文への対応をめぐって、日本共産党は徳田球一らの主流派（所感派）と宮本顕治を中心とする反主流派（国際派）に分裂し、深刻な対立状態に陥ってしまう。結局、所感派主導のもとで平和革命路線は放棄され、反米と社会主義革命に向けた「武装闘争」へと方針転換を行なうことになる。それをうけてＳＣＡＰ（連合国軍最高司令官）と日本政府は、日本共産党中央委員二四人の公式追放を指令し、朝鮮戦争の勃発後には、団体等規制法違反を理由に徳田球一らに逮捕状を出すが、このような過程で所感派と、国際派の対立はますます激化していくのである。まさにこの流れを物語の動因としているのが、金達寿『日本の冬』である。

『日本の冬』は、朝鮮人－日本共産党員であった辛三植《シンサンシク》、法務省特審局の指令で辛を監視（スパイ）する八巻啓介、左翼系の出版社につとめる志摩共子の視点によって構成される。また、物語内容の時間は、朝鮮戦争の開戦直後から始まり、「血のメーデー」と言われている一九五二年メーデーの直後に終わる構成になっている。すなわち、『日本の冬』において、物語装置としての時間、空間、出来事が浮上させているのは、「朝鮮戦争」「メーデー」「五〇年問題」という言葉なのである。

そもそも、これらの言葉には、「日本人」と「朝鮮人」の民族的な共闘をめぐる多様な議論が刻まれてきた。例えば、道場親信は、「明確に〈この戦争に反対〉の立場をとったのは日本共産党と在日朝鮮人であった」と指摘し、日本人共産主義者による朝鮮人運動の衛星化と民族問題への取組みの弱さを指摘するものの、「〈祖防〉と〈民戦〉の戦いは独自の在日朝鮮人運動であって、日本共産党に隷属した運動ではけっしてなかった」という。[1] しかし、文《ムン》京洙《ギョンス》のように共産党への批判的立場から共闘を捉えている論者もいる。文京洙は、当時、共闘を経験した朝鮮人側の証言として「共産党にひきずられた」「利用された」という批判的な声を提示し、大阪の吹田・枚方事件など、

「日本共産党の軍事路線は、この党と在日朝鮮人を日本社会のなかで絶望的なまでに孤立させることになった」[2]と述べている。文京洙の論で引用されている朝鮮人の声は、道場が提示する脇田憲一の証言[3]とは異なる視点からの証言であり、そこにこの問題の複雑さがあるといえよう。誰の声に焦点を当てるかによって、場の構図にずれが生じてしまうのである。

一方、文学研究の立場から共闘の問題を考える佐藤泉は、分裂状態にあった日本共産党による反戦活動より、レッドパージの結果として共産党の細胞がなくなった東日本重工（三菱重工）の活動に注目し、それを「自然発生の反戦活動」と意味づけている。そこには、国際派と所感派の対立を軸とする五〇年問題の枠組みにとらわれない「反戦・文学活動」に関する研究の可能性が示されている。[4]このように、道場と佐藤は、共闘を五〇年問題と朝鮮戦争という同時代のコンテクストに位置づけ、再検討している。それに対し、文京洙は歴史的時間軸を一年前にずらし、日本共産党の朝鮮人党員の死活問題であったはずの在日本朝鮮人連盟（以下、朝連と略す）解散および全財産没収について、朝鮮戦争時のような共闘が行なわれなかったことを指摘している。また、三者は朝鮮人と共産党の係わり方をめぐり異なる見方を提示しているが、その一方で、当時の共闘は朝鮮戦争を契機とした民族単位（日本人と朝鮮人）の連帯であったという共通の認識が見られるのである。

しかし、朝鮮戦争の休戦からわずか二年しか経っていない時期に、上記の共闘の場を舞台とする『日本の冬』には、「朝鮮戦争」をめぐる共闘の不可能性だけが前景化される。辛三植の語りには、朝鮮人細胞の間にも所感派と国際派の対立が介在していることへの苛立ちが見られる。しかも、彼は共産党の政策に反する形で、朝鮮戦争反対のビラを配ったことを問われ、共産党から追放されてしまうのである。

朝鮮の戦争は、みるみるうちにひろがっていった。それはもう決して「内戦」とか「動乱」とかいったものではなく、アメリカ帝国主義にたいする民族の戦争であった。〔中略〕さいしょのころみられた、労働者たちの武器の輸送拒否もあまりきかされなくなった。三植は気がついてみると、それはいつの間にか賃上げの「闘争」にすりかえられていた。〔中略〕そしておどろいたことには、それが「朝鮮から手を引け」「不干渉」というスローガンをだした党臨時中央指導部の方針だというのであった。それがひいては、または、つみかさなって、「反アメリカ帝国主義」へいくという、それは、党の一部がいままでいっていた典型的ないわゆる「串刺し論」であった。〔中略〕そのことから朝連が解散させられたときのことを思いださないではいられなかった。(5)

この小説において「朝鮮戦争」は物語を動かす動因になっているのだが、その言葉によって浮上するのは、国際派 - 朝鮮人と所感派 - 朝鮮人の亀裂である。すなわち、「朝鮮戦争」とは、朝鮮においては「アメリカ帝国主義に対する民族の戦争」であるのだが、日本においては、朝鮮人細胞同士、いわば「所感派」対「国際派」の戦争として表象されている。例えば、朝鮮人国際派の本拠地であった広島では「非合法」的な朝鮮戦争一周年記念集会が開かれるが、その場で議論された「祖国戦争の発展の報告」は、共産党「分裂」の問題へと切り替えられてしまう。

一九五二年のメーデーに参加した「国際派」の辛三植は、共産党の列にも、朝鮮人グループの列にも入ることができないまま、警官の暴力によって負傷する。辛によって描かれたメーデーの光景は、一九五二年メーデーの直後に、アカハタ編集局が出した『人民広場　血のメーデー』と対になる構図である。この本によれば、辛の接近が許されなかったデモ隊の列は、「共産党書記長徳田球一の肖像をかかげる労働者の一隊、つづいて朝鮮人民共和国国旗と金日成《キムイルソン》将軍の肖像をかかげた朝鮮人労働者」によって構成され、「人民広場」に向かって行進したという。徳田の旗は、「日本における戦争反対と平和をまもるたたかい」の象徴であり、朝鮮の旗は、日本の戦いに対する「全世界」からの応援を象徴する。同じ「アカハタ編集部」によって企画された、『日本の冬』と『人民広場　血のメーデー』における「朝鮮 - 戦争」は、前者が、一九五五年以後、党の権力を掌握した「国際派」の視点から、後者は、一九五二年当時、党の実権を握っていた「所感派」の視点から、「日本 - 戦争」の言説へと横領されるのである。

「朝鮮戦争」という日本語の名詞を構成する「朝鮮」は、「日本」という言葉（日本 - 戦争）によって充塡可能な記号として機能していたといわざるをえない。それは、いま・むこうで起きている「朝鮮戦争」を描いたということが話題を呼び、一九五一年の芥川賞を受賞した堀田善衞の『広場の孤独』に、朝鮮人の登場人物が不在のままであったことと同じ土台の上にあったといえよう。このような構図が『日本の冬』をめぐる論争からも見られるのは、非常に興味深い。

2 記録・記憶・物語

『日本の冬』をめぐる論争において問われていたのは、物語内容の時間を構成する一九五〇年から一九五二年までを如何に総括するかである。一九五〇年から一九五二年の間、『朝日新聞』『読売新聞』『毎日新聞』などの紙面は、朝鮮戦争に関する報道で覆われることが多かった。それに対し、『アカハタ』は、朝鮮戦争開始の翌日から、戦争に関する曲解報道をしたとして、三〇日間の停刊に処され、七月一八日からは無期停刊を命じられる。[6] SCAPによるメディア検閲はすでに終わっていたとはいえ、開戦直後の『アカハタ』への厳しい処分が、他のメディアの戦争報道に影響を与えたことは想像に難くない。

雑誌メディアに対する検閲は、一九四六年九月からCCD（民間検閲支 Civil Censorship Detachment）のメディア専門の検閲組織PPB（プレス・映画・放送課 Press, Pictorial and Broadcasting Division）により開始された。一九四九年一〇月三一日にCCDは廃止され、PPBも同時に消滅することで検閲も終了することになる。[7] すでに一九四七年頃から、漸進的に事前検閲の事後検閲への移行を軸とする検閲の緩和が始まっていた。しかし、『朝日新聞』のような日刊紙は、事後検閲の方が、「事前検閲時代よりも自己責任を問われる」と判断し、発売禁止、回収命令による経済的損失や編集責任者の軍事裁判送りを避け、「プレスコードに忠実なメディアとしてSCAPに印象付けるための努力」を惜しまなかった。例えば、同社の社報には社員「各自の心に検閲制度を設けること」の必要性が長々と述べられている。[8] その結果は、事後検閲への移行期（一九四八年一月一日―五月三一日）における検閲処分件数にもよくあらわれている。『アカハタ』が六三三回、『共同通信』が五四五回であったのに対し、処分件数の少なかったメディアとして、『毎日新聞』（一六七回）、『読売新聞』（一五四回）、『朝日新聞』（一一三回）の名が並んでいる。[9]

朝鮮戦争の前後から一九五四年までの間、日本の国民文学・歴史学をめぐる議論で高く評価された、小説家・金達寿、詩人・許南麒《ホナンギ》[10]とともに、張赫宙《チャンヒョクチュウ》のエッセイや小説の発表も相次いだ。[11]しかし、「朝鮮－韓国」「民族－国家」「植民地－解放」「親日－左翼」「日本語－朝鮮語」という二項対立的な往還構図に囚われてしまうと、このような朝鮮出身の書き手の浮上を読み取ることはできない。

例えば、処分件数の少なかったメディアが朝鮮戦争の取材に送り出したのは、張赫宙である。毎日新聞社は、一九五一年七月に、『婦人倶楽部』は一九五二年一〇月に、張を韓国に渡航させ、韓国軍と国連軍側の進軍範囲内での取材を支援している。張が二回目の取材の直前、日本に帰化して「野口稔」となったことはよく知られているが、毎日新聞社の支援を得た最初の取材は、例外的な措置－支援なしでは実現できなかったはずである。当時、日本にいた朝鮮人の書き手が、公式的なルートから朝鮮半島に渡って取材を行なうためには、制限が多かったからである。一九四六年以後、朝鮮人の日本での在留の可能性が高くなり、日本政府はSCAPに対し、日本在住の朝鮮人に対する権限を強く求めていた。米国国務省、SCAP、朝鮮米軍司令部の関連文書に基づいて考えると、この問題の争点は、朝鮮人を「連合国民」として扱うか、「日本国民」として扱うべきかにあった。[12]SCAPは、一九四六年一二月一五日の引揚げ期限終了を一ヶ月後に控えた、一九四六年一一月五日（「朝鮮人の引揚に関する総司令部民間情報教育局発表」）と一二日（「朝鮮人の地位および取扱に関する総司令部民間情報教育局発表」「朝鮮人の地位及び取扱に関する総司令部渉外局発表」）に朝鮮人の法的地位に関する方針を公表した。そこに共通する見解は、「日本にいる朝鮮人で総司令部の引揚計画に基いてその本国に帰還することを拒絶するものは、正当に設立された朝鮮政府がかれらに対して朝鮮国民として承認を与える時まで、その日本国籍を保持しているものとみなされる」という総司令部係官の言葉に集約されている。[13]

ここで、「日本国籍を保持しているものとみなす」というのは、朝鮮人を日本政府の支配下に置くことを意味する。SCAPのみなし規定は、事前に何も知らされなかった朝鮮米軍（第二四軍団。当時、朝鮮の南の方は米軍の直接統治を受けていた）司令部を戸惑わせたという。SCAPの朝鮮人政策と、朝鮮米軍司令部の朝鮮統治政策との間に乖離があったからである。引揚げ計画について、朝鮮における経済的、政治的な困難な事情を理由に、朝鮮米軍司令部は終了期間の延期を求めていた。また、保守系と手を組んでいた朝鮮米軍司令部は、朝鮮人のみなし規定についても「米軍の南朝鮮占領の目的をもっと容易に達成できるようこの問題を再考」すること、すなわち朝鮮人に対する政策の転換を促す電信を二回も送っていた。それは、「在日朝鮮人に朝鮮もしくは日本のいずれかの国籍（citizenship）を選択する機会が与えられるまでは、在日朝鮮人を友好国民（friendly nationals）としてみなす[14]」べきだという内容であった。結局、SCAPの一一月二〇日の解明を、朝鮮米軍司令部が受け入れる形でこの問題は決着することになる。

この政策はアチソンDS（外交局 Diplomatic Section）局長によるものだが、これが米国国務省の承認済みであったことはいうまでもないだろう。金太基の指摘どおり、朝鮮半島が米ソによる「信託統治反対などで混迷の道に陥っていた」状況のなかで、「アチソンは、在日朝鮮人を連合国民として取り扱うことによって得られる米国の対朝鮮政策における政治的利益よりも、在日朝鮮人を統治する権限を日本政府に付与することによって得られる日本占領上の利益を優先した[15]」と考えてもよいだろう。

一方、日本在住朝鮮人を支配下に置くことになった日本政府は、一九四七年五月二日付けで勅令第二〇七号「外国人登録令」を発布したが、実際、日本政府は、一九四五年八月以後から既に、何ら規定もないまま、一方的に、旧植民地出身者を外国人とみなし、一旦「日本」を離れると「再入国」を許さなかった。そのため、旧植民地出身者は日本国籍を有しているというのに「再入国」が禁じられ、外国人登証の常時携帯を義務付けられるなど、治安管理の対象とされていたのである[16]。

「朝鮮人／外国人」であったはずの張赫宙が、毎日新聞社の後援による朝鮮戦争取材から戻った後、書いたもののなかで、もっとも反響を呼んだのは、一九五二年五月に新潮社から出た『嗚呼朝鮮』であろう。[17]このテクストの特徴は、韓国軍対人民軍の戦いという構図に即して描かれていることである。それは視点人物である朴聖一《パクソンイル》が人民軍の義勇軍から韓国軍の捕虜になり、それから国民防衛軍の兵士になっていく過程で、おのずと浮かびあがる構図になっている。

しかし、なぜ、この本のタイトルは、『嗚呼朝鮮』だったのだろうか。このような疑問をもってしまうのは、この本が出る一年前に、同じタイトルの『あゝ朝鮮』（五月書房、一九五一年四月）という本が出版され、話題になっていたからである。『あゝ朝鮮』は、国連軍の支配領域で取材していた張とは違って、『コムソモリスカヤ・プラウダ』紙の特派員、アレクセイ・コージンが、一九五〇年八月から一一月まで、北朝鮮側の進軍領域で行なった取材をもとに書いたものである。これは、序文にあたる「戦う朝鮮」に「アメリカ帝国主義軍と傀儡李承晩政府軍」と記されている通り、人民軍側の視点に即した構成になっている。

同じタイトルの二つの本は、どちらの軍隊とともに移動していたのかが問われざるを得ないのだが、張の『嗚呼朝鮮』は、金史良《キムサリャン》の従軍記とも差異が際立つような位置に置かれることになる。人民軍として従軍し、戦死したと思われる金史良の「海がみえる」は、サンフランシスコ講和条約発効の翌年に、金達寿の翻訳で『中央公論』（一九五三年秋季文芸特集）に掲載される。当時、金達寿は、日本共産党の国際派の一人として分類され、朝鮮人の組織であった在日朝鮮文化団体連合会（以下、文団連と略す）からも「白眼視」されていたという。[18]しかも、後述する『民主朝鮮』や『新日本文学』で、ともに活動し、当時の日本文壇でも、ともに高い評価を受けていた詩人・許南麒が所感派による『人民文学』を中心に活動することになった後、二人は対立関係に置かれることになる。金史良の戦死特集が組まれたのは、多くの朝鮮人活動家を抱えていた所感派系の『人民文学』ではなく、国際派系の『新日本文学』の一九五二年一二月号であった。

遺作になった「海がみえる」について、石上稔は「その生き方は正しいのかも知れないが、あまりにハッキリした割切った公式がありすぎる」（「あゝ、金史良」『文芸首都』一九五三年一二月号）と批判している。金達寿によれば、同様の批判が『東京新聞』『新日本文学』にもあらわれたという。人民軍側からの視点が批判の俎上にのぼっていることは明らかであるが、金達寿は、その批判を認めた上で、「いまの日本のこちら側からみれば、裏側である朝鮮側にこれだけ即してかかれたものは、いまのところまだでてきていない」と指摘しながら「朝鮮人民軍とはいっても、それについてはまるで知らないか、あるいは知らされていないというのが現状である」と述べている。[19]

　当時の日本語メディアにおいて、朝鮮戦争の語りに求められているのは、中野好夫が張赫宙の『嗚呼朝鮮』を取り上げる際、「北鮮側の同情者としてでも、南鮮側の味方としてでもなく書いているのは、非常によい」と述べたようなスタンスである。それは、人民軍の虐殺現場と韓国軍の虐殺現場や卑劣行為を交錯させていることによって得られる効果であるのはいうまでもない。中野の言葉を借りると「両者ともに、自由の名において、いかに多くの罪悪が平然として犯されているかという〔中略〕いかに非人間的な狂気と化するかという容赦ない現実」[20]が浮き彫りになっているのである。中野はこのような「現実」を日本の再軍備反対へと接合させていく。彼は『嗚呼朝鮮』の物語内容が、「ある意味では、決して耳新しい事実でもなんでもない、むしろ十二分に想像していた」という。このような、既視感に近い感覚について、張允嚮《チャンユンヒャン》は、当時の『読売新聞』『朝日新聞』『毎日新聞』の朝鮮戦争報道と張の『嗚呼朝鮮』が非常に類似した構図を持っていたことによる、と的確に指摘している。[21]

　白川豊がこの時期の張赫宙への肯定的な評価軸を作り上げるために選んだ言葉は「中立」であった。[22]「中立」とは「没政治的な態度」と言い換えうる言葉である。しかし、「没政治的な態度は結果的に、本人の意志とは無関係に特定のイデオロギーに奉仕する危険性を孕んでいる」[23]のは言うまでもない。しかも、政治権力にとっては、自分への批判の矢を向けることのない、もっとも好ましい「従順」な態度でもあるだろう。張赫宙『嗚呼朝鮮』と、ＳＣＡＰプレスコードへの適合に勤しむメディアによる「朝鮮戦争」報道との相似性、とりわけ、南と北を同じ距離から俯瞰する姿勢は、「朝鮮戦争」が、日本語の領域と直接的には関係のない、向こうの出来事だという構図を作り出すことになる。だとしたら、１節で取り上げた、朝鮮‐日本戦争の構図から見られる、朝鮮戦争反対運動の文脈から浮上する激しい戦いは何を物語っているのだろうか。

3 横領される「分断」と「分裂」

金達寿の『日本の冬』は、一九五〇年から一九五二年のメーデーまでの朝鮮人コミュニティにおける国際派対所感派の分裂を物語の動因としている。この壮絶な戦いを不可視化する形で、一つの集団としての朝鮮人コミュニティ（主に、朝連）から、「脅迫」状をうけとった「私」の語りによって構成された張赫宙の短編「脅迫」があらわれたのは、一九五三年三月、雑誌『新潮』の誌上である。「脅迫」には『嗚呼朝鮮』と同様な語りの構図が見られる。「朝鮮戦争」を「同胞殺傷」の物語として構造化している『嗚呼朝鮮』において、視点人物である朴聖一は人民軍と韓国軍の間を移動しているが、朴に寄り添う語りの審級は、南にも北にも距離を置くものである。「脅迫」もやはり、民団と朝連を移動しながら、どちらに対しても批判的な距離を確保する「私」によって構成されている。興味深いのは、「私」の植民地支配下での親日行為と、日本への帰化を批判する朝鮮人コミュニティによる暴力的な「脅迫」が、日本各地で支部結成をめぐって生じた民団と朝連の「暴力衝突」、その過程で、朝鮮人が「流血の惨事をひき起こし、人命がいつの間に消されたりすること」とパラレルに置かれていることである。

張のテクストで構造化される「朝鮮人」と「暴力」の親和性は、当時の検閲違反件数の少なかったメディアにおける、「旧朝連」系と「民団」系の朝鮮人同士の衝突に関する記事と同様な構図を持っている。しかも、これらの記事は、「同胞殺戮」として表象された「朝鮮戦争」報道と同じ紙面に配置され、日本内部の朝鮮人同士の衝突→暴力（同胞殺戮）→国外追放という物語を編成することになる。[24]「脅迫」における「私」は、「朝連にしても日共〔日本共産党—引用者〕に所属するからには民族主義を超越してゐる訳なのに、私の帰化を認められないのは何したことであらう」と問いながら、「根強い民族感情」にその原因を求めている。しかし、この小説で、私の「日本人への帰化」が浮上させるのは、「暴力」とは無縁な「日本‐日本人」である。一九四五年八月一五日以前の記憶が召還される時には、「暴力」的な支配者としての「日本」が語られていたのに対し、一九四五年以後は「朝連事務局の建物に間借」している「日本の警察署」をはじめ、「日本人」が「占領軍の鼻息を窺ひ、それに準ずる第三国人団体に遠慮」する時代であると語られているのである。

「朝連が解散になつた時、私は心からほっとした」。また、本稿の1節で取り上げた、「武装闘争」に対して、私は「火炎瓶事件を攻撃する意見も書いた。その都度脅迫状が多数舞ひこみ、枕元に火炎瓶を投げこまれやしないかとびくびくした。さういふ文章を書く時、温順しくしてゐる同胞に累を及ぼすなという一つの愛族心が私にはあつた」という。「温順しくしてゐる同胞に累を及ぼす」朝鮮人、「同胞殺戮」を辞さない朝鮮人の「脅迫」にさらされ「びくびく」している「私」の語りから、朝連解散など、SCAPや政治権力による朝鮮人への「暴力」が前景化することはない。

一九四九年九月八日の朝連解散[25]の際、法務府は「解散団体の財産の管理及び処分等に関する政令」第三条により、当時の政府の見積もりで約七千万円相当の朝連の全財産を国庫に帰属するものとして接取し[26]、解散団体の役員三六人を公職追放した[27]。朝連に適用された「団体等規正令」第二条第一号、第七号にあたる行為というのは、「一、占領軍に反抗し、もしくは反対し、または日本国政府が連合国最高司令官の要求に基づいて発した命令に対し反抗し、もしくは反対すること〔中略〕二、暗殺その他暴力主義的企図によって政策を変更し、または暴力主義的方法を是認するような傾向を助長し、もしくは正当化すること[28]」である。占領軍に反抗・反対し、暴力主義的であったと法務府特別審査局が判断した責任調査事例には、一九四八年の朝鮮人民共和国国旗の掲揚事件、阪神教育運動、一九四九年の平市事件、国鉄ストなどへの関与などが挙げられていた。

張赫宙の「脅迫」に描かれる「暴力」的な「朝鮮人」は、当時のメディアや政治権力によってステレオタイプ化された「朝鮮人」と補完関係に置かれていたのである。強制的な解散へのSCAPの直接的な関与を公式的に語ることが許されたのは、一九五二年四月、すなわち占領終了後である。同年一二月に朝連による財産返還要求の訴訟が起こされた際、被告らの答弁のなかに、一九四九年八月頃「連合国軍総司令部民政局長ホイットニイより同局次長ネピアを通じて法務府特別審査局長吉河光貞に対して之を解散せしむべき旨の有力な示唆が行われた[29]」という証言がなされた。

繰り返しになるが、張赫宙の短編「脅迫」とは審級の異なる語りの構図をもって、一九五五年以前の朝鮮人コミュニティと暴力の問題を批判的に捉えたのが、金達寿の『日本の冬』である。金達寿は、張赫宙の「脅迫」の物語内容の背景となった一九四五年から一九五二年までの間、『民主朝鮮』という雑誌を出していた。金は、朝連解散があった時期、「脅迫」の「私」によって暴力の根源として形象化された朝蓮本部に間借りし、『民主朝鮮』という雑誌を出していたために、すべてをSCAPに没収されてしまう(30)。

朝連解散は東アジアの冷戦装置の発動と深く関わっている。一九四七年のトルーマン・ドクトリン以後、アメリカの冷戦政策は強化されてきた。その対抗として同年九月にはコミンフォルムが創設される。特に一九四九年は、アジアにおいて冷戦による軍事的な緊張が高まってきていた時期である。一九四九年四月、NATO（北大西洋条約機構）の結成により、ヨーロッパでの冷戦が本格化したが、アジアでも、四九年九月二四日にソ連の原爆保有が発表され、一〇月一日には「中華人民共和国」が樹立された。日本では、一九四九年一月、第二四回衆議院総選挙で、日本共産党がそれまでの四議席を三五議席に飛躍させた。同年四月、吉田内閣はSCAPの指令に基づいて反共産政策の第一歩として「団体等規正令」を公布し、これをまず朝連に適用し、解散させた。すなわち、吉田内閣やSCAPにとって「暴力団体」「朝連」、「（同胞殺戮を辞さない）暴力」的な「朝鮮人」といった公式は冷戦装置の順調な稼動のために必要であり、その「同胞殺戮」に怯える被害者として、「脅迫」における「私」の浮上は必然的であったといえよう。

雑誌『民主朝鮮』は、一九四六年四月から一九四九年九月号（三一号）まで刊行され、一九四九年九月八日の朝連解散の後、一時休刊し、一九五〇年七月号を最後に終刊となった。もとより、『民主朝鮮』は厳しい検閲下におかれていた(31)。一九四七年一一月二六日付けのCCDのデータによると、当時七〇〇〇部を発行し、発禁は三回、削除は六二回命じられていた。また、「極左」として分類され、事前検閲が解除されなかった。事前検閲に留まっていた二八誌は、『民主朝鮮』のほか、『不二』『彗星』『新しい世界』『文化評論』『潮流』『調査時報』『中国研究』

『中央公論』『科学と技術』『人民評論』『人民戦線』『改造』『民主の友』『大衆クラブ』『世界の動き』『世界経済評論』『世界』『世界評論』『真相』『前衛』『自由評論』『民論』『民主評論』『世界評論』『ソヴィエト文化』『われらの世界』『私の大学』である。「極右 Ultra-Rightist（Periodical）」として分類された『不二』『彗星』以外の二六誌は「極左 Ultra-Leftist（Periodical）」として分類されていた[32]。メリーランド大学図書館編『占領軍検閲雑誌：昭和二〇年から昭和二四年』（雄松堂書店、一九八二年）第三巻R一二四―一二五（マイクロフィルム）には、『民主朝鮮』のほぼ全巻に事前検閲の痕跡が見られる。それは『民主朝鮮』が、CCDが廃止されるまで、すべて「事前」検閲を受けていたためである。『民主朝鮮』が「極左」として分類されていたのは、SCAPや日本政府の「朝鮮人」に対する認識が深くかかわっている。

小林知子も指摘しているように、『民主朝鮮』は、一九四七年以後、処分対象の箇所が徐々に増えることになる[33]。その理由は、主に、「占領軍」あるいは「アメリカ批判」であったが、その他にも左派的な宣伝、資本主義批判といった口実で処分されていた。しかし、一九四八年の阪神教育運動を境に、「占領軍」「アメリカ批判」として処分される記事の内容は日本におけるSCAPの在日朝鮮人政策に関する批判へと変わっていく。例えば、一九四八年四月の阪神教育運動の取材特集を掲載した一九四八年六月号は、発禁となった。

まず、この巻の記事の構成と検閲状況を調べてみよう。最初、四つの記事が「Hold」という処分（Action）を受けていた。これは、処分の一時保留を意味し、記事・論文で微妙な問題を含んでいて、特に慎重な審査や、上級レベルあるいはSCAPの他機関の判断を必要とする場合の取扱いであり、その後、Pass か Delete、Suppress の処分が決定される。最終的に六月号は、全九編の記事のなかで七編に「Suppress（発表・発行禁止）」というゴム印が押され、他の二編にも大幅な「Delete（削除）」の指示がなされた。残ったのは創作の金達寿『族譜』と許南麒『光州』であるが、『光州』にも「又榮山江」のところに「Delete」という手書きの命令が記されている。そのため六月号の刊行は事実上できなくなってしまう。

ここで「Suppress」の処分を受けた記事のアクション・シートの「Reason（処分理由）」を比べてみよう。

①「巻頭報告　南朝鮮の選挙は無効」Criticism of U.S.
②元容徳《ワォンヨンドク》「民族文化擁護のために」Criticism of the Occupation
③李經国《イキョングック》「朝鮮問題の二重的性格」General Criticism of Allies Nation
④鈴木安藏「東洋の民主主義と統一」Criticism of the Occupation
⑤金元基《キムワォンギ》「神戸・大阪事件の真相」Criticism of the Occupation
⑥朴永泰《パクヨンテ》（金達寿）[34]「挑発者は誰か?」Criticism of the Occupation
⑦朴元俊《パクワォンジュン》「獄中報告　検挙と拳銃と棍棒」Criticism of the Occupation

『民主朝鮮』一九四八年六月号には⑤⑥⑦のように同年四月の阪神教育運動に関する特集だけではなく、①②③のように、同年五月に国連監視下で行なわれた、朝鮮半島における三八度線以南だけの単独選挙と「韓国」の成立に対する批判も発禁になっている。それぞれのエッセイの発禁の理由は、アメリカ批判、占領批判、連合国批判である。同年一月から五月までの「PPB第一地区　新聞・通信社別検閲処分件数（上位一〇社）」を参照すれば、「アメリカ批判（SCAP占領批判・SCAP計画批判・占領軍の不当な関与などを含めるともっと増える）」「左翼による批判」という処分理由が非常多かったことがわかる。[35]とりわけ、上位一〇社のなかでも『アカハタ』に対する処分件数は非常に多い。PPBによって左翼雑誌として分類されていた『改造』にも同様な傾向での処分が多く見られる。[36]『民主朝鮮』と『改造』とは同じ傾向のものとして分類されていたが、両誌は『アカハタ』が事後検閲に移されてからも事前検閲の状態に置かれたままであった。

阪神教育運動と「朝連解散」など、日本における朝鮮人をめぐる状況がきびしくなっていくなか、『民主朝鮮』の最終号になった一九五〇年七月号には「在日朝鮮人問題」という特集が組まれる。

林光澈《パククァンチョル》「渡航史――並びにその性格」
李賛義《イチャンウィ》「危機に立つ在日朝鮮人の生活――日本の経済危機と朝鮮人の生活」
朴熙哲《パクヒチョル》「大韓民国居留民団論」
新居格「在日朝鮮人に」

また、同号には「在日朝鮮人作家論のおぼえがき（その一）」として水野明善の「『つばくろ』のなげかけた問題」が掲載された。『民主朝鮮』は創刊以来、「在日朝鮮人」というエスニック・アイデンティティを立ち上げるより、日本帝国から独立した「朝鮮」の歴史・文学・文化に関する紹介に重点をおいてきた。これらの動きとは明らかに違うスタンスが見られたのは、一九四八年前後の「民族学校」や一九四九年の「朝連解散」について語る記事である。この時期の前後に、『民主朝鮮』誌上では、日本における「朝鮮人」社会の形成をめぐる「在日朝鮮人」の歴史語りが構成されることになる。そのため、検閲の痕跡だけを調べた場合、「在日朝鮮人問題」という特集が企画されたことを必然的な流れとして分析することも可能かもしれない。しかし、当時は、これをただ単に「在日朝鮮人」というエスニック・マイノリティの創造として意味づけることはできない状況にあった。狭い意味での「合法的」な検閲、「合法的」な暴力を意識するだけでは捉えられない、より広い文脈から言葉をめぐる「規制」について考えなければならない。

4　朝鮮語創作をめぐる記憶の捏造

一九四八年の民族学校閉鎖と一九四九年の朝連解散以後、『アカハタ』には、朝鮮人の日本共産党入党を伝える記事が多く見られる。同紙の一九四八年五月五日には「弾圧激しい阪神に入党つづく」「連日一〇〇名から一五〇名　大阪」が、一九四九年九月一三日には「共産党への入党　朝鮮人各地で決意表明」などの記事の見出しが掲げられていた。これらの記事では仙台、宮城、上田、福岡など各地方の入党状況が報じられていく。意外にも金達寿の入党も「一九四九年五月か六月」だったようである[37]。この時期、日本における朝鮮人自身を主体として語る際、それに対置する側に日本政府や占領軍を位置づける構図が出来上がる。当時の日本共産党も、日本政府や占領軍による厳しい制限を受けていた。このように、両者の類似した対立構図が多くの朝鮮人に日本共産党員として名乗ることを選択させたと捉えることもできるだろう。しかし、共産党系のメディアにおいて、日本に在留している朝鮮人をめぐる言説は、朝鮮人党員に対しては「共闘」の場への参加を求めながらも、政府や占領軍に対しては、朝鮮人運動との距離を強調する複雑なものであった。これは、阪神教育運動と朝連解散前後の『アカハタ』の記事の構成にはっきりと現われる。例えば、朝連解散と全財産没収の際に「日本共産党はこの弾圧に対して積極的な反応を示すことができなかった」という和田春樹（『朝鮮戦争』前掲）は、一九四九年九月九日、法務庁特審局長吉河光貞がGS行政局長ネイピア少佐に会ったとき、「当日午後党を代表して法務総裁を訪れた伊藤憲一、神山茂夫らは、解散に抗議した上で、「党としては、朝鮮人が平和的に財産をしかるべき当局に明け渡すように最善をつくす」と述べた[38]」と報告していたと指摘している。

一九四九年九月九日の『アカハタ』に掲載された野坂参三の談話には、朝連解散が「日本の民主主義の問題」として取り上げられているが、それは「全民主団体強圧の前ぶれ」という彼の対談の題目どおり、日本共産党解散の前ぶれとしての対応を意味していた。それは九月一五日の「主張　朝連解散と大衆団体」というエッセイでも再確認される。実際、日本共産党関西地方委員会により配布された党内資料「転換期に立つ在日朝鮮人運動と共産主義者の任務[39]」によれば、「朝鮮人の問題」は「朝鮮人自身で」という趣旨の話がなされていた。この構図を、全面講和と民主民族戦線政府の樹立を表明していく過程のなかで生じる変化と接続させてみる必要がある。なぜなら、一九五〇年代に入ってから「朝鮮人」をめぐる意味づけにも変化が見られるからである。一九五一年二月の日本共産党第四回全国協議会（四全協）で、朝鮮人に「在日少数民族」という言葉を使用しているのに対し、同年一〇月の第五回全国協議会（五全協）では、「独立した新しい民主主義的な人民の国家を祖国にもつ人民である[40]」と記している。

四全協と五全協の間の五月一〇日に開かれた日本共産党民族対策委員会（以下、民対と略す）全国代表者会議において決定された「在日朝鮮人運動当面の任務」[41]においては、朝鮮戦争勃発以後の「祖国防衛闘争」が「日本再軍備反対闘争」（日共の武装闘争に加わる形）や全面講和と「別個のものではない」ことが強調されている。それは、五全協の翌年（一九五二年）一月一日、民対機関紙『北極星』のエッセイ「理論の武装を強化せよ」[42]においても、「祖国防衛闘争は、党の指導のもとに斗われるもの」であると強調されている。ここで注目すべきは、当時の日本共産党が、日本に在留する共産党員に対し、共産党運動の構成員の立場を優先させることを促しつつも、ナショナル・アイデンティティは認めるという、きわめてダブル・スタンダードな方針を採択していたことである。それは、日本に在留する朝鮮人に対し、日本国籍を保持しているものとみなすという、ＳＣＡＰのみなし規定とパラレルな関係にあったといわざるをえない。

先述した通り、『読売』『朝日』『毎日』や張赫宙『嗚呼朝鮮』のテクストにおいて、「朝鮮戦争」は「同胞殺戮」という表象によって構造化されていた。しかし、日本の民主主義文学運動に参加していた金達寿・許南麒らのテキストにおいては、「アメリカ」対「朝鮮」の戦争として表象され、朝鮮民族にとって「アメリカ」は、日本帝国に代わって登場した「敵」として位置づけられていたことに注意すべきである。[43]そのため、この時期の彼らのテクストから見出された日本帝国に抵抗する主体および、アメリカに抵抗する主体は、講和条約に反対する議論における「日本」対「アメリカ」の権力関係を表象する言説へと転用された。すなわち、二人のテクストから見出された抵抗する主体は、朝鮮戦争をめぐる反戦闘争ではなく、サンフランシスコ講和条約に対する反対闘争の言説へと違和感なく読み替えられてしまったのである。その過程において、二人のテクストは日本の「国民文学」として位置づけられることになる。この論理は、人民軍と戦いを展開していた韓国軍が、「われらの敵―アメリカ」という言葉に覆われることによって成立することになる。このような文脈から考えると、金達寿翻訳による、人民軍・金史良の「海がみえる」の受容は、「日本」と同じ側から「われらの敵―アメリカ」と戦っている「人民軍」を「われわれ」の表象として解釈していた当時の構図から読み取らなければならないのである。

だからこそ、朝鮮戦争を物語の背景とする『日本の冬』の発表媒体が日本共産党機関紙『アカハタ』であったことだけではなく、発表時期にも注目すべきである。なぜなら、この時期、朝鮮人共産党員が日本共産党員の立場から発言することは難しくなっていたからである。『日本の冬』連載の一年前である一九五五年七月二七日の六全協（日本共産党第六回全国協議会）では、「五〇年問題—分裂」の解消が宣言される。六全協の直前である同年七月二四日から二五日の間、民対全国代表者会議では「在日朝鮮人運動の転換について」議論がなされ、民対解消、朝鮮人党員の日本共産党からの離党が決定される。この場で、「朝鮮人 - 日本共産党員」は朝鮮民主主義人民共和国の「公民」として位置づけられ、日本共産党員としての活動は誤りであったと宣言される。それと同時に、新しく結成された朝鮮総連（在日本朝鮮人総連合）に属することになる。その過程で、所感派に属していた「朝鮮人 - 日本共産党員」の武装的な闘争が批判的に総括された。

当時、この流れに沿うように動いていたのが、詩人の金時鐘《キムシジョン》である。彼は、民対の指令をうけて、大阪朝鮮詩人集団の機関誌『チンダレ』を一九五三年二月に創刊した。『チンダレ』のメンバーの多くは六全協で厳しく批判された所感派による「反米実力闘争」の先鋒に立っていた。一九五五年以後、日本共産党ではなく朝鮮労働党の指導を受けるようになってから、『チンダレ』の日本語創作は攻撃の対象になる。とりわけ、朝鮮総連からの批判が本格化するのは、『日本の冬』の連載が始まる直前である。(44) 日本共産党の機関紙において、朝鮮人共産党員である金達寿の『日本の冬』に対する批判が炸裂していたのと同じ時期、朝鮮総連の媒体においては、金時鐘らの雑誌『チンダレ』批判が激しくなりつつあったのである。二つの異なる媒体で同時に生じた批判は、六全協以後の出来事であるのだが、そこには五〇年問題をめぐる遠近法が介在していたといわざるをえない。

しかし、『チンダレ』をめぐる議論が、朝鮮人—朝鮮語—朝鮮文学という、いわゆる、新たな「（在日）朝鮮 - 民族」の編成へと議論のベクトルが動いていたのに対し、『日本の冬』論争からはそれとは違う枠組みが見られる。それをもっともよく示しているのが、本稿の冒頭で取り上げた「プロパガンダ」という言葉であろう。朝鮮人が日本の内政に干渉（発言）をしないことが宣言され、一九四五年から一九五五年までの日本共産党の歴史が批判的に総括が行なわれていた時期、東京や広島における朝鮮人「部落」を背景としながら、大半の登場人物が朝鮮人であるこの小説が、なぜ日本共産「党のプロパガンダ」として読まれてしまったのだろうか。

この問題を考えるために、まず、『日本の冬』における語りの位相について確認しておきたい。ここでの語りの位置は、一九五〇―一九五二年にあるかのように見えるが、所々で、以下のように、一九五五年の六全協以後からの回想が出現する。しかも、それは、一九五五年までの日本共産党と朝鮮人のかかわりを批判的に捉えるものであった。

後年、朝鮮人がこうして、依然として、日本の政党内にあることは誤りであることが明らかにされた。いまは、朝鮮は日本の支配から離れたのであるから、独立した自己の国籍をもっている以上、それは他国の内政に干渉することになる。在日朝鮮人を日本における少数民族とするならば別であるが、そうでない限り、それは平和共存の精神に反することとなる。

六全協の前後に出された方針を肯定的に受け入れるこの小説の語りは、国際派の視点人物に寄り添いながら、五〇年問題・朝鮮戦争を総括していることになる。この小説のなかで実名で登場するのは、宮本百合子と徳田球一だけである。ここでは、国際派である宮本の「死」と葬儀を五〇年問題の枠組みのなかで説明し、所感派の象徴として登場した徳田への批判へと展開していく。『日本の冬』において徳田への批判は「家父長的個人中心指導」という言葉によって表現される。しかし、それは、一九五七年一一月五日に出された、日本共産党第一五回拡大中央委員会の「五〇年問題について」(45)の枠組みと非常に類似した構図を持っていた。『日本の冬』の連載の最中である一九五六年一一月頃から、日本共産党中央委員会は「五〇年問題文献資料編集委員会」を作り、一九五七年一二月には、全四巻に及ぶ資料集を刊行した。また、『アカハタ』は、『日本の冬』の連載が終わった翌日（一九五七年一月一日）から「党活動」という欄を拡大させ、この小説に登場するような全国各地の「細胞」の座談会、活動報告などを掲載しながら、組織の再編を図ることになる。これらの動きと四ヶ月に及んだ『日本の冬』の連載の方向が連動していたことは否めない。

このような接合がわかりやすい形で露呈していたために、当時の『アカハタ』の読者による投書も五〇年問題に対する解釈の相違にだけ焦点化されたのだろう。

作者の主観的判断のケチさ、一面的な立場の批判をしているのである。故書記長をタイコもちとブベツ視（作者の感じであろう—それを云々しはしない）している党の機関紙。その機関紙に故書記長の四回忌の記事がでている。この矛盾も「小説の評価」の前に党は道をあけるのか。〔中略〕個人崇拝排撃の延長は個人であると同時に大衆に身命をささげている指導者の印象的ブジョクのショウレイではないと思う。

しかし、ここで注目したいのは、この小説が「プロパガンダ」かどうかという議論ではない。この小説における「所感派の朝鮮人」対「国際派の朝鮮人」という対立的構図は、1節で取り上げた、「朝鮮-戦争」という記号と同様に、日本人の対立、「日本-戦争」という枠組みに収斂されてしまうことに注目したいのである。当時の『日本の冬』の読者にとって、この小説を批判する上で、参照枠として機能していた、『アカハタ』、五〇年問題資料文献集、党活動欄から、「朝鮮人-日本共産党員」の記憶は綺麗に切り落とされていたからである。その代わりに現われるのが、朝鮮人のために連携して戦った日本共産党の神話であり、その連帯の象徴としての「金達寿」という小説家の固有名だけである。日本共産党と朝鮮総連が連携する形で出現した忘却の構図を土台としながら、（在日）朝鮮人の書き手が、朝鮮語（-韓国語）で書かない／書けないことをめぐる「葛藤」を植民地独立の直後から抱えていたかのように、文学の歴史化が行なわれることになったのである。

注

（1）道場親信『占領と平和——〈戦後〉という経験』（青土社、二〇〇五年）。

（2）文京洙「戦後日本社会と在日朝鮮人③　日本共産党と在日朝鮮人」（『ほるもん文化⑨「在日」が差別する時される時』新幹社、二〇〇〇年九月）。

（3）脇田憲一『朝鮮戦争と吹田・枚方事件』（明石書店、二〇〇四年）。

（4）『戦後批評のメタヒストリー——近代を記憶する場』（岩波書店、二〇〇五年）。

（5）本稿における『日本の冬』の引用は、一九五七年四月に刊行された筑摩書房版による。

（6）和田春樹『朝鮮戦争』（岩波書店、一九九五年）一二四—一二五頁。

（7）ＰＰＢの検閲活動については、山本武利『占領期メディア分析』（法政大学出版局、一九九六年）、奥泉栄三郎編『占領軍検閲雑誌目録・解題　昭和二〇年〜二四年』（雄松堂、一九八二年）を参照した。

（8）山本武利「検閲とメディアのブラック化」（『占領期雑誌資料大系　文学編Ⅱ』第二巻、岩波書店、二〇一〇年）一四—一五頁。

（9）山本武利『占領期メディア分析』（前掲）三二〇—三二一頁を参照。

（10）拙著『「戦後」というイデオロギー』（藤原書店、二〇一〇年）第七章「〈植民地・日本〉という神話」で詳論した。

（11）白川豊『朝鮮近代知日派作家、苦闘の奇跡』（二〇〇八年、勉誠出版）二九六—二九八頁を参照。その他、張赫宙のテクストを手がかりに、張の心の奥に潜んだ民族意識を救い上げようとした、金鶴童の『張赫宙の日本語作品と民族』（国学資料院、二〇〇八年）の研究がある。

（12）朴慶植《パクギョンシク》『解放後　在日朝鮮人運動史』「第二章　在日朝鮮人の民主的民族的権利を守る運動」（三一書房、一九八九年）、金太基《キムテギ》『戦後日本政治と在日朝鮮人問題』「第三章　「解放民族」から「敵国民」（日本国民）へ」（前掲）を参照した。

（13）外務省政務局特別資料課『在日朝鮮人管理重要文書集 1945〜1950』（一九五〇年。本論では復刻版『現代日本・朝鮮関係史資料 第六輯』湖北社、一九七八年を使用）一四—一五頁。

（14）Incoming Message AG（091. 4, 25 Nov. 一九四六年）from CG USAFIK to SCAP NR : TFYMG—3146 dated Nov. 1946, KK/G3-00046（金太基『戦後日本政治と在日朝鮮人問題』前掲）三〇八頁から再引用。

（15）金太基『戦後日本政治と在日朝鮮人問題』（前掲）二五八頁。

(16) 鄭暎恵『〈民が代〉斉唱』「第五章　「戦後」つくられた植民地支配」（岩波書店、二〇〇三年）を参照。
(17) 張允馨「朝鮮戦争をめぐる日本とアメリカ占領軍」（『社会文学』日本社会文学会、二〇一〇年六月）一五九頁。
(18) 朝鮮総連の解散以後、在日朝鮮統一民主戦線（以下、民戦と略す）が組織され、金達寿は、「民戦」のなかの在日朝鮮文化団体連合会に参加していた。金の回想（「五〇年代から六〇年代へ」『わが文学と生活』一九九八年五月、青丘文化社）どおり、民戦は「民対」の指導をけていたことに注目する必要がある。実際、民戦の内部は、日共（主流派）が力を持っていたとはいえ、民族主義者の李康勳が議長を務め、日共祖国派の韓徳銖なども一定の勢力を維持していたため、様々な立場の勢力によって構成されていた（金太基『戦後日本政治と在日朝鮮人問題』前掲、六九一頁を参照）。
(19) 「金史良・人と作品」（金達寿編『金史良作品集』理論社、一九五四年）三二四―三二五頁。
(20) 中野好夫『私の平和論』（要書房、一九五二年）一一八頁。
(21) 張允馨（前掲）。
(22) 白川豊『朝鮮近代知日派作家、苦闘の奇跡』（前掲）三〇二頁。
(23) 岡真里『彼女の「正しい」名前とは何か――第三世界フェミニズムの思想』（岩波書店、二〇〇〇年）七二頁。
(24) 例えば「不逞鮮人の送還」（『朝日新聞』一九五〇年一二月二四日）、「一月中に送還　騒乱朝鮮人　四十人程度か」（『朝日新聞』一九五〇年一二月二七日）、「悪質者を強制送還」（『朝日新聞』一九五一年一月一三日）など。
(25) 同日朝連だけではなく、在日本朝鮮民主青年同盟の全組織ならびに在日本大韓民国建国促進青年同盟（建青）塩釜本部も解散命令を受けた。解散に関しては、朴慶植『解放後　在日朝鮮人運動史』「第五章　在日本朝鮮人連盟と民青の強制解散」（前掲）、金太基『戦後日本政治と在日朝鮮人問題』「第五章　分断国家の成立とSCAPによる朝連解散」（勁草書房、一九九七年）を参照した。
(26) 法務大臣殖田俊吉は、接取財産を「在日朝鮮人の福祉のために使用されるだろう」（『朝日新聞』一九四九年一一月一〇日）と発表したが、SCAP資料には「このためにまじめな努力がなされたとは信じがたい」と記されている（エドワード・W・ワグナー『日本における朝鮮少数民族　一九四〇～一九五〇』外務省アジア局北東アジア課訳、一九五一年）。
(27) 朴慶植『解放後　在日朝鮮人運動史』（前掲）二六五―二六六頁には、朝連の接取財産一覧表と公職追放を受けた幹部の名が記されている。
(28) 朴慶植『解放後　在日朝鮮人運動史』（前掲）二四三頁による。

(29)『旧在日朝鮮人連盟財産事件判決記録』(在日本朝鮮人総連会合中央常任委員会、一九五九年)。

(30) 金達寿は、朝連解散の当日、東京駅八重洲口にある朝連中央会館ビル四階(朝連の事務所)で詩人許南麒らとともに武装警官による強制解散を体験することになる。一方、同日京橋二丁目にある朝連東京本部三階の民主朝鮮社にいた金元基は、「法務府の若い事務官らしい人」に「法務総裁発令、茲今この建物は法務総長の所管となり、従つて皆様との貸借関係はこれで消滅しました。皆様は一時二十分までの間に当建物より立退いてください。もし立退かない場合には検束致します。ただ今一時五分です。立退かれる場合に、弁当箱以外の物は一切に認めませんから、そのままにしておいてください」(金元基「一九四九年九月九日の『メモ』」『民主朝鮮』一九五〇年五月)と通告されたという。金達寿も「私物一つ持ちだすこともゆるされなかった。素手のまま、ぐいぐいと背中を押されて外へ出るよりはほかなかった。『朝連』所有財産とともに、『民主朝鮮』のそれもみな没収されてしまった」(『わが文学と生活』青丘文化社、一九九八年、一六一頁)と回想している。

(31)『民主朝鮮』の検閲資料に関する研究として、小林知子「GHQによる在日朝鮮人刊行雑誌の検閲」(在日朝鮮人運動史研究会『在日朝鮮人史研究』一九九一年九月)、横手一彦「二度目の世界戦争と朝鮮戦争の間・批評性排除への非同意――雑誌『民主朝鮮』を事例研究として」(国際言語文学会『国際言語文学』二〇〇〇年一二月、韓国)などがある。

(32)「補遺(1)占領下の極右・極左事前検閲雑誌」(奥泉栄三郎編『占領軍検閲雑誌目録・解題 昭和二〇年~二四年』前掲)を参照。この「補遺(1)」には、二八誌を「雑名・頻度・発行所・発行地・発行部数・傾向・発禁(回数)・削除(回数)・冊数・英文説明」に分類した表が掲載されている。この表の主なデータはCCDの調査による一九四七年一一月二六日付けのもので、奥泉がワシントン・ナショナル・レコード・センターのドキュメントとメリーランド大学東亜図書部の調査とを統合してまとめたものである。

(33) 小林知子「GHQによる在日朝鮮人刊行雑誌の検閲」(前掲)。

(34) 実際は金達寿が執筆。彼は創刊号にも朴永泰という名前で書いている。

(35) 山本武利『占領期メディア分析』(前掲)三二一頁。

(36) 古川純「雑誌『改造』にみる占領下検閲の実態(1)」(前掲)一四二―一八二頁には、『改造』の四六年一月から四九年一一月までの検閲処分に関する細かいデータが掲載されている。

(37)『わが文学と生活』(青丘文化社、一九九八年)一五九―一六〇頁。

(38) CHOREN Book 1, GHQ/SCAP Records, GS, Box 2275 HH, Folder 15, item 63, MF GS (B)- 04267。和田春樹『朝鮮戦

争』（前掲）一一六頁参照。

(39)「はしがき」には、「一九四九年一〇月二日大阪地方をはじめ兵庫、京都、滋賀等各地で朝鮮人党員会議における一般報告（報告者鄭東文）これにつぐ討議および結語を総括したものである」と記されている。

(40) 四全協、五全協の朝鮮人対策は、朴慶植編『朝鮮問題資料叢書 日本共産党と朝鮮問題』（前掲）一三〇—一三一頁に転載されている。

(41) 朴慶植編『朝鮮問題資料叢書 日本共産党と朝鮮問題』（前掲）一二二—一二八頁。

(42) 朴慶植編『朝鮮問題資料叢書 日本共産党と朝鮮問題』（前掲）一三二頁。

(43) この問題については、拙著『「戦後」というイデオロギー』第七章「〈植民地・日本〉という神話」で詳論した。

(44) チンダレについては、チンダレ研究会編『「在日」と50年代文化運動——幻の詩誌『チンダレ』『カリオン』を読む』（人文書院、二〇一〇年）を参照。

(45) 例えば、「（徳田球一の）家父長的個人中心指導の確立するにつれて、その性格における否定面を増大させた」という。「個人の権威によって党を指導することのさけがたい結果として、指導者の無謬性にたよらざるを得ない。ここから自己の指導の誤りを下部に転嫁し、相互批判と自己批判をさける官僚主義が成長した」と記されている。

第Ⅱ部

検閲されるテクストと身体

「風俗壊乱」へのまなざし――日露戦後期の〈筆禍〉をめぐって

金子明雄

1　ビブリオマニアと検閲

日本における出版統制や検閲についての研究をふり返るとき、その情報集積の基軸を担ってきたのが、いずれも印刷物の蒐集に常人には理解しがたい情熱を傾け、時に「書痴」（書物収集狂＝ビブリオマニア）と呼ばれる人物であることは興味深い事実である。今日にいたる検閲研究の端緒を切り開いたのは、近世期を中心に著者および出版者が何らかの刑罰を科せられた出版物、絶版の処分を受けた出版物について、その処罰の経緯をまとめ「之を文学的に云へば「禁止図書解題」、之を政治的に云へば「幕府圧制実記」、之を美術的に云へば「抹殺文画年表」なり」[(1)]とした宮武外骨『筆禍史』（雅俗文庫、一九一一年）である。明治文化研究、明治期ジャーナリズム研究の基礎資料の構築に貢献した「反骨の人」「奇人」宮武外骨（一八六七―一九五五）は、その全体像を容易に把握しがたい人物であるが、新聞雑誌をはじめとするあらゆる印刷物を精力的に蒐集したばかりでなく、集めた膨大な印刷物を駆使して、出版統制や検閲に関わる部分に限らず、「猥褻」「奇態」「滑稽」などさまざまな観点によって情報を抽出し、一種のカタログとして編集・出版することにも尋常ならざる熱意を示した。そのような出版活動がしばしば外骨自身の「筆禍」を引き起こしたのだから、その底流にある情念を常識的な尺度で測ることは困難であろう。しかしながら、検閲による処分の対象となった印刷物・出版物の蒐集、蒐集した情報のカタログ化、自身の出版活動によるその復刻という三つの方向性で発揮される情熱は、アクセントの違いこそあれ、検閲研究の基礎情報の集積に寄与した人々に共通する傾向とも言えよう。例えば、『近代文芸筆禍史』(崇文堂、一九二四年)、『現代筆禍文献大年表』(粋古堂書店、一九三二年)などの一連の仕事において、「合法及び非合法(無届)出版物に就て、当局よりの発売頒布の禁止、発行禁止、発行停止、便宜削除、注意、又は委任命令」を受けることを「筆禍」と定義して(2)、今日の検閲研究の前提となる書誌データを設計し、外骨が先鞭をつけた検閲研究を近代社会を対象に展開させた齋藤昌三(一八八七—一九六一)、あるいは齋藤の影響をうけながらも、過程としての「筆禍」への関心をモノとしての「発禁本」(「筆禍文献」)に集中させ、現代最大の発禁本コレクターとして知られるようになる城市郎(一九二二—)らが、モノとしての印刷物の蒐集とそのカタログ化にアクセントを置いた「書痴」であるとすれば、昭和戦前期にアンダーグラウンド(無届)での「艶本」出版に邁進した梅原北明(一九〇〇—四六)は、復刻出版活動に強いアクセントを置いた発禁情報の「出版狂」の代表であろう。このように概観すると、出版統制や検閲の情報集積に深く関わった読書人の振舞いの特異さにこそ、近代日本の読書文化を探る鍵があるとも言え、それは今日の検閲研究が視野におさめるべきポイントの一つであるに違いない。

その一方で、そのようなビブリオマニアの振舞いが前景化する条件に、近代日本の出版統制や検閲の特徴が深く関与していることも確かである。

その一つは、安寧秩序妨害ならびに風俗壊乱の出版物(文書図画、新聞雑誌)に対して発売・頒布を禁止(いわゆる「発禁」)し、必要があればそれを差し押さえる行政処分を基軸とする検閲制度は、原則的に納本による事後検閲を前提としていたため、「便宜削除、注意」の対象となった出版物は当然としても、文字通り「発禁」になった印刷物さえも多くの場合この世に存在し、一八九三年に制定された「出版法」(3)や一九〇九年に制定された「新聞紙法」(4)が一九四五年に停止されるまで、実際の発売日と行政処分が行なわれるまでのタイムラグなどによって流通した多くの発禁本が読書人の手に渡り、密かに古書市場で取引されることになる。製本作業中に差し押さえられた永井荷風『ふらんす物語』(博文館、一九〇九年)ですら、今日、仮製本の現物が残っているのである。もちろん、より直接的な手段による思想弾圧、言論弾圧によって、幻のままに終わってしまった出版物は決して少なくないにせよ、「出版法」「新聞紙法」による統制の対象となった出版物は、いかに稀少であっても存在の可能性を残しており、まさにその稀少性ゆえにビブリオマニアの欲望の対象となり続けてきたのである。たまたま私の手元に『明治大正昭和　文芸筆禍索引』（粋古堂『いかもの趣味四号』一九三五年）なる二百部限定で発行された謄写版印刷の発禁本・雑誌カタログがあるのだが、何人いるかわからない私以前の持ち主のうちの一人は、そこに新たな書誌的情報を書き加え、いくつかの項目の上に「所蔵」の印を押している。また、意味は不明であるものの明らかに「所蔵」印とは別系統の二種類のチェックも書き込まれている。そのような情報の詳細は不明であるが、発禁本を集めることが早くから一部の読書人の密かな楽しみの一つになっていたこと、そのような楽しみを補佐する目的で「筆禍文献」「発禁本」の書誌的データが集約された側面があることは確かである。

その『明治大正昭和　文芸筆禍索引』の編者は「編集私記」で「明治元年から昭和九年までの約七十年間焚書の厄に過つた文芸筆禍作品を編輯するに当つて第一に感じたことは、文芸作品が存外尠ないことです」と記した後、「純文芸のみを拾ひ蒐めたのでは本の形をなさない位で、止を得ず多少これに連絡あるもの〔、〕興味中心のもの、趣味のもの、思想方面のものも取捨選択して載せました」とことわっている(5)。このような記述は、これまでの検閲研究に熱狂的なビブリオマニアが大きな位置を占めてきた第二の条件と関わっている。

検閲の歴史が出版ジャーナリズムの歴史と密接にリンクしていることはいまさら言うまでもない。明治前期の検閲が勃興期にあった新聞の反政府的な言動を統制することを主眼にしており、その後、ジャーナリズムの発展による読者層の広がりに対応して、人々の日常的な生活意識、行動規範や道徳の統制という課題がはじめて浮上してくるという認識は、多くの検閲史の記述に共通している。文芸検閲は人々の日常的な規範や道徳の統制という文脈に深く関わっているが、文学がはじめから検閲の領域で特別な位置を与えられていたわけではない。文学的コンテンツの商品性が発展しつつあった出版市場において段階的に認められることによって、その流通性が一定の規模で確保されるのは日清戦争期（一八九四―九五）以降であり、ようやくという言い方はおかしいが、この時期にはじめて検閲の対象として文学作品が浮上してくるのである。その意味では、文学作品は検閲の領域に遅れて組み込まれた勢力なのである。

明治期から大正前期に限れば、文学作品はもっぱら風俗壊乱の理由によって処分を科された。しかし、あらためて述べるまでもなく風俗壊乱という概念ははじめからきわめて曖昧であり、行政当局も決してその内容や基準を明確に定義しようとはしなかった。結果として、絵はがきや春画・枕絵、写真など「図画」出版物はともかくとしても、言語で表現された作品について見る限り、「文芸作品」と呼びうる出版物であっても、筆禍文献のリストのなかでは、数多く存在する雑多で怪しげな出版物と明確な区別なく隣接関係におかれることになる。風俗壊乱という行政的な観点で線引きされた茫漠とした領域に、さほど明確な位置づけを与えられないままに文学作品が少数派として引き入れられるのである。風俗壊乱と認定された文学作品は、自らが望むと望まないとにかかわらず文学の領域での一種の周縁性を付与されることになるが、そもそも風俗壊乱の出版物が出版の領域での周縁性をすでに刻印されているわけだから、いわば二重の周縁性を身に纏うことになるだろう。しかしながら、まことに皮肉なことにと言うべきであろうが、その二重性の区別を担保すべき文芸検閲という領域の独立性は（文学者個々人の意識と行為の領域を別にすれば）、制度としても、実態としても容易に確認することができないのである。結果として、風俗壊乱の文学作品の周縁性は曖昧なままとなり、その曖昧な周縁性が文学作品と既存の風俗壊乱の出版物との隣接関係を媒介するのである。このような曖昧な周縁性の全体像を掬い取るのにもっとも適した存在としてビブリオマニアが浮上する意味はすでに明らかであろう。ビブリオマニアは、さまざまな程度において文学的な正統性を認知された比較的少数の「文芸作品」と、さまざまに怪しいとしか言えないおびただしい出版物群を、それらの周縁性において（その強度の差異によって、若干の扱い方の違いは生じるかも知れないが）基本的に同一の平面上で扱うからである。文学と文学ならざるものを分離しようとする力と接続しようとする力の関係性については、本稿の最後で触れることになるが、風俗壊乱というテーブルが、文学と文学ならざるものとを微妙な関係性において隣接させる場を構築することを確認しておこう。そこは文学と文学ならざるものとの差異と同一性が常に問われる場なのである。

2　日露戦後の検閲と「自然主義」

日本近代政治史において、明治期の終わりの数年間は桂園時代と呼ばれる。日露戦争を遂行した第一次桂内閣以降、西園寺公望と桂太郎の二人が交互に政権を握ったからである。日露戦争（一九〇四―〇五年）、韓国併合（一九一〇年）と外に向けて帝国主義的な政策が断行されたこの時期は、地方改良運動や戊申詔書（一九〇八年）に代表される内に向けた人心の引き締め、国民道徳強化の政策が発動される時期でもあった。ジェイ・ルービンは「危険思想の不安に憑り付かれていた政府にとっては、社会主義、自然主義、無政府主義、個人主義、自己中心主義、自由恋愛など、あらゆる主義は同じものであった」として、「それら（あるいは「それ」）と闘うために、弾圧と教化の計画が必要であったのであろう」としているが[6]、そのような弾圧の典型である大逆事件（一九一〇年）が引き起こされたこの時代は、近代日本の思想弾圧を見る上で特別な時期であると同時に、風俗壊乱による取締まりを主軸とする文芸検閲が、その行政処分の件数から見る限り、飛躍的に強化された時期でもある。

まず、統計的なデータを確認しておこう。

内務省警保局『禁止単行本目録』（一九三五年）によれば、日露戦後期に発禁になった単行本の数（件数）は以下のように推移している（「風俗」は風俗壊乱による発禁、「安寧」は安寧秩序妨害による発禁を示す）。

一九〇五（明治三八）：風俗　5　安寧　5
一九〇六（明治三九）：風俗　0　安寧　5
一九〇七（明治四〇）：風俗　13　安寧　4
一九〇八（明治四一）：風俗　25　安寧　6
一九〇九（明治四二）：風俗　23　安寧　9

一九一〇（明治四三）：風俗　32　安寧　62
一九一一（明治四四）：風俗　65　安寧　11[7]

一九一〇年九月に大逆事件と関連して、社会主義、無政府主義などに関連すると見なされた過去の出版物が一挙に発禁処分となった事態を反映する一九一〇年の「安寧」六二件を別にすれば、実際のところ安寧秩序妨害による発禁の件数には変化の傾向が見えにくいのに対して、風俗壊乱による発禁は一九〇八年頃から確実に増加傾向にあり、一九一一年には異常事態とも言える前年の「安寧」の件数を上まわっている。

続いて、前述した『現代筆禍文献大年表』によるデータを整理してみよう。件数が増えているのは、この数字が字義通りの「発禁」に限定されない「筆禍」全般をとらえているからである。「雑」の部は、絵はがきを中心に、春画、写真、偽造公文書、偽札など雑多なものを含んでいるが、それらの多くはセットものなので、件数の数え方に微妙なゆれが生じてしまっていることには注意が必要である。

一九〇五（明治三八）：図書　27（風俗　15　安寧　11　不明・その他　1）
新聞雑誌　35（風俗　1　安寧　3　不明・その他　31）
雑　86（風俗　80　安寧　2　不明・その他　4）
一九〇六（明治三九）：図書　21（風俗　8　安寧　9　不明・その他　4）
新聞雑誌　16（風俗　7　安寧　4　不明・その他　5）
雑　139（風俗　127　安寧　11　不明・その他　1）
一九〇七（明治四〇）：図書　30（風俗　18　安寧　11　不明・その他　1）
新聞雑誌　22（風俗　7　安寧　6　不明・その他　9）
雑　52（風俗　33　安寧　19　不明・その他　0）

一九〇八（明治四一）：図書 57（風俗 32 安寧 13 不明・その他 12）
新聞雑誌 26（風俗 11 安寧 6 不明・その他 9）
雑 51（風俗 42 安寧 6 不明・その他 3）
一九〇九（明治四二）：図書 58（風俗 46 安寧 11 不明・その他 1）
新聞雑誌 47（風俗 15 安寧 23 不明・その他 9）
雑 31（風俗 17 安寧 13 不明・その他 1）
一九一〇（明治四三）：図書 101（風俗 33 安寧 68 不明・その他 0）
新聞雑誌 71（風俗 29 安寧 32 不明・その他 10）
雑 48（風俗 18 安寧 18 不明・その他 12）
一九一一（明治四四）：図書 93（風俗 74 安寧 16 不明・その他 3）
新聞雑誌 72（風俗 40 安寧 29 不明・その他 3）
雑 30（風俗 25 安寧 5 不明・その他 0）(8)

図書と雑誌新聞を合計した「筆禍」件数を年ごとに見ていくと、当然のことではあるが、警保局のデータと同様に、一九〇八年頃から行政処分の対象となる出版物が全体として徐々に増加する傾向が見られ、やはり一九一〇年を特別な年とすれば、風俗壊乱による処分の増加が顕著であることがわかる。

一九〇八年は、生田葵山「都会」を掲載した『文藝倶楽部』二月号（博文館）が発禁となり、行政処分で決着することの多い発禁事件が、後に大逆事件の捜査主任となる検事小山松吉の訴訟によって、珍しく司法処分の対象として法廷に持ち込まれた「都会」裁判で知られる年である。三月に出された判決は、編集発行人の石橋思案と作者の葵山を新聞紙条例違犯によって有罪として罰金を科した。この年の四月には、小栗風葉『恋ざめ』、佐藤紅緑『復讐』など、文学の世界の中心に近い場所で活躍している作家の作品も風俗禁止のリストに挙がるようになり、三月には『モリエール全集』中巻（草野柴二訳）、五月にはゾラ『巴里』後編（飯田旗軒訳）など翻訳文芸出版への発禁処分も行なわれた。翌〇九年になると、そのような傾向はさらに拡大し、永井荷風、内田魯庵、後藤宙外、徳田秋声、森鷗外らが筆禍事件に名を連ねることになる。事態の推移が文学者たちにとって大きな問題であったことは言うまでもなく、状況の打開のために文芸院設立などと絡めた議論が盛んに行なわれることになる。(9)

ただし、注意しなければならないのは、文芸検閲の強化がいわゆる自然主義文学の隆盛期と重なっているにもかかわらず、風俗壊乱を理由とする行政処分は、今日われわれが理解する意味においても、また当時の文学関係者の認識を基準としても、必ずしも狭義の自然主義文学を狙い撃ちしたものとは言えない点である。(10) 当時の風俗壊乱による行政処分のリストの多数を占めるのは、「男女交合」「男女衛生」といった角書や、「造化機論」「枕草紙」などといった言葉がタイトルに折り込まれた、新旧様々なタイプの性行為の指南書や通俗性科学書、好色本の系統であって、文学作品はあくまでも少数派に過ぎない。また、実際に筆禍に遭った文学者の名前を見ても、必ずしも自然主義作家ばかりでないことは明白であり、そもそも永井荷風が『早稲田文学』で「推讃」（推奨）される事態が生じることを考えるならば、一九〇八年から〇九年前後に自然主義作家とは誰かという問いに明快に答えられる者などないと言ってしまってはさすがに身も蓋もないが、少なくとも行政当局が文芸思潮に関わる複雑で面倒な議論に関心を示した形跡は全くないのである。さらには、一九〇八年三月のいわゆる煤煙事件(11)が、当事者の文学的傾向や文学との関係の実相とは全く無関係に「自然主義」と結びつけて言説化され、文学的な要素を見出すことがほとんど困難な出歯亀事件(12)と接続されることで、「自然主義」という記号を中心に青年男女の秩序逸脱的な行為・行動原理を問題とする言説圏が構築されていく様相を見るならば(13)、検閲をめぐる言説に「自然主義」という言葉が見出せたとしても、社会における男女の反道徳的な行為を説明するための万能のラベルとして、実質的な内容を欠いた「自然主義」という記号が召喚されたのと同様の事態が生起していると理解するのが適切のように思われる。社会的記号としての「自然主義」は性に関わるあらゆる道徳的逸脱と結びつけられたがゆえに、自然主義文学そのものとの本質的な結びつきを構築することはなかったのである。「自然主義」の感染力を道徳的に批判する議論は確かに盛んに行なわれるのだが、検閲の実際を見る限り、特定の傾向性を帯びた文学作品の道徳的影響力を危険視して、具体的なかたちでその力を弱める統制が行なわれた形跡はほとんどない。言い方を変えれば、国家権力が統制すべき対象の中心にすえた表現や言論が記号としての「自然主義」と結びつけて語られる機会が多かったことは確かであっても、実際の処分を見る限り、それらの表現や言論の多くは自然主義文学と直接的に交錯しない場所で流通していたのであり、文学者個々の状況に対する批評的認識はともかくとしても、この時期に表現者（文学）が自己の文学的思想とアイデンティティを全面的に背負って国家（政治）と真っ向から対峙する舞台が準備されることはなかったのである。

とはいえ、記号としての「自然主義」をめぐるイメージは、個別的な文学作品を読み解くコードとして文学の領域に回帰してくる。中山昭彦は「都会」裁判を分析して、[14]「自然主義」という記号と連繋する「「肉」の媒介作用」が、社会のさまざまな領域でさまざまな対象について「肉」（肉欲）と「自然主義」を隣接させる言説を反復し、拡大し、増殖させる様相を解き明かしている。そして、作品が作品世界に先行する現実を要請するという「自然主義」とモデルとの結びつきを本質的なものとするイメージが構築されることによって、作品世界そのものを読むのではなく、描かれているはずの現実＝モデルを読もうとする読解コードが、その「空白」に「肉」にまつわる反道徳的な事件を読み込んでしまう過程を指摘する。[15]小説の表現が、もともとの起源ではないところに回帰してきた読解コードとどのように関わろうとしたかという問題は、小説が風俗壊乱のテーブルの上で自ら何者であろうとしたかという事柄と深く関わっている。次に、小栗風葉の小説を具体的な素材にして、風俗壊乱の表現について検討してみたい。

3　小栗風葉「姉の妹」『恋ざめ』における小説表現の「風俗壊乱」

風俗壊乱を理由とする処分が増え始めた一九〇八年から〇九年にかけて、自然派の小説家小栗風葉は二つの作品で発禁処分を受けている。前述の『恋ざめ』（正式な書名は『小説　増補恋ざめ』新潮社、一九〇八年四月）と短篇小説「姉の妹」（『中央公論』一九〇九年六月）である。硯友社の作家として創作活動をスタートさせた風葉は、文学作品への検閲がはじまったごく初期に「寝白粉」（『文藝倶楽部』一八九六年九月）で発禁処分を受けており、筆禍に遭うことの多かった有力作家の一人である。

「姉の妹」は、貧乏世帯のやり繰りに苦労する横浜税関の下級官吏の妻が、子どももある身でありながら、刑事巡査の未亡人である姉に巧みに勧められて、姉の取り仕切る「曖昧な女」（私娼）の置屋で売春に引き込まれていく様子を描いた作品である。しかしながら、そこには発禁作品に期待されるかもしれない「肉欲描写」と言えるものは全く存在しない。雑誌で二八ページほどの短い作品のなかで都合五度、妹（お兼）が座敷で客を取る場面が描かれるが、その一度目は、弾みのようなかたちで初めて座敷に出たお兼が、夫や子どもを気にかける思いと羞恥心に苛まれる内面の描写が中心になっている。座敷の描写としてはもっとも長いものだが、実際にそこで行なわれたことについては酒食と会話以外の情報はほとんどない。二度目は、早くも新しい環境に適応しはじめたお兼が、「亭主の事なぞ全然忘れて」、年下の「一向未だ人擦《ひとず》れない」学生客に対して「大胆に其れを弄ぶぐらゐに為向《しむ》けた」ことが語られるのだが、この場合も具体的な行為については何も記述されない。同じ日に「別の家から口が聘《か》つ」た三度目の座敷については、「翌朝帰つた」ことが報告されるだけである。翌日の四度目の座敷は、昨夜の学生から再び声が掛かって「些《ちよ》つと出て見たいやうな気もした」お兼が、彼の顔を見るなり「パッと初心らしく赤くなつ」て、「突臥《つきのめ》されたやうにペタ〳〵と坐つた」ところで記述が打ち切られる。そして、その翌朝の五度目の座敷も、二時間勤めて客から小使銭を貰って帰ったと述べられるのみである。さすがに、これらの記述からお兼が座敷に出てもお酌と会話だけに興じたと理解する同時代の読者はないだろうが、夫や子どもを気にかけながらも、金銭的な欲や奢侈な暮しの誘惑から、いつしか売淫の世界に入り込んでしまい、この世界の住人に独特の虚栄に染まっていく事の成り行きが、あくまでもお兼の内面を軸に描かれており、座敷での振舞いの描写は、彼女が泥沼にはまり込んでいくとともに、逆により簡略になっているとさえ言えるのである。そのような作品が風俗壊乱にあたるとされた理由については、あくまでも推測するしかないのだが、小説に具体的に描かれていないところで行なわれたであろう行為が問題になったとしか考えられない。そもそも娼婦という職業に就くことが「有夫姦」に相当するかどうかの判断は難しいところだが、小説世界のなかで起こったと想像はできるが実際の描写にはその痕跡をとどめていない行為、つまり妻が夫以外の男を相手に売春するという行為の道徳的意味が問題になったのである。別の言い方をすれば、問題になったのは描いている表現ではなく、描かれている事柄（素材・題材）ということになる。小説の表現、すなわち出来事や状況を表象する言葉の存在ではなく、その不在によって逆に浮かび上がってくる小説の素材・題材が問題とされる構図は、この時期の小説の表現と素材・題材の両者にいささか奇妙な事態をもたらすことになるだろう。

『中央公論』は、六月号の発禁を承けて、翌七月号の付録で反省社同人の名義で「本誌前号の発売禁止に就て」という抗議のコメントを発表するとともに、「姉の妹」は「果して悪文芸の列に排斥し去るべきものか否か」を問うた緊急アンケートの結果三一名分を「「姉の妹」の発売禁止に対する諸名家の意見」として掲載した。「文芸検閲に対する組織的な反抗と思われる最初の例」（ジェイ・ルービン）[16]とされる。

描写そのものではなく、描かれた事柄が問題とされたと考えられることについては、「諸名家」たち[17]も「描写されたる事柄其の物を以つて小説の善悪を判定せむとする」（長谷川天渓）態度、「或る女が淫売を働きたりといふ一事で以て風俗壊乱と断定し、作品の内容、技術の如何を顧みざる」（佐藤紅緑）態度として問題視し、「作の取扱ふ事実の種類といふ点だけでは決して風教上の問題に嵌るわけはない」（鈴木三重吉）と、文学の芸術的価値を等閑視し、文学作品が扱う題材に一律に制限を加えるやり方を批判する。「文学者をして自由に人生研究の途に上らしめよ」（島崎藤村）と主張するのである。一見すると、芸術的創作における素材・題材に対する表現の優越、文学的素材・題材についての社会道徳的観点からの免責というごく当たり前の要求のようなのだが[18]、素材・題材がまったくの表現の不在、すなわち表現の空白に置かれていることによって、表現に対応すべき素材・題材の位置に微妙な揺らぎが生じていることも確かである。例えば、「姉の妹」のような生活状態があるのは国家の責任であるとした上で、「作家としての風葉は、即ち斯の如き社会上の陥缺を指摘し表出したるのみ」（徳田秋江）と皮肉交じりに述べられるとき、描かれているのが現実そのものであることがその題材を道徳的に免責する根拠となっている。それ自体は、醜悪な事柄を題材にするのは、作者が恣意的に選択しているからではなく、人間の真実の姿だからだとする前期自然主義的な論理とも接続できる認識なのだが、重要なのは、虚構世界の内部に留まっているはずの素材・題材が、ここにおいて現実世界の側に引き出されていることである。小説の素材・題材がいったん虚構世界の外部に想定されてしまえば、「官吏の細君が淫売をした」（安成貞雄）ことをこの小説の題材の最大の問題点とする穿ちが俄然意味を帯びてくる。刑事巡査の未亡人と横浜税関官吏の妻が売春に携わっているという題材は、虚構世界の内部で意味を持つばかりでなく、小説に先立つ現実のなかで起こっている可能性のある出来事になり、この小説が官吏社会のスキャンダルを暴く内容をもつ一種の社会小説である可能性さえでてくるのである。ここに生じているのは、「自然主義」と本質的関係にあるモデルを、表現の空白の場所に読み込もうとする志向に他ならない。中山昭彦が、「姦通」の有無が執拗に問題にされた「都会」裁判の様相から抽き出した、小説表現の外部に存在するはずのモデルについての意味の空白を「肉」（肉欲）に絡んだ事件で埋めようとする読解コード[19]が、ここでも正確に反復されているのである。

「姉の妹」が発禁処分を受けた理由についての穿ちと言えば、「前号の荷風氏の「祝盃」に一杯食はされたる復讐」（安成定雄）のような、『中央公論』五月号に掲載された永井荷風「祝盃」への言及が目につく。この点について、なによりも奇妙なのは、「姉の妹」の発禁について抗議しているはずの「本誌前号の発売禁止に就て」が、あたかも「姉の妹」への処分を、処分されなかった前月の「祝盃」[20]と関連させる見方に反論しているように見えることである。「本誌前号の発売禁止に就て」は、まず、日頃から『中央公論』に掲載される小説について、その「取扱へる材料」を「世人の好奇心を釣らんとするものなりと思惟し又は言明するものあり」とし、その最新の典型例として五月号の「祝盃」が名指しされ、その「伏字」が「何でもなき箇処に○○を附けて読者の好奇心を惹きたるものなりといひ、あれにて大当りを占めたれば次号には更らに盛んに伏字を置きたるヒドイものを載すべし」などという誹謗があると述べる。さらには、そのような誹謗を当局が真に受けて、はじめから発禁にするつもりで六月号を待ち受け、「材料好ましからぬ」「姉の妹」に目をつけて禁止命令を出したという噂があるとする。長々と「姉の妹」が発禁になった経緯についての噂を説明しているのである。文脈上、何段階かで展開している誹謗や噂のどの部分に反論しようとしているのかわかりにくいのだが、続けて『中央公論』が「世人の好奇心を釣らん」として「ヒドイものを載」せるのではない反証として、「「祝盃」の如き佳作に向て、国法との調和を計らんが為めに処々に伏字を置けるのみ」とし、「而かも此伏字を置くに就ては一字一句苟《いやしく》もせず、半日に亘て社員論議の末、辛やくにして決したる程也」と、「祝盃」の伏字の正当性を言い募るのである。どう読んでも、本題となっているのは、六月号の発禁の実際的な経緯ではなく、それと「祝盃」の伏字とを結びつける見方への反論であり、「祝盃」の伏字そのものの正当性なのである。

「姉の妹」について、女性読者が「『姉の妹』を読んだくらゐで、妾《わらわ》も然《しか》らば今夜より淫売婦になつて一ト稼《かせ》ぎして見やうといふまでの気を起すほどな馬鹿者では無い」（青柳有美）とその風教上の悪影響を否定する「名家」のコメントを紹介しているジェイ・ルービンは、「祝盃」については、「もし道徳を重んじる評論家が、読み物のせいで青少年が堕落することがあり得ることの証拠を必要とするならば、『祝盃』こそがまさにそれであった」[21]とする。「祝盃」は、語り手の私と学友岩佐のヰタ・セクスアリスを描いた作品である。中学卒業の時に親を欺して二人で吉原に登楼した初めての体験から、安上がりに相手を見つけたい一心で、岩佐は西洋料理屋の娘を誘惑し、私は自宅の小間使いに手を出すという具合に身勝手な二人の性遍歴は展開していく。「祝盃」というタイトルの意味は、かつて西洋料理屋の娘の妊娠を知って私の手引きで逃亡してしまった岩佐が、十年経って一家の主となり社会的な地位も出てきた後に、その娘が私生児を流産してから、紆余曲折はあるものの裕福な休茶屋の内儀に収まっていたことを知って、長年の良心の咎めから解放された祝いなのである。小間使いを相手に似たような経験をした私も「散々悪い事をし尽しても、お互の身の上に少しも応報がない」人生を祝福し、「芸者まで呼んで祝盃の数を重ね」て話は閉じられる。[22]「性に関して知るべきほとんどのこと」を「江戸の好色文学、近代小説、医学書、新聞――及び大衆演芸や床屋談義から学んでいる」[23]二人の悪事の数々に、風教的な悪影響を根拠とする文芸検閲へのアイロニカルなパロディを見出すべきかどうかは議論の分かれるところであろうが、その一方で、意識的にか無意識的にか（そして、誰の意識／無意識であるか）は不明であるものの、この「嫌な後味を残」す「醜悪な短編」[24]の伏字の使い方が、風俗壊乱の「肉欲描写」へのアイロニカルなパロディの典型として理解できることは注目に値する。

「〇〇」「××」「……」あるいは傍点などで表記される伏字は、検閲による削除とは異なり、事後検閲のシステムのなかで印刷済みの出版物を無事に市場に送り出すべく、編集者や作者自身があらかじめ危険の予測される箇所を空白に置き換える自主検閲である。ゲラ刷などの段階で事前に検閲官のチェックを受ける「内閲」が一定程度機能している場合は、検閲する側の意向を直接的に反映する対処法としての面が強いが、一般的には明確な基準の存在しない風俗壊乱の描写に対して、商業的利益の確保を優先して自主的に過剰適応した痕跡と見ることができよう。

しかしながら、「祝盃」の場合に問題とされたのは、検閲に対する過剰適応ではない。何らかの表現を伏字に置き換えたのではなく、伏字を文字として使用して、伏字によって読者の「肉」に結びついた想像力を掻き立てる空白を描いたのではないかという疑惑である。このような疑惑は、全く根拠の無いことではない。吉原での初めての夜と翌朝になった場面との間にはさまれたまるまる一行の「……」は『歓楽』（易風社、一九〇九年）所収時にはそのまま削除されており、その他の二〇〇字近い「〇」についても、手入れの際に具体的な内容を与えられずに処理されている箇所が少なくないからである。ただし、「〇〇」や「……」の消された本文を収録した『歓楽』は発禁となっており[25]、それによって春陽堂元版全集所収の本文ではさらに大幅な削除がなされた。いずれも同一の検閲制度の下で本文が作成されており、この期間に単純に元の原稿の文字を戻すような手入れは想定できないわけだから、すべての「〇〇」に一対一対応で何らかの表現をあてはめることに困難を感じたとしても、伏字に関する反省社同人の言い分をまったくの言い逃れと決めつける根拠としては不十分であろう。にもかかわらず、表現の不在によって、正確にいえば表現の不在を表象することによって、「肉欲描写」と同等の意味が伝達できるということは一つの発見あるいは発明に違いない。「〇〇」に「肉」を充当させる表現は、さほど挑発的とは感じられない表現から強い性的実感を得ているように見える検閲官の過敏な読解をことさらなぞってみせるアイロニーとして機能する。そして同時に、そのような表現が「大当りを占め」商業的利益に直結する事態は、空白に「肉」を読み込む読解コードが野次馬的な読者ばかりでなく、作者や編集者、出版者を含めたジャーナリズムの世界全体に瀰漫していたことの証左となるであろう。この時代の文学全体が、現実世界の性的事象を指示する文字なき表現を待ち受ける読解コードのなかにすっぽりと包まれていたのである。

この前年に発禁となった小栗風葉『恋ざめ』は、風俗壊乱の「肉欲描写」を含む、まさに正統的な風俗壊乱小説であった。(26) 田山花袋「蒲団」と通底する「中年の恋」の煩悶、悲哀のモチーフを、南国（房州那古）を舞台にした妻子ある中年男と女学生の出会いから別れまでによって表現しようとした意欲作である。一九〇七年の新聞『日本』への連載時(27)より風俗壊乱の可能性を噂されていたが、この間は何とか処分を免れた。しかし、処分の可能性によって連載を早めに切り上げたとされる結末部分を増補した単行本は、(28) 一九〇八年四月に発禁となった。発禁の理由となったのは、一九一五年になって風俗壊乱と見なされた可能性のある部分を手入れ、削除して刊行された単行本(29)と見較べる限り、増補された部分のストーリーそのものではなく、すでに新聞に発表された部分も含めた描写である可能性が高い。そこから、風俗壊乱を認定する基準の曖昧さ、恣意性というこの時代に繰り返された論点も出てくるのだが、ここで注目したいのはそれとは異なる要素である。

この小説における「中年の恋」の悲哀の内実とは、年若い女性と出会い、その好意を得て接吻まで交わしながら、恋に恋する女性と結局「肉の関係」に至れず別れることになった悔恨である（それが一種の武勇伝のようにも読めることはここでは問題にしない）。新聞連載や発禁となった初刊本では、男女の身体的な接触の深まりがある程度濃厚に描き出されることによって、「手に握つて居た小鳥を逃がした」無念さが浮上する表現構造になっている。再刊本では、当然、濃厚な身体的接触の表現に手を入れ、それを薄めたり空白に置くことで風俗壊乱という認定から逃れようとしている。しかしながら、そのような手入れの跡を追っていくと、いささか奇妙な箇所があることがわかる。船遊びに出た二人が急な嵐に遭難しかかり、九死に一生を得た後、濡れた着物を脱いで一人で蒲団の中で休んでいた女（百枝子）の部屋に男（私）が入り込んでしまい、それに気づいた女が部屋の外に逃れる場面である。

私は立つて隔ての紙門《からかみ》を開けた。隣の部屋は一層暗い。風は又一頻《ひとしき》り雨戸を鳴らした。アツと言つて矢庭《やにわ》に潑起《はねお》きた百枝子は、半ば湿つた着物を其儘手早く体に纏《まと》つて、私には何にも言はずにバタバタと階下《した》へ降りて行つた。（初刊本、十）

初刊本でこのように表現された部分は、前後の部分はそのまま、傍線部分のみ「百枝子は矢庭に潑起きた。」と手入れされる。問題は、この手入れ（表現上の差異）によって実現される意味論上の差異である。このシークエンスは、男が女を失うきっかけとなるストーリー上の重要な転換点を構成している。これに続く場面で、男は改めて敷き直した女の蒲団に一人潜り込んで、

私は何故あんな軽率《かるはづみ》な事を為《し》たらう。全《まる》で手に握つて居た小鳥を逃がしたやうな心持がする。〔中略〕私は強ひて其夢を破つて、而《さう》して穢《きたな》い恋の本体を見せて仰天させたのだ。（傍線部は再刊本での削除部分）

と自らの行為を深く後悔する。再刊本での手入れ部分は、ほとんどが男女関係の描写や男女の関係についてやや露骨に言及した部分であって、それらと関わらない単純な表現上の手入れはないと言ってよい。したがって、先に引用した部分も何らかのかたちで「肉欲描写」と関わっていると認識されたと考えるべきである。そうなると、考えられるのは、後の引用部分で削除されたような男の具体的な行為が充当されて読まれる可能性のある空白、つまり「雨戸」が鳴ってから女が「アツと言」うまでの間に想定できてしまう空白を何とか消そうとした操作である可能性である。つまり、『恋ざめ』という小説は、単に直接的な「肉欲描写」を持つ小説であるばかりでなく、すでに「肉」によって充当されるべき表現の空白を意識した小説なのである。あるいは、検閲によって自らの表現に内在

する意味の空白を意識化するプロセスを刻印した小説と言った方がより正確かもしれない。

この時期、文学は直接的な「肉欲描写」による発禁処分の経験を積むことによって、それを直接的な表現の外部に置く方法を洗練させるのである。それは、小説の内部で言葉を与えられない空白であり、小説の外部に存在するであろう現実を想起させる空白である。当然、文学がそのような読解コードを完全に制御することは不可能であるが、表象の不在を表現に組み込み、伏せ字の意味作用を活用した時、文学は時代の読解コードとの抜き差しならない関係に確実に踏み込んでいるのである。

4　文学と文学ならざるものの間——宮武外骨『筆禍史』の問いかけるもの

意外なことにと言うべきであろうか、文芸取締まりが強化された日露戦後期において、文学者の多くは風俗壊乱の出版物を取り締まることに決して反対ではない。先に引用した「諸名家」たちにしても、「作物が文芸家又は真実に文芸を解し得る読者以外に、社会の産物として一般の耳目の前に開披せらる丶以上は、作家は社会に対する道義の観念から、「風教」といふ事に再応の顧慮を費すべき義務を有してゐる」として、「当局が作物に禁止を命令する心意は其根本動機に於ては正当である」（鈴木三重吉）とする意見が見られる。彼らの多くが問題とするのは、一方では、「当局に初めから一定の標準のない」（徳田秋声）状態であるために、取締まりの運用が恣意的で不公平なものとなって、より悪質と思われる出版物が発禁とならないのに、比較的穏当とみられる出版物が発禁になって思わぬ不利益を被る事態が生じるというような制度の実際的な運用のあり方である。他方では、「当局者の庶幾するところは社会の秩序であつて、真理の探究ではない。吾儕《われら》は文学上の見地よりし、当局者は為政上の見地よりする」（島崎藤村）、「あらゆる事象を、風教道徳の上に及ぼす、利用の眼より観ずる当局者の文芸観と、一切に超絶して、只管《ひたすら》に真人生の研究に参ぜんとする、専門芸術家の文芸観とが、根本より異るは元より論無し」（千葉江東）と当局と芸術家の文芸観の根本的な差異を指摘し、「当局者は吾々の発表する小説を、文学、芸術として観て居るのでない。凡て活字を以て印刷された出版物として取扱つて居る」（永井荷風）[30]と半ば諦め顔で文学・芸術と一般的な出版物の区別がないことをなげく発言をつなげた線上に想定できる、芸術としての文学作品と一般の出版物とを区別してほしいという要望である。島村抱月は、「文学の販売禁止問題が高級文学と普通道徳との矛盾である限りは、少数の進んだものと多数の後れたものとの矛盾といふことに帰するのだからどちらにも理のあることは明白だ」として、「唯現在普通の道徳に有害と認めるから禁止する」ということは「致方ない」とするが、[31]「高級文学」すなわち芸術としての文学を特別扱いすることを求める論理は検閲による「普通道徳」の統制を容認する態度と容易に接続されるのである。長谷川天渓の検閲容認論[32]も、芸術としての文学作品を正しく理解できる読者が受けとめる限り風俗壊乱が生じることはないという立場によっている。このような場所から、出版活動の経済面を担保しつつ、芸術としての文学の読書圏を高級読者に限定する、文芸院設立問題と関連したおよそ現実的とは思われない文芸保護政策が議論されるのである。

ここで働いている力は、いうまでもなく、芸術としての文学作品を、文学ならざる出版物、とりわけ風俗壊乱と認定される怪しげな出版物と本質的に異なる場所に分離しようとする力である。風俗壊乱という認定は、その文学作品を怪しげな出版物と区別できなくなる事態を引き起こすことによって、文学作品にとって迷惑で不名誉なことになるのである。[33]

しかしながら、これまで分析してきたように、小説表現の内部の表象の空白や、小説世界の外部に想定される空白に、「肉」をめぐる事件を充当する読解コードに適応して、その文字なき表現を洗練させてきたのも文学のもう一方の姿である。また、なんということもない日常的な生活の一端を描いて、その表現の背後や外部に隠された現実生活の真理の感知を求める自然主義文学の読解コードは、表象の背後や外部という空白に意味を充当する読解という意味で、この時代のスキャンダラスな読解コードときわめて親しい位置にあると言えよう。そして、文学者は、読者と等身大の日常的存在でありながら、事実の背後に隠された真理を見抜き、表象の空白のなかにそれを表現する能力によって、日常性を超えた高みに到達した存在とされたのではないのか。文学とりわけ自然主義文学の芸術的な至高性、卓越性は、表象の空白を取り扱う技術に担保されているのである。その意味で、この時代の文学は、「高級文学」としての意味と一般読者に（勝手に）読まれてしまうことによって生じる通俗的（かつ、場合によっては風俗壊乱的）な意味の間で引き裂かれたのではなく、両者の相互浸透性において芸術と芸術ならざるものとの抜き差しならない関係にはまり込んでいるが故に、ことさら文学と文学ならざるものとの間を明確に区別する線があるかのような身振りを演じているのである。

そのように考えると、ビブリオマニア宮武外骨の『筆禍史』がまさにこの時期に出版されたことの意味は小さくないと言うべきであろう。外骨自身は後に、自己を梅原北明と差別化し、春本まがいのものを無届で発行したことがなく、筆禍を被ったほとんどが治安妨害と秩序紊乱で、風俗壊乱ではないことを誇ったようだが[34]、この時期に提示したのは、種々さまざまな理由や事情によって筆禍というテーブルの上に載せられた書物たちの分割線のない一覧なのである。確かに、筆禍は作者、出版者と権力との関係のなかで生じるのだが、それと同時に、筆禍という平面に並べられたさまざまな傾向を持った出版物の間に働いている力学や関係性も、筆禍を捉える有力な視角となるはずである。すべてを同一の平面の上に並べたときに視野に入ってくるものの重要性に注目すべきなのではないだろうか。

注

（1）宮武外骨『筆禍史』（雅俗文庫、一九一一年）、廃姓外骨『改訂増補筆禍史』（朝香屋書店、一九二六年）。
（2）齋藤昌三『現代筆禍文献大年表』（粋古堂書店、一九三二年）。
（3）一八七二年の「出版条例」などを引き継ぐ。
（4）一八七五年の「新聞紙条例」などを引き継ぐ。
（5）『明治大正昭和　文芸筆禍索引』（粋古堂『いかもの趣味四号』一九三五年）。
（6）ジェイ・ルービン『風俗壊乱——明治国家と文芸の検閲』（世織書房、二〇一一年）一四八頁。
（7）内務省警保局『禁止単行本目録』（一九三五年）より作成。

(8) 齋藤昌三『現代筆禍文献大年表』より作成。
(9) 和田利夫『明治文芸院始末記』(筑摩書房、一九八九年)参照。
(10) 田山花袋「蒲団」の発表は『新小説』一九〇七年九月。
(11) 夏目漱石の弟子でもある文学士森田米松(草平)と女子大卒業生平塚明子(後の平塚らいてう)の心中未遂事件。新聞で「自然主義の高潮」などと報道された。翌一九〇九年、森田草平が『煤煙』のタイトルで小説化したことから「煤煙事件」と呼ばれる。
(12) 東京郊外の大久保村で電話交換局長の妻が湯屋の帰りに殺害されセンセーションを巻き起こした。覗きの常習者で「出歯亀」とあだ名されていた植木職人池田亀太郎が犯人として逮捕された。この事件の後「自然主義」は「出歯亀主義」と呼ばれたりもした。
(13) 金子明雄「メディアの中の死――自然主義と死をめぐる言説」(『文学』季刊五巻三号、岩波書店、一九九四年七月)参照。
(14) 中山昭彦「小説『都会』裁判の銀河系」(三谷邦明編『近代小説の〈語り〉と〈言説〉』有精堂、一九九六年)。
(15) 「都会」裁判の有力な争点は、小説に「姦通」の事実が描かれているかどうかであったが、中山(前掲論文)はその争点をめぐる言説に、作者の創作意図のレベルでの「姦通」のモチーフの有無と、創作に先立つ現実レベルでの「姦通」の事実の有無の混濁を読み取り、その混濁した領域に華族軍人が軍事工場の職工の妻との姦通をネタに夫から恐喝された事件(伊東中将事件)というモデルを読み込んでしまう回路に、「肉」(肉欲)の媒介作用を指摘している。なお、「姦通」を否定する葵山の主張に対して、判決は「姦通ヲ挑ミ遂ニ其目的ヲ遂ケタルカ如ク」と「姦通」を認定しつつも、その題材自体が風俗壊乱なのではなく、「卑猥ナル言詞」を使って「露骨ニ描出」したところが「普通ノ道義的観念」をもつ人に「嫌悪羞恥ノ感情ヲ惹起セシムル」点を問題とする論理を示している(判決文は齋藤昌三『近代文芸筆禍史』崇文堂、一九二四年による)。
(16) ジェイ・ルービン、前掲書、一七二頁。
(17) 以下、「『姉の妹』の発売禁止に対する諸名家の意見」からの引用では、( )内に回答者の名前を記す。
(18) 松本和也「明治四十二年・発禁をめぐる〈文学〉の再編成――小栗風葉「姉の妹」を視座として」(『日本文学』第五二巻六号、二〇〇三年六月)は、『中央公論』附録に批判的な言説をも視野に含めて、両者が〈文学/社会・道徳〉の分割を遂行的に実現し、芸術と社会との双方向で〈文学〉に象徴的価値を備給するパフォーマンスになっていると論じている。本稿は、松本の指摘に基本的に同意しつつ、〈文学〉と〈社会・道徳〉の関連性が〈文学〉の内実にどのような力として作用しているかに関心を持っている。

(19) 中山昭彦、前掲論文。

(20) 齋藤昌三『現代筆禍文献大年表』には筆禍文献として「祝盃」が記録されているが、「祝盃」が少なくともこの時点で重大な処分の対象となっていたとは考えにくい。

(21) ジェイ・ルービン、前掲書、一六九頁。

(22) 本文の引用は岩波書店版『荷風全集』第六巻（一九九二年）による。

(23) ジェイ・ルービン、前掲書、一六九頁。

(24) 同、一六九—一七〇頁。

(25) ジェイ・ルービン（同、一七一頁）は「最初の折にこの作品を見過ごした帳尻あわせ」のために発禁になったことは「まず間違いない」としている。

(26) この部分の「恋ざめ」についての分析は、以下の論文の記述と一部重複する。金子明雄「空白の描写力——小栗風葉『恋ざめ』をめぐって」（学燈社『国文学』第四七巻九号、二〇〇二年七月臨時増刊号）。

(27) 連載期間は一九〇七年一一月一八日—一九〇八年一月四日。

(28) 初刊本の一二章以降。

(29) 代表的名作選集第一五編『恋ざめ』（新潮社、一九一五年）。

(30) 牧義之「永井荷風の検閲意識——発禁関連言説の点検と『つゆのあとさき』本文の分析から」（『中京国文学』第三一号、二〇一二年三月）は、荷風の検閲意識の特異性を抽出する試みであるが、本稿の興味が同時代の文学者と共通する部分にあることは言うまでもない。ただし、「つゆのあとさき」の表現に窺える荷風の表現意識は、少し後の時期のこととはいえ、検閲を通した文学表現の成型を考える上で興味深い問題である。「つゆのあとさき」の本文については、中島国彦「永井荷風「つゆのあとさき」の本文と検閲」（鈴木登美ほか編『検閲・メディア・文学——江戸から戦後まで』新曜社、二〇一二年）にも詳細な分析がある。

(31) 島村抱月「序文」（小栗風葉『風葉集』新潮社、一九〇八年六月）。

（32）「発売禁止問題」（『太陽』一九〇九年七月）。

（33）風俗壊乱と認定されることの不名誉については、日比嘉高「「モデル問題」の発生　内田魯庵『破垣』」（学燈社『国文学』第四七巻九号、二〇〇二年七月臨時増刊号）が既に関心を示している。

（34）『風俗壊乱雑誌』一九三二年一月。

植民地のセクシュアリティと検閲

李恵鈴《イヘリョン》
翻訳：和田圭弘

1　植民地朝鮮人はポルノグラフィの制作者たりえたのか？

「米の出る田は新作路《シンジャンノ》になって、弁が立つ奴は監獄に行って、煙管はたく老人は共同墓地に行って、器量いい女は遊郭に行って[1]」。植民地期の朝鮮人たちが歌っていた民謡の一節だ。この民謡は、植民地化の過程が新作路〔新設された道路を意味する一般名詞であるとともに、日本が朝鮮植民地支配の過程で行なった道路整備事業を想起させる言葉—訳注〕、監獄、共同墓地、遊郭といった日本の近代的制度を移植する過程であり、植民地化がジェンダー、世代、学力を問わず生の企図を揺るがすほどに生活世界を転変させたことを示している。これらのうち遊郭は新作路や監獄よりも先に朝鮮へと入ってきたもので、日本帝国主義の軍事的占領を維持するための実際的な機構であるとともに、植民地化の表象だった。「軍隊より常に一歩先んじて」朝鮮半島にやってきたのは「売淫婦」たちだった[2]。植民地朝鮮において「風俗壊乱」という用語は、検閲標準として使用される前の一八八五年に、日本政府が朝鮮に流入する「売淫婦」と関連業者たちを取り締まるための規定として登場した[3]。

在朝日本人および軍人のための「売淫業」は、開港初期には不法とされたり地域上の制限を受けたりしていたが、それを合法化し集娼方式を取ることにしたのが公娼制であり、「遊郭」はそうした公娼制の換喩であった。植民地化の過程とは植民者と軍隊のために公娼を導入する過程でもあって、先述の民謡はそこに朝鮮人女性が巻き込まれているのである。実際のところ、売春を核心とする性産業は、公娼ばかりでなく私娼やカフェの登場によって日増しに活況を呈していった。廃娼議論により公娼である遊郭を運営する貸し座敷業者は次第にその数を減らす一方で、娼妓、芸妓、酌婦、カフェ女給といった接客業女性における朝鮮人女性の比重は絶えず増加していった。この過程で朝鮮人男性の貸し座敷利用もまた増えたが、貸し座敷の顧客として比率の上で圧倒的に大きな比重を占めていたのは依然として日本人男性であった。彼らは本土日本の男性が消費する平均費用の二倍近い金額を使っていたという。[4]ここでは、遊郭とは軍事主義的暴力と猥褻が一体化された空間であり、植民地社会の二元的性格をもっとも鋭くジェンダー的、性的階序制の空間として曝け出した植民地の換喩なのだと、あらためて強調したいわけではない。本稿の主張は簡明である。植民地朝鮮はいよいよ性愛化（eroticized）されていったが、植民地朝鮮においてセクシュアリティは思想と政治的ビジョン以上に表現されがたい領域だった。本稿は植民地のセクシュアリティの性格を植民地検閲の様相を通して再認識するために執筆された。

植民地朝鮮にも日本から入ってきた性関連書籍とポルノ写真が流通する出版物市場は存在した。[5]千政煥《チョンジョンファン》は『東亜日報』に掲載された書籍広告の推移（一九二〇―一九二八年）を検討し、日本や諸外国から移輸入された性関連書籍とポルノ写真の類が植民地朝鮮の近代的視覚を成立、促進させたと主張している。千政煥によれば、李光洙《イグァンス》の『無情』のような有名な小説にあらわれる性的表現は、そうした移輸入出版物によって形成された読者たちの窃視症的な視覚欲望と、権力当局の規制を同時に充足させる限界内で成り立っていた。[6]植民地朝鮮における美術検閲を全般的に考察した鄭馨民《チョンヒョンミン》は、検閲当局が日本で制作された煽情性の高い浮世絵や裸体画が朝鮮へ移入されるのを徹底して防いだにもかかわらず根絶するまでには至らず、その影響は植民地朝鮮の画家たちの画風にあらわれたと指摘している。[7]ポルノグラフィを輸入して流通させたり、自ら制作したり、それに刺激されて実際に性犯罪を起こしたりする植民地の「エロ青年」も誕生した。[8]これらの研究は、日本から入ってきたピンク出版物〔ピンクは日本同様に韓国でも猥褻を意味して用いられる色である―訳注〕が他の近代文化と同様に植民地朝鮮人たちにも接近可能なものであり、植民地朝鮮の文化全般に少なからぬ影響を及ぼしたであろうことを示唆している。しかし植民地朝鮮におけるセクシュアリティ表現の限界がいかなるものであったかについては充分には語ってくれない。

他方、「風俗壊乱」検閲を包括する範疇として「風俗統制」についての研究を進めた権明娥《クォンミョンア》は、風俗統制は当初から買売春と「風俗営業」ならびに浮浪者・失業者・無縁故者といった経済的・社会的不安勢力にたいする統制および監視、成人男性の娯楽にたいする管理、(保護の対象となるべき)女性と未成年の隔離および管理を基盤としていたのであって、「風俗検閲」も同様に、こうした過程を通じての主体構成およびそれへの管理と統制の力学において検討すべきだと主張した[9]。

とはいえ、「風俗壊乱」の「検閲」について理解することが、それ自体としての重要性を減ずることになるわけではない。風俗統制にはその対象と行為の範囲が広範で偶然的だという特徴があるとすれば、風俗壊乱検閲の際立った特徴はセクシュアリティのメディア的表現とその表現物の流通・享有に関連したものだからである[10]。加えて検閲は、近代文化に基盤した主体の権利と、それへの権力の作用の過程で成立する。すなわち、検閲体制とは、出版物が仲介する、近代の知的財産の所有権者としての法律的地位を、朝鮮人たちにも保障するという前提の下でのみ機能するという事実も考慮に入れられねばならない[11]。被検閲者として、植民地人たちは読者であるのみならず著者を含むテクストの生産者ないし責任者になりうる潜在的存在とみなされたという事実を考慮すると、風俗壊乱の検閲の様相はいっそう興味深い。日本から入ってくるものを読み、見て、聞くことができるなかで[12]、それを実際にわが身をもって再現する「桃色遊戯」に嵌り込んだ「エロ青年」への取締りも少なくなかった。だが、植民地朝鮮人たちはポルノグラフィの制作者たりえたのだろうか?

もちろん、こうした推定には疑義が提起される余地がある。何が淫乱物であるかを決定することほど、主観的で、その基準が時空間に応じて甚だしく変動するものも少ないだろう。だが、一九二〇年代になると、ポルノグラフィは、まるであらゆる国家が共同で対処すべき識別可能な犯罪者であるかのように取り扱われた。国際連盟が提唱した国際的猥褻刊行物の取締りに日本政府が呼応し、総督府からも外事、文書、図書、保安各課との協議後に外事課長が近々東京を訪問することになったと報じる一九二七年の新聞記事は[13]、そのことを示唆している。すなわち、いかなるものがポルノグラフィの典型であるかについて少なくとも、日本を含め、ヨーロッパの圏域であった国際連盟に加入している国家の警察当局には理解があったし、そうでない場合はその基準を世界的趨勢に合わせて立てておかねばならなかったのである。

本稿の次節以下で検討しているように、植民地朝鮮人たちが植民地警察の取締り対象となるほどのポルノグラフィを制作することは稀だった。なぜだったろう？　筆者に完全な答えが見出せるとは思えない。ただ、ここで、植民地朝鮮の検閲記録が見せる「不在」または「空白」を浮き彫りにする過程で、筆者には別の何かが見えてきたように思う。それは、ピンク出版物の受容によって形成された植民地朝鮮の「エロ・グロ」[14]文化とともに、同時代的に創作された小説のセクシュアリティをめぐる語りの構図についての再認識が必要だという事実である。ここでモダニスト李箱《イサン》の文学と生がとりわけ吟味の対象となるだろう。短篇「翼」（一九三六年）で性的不能（impotence）の状態のときには遊郭である家のなかに閉ざされ、正常な身でとなると今度は家に戻れなくなり、街路に幽閉されることとなった李箱のペルソナは、植民地のセクシュアリティの逆説であった。彼は東京の街路で不審検問を受け、不逞鮮人として死に至ったことにより、植民地‐帝国の「グロテスク」を完成した。

2　植民地における「風俗壊乱」検閲の推移

鄭根植《チョングンシク》は、植民地朝鮮における検閲標準の形成過程を、「例挙主義」方式による検閲事例の羅列とその累積から一種の標準が成立していく過程とみた。植民地朝鮮における検閲で「風俗ヲ壊乱スル虞アル記事」という項目と事例が初めて登場するのは、一九二六年四月に図書課が出現してから発刊された『新聞紙要覧』（一九二七年）においてのことである。一九二七年度の検閲事例までを包含した『新聞紙出版物要項』（一九二八年）は、植民地検閲の特殊性にもとづきつつも、内容と形式の上では、日本帝国が立てた検閲の標準化へとますます踏み込んでいる。『新聞紙出版物要項』では実際の行政処分の対象として「猥褻乱倫残忍其他風俗ヲ害スル記事」という項目が提示され、治安妨害、風俗壊乱という検閲基準の大分類が植民地朝鮮の検閲においても実際化されたことを示している。[15] 出版物関連の行政処分の記録として一九二八年一〇月から発刊された『朝鮮出版警察月報』(以下、『月報』)の行政処分件数表が、「治安妨害」と並んで「風俗壊乱」によって構造化されたのも、そうした実際化の流れのなかでのことだろう。しかし、治安妨害と同じ分類形式――行政処分の程度(差押え/削除/注意)、そして「差押」の場合は発行地別(朝鮮内/移輸入)――が風俗壊乱の項目にも反映されたのは、一九三三年一〇月分の検閲記録を載せた『月報』六二号(一九三三年一一月)からである。[16] また、風俗壊乱の検閲標準が事例としてではなく項目として体系化され提示されるのは、一九三六年度の図書課年報(『朝鮮出版警察概要』)からである。[17] このように印刷出版物に対する検閲とその記録が体系化される過程と並行して、一九二六年七月の「活動写真「フィルム」検閲規則」を受けて、多くの映画から抱擁とキスのシーンが「切除処分」される運びとなり、[18] 一九三三年六月一五日の「蓄音機「レコード」取締規則」により、多くの音盤が「風俗壊乱」を理由に販売および街頭での再生演奏を禁じられた。[19]

ところで、植民地朝鮮での検閲は、植民地朝鮮内における朝鮮人による出版物と行為に関する出版法/新聞紙法と、在朝日本人と外国人、そして移・輸入出版物を取り締まる出版規則/新聞紙規則に二元化されていた。植民地朝鮮での検閲の推移と性格、そして、それが規定した植民地朝鮮の出版文化の性格は、こうした二元化された体系の効果のなかで決定された。この二元性が出版物という独特なモノの性格と結び合わさって、その生産と流通を管理する場の複雑さを惹起した。というのも、検閲当局としては単純に適用法規別に検閲結果を整理するだけでなく、出版物の素性の記述(発行地、発行人、使用文字)という項目からなる統計表を考案し、それらの多様な組合わせを考慮する必要があったからである。人の移動よりも本の移動のほうが、いっそう頭の痛い問題であったのである。帝国日本は領土的に拡張したが、日本本土(内地)と植民地、満州国などに領土的、人口的な同質性を保証することはできなかった。治安維持法(一九二五年)の公布以後、一九二〇年代中盤ないし後半から始まった朝鮮と日本の社会主義運動は、大々的な検挙旋風によって一九三〇年代初頭にはすでに鎮静化の局面に入っていたが、満州国の成立による日本帝国の領土的拡張は、帝国圏域の安定化のための、日本—朝鮮—満州を結ぶ、さらに一心不乱な思想統制システムの樹立を要請していた。そのため一九三三、三四年頃、植民地朝鮮の検閲当局は出版物管理法規の統一、ひいては日本—朝鮮—満州を一貫する統一的な出版物検閲指針の準備に期待をかけていたものと思われる。[20]

しかし、これは実現されるべくもなかった。なぜなら、植民地支配は帝国—植民地間の知的・文化的格差という帝国の想像的前提を支配の政策と過程のなかに絶えず実定化し、その格差を維持・深化させることによって成し遂げられるからである。「植民地」は領土と人口、法の次元で日本帝国の非同質的な内部であり、そうした理由から外部として設定されるほかなかった。実際の反植民地蜂起だけでなく、この前提と格差を否認する様々な抵抗勢力の形成を遮断するために、植民地の検閲体制は稼働した。その結果あらわれた植民地朝鮮での検閲の特性のひとつが、「治安妨害」による行政処分が圧倒的な比重を占めていたことだといえるだろう。「風俗壊乱」は、ある意味では微々たるものだった。

では、ここで植民地朝鮮での検閲における「風俗壊乱」の推移と比重を「治安妨害」と比較して検討してみよう。『月報』にある統計表から「出版物行政処分件数表」と「新聞紙行政処分件数表」を用いて、その推移を再構成したものが表1、表2である。[21]

二つの表から朝鮮人発行物への行政処分の件数と比率を見てみると、出版法／新聞紙法の治安が七四一一件、出版法／新聞紙法の風俗が九七件で治安：風俗の比率は九八・七％：一・三％となる。朝鮮内の日本人および外国人、移輸入出版物の場合は出版規則／新聞紙規則の治安が三万二六〇九件、出版規則／新聞紙規則の風俗が二七〇四件で治安：風俗は九二・三％：七・六五％である。植民地朝鮮内で行政処分された出版物を総合すると、治安：風俗は九三・四四％：六・五四％である。植民地朝鮮内の出版物の場合、治安妨害による行政処分が圧倒的であった。風俗壊乱のみに目を向けてみると、風俗壊乱での行政処分全二八〇三件のうち、朝鮮内の朝鮮人発行物の場合（出版法／新聞紙法）は九七件で全体の三・四％であり、出版規則／新聞紙規則は二七〇六件で約九七％を占める。つまり、朝鮮内の朝鮮人による出版物が風俗壊乱で行政処分された比率は、風俗壊乱を理由とする検閲全体の三％に

表 1　出版法／出版規則の行政処分件数および比率

区分	出版法治安		出版法風俗		出版規則治安		出版規則風俗		計	
	件数	比率	件数	比率	件数	比率	件数	比率	件数	比率
28年	149	27%	1	0%	347	64%	45	8%	542	100%
29年	310	18%	0	0%	1295	76%	104	6%	1709	100%
30年	291	17%	1	0%	1367	78%	86	5%	1745	100%
31年	466	32%	0	0%	951	64%	58	4%	1475	100%
32年	847	41%	0	0%	1182	57%	51%	2%	2080	100%
33年	676	33%	3	0%	1204	59%	142	7%	2025	100%
34年	664	38%	14	1%	936	53%	147	8%	1761	100%
35年	718	44%	31	2%	731	44%	166	10%	1646	100%
36年	568	36%	16	1%	894	56%	107	7%	1585	100%
37年	490	41%	15	1%	596	50%	96	8%	1197	100%
38年	455	23%	6	0%	1406	71%	116	6%	1983	100%
計	5634	32%	87	0%	10909	61%	1118	6%	17748	100%

表 2　新聞紙法／新聞紙規則の行政処分件数および比率

区分	新聞紙法治安		新聞紙法風俗		新聞紙規則治安		新聞紙規則風俗		計	
	件数	比率	件数	比率	件数	比率	件数	比率	件数	比率
28年	48	15%	0	0%	235	84%	3	1%	281	100%
29年	139	5%	0	0%	2513	94%	35	1%	2687	100%
30年	130	15%	0	0%	722	85%	1	0%	853	100%
31年	195	6%	0	0%	2877	93%	7	0%	3079	100%
32年	254	6%	0	0%	3789	93%	13	0%	4056	100%
33年	290	10%	0	0%	2390	86%	92	3%	2772	100%
34年	262	12%	3	0%	1538	70%	400	18%	2203	100%
35年	147	11%	1	0%	798	61%	356	27%	1302	100%
36年	145	6%	3	0%	1814	75%	452	19%	2414	100%
37年	53	2%	3	0%	2198	93%	109	5%	2363	100%
38年	119	4%	0	0%	2826	92%	118	4%	3063	100%
計	1777	7%	10	0%	21700	87%	1586	6%	25073	100%

過ぎない。新聞紙規則の場合は一九三三―三六年の間での高まりが目立つとともに、出版規則の場合もそうであるが、『月報』の発刊から一九三〇年代中盤まで風俗壊乱での行政処分件数は他の法規に比べれば平坦な分布をしていることがわかる。朝鮮人による出版物の場合、風俗壊乱での行政処分の比重は規模においては小さいが、そのピークの時期（一九三三―三六）が一致しているということに照らせば、出版規則／新聞紙規則の推移との強い連動性を示しているという判断が可能である。これは移輸入出版物が圧倒的に大きな比重を占めているということとも関連がある。[22]

『月報』六二号（一九三三年一〇月分）の目次には「風俗壊乱広告取締標準ノ追加」「削除処分ニ付シタル風俗関連記事、挿画」（現存する『月報』では両方とも目次への記載が確認できるのみで内容が欠落している）が、『月報』六九号（一九三四年五月分）には「邦文出版物差押記事要旨（風俗）」が特別に掲載されている。これは、この頃に日本から入ってくる「風俗壊乱」関連出版物の増加と、それへの検閲当局の関心を示している。特に一九三三―三六年の、出版規則と新聞紙規則のどちらにもあらわれる風俗壊乱による行政処分件数の爆発的増加は、「不良広告」の激増と関連していたものと思われる。当時のハングル民間新聞の記事は、新聞や雑誌などに掲載される不良広告に関して警察部長会議が持たれたことや、警務局が「家庭と社会への悪影響」を考慮して不良広告の厳重取締りを各道に通牒するに至ったことを報道している。問題となった不良広告は大方が日本から来たものであると付言することを、ハングル民間紙の記者は忘れなかった。[23] 出版規則／新聞紙規則の行政処分のうちで唯一、朝鮮内／移輸入という発行地別分類が適用される「差押」[24]の統計に目を向けると、「風俗壊乱」移輸入出版物が朝鮮へと殺到した現象を確認することができる。風俗壊乱の発行地別分類は一九三三年一〇月分の六二号から登場した。現在のところ最終号と推定されている一二三号（一九三八年一一月分）までに風俗関連で「差押」処分を受けた出版物件数を見ると、出版規則の場合は朝鮮内が九六件／移輸入が四六〇件であり、新聞紙規則の場合は朝鮮内が四四件／移輸入が一二〇四件である。

「風俗壊乱」の検閲は、図書課の設置および膨大な検閲記録の作成などによって朝鮮出版警察の体系化が進捗し

表3 『朝鮮総督府禁止単行本目録』(1941年)中，1930年に風俗壊乱で処分された日本語単行本目録

題　号	著者または編集者名	発行地(出版社)	発行年月日	処分年月日
妊娠調節の方法	宮川満子	東京　産調社		1930年1月18日
艶姿浮世絵	榎本進一郎	大阪	1930年2月10日	1930年2月10日
避妊法	岡本豊吉	横浜　人倫社		1930年2月10日
絵入版露西亜大革命史		東京　南蛮書房		1930年3月5日
夜		東京　平凡社		1930年3月5日
あこがれ	高階潤月	東京	1930年3月11日	1930年3月17日
浮世絵の表情美	桐澤利雄	東京		1930年3月17日
産児調節の実際	足達三郎	神奈川		1930年3月17日
刑罰及変態性慾写真集	杉山清太郎	東京		1930年3月20日
或る私娼との経験	下村千秋	東京　天人社	1930年3月28日	1930年3月31日
産児制限評論		東京	1930年4月3日	1990年4月4日
談性	佐藤紅霞	東京		1930年5月3日
艶道戯文集	妙色庵主人			1930年5月6日
肉体の悪魔	ナミ，タツオ	東京　アルス社		1930年5月15日
猟奇風俗の向脛	長河龍夫	赤爐閣書房		1930年5月17日
貞操の洗濯場	野澤廣	東京		1930年5月21日
カクテル漫画漫文		東京	1930年6月1日	1930年5月26日
回春秘話		東京		1930年6月12日
享楽文芸資料	福井越人	東京		1930年6月13日
恋百態	林元才			1930年6月14日
アメリカ　モボモガ性の跳躍	ロバート・エスカアシヨネン	東京	1930年3月28日	1930年6月19日
盛岡猥談集				1930年6月24日
画譜一千一夜物語	矢野源一	東京	1929年10月15日	1930年7月10日／9月10日
浮世絵風俗濃艶画集	山下関一	東京		1930年7月11日
月経閉止と独乙式定経器に就いて	哀川光子	東京		1930年7月15日
軟派精神	伏原観三	東京		1930年7月15日
妊娠秘訣集	安藤ユキエ	山梨		1930年7月15日
怪奇変態処女解剖	春海亮	中村書店		1930年8月30日
欧米女見物	伊藤三郎	東京		1930年9月7日

結婚愛	比原鐵雄	東京	1930年9月10日	1930年9月7日
淫蕩時代	田澤菊二郎	東京　叢文閣	1930年7月15日	1930年9月10日
KISS　通信教授接吻学		東京　東堂書店	1930年7月15日	1930年9月10日
恋愛無政府	大木原雄	アルス社	1930年6月29日	1930年9月10日
犯罪現物写真集	杉山清太郎	東京	1930年8月20日／9月30日	1930年9月20日／10月7日
ビューティ，スポット			1930年9月25日	1930年9月26日
絵入好色五人女（全五冊））	神谷鶴	東京	1930年8月5日	1930年10月7日
絵入好色一大女(全六冊)	同上	同上	1930年8月7日	1930年10月7日
絵入好色一大男(全八冊)	同上	同上	1926年9月25日	1930年10月7日
エロ	小沢清麿	東京	1930年10月1日	1930年10月7日
補選デカメロン		東京　新潮社		1930年10月25日
完全なる夫婦		東京　平野書房		1930年11月1日
エロの和歌山		東京		1930年11月6日
緑の伝書鳩	蔡丙錫	大東社出版部		1930年11月7日
現代実話書おろし情怨暴露	磯辺眞壽造	洋洋社		1930年11月19日
パリーのどん底（世界猟奇全集四）	高橋國太郎（訳）	東京　平凡社		1930年11月20日
女給日記	水谷絹子	金星堂		1930年11月21日
愛の契		東京　近代書房		1930年11月24日
エロエロ草紙		東京　竹酔書店	1930年11月30日	1930年12月3日
巴里・上海エロ大市場		法令館		1930年12月8日
趣味の生体科学	竹村文祥	誠文堂		1930年12月10日
国際恋愛歓楽境ホンモクホテル		花柳通信社		1930年12月18日
エロエロ東京娘百景	壹岐はる子	誠文堂		1930年12月20日
女ばかりの衛生	菱刈實雄	誠文堂		1930年12月23日

た時期に本格化した。[25] 出版警察の体系化は、帝国日本において治安維持法の公布（一九二五年）と一九二八年の三・一五事件を契機に思想検査制度の導入といった思想統制システムの拡張ないし強化が進められるのと時を同じくしてなされた。[26] この時期は資本主義的な都市・メディア文化の進展とともに大衆社会が到来していた時期でもある。日本で『グロテスク』[27] のような雑誌が出版された一九二〇年代末から一九三〇年代序盤はエロ・グロ・ナンセンス文化が絶頂に達した頃だった。[28] 風俗壊乱を理由に朝鮮出版警察によって禁止処分を受ける移入出版物がピークを迎えたのは一九三〇年だった。表3は、一九二八年一〇月から一九四一年一月三一日までに行政処分に付した単行本の目録を収録した『朝鮮総督府禁止単行本目録』（一九四一年）から、一九三〇年に同理由で発売禁止処分を受けた単行本を整理したものである。日本語単行本にたいする風俗壊乱による処分件数はおよそ三六〇件で、処分件数がもっとも多かった一九三〇年には五三点の書籍に五五件の処分が下された。『朝鮮総督府禁止単行本目録』は出版物の題号を日本語式の五十音順に並べ、当時の国文つまり日本文編を先に掲載してから、次いで「朝鮮文・支那文」編の被処分図書目録を提示している。該当出版物は題号、著者または編集者名、発行年月日、発行地、処分年月日、処分理由（治安／風俗）が記述された。表3はそれに準じて作成したが、処分時期が早いものから並べている。

表3を見ると該当出版物の発行地はほとんど東京である。発行時期が記述された出版物を見ると、朝鮮で発売禁止された行政処分時期と大きな時差はないということがわかる。これは、これらの書籍が出版と同時に植民地朝鮮の出版市場に進出しようとしたことを示している。エロ・グロ文化が同時的でありえたことの基盤のひとつは、帝国日本の出版物が同時的流通だったことにある。

他方、エロ・グロ文化の同時性の背景には、「思想問題」の退潮があっただろうことも類推されうる。丸山眞男は、文化的に、そして社会運動と政治において画期的な事件が相次いでいたこの時期に、大学生の子を持つ父母の脳裏を離れない二つの心配事は、子どもたちがエロ・グロ・ナンセンスの雰囲気にはまりモガ・モボの流行に合流するのではないだろうか、または「危険思想」に感染するのではないかということであったと述べている。しかし付言して、この時期は、軽薄さと体制転覆的な雰囲気が一かたまりになったまま、そのどちらも「逸脱」の形態という共通性を持った明治末期とは異なり、「モガ・モボ」からモダニズムまでのあらゆるものに付けられた「モダン」(modern)は逸脱とは別の形態であって、しばしば「左傾」とは対立的な意味であったことを強調する。いわゆる「思想問題」というのは教育当局が見ても憂慮するほどの状況ではなかったのだが、それは、明治末期の体制転覆的な類型の後裔であった夥しい数の左傾学生たちが帝国日本の「模範青年」へと変貌したことが調査されたからであった。ところが、父母、そして甚だしくは教師たちでさえもが、二者択一を迫られるのなら、自分たちの子どもや生徒たちが「レッド」、つまりアカとなるよりは、むしろ性的快楽への耽溺を意味する「ピンク」、モモイロとなる方がましだと考えたというのである。[29]

だが、果たして植民地朝鮮のマルクス・ボーイたちにはピンク・ボーイへと転身する術があったのか? この問いは、「治安妨害」に比べれば非常に微々たる「風俗壊乱」での検閲の記録をいかにして植民地の思想と知識の表現の問題と関連づけて表現しうるか、それが示唆する植民地のセクシュアリティの性格とは何であるかについての問いでもある。

3 不在のエロティシズム、街路に閉ざされた李箱、あるいは不逞鮮人

日本とほとんど同時代的に、一九二〇年代末から植民地朝鮮に流入した「エロ・グロ・ナンセンス」は、資本主義的な都市文化の爛熟と知識人たちの非政治化という当時の日本の状況と類似した状況が植民地朝鮮でも展開するなかで導入されたものである。その流入が植民地朝鮮人たちにとっては自らを日本より劣等な存在として認識させるよう作動する「文化的植民地化」の機能を果たしたという主張[30]もまた、説得力のないものではない。「天使の興行は人目を惹く/人々は天使の貞操の面影を留めると云はれる原色写真版のエハガキを買ふ」[31]という詩句に捉えられた都市の街路の風景、遊郭とカフェ、女給を、自身の文学的テーマとしてだけでなく、生として生きたモダニス

ト李箱の登場は、エロ・グロ文化の植民地占領を身をもって証明してくれるかのようである。

だが、植民地朝鮮においてのエロ・グロは、政治的閉塞の雰囲気と多様な性の商品化を要諦とする近代都市文化の爛熟という条件のなかで、植民地都市の被植民知識人たちが入り込むことのできた文化、あるいは購入可能な商品の実際であると速断することはできない。植民地朝鮮のモダニズムがルンペンへと転落した貧しい知識人をペルソナに据えていたことを想起するならば、エロ・グロ・ナンセンスはむしろ、「エロ」「グロ」「ナンセンス」という用語の翻訳を先行させ、次いでその典型的素材を知覚し、変形し、移植するメディアの構成物でもあったということが、まずは考慮されるべきである。

その代表的な例である『別乾坤』は、『開闢』の廃刊以後、同じ発行主体たちが『開闢』の主要寄稿者であった社会主義の執筆陣と絶縁し、資本主義的大衆文化との接続を意味する「趣味」を打ち立てて、「意識的な」軟派化、あるいは軟性化を標榜して創刊された雑誌であった。『開闢』の廃刊（一九二六年）は三・一運動以後の植民地朝鮮人たちにとって、時事と政治を扱うことのできる媒体の発刊を許容した「文化政治」の終焉を意味する出来事であった。[32] 以後、『東亜日報』や『朝鮮日報』といったハングル民間紙は、社会主義者たちを記者職から解雇し、文芸面の増面が広告の増面のために企画されるなど、新聞メディアの産業化を本格推進するようになる。そうした紙面を埋めたのは、演劇に映画、蓄音機レコードのような新しいメディアの魅惑であった。これらのメディアの制作と消費をめぐる動静や、カフェに遊郭、百貨店、興行場といった多様な方式の性の商品化を基盤とする都市消費文化の現象が進捗していた京城の状況を、「エロ」「グロ」「ナンセンス」という様式化されたコードで再構成し、紙面を埋めたのである。最近の研究も、やはりこうした分類に依拠して議論を進めている。[33] イギョンドン 이경동 とソレソプ 소래섭 は、エロ・グロ・ナンセンス文化の受容には当然、受容を可能にする土着の条件があったことを指摘している。すなわち、モダン都市の物語は、『怪奇』や『野談』のような媒体が見せた復古趣味や昔話の様式の風靡と前後する同時的な現象であるとともに、ある程度はそれに依拠して賑わっていたことが特徴的だとしている。[34] こうした説とは少し異なり、金ジヨン 김지영 はエロ・グロ文化の受容がもたらした変化を指摘している。一九二

〇年代中盤には生活改善と意識の転換を促す啓蒙のために悪習や弊習を形容していた「怪奇」という言葉は、崔南《チェナム》善《ソン》の『怪奇』に至ると、エロ・グロ・ナンセンス文化の流入とともに、興味と好奇心を呼び起こす記号、残酷で煽情的な物語を指す記号へと転化されたと主張している。ともあれ、これらの研究がいずれも同意しているところは、エロ・グロ・ナンセンス文化が植民地朝鮮でも受容され隆盛したという事実である。

こうして考えてみると、上述した検閲記録は「風俗壊乱」で処分された朝鮮人の出版物が微々たる量であったことを示してはいるが、溢れるように流入した日本の淫乱書籍があらわすように、ピンク文化との絶対的な隔離を物語るものではない。また、ピンク出版物の制作に植民地朝鮮人たちが全く関心を持たなかったと証明してくれるものでもない。むしろセクシュアリティをテーマとした「テクスト」は、ひところ隆盛した。文学や映画テクストにあらわれる「春」と「鐘声」と「子どもたちの行進」にかかわる表現を、朝鮮独立や階級の団結を象徴するものだと過敏に受け止めて「治安妨害」処分を乱発していた植民地の検閲当局にとって、「風俗」問題については意外に寛大であったことを示すのではないか？　エロ・グロ・ナンセンス文化は「非政治化」と「文化的植民地化過程」の一環として、植民地権力によって、それとなく黙認されていたのではないか？

しかし、このような媒体の軟派化と並んで、次の現象を理解しないではこれらの媒体が伝える都市モダニティによって植民地朝鮮の歴史的文化的な実際を誤認しうるということを注意しておきたい。全国的な組織網を有した団体や社会主義運動および民族主義運動の諸力を結集させるネットワーク化の役割を果たした『開闢』のような合法的媒体の存在がもはや不可能となった事情と並行して、学生たちの読書会、赤色農民組合・労働組合運動などの大衆運動は高潮を続けていた[35]。一九二〇年代末から一九三〇年代前半期には、文化研究や文学史的研究が示す現象とは別に治安維持法による被検挙人が持続的に増加していたが[36]、その理由はここにあった。「大衆」は決して、資本主義的都市の消費文化にたいする潜在的購買力を有した大衆としてのみ重視されたのではなかった。「農民」の獲得をめぐる植民地権力、民族主義と社会主義運動勢力の競合が示すように、大衆があらゆる勢力にとって包摂し獲得すべき暫定的な存在としてようやく認識されだしたのもこの時期であり、植民地朝鮮においてその圧倒的多数は農村の農民であった。媒体の軟性化が植民地当局によって誘導され、それと変わらぬ程度に媒体の発刊者たちによってカフェと遊郭と活動写真《キノ》と百貨店とモダン・ガールが意図的、意識的に選択されたという事態は、いっそう多くの同胞たちが監獄へと向かっていく現実が忘却されたことを直ちに意味するわけではない。

崔曙海の小説「血痕」（一九二六年）の主人公は「私の前に道は二つしかない。革命か？　恋愛か？　これだけだ。極度の反逆でなければ、極度の恋愛のなかに埋もれたい」と述べながら、しかし間髪入れずに「私には恋愛がない。あるにはあるが、それは買わねばならない。私は恋愛を買おうとは思わない。だから私には反逆だけだ(37)」と重ねなければならなかった。権ボドゥレが描破した、二〇年代初頭、改良と改造の一実践として謳歌されていた「恋愛の時代(38)」は、いくらも経たぬうちに貨幣との交換可能性、すなわち購買力の問題に帰着してしまった。女学校出身の新女性がカフェ女給のモダン・ガールへと転ずる状況は、すでに予告されていたのである。玄鎮健《ヒョンジンゴン》の「故郷」の主人公は少し別の次元で、淡々と受け入れねばならないほどに簡潔になった現実を民謡に唄った。「米の出る田は新作路になって、弁が立つ奴は監獄に行って、煙管はたく老人は共同墓地に行って、器量いい女は遊郭に行って(39)」。新作路と監獄、そしてしばしば忘れられることもあったが、共同墓地と遊郭も、植民地を全体化された体系として作り上げるための骨組みに使われた舶来品だったのである。それらは被植民者が生の局限で出会うものの一部であり、このことが植民地的な物語の想像から離れたことはなかった。

こうしたとき、性的快楽への耽溺とは、現在の自身の生の物語ではない異国的なものや昔日のものである場合にのみ、そして「スキャンダル」のような懲罰の形式を伴う場合にのみ表現されうる領域だったのではないだろうか？　そうでなければ、風紀紊乱の取締りに乗り出した植民地権力の風俗統制や思想統制のキャンペーンに混同されたり重ねられたりする規範に凭れねばならなかった。

韓基亭《ハンキヒョン》は本書に収録されている「「法域」と「文域」」という論文で、検閲を媒介し作動する知的・文化的格差ないし間隙がテクスト表現の領域で実現される現象を、「法域」と「文域」という概念を用いて提示した。「文域」とは各法域で許容される叙述可能性の臨界を意味しており、「諸法域」のあいだの非対称性、間隙において生成される表現力、表現様式の差異を空間のイメージで示したものである。「文域」は、一次的には法的、制度的な差異によって形成されるが、これを利用して植民地を有力な出版市場にしようという帝国の出版資本の利害関係を充足させながら維持されてもいた、と韓は主張している。植民地の出版市場とは、このように、植民地の「表現」と「認識」の臨界を超えようという被植民地の欲望が移輸入出版物の購買へと転換される二重出版市場であり、この二重性が再び植民地の「文域」を実定化する機能を持っていた。筆者にしてみれば「文域」という概念は、法的、制度的次元で形作られた植民地的差別が植民地原住民の自己表現へと反射される事態を指示するものとも理解できる。そのうえで、植民地‐帝国の「文域」の非対称性は、あらゆる出版物の潜在的な大分類である「治安妨害」よりも「風俗壊乱」において、より甚だしかったと判断している。つまり、アカとなることよりはピンクとなることのほうが、いや、より正確には、ピンクの生をそれ自体として意味化し正当化する物語や表現を創出することのほうが、いっそう難しかった。赤裸裸な表現を了解してもらえるなら、没入あるいはオーガズムの瞬間は分節されたり自律化されたりすることが適わなかったのである。

筆者は廉想渉《ヨムサンソプ》の『狂奔』（一九二九年）を取り上げて、この小説の主人公ともいえる赤い蝶ネクタイ――「アカネ」を団員たちのトレードマークとする劇団「赤星団」が、男を犯罪と死に追いやった淫奔なボヘミア人女の物語である『カルメン』を上演するという設定に注目したことがある。ブルジョアの令嬢で声楽家であり自由恋愛の実践家である閔璟玉《ミンキョンオク》がカルメンに扮する。(40) 赤いリボンを靴に掛けたカルメンに扮したモダン・ガール。赤星団とモダン・ガール、この人たちはアカだったのか、ピンクだったのか？

風俗壊乱のおそれのある大衆文化と出版物が氾濫する一方で、あちこちで植民地権力との摩擦により検挙される人々が漸増していた時期に、韓国近代文学史の主要な長編小説が出現した。廉想渉の『愛と罪』（一九二七年）、『狂奔』（一九二九年）、『三代』（一九三一年）、『無花果』（一九三二年）、沈熏《シムフン》の『永遠の微笑』（一九三三―三四年）、李箕《イギ》永《ヨン》の『故郷』（一九三三―三四年）、李光洙の『土』（一九三二―三三年）、姜敬愛《カンギョンエ》の『人間問題』（一九三三―三四年）、他にも李泰俊《イテジュン》と玄鎭健の代表的な長篇作品が該当する。ここまでの筆者の議論と関連させてみれば、これらの長編小説はモダン・ガールとカフェ、遊郭と興行場、痴情の横溢する大衆媒体が具現した想像と、社会主義勢力の蠢動によって疑いの対象となっていた植民地の大衆運動という、両極端の状況から出現したものであって、それらをモンタージュ化やブリコラージュ（bricolage）化した様式であった。

筆者はずいぶん前に、これらの小説が、一九二〇年代後半に廉想渉『愛と罪』のような小説が見せたスキャンダル形式をさらに極端化したものであり、暴力的で煽情的なスキャンダルを借用して、暴力と金券で動員された堕落した性的欲望が崇高で利他的な愛、脱官能化した愛へと転換するという、ほぼ同じような物語構造を基底に置いているものと眺めていた。簡単にいえば、低級で私的な欲望から高級で公的な大義への昇華が、これらの小説に一貫した物語構造であると主張したのである。[41] さらに、そこでは階級と性別に従ってセクシュアリティを位階的に再現する法則が貫徹されると同時に、社会経済的与件の欠乏を道徳性の問題に転換させることで植民地男性知識人の自己定義（self-definition）が確立され、下層階級と女性にたいする内部植民地化に帰結するのだと主張した。ところが、成熟と昇華という発展の物語構造を小説の倫理的意図あるいは理念として解釈してもよいか、そして、それを根拠として逆に小説の詩学を導出してもよいかについて、混乱を覚えるようになったことを告白しておかねばならない。

先に述べた二つの両極端の、あらゆる植民地‐帝国システムが規定力を行使する植民地文化と政治の状況を組み合わせたブリコラージュとしての植民地物語とは、植民地文域の臨界内でかき集めることのできる材料と表現様式が編み上げられながら誕生するものである。それらの材料と表現様式さえもが臨界内にあったものなのはもちろんのことである。あれほど多く存在した「愛の昼夜」も、エロティシズムにまでは至れなかった。エロティシズムは禁忌にたいする違反という形態で社会性を確認するほかないが、それが外部的、社会的脈絡にたいする意図的、意識的な拒否と断絶において追及される超越の志向であるとすれば、植民地物語は性的欲望を社会的関係——貨幣との交換可能性、結婚という制度——の脈絡のなかでのみ描くことができた。色情狂たちは同時に金の奴隷であってこそ登場することができたのである。啓蒙と独立運動、社会主義といった大義への昇華とは、そうした意味で性関係と快楽を中止させる、あるいは懲罰する社会的関係の別名として、活用もしくは誤誘導されたものなのかもしれない。すなわち、大義が性的欲望を断罪する規範と懲罰へと格下げ、収縮されたのである。こうした格下げは、その大義が植民地的状況からの超越を目指す以上、植民地―帝国の関係的脈絡の表現においては正当化されえなかったために生じた現象である。これら二つの領域は交差・交換されることによってのみ表現を得ることができたのだが、この混合は二つの領域双方の転落、ないしは意味の格下げとしてあらわれるほかない。換言すれば、逆転の物語は決して可能でないというところに、問題の深淵が存在する。大義の世界から水蜜桃のような胸をした女人の洞窟や、「わが寝室へ」と入り込んで幽閉されることで[42]大団円の幕を下ろすような物語を、筆者は知らない。いや、女人の洞窟や寝室を「死に至る繭」とする物語も知らない。

　エロ・グロ文化の植民地占領を文学的生でもって再現した李箱はどうだったろうか？　李箱の「翼」の「私」は遊郭を連想させる妻の部屋に幽閉されていたが、その状態での「私」は性的不能（impotence）状態だった。加えて快楽を知らない、快楽の記憶さえないほどの退行（regression）状態だった。外的、社会的関係からの断絶はエロティシズムの条件たりえるが、そこに悦楽はなかった。極度の事物化、そして肉体の消滅はエロティシズムの極限たりえるが、「翼」は事物化と消滅の徴候たりえる性的不能そのものを意味化する物語ではなかった。「私」はむしろ性的欲望を回復しながら社会的関係を知覚するようになる。より正確には、性的欲望が回復するのは、貨幣が媒介する社会的関係の描写＝模倣《ミメーシス》を経てのことであった。つまり、妻が客の相手をしている場に、妻がくれた金を手に帰ってきて、その金を再び妻の手に握らせれば妻の部屋で眠りにつくことができた、そのときからであった。これは妻のもとを訪れた客、「来客」の金と行為をミメーシスするものである。客はいつも外から来る者であるからだ。けれども、「私」のミメーシスが、妻が売春婦だという事実、そして妻と自身の行為にたいする道徳的判断を下さざるを得ないところにまで至ったとき、「私」は外出から家へと帰ることのできない者となる。すなわち、家の外に、街路に閉ざされた者となってしまう。街路に閉ざされた者の運命が、「翼」が暗示している死よりもずっと意外な、しかしずっと歴史的必然に縛られた死であったことは言うまでもない。

一九三六年一一月に東京に移った李箱は翌年二月一二日、彼の下宿があった神田の警察署員に不審検問を受けて拘禁される。家宅捜索で書架から二冊ほどの穏健とはいえない書籍が発見される。東京の街路を理由なく彷徨する不逞鮮人、不穏な思想の所持者。彼は西神田警察署に拘禁され、三月一六日に保釈されて出てくる。二九日間の勾留。それから一月と一日経たずして、彼は二六歳七ヵ月の生を東京帝大病院にて終える。(43) そこで火葬された李箱の遺骨は夫人の卞東琳《ビョンドンリム》が故国へと持ち帰り、彌阿里《ミアリ》の「共同墓地」に埋葬されたという。李箱はアカだったろうか、ピンクだったろうか。いや、アカでもピンクでもありえなかった彼は、不逞鮮人だった。李箱の死は、エロ・グロ文化が、その享有者が植民地朝鮮人である限りにおいて決して脱政治化や転向の表示でありえなかった事情を示している。浮浪者かつ被植民地民としての不逞鮮人の、東京の街路における逮捕と死は、「グロテスク」の政治的な完成だったのである。

注

(1) 玄鎮健《ヒョンジンゴン》「故郷」(『朝鮮の顔 朝鮮의 얼굴』、一九二六年)。

(2) 京城府編『京城府史』第三巻(京城府、一九四一年)三三九頁。姜貞淑《カンジョンスク》「大韓帝国・日帝初期——ソウルの売春業と公娼制度の導入 대한제국・일제 초기 서울과 매춘업과 공창(公娼) 제도의 도입」(『ソウル学研究』第一一号、ソウル市立大学校ソウル学研究所、一九九九年)二一八頁より再引用。

(3) 日本政府は一八八五年八月一八日に公布した(太政官)布告第二六号により、一八八三年三月一〇日に公布された(太政官)布告第九号「清国及朝鮮国在留日本人取締規則」第一条を改定して、以前の規定に風俗壊乱に関する文言を付け加えた(同上、二一八頁)。改定後の内容は次の通りである。「第一条　清国及朝鮮国駐剳ノ領事ハ在留ノ日本人該地方ノ安寧ヲ妨害セントシ若シクハ風俗ヲ壊乱セントスル者又ハ其行為ニ因リ該地方ノ安寧ヲ妨害シ若シクハ風俗ヲ壊乱スルニ至ルヘキ者ト認定スル時ハ一年以上三年以下在留スルコトヲ禁止スヘシ但其情状ニ由リテハ其期限間相当ノ保証金ヲ出サシメ在留セシムルコトヲ得」(京城府編『京城府史』第二巻、一九三六年)五七八頁。姜貞淑、同前、二一八頁より再引用)。

(4) これについては朴 ジョンエ 박정애「日帝の公娼制施行と私娼管理に関する研究 일제의 공창제 시행과 사창 관리 연

子」（ソウル：淑明女子大学校博士学位論文、二〇〇九年）一二三―一二七頁参照。日本人の逗留客は朝鮮人に比して四倍ほども多かったが、これを人口比率で考えると、一九一七年現在で在朝日本人男性の三・三八名に一人が、朝鮮男性の〇・二四名に一人が、一九二九年現在では在朝日本人男性の一・七七人に一人が、朝鮮男性の〇・〇〇一二人に一人が貸し座敷を利用した計算になる（朴ジョンエ、前掲、二〇六頁）。

（5）移入は日本内地と台湾、サハリンなどから貨物および船舶が朝鮮に入ってくることを意味し、輸入は外国から入ってくることを意味する行政的、法的用語であった。両用語を合わせたものである移輸入は、朝鮮出版警察が出版物の発行地に従って分類をおこなう際、朝鮮内（鮮内）という用語とともに重要なカテゴリーとして使われている。これについては李惠鈴「植民地検閲と「植民地‐帝国」表象――『朝鮮出版警察月報』の五種の統計表が語るもの 식민지 검열과 "식민지‐제국" 표상―『조선출판경찰월보』의 다섯 가지 통계표가 말해주는 것」（『大東文化研究』第七二号、成均館大学校東アジア学術院大東文化研究院、二〇一〇年）五〇四―五〇五頁。

（6）千政煥『近代の読書行為 근대의 책읽기』（プルンヨクサ、二〇〇三年）一八六―一九九頁。

（7）鄭馨民「一九二〇―三〇年代における総督府の美術検閲 一九二〇―三〇 년대 총독부의 미술검열」（検閲研究会編『植民地検閲：制度・テクスト・実践』召命出版、二〇一一年）を参照。

（8）イギョンミン 이경민「欲望と禁忌の二重奏、エロ写真と植民地的検閲 욕망과 금기의 이중주, 에로사진과 식민지적 검열」（『黄海文化』第五八号、セオル文化財団、二〇〇八年）三九五―三九七頁。

（9）権明娥「風俗統制と日常にたいする国家管理――日帝時期における風俗統制と検閲の関係 풍속 통제와 일상에 대한 국가관리―일제시기 풍속통제와 검열의 관계」（『淫乱と革命：風紀紊乱の系譜と情念の政治学 음란과 혁명：풍기문란의 계보와 정념의 정치학』チェクセサン、二〇一三年）を参照。

（10）風俗壊乱に関する検閲標準は「一　春画淫本ノ類、二　性、性慾又ハ性愛等ニ関スル記述ニシテ淫猥羞恥ノ情ヲ起サシメ社会ノ風教ヲ害スル事項、三　陰部ヲ露出セル写真・絵画・絵葉書ノ類（児童ヲ除ク）、四　陰部ヲ露出セザルモ醜悪挑発的ニ表現セラレタル裸体写真・絵画・絵葉書ノ類、五　煽情的或ハ淫猥羞恥ノ情ヲ誘発スル虞アル男女抱擁接吻（児童ヲ除ク）ノ写真・絵画ノ類、六　乱倫ナル事項　但シ乱倫ナル事項ヲ記述スルモ措辞平淡ニシテ更ニ煽情的若ハ淫猥ナル字句ノ使用ナキモノハ未ダ風俗ヲ害スルモノト認メズ、七　堕胎ノ方法等ヲ紹介スル事項、八　残忍ナル事項、九　遊里魔窟ノ紹介ニシテ煽情的ニ亙リ又ハ好奇心ヲ挑発スルガ如キ事項、一〇　書籍又ハ性具薬品等ノ広告ニシテ著シク社会ノ風教ヲ害

スル事項、一一　其ノ他善良ナル風俗ヲ害スル事項」である。本稿でも触れているが、こうした「風俗壊乱」の検閲標準が細部化されるのは一九三六年度の朝鮮総督府図書課年報『朝鮮出版警察概要』からである。鄭根埴「植民地検閲と「検閲標準」――日本及び台湾との比較から 식민지 검열과 '검열표준' —일본 및 대만과의 비교를 통해서」（『大東文化研究』第七九号、成均館大学校東アジア学術院大東文化研究院、二〇一二年）を参照。

(11) 検閲体制が規定した近代テクストの生成過程に参与する植民地人の近代的性格については、韓基亨「植民地検閲場の性格と近代テクスト 식민지 검열장의 성격과 근대 텍스트」（『民族文学史研究』第三四号、民族文学史研究所、二〇〇七年八月）を参照。

(12) 一九三三年五月に朝鮮総督府令第四七号として「蓄音機「レコード」取締規則」が公布され、一九三三年六月一五日から施行される。蓄音機・レコードの製造、輸入、移入、販売をまとめて取り扱った規則であり、販売だけではなく公衆が聴取できる場所での再生演奏のためのものも製造、輸入、移入に関しては該当官庁（道知事と警察）への事前申告を要すると定めている。検閲基準は他の出版物と同様に治安妨害と風紀壊乱であった。レコード関連の風俗壊乱の場合、「第七三回帝国議会説明資料」（一九三七年）に従えば「猥褻ナル情事ノ説教」「情欲煽情」「情交描写」がそれに該当する。李晙熙《イジュニ》「日帝時代の音盤検閲 일제시대 음반검열」（前掲、検閲研究会『植民地検閲：制度・テクスト・実践』）参照。他方、日本の場合はこれよりも遅く、一九三四年五月二日公布の法律第四七号で出版法が改定され、それによって蓄音機レコードも図書課の検閲範囲に含まれることとなった。イジソン 이지선「中日戦争前後の日本の音盤検閲に関する研究 중일전쟁 전후 일본의 음반검열에 관한 연구」（『日本文化学報』第四三号、韓国日本文化学会、二〇〇九年）を参照。『朝鮮出版警察月報』（一九二八年九月分―一九三八年一一月分）に蓄音機・レコードに関する検閲記録が記載されるようになるのは一九三六年九月分（第九七号）からであった。『朝鮮出版月報』で蓄音機・レコードに関する検閲記録の中心をなすのは「風俗壊乱」により発売禁止とされた日本語レコードである。

(13) 「国際的猥褻の刊行物取締」（『朝鮮日報』一九二七年二月一一日）。鄭馨民（前掲、二〇一一年）四二五頁から再引用。

(14) 本稿においてこの用語は、「エロ・グロ・ナンセンス」文化のうちで性的な含意が強い「エロ」と「グロ」をさらに強調するための用語として用いられる。波潟剛は「エロ」「グロ」「ナンセンス」についての日本の辞書的定義がどう推移していったかを分析するなかで、辞書類には「エロティック」「グロテスク」の用例が先行して存在し、一九三〇年になると「エロ」「グロ」という略語が載るようになり、略語にはより性的な意味が加えられたと指摘している。また同じく一九三〇

年には、「モダン」という用語のうちにこれら二つの語と一緒に包括された「ナンセンス」の項目の登場がようやく確認されるようになるが、「エロ」と「グロ」とを性的な意味を共通分母にして組み合わせる使用例がより多く、そうした用例をソウルのエロ・グロ・ナンセンスにも確認できると指摘している。波潟剛（チャンユンヒョン 장윤향 訳）「昭和モダンと文化翻訳――エロ・グロ・ナンセンスの領域」（『九大日文』第一三号、福岡：九州大学日本語文学会「九大日文」編集委員会、二〇〇九年）参照。

(15) 鄭根埴（前掲、二〇一二年）参照。

(16) 李恵鈴（前掲、二〇一〇年一二月）五〇三頁。

(17) 鄭根埴（前掲、二〇一二年）参照。

(18) 李和眞《イファジン》「植民地期映画検閲の展開と志向 식민지 영화 검열의 전개와 지향」（検閲研究会、前掲、二〇一一年）五五四頁参照。

(19) 李晙熙（前掲、二〇一一年）参照。

(20) 「新聞紙、出版物等の四種法令を統一」（『東亜日報』一九三四年一一月三〇日付）、「朝鮮と満洲に出版物統制」（『東亜日報』一九三四年一〇月七日付）。詳細な状況については李恵鈴（前掲、二〇一〇年一二月）五一一―五一二頁参照。

(21) 『月報』の統計の再構成は、去る二〇〇六年から二〇〇八年に成均館大学校東アジア学術院検閲研究チーム（韓基亨、朴憲虎、李恵鈴、孫成俊、リュジニ 류진희、ユソクファン 유석환）によって基本的な構想が提出された。特に朴憲虎、孫成俊が多様な基準およびテーマにわたって具体的な統計表を制作した。表1と表2はお二人に依頼して作成したものであることを明記しておく。

(22) 『朝鮮出版警察月報』の推移については朴憲虎も分析を提示している。Park Heonho, "Patterns of Censorship in Colonial Korea as Seen through the Statistics of the Chosen Shuppan Keisatsu Geppo (Publication Police Monthly of Chosen)" *Korean Journal*, Vol. 53, No. 1, Spring, 2013, pp. 103-104 を参照。

(23) 取締り方針の要点は、「一、一般刊行物の広告に政治家や要路大官を誹謗して政治界または経済界などを騒乱させるおそれのある場合。一、姿態表情が卑猥な人物絵画を掲載したり、またはその記述が低劣淫卑に亘ったりするものは、たとえ伏字等を使用するといえども厳重取締りとする。但し性具の名称及び価格のみを掲載する程度の広告は不問にする」であった。「新聞雑誌に掲載される不良広告の厳重取締（新聞雜誌에 掲載 되는 不良廣告 嚴重團束）」（『東亜日報』一九三三年一

〇月八日付）、「治安及び風俗上の不穏広告を取締（治安及風俗上不穩廣告를取締）」（『朝鮮日報』一九三三年一〇月八日付）参照。

（24）「差押」は該当出版物の販売および頒布を禁止し、それを効果的に遂行するために出版物を奪取することであった。朝鮮内で発行される出版物の場合、「差押」の他にも「注意」と「削除」という処分が可能であったが、移輸入物の場合、発行者や著者といった出版物の責任者が植民地権力の法的、行政的統治の対象ではなかったために、朝鮮出版警察が移輸入出版物について取りうる行政処分は「差押」であった。移輸入物の「差押」は行政処分において圧倒的な比重を占める。しかし、こうした「差押」が、どれほど効果的に該当出版物の流通を中止させたかは別の問題である。なぜなら多様な流通網が存在したのであり、発行者と印刷者、流通網への統制なくして「差押率」を知るというのは困難であった。李恵鈴（前掲、二〇一〇年）五〇六—五〇七頁。

（25）鄭根埴・崔暻姫《チェギョンヒ》「図書課の設置と日帝植民地出版警察の体系化、一九二六—一九二九 도서과의 설치와 일제 식민지출판경찰의 체계화、一九二六—一九二九」（『韓国文学研究』第三〇号、東国大学校韓国文化研究所、二〇〇七年）。

（26）鄭根埴「『出版警察月報』の比較研究『출판경찰월보』의 비교연구」（『成均館大学校東アジア学術院国際学術会議発表論文集 近代の検閲と東アジア 근대의 검열과 동아시아』成均館大学校東アジア学術院・人文韓国（ＨＫ）事業団、二〇一〇年一月二二日）。

（27）この雑誌は日本のエロ・グロ・ナンセンス文化を先導した出版人である梅原北明の代表的な雑誌である。風俗壊乱により刑務所に投獄されたこともあった梅原には、この雑誌が風俗壊乱により発売禁止処分を受けた際、新聞に『グロテスク』死亡通知の広告を出したという有名な逸話がある。平凡社編『発禁本 明治・大正・昭和・平成 城市郎コレクション』（平凡社、一九九九年）六四—六五頁参照。『グロテスク』は、創刊号が出た一九二八年一一月に差押処分されたことが同月分の検閲記録である『月報』第三号（一九二八年一二月）に記録されており、他にもこの雑誌にたいする四度の差押え処分の記録が『月報』に登場する。

（28）日本のエロ・グロ・ナンセンス文化についての代表的な研究としては以下の通り。Miriam Silverberg, *Erotic Grotesque, Nonsense: The Mass Culture of Japanese Modern Times*, Berkeley, LA: University of California Press, 2006.

（29）Maruyama Masao, "Patterns of Individuation and the Case of Japan: A Conceptual Scheme," in *Changing Japanese Attitudes toward Modernization*, ed. Marius B. Jansen, Princeton, NJ: Princeton University Press, 1965, pp. 519–521.

(30) チェソクジン 채석진「帝国の感覚：「エロ・グロ・ナンセンス」 제국의 감각：‘에로 그로 넌센스’」(韓国女性研究所編『フェミニズム研究』第五号、ドンニョク、二〇〇五年一〇月)。

(31) 李箱「興行物天使——或る後日譚として」(『朝鮮と建築』第一〇集第八号、朝鮮建築学会、一九三一年八月)一三頁。

(32) メディア政策と検閲から見た「文化政治」についての理解は、韓基亭「文化政治期の検閲政策と植民地メディア 문화정치기 검열정책과 식민지 미디어」(尹海東・千政煥・ホス 허수・尹大石編『近代を読み直す 근대를 다시 읽는다』第二巻、歴史批評社、二〇〇六年)。『開闢』廃刊以後も植民地の検閲当局が『朝鮮之光』の月刊化を許容するというように、社会主義の媒体を許容している一方で、他の媒体にたいしては軟性化を誘導するという戦略を駆使していた底意に関しては、韓基亭「植民地の検閲政策と社会主義関連雑誌の政治力学 식민지 검열정책과 사회주의 관련 잡지의 정치학」(検閲研究会、前掲、二〇一一年)参照。

(33) チェソクジン(前掲、二〇〇五年一〇月)。ソレソプ 소래섭『エロ、グロ、ナンセンス：近代的刺激の誕生 에로 그로 넌센스：근대적 자극의 탄생』(サルリム出版社、二〇〇五年)。キムジヨン 김지영「「奇怪」から「怪奇」へ、植民地大衆文化と幻滅のモダニティ ‘기괴’에서 ‘괴기’로, 식민지 대중문화와 환멸의 모더니티」(『概念と疎通 개념과 소통』第五号、翰林大学校翰林科学院、二〇一〇年六月)。

(34) イギョンドン 이경돈「『別乾坤』と近代の趣味読み物『별건곤』과 근대 취미독물」(『大東文化研究』第四六号、成均館大学校大東文化研究院、二〇〇四年)。ソレソプ、同上、一七—二一頁。

(35)『開闢』の流通網と地方の社会運動勢力との連携については、チェスイル 최수일「『開闢』研究」(召命出版、二〇〇九年)。

(36) チャンシン 장신「一九二〇年代の民族解放運動と治安維持法 一九二〇년대 민족해방운동과 치안유법」(『学林』第一九号、延世大学校史学研究会、一九九八年)。同論文にもとづいて各年の被検挙人の数(括弧内)の推移を見てみると、一九二五年(七二)、一九二七年(三二一)、一九二八年(七五二)、一九二九年(一一一二)、一九三〇年(一八八四)、一九三一年(一六一四)、一九三二年(三八七三)、一九三三年(二一一三)、一九三四年(一七二六)、一九三六年(一〇〇四)、一九三七年(一一三三)、一九三八年(五七〇)である。

(37) 崔曙海《チェソヘ》「血痕」(郭 根《クァックン》編『崔曙海全集』上、文学と知性社、一九八七年)一三頁。

(38) 權ボドゥレ 권보드래『恋愛の時代：一九二〇年代序盤の文化と流行 연애의 시대：一九二〇년대 초판의 문화와 유

행』（現実文化研究、二〇〇三年）を参照。

（39）玄鎭健、前掲、注1と同じ。

（40）李恵鈴「検閲のミメーシス――廉想渉『狂奔』から見た植民地芸術場の超規則とセクシュアリティ 검열의 미메시스―염상섭『狂奔』을 통해서 본 식민지 예술장의 초（超）규칙과 섹슈얼리티」（『民族文学史研究』第五一号、民族文学史研究所、二〇一三年）

（41）李恵鈴「韓国近代小説のセクシュアリティ研究 한국 근대소설의 섹슈얼리티 연구」（成均館大学校博士学位論文、二〇〇二年）を参照。

（42）この比喩は李相和の詩「わが寝室へ 나의 침실로」（一九二三年）から得たものである。李相和は「嬰児の胸のごと歳月を知らぬわが寝室」という表現で、ある社会的関係と歴史的時空から断絶されたエロティシズムの居所を表現しているが、知られているように「マドンナ」はやってこない。〔「わが寝室へ」の日本語訳は、金時鐘訳『再訳朝鮮詩集』岩波書店、二〇〇七年に拠った―訳注〕

（43）林鍾国《イムジョングク》・朴魯惇《パクノジュン》「李箱篇」（『流れゆきし星座 흘러간 星座』第一巻、国際文化社、一九六六年）一八二―一八五頁参照。金允植「白川・成川・東京体験」（『李箱文学全集』第三巻、文学思想社、一九九三年）一二一―一三頁参照。

目に見えない懲罰のように——一九三六年、佐藤俊子と移動する女たち

内藤千珠子

1　検閲の「あいだ」を移動する

表現に加えられる圧力を「検閲」という記号によりそわせて思考してみるならば、検閲の制度を抱えもつ言説空間のなかにあって、いま、語ることができないもの、語りえぬものにはどのような場所が用意されているのだろうか。あるいは、はっきりと書きつけられたのに、無視されてしまう言葉があるのはなぜか、という問いは、制度としての検閲といかにかかわっているのだろうか。

一般に、検閲は「表現の自由」と対をなすものとして、もしくは検閲する側とされる側といった関係性、公式の検閲と非公式の検閲といった観点から、二元的に把握されやすいといえるだろう。そうした把握のもとでは、あからさまに禁止されて表現できなくなってしまった言葉やイメージが、自由を奪われたものとして想像されやすい。しかしながら、近代天皇制によって構造化された現在の日本語の地平では、検閲という制度を媒介しながら、ある次元では語られているのに不可視とされてしまうものを生成し、また別の次元では、語りえぬものを横領して他者を定型的な物語によって理解する文法が編成されてきた。こうした事態を念頭に、検閲／表現の自由という二元論的なわかりやすさの罠からできる限り遠ざかり、天皇制を基軸とした排除の力学と関連づけられるべき言説の構造について考えてみたい。

天皇制をめぐるタブーという立脚点からは、紅野謙介が指摘した、検閲をめぐる「曖昧さ」が浮上する(1)。一九二

〇年代の『改造』を中心においた議論のなかで、紅野は現在にまで及ぶ自己検閲のシステムと天皇制の構造にも触れながら、制度としての検閲が「その対象も理由もときとして曖昧なまま、処分が下された」可能性について述べている。発売頒布禁止などを避けるために慣例化した手法としての「内閲」が、許可されたはずのものが処分を受けてしまうという事態を受け、「検閲制度における二重基準、運用上の分裂・矛盾」が可視化されたという状況や、「法律は曖昧なまま、その運用で実質化」がはかられるといった出来事を経て、検閲は、不透明で錯綜した装置として機能していったというわけだ。こうした構造を析出するにあたって紅野は、曖昧さを含んだ検閲をシステムとしてまなざせば、検閲されていた側が権力を握ると、検閲する側に回り、すなわち検閲は権力とともに転移するのだという、転移や連鎖の運動性について論じている。

この「曖昧さ」の論理、転移や連鎖といった力学を、比較的最近の出来事として記憶に新しい、「アトミックサンシャイン」in沖縄展での展示拒否事件につなげてみるなら、天皇制と排除の論理、そしてシステムとしての検閲がもたらす問題系は、いっそう鮮やかな姿をあらわすだろう。二〇〇九年、沖縄県立博物館・美術館で、展示予定であった大浦信行による連作版画《遠近を抱えて》は、牧野浩隆館長の判断により、企画段階において展示を拒否された。この事件では、報道メディア、表現者と支援する関係者、展示を拒否した館長との種々のやりとりのなかで、コラージュ作品に昭和天皇の肖像が引用されていることが検閲の対象となり、しかも天皇の肖像が、女性のヌードや入れ墨と組み合わされていたことが問題の核心として明示されることとなった。展示拒否への抗議運動は『アート・検閲、そして天皇』として一冊の書物にまとめられ、経緯や詳細、批評的発言が収録されている(2)。

そのなかで徐京植は、日本の平和憲法と戦後美術を検証する試みとして選ばれた展示会のタイトルに触れ、GHQの側から発話されたという「原子力の日光浴」、すなわち憲法九条をめぐる隠喩について、それを日本本土のマジョリティだけが享受してきたことを見逃すべきではないと強調し、沖縄や朝鮮などマイノリティの側は「アトミック・シャドウ」にほかならないと述べる。そして現代の検閲とは、「「お茶の間」が拒否するかも知れないから」掲載を拒否するという論理と「「アトミックサンシャイン」の日だまりをけっして手放したくないという心性」とが結託したものであるという指摘を重ねている。[3] また、新城郁夫は、件の館長が、《遠近を抱えて》を美術館での展示に「ふさわしくない」と判断した理由の中心に「教育的配慮」という語を選んだことを取り上げ、語る人や語られ方によって意味が変じるこの語の文脈依存性からすれば、判断は「理念の不在を体現」したものにほかならず、「誰も「要請」したこともない「教育的配慮」とは、この架空の「要請」を幻聴せんと欲望する、沖縄県立美術館の存立基盤に働く排除の力に与えられる別称」だと断じている。[4]

「お茶の間」なる実態を欠いた場が、拒否する「かも知れない」という仮定にもとづくやわらかな禁止が、不可視にされた「影」を非対称な裏面としてふくみもった「原子力の日光浴」の延長で機能し続けているのだとすれば、そして排除の力に「架空」の要請を「幻聴せんと欲望」するメンタリティが作用するのだとすれば、思考されるべき領域は、「検閲」という記号にじかに連続する出来事のみならず、表象空間の全域に通じる問題構成に通じていくだろう。たしかに、震災と原発事故以降の日本語の地平には、「語ること」にかかわる矛盾含みの禁止あるいは要請の構造が透見される。[5]

本稿では、比喩的に拡張される広義の検閲と、国家による制度として実際に行使された狭義の検閲的権力とのあいだを往還しながら、検閲という事象をめぐる日本語的な論理の構造をとらえ、書くことをめぐる環境それ自体を念頭に、「検閲」というテーマを膨張させてみたい。[6] たとえば、保守的で右翼的な立場を鮮明にした論者が、国家検閲やGHQ検閲がなくなった時代を「左翼検閲」と呼び、「左翼勢力」によって「日本革命を目ざす戦略・戦術からみて不都合な言論は、事前または事後に干渉、圧迫をうける状況にある」という言い方をする場合はあるし、[7] また、ポルノグラフィや性差別表現に対するフェミニズム的な主張を「民主主義国家に新しく登場した言論の自由に対する最強の攻撃を組織しているのはフェミニスト」と非難する文法は一般に存在するだろう。[8]「フェミナチ」という中傷的用語でフェミニストがバッシングされたり、マイノリティによる政治的正しさの要求がマジョリティから嫌悪や揶揄の様式によって拒絶されるときには、それらが公権力を濫用した検閲だという観点から非難されてきた。むろん、国家による検閲制度とこうした場合にいわれる「検閲」との間には飛躍がある。ときには、検閲を批判する言説が逆に検閲的効果を発揮することさえあるだろう。それらはいずれも、飛躍と転移を含みながら「検閲」という記号あるいは比喩に吸引されてくる禁止と排除のメカニズムを構成しているということに留意し、現在を縛る検閲の論理を考察することにつなげてみたい。

さて、本稿が仮の入り口として設けるのは、一九三六年にカナダから日本に帰国した佐藤俊子（田村俊子）による、移民をテーマとした小説テクストである。いくつかのペンネームをもつこの女性作家は、幸田露伴門下として小説を書きはじめ、一九一一年に「あきらめ」で文壇待望の「女流作家」として華々しく再デビューしたのち、「男女の相剋」や「女の官能」、「同性の恋」などをテーマに精力的に小説を書き継いだ。しかしながら次第に筆を鈍らせ、夫の田村松魚との関係に倦み果て、一九一八年、恋人の鈴木悦を追ってバンクーバーに移住する。一九三六年にカナダから帰国し、佐藤俊子の名で小説をいくつか発表するが、三八年の暮れには中国に渡る。

カナダから帰国し、文壇の期待を受けて発表された小説は、「ひょうしぬけ」「芸術的にも思想的にも不発」など否定的に受け止められ[9]、ごく最近まで文学的な共同体からも忘却されてきた。ゼロ年代を迎えて、カナダ時代以降の活動に注目が集まるようになり、二〇一二年には『田村俊子全集』（全九巻＋別巻、ゆまに書房）が刊行されたことであらたに全体像の見直しがなされつつあるが[10]、これまでの文壇の反応や研究史を振り返ると、彼女の業績のうち評価されてきたのは一九一〇年代の小説ばかりであったことは否めない。バンクーバー移住以降のテクストは、『田村俊子作品集』（全三巻、オリジン出版センター、一九八七—八八年）にも収録されなかった。『改造』や『中央公論』、『文藝春秋』などに発表されたテクスト群は、カナダで労働運動を組織した鈴木悦の影響や自身の活動による裏付けもあって、社会主義的な傾向を帯び[11]、加えていずれも、人種や民族、階級の問題を社会におけるジェンダー構造と結びつけて物語化しようとする方向性を共有しているが[12]、ここではとりわけ日系二世の女性を主人公とした小説に着目する。

二十年近い空白の後に日本語の言説空間に現われた佐藤俊子の小説は、読者や文壇の期待を裏切り、結果として文学からの退場という物語のなかで棄却されてきたわけだが、その佐藤俊子の小説をひとつの手がかりとしてこの時期の言説論理を見渡した上で、移民や移動の物語、そしてそこから析出されてくる伏字の効果を検証し、表現に加えられる圧力や排除の力を、一元的には論じられない政治的力学として浮上させたい。具体的には、移民の物語を経由した上で、移動をめぐるジェンダーの構図を変容させた林芙美子の小説を参照し、制度としての検閲をジェンダー論的な観点から批評していく。

表現された言説内容にかかわる、禁止という評価は、忌避という配慮とどのようなつながり方をするのだろうか。両者の間に論理的関連を見出す本稿の試みは、検閲的権力の及ぼす言説への効果を測定する目的をもつものである。

2　物語と正義——民族／人種を語るステレオタイプ

佐藤俊子が帰国した一九三六年は、制度としての検閲とのかかわりでいうと、「軍部の宣伝局が内務省の検閲業務を侵害し始めた」年に相当する。『中央公論』や『改造』には、とりわけ強い圧力がかけられ、「非伝統的な思想のあらゆる気配の背後に共産主義」を見る軍部は内務省よりはるかに「狂信的」に、戦争遂行に対する全面的協力を強要したのだった[13]。佐藤俊子は『改造』に「小さき歩み」三部作（「小さき歩み」一九三六年一〇月、「薄光の影に寄る」同一二月、「愛は導く」一九三七年三月）を書き、『中央公論』に「カリホルニア物語」（一九三八年七月）を発表している。いずれも日系二世の女性を主人公にもった小説であり、カナダやアメリカの白人社会に生きる彼女たちが抱える「白い人種ではない」という自意識や移民をめぐる差別という主題に、社会主義思想がかけあわされた点に特徴がある。

では、一九三〇年代後半の『改造』や『中央公論』のなかで、人種や民族をめぐる議論は、どのように語られていたのだろうか[14]。戦争に向かって急転換していった時代状況に照らせば明らかなことでもあるが、ナチス・ドイツの台頭や満州事変といった出来事を経て、三七年の「北支事変（支那事変）」に向かうこの時期、ナショナリズムが高揚する様相を見て取るのはたやすい。

船山信一「現在に於ける日本主義理論の特質」は、「いはゆる「非常時」と共に「日本主義」とか「日本精神」とかが殆んど物凄くと言つた方がよい程一段と声高く叫ばれるやうになつたのは四年乃至五年程前からのことで誰れでも知つて居ることである」と述べ（『改造』一九三五年四月）、河合栄治郎は、満州事変が「転換の契機」となつて「かくも無惨なマルクス主義の凋落」がもたらされたと指摘する（「教育者に寄するの言」『改造』一九三七年一月）(15)。この「日本精神」は、優生学の議論のなかでも当然のことながら強調されており、「国民に於ける劣悪成員の出生減少」を説く論のなかで、「民族の根本は言語でなく、体質でなく、慣習でなく、その血液である。民族の血液に日本精神が流れて居らねばならぬ」と宣言されている（小泉丹「民族と性道徳」『中央公論』一九三五年二月）。一九四〇年の国民優生法制定を控えたこの時期、民族衛生学者の古屋芳雄もまた、「急激に台頭して来た民族運動」に後押しされるかのように、ナチス・ドイツの政策を「単なる人道主義や国際道徳の問題として論議さるべき性質のものでなく、実に民族生物学の立場から考へられねばならぬ問題」と言い、階級別出生率に危機を迎えた日本でも「断種法」が実行されるべき時期が来たと述べる（「断種法とその民族生物学的背景」『改造』一九三五年二月）。

ナショナリズムが熱を帯びるなかで、杉森孝二郎は、「白人帝国主義の理不尽なる支配主義に対する正しき怒り」を必然的なものだと言い、「日本民族の今後の発達を条件」として、「理不尽なる白人優越主義」が転向すると発言する（「日本民族に対する認識条件の不備」『改造』一九三六年一月）。「日本民族」と対峙する「白人」が批判の対象とされる傾向は強まっており、駒井卓「遺伝学から見た日本人」では、「日本人の中に劣性の淡色或は無色因子がない」「白人の色の薄いのは、云はゞ白児に近い畸形の状態が民族的の特徴となつた者と見てよい」と、日本人の人種的優越を誇張交じりに表象しようとする（『改造』一九三五年一月）。

人種や民族のファクターが「断種法」「優生学」といった語に接がれるとき、あわせて可視化されるのが人口問題であり、階級問題である。古屋芳雄「農村と階級淘汰」（『中央公論』一九三五年四月）では、知識階級や文化的な階級では産児調節の意識が強まっているのに反して、「無能力階級」では出生が下落せず、「社会上層階級の喪失」と「国民平均素質の低下」を心配するべきだと懸念が表明される。農村は健全な「国家的生命の貯蔵庫」であるはずなのに、都市へ出た青年が「祖先の土地」を軽視することで「質の疲弊」に陥っているというのだ。

むろん、農村は、たとえば矢内原忠雄が「東北農民の海外移住を奨励し補助」することは「東北進行の根本的方策」と述べるとおり、人口調節の対象としてまなざされている（「マルサスと現代」『改造』一九三五年一月）。浅香末起などは、「人口問題に於ける日本の貧窮は最早之を自然法の蹂躙に委ぬるを許さない」と言い、満州への移民を「棄民政策」としないよう、朝鮮族や漢民族より「高い水準」で「競争を超越」した「大規模移民」ができるよう、国策を練るべきだとためらいなく言ってのける（「満州大規模移民への転換期」『改造』一九三六年一二月）。

他方で、主流言説に対する反論が、伏字に囲繞されながらもかろうじて対抗的なコードを編成し続けていることもまた見えやすい。断種法に関しては、安田徳太郎が断種法推進派の「優生的階級の出生率がどんどん下落するのに、無識無能の階級には、何等の変化なく、むしろ出生率が増加していく」という論点を、「…………………にとどめをさゝねば民族が亡びるといふ極論」として避けている（「断種法への批判」『中央公論』一九三五年四月）[16]。また、マルクス主義経済学者の向坂逸郎は、次のように語る。

××が人口問題を解決する筈ださうだが、移民は…………××だけだ。

実際に、満州や支那にどし〳〵行つたのは何かといふと、資本と商品である。従つて、資本と商品の所有者の手には利得が流れて来た。植民地や半植民地が必要なのは、資本のために利潤や原料や市場や廉価な労働力等が確保されるからである。赤手空拳で満州や支那に行つても、内地と同じく貧乏する以外に方法はない。奪つたり奪れたりは…………である。相手を倒すか自分が倒れるかといふ競争によつてのみ存立し得る各国の資本の競争が、植民地を必要とし、国際間の対立と××の危険を作り出すのである。（「民族主義の現代的意義」『改造』一九三六年一月）

伏字混ざりではあっても、いずれも論旨は明快だ。「優生学」推進派の過剰な危うさや、資本主義が帝国主義の論理と結びつき、植民地や労働階級が搾取される構図が、批判の対象として露わになっている。あるいは、木下半治「最近米国の黒人運動」(『改造』一九三五年九月)もまた、アメリカの労働運動において、「無産階級解放」が白人の問題に限定されてきたことを批判しつつ、「白人労働者は黒人労働者が奴隷化されてゐる限りは決して自己を解放し得ない」というマルクスのテーゼへの言及があり、階級闘争と人種闘争を結びつける議論が企てられている。

こののち、平林たい子が「ファシズムのバンドがいよ〳〵強く胸を締めつけるやうになつて来た」(「女性時評」『改造』一九三七年一月)と述べたり、戸坂潤が「日本ファツシズムの結局の発展」を背景に「いつしか非常時の声は準戦時体制の声となりやがて全くの戦時体制となつた」と整理するように日本の「ファツシヨ化」が恐ろしいほどの速度で進行していくわけだが、それと同時に「無産政党の大進出」が見られもしたのだった(「一九三七年を送る日本」『改造』一九三七年一二月)[17]。マルクス主義が「凋落」した後にも、拮抗する論理構図があったのであり、つまり、対立軸をもちながら協働する構図のなかで、国家主義、断種法、民族衛生学、人口調節の延長に「移民」問題が重ねられていることが読まれよう。

佐藤俊子のテクストをメディアに戻して眺めてみれば、民族や人種をめぐる話題を通じて、ナショナリスティックな中心点を社会主義的正しさの側に移動させようとする言説と近しい場所にあることは判然としている。「小さき歩み」三部作のなかで示されるのは、主人公ジュンが、社会主義理論に精通した思想家である白人男性とのかかわりを通して、運動が示す理想的な正義に近づいていくという物語である。資本主義社会がもたらす人種、宗教、民族をめぐる差別は批判され、ジュンは、資本主義や帝国主義が作り出す差別の構造が、階級と人種差別を複合させた力学を伴っていることを知る。登場人物の語る労働者運動の論理、白人に圧迫される側から発せられた人種差別への批判は、マルクス主義的論者の主張と似通い、通じ合っているといえよう。

移民をめぐる問題構成に関しても、同様の共鳴が見て取れる。世界各地で日本人移民がおかれている状況は「移民の受難期」といった言葉で語られるが(柏峰太郎「岐路に立つ我がブラジル移民」『改造』一九三六年九月)、自身もハワイ移民二世である中島直人による「第二世留学生の悩み」(『改造』一九三六年八月)では、二世留学者たちの内実が問題化されている。[18] 日系米国市民の現状を取り上げたこの記事は、二世たちが日本に留学しても十分な環境がないこと、日本内地の男女とは結婚しにくいという立場、一世たちとの差異などを叙述するのだが、中島は、こうした二世と、「教育の洗礼も受けずに出稼いだ」第一世代とを対比し、記憶のなかにある「見すぼらしい如何にも昔の移民を思わせる」老人の姿を、第一世代の苦難を象徴するものとして書き留めている。

佐藤俊子のテクストにおいても、移民に対する排撃運動の論理は見えやすい形で物語の背景を作り出しており、[19] 主人公たちはそれぞれ、白人中心主義的世界観に抵抗する根拠を探し当てようとする。あるいは、二世たちの抱く人種の意識が、親である一世たちとは差異をもっていることが強調され、つねに移民社会のなかに横たわる一世と二世の対立や葛藤が問題化されている。「カリホルニア物語」では、自らの能力と才能でアメリカ社会において成功を勝ち取ろうとする主人公ルイと、ルイを日本に留学させて安定した結婚をさせようとする母との間には認識の相違がある。「小さき歩み」三部作では、「外国移民に対する侮蔑を外から感じた二世は、自分の親達を侮蔑するやうになる。悲劇がこゝから生れる」という言葉が象徴的フレーズとして設定され、二世が侮蔑の感情によって親の世代との間に距離をもつことが問題化されるのだ。

ナショナリズムに裏打ちされた論理に対する対抗的言説と歩調を合わせる佐藤俊子の小説は、その設定や構造において、同時代の、伏字に取り囲まれた正義と響き合ったステレオタイプを小説にのせて描いているようにも見える。

3　移動の物語をジェンダー化する

ところが、佐藤俊子のテクストと移民を主題とした論理や物語を比較してみると、移動とジェンダーという観点において、偏差が見受けられる。まず第一に、移民二世である女性の移動が物語の主旋律を描いている点で、定型を逸脱している点が挙げられよう。水田宗子は、一九世紀以降の教養小説のなかで、男性主人公の「放浪」は成長や自己形成を促す大きな要素であったのに対し、女性の放浪には性の放浪、放縦、転落という否定的なイメージが伴われていたが、林芙美子『放浪記』（改造社、一九三〇年）ははじめてそれを変転させることに成功したと指摘する[20]。実際、内地から外に向かって移動し、放浪する男性たちの成長や冒険を発見するのはたやすく[21]、同じように、移動によって女性が性的に堕落してしまうという典型的な話形を確認するのも難しくない[22]。その意味で、とくに二世の女性の経済的自立をテーマとした「カリホルニア物語」は、『放浪記』と同様に、移動の物語に反転的な運動を介入させたテクストだといえるだろう。

ここで、「カリホルニア物語」における移動とジェンダーの相関を検討するにあたり、石川達三「あめりか」（『改造』一九三六年八月）を補助線として参照しておきたい。周知のとおり、石川達三は前年の一九三五年、ブラジルに渡航するために集まった移民たちが船に乗るまでの八日間を描いた「蒼氓」で第一回芥川賞を受賞している[23]。「一団の無知な移住民を描いてしかもそこに時代の影響を見せ、手法も堅実で、相当に力作であると思ふ」（菊池寛）と評価を受けたその男性作家が短篇「あめりか」のなかに描きだすのは、移動をめぐるジェンダー構図のステレオタイプにほかならない。

さて、この「あめりか」は、日本に留学中のアメリカ日系二世の青年を中心に、この青年に恋情を抱いた二人の看護婦の心情を物語化したテクストである。二人の看護婦青木のぶと笠井ふき子は、入院患者であった青年・杉山に心を寄せる。あらかじめ、二世は日本人女性とは結婚できないという法律上の制約を告げられているものの、それぞれ思いを募らせている。

青年・杉山は、離婚経験もある年上ののぶの「ひそやかなためらひ勝ち」の愛情より、「処女の羞恥」に裏打ちされたふき子の「率直な大胆さ」を好もしく思う。ふき子はたとえ数ヶ月間の幸せでも構わないと、アメリカに戻る予定の杉山となかば強引に同居し、恋に破れたのぶは、ひそかに一人でアメリカへ行く決意をする。のぶの想定するアメリカ行きは、現在の閉塞を破るための選択肢として思い描かれるが、女が一人でアメリカに行くことは杉山によって「娼婦に墜ちる事」に等しいという意味づけを被るのだった。物語の時間が進行するのにつれて、のぶの意識は次第に、堕落の物語の方へ引き寄せられていく。

「怖くないわ」と青木のぶは反抗的に言つた。言ひ終つてから始めて、怖いものか！　と思つた。ふき子は愕いて声をあげて笑つた。そして笑へば笑ふほど青木のぶは反抗的にふき子を圧倒しようとした。

「あなたどうかしてるのね」

けれども今青木のぶに取つて、娼婦に墜ちる事は少しも恐ろしいとは思はれなかつた。〔…〕

「もう分つたでせう。さう言ふ淋しい一万五千人の日本人達にせめて一夜の慰安でも与へる事が出来れば、私思ふの、女として、これ以上尊い、これ以上崇高な仕事つてあるかしら。ね、笠井さん、私、自分で卑しいと思はないわ。どこの奥さん達よりも立派だと思ふの、……一生の仕事として」

一生の仕事として無上のもの、神も国家も共に許して呉れる崇高な仕事だと思つた、この身が粉々に砕けるまでやり通さうと決心した。その昂奮は一体何であつたらうか。

ふき子と杉山の恋愛に対抗するように、のぶは「日本移民」のために「娼婦に墜ちよう」という決意を自分のものとしていく。「国策の犠牲」として「自ら求めて愛国の売笑婦」になるのだ、というこの決意を、ふき子は冷淡な気持ちで眺め、また杉山は「絶対に賛成出来ません」「大変な間違ひだと僕は思ふんです」と否定し、「日本の為の何の忠義にもならない」「卑しい事」と、思いとどまるよう語る。

ところが、のぶの決心は彼女自身に「幸福」「勝ち誇った気持ち」をもたらし、彼女を「快活な開けつ放しな女」へと変容させる。そしてふき子もまた、「モダン」な女となってアメリカに行こうとする女の態度に影響されずにはいられない。ふき子は「不思議な侘しさ」「焦立たしい気持」を強め、「ふと青木のぶの将来に輝く様な魅力を感じ始めた。自分こそは不幸を求めて了つたもの、様に思はれた」。杉山はのぶのふるまいに狂気の徴候を読み取り、語りもまた彼の認識に同調するが、テクストはふき子の「泣きたい様な気持ち」を告げて閉じる。

女性の移動を問題化する短篇「あめりか」は、移民をめぐる現状を女たちの「間違ひ」含みの堕落によって表象し、物語的な彩りを上演する。この定型的な物語からは、女性の移動がつねに性的な意味づけを受けること、移動する意思に恋愛というファクターが重ねられること、移動によって階級的な下落が印象づけられることとが明瞭に読み取られるだろう。

しかしながら佐藤俊子が「カリホルニア物語」に設定した二人の女性主人公は、そうした物語イメージを覆すための軌跡をそれぞれ現象させる。芸術の才能と幸運に恵まれた日系二世のルイは、母が娘に「日本のお嫁さん」として安定した結婚を望むのに対し、反抗する。「結婚以外に、人生を最も美しく生きる道を理解したルイは、この終局へ行き着くまでは結婚をしたくなかつた」と、母の願望を拒み、芸術家としての成功をつかみとろうとするのだ。ルイは日本に留学し、自分の意思でアメリカに戻る。仕事を得るためにニューヨークへ行き、さらなる成功を目指してメキシコに行く。ルイの移動には、学びや成長が伴われ、恋愛や性的な意味は一切関わらない。

一方、自らの能力によって経済的に自立する女性像を体現するルイの幼なじみで、姉妹のように育ったナナは、「父の圧迫」に呪縛されて自分の意思を貫くことの叶わない、受動的な性質を与えられている。ナナには「恋を語り合ふ青年」がいたが、父の反対にあい、恋を諦める。恋人は日本に就職することが決まり、彼女は幾度か、父の禁止を振り切り恋人を追って日本に行こうとするのだが、「其れを断行する時になると、ナナはルイの介添の手を振りほどいて後退りした」。すなわちナナは、恋愛と結託した移動、性的なイメージを付与された移動を選択することのできない女性主人公である。

一見したところ、定型的な双子型ストーリーであり、シンプルな二項対立に司られた物語構図をもったこの小説に、移動とジェンダーというテーマを掛け合わせると、定型を崩す力学が鮮明なまでに可視化されることを読み落としてはなるまい。ルイは女性ジェンダー化されたのとは異なる移動の軌跡を現象させ、ナナは女性ジェンダー化された移動の物語を生きることを拒む。ルイもナナも、それぞれ異なる方向に向けて、女の移動の物語を書き換えているのだ。

ルイの職業的成功が進むのにつれて、ナナの人生は不幸にまみれていく。親の借金のため「日本の古い封建主義」の犠牲となって、望まない結婚をする。婚家では理不尽に虐待され、威嚇され、嘲笑され、「暗い家」のなかに閉じ込められる。思いあまってルイのもとを訪れたナナは言う。「どんなに従順にしても、あの人たちには足りないのです」。「私には何を悪いことをしたのか分らない。だのに私は毎日々懲罰をされてゐる。目に見えない懲罰を。其れが何うしてなのだか自分にはちつとも分らない」。

逃げ出さないナナのことを、ルイは根本的に理解できない。「負けてはいけない」というルイの言葉が、ナナにどのように伝わったのかも直接語られない。

ナナの不幸は加速する。懐妊したことが判明すると、姑が「結婚前の子ではないか」と、かつての恋人との性的関係を疑い、誹謗する噂が流れ出す。アメリカ人の医師は結婚後に妊娠したと診断し、またナナ自身の視点から「自分の肉体に触れた男性は自分と結婚した其の人一人であつた」ことが示されるが、姑の疑惑が消えることはない。ナナは「自分をクリアリイにしたい望み」だけを強く心に抱く。

ルイとナナは擦れ違いながら移動の物語を更新する。ルイは、ナナは「間違つた方へ導かれた」が、出産して「間違つた生活の結晶」を残せば償いが済み、「ナナは元に引返すことが出来る」と考え、「自分の力で自分の生活へ踏み出すことが出来るやうになる」ための場として、二人で生活する空間を呈示する。しかしナナは、「自分は何所へ引つ返すのだらうか」と自問し、ルイの提案を受け容れることなく、別の途を選ぶのだった。

ナナがオリーブの樹の下で自殺した記事を、ルイはメキシコの旅の途中で、英字新聞で見た。

この美しい日本人娘が服毒して自殺してゐたのを発見したのは通行人の白人であつた。娘は遺書を持つてゐた。小さい紙片れに鉛筆で書いたもので、「自分は女のモーラルを守つて死ぬ。」と云ふ短い英文であつた。

この言葉は謎のやうで、日本人たちにも分らないのである。

斯う云ふ記事が加へてあつた。

表層に近いところで解釈すれば、二つの理解不能性がせめぎあっているといえる。「女のモーラル」は「日本的封建主義」に引き寄せられたものであり、「白人」たちにその意味はわからない。また、英文で書かれた短文は、英語を解さない「日本人」には読めないかもしれない。ナナの遺書は、二重に理解から隔てられたことになる。しかし、もう一歩踏み込んで考えれば、二つの文化の間でナナが決断した「女のモーラルを守る」こと、「自分をクリアリイにする」ことは、ナナに最も近いはずのルイにも理解不能な言葉だった。

そこにあることはわかる。しかしその意味を知るためには、謎を解く必要がある。謎を解く努力をしなければ、そこにある、という事実しか確認できない。理解の届かない「この言葉」をテクストの末尾に残して、ナナはこの世界から消えていく。すなわち、「目に見えない懲罰」に耐えかねたナナが鉛筆で書きつけた文字は、伏字と類縁化させられているのだ。

4　消される文字、消える女たち

明治期の検閲制度を文学的な著作物や文学者のありようと関わらせて検証したジェイ・ルービンは、「日本の検閲制度の根拠をなしていたものは、財政面からの威嚇」であったとし、その理由について「事前検査よりも、印刷済み出版物の販売頒布の禁止を重視していた」点を挙げている。[24] 著者や編集者は「検閲官の内面にある基準を想像しながら」発売頒布禁止を免れようとし、その行為において統制システムの一部に組み込まれていく。そこでは、「新規の参入者は排除」されやすい。[25] そうした側面から振り返ってみれば、対立や攻防のなかに、システムを媒介にした男たちの絆と連帯が仄見えもするだろう。[26]

統制と検閲を基軸としたこのホモソーシャルな文学共同体の絆を念頭に、そこにあるのに読めない、という伏字の効果を、[27] 承認の問題と関わらせて考えてみたい。『改造』誌上からもう一篇ここに呼び寄せるのは、『放浪記』の著者、林芙美子が書いた短篇「市立女学校」(『改造』一九三六年二月)である。卒業式を目前にした女学校を舞台としたこのテクストが展開する、伏字、書き落とされるもの、語られないもの、抹消されるもののリンケージは、「カリホルニア物語」のナナの遺書と共通する問題系を描いていると思われるからだ。

視点人物は卒業を控えた五年生の「垣島さわ」だが、その内面が詳細に描写されることはなく、語りは女学校という場で起きた出来事を読者に呈示していく。上の学校へ行くと言いふらしているものの、実際には卒業と同時に働く先を見つけなければならないさわは、いつも「生徒達の埒外」に置かれるような、反抗的でおそろしく孤独な少女である。「教室の空気からは何時も空気穴を抜けて逃げてゐるやうな状態」にいる彼女はしかし、「平凡な風姿」ではありながら「学校中に目立つてゐて、廊下を歩いてゐても色々な眼がさわを知つてゐた」。

あるとき、隣家に住む一年生の少女が、初潮をコレラに感染したと勘違いしてさわの教室を訪れる。

さわは自分のハンカチや、かづ子のハンカチをざぶざぶ水に濡らして丁寧に拭いてやつてゐたが、何時か怒りとも悲しみとも形容のつかない胸苦いものがこみあげて来て、低く声を立てゝ泣いてゐるかづ子の頬をぴしやりと殴りつけた。だが殴りつけたことに愕きながら、自分も本箱の硝子戸に顔を押しつけてさわは泣き始めた。二年間、無形な罰のやうに、月々不快なものに苦しめられて来た××へ云ひやうのない憎しみを感じてゐた。女だけなのだらうかと、さわは何故女だけなのだらうかと神のやうなものへ「何故なの」と尋づねる気持ちであつた。

政治的な主題も選ばれず、過剰に性的な表現も見受けられないが、この小説は語ることをめぐる忌避の力学を可視化するテクストである。月経や生理を思わせる叙述のなかに「××」という伏字が遠慮深く現われ、いくつか場面が展開したその後で、帰宅したさわは、半分事情をきいたらしい弟に何故かづ子を殴ったのかと問われ、「知らんよ!」とそのエピソードを省略して語らない。さわが憤るその「無形の罰」とは、あることは知っているけれどないものとされる、「女だけ」に適用される記号の論理にほかなるまい。伏字の周囲に構成されるのは、語ることに加えられた目に見えない圧力である。

引用部に続く場面では、謝恩会の出し物の人選が行なわれ、黒板に「富有な娘達」の名が書きつけられている。さわが知らぬ顔をしていると、誰かが「垣島さんは？」と声を上げ、級長が「渋々最後にさわの名を書き添えた」。裕福な家に生まれついたこの級長は、さわが「私生児」であることを級友たちに告げ口するような女子生徒ではある。だが、物語内容のレベルではなく、表象をめぐるコードを分析するなら、この場面は、「埒外」にありながら目立つこと、つまり、そこにいるはずなのに例外化されるという、伏字に相同する構造を象徴する風景として立ち現われてくるだろう。

さわは、黒板から名前が書き落とされるだけではなく、修学旅行に参加できないこと、あるいは、上級の学校を目指すグループに含まれながら、周囲から実は受験しないであろうと目されることによって、幾度も排除の力学にさらされる。むろん排除されているのはさわ一人ではないが、彼女が排除の印を被るとき、伏字の効果が印象的に現われることに着意しておきたい。

受験希望者たちと国語の課外教授を受けるさわが取り組むのは古事記であり、「天皇木幡村に到りませる時にと云ふあたりが好きで、町で逢はれた美しい娘に与えられた歌を節をつけて暗誦するのが堂にいつてゐた」。だが、授業を受けに行くたびに「垣島さんは、本当に試験を受けるのですか」と、女性教師・米近から意地悪く穿鑿され、さわは仲間のなかから一人、資格を問われて疎外されてしまう。テクストは周到に記号としての天皇を配置し、この場面のほかにも、女学校の寄宿舎で火事があった折、御真影が焼けなかったことを読者に告げている。つまり、女学校の記号的中心が「天皇」にほかならないことを、小説の言葉は隠さず記述しているというわけだ。

卒業式の直前、卒業写真を撮影する場面では、五年生が女学校から卒業していなくなるだけではなく、すでに姿を消し、この場から抹殺された存在のあることが示される。

都井芳江がさわの肘をこづいて、「なア、郡田先生はどうしたんぢやろかねえ?」とさわに耳打ちしてきた。さわは愕いたやうに、「本当になア、どうしたんぢやろうか」と、仁科の横から前列へづつと眼をやつてみたが、郡田ゆい子の姿は見当らなかつた。さわの後にゐた河野春恵が、「米近先生も郡田先生も止めたんよ。郡田先生は中学の先生と逃げてしまうたんぢやと云ふて書記の後藤さんが教へてくれたぞな。」とつぶやいてゐる。さわも、芳江も息をとめて顔を見合はせた。教室の窓々からは鈴なりになつて、小さい生徒達が眺めてゐる。生徒達も教師達も、長い事陽に晒されて写真機の前に緊張してゐたが、軈《やが》て写真屋は気取つてシヤツタアを切ると、蛇腹の長い写真機を畳んで帰つて行つた。

生徒からの尊敬を集めていた郡田先生は、修学旅行で同僚に酒を飲まされ、生徒の前で男性教師に「しなだれかかつた」姿が目撃されたという「不仕末」によりすっかり評判を落とした上に、男と逃げた、という噂のなかで学校を去る。そして既婚者の米近先生もまた、妊娠が原因で校長ともめたのではないかという生徒たちの憶測と、「時々、生徒の乳をおさへると云ふ厭な風評」がたつ教頭に侮辱されて辞表を叩きつけたという事実の間を揺れながら、学校からいなくなる。性をめぐる印をつけられた彼女たちが、公的な空間から締め出されていく様が、鈴なりになった小さな生徒たちの視界のなかに、いるはずなのにいない人、として書き留められる。この場面では、正当に承認されず、誤認される女性が資格を奪われて抹消されていく構造が一枚の写真を通してあらわになっている。それはまた、かつて佐藤俊子がそうであったように、そしていまもなお制度化された評価様式のなかで仲間として認められることのない、例外化され、女性ジェンダー化された書き手に与えられた場所を指し示してもいるだろう(28)。

卒業して学校から去る主人公は、消される女たちの側にいる。そこにいることの資格を剥奪され、排除の力学にさらされてきたことに加えて、さわと男性教師との間に、ゆるやかに惹かれあう感触が描かれ、間近く迫った性愛の空気が、彼女の身体を囲み取っているからだ。

ところで小説の冒頭には、その男性教師が黒板に書きつけた試験問題を「一つ一つゆつくり消してゆきながら、

「そのあとへ、一、修学旅行、二、運動会、三、謝恩会、四、卒業式、五、社会、六、？　と大きな落書きをした」さわの行為が、「そこは結婚と書くんぢやないかの」と大きく笑った友人の応答とともに示されていた。さわが示した卒業後の終着点「？」は、謎であって謎でなく、「結婚」という記号によって埋められながらも、消される女たちの行方によって、結婚からの逸脱が同時に想像される女たちの時間を意味しているだろう。

佐藤俊子や林芙美子のテクストを、文学的に評価する／評価されない、あるいは文学史的に評価されない／現在において再評価する、といった二元的な選択肢のなかで検討し、位置づけることは、禁止という評価、忌避という配慮が曖昧に交錯する日本語の文脈にあっては、マイノリティをめぐる誤認の構図を延命させることにしかつながるまい。だから最後に、これらのテクストを現在と接触させて批評することを、本論の着地点として示しておきたい。「カリホルニア物語」のナナも、「市立女学校」のさわも、伏字的な効果を吸引する主人公である。いずれも、在るはずなのに見落とすことのできる感性を派生させる文脈を問うているといえよう。彼女たちはそれぞれに、目に見えないものを、見えないという手触りとともに継続的に表示する。見えなくされた懲罰は、GHQ体制下の検閲制度のなかで、その痕跡を剝ぎ取られ、検閲という行為自体がはじめから存在しないかのような形式に置換されることになるが[29]、それでも、日本語の文字の記憶のなかに伏字の感触は残存する。

「見えない」ことは、見ないで済む読者のポジションを積極的に許容する。わたしの場所からは見えないのだから仕方がない、というわけだ。日本語のなかにある差別＝物語の原理は、物語に内在する補充可能な空白によって、暴力的な理解の様式を育て続けてきたといってよい[30]。

小説の言葉は、語られながら不可視とされてしまうもの、語られていないのに定型によって理解されてしまうマイノリティの存在を、システムが要請するのとは異なる回路を編みなすことで拾い上げようと、その細部を膨張させる。「市立女学校」の最終場面では、白い運動着に着替えたさわが運動場に出て行き、「汚れて煮〆たやうな皮のふつとぼをる」を「思い切り高く空へどおんと蹴りあげ」る。「弾んで青空からくるくる墜ちて来る奴を乳房の上へどしんと受けてはまたどおんと蹴りあげる。乳房で受ける、また蹴り上げる」。気の遠くなるような気持ちで身体をほてらせた「さわの蹴りあげる鞠の音が、間断なく狭まい校舎の棟へ鈍い音をたて、響いてゐた」。ボールも彼女の身体も、他者が暴力的に当てはめようとする意味を躱《かわ》し、遠ざける。

テクストを振り返ってみると、その音は唐突に現われたのではない。休み時間に、運動の時間に、女学校の生徒たちが蹴り合う「ふつとぼをる」の音は、テクストの後景でたしかに何度も鳴っていた。さわが蹴り上げる「鞠の音」に重ねられるのは、聴き取られ声として意味づけられることのなかった音の存在そのものにほかならない。音の感触に消される文字の痕跡をかけあわせ、誤認され排除され、抹消された他者の存在を受けとめようとするならば、小説の言語を批評する地平に立った読者によって、音は、意志を携えた者たちの声として読み取られるはずなのだ。

注

（1）紅野謙介『検閲と文学』（河出書房新社、二〇〇九年）。

（2）沖縄県立美術館検閲抗議の会編『アート・検閲、そして天皇』（社会評論社、二〇一一年）。この本の冒頭で、小倉利丸が事件の概要についてまとめている。《遠近を抱えて》は、一九八六年に富山県立近代美術館において作品非公開処分を受けており、それが沖縄での検閲事件の前提となっていること、また、出来事の過程におけるキュレーターの態度が議論の対象とされていること、さらには沖縄という場に天皇制をめぐる表現や議論が接続されたときの問題構造など、事件をめぐる論点が整理されている（小倉利丸「ふたつの検閲をつなぐもの」）。

（3）徐京植「「サンシャイン」と「シャドウ」」（前掲『アート・検閲、そして天皇』）。

（4）新城郁夫「美の治安」（前掲『アート・検閲、そして天皇』）。

（5）とりわけ現代小説をめぐる真摯な責任感と沈黙を怖れるオブセッションとの交錯については、「廃墟への依存——現代小説が描く破壊された近代」（『大妻国文』二〇一二年三月）で別に指摘した。

（6）なお、考察対象時期と現在の間にはもちろん占領期の検閲の問題がかかわるが、それについては別稿に譲りたい。

(7) 林秀彦『左翼検閲』(啓正社、一九八三年)。タイトルからは、左翼的な言説が国家によって検閲を受ける状況が想像されるが、主意は「日本共産党を筆頭とする左翼勢力」や「いわゆる『民主的団体』等による抗議・要求」が政治家の言動や報道メディアを「検閲」している「日本の現実」への批判にある。

(8) ひとつの定型としてここに引用したのは、*Index on Censorship, The A-Z of free expression*(『表現の自由と検閲を知るための事典』田島泰彦監修、明石書店、二〇〇四年)でキャサリン・マッキノンを批判する、ロナルド・ドウォーキンの言。なお、キャサリン・マッキノンとアンドレア・ドウォーキンの起草した反ポルノ条例に内在する反動性については、フェミニストたちによる批判的検証をまとめた『ポルノと検閲』(アン・ストノウほか著、藤井麻利・藤井雅実訳、青弓社、二〇〇二年)がある。

(9) 当時を知る小田切秀雄による「解説」から引用(『田村俊子作品集』第一巻、一九八七年、オリジン出版センター)。

(10) ゼロ年代の研究成果を代表するものとして、渡邊澄子編『今という時代の田村俊子──俊子新論』(至文堂、二〇〇五年)があり、最近では、カナダ移住以降の作品や中国における活動などに力点を置いた論文が数多く執筆されている。さらにこの『田村俊子全集』(長谷川啓・黒澤亜里子監修)の刊行により、研究史は更新されることであろう。

(11) 小林裕子「寄港後の居場所」では、労働運動への関わりが俊子自身の人間的欲求とややずれ、知識や理想のレベルに留まっていたと論じ、俊子を「遅れてきたプロレタリア作家」と呼んでいる(前掲『今という時代の田村俊子』)。

(12) 呉佩珍「ナショナル・アイデンティティとジェンダーの揺らぎ──佐藤俊子の日系二世を描く小説群にみる二重差別構造」(筑波大学文化批評研究会編『〈翻訳〉の圏域』二〇〇四年)は、これらのテクストに現われる人種差別、性差別、アイデンティティなどの問題群が、当時の国策としての移民を批判したものであり、日本社会内部の差別構造を暴き出したものと評価している。

(13) Jay Rubin, *Injurious to Public Morals*, 1984, University of Washington Press.(ジェイ・ルービン『風俗壊乱』今井泰子ほか訳、世織書房、二〇一一年)。

(14) なお、一九二〇─三〇年代の『改造』誌面構成や雑誌戦略、ライバル誌としての『中央公論』との関係などについては、十重田裕一「出版メディアと作家の新時代」(『文学』二〇〇三年三・四月号、岩波書店)を、「民族」や「植民地」の記号的価値が商品化された問題含みの場の力学については、高榮蘭「出版帝国の「戦争」」(『文学』二〇一〇年三・四月号)を参照した。

(15) 中谷いずみは、一九三七年にベストセラーとなった島木健作「生活の探求」について、「進むべき道を見失っている」青年たちの設定を条件づけるのが、「左翼運動後の混沌とした時代」としての同時代の言説状況であり、「生活の探求」が「マルクス主義思想にいっさい言及することなく、それが隆盛した時代を本来的ではない時間として排除することに成功した」テクストだという興味深い指摘をしている(『その「民衆」とは誰なのか』青弓社、二〇一三年)。あるはずのものを「空白」にするテクストの構図は、伏字をめぐる言説論理と相同的であろう。

(16) 女性雑誌を中心に、国民優生法制定までのジャーナリズムにおける「優生記事」を調査した斉藤美穂は、安田のものも含めて少数ながら存在した国民優生法反対の記事は、いずれも「遺伝研究の不完全」を指摘し、論拠としていると指摘する(「女性雑誌にみる優生思想の普及について」、近代女性文化史研究会『戦争と女性雑誌』ドメス出版、二〇〇一年、所収)。

(17) 一九三七年の総選挙で、「無産政党」である社会大衆党は反ファシズムへの期待とみられる票を集めて三六議席を獲得、「大躍進」したが、社会大衆党にはファシズムに連帯する論理が内在しており、のちに全体主義に寄り添っていく。なお付言すれば、この年の一二月には労農派系の知識人が一斉検挙される人民戦線事件が起きるが、メディアには人民戦線に対する期待というベクトルが存在していた。

(18) 移民二世作家としての中島直人の足跡や、ハワイと日本のあいだを生きた「二重意識」については、日比嘉高『ジャパニーズ・アメリカ』(新曜社、二〇一四年)を参照。

(19) 移民のトピックについていえば、一九三六年に「満州開拓移民推進計画」が決議され、三七年からは国策として満州への移民が本格化するなかで(満州移民史研究会編『日本帝国主義下の満州移民』龍溪書舎、一九七六年)、満州移民は特別化され、移民イメージは分節されることとなる。移民のトピックにおいても、俊子のテクストは移動する議論の境界上に位置しているといえるだろう。

(20) 水田宗子「放浪する女の異郷への夢と転落――林芙美子『浮雲』」(岩淵宏子ほか編『フェミニズム批評への招待』學藝書林、一九九五年)。

(21) たとえば、大鹿卓「野蛮人」(『中央公論』一九三五年二月)では男性が台湾に移動し、大きな変貌を遂げる。頴田島一二郎「待避駅」(『中央公論』一九三五年一月)では、「淫売屋」を営む叔母について大陸に渡った主人公が、堕落する女たちを観察することを通じて成長する。あるいは、朝鮮半島へ移り住んだ二人の男を主人公として対比した、湯浅克衛「移民」(『改造』一九三六年七月)など。

(22) 前注「待避駅」には男性と女性との間の対比がくっきり現われているし、同じ顎田島一二郎による「国境樵歌」(『中央公論』一九三五年八月)もシベリアに渡る娼婦が描かれる。こうした定型には、明治期以降の「海外醜業婦」をめぐるイメージが作用しているだろう。

(23) 一九三三年『改造』において選外佳作となり、三五年同人雑誌『星座』に発表された。さらに第二部「南海航路」、第三部「声なき民」が書き継がれ、三部作として完成した。

(24) 前掲『風俗壊乱』。

(25) 紅野謙介「明治期文学者とメディア規制の攻防」(鈴木登美ほか編『検閲・メディア・文学』新曜社、二〇一二年)。

(26) 一九三四年「文芸懇話会」が設立された経緯をとりあげ、五味渕典嗣は検閲を媒介とした既得権益をめぐる攻防について、新規参入者にとって「障壁」となる規制が、内部にあるものにとっては「過剰な競争の緩和と保護」でありえた点を指摘している(「甲斐のない多忙」『文学』岩波書店、二〇一〇年三・四月号)。

(27) 「伏字は、削除の跡を示すことによって削除されたものを逆に存在させてしまうパラドックスを持つ」(鈴木登美「検閲と検閲研究の射程」、前掲『検閲・メディア・文学』所収)。

(28) かつてナンシー・フレイザーは、バトラーとの論争のなかで、「正当に承認されないこと=誤認(misrecognition)」について、それは単に周囲から貶められるだけに留まらず「社会的相互作用にふさわしい相手としての資格を否定され、社会的生活への仲間としての参加を禁じられること」を意味し、不平等分配の問題というよりは「制度化された解釈/評価様式の結果」であると定義している(Nancy Fraser, "Heterosexism, Misrecognition, and Capitalism", in *New Left Review*=「ヘテロセクシズム、誤認、そして資本主義」『批評空間』一九九九年一〇月)。

(29) 十重田裕一は、内務省の事前検閲が行なわれていた時期、出版社が用いた「伏字」による自己検閲は「メディア規制の痕跡を明示化する」ものであり、文学者や編集者にとって「検閲に対する抵抗の証」としての側面もあったと指摘する。それがアメリカによる占領下、GHQ/SCAPによる検閲が事後検閲に移行すると、「削除の痕跡を示さない検閲」は「実施を明示的にしない特色」をもつことになる(「内務省とGHQ/SCAPの検閲と文学」、前掲『検閲・メディア・文学』所収)。

(30) 中谷いずみによる、民衆という表象を媒介に考察した「空白」の論理をめぐる批評的地平は、日本語の検閲的ロジックを検討する上で示唆的である(注15参照)。

植民地朝鮮における興行市場の病理学と検閲体制
――「アリラン」症候群をめぐって

李承姫《イスンヒ》
翻訳：金泰植

1　「アリラン」症候群

一九二六年一〇月一日に映画館・団成社で無声映画『アリラン』が封切られた時、この映画がこんなにも長く深い余韻を残すだろうとは、誰も想像しなかった。もちろん当時の論壇は、この「朝鮮映画」の成功に惜しみない賛辞を送ったし、監督でもある羅雲奎《ナウンギュ》をはじめとする出演俳優に対する期待を抱いた。しかし、時が経つにつれ映画に対する愛着と期待はそれを上回った。映画『アリラン』は非常に長い間上映された。「アリラン」をキーワードとする翻案、芸能などの文化物が演劇・舞踊方面で製作され脚光を浴びた。またその歌はレコードを通じて流通し、ラジオからも「アリラン」が流れ出た。民謡「アリラン」が様々な文化物に挿入される事例は、より頻繁だった。無声映画に触発された「アリラン」の語りと情調は、大衆文化物が取らなければならない一つのアイコンとして浮上した。このような反響は、映画『アリラン』あるいはこれを受け継いだ語りと情調に対する否定的な評論の登場からも探すことができる。羅雲奎が映画『アリラン』の後編に該当する『アリランその後の話』（一九三〇年）を製作・公開した時、これをめぐって数ヶ月の間、激烈な論争が起こり、その余波によって明らかな「反アリラン」文化物の演劇まで製作された。しかし「反アリラン」言説はそれ以上展開しなかったし、その過程でも「アリラン」はいかなる致命的な傷もうけなかった。むしろ映画『アリラン』は、植民地時代を通じて観客が最も愛した映画となった。

もちろん、この現象は映画『アリラン』の力だけで可能になったのではない。ここには民謡「アリラン」の歴史が結びついていた。郷土民謡であった「アリラン」は、すでに一九世紀末に通俗民謡として広く人気がある歌になっていた。(1)しかし、大衆歌謡の主導ジャンルに浮上した雑歌領域における「アリラン」の地位は絶対的ではなく、映画『アリラン』封切り当時だけでも、通俗民謡「アリラン」の種類はまだ多くなかった。しかし、先行研究が共通して指摘しているように、一九二六年の映画『アリラン』が一つの分岐点となった。通俗民謡「アリラン」の量的増大あるいは多種のレコード発売のきっかけとなり、一方では映画の主題歌として編曲された本調「アリラン」が、地理や世代、性別、階層そして文化的差異を超えて「民族」の表象として正典化したのだ。(2)言ってみれば、映画『アリラン』は通俗民謡「アリラン」に根を置いているものの、「アリラン」に新しい記憶を付与した歴史的事件であり、これを契機に通俗民謡「アリラン」がより一層活性化したのである。一九三二年頃からの通俗民謡の全般的な萎縮にもかかわらず、唯一「アリラン」だけが一九三三―三七年の間にその供給と消費が最も活発だったのは、(3)映画と歌の、このようなシナジー効果のおかげだった。

フィルムが流失したとはいえ、「アリラン」の大衆的反響をはじめとする歴史的な出来事は、映画『アリラン』が「種族映画」として神話化するのに決定的な役割を果たした。より正確にいうならば、フィルムが失なわれたからこそ、様々な傍系資料により想像されたもう一つの「アリラン」が可能になったとも見ることができる。当時、活動した映画関係者の「記念碑的」な回顧録においてもそうであり、金蘇東《キムソドン》監督のリメーク映画『アリラン』(一九五七年)は、伝えられた記憶により事実をはるかに超えた余剰物になっていたし、李英一《イヨンイル》の『韓国映画全史』(一九六九年)は、これを学術的な次元で確定する画竜点睛のような役割を果たした。しかしこのような神話化が多少の過剰さを伴ったため、映画『アリラン』を脱神話化することは手順としても必要なことだった。概してこの神話はがしは、この映画を「種族抵抗のリアリズム」として説明してきた通説を批判しながら、この映画のしかけを客観化することに傾注した。その結果、映画『アリラン』の大衆性が新しく注目され、特に「新派」と「活劇」という二つの物語的属性を持った歴史的文脈が浮かび上がった。[4]〔「種族」という耳慣れない言葉を用いているが、これは「人種」「民族」などとも重なりながら朝鮮人を全体として指す言葉として使用されている―編者注〕

それにもかかわらず、私は「アリラン」症候群、あるいは映画『アリラン』の神話化という一連の現象を不思議に思っている。脱神話化を目指した説得力ある議論は、映画『アリラン』に厚くかかっている靄を相当程度に取り払ったが、そういう現象が必然的にあらわれた事実自体を消すことはできなかった。しかも、それ自体が私には病理的な現象として見えてきた。この病理性はおそらく興行場（field）の政治経済学的条件に起因する運命のようなみすぼらしさと結びついていた。多少誇張してとらえるならば、栄養不足による矮小さに、神経質な躁病とうつ病を繰り返して、現実を耐えるための虚勢と、撤回できない欲望の間で、葛藤しなければならなかった、そのような状態が浮び上がる。もちろんこの主観的な心象は客観的な言語に置き換えられる必要がある。

ここで私は、「アリラン」症候群という歴史的現象を、もう少し本源的な局面に移動させ、その問題を拡張しなければならないと感じる。この現象は朝鮮全域にわたる症候群であると同時に、これとつながり接している多様な現象と深い関係を結んでいた。さらにその根源的条件が他でもない「検閲体制」[5]と「興行市場」の関係にあったと見る。両者の関係は二つの点で重要だ。一つは興行市場の動態が検閲体制と結びついていたという点であり、もう一つは、まさにそういう事実によって「意図せず」その外部を作り出したという点だ。そうした点で賢い検閲体制と病弱な興行市場がもたらした文化的結果は決して単純でない。本稿は、検閲体制と根源的に結びついていた興行市場のいくつかの局面とをつなげることによって、そしてその関係の余剰が作り出した他の深層を明らかにすることによって、その病理的構造と向き合おうと思う。おそらくこの作業は映画『アリラン』から始めなければならないだろう。

〔『アリラン』は朝鮮の小さな農村で精神に変調を来たした青年を主人公とする。ある祭りの日に青年は、日本人と手を組んで村人を苦しめる大地主の使用人が妹を襲う場面を目撃し、激昂して男を殺してしまう。その瞬間、主人公は正気に戻るが、殺人犯として日本人の巡査に逮捕され、村を去っていくというストーリーである―編者注〕。

2　矮小な象徴闘争の時間

映画『アリラン』が一九二六年に公開された当時、そのときの文献には「抗日種族映画」と考えられるどんな評価も含まれていなかった。この映画は、一九二〇年代半ば以降に一般化された大衆的な物語の一パターン、すなわち「階級的な葛藤を道徳的な善悪の二分法で置き換えながら、共感と涙を誘導する典型的な社会性メロドラマ」[6]であった。事実、このような物語のパターンはすでに戯曲において非常に類型的なものになっていた。さらに日帝末期には、朝鮮人強制労働者などを対象にした宣撫工作用に上映されもした[7]。このようにみると検閲を受け、その「安全性」の保証を受けたことは間違いない。たとえ、その不穏さが検閲の偶然性と非一貫性によってたまたま通過した、あるいは興行現場において観客-大衆と非公式に不穏な交感が多少あったとしても、映画『アリラン』を持続的に上映できたという事実は、その表現やパフォーマンスの程度が検閲当局の想定した臨界を越えていなかったことを示していると判断しても良いだろう。端的にいって、映画『アリラン』は検閲体制と不和でなかったのである。

しかし明らかなのは、フィルム検閲を通して公安と風俗問題に抵触する危険がない「安全な」映画にもかかわらず、映画『アリラン』が単純に「よく出来た娯楽映画」にだけ還元されない余剰があったという事実だ。当時の記録が言うように、確かに主人公・栄進の発狂を三・一運動と関係あると解釈したがる「非公式な解釈」[8]は存在したと思われる。「新しい朝鮮映画」に出会った感激だけでなく、マルム〔小作地管理人〕／小作人の階級関係を日本／朝鮮の階級関係に転置して想像した可能性も排除することはできない。そうであったとすれば、それは映画『アリラン』が劇場で上映された無声映画だったというところに関係するだろう。無声映画の核心的な表現手段は「非フィルム的要素」[9]、すなわち「公演性」にあるという[10]。つまり、映画『アリラン』の不穏さは無声映画の多層性から生み出されたのではないか。問題はその余剰‐不穏性に対し、検閲当局が「耐えて黙認した」根本的な理由である。この一本の無声映画が、観客‐大衆に情動を起こすような深い印象を投げかけたことは疑いない。さらに一九三〇年前後には「アリラン」の歌声とその反響がかなり不穏に広がっていたのである。

ここで私たちはその理由を、検閲当局の政策的構想のなかで考えてみなければならない。その糸口は植民地朝鮮の興行市場の客観的実態から探すことができる。少なくとも一九三〇年代中盤まで劇場の大部分は映画常設館だったが、劇場は日本人向けと朝鮮人向けとに二分化されていて、その非対称性は深刻な水準にあった。三・一運動以後、朝鮮民間資本による劇場設立が一時小さな波紋を起こしたとしても興行市場の構造を変えることはできなかった。やがて持っていた興行権が縮小され、最終的には劇場の種族的分立が解消されることになる。[11]興行市場は内需に制限された小さい規模であり、その上、興行資本を所有した市場の主導勢力の大部分が日本人だった。興行税中心の税制は結果的に劇場業に有利な制度であり、税額も少なかった。それだけ興行市場に対する当局の経済的期待は高くなく、したがって興行市場をその主導勢力に委託しても十分統制できたのである。[12]製作資本が脆弱な朝鮮人に「朝鮮演劇／映画」の製作と興行はかなり難しく、当然外国映画が市場で優位を占めるようになった。

このような客観的条件のため、一連の検閲過程だけでも、暴走する輸入物に比べて極めて少ない「朝鮮産」文化物をそれなりに制御することができた。そして朝鮮人劇場が潜在的に不穏な空間、すなわち被植民者が群衆として集まることのできる空間であり、その種族的連帯感を高揚させることのできる情動の空間であると知っていても、この種族的ゲットーで起きるいくらかの「騒乱」は、植民地経営上、必要なことと見なされた。羅雲奎の映画『豆満江を越えて』が『愛を探して』と改題して検閲を通過したエピソードが示すように、[13]朝鮮人劇場はいずれ「治安」維持のために用意されなければならない、政治的不満の排泄場所だったのだ。劇場の外側に出て行かない以上、その騒乱や興奮は政治的に安全だという当局の自信の表現だった。

このように見るならば、映画『アリラン』は検閲体制と不和でなかっただけでなく、その不穏な余剰の生産はすなわち検閲体制のおかげだった。当局は治安維持のための「最小限」の安全装置として朝鮮人劇場の有用性を認め、日照りのなかでやっと芽が出た豆のような「朝鮮産」文化物に対して「寛容」の態度を取ることが植民地支配の本源的目的に符合すると判断したのだ。もちろん検閲体制のそういう選択は――当局の立場では治安維持上「耐えて黙認するほどの水準」であったが――、不穏な余剰を生産する思いがけない結果をもたらした。結局、抑圧されていると信じて疑わない「非公式的解釈」、あるいはテキストを超えた余剰は、検閲体制から引き起こされた表現の臨界に対する不信を反映する。チラシを押収された、改ざんされたという「うわさ」、あるいは映画『アリラン』が不穏なときめきを提供「する／した」はずという期待感があったとすれば、それは検閲体制が表現と意思疎通への欲求を抑圧していた状況から始まったのだ。すなわち情報の貧困や歪曲を伴った検閲体制下で、「うわさ」と「期待の水準」は「事実」を超越する「真実」になる。

興味深いのは、検閲体制のこのような逆説的効果が当時の興行産業の低い水準によって増幅されたという事実だ。劇場の数が一九三〇年代を通して急激な増加傾向を見せても、京城を除いた大部分の地域では、巡業を通じてしか演劇も映画も見られないというのが一般の現実だった。演劇のような公演芸術は一回的現前性を本質とするという点でそれほど特記するほどの事実ではなかっただろうが、映画は複製技術の恩恵で「同時に」同一のフィルムを配給・上映できる利点を持つニューメディアだったにもかかわらず、大量生産と大量消費が不可能な状況にあった。(14) 大体は一本のプリントで、制限された観客を対象に巡業をするほかなかった。したがって、弁士や伴奏楽団もばらばらななかで、巡業はすべての公演／上映を「非同一化」した。つまり、巡業は――公演／上映の同一化を目指して――地域間の文化的隔たりを狭めていくネットワークだったのに、その速度の「遅さ」により経験の「非同時性」を引き起こしたのである。映画『アリラン』を知らない人はほとんどいない、仮に見ることができなかった人でもその内容は皆知っていたという事情は、非同時的な経験がうわさおよび期待水準とともに永い歳月をかけて形成されたことを意味する。非同一性を基盤としたこのような時間の遅滞、ずれは、植民地朝鮮の興行市場の後進性から始まったことだったが、まさにそのような物理的条件が映画『アリラン』を神話にしたのである。

映画『アリラン』の波紋は、この映画に内在している「朝鮮的なもの」の換喩が植民地人に光をあてたことで可能になったのだろう。さらにこの映画が公開されたのは、純宗の国葬の日を期して起きた六・一〇万歳運動の記憶が残っている時であった。しかし、もし劇場内で「朝鮮的なもの」に頻繁に出会える状況だったら、観客‐大衆はこの映画をこれほど印象的に受けとめただろうか？　決してそうではなかっただろう。一九二六年の時点では、興行市場における朝鮮演劇／映画の存在は非常に微小だった。「朝鮮人観客」を対象に、「朝鮮語」で興行が提供されるという点で朝鮮人劇場の大義名分を守ったが、それだけのことでしかなく、多くの興行市場を満たしていたのは日本映画以外の外国映画であった。

3　外国風俗[15]の消費、その明るい行進曲

興行市場に対する経済的期待の水準が高くない状況で、市場の主導勢力にその権限が委任された以上、それは市場の論理によって作動するしかなかった。輸入物に依存した興行市場において、治安維持のために許されたこのゲットーの選択は外国映画に向けられた。一九三四年に外国映画統制政策が打ち出された以後も、永らく外国映画への嗜好は明らかに続いた。こうした嗜好を、ユソニョンは日本帝国に対する「文化的否認」と解釈した。「観覧者個人は植民帝国の政策を越えることができないが、与えられ強要されたことに対する回避、無視、拒否または「制限されたこと」に対する熱望を通じて、植民国家の意図とは違った文化実践を構成[16]」したのだ。観客‐大衆の政治的選択が明白なこのような市場論理は、朝鮮人劇場が日本映画をボイコットした事実と正確に照応した。すなわち外国映画の存在と日本映画の不在は、同じ深層を構成していたのである。

事実、外国映画の消費については、その初期には「活動写真」という不思議なニューメディアの経験を享受する傾向が強かったが、やがて外国映画はトランスナショナルな世界の表象となった。劇場の種族的分立が明確だった一九二〇年代から一九三〇年代中盤までの外国映画の消費は、そのような傾向がより一層強化されたように見えた。

日本映画をボイコットする心理は、外国映画に映された世界をたいへん透明なものに、親密なものにする反射効果をもたらした。観客は自分たちが居住している現実との関係をできるだけ排除してこそ、その世界を快楽の対象とすることができる。しかし、朝鮮人劇場では世界に対するそういう感覚がたびたび妨害されたり遅延したりした。劇場のなかには、警察国家の代理人である臨席警官と、テキストを超越したところから解説する弁士がいたためだ。大体は何の問題も起きなかったが、臨席警官がいるだけで、観客は不安と反感の錯綜状態に陥り、種族の政治学を体感するほかはなかった。また弁士は、テキストをたびたび離反する「創造的」な言説により劇場「外」の現実を召還し、このためにしばしば臨席警官の「公務執行」を引き起こした。これは一種の分裂症である。文明の感覚と肉体の快楽を楽しみに来た観客の、すなわち羽根を伸ばそうとする欲望が、日本帝国に対する文化的否認を想起させる空間の政治性と衝突したのだ。

　そうした点で、一九三〇年前後の興行市場の動態は非常に興味深いものがある。一九二〇年代の京城における外国映画の上映を調べた李昊杰《イホゴル》は、一九二九年夏から外国映画の上映が急減する代わりに、イベント公演の催しと朝鮮映画が浮上したという事実を指摘した[17]。私は、この現象が『アリランその後の話』にあたる点を主張したい。映画『アリラン』の大衆的な成功は、そのような語りと情緒が社会的価値はもちろん経済的価値があることを確認した契機であった。そしてこれに触発された「アリラン」症候群は、映画『アリラン』を超えて不穏な細胞分裂を展開していった。言ってみれば映画『アリラン』は、検閲体制と市場法則が許容する枠のなかで映画というメディアで表現することができる最大値を示し、ここが「朝鮮」であることに共感させ、朝鮮的なものに市場性があると確認させたのである。朝鮮人劇場としてのアイデンティティを保存しようと努力した団成社の朴承弼《パクスンピル》と朝鮮劇場の申《シン》鎔《ヨン》煕《ヒ》が、これを見のがすわけがなかった。この時、外国映画が提供することができる以上のものが必要だったし、そこにすぐに公演芸術と朝鮮映画が置かれたのだ。

　しかし、偶然、外国映画の一部の代わりに劇場の舞台にあげられた公演は、「アリラン峠」のようなものとは全く違う風景を演出した。まずレビュー（revue）の登場を挙げることができる。植民地朝鮮でのレビューは日本の宝塚レビューと深い関係があったが、最も直接的な影響は、一九二九年五月に公開されたフランス映画『モンパリ』(La Revue des Revues) に由来した。この映画が旋風的な人気を呼ぶとすぐに劇団は先を争ってレビュー公演をリリースし、日本などの公演団で活動を始めた裵亀子《ベグジャ》・権金星《クォングムソン》などが舞踊団と歌劇団を組織して活動した。白《ペク》賢米《ヒョンミ》によれば、レビューは「都市文明を効果的に展示」して「スピーディに一つになる「世界」に対する錯覚」を呼び起こした。しかしこの強烈な魅惑は「都市に存在する階級関係と生産関係を隠して、植民地都市京城の正体を無視するようにする」妖術幻灯でもあった[18]。

一方、もう一つの流行は演劇やレビューの形式で公演された「行進曲」だった[19]。レビューが派手なスペクタクルと少女たちの肉体を通して「世界」趣味を刺激したとすれば、この行進曲は楽天的なまでの教訓物語に支配されていた。現在、台本が残っている『エンヨラチャ行進曲』(一九三一年)を見ると、その素材は当時の社会劇と非常に似ているが、社会劇が描写した「現実」、すなわち下層階級の深刻な窮乏とそれに対する状況認識がない。他の「行進曲」もそれほど異なりはしなかったと考えられる。すなわちその葛藤の程度がわずかでも深刻でも、その解決は非常に容易で軽快に、といった風に作られたのである。

このように一九三〇年前後に人気を得たレビューと「行進曲」系列の公演に共通するのは、植民地の憂鬱さや怒りがないという点である。観客 - 大衆は外国映画を観覧した時と同じように、この公演を通じて劇場「外」の現実と絶縁することによって快楽を追求できる。そうした点でレビューと「行進曲」は、外国映画の公演芸術版であったわけだ。劇場は「すでに主権と植民性の問題から解消された空間」となり、そのような「植民 - 主権の問題を解消する力こそ明朗性の正体」ということができた[20]。もちろん外国映画の場合と同じように、観客 - 大衆がそのような「過度な明朗性」を自身のものとできたかは疑問である。むしろ、その明朗性に満足そうな臨席警官を意識した瞬間、ある種の居心地の悪さを感じなかっただろうか。もしそうなら、その感情は過度な明朗性が「憂鬱」に対する防衛機制として働いていたということなのかも知れない。

問題の核心は、このような文明の感覚と肉体の快楽、そしてその明朗性がどこから由来したのかにある。換言すれば、朝鮮人劇場が種族的アイデンティティを最も高揚させたように見えたまさにその瞬間に、この超現実的な明朗性と文明への魅惑が同時に浮上したというのは、果たして何を意味するだろうか。レビューや「行進曲」が流行した一九三〇年前後の脚本検閲状況を参照すると、すぐにこの時期に不穏な疑いのある公演が急激に減っていった一方で、軽い娯楽物が舞台を完全に掌握していったということがわかる。状況がこのようならば、レビューと「行進曲」の躍進は異なる理解を導きだす。すなわち朝鮮人劇場は、朝鮮社会に対する倫理的な企画を経済的価値に転換させようと考えたが、時すでに遅く、検閲体制による思想統制がその実質的な効果を上げ始めていた。したがって、その転換は間に合わず、隙間の市場にすぐに食い込んだのがレビューと「行進曲」であった。その短期間の流行は、不穏な種族性に立った文化物だけでなく、明朗性の外見によって外国風俗の種族的専有を阻止する検閲体制のデザインによるものだった。この不公正な競合の勝者は検閲体制であった。まさにそれは、植民地検閲が「市場の変動の可能性を規制する核心的な国家制度[21]」であることを明確に表現していた。

4　風俗壊乱のスキャンダル

一九三三年六月一五日、劇団新舞台の俳優一二人が鍾路警察署に検束された。彼らが受けた疑惑は、一四日夜に団成社が上演した芝居が風紀を乱したとのことだった。劇団はこの日から夏期の特別公演を始める予定で、全三編――人情劇『黄金狂騒曲』、喜劇『双夫婦』、愛欲劇『先駆者なんだって』――が準備されていた。問題になった芝居は『黄金狂騒曲』（南風月作）だった。即刻この脚本は興行が禁止され、九人の俳優は最高罰金一五ウォンから過料一〇ウォンの即決処分を受けた。「野卑な行動」あるいは「野卑な趣味」と指摘された場面、すなわち臨席警官が目撃した場面は間違いなく売春現場であった。ところで、この演劇の原作（一九三二年）の劇中状況は少し違っていた。資本家階級の醜悪な金銭欲と性的不道徳を結合させて批判した戯曲で、当時としては非常に異彩を放った作劇術といえる「夢」を舞台化することによって、彼らの罪状とこれに対する不安意識を表現したのであった。

しかも、「風俗壊乱」とも関連した最も衝撃的な設定は、近親相姦だった。もしこの原作そのままで検閲を申請したとすれば、当時の興行取締規則上、許可されなかった確率が高い。これらの内容は紙面にはのせることができても、公演することはできなかったためである。ともあれ京畿道警察部の発表によると、検閲本と実際の興行が異なり、風俗を壊乱したとのことだったが、このような理由で九人もの俳優が罰金と過料処分を受けたことは全く異例のことだった。発表された以上に事の重大さが想像できる。

推測だが、これは一九三三年時点の京城の興行市場と関係している。この頃の興行市場は、一九三〇年代初期をすぎて娯楽の場という本来の性格を完全に回復し、大入り満員をつづけ、疾走していた。不穏な公演が成り立つような空間はもうなくなっていた。前にも見たように、一九三〇年前後の朝鮮人劇場の多彩なプログラムは一種の競合状況にあったが、この競合の勝者は当事者でなく検閲当局だった。この頃になると、検閲申請脚本の大部分が許可される程度のものになり、その内容もまた「ナンセンス」で満たされていた。こうしたなかで特に発声映画の上映は重要な転換の契機であった。「無声映画の上映がいろいろに人間的で偶然的な契機が作用して一つのフィルムを複数のテキストへと生産する実践だったのに対して、発声映画は、観客と上映主導者の間のコミュニケーションと上映空間の脈絡を弱体化させた[22]」。もちろん、トーキー・システムを備えていない多くの地域では依然として興行空間の文脈により不穏になりうる変数が潜在していたが、この時期の京城では今後すべての劇場がたどることになる行路が先取りされていた。劇場は安全地帯であり、劇団新舞台もただ商業演劇を展開する「安全な」団体となっていた。それゆえに検閲官の職務怠慢を引き起こすほどだった。だから、もし劇団新舞台が検閲用台本を別に準備していれば、多少の冒険をしてみることはできるという状況判断はあっただろう。

ここで、その時まで「性的であること」と関係した風俗壊乱事件が「劇場のなか」ではほとんど起きなかったことを思い出しておこう。治安問題とは違い、風俗の領域は取締まりの主体と客体の間で互いに共有できる合意の柔軟性があった。問題が発生しても事前検閲の過程でこれを十分に制御することができた。風俗検閲の比重が高かった外国映画の場合、外国風俗の表現――例えば抱擁やキスのような愛情表現――はフィルムの一部カットを通じて管理することができた[23]。もちろん、『黄金狂騒曲』のような公演イベントならば、その気になればいつでも突発的な状況を演出し、うまく切り抜けることができただろう。俳優たちも、あえて危険なそのような表現に、無理して挑戦する必要はなかったのだ。ところが、まさにそのようなことが起きた。たとえ、その後に『黄金狂騒曲』と同じような事例がなく、摘発は総じて「治安」をめぐる案件が大きい比重を占めたとしても、何か釈然としないこのスキャンダルは統計にとらえられない何らかの変化を予告していた。このスキャンダルは、そうした点で興行市場に対する検閲の管理体系が再調整されていることを示唆していたのである。

　考えてみれば、検閲者の「標的」と被検閲者の「欲望」は鏡の関係として見ることができる。統制と抑圧の強度が大きいほどその標的に対する欲望は大きくなるはずだ。検閲当局が思想統制に力点を置けば置くほど、被検閲者は思想の自由をより一層強く欲望する。しかし、この関係は反対の経路も伴う。検閲者に対する被検閲者‐朝鮮人の欲望は種族的なものに基づくので、検閲者の標的を決めたりもする。一九一〇年代、武断政治の非効率性を認識した朝鮮総督府が文化政治へと旋回することになったのも、この欲望の統制、すなわち思想統制を遂行するためだった[24]。言い換えると、検閲当局が思想統制に力点を置いたことは、帝国／植民地の関係が安定した軌道になかったことを反証する。興行の領域で、安定した関係は一九三〇年代初期までだったし、一九三〇年前後の興行市場の変動は検閲体制との最後の競合によるものだった。レビューと「行進曲」の役割は、まさにその競合の代理戦を行なうところにあったはずだ。以後、公安妨害に抵触する検閲事例が顕著に減ったことは、すなわち検閲当局が植民統治に対する自信を確保したことを意味する。そして被検閲者の欲望を刺激する検閲者の標的は変わることになる。それがまさしく「風俗」だったのだ。

　しかし、劇場でこれ以上、不穏な空気を生むことを阻み、その代わりにレビューや「行進曲」などを生産した検閲体制は、その成功だけでなく反作用とも向き合わなければならなかった。根本的には検閲体制が興行市場を規制する制度の核心だったが、市場の運用はその主導勢力に委任した状況であり、朝鮮人劇場の存在もそれにより可能だった。外国映画市場は、日本帝国に対する文化的否認として、相変わらず市場論理にともなう観客‐大衆の政治的選択であることが明らかであったが、他の文化物を生産する可能性を封鎖したまま、より一層拡大の一途をとるほかなかった。この状況は必ずしも朝鮮総督府が願った結果ではなかった。外国映画の消費は、朝鮮人を日本に同化するのに障害物になったし、ちょうど一九三一年の満州事変に応じて、朝鮮は戦時体制の効果的な動員に対応できるように再編されなければならなかった。その上、国際連盟が満州侵攻を公式に非難し、一九三三年三月、日本は国際連盟を脱退、国際的に醸成された反日ムードにも対抗しなければならなかった(25)。このような文脈において、外国映画を統制すると同時に、日本映画の影響力を強化する政策が要求された。それは朝鮮総督府が興行市場の構造にもっと直接的に介入しなければならないということを意味した。その結果、すぐに現われたのが「活動写真映画取締規則」(一九三四年)だった。当局の外国映画統制方針は、日本の興行資本が本格的に流入して興行市場の地殻変動を起こす信号弾だったのである。

『黄金狂騒曲』の風俗壊乱事件は、まさにその過程で起きたことだった。この事件は一種類の状況的意味を持つ。一つは「性」に対するそのような大胆な表現が、治安検閲の比重が減少する状況で初めてなされたということである。もう一つは、まさにこの時が外国映画統制の必要性が台頭していた時点であったという事実だ。これは統計数値だけでとらえられない変化、すなわち風俗検閲が新たに重要視されて浮かび上がった現象として理解することができる。『黄金狂騒曲』という舞台、そしてこれに対する検閲当局の取締まりは、一九三〇年代初めから中盤にかけての興行市場の動態と当局の政策的変化を示す偶然の連鎖と言えよう。こうして、検閲体制は興行市場を再構造化することによって、より一層効果的に管理できる段階に入ったのである。

5　禁止されたアーカイブの幽霊

読者　「アリラン、アリラン、アラリヨ、アリラン峠を越えて行く」と言うときのアリラン峠は何ですか、どこにありますか？(江界一読者)

記者　アリラン峠というのはアリラン峠でしょう。峠の名前ではないですか？　五万分の一地図にもない峠なので、どこにあるのか分かりません。（忙中閑）——

一九三六年四月二三日付『東亜日報』「応接間」より

朝鮮総督府の「文化政治」は、抑圧されたその欲望を水面上に引き上げながら思想統制のためのデータと体系を構築し、実際、その用意周到な戦略はほとんど成功したといえよう。検閲の標的を政策的必要に応じて弾力的に運用し、「隠れた手」を通じて観客‐大衆の消費パターンの方向を定式化した。テキストを超えて流れ出る不穏な余剰が種族空間で生成されるといっても、これを治安維持のために許された種族的ゲットーにおける若干の「騒乱」程度と見なす程度のことにすぎなかった。不穏な気配やその流れが増幅された時もなくはなかったが、興行市場の主流は映画であり、朝鮮人劇場で上映されるのは外国映画にほかならなかった。外国映画が被植民者の現実を喚起したことがなかったわけではないが、その外国風俗の消費は、概して観客のひそかな、すなわち自身に合わせた欲望と種族的倫理の間で分裂的に繰り広げられた。一九二九年から数年間、集中的に流行したレビューと「行進曲」は外国映画の公演芸術版と言えるものだったが、その短期間の流行も検閲体制がもたらしたものであった。もはや検閲の標的は治安ではなく風俗に移動したように見えたが、正確にいえば、これは興行市場に対する国家の直接的な介入を構造的な次元で再調整する段階に入ったことを意味した。『黄金狂騒曲』の風俗壊乱事件は、言ってみればその前兆であった。

この時期、興行市場も飛躍的な好調を示した。しかし、これは植民権力と興行者の共助的関係が興行市場の規模を調整した結果であった(26)。そしてこの過程は、一九三四年以後、本格化した日本興行資本の流入とメジャー映画会社の進出が植民地朝鮮における興行市場の地図を塗り変えていく過程の始まりでもあった。興行市場においては映画が中心であったにせよ、製作よりは上映と配給が市場の中核を構成し、公演芸術は市場の郊外や郊外周辺に押し出された。植民地朝鮮に商品を売りに来る者はあるにはあったが、その逆は成立しない、そのようなシステムに構築されていった。その間、種族的空間の特需は消滅していき、朝鮮人劇場としては演劇専用だった東洋劇場だけがその命脈を維持した。

このように植民地朝鮮の興行市場は、検閲体制によって環境作りをされながら奇形的に成長していったが、この関係は決してなめらかに達成されたものではなかった。ゲットーの領域で、あるいは口から口へ伝えられる口述文化において、映画『アリラン』は植民地の神話を作り出した。これを、韓基亨《ハンキヒョン》のいわゆる「文域」[27]という概念とそのレトリックを借りて表現するなら、映画『アリラン』は「映画の生産と享受を成り立たせるローカリティ」つまり「映域」を超えられなかったが、受容の文脈では「映域」を超え出る余剰を作り出していたのだ。また「朝鮮的である憂鬱と怒り」で構成されたその神話は、数多くの「アリラン」を作り出し、さらにカフェやサロンの名前にまで登場して、その訴求力を証明したとみることができる。そしてその神話には当時の産業基盤と構造の劣弱さが関与していた。非同一性と非同時性という条件が、こだまのように映画『アリラン』を鳴り響かせた。つまり、賢い検閲体制と脆弱な興行市場が「アリラン」の神話化という思いがけない結果を生み出したのだ。

しかし、この象徴闘争は、根源的には植民地検閲の「法域」が消滅する時の到来、そして表現の臨界が消える時の到来がずっと「遅延」することで継続しつづけたのである。興行市場がますます進化したとしても、その市場の所有が被植民者のものにならなかったように、観客‐大衆の時間も一九二六年で停止したままであった。さらに「アリラン」の効果が届かないところがないほど明確に存在したにもかかわらず、地図のどこにも「アリラン峠」を見つけることができない。そのこと自体、現実には実体化されることのない幽霊の運命的な到来を持つほかはなかったことを暗示する。この幽霊の正体は「今ここ」でなく未来のある地点である「そこ」にたどり着こうとする近代的な時間意識によって構成されていた。そして「アリラン峠」は「不在の個人的・集団的価値を記憶・想像して追求する詩・空間として新しく発見された」のだ[28]。したがって、「法域」のなかで流通した映画『アリラン』は、受容の文脈のなかでのみその「領域」を超えることができたが、「朝鮮的な憂鬱と怒り」が誰／何と関係するかについては、観客‐大衆間にもなかなか伝えられなかった。そのようなものたちすべてが互いの正体を確認することはできないまま、禁止されたアーカイブに保存された。後日、映画『アリラン』に対する記憶、あるいはリメークされるかたちで映画が「復元」したことは、禁止されたアーカイブにひそかに保管され、「非公式的な解釈」と信じて疑われなかった「真実」のよみがえりであった。この真実こそ「非公式的な解釈」の最大公約数になる場所を指している。植民地経験に由来したものが、必然的に明らかな「民族」の物語として帰着したのだ。

しかし、禁止されたアーカイブに保管されていた他の二つ、「思想」と「性」は事情が違った。実際、検閲体制の主な標的だった不穏な思想が興行市場で中心になることはなかった。左派演劇・映画人たちの試みはなくはなかったが、興行市場すなわち合法的で公式的な領域で左派芸術は存続できなかった。そうでなければエリート性の「欠如した」芸術的実践に誘引されなければならなかった。その見えすいた不穏さは市場「外」で生成されていたので、すぐにプロ-素人劇に行かざるを得なかった。しかしこれさえもすぐに表面化することのない非合法領域のなかに隠されなければならなかった。このように検閲体制は、興行市場「内」では「欠如」を通じてのみ存在証明ができるが、その「外」では左派理念を透明に表現することができるという、二元化された経験を認識させることとなった。このような分裂が左派芸術の地位を決定した。恐らく最大公約数として「種族」を選んだ右派芸術家にとって、左派芸術は「非-芸術」や「反-芸術」とされたのである。

風俗検閲において中心的位置を占める「性」の領域もまた、「思想」の領域と同じように排除の対象であっただけに、興行市場においてその姿を表わすことができなかった。公衆に提供される興行物の特性上、性的な表現は、それこそ風紀を乱すとして検閲の主な標的だった。しかし観客-大衆自身もひそかに興味をもっているが、「共に見物しなければならない」対象とまで考えることはなかった。したがって「性的であること」は、左右を問わず公共の善を名分として選んだこれらすべてから抑圧されなければならなかった。そして検閲当局は、風俗検閲に関する限りはるかに明らかな名分を持っていたし、「性」は「思想」の領域よりさらに永らく禁止されたアーカイブに閉じ込められていなければならなかった。

要するに、植民地朝鮮の興行市場の病理的な構造は、市場「内」の現象だけですべて把握することはできない。

その病理性は基本的に検閲体制とその上位にある政策的立場のなかで作り出され、またその過程を通して、合法的な領域から追放されながらも禁止されたアーカイブに保管され、くり返し出没する幽霊を作り出した。しかし、個々の位置は違った。受容の文脈において「映域」を超え出ることによって幽霊になった「アリラン」は、それにもかかわらず「法域」のなかに置かれていたという点でその大衆的な反響が大きく強固にならざるをえなかった。「非公式的解釈」の最大公約数が「種族」あるいは「抵抗」として収束されることができたのが、まさにその証左である。テキストが喚起する種族内の差異、すなわち階級関係は、朝鮮／日本という種族間階級に性急に解消された。反面、左派理念を帯びた幽霊は初めから市場の「外」でも非合法の空間に存在しなければならず、「非‐芸術」や「反‐芸術」というフレームから決して自由になれない運命におかれた。「性的であること」は人間の低俗な興味を利用した商業的戦略の表象に制限されることによって、潜在している他の可能性が抑圧された。この様相を総合的にとらえれば、検閲体制は「思想」や「性風俗」より「種族的なもの」に関してもう少し慣用的で弾力的な立場を取ったことが明らかになる。植民地経営の次元で朝鮮人劇場の有効性を認めたところでも確認されたように、「朝鮮的なもの」は戦略的次元で必要だったのである。

最後に私は、その病理性が非常に永く持続し、その病いの露見はかえって植民地時代が終わってから始まったことを指摘したい。本稿を書く間、解放直後の米軍政期に重ねて一九八〇年代後半から一九九〇年代初期の状況を思い出さなければならなかったが、それぞれの時期はどちらも禁止されたアーカイブが公開された時期だった。もちろん、禁止されたアーカイブの目録は異なっていたため、違うように見える。しかし、一つ明らかなことは、植民の経験から遺伝した病理的構造が引き続き変移し、ヴァージョンアップしながら執拗に持続したという点である。同時にまた、その不均衡と非対称性、あるいは不安定性は興行の歴史をたいへん躍動的なものにした。病いの徴候が見えるようになることは、病気の原因が見えてくる瞬間でもあり、同時にまた、自分を治癒するエネルギーが活動し始める瞬間でもある。その複層的な観点から、その躍動的なダイナミズムに再び注目する必要があるだろう。

注

(1) カンドゥンハク 강등학「形成期大衆歌謡の展開とアリランの存在様相 형성기 대중가요의 전개와 아리랑의 존재양상」(『韓国音楽史学報』第三三号、韓国音楽史学会、二〇〇四年)一九―二六頁参照。

(2) チョンウテク 정우택「アリランの歌の聖典化研究 아리랑 노래의 정전화 연구」(『大東文化研究』第五七号、成均館大学大東文化研究院、二〇〇七年)参照。

(3) カンドゥンハク(前掲)二八―三一頁を参照。

(4) アリランの脱神話化に関する議論のなかで最も重要なものは、おそらくイスンジン 이순진「朝鮮無声映画の活劇性と公園性に関する研究 조선무성영화의 활극성과 공연성에 대한 연구」(中央大学博士学位論文、二〇〇九年)である。

(5) 検閲体制とは「検閲を遂行する植民地統治機構、検閲過程、検閲過程の参与者を一つの体系として把握しようとする意図から構成」された概念である。韓基亨「文化政治期の植民地メディア 문화정치기 검열체제와 식민지 미디어」(『大東文化研究』第五一号、成均館大学大東文化研究院、二〇〇五年)七一頁。

(6) キムヨンチャン 김영찬「羅雲奎〈アリラン〉の映画的近代性 나운규〈아리랑〉의 영화적 근대성」(『韓国文学と批評』第三〇号、韓国文学理論と批評学会、二〇〇六年)。

(7) 一九四二年、大日本産業報国会議の札幌地方鉱山部会は、半島映画班と京城舞踊隊などで編成された慰安部隊の黒煙を斡旋するという内容の公文書を、朝鮮人労働者たちを雇用した各事業所に送り、この時『アリラン』は『沈清傳』と一緒に宣撫工作用に上映されたという。これに対してはチョフィムン 조희문『羅雲奎』(ハンギルサ、一九九七年)一六九―一八〇頁。

(8) キムリョシル 김려실「想像された民族映画〈アリラン〉」(『サイ 사이』創刊号、国際韓国文学文化学会、二〇〇六年)二六四頁。

(9) イスンジンは無声映画の公演的要素を二つに分ける。一つは、一九〇〇年代末から始まった弁士と楽隊、歌手の公演がともなった映画上映。もう一つは、プロローグ、エピローグを含んだアトラクション・ショーを含んだもの。これについては前掲したイスンジン(二〇〇九年)の第四章を参照。

(10) イファジン 이화진「植民地朝鮮における劇場と「音」の文化政治 식민지 조선의 극장과 '소리'의 문화정치」(延世大学博士学位論文、二〇一一年)七四―七五参照。

(11) 京城の代表的な朝鮮人劇場である朝鮮劇場と団成社の事例は、次を参照してほしい。李承姫「朝鮮劇場のスキャンダルと劇場の政治経済学 조선극장의 스캔들과 극장의 정치경제학」(『大東文化研究』第七二号、成均館大学大東文化研究院、二〇一〇年)、イスンジン「一九三〇年代超先鋭が文化の変動と朝鮮人映画常設館の消滅 1930년대 조선 영화문화의 변동과 조선인 영화상설관의 소멸」(『大東文化研究』第七二号、成均館大学大東文化研究院、二〇一〇年)。

(12) 李承姫「税金からみた興行市場の動態論 세금으로 본 흥행시장의 동태론」(『韓国文学研究』第四一号、東国大学間国文学研究所、二〇一一年)参照。

(13) 韓国芸術研究所編『イヨンイルの韓国映画史のための証言録：ソンドンホ、イギュファン、チェグムドン』(図書出版ソド、二〇〇三年)四九―五四頁のソンドンホの証言。

(14) 前掲、イスンジン(二〇一〇年)一六六―一六七頁参照。

(15) 外部の風習、習俗。英語では exterior custom に相当。

(16) ペクヒョンミ 백현미「黄色植民地の西洋映画観覧と消費の政治 一九三四―一九四二 황색식민지의 서양영화 관람과 소비의 정치 1934~1942」(『言論と社会』一三巻二号、二〇〇五年)一〇頁。

(17) 李昊杰「植民地朝鮮の外国映画 식민지 조선의 외국영화」(『大東文化研究』第七二号、成均館大学大東文化研究院、二〇一〇年)一〇九―一一二頁。

(18) ペクヒョンミ「アトラクションのモンタージュとモダニティ――一九二〇年代京城におけるレビューと歌劇を中心に 어트렉션의 몽타주와 모더니티―1920년대 경성의 레뷰와 가극을 중심으로」(『韓国劇芸術研究』第三二号、韓国劇芸術学会、二〇一〇年)一〇〇―一〇四頁参照。当時のレビューに関しては、他にもペクヒョンミ「少女芸能人と少女歌劇趣味 소녀 연예인과 소녀가극 취미」(『韓国劇芸術研究』第三五号、韓国劇芸術学会、二〇一二年)がある。

(19) 例えば〈少女たちの行進曲〉〈浮世行進曲〉〈京城行進曲〉〈夫婦行進曲〉〈混線強者行進曲〉〈鐘路行進曲〉〈エンヨラチャ行進曲〉〈少女行進曲〉〈錯覚行進曲〉など。

(20) キムスリン 김수림「帝国とヨーロッパ：生の場所、超克の場所 제국과 유럽：삶의 장소, 초극의 장소」(『常虚学報』第二三号、常虚学会、二〇〇八年)一四四頁。

(21) 韓基亭「「法域」と「文域」――帝国内部の表現力の差異と出版市場 〝법역(法域)〟과 〝문역(文域)〟―제국 내부의 표현력 차이와 출판시장」(本書所収、初出『民族文学史研究』第四四号、民族文学史学会、二〇一〇年)三三二頁。

(22) イファジン（前掲、二〇一一年）七二頁。

(23) 一九二六年八月一日から一九三六年三月三一日までに処分を受けたものの七〇%が外国映画の風俗妨害事例だった。イファジン「植民地期映画検閲の展開と志向 식민지기 영화 검열의 전개와 지향」（『韓国文化研究』第三五号、東国大学間国文学研究所、二〇〇八年）四三三頁。

(24) パクホノ 박헌호 は植民地権力が言論媒体の発刊を許容した重要な理由の一つとして、植民統治の効率性をあげたが、民間紙が「水面下で把握できなかった民心と知識人の動向を、水面上に」効果的にひきあげ、そのうえでやっと思想統制が可能になったからである。パクホノ「「文化政治」期の新聞の位相と反検閲の内的論理 '문화정치' 기 신문의 위상과 반검열의 내적 논리」（『大東文化研究』第五〇号、成均館大学大東文化研究院、二〇〇五年）二〇五―二一二頁を参照。

(25) ユソニョン（前掲、二〇〇五年）八頁。

(26) 一九三〇年代中盤以降の興行市場の動態に関しては李承姫（前掲、二〇一一年）一六九―一七八頁を参照。

(27) 「文域」とは「法域」で許容される叙述可能性の臨界を意味し、検閲過程とその結果を具現したものという点で「法域」の定めた表象ということができる。韓基亨（前掲、二〇一〇年）三一六頁を参照。

(28) チョンウテク（前掲、二〇〇七年）三〇一―三〇七頁を参照。

誰が演劇の敵なのか――警視庁保安部保安課興行係・寺沢高信を軸として

小平麻衣子

三谷幸喜の「笑の大学」（舞台版初演一九九六年、青山円形劇場。映画版公開は二〇〇四年、監督は星護）は、日中戦争からアジア・太平洋戦争への時代を背景に、浅草の軽演劇の座付作者の椿一《つばきはじめ》が、笑いを解さない検閲官の無理な修正要求に応えて書き直すうち、脚本はいよいよ笑えるものになり、検閲官も次第に笑いに心を開いていく、というものであった。これによく似た比較的知られたエピソードに、新宿ムーラン・ルージュにいた阿木翁助の記した以下のようなものがある。

ある日「お咲浅太郎恋慕吹雪」という脚本の演出を言い渡され、「これは長すぎるし、第一面白くない。なぜこんな本をやるのですか」と返問すると、斎藤豊吉がニヤリと笑って、「笠井明、実は寺沢さんだよ。」と答えた、つまり警視庁保安部保安課興行係の寺沢高信の脚本であったというのである。

> 十日後初日の朝〔上げ本を―小平注〕うけとりにゆくと、寺沢氏が手まねきするので、一番奥にある彼のデスクへ行った。／すると、寺沢氏は「お咲……」の台本をひらき、声をひそめて、「すまないが、このセリフを生かしてもらえまいか」と、わたしが墨筆でカットした個所を指すのだ。／彼はそのほか、数ヵ所のカットを「何とか生かして」と懇願し、はては「いや全く、ボクは他人の本をカットするのが役目だが、こんどばかりは君たちの気持ち、よくわかった……」と述懐するのだった。
>
> （阿木翁助「検閲の人たち」『悲劇喜劇』一九七二年八月）

やや出来過ぎのきらいはあるが、戦時中の検閲官といえば、喜劇に対して「演出をやり直して、もっと笑はせないやり方で、やれ」と無理難題をいいかけ[1]、演劇人から「何を言やがる、低能の木っ葉役人に、われ〳〵の仕事が左右される辛さ」と敵視される（『古川ロッパ昭和日記〈戦中編〉』新装版、晶文社、二〇〇七年。一九四五年一月二日の記事）のが一般的なイメージであるから、寺沢の件は、確かに、独り歩きする理由のある興味深いエピソードである。ただし、必ずしもその詳細が明らかなわけではない。

周知の通り、書籍の検閲の担当は内務省警保局図書課だが、演劇は警視庁保安部保安課で行なう。取締まりは、一九〇〇年「演劇興行取締規則」や一九二三年「興行場及興行取締規則令」をもとにした改正規則に基づくが、戦中も、映画法と異なり演劇法の整備がなされなかったことや、演劇そのものの性質により、演劇検閲の実態は把握しにくい。本稿は、一人の検閲官を窓口に、演劇検閲の一端を提示する試みである。検閲官を、文学部卒業生の職業選択という観点から述べた上で、戦中の権力機構の複数性と、戦中から戦後への連続の具体例を提示する。

1　築地小劇場から軽演劇へ

寺沢高信は、一八九九年生まれ、愛知県出身、一九二四年度に早稲田大学文学科独逸文学専攻を卒業後、二五年から警視庁保安部保安課興行係で警察技手として奉職し、のちに主事になっている[2]。

大正末期、検閲官・寺沢の名が現われるのは、築地小劇場の周辺である。築地小劇場の検閲台本については、共立大学所蔵の北村喜八文庫の復刻[3]に携わった井上理恵「一九二〇年代の検閲――「上げ本」をめぐって」（『社会文学』一九九一年七月）に詳しい。井上は、ここに含まれる一九二四年から四三年の検閲台本について、検閲官が赤鉛筆で記した「一部訂正」を示す斜線や傍線を調査・分析し、「検閲官、寺沢」については、その検閲印から、一九二五年三、四月にゴーゴリー「検察官」とチェーホフ「三人姉妹」、同年五月にヴェデキント「春の目ざめ」、一九二七年三月に青山杉作「柿の種」、四月にゴーリキー「夜の宿」などを担当していたことや、「一部訂正」に関して、「寺沢」が恣意的ともみえる削除を行なった具体例を記述している。「この人に築地は三回「上演禁止」を出され」、「寺沢印の最後は一九三九年二月」であるという。

井上は、これらの検閲に対して当然取るべき立場から、「検閲官に台本を提出する者のほうが智識も学歴も上」とし、「稀に芸術好きもいたろうが、多くは生きることに忙しく、芝居を見たこともない人たち」によって台本が無残な姿に切りさいなまれることに批判的である。だが、元警視庁検閲官の氏田勝恵の語るところによれば、当時、警視庁保安課の検閲官は定員二名で、「河村貞四郎(4)」が「お巡りには芸術はわからんから」と早稲田大学と東京大学の出身者を採用していた(氏田勝恵・片谷大陸・尾崎宏次「戦中・戦後の検閲制度について聞く」『悲劇喜劇』一九七三年一一月)。寺沢高信は、既に述べたように、早稲田大学の出身である。寺沢と入れ替わり、東洋大学の教員となった三木春雄も、早稲田大学文学科英文学専攻の出身であった。

その寺沢が、どのような関係でムーラン・ルージュに脚本を持ちこむようになったのか、具体的な人間関係は特定できないが、その時期と、持ち込みを可能にした状況は推測できる。伊馬春部も、状況から寺沢と推測される検閲官についてこう述べている。

> このT検閲官、検閲するばかりでは欲求不満が亢ずるとみえ、趣味として作劇をも試みたようだ。/これは秘話の部類に属すると思うのだが、その一篇「解放された彼」というのがムーラン・ルージュに持ち込まれ、私がその演出担当を振当られたことがある。原稿を一読に及ぶと、私どものものだったら必ずや削除され赤線が引かれるにちがいないていの左翼的言辞に満ちているのだ。〔中略〕しかもそのセリフたるや、左翼的ムードのものほど生硬である。これでは一〇〇%インテリであったMR〔ムーラン・ルージュ―小平注〕のよき観客のヒンシュクを買うこと必定である。
>
> (伊馬春部「検閲こぼれ咄」『悲劇喜劇』一九七二年八月)

伊馬は、これをムーラン・ルージュ向けに改作し、「秘書は辛いデス」のタイトルで上演したという。周知のように、ムーラン・ルージュ新宿座は、一九三一年一二月三一日に、玉木座の支配人をしていた佐々木千里が新宿角筈に開いた劇場である(5)。当初は、龍胆寺雄、吉行エイスケ、楢崎勤が文芸部顧問を務め、カジノ・フォーリーの文芸部長だった島村龍三が文芸部長という顔ぶれであったが、人気が出てきたのはむしろ文芸顧問の彼らが辞め、いったん解散、再建された後の一九三三年から三四年ごろである。すでに文芸部入りしていた伊馬に加え、一九三三年三月には横倉辰次が正式にデビューし、「空気・飯・ムーラン!」というキャッチ・コピーが記憶にとどめられているほどに、学生などインテリ層の人気をとることになった。モダニズムの流行と、左翼演劇への弾圧や分裂による演劇関係者の離散によって、この時期の〈新喜劇〉は、娯楽と言うばかりでなく、新しい演劇として期待もされていた。

伊馬と横倉の言を合わせれば、寺沢の持ち込みは、この頃からということになる。コメディー二本、マゲモノ一本、バラエティー一本を上演し、一〇日ごとに演目を替えるのが通常であるため、脚本の慢性的な不足に陥るのは必然である。また、カジノ・フォーリーから玉木座プペ・ダンサント、ピエル・ブリヤントなど、この頃の小劇場の発足と作者の出入りは複雑な動きを繰り返しており、伝手があれば、まだ名前の知られていない作者が脚本を持ちこんでメンバーになることは不可能ではないといった状態であった。ムーラン・ルージュには、スター・システムをとっていないという形態の特徴もあった。それまでめぼしい活躍をしていない寺沢の脚本を入れる余地があったのは、こうした状況にもよるものであった。むろん、寺沢が主事に昇格したのがこの頃であるという事情もあるだろう。横倉は、以下のように記している。

当時、M・Rが外来の脚本を買うというのは、月九本の脚本が文芸部員では消化しきれなかったからだ。〔中略〕この間隙というか弱体に乗じて警視庁の寺沢が入り込んできた。寺沢の脚本料がどのくらいだか不明だ。恐らく破格に払っていたのだろう。賄賂なのだから、正に汚職なのだ。

（横倉辰次『わが心のムーランルージュ』三一書房、一九七八年）

その効果は、「当然上演禁止になるようなアナキスティクな脚本《もの》もフリー・パス」（横倉辰次、前掲書）、「上げ本」が間に合わない場合に「インチキ本」を提出しておいて数日後本物とすり替えてもらう（阿木翁助、前掲文）、などであり、寺沢時代に「上げ本」のすり替えが常態化していたことは、古川ロッパの日記に、「菊田〔一夫―小平注〕の脚本「ロッパ捕物帳」がスリカへ利かず検閲の役人が、訂正かと思ったらまるで違ふ本じゃないか、と怒」ってしまい、「とゞ遠山・平野・中山等で、警視庁の寺沢氏の私宅へ行った、たのみに。」（昭和一八年三月二八日）とあることからも窺える。

2　寺沢高信の脚本執筆

寺沢の脚本は実際にはどのようなものであろうか。エピソードの残るムーラン・ルージュは、プログラムなど資料の残存も少なく、後で述べるように「お咲浅太郎恋慕吹雪」の上演は確認できるが、「秘書は辛いデス」は未確認である。ところが、横倉辰次が前掲書で、寺沢の部下は彼に遠慮して浅草に台本を売りに行っていたと述べ、暗にムーラン・ルージュと浅草の格の違いについてほのめかしているせいか、あまり追及されたこともないが、寺沢は浅草・常盤座の「笑の王国」にも脚本を提供している。

「笑の王国」の山下三郎は、「中野実、脇屋光伸、山地行夫などが外部からの脚本提供者となった。山地行夫というのは警視庁の検閲係長寺沢のペンネーム《ママ》であった」と述べている（山下三郎「解説」『大衆芸能資料集成』第九巻、三一書房、一九八一年）。「笑の王国」は、古川ロッパが、徳川夢声、生駒雷遊など、折からのトーキーの席捲で活躍の場を奪われた活動弁士らと立ち上げた軽演劇の劇団で、浅草常盤座で上演していた。ロッパは一九三五年六月に脱退して東宝の専属になるが、笑の王国自体は存続していく。

山下は、笑の王国当初の文芸部の森岩雄、飯島正、内田岐三雄などがいなくなった後に入り、後述するように、一九三五年一月の「明朗もぐら」や一九三六年二月の「奥様はお人好し」で山地の脚本の演出を担当しているので、事情に詳しい一人と考えられる。だが、寺沢のペンネームはこれだけではない。山地行夫作とされている一九三五年四月上演の「早川塾の先生」という作品があるが、その評で、「序幕は朝間行夫の笑劇で劣作」と述べているものがある（友田純一郎「浅草レヴュウ管見」『キネマ旬報』一九三五年四月一一日）。友田純一郎は『新喜劇』同人であり、『新喜劇』では「浅間幸夫」がムーラン・ルージュの作者として挙げられているので（一九三五年一二月）、これらいくつかのペンネームは並行して使われていたということであろう。

また、山地行夫に関して、「舞台に蘇へる殉死の許嫁　江副伍長井上美子さんを検閲主任《ママ》が脚本に」と題した記事がある。

本誌六月十二日付朝刊社会面に報道された「許嫁殉死の出迎へ」――（中略）といふ記事にいたく感激した警視庁保安部興業係脚本検閲主任《ママ》の寺沢高信氏（ペンネーム、山地行夫）は比涙物語を「軍国比翼塚」と名づくる一篇の脚本にまとめ上げ七月十四日から浅草常盤座笑ひの王国一座の生駒雷遊、サトウ・ロクロウ、松宮照枝、水上智佐子等によつて極めて真面目な悲劇として上演する事になつた

（『朝日新聞』一九三八年七月三日朝刊）

記事は真面目さを強調したものではあるが、はっきりと寺沢の本名と本務を記しており、取り締まる側と取り締まられる側の接近がこれだけおおっぴらになるとさすがに支障があるのか、『都新聞』一九三八年七月一四日の笑の王国の広告を見ると、「軍国比翼塚」の作者名は「北川彦一」となっており、これも彼のペンネームの一つと知れる。

以下、寺沢作と推測される作品について、一九三四年から約六年間の上演年月、作品名、使用されたペンネーム、演出者（判明したもののみ）、劇団を挙げてみる。(6)

一九三四年(7)
三月「与太者風景」山地行夫（笑の王国）
五月「写真結婚」山地行夫　脇屋光伸演出（笑の王国）
六月「夜明け前」山地行夫（笑の王国）
一一月「秋のメランコリイ」朝間行夫（笑の王国）
一九三五年
一月「明朗もぐら」朝間行夫　山下三郎演出（笑の王国）
四月「早川塾の先生」山地行夫（笑の王国）
四月「心中巴音頭」浅間幸夫（ムーラン・ルージュ）
六月「裏町の幸福」朝間行夫（笑の王国）
一九三六年
一月「恋を捨てる男」山地行夫　山下三郎演出（笑の王国）
一月「お咲浅太郎恋慕吹雪」笠井明　酒匂潤演出（ムーラン・ルージュ）
二月「奥様はお人好」山地行夫（笑の王国）
一九三七年
八月「純情五百円」山地行夫　秋本修一演出（笑の王国）
一二月「続人情舞台」山地行夫　貴島研二演出（笑の王国）
一九三八年

一月「露営の夢」山地行夫　山田寿夫演出（笑の王国）
二月「花嫁人形」山地行夫　貴島研二演出（笑の王国）
三月「花嫁出征」朝間行夫（笑の王国）
五月「姿なき行進」北川彦一　秋本修一演出（笑の王国）
六月「上海だより」山地行夫（笑の王国）
七月「軍国比翼塚」北川彦一　秋本修一演出（笑の王国）
九月「上海だより」北川彦一（笑いの王国・丸の内邦楽座）
一九三九年
二月「土と兵隊」火野葦平作、北川彦一脚色　山田寿夫演出（笑の王国）

いずれも短い作品とはいえ、これ以外に判明していないものもあるとすると、本務の傍らに書くにしてはかなりの量である。その内容はどのようなものであったのだろうか。残念ながら、実物の残存は稀であるため、劇評を確認すると、「成ほど、いつか新聞に出てゐた種ですな。斯ういふものを早速取捕まへるなどは気がきいてゐますね。爰いらが大いに受ける所でせう。」（長耳坊「浅草見学」『演芸画報』一九三八年三月）と流行りの話題を取り入れたことが言及されるのが良い方である。むろん時事的な話題を盛り込むのは軽演劇全体の特徴であり、個別の内容はというと、そもそも序幕の上演なので見逃されることも多く、裏の事情を知ってか知らずか、たまにある批評も酷評なのである。

例えば、「写真結婚」は（以後、現在では使用しない差別的な言辞があるが、歴史的資料として、原文のまま載せる）、七景の芝居であるが、「三景が適当な長さである。それでも、ちんば、わきが、あざ、てんかん、等の病的な主要人物が登場する舞台に鮮かな明色を点じ難い。演出は救ひ難い脚本を整頓した苦労に敬意を表したい。清川虹子、横尾泥海男の熱演で舞台が持つてゐたやうなものである。」（友田純一郎「笑の王国　第十五回」『キネマ旬報』一九三四年五月一一日）との評であり、実物は、その評価を裏書きする。

松竹大谷図書館所蔵の「写真結婚」の脚本は、以下のようなストーリーである。上京する列車の中で偶然知り合った那須須一と平家景子は、これから結婚する相手からの熱烈なラブレターの自慢をしあう。いずれも、雑誌に論文や写真が載って文通が発展したのであるが、両者別れてそれぞれの結婚相手に対面すると、写真には写らなかった身体的特徴のために相手に嫌われる。須一の相手である乱子と、景子の相手である村正は、自分の結婚を中止したいと思うなかで出会って互いに結婚を決意し、間近に迫る結婚式の体裁を保つため、須一と景子を結婚させようと一芝居打つ。めでたく結婚した乱子と村正は、そこで相手の身体的特徴に初めて気づく、というのが落ちである。批評で触れられた清川と横尾は、それぞれ須一の母・君子と、景子の父の平家景清を演じている。脚本では、大量の削除と訂正がなされ、「救ひ難い脚本を整頓した苦労」の痕がしのばれる。

一九三四年一一月の「秋のメランコリイ」の評では、「誠につまらぬもので、どうして今日此の頃こんなものを上演してゐるかと思ふ位である」とされ、どのくらいつまらないか書くのも紙数が惜しいとの書きぶりである（葦原英了「笑の王国を観る」『キネマ旬報』一九三四年九月一一日）。古川ロッパの日記の昭和九年一〇月二五日に「次狂言の序幕が、警視庁の役人の道楽劇で、序幕につかまりの連中くさり。」（『古川ロッパ昭和日記〈戦前篇〉新装版』晶文社、二〇〇七年）とあるのが、これのことと推測されるから、役者も熱心になれなかったのかもしれない。先ほども挙げた批評であるが、「早川塾の先生」については、「序幕は朝間行夫の笑劇で劣作、かう云ふ脚本を上演してゐては、レヴュウ作家も、笑劇作家も育たない。序幕はこの種の劇団の新進作家の試金石にす可きである。」と言われている（友田純一郎「浅草レヴュウ管見」『キネマ旬報』一九三五年四月一一日）。

冒頭で紹介した「お咲浅太郎恋愛吹雪」の筋は、「百姓の浅太郎は、恋人のお咲を置いて出奔する。やがてやくざになった浅太郎が帰郷してみると、お咲は家の貧しさを救うため、富裕な商人の妻になって子までなしている……」（阿木翁助、前掲文）というものだそうであり、「それよりも、もつと下らないのが笠井明作、酒匂潤演出の「お咲浅太郎恋愛吹雪」の十景。これでは誰も泣きも笑ひもしない。／浅太郎に同情も湧かなければ、お咲の気持も買へない。／ギヤグもひどい。〔中略〕終始この調子だから十銭芝居よりももつとつまらんものである」とその月のプログラムのなかで最低との評価づけである（如月敏「M・Rの年末、年始」『キネマ旬報』一九三六年一月二一日）[8]。前述した「解放された彼」＝「秘書は辛いデス」は、「社長秘書が社長の欺瞞的処世術にあき足りず、正義感に燃えてその私生活をもあばき、虐げられた身としては遂には日本刀を振り廻してまで社長を追いまくる」（伊馬春部、前掲文）ものであった。

3　文学部卒業生の現実的選択

以上、〈文学的〉評価に値しないにもかかわらず、寺沢の作品と評価を長々と並べたが、その理由は、酷評を得ながらもこれほどの頻度で書き続ける営為が、役人の小遣い稼ぎにしては、いささか常軌を逸した熱意ではないかと考えるからである。それならば、大衆を導こうとする使命感かといえば、そのようでもない。搾取される人物や差別の対象となる人物が登場するのも、一貫した思想というよりは、話題性をねらう点で、他の流行り物を取り入れるのとたいした違いはないように見える。

さらに彼は、この多忙の上に、「寺左和高」の名前で批評まで書いているが、これも、職位に関連した啓蒙的意図をくみ取れるものではない。『都新聞』が一九三四年一〇月一〇日に開始した「一日一評」というラジオ番組の批評欄で[9]、月に一度程度登場しているが、「喜劇に泣かされた」、「こゝまで来てもうハンカチは眼から暫く離れない」と芝居を愉しんでいる様子である（「泣かされる喜劇　五楼の「親心子心」を聞く」『都新聞』一九三五年一月一三日）。舞台用の演劇を視覚情報のないラジオで中継する際の効果の差に言及し、あるいは個別の演技批評を行なうことなどもあるが（「中継大成功　「権三と助十」を聴く」『都新聞』一九三五年五月二二日）、風紀上、あるいは思想上の示唆というわけでもない。

すると、むろん検閲制度と権力の行使を免罪するわけではないが、寺沢の台本執筆は、本人としては、残念ながら大きな才能はないが演劇への夢を断ちがたく、その実現のために地位を利用したという面があるのではないか。確かに、文学部卒業生の就職先は教員以外には望めなかったのであり、加えて大学生数が増加し、昭和初期には就職難を迎えている。[10] もしも割り切った考え方の持ち主で、検閲の基準がまだしも心を痛めるほどではないとすれば、演劇から離れず、身分や経済的な保証もされている検閲係は、都合の良い就職先ということになる。寺沢の下にいた氏田勝恵も、その経歴は警視庁の給仕から始め、夜学を出たという点で、学歴は寺沢とは異なるが、検閲官になった理由は「芝居が好きで、また朝から晩まで芝居の本を読んでいられる」からと述べており、他にも、演劇ではないが映画の検閲などに携わった橘高広はその後批評家として活躍した。「一日一評」の嬉々とした観劇ぶりからは、大学の文学部卒業生の実際的処世が浮かび上がってくる。

むろん、検閲による介入は、表現者にとって生死を分ける事態であること、また一般的にこの時期が、特高を中心とした厳しい弾圧のある時期であることはいうまでもない。その時期において上のような認識があるとすれば不見識と思えるところもあるが、逆にいうと、内務省警保局の特高に対して、警視庁保安部保安課興行係の検閲が別系統であり、検閲の内容も異なるために、非道な特高に対して、まだしもである興行係のポストを自らに許す理由にはなると考えられる。

たびたびの引用となるが、前掲の氏田勝恵は談話で、一九三八、九年ごろから、保安課で検閲したものをさらに特高に回すようになり、特高により多くカットされたものに対し、「こっちは、対面もある、あまり切るな、ということになる」と、保安課が削除を生かすこともあったと述懐しており、対談者の片谷大陸（民芸総務）も、「特高は新劇のほうへ目を光らせていて、それを保安課が救ってくれるという形」（前掲「戦中・戦後の検閲制度について聞く」）であることに同調している。保安課興行係の当人たちが、特高の検閲に対する義憤とでもいえるものを抱いているのである。前述「解放された彼」の作劇にも、なんらかの同情があったのかと憶測を逞しくもしたくなる。むろん、戦後になってからの回想であり、だれが文学の味方なのかという理念の問題であるかに見えるこの義憤が、警視庁あるいは内務省内部での勢力争いを読みかえたものであることは考慮しなければならない。

さらに、その状況を複雑にするのが、戦争状況の変化と、軍による検閲の介入である。佐藤卓巳は、情報官・鈴木庫三の詳細な調査を例に、情報局による言論統制を一人の人間という側面から描き出したが、その鈴木庫三の日記に、笑の王国のある演目に対し、演劇指導を行なったとの記事がある。

「実に子供の兵隊ごつこの様な幼稚なもので、火野葦平が原作した『土と兵隊』を上演しようといふのだが、軍紀風紀等の点、其他軍事知識を欠如して居る点などで多分に修正を加へてやつた。〔中略〕此の様なインチキ芝居をやつても一ヶ月に十七万人もの入場者があるといふのだから見逃して置く訳には行かぬ。」一九三九年一月三一日

（佐藤卓己『言論統制――情報官・鈴木庫三と教育の国防国家』中公新書、二〇〇四年、二四四頁）

佐藤が掲げている鈴木の指導の際の写真には、当然ながら演出家の山田寿夫しか写っていないが、「これも大当り」となり（「〝土と兵隊〟常盤座の笑の王国」『読売新聞』一九三九年二月五日）、「一時「……と兵隊」はこの座の独壇場であるともいわれた」（向井爽也『日本の大衆演劇』東峰出版、一九六二年、一八六頁）という「土と兵隊」は、先ほど挙げたように、寺沢の脚本なのである。興行係の書いた脚本を、情報官が指導する――これこそ喜劇であるが、戦局により検閲の担当部局が複数化したことの一戯画である。これ以後、確かに寺沢の脚本は追いにくくなり、検閲官としての露出、文筆活動が増えていく。戦争によって変化した状況に対応せざるを得なくなったのである。しかも、彼の文学心を許容した検閲部署の複数性は、そのままヘゲモニー争いの場となるものであった。彼は、併存する機構のなかでどのようにたちまわったのか、次にみる。

4　情報局・警視庁双方による演劇団体の組織化

戦中においては、演劇も国策の啓発宣伝に使用され、効率的な動員のための統一的な組織づくりが目指されたことはいうまでもない。戦中に組織された演劇関係の団体のそれぞれについては、大笹吉雄『日本現代演劇史　昭和戦中編1〜3』（白水社、一九九三年―一九九五年）に尽くされている。だが、団体相互の関係性が明確に体系づけられないのは、類似の団体の乱立の背後に複数の部局が絡んでおり、国家権力と演劇人とのシンプルな対立関係を想定できないからである。

たとえば、警視庁側では、国民文化中央連盟の一翼として脚本、演出、装置、照明の専門家団体を作ることになったが、それに先駆けて久保田万太郎、高田保が日本演出協会を結成しようとし、一九四〇年九月六日に第一回会合がひらかれた。金子洋文、真山青果、川口松太郎、青山杉作、藤森成吉、里見弴、岡鬼太郎、岸田國士などが参加している（『都新聞』一九四〇年九月七日）。その後一二日に懇親会席上で、軽演劇の国民演劇協会（軽演劇協会）と合同する意見が出て（『都新聞』一九四〇年九月一四日）、「警視庁検閲官の斡旋の下に」舞台美術の関係者も加え、日本演劇協会として、結成式を一九四一年二月一八日に行なった（『都新聞』一九四一年二月二〇日）。軽演劇の領域では、山田寿夫、菊田一夫、大町龍夫などが参加している。[11]

また、寺沢のかかわりが明瞭な芸能文化連盟[12]（国民文化連盟）は、東京興行者協会（演劇、映画、演芸、競技を含む。一九四〇年五月一〇日結成）と、日本技芸者協会（大日本俳優協会、大日本舞踊連盟、邦楽協会、大日本長唄連盟、大日本三曲協会、演奏家協会、講談落語協会、日本浪曲協会、漫才協会、漫談協会などを含む）を統合したもので、「脚本の進歩発展」「芸能の審査」を目指す芸能審議会を諮問機関として置く（『都新聞』一九四〇年一一月二五日）。こちらは、芸能や音楽などを含み、必ずしも近代的な演劇に特化しない大規模な団体であり、作家というよりは、興行者と演者を組み入れたものである。

前者の日本演劇協会に対し、「第一には、これ等の運動が余りにもセクト的」、「少数の演劇人が或種の団体乃至は官庁と結びついてもそ〲と活動してゐたり」するだけであると批判があった（千賀彰「日本演劇協会へ」『都新聞』一九四〇年一〇月二五日）。批判した千賀彰は、興行係に寺沢より後に入った後輩であるが、情報局の設置とともに異動、情報局嘱託となった人物である。同時期、一九四〇年一〇月一五日の閣議決定により、内閣情報局第四部（検閲）が、従来内務省が行なっていた映画検閲を内務省と共同で行ない、映画、演劇、音楽の検閲担当専任官が置かれること、第五部（文化）に指導専任官が置かれることが決まった（『都新聞』一九四〇年一〇月一七日）。大衆に影響を与える演劇を、検閲という消極的な統制だけでなく、積極的な指導に転じていこうとする動きになったのである。つまり、千賀の批判は、一個人の意見ではなく、情報局への一元化を意識したものであった。

情報局の方では、「芸術小劇場、文学座」、「解散を命じられた新協劇団、新築地劇団中の健全分子」[13]を中心に国民演劇集団を組織しようとした。[14]上記の「警視庁検閲官」が中心になった全舞台芸術をカバーする組織の立ち上げは、こうした情報局の動きと並行してある。[15]演劇人はいずれの権力にも渡りをつけねばならないために、関係性は見えにくいものの、当初の状況から窺えるのは、情報局が新劇寄りであるのに対し、警視庁の方では新派や歌舞伎をはじめ、大衆向けの領域でも活躍する作家を抱き込んでいることである。[16]

この情報局の国民演劇集団については、順調に進むかに見えたが、一九四一年一月二〇日の打合わせで、「新協、新築地、文学座等の新劇団体だけでなく歌舞伎、新派、軽演劇等をも含み、これらを総合した新しい国民演劇の再建に向ふ事」と新たな方針が出され、それらを交えて改めて打ち合わせを行なうこととなり、頓挫した形となった（『朝日新聞』一九四一年一月二一日）。「他の官僚の横槍で中止させられ」たというが（八田元夫「太平洋戦争中の演劇」早稲田大学演劇博物館『演劇年鑑』北光書房、一九四七年）、この反対派は、岩田豊雄によれば「同じ演劇課の情報官でも、必ずしも、賛同していない者がある」ということだから（『岩田豊雄演劇評論集』新潮社、一九六三年）、同席していた警視庁であるとは限らない。

だが、警視庁側に対抗できる組織でもあらねばならないのも明白である。なぜなら、芸能文化連盟に関して、「先に政府当局と演劇界との連絡機関として」「松竹東宝両社及び大日本俳優協会等協力のもとに結成を勧めてゐる演劇文化更進会」が、内容がほとんど同じであるため、様子を見て芸能文化連盟に合流することにするとあり（『都新聞』一九四〇年一一月二五日）、「政府当局」が具体的にどこなのか定かではないものの、警視庁側の団体が他の団体を吸収する勢いを見せているからである。また、統一団体の組織にあたっては、〈興行〉という広い概念のもとに、芸術・芸道といえるかどうかも微妙な境界領域まで、また稽古事などで広い裾野をもつジャンルにまで連絡をつけている警視庁が、国民の動員に効果があるからである[17]。

情報局側は、作者を抱き込み、思想的な教化を重視したと言えようが、その頓挫した国民演劇集団の計画は、移動に特化して差異化をはかった「日本移動演劇連盟」として、一九四一年六月九日に発会式が行なわれた。戦後の尾崎宏次「演劇・灰色の暦（下）」（『文学』一九八三年三月）では、移動演劇連盟は、構想はもともと大政翼賛会で立てたが、実務は情報局に持って行かれた、と両者の対立の方を強調している。しかし、通説通りに、岸田國士が当局に接近し、言論統制の防波堤となるべく大政翼賛会文化部長となったのであれば、構想の共有はある程度前提になる。岸田自身は仏文科だが、高田里恵子が『文学部をめぐる病——教養・ナチス・旧制高校』（松籟社、二〇〇一年）で、岸田が一九四二年六月に文化部長を辞し、後任に高橋健二が推された背景に、山本有三との帝国大学独文科の人脈を示唆している。移動演劇を中心になって進めた千賀彰は、帝国大学美学科の出身であり[18]、ユリウス・バッブ『演劇社会学』（大畑書店、一九三四年）などの翻訳が知られるように、ドイツ文学との関連も深かったといえる。

5　帝国大学人脈と大衆演劇の包摂

日本移動演劇連盟の設立趣意書では、移動演劇は、従来考えられていたような農村と工場の勤労者のための娯楽ではなく、「移動演劇運動本来ノ使命ガソモソモ国民文化財ノ普及ニアル以上」「進ンデ健全優秀ナ文化的価値ヲモ併セ持タナケレバナラナイ」（日本移動演劇連盟設立趣意書、一九四一年）とされる。商業演劇の移動隊は既に組織されていたが、娯楽的、それも、当初は主流とはいえない人材で移動隊を組織していた東宝や松竹のそれではなく、新劇を中心に組織化されなくてはならなかったのは、〈健全〉な〈文化〉を娯楽から区別しようとする姿勢のためであったといえる。その意味で、用語こそ使われないものの、これらの区分は〈芸術〉に近いといえる。

　同時期に、勤労者を総力体制に組み込むための産業報国運動が盛り上がりをみせ、勤労者の不満を解消するための厚生運動との連動がみられるが、移動演劇は、これをも利用する形で、国民の文化の向上をめざしていく。一九四〇年一一月二三日発足の大日本産業報国会では、文化事業のひとつとして、演劇、映画、音楽などを、プロではなく産業会員自らが創り巡回公演する構想があったが、日本移動演劇連盟ができると、これが肩代わり、というより理念の違いを超えて淘汰するようになり、また、産業報国会内に発足した「「職場の演劇」研究会」も、『素人演劇運動の理念と方策』（翼賛図書刊行会、一九四二年）に集まった千賀を含む情報局・大政翼賛会のメンバー主導によるものとなっていく。[19] この根底にある厚生運動もまた、ドイツ労働戦線（ＤＡＦ）のクラフト・ドゥルヒ・フロイデ（歓喜力行団）に影響を受けたものであることをみるとき、[20] これら一連の流れの背後には、高田里恵子が述べたような、帝国大学ドイツ文学者がナチスの旗振り役になった、〈教養主義的〉連帯がほの見えると言ってもよい。

　これらは、すでに寺沢高信一人の問題ではない。学窓を異にする後輩と対峙するはめになった私怨というだけでなく、保安課を代表しているであろうが、寺沢は大衆演劇や芸能擁護の姿勢をとり続けている。「〔新協、新築地の―小平注〕運動を継続することは〔中略〕無意味」、「〔新しい演劇は―小平注〕娯楽性を持つことがレベルを下げることだと考へてゐた誤つた観念を打破してしまふだらう」といった具合である（「「新劇」と新しい演劇――警視庁保安課興行係主事寺沢高信氏に訊く」『日本学芸新聞』一九四一年一二月一〇日）。

　ただし、情報局の文化構想に対し、警視庁側は、一部地域ですでに述べた高い動員力を持つとはいえ、大衆文化を〈芸術〉に高めなければ、文化上の軽視はまぬかれない。情報局の〈国民〉は、〈大衆〉を除外したものであったからである。[21] 寺沢に芸能・大衆文化を芸術視する発言が多いのも、この文脈によるものであろう。たとえば、舞踊に関しては、徒に発表会の中止をするのではなく「一度自分の芸術的意欲を発表したものなら戦争になれば尚更やるべきではないか」と鼓舞し（寺沢高信「国民文化の建設」『音楽文化新聞』一九四二年一月一日）、「作家が時代に負けてゐるんだね。もつとゆつたりとしてほしい。情報局の意向を丸呑みにして行く必要はない」、「大衆作家に誇りを与へることも必要だね」との発言もある（「座談会　大衆演劇を語る」『演劇界』一九四三年一二月）。

情報局側は、難しい演劇より娯楽を求める人々を、産業報国会を通じて組織的に取り込み教化する一方で、一九四二年一〇月には、内務省が、移動演劇連盟首脳に対して、全国的移動公演に限り、脚本検閲は内務省が行ない、全国的容認を与えることを伝えているから、警視庁が司るような地域別の検閲を事実上無効化したことになる。(22)ついに、警視庁は情報局と合同し、一九四三年二月、演劇協議会を立ち上げることになる。

その目的を寺沢は、「将来の企画を誘発し、指導して行かう」とするものと語り、「指導と検閲に食ひ違ひがあると、せっかく指導的に良いものを作らうとしても、検閲で押へられるといふことになつては」困ると発言している。これは、演劇人の側からすれば、情報局の創作指導と警視庁の検閲の齟齬、あるいは内務省と警視庁の二重の検閲機構についての不満ということになるが、寺沢がかかわった芸能文化連盟は、「脚本の進歩発展」「芸能の審査」という指導的側面を掲げながらも、情報局側の移動演劇と厚生運動に押されていたのであり、その文脈でみるならば、自分たちが正当な〈指導者〉でもあることを主張し、検閲の一元化に食い込もうとする発言であろう（「演劇も弾丸たれ座談会」『東京新聞』一九四三年八月一一日—二二日）。寺沢が、「最早演劇は所謂「お客」を対象として供さるべき時代ではない。演劇は歌舞伎も新派も喜劇も大衆劇も国民に見せるべきもの与へるべきものとして常に企画されねばならない」というような権威的発言をもってメディアに露出しはじめるのも、この時期からである（「検閲する立場から」『東京新聞』一九四三年七月三日）。

このような統一化は、戦局が厳しくならなければ起こらなかったのかもしれない。統一の動きからさほど時間を経ず、敗戦を迎える。古川ロッパによれば、一九四五年二月に、寺沢は浅草軽演劇の清水金一を呼び、統制の対象であったアチャラカを許可したそうであり、これは、内務省が大衆演劇に、明朗闊達化の努力をする旨、言い渡したのと歩調を揃えている。(23)こうした娯楽性の許容は、戦況の行き詰まりによる方向転換であったのか、続く三月には、内務省検閲課の主唱により、情報局、警視庁と作者が集まって、その月の成果を検討するための大衆演劇懇談会も発足している。

寺沢は、いわば〈国民〉演劇に組み入れられない〈大衆〉演劇の側に身を置いた。だがそれは、ヘゲモニー争いにおいて実質的な影響力を獲得するための方策でもあった。とすれば、前述のように、興行係が、特高から新劇を救ったと語ってしまうのは、事実の一部であったかもしれないが、新劇との関係が情報局におきかえられてしまったがゆえに、特に選びとられた過去であったのかもしれない。

6　戦後への視角

最後に、戦後の寺沢の動きに触れ、稿を終えたい。早稲田校友会員名簿の昭和二七年版によれば、彼は日本芸能振興会の理事長になっており、この振興会は戦後の文部省主催の芸術祭などに関係していることが確認できる。(24)

もうひとつ、有名なエピソードに寺沢が登場することだけを指摘しておく。それは、戦後の歌舞伎の復興に関してである。河竹繁俊『日本演劇文化史話』（新樹社、一九六四年一一月）によれば、一九四五年一一月に東劇で上演された「寺子屋」がＧＨＱに禁止されたのをきっかけに、封建的忠誠など民主主義に反する演目が禁止され、松竹を中心に、司令部検閲課演劇係と外部の河竹を交え、演目の上演可否を振り分ける折衝が重ねられたが、歌舞伎上演の見通しは、かなり厳しかった。しかし、検閲官がフォービアン・バワーズに交代したことで、状況は劇的に変わった。(25)戦前に日本で教鞭もとり、歌舞伎愛好者であったバワーズの協力によって、上演できる演目が増えていったというのである。その懇談の日本側ブレーンの一人に寺沢が挙げられている。

それには、一つには彼の部下（主として二世）の両三人と私たちと懇談し合う機会をつくらせた。その時にもこちら側としては渥美〔清太郎―小平注〕・寺沢高信・遠山静雄・飯塚友一郎などという人たちが、銀座の小野ピアノの地下室に集まり、懇談することを数回つづけた。

（河竹繁俊『日本演劇文化史話』新樹社、一九六四年）

寺沢が戦前、歌舞伎の源氏物語上演が不許可とされた有名な事件の主役であったこと（『読売新聞』一九三八年一二月一〇日夕刊）を考えれば皮肉だが、芸術祭、そして歌舞伎と、戦後の日本演劇の基礎は、戦中の権力側であった人間の人脈と、折衝技術によって形作られていったといえる。

以上、寺沢高信は特殊な一例ではあるが、検閲が、検閲対象を利用するための〈理解〉を前提とするゆえに、検閲する側とされる側の親和性をも含み持つことを浮かび上がらせている。それは、権力の懐柔というよりは、禁止の枠組み自体が、練り上げられた理論とシステムに必ずしも依拠しないまま生き延びることを意味する。検閲の局面は、その流動性や複数性において分析しなければならないことが改めて確認されたが、そのための具体的事例の調査については、今後も課題としていきたい。

注

（1）これは後述する氏田勝恵のことである。
（2）『演劇年鑑　昭和一八年度版』（東宝書店、一九四三年）、『大正一四年度早稲田大学校友会会員名簿』（早稲田大学、一九二五年）、『警視庁職員録』（警視庁、大正一四年一一月二一日現在）による。
（3）日本近代演劇史研究会監修『築地小劇場検閲台本集』全一二巻（ゆまに書房、一九九〇年–九一年）。
（4）川村貞四郎だと考えられる。
（5）ムーラン・ルージュについては、中野正昭『ムーラン・ルージュ新宿座――軽演劇の昭和小史』（森話社、二〇一一年）を参照した。
（6）永山武臣監修『松竹百年史』演劇資料（松竹、一九九六年）、『読売新聞』広告、『都新聞』広告、『新喜劇』、『キネマ旬報』ヴリエテ欄による。
（7）ムーラン・ルージュのプログラム一二三号（一九三二年三月三〇日）には、一二一号（同年三月一九日）で上演脚本を募ったのに対する応募者の脚本題名と氏名が掲載されている。そのなかに「改訂カチューシャ　十四景　山地幸雄氏作」とあり、これが寺沢のことなら関係の発端であるかもしれないが、同名の弁士がおり、確認できない。
(8) この評については、中野正昭前掲書がすでにふれている。
(9) 土方正巳『都新聞史』(日本図書センター、一九九一年)に、「一日一評」の書き手について、「匿名は寺左和高(寺沢警視庁検閲係)一人だけである」とある。
(10) 東京大学百年史編纂委員会『東京大学百年史通史2』(東京大学、一九八五年)五三七頁。
(11) 寺沢の資料も引用している戸ノ下達也『音楽を動員せよ——統制と娯楽の十五年戦争』(青弓社、二〇〇八年)では、内務省と警視庁を特段分けていない。警視庁は内務省の下部組織であるので当然だが、特高への距離の取り方や、注16の例でわかるように、まったく同一の動きをするわけでもない。そのため、特に警視庁(保安部保安課)に限定して論を進める。内務省と警視庁の詳細な関係については今後の課題としたい。
(12) 連盟の名称をめぐる寺沢と折口信夫とのやりとりが、加藤守雄・石井順三「折口信夫の肖像」四ノ二(『芸能』一九六八年六月)にある。
(13) 「情報局ノ組織ト機能」昭和一五年一二月(『現代史資料第四一巻 マスメディア統制2』みすず書房、二〇〇四年)。
(14) 馬場辰己「移動演劇」『講座日本の演劇6 近代の演劇Ⅱ』(勉誠社、一九九六年)。
(15) こうした二重の支配は、音楽の領域でも同様である。「情報局の肝煎り」の「楽壇の統一団体『大日本音楽文化協会』」は芸能文化連盟と並行してある(『朝日新聞』一九四一年三月三一日)。園部三郎「軍歌万能時代」(伊藤正徳・富岡定俊・稲田正純監修『実録太平洋戦争 第六巻(銃後編)』中央公論社、一九六〇年)によれば、「大日本音楽文化協会」すなわち社団法人日本音楽文化協会は、情報局を主務官庁として一九四一年九月一三日に設立総会が行なわれた統一団体ではあるものの、演奏家協会(芸能文化連盟の下部組織)の方は、同年二月に義務づけられていた鑑札である「技芸者証」許可発行の代理機関となっており、逆に協会員になることで技芸者証が発行される仕組みになっていたため、演奏家は双方の団体に入らざるを得ない不便を強いられたという。
(16) 大衆演劇への志向という点では、内務官僚と方向性を同じくしている。例えば、すさまじい弾圧で有名な内務省警保局長松本学は、日本主義の高揚を目的に、在任中の一九三三年七月に日本文化連盟を発足させ、文芸懇話会を含む大規模な組織を形成していた。財界からの経済的援助もあり、一九四〇年、「皇紀二千六百年奉祝芸能祭」で演劇コンクールを開催、翌年から情報局が国民演劇選奨を始めると、日本文化連盟は、大衆演劇コンクールを担当することになった。ただし、擁立団体が複数化しているため、内務官僚と警視庁も完全に一体化しているとは限らない。この点については、以下の論文を参照した。海野福寿「一九三〇年代の文芸統制――松本学と文芸懇話会」（『駿台史学』一九八一年三月）、小田部雄次「日本ファシズムの形成と『新官僚』――松本学と日本文化連盟」（日本現代史研究会『日本ファシズム1　国家と社会』大月書店、一九八一年）、宮﨑刀史紀「皇紀二千六百年奉祝芸能祭に関する一考察」（『演劇研究センター紀要Ⅰ　早稲田大学21世紀COEプログラム〈演劇の総合的研究と演劇学の確立〉』二〇〇三年三月）、中野正昭「国民演劇選奨と置き去りにされた国策劇――古川緑波一座を中心に」（『演劇学論集』二〇〇九年一〇月）。

（17）寺沢は音楽の領域にもかかわり、戦中は、三曲協会、邦楽協会、浪曲作家協会などにも頻繁に顔を出している（『三曲』一九四二年一〇月、岡本文弥「昭和新内史」『邦楽の友』一九七六年七月、『都新聞』一九四二年六月三日による）。「音楽家の自覚と実践」（『音楽之友』一九四二年二月）など、アメリカニズムとしてのジャズの排除を述べる発言も複数ある。

（18）千賀は、大政翼賛会以前には、岸田との面識はなかったらしい（千賀彰「翼賛会時代の岸田さん」『悲劇喜劇』一九五四年五月）。

（19）高岡裕之「大日本産業報国会と「勤労文化」」（『年報・現代日本史7　戦時下の宣伝と文化』現代史料出版、二〇〇一年）を参照した。

（20）高岡裕之「総力戦と都市――厚生運動を中心に」（『日本史研究』一九九七年三月）。

（21）注16参照のこと。この差別化は、「大衆演劇なんて言葉よりも、大衆演劇即国民演劇であると考へて居る」（「座談会大衆演劇を語る」『演劇界』一九四三年一二月。菊田一夫の発言）というように、〈大衆〉とされた側の発奮をかきたてるものでもあった。

（22）宇野重吉は、新協・新築地解散、検挙後、演劇の場を求めて移動演劇・瑞穂劇団を起こし、移動演劇連盟に加盟したが、内輪もめから瑞穂劇団をやめた。その際、千賀に移動演劇連盟の直属になれと誘われ、これを断わって「貴様ペテンにかけたな！」と怒鳴りつけられたという（宇野重吉『新劇・愉し哀し』理論社、一九六九年）。これは、情報局の権力という一側面だけでなく、諸機関との軋轢のなかで、だれがどこに与するかが深刻な話題になっていたものと解釈すべきであろう。

（23）『古川ロッパ昭和日記〈戦中編〉』新装版（晶文社、二〇〇七年）、一九四五年二月七日・一三日、三月二九日。

（24）文部省社会教育局芸術課『芸術祭十五年史』（一九六一年）。

（25）バワーズが、河竹が言うようにCIE（民間情報教育局）所属でなく、CCD（民間検閲部）所属であったことは、浜野保樹「ＧＨＱ機密報告書「検閲と日本演劇の現状」」（『歌舞伎　研究と批評』二〇〇七年二月）に指摘がある。

＊資料調査に関して、公益財団法人松竹大谷図書館、新宿区立新宿歴史博物館、早稲田大学大学史資料センターに、感謝の意を表したい。

植民地朝鮮における民間新聞の写真検閲に関する研究
――『朝鮮出版警察月報』と新聞紙面の対照分析を中心に

李旻柱《イミンジュ》
翻訳：金泰植

1 問題提起

日本の植民地時代の検閲研究は、当初、言論学会によって始められた。研究内容は、主に「新聞」に対する言論統制に関するもので、日帝時代の言論政策に注目しながら、朝鮮語新聞による抵抗に焦点が当てられた。このような言論学会による初期研究は、現在の検閲研究の土台になっている。

過去の研究の場では、文学史とともに「新聞」の歴史があわせてとりあげられていた。しかし、最近、盛んになって来た検閲研究の場では「新聞」以外のメディア媒体と検閲制度の問題に軸が置かれている。「新聞」は、韓国に輸入された近代的なメディアの起源であり、日帝の検閲が何よりも「新聞」に対する統制に力を注いでいたことを踏まえると、植民地時代の検閲研究において、「新聞」に関する研究は避けてはとおれない。にもかかわらず、最近の検閲研究において、新聞研究はあまり注目されることはなかった。特に、『新聞出版警察月報』が復刻されることによって、これらに関する研究成果が多くあらわれてきた現在、新聞検閲についても、植民地の検閲当局が残した他の資料からは見られない、詳細な検閲に関する情報が含まれている『新聞出版警察月報』を用いた新たな研究が求められているといえよう。

一方、日帝の検閲に関しては文学作品、映画、音盤、新聞などの様々な媒体を対象に多様な研究がなされてきたが、写真、特に新聞写真の研究はほとんどなされてこなかった。日帝が早い時期から映画のような映像媒体の影響力を警戒していたという点を考慮するならば、新聞に掲載された写真に対しても多くの関心を持っていたと推測することができる。実際に当時の朝鮮語民間新聞の紙面を見ると、一般記事とは違う形態で削除されている写真が目立つ。写真であるために紙面内の位置で視線を集める場所に置かれる。それだけでなく、ほとんどの場合、その面積も大きいためどんな内容であったかに関心が集まった。

もちろん削除されているのでその内容を知ることはできないが、『朝鮮出版警察月報』が検閲された新聞と関連して比較的詳細な情報を含んでいるため、この史料を通じたアプローチが可能であるように思われる。一九二八年九月から発行された『朝鮮出版警察月報』は、検閲による行政処分を受けた朝鮮語新聞に対する詳細な情報、つまり行政処分日時と処分内容、対象になった記事の内容の要約などを記録していて、朝鮮語新聞に関する検閲研究においてきわめて重要な資料である。何よりも削除された写真記事に関する記録を含んでいるため、部分的ではあるが、検閲で問題になった写真記事が何だったかについて知ることができる。

このような問題意識のもとに、本稿では日帝の新聞写真検閲の特性を明らかにするために、日帝の検閲記録である『朝鮮出版警察月報』(以下、『月報』)と朝鮮語民間新聞の紙面を対照させようと思う。対象時期は『月報』の発行初期に該当する一九二八年九月から三〇年一二月までと設定し、分析対象はこの期間の新聞検閲テクストである。新聞検閲と関連して検閲官による検閲の痕跡がそのまま残っている資料はほとんどない。したがって、ここでいう新聞検閲テクストとは、検閲当局の記録、検閲により削除される前の新聞紙面である元紙面、検閲によって一部が削除された紙面を意味する。(1) これら新聞検閲テクストを、『月報』の記録を検討し、これが紙面にどのように反映されているかを調べる記録優先の方法と、紙面から出発して紙面の削除された部分がどのように記録されているかを調べる紙面優先の方法の両方を用いて調べることにする。必要な場合には、『諺文新聞差押記事輯録』のような検閲当局の他の検閲記録も参照する。このような方法を通じて検閲当局が新聞写真をどのように認識しており、どのような写真を警戒していたかについて明らかにすることができるだろう。また『月報』の記録の特性、および形成されつつあったフォト・ジャーナリズムに対して日帝による検閲がどのような影響を与えたかについても明らかにすることが期待される。

次節では、まず当時の写真記事が新聞においてどのような役割を果たし、また写真技術の発達はどうだったのかを調べ、新聞検閲に適用可能な法規や検閲標準についても検討する。その上で本格的に検閲記録および新聞紙面を分析することにする。

2 新聞写真の導入と写真班の運営

(1) 韓国における新聞写真の導入と写真班の運用

一八三九年にダゲレオタイプの写真技法が公式に発表されて以来、写真を通じて情報を提供しようとする者たちが現われた。彼らはドキュメンタリーまたはルポルタージュを目指して、一八四〇年代には早くもニュース写真の初歩的な形態を作りあげた。しかし、写真を活字とともに本文の中に印刷する技術が発達していなかったため、新聞や雑誌で印刷された写真を活用することはできず、その代わりに本文と同時に印刷することができる木版画に写真を変換して利用した。一八八〇年代に入って網版法が開発されると写真を本文と同時に印刷することが可能になり、写真はすぐに高速輪転機を通じて印刷され読者に伝達されるようになった。

韓国では木版で写真を初めて印刷し報道したのが一八九七年であり、本文と写真を一緒に印刷したのが一九〇一年、『毎日新報』が網版印刷のための施設を備えたのが一九一二年頃であった。新聞写真の印刷術の発達が前記のようだった点を考慮するならば、この事実は、韓国において新聞写真が比較的早く導入され成長したことを示しているだろう。一九一〇年代には朝鮮語民間新聞が許可されなかっただけに、韓国の新聞写真の本格的な発達は一九二〇年に三つの民間紙が許容されてからである。民間各紙は創刊のために写真器材を購入し、編集局内に「写真班」を設置するなどした。

朝鮮語民間紙は設立初期、すなわち一九二〇年代に写真班をどのように運用したのか。社史と関連記事を中心に調べると、まず『東亜日報』の場合、創刊を準備する当時の事業計画書にカメラ機材と銅版製作設備費として二千ウォンを計上していることを確認することができる（東亜日報社史編纂委員会編『東亜日報社史』一九七五年）。『東亜日報社史』によると、創刊当時の『東亜日報』の組織は大きく編集局と営業局、工場に分かれており、編集局の下に政治部、学芸部、社会部、通信部、整理部、調査部の六部、さらに論説班と写真班が設置されていた。当時、写真班員として山花芳潔の名前を確認できるが、六〇人余りの創刊同人中唯一の日本人だった。また、創刊当時の報酬に関する記録によると、写真班員に対する報酬は、局長級と同じ一〇〇ウォンであった。記者の給料が一般的に六〇ウォンだった点を勘案するならば破格の待遇であった。技術が不足し、朝鮮人を雇用できずに日本人カメラマンを雇用したので報酬も高かったと見ることもできるが、そのおかげだろうか、他の民間新聞社では創刊当時写真班記者の名前が確認されないのに、『東亜日報』では創刊のときからカメラマンが活躍していた。『社史』の歴代社員名録を見ると、山花は一九二〇年四月に入社して写真班記者を勤め、一九二四年九月に退社している。山花が『鉄筆』（一九三〇年八月）に掲載した「新聞写真班としての回顧談」という記事によると、彼は『京城日報』『写真通信』『東亜日報』『朝鮮日報』『中外日報』などでも写真班記者として仕事をしたという。

山花以外に一九二〇年代に『東亜日報』の写真班で仕事をしたと確認されるのが、一九二〇年七月に写真関連技術員として入社し、二三年三月に退社、三一年一〇月に再入社し、四〇年の廃刊当時、写真部主任であったソンドクス 송덕수、一九二三年一一月に臨時雇用として入社して写真技術員を引き受け、三一年一〇月に退社、三七年、再入社して廃刊当時写真担当社員だったユンフンハク 윤홍학、一九二四年一一月に写真部従業員として入社し、技術員になった後、二六年四月に退社し、三一年一〇月に再入社して技術員になり、三四年九月に退社したムンチジャン 문지장 などがいる。

ところで、『東亜日報』（一九六一年四月一日）に掲載されたムンチジャンのカメラマン生活に対する回顧記事によると、一九二三年当時、写真部には山花とハンウシク 한우식、そして自身の三人がいたという。ハンウシクは、『東亜日報社史』の歴代社員名録によると二一年一〇月に従業員として入社し、記者を経て三三年七月に退社したと記録されている。これは写真関連業務をしたにもかかわらず「従業員」としてのみ記録された人がもっといる可能性を示唆するが、様々な状況を考慮してみると、三人より多くの人員が写真班にいたと見ることは難しい。以上の内容をもとに創刊初期の『東亜日報』写真班の構成を整理してみると、一九二〇年創刊当時には山花が一人でカメラマンとして仕事をしていたが、まもなくソンドクスが技術員として補充され、ソンドクスが一九二三年に退社した後にはムンチジャンとハンウシクが山花とともに写真班で仕事をしたと考えられる。その後も、写真班の構成員は二～三人程度で維持されたと思われる。

『東亜日報』に比べて『朝鮮日報』の写真班は、相対的に劣悪な環境だったとみられる。一九二〇年三月五日の創刊当時の機構表には、編集局の下に論説班と編集顧問の他、学芸部、調査部、社会部、整理部、写真班、政経部、通信部があったとされ、二八年に変更された機構表にも、編集局の下に政治部、経済部、社会部、地方部、学芸部、調査部、整理部の七部の他に写真班があった。しかし、創刊初期、印刷工場も用意できなかった『朝鮮日報』は、一九二一年一一月に輪転機を導入し、三三年になって写真製版部を新設することができた。初期に写真班が開設されていたが、専門的な取材に臨んだカメラマンは特にいなかったように見受けられる。カメラマンとして確認できる名前は、『朝鮮日報九〇年史』の歴代役員幹部社員目録によれば、二六年当時、写真部長だった山花と、二五年に『朝鮮日報』に入社したムンジチャンくらいである。山花が回顧談で「東亜日報、朝鮮日報、中外日報などの順に各社の写真部を開設して」と言及していることから（山花、前掲記事、四四頁）、山花が『東亜日報』を出て『朝鮮日報』に移った後、本格的なカメラマンの活動が始まったと推測できる。

「朝鮮日報九〇年史」は、歴代社員名簿を一九二一年から提供しているので、彼以外に一九二〇年代に『朝鮮日報』で活動したことが確認される写真班関連人物を見つけることはできないが、三二年からはユンピルグ 윤필구、

ヨウォンスク 여원숙、イジョンオク 이종옥 など、二～三人が写真班に配置されていた。このように朝鮮語民間新聞の設立初期には、新聞社に「写真班」が開設されていたとはいうものの、カメラ技術者が不足したため、日本人カメラマンが中心となって写真取材を行ない、少ない人員が新聞社間を行き来して活動をしていたのである。

（2）写真班員の活動および統制当局との葛藤

ところで、これら写真班員が担当したことはどんなものであったのか。当時、写真班で仕事をした彼らが後に雑誌や新聞に掲載した回顧談を通じて、その一面をのぞくことができる。

『東亜日報』が一九六五年四月一日、創刊四五周年を記念するために用意した企画記事「東亜日報の昨日と今日」で、ムンチジャンは四〇年前、カメラマンを「鉄の写真を作る人」と称しながら取材から暗室での現像、製版まですべてに関わり、作業したと語っている。また、「三脚がついた営業用カメラ一台」と「携帯用カメラ」にガラス原版を利用して撮影し、「マグネシウム」の粉を持ち歩き、爆弾が炸裂するような音を出しながら夜間撮影をしたと伝えている。

他方、山花は「鉄筆」に掲載した文で、すばやく一度見ただけで事件を把握できるようにするところに新聞写真の意味があり、千字万字の文でも表わすことができない「デリケート」な事件の実景を、写真を通じて知ることができると述べている（山花、前掲記事）。彼は先駆的なカメラマンだっただけに、当時の新聞写真の役割と意義を正確に把握していたのである。「先端の時代を生きる現代人が写真を通じて素早く現況を把握しようとする」などの説明は、彼の一歩進んだ新聞写真に対する認識を見せてくれる。

これらの文章には、当時、写真取材の活動をする時、統制当局とどのような葛藤を経たのかもよく現われている。山花は、具体的に「思想方面」や「警察官憲の活動」に対する写真が対象になったという点や、何とか写真を撮影しようとする写真班員とできるだけ撮影をさせないようにした当局のトラブルについて説明し、直接的に「検閲当局」に言及して「削除処分」を受けたこともあったと話した（山花、前掲記事）。

ムンジチャンは、撮影を禁止しようとする警察に対してカメラマンがどのように対処したかを回顧している。一九二三年当時、「多くの「ニュース」院が閉鎖されていて、しかも写真取材は全部が禁止されるようになって困難」な時期だったと回想しながら、「トゥルマギ（韓国外套）の中に「アンゴ」という大きいカメラを隠しておいて日本警察の目を避けながら写真を撮り、バレた時は撮影をしていない別の原版にすり替えて渡すのが習慣になっていた」と話している（前掲記事）。

要するに、一九二〇年代に活動したカメラマンは、少ない人数で重くて危険なカメラ機材を持って取材をし、取材以外にも暗室作業と製版までも兼ねた過重な業務を引き受けた。彼らは新聞写真の役割と意義をよく理解しており、統制当局と葛藤を起こす要素とそれに対する対処法までも熟知していたのである。

3　新聞写真検閲関連法規および検閲標準

新聞写真に対する検閲記録と紙面を検討する前に、新聞写真の検閲に関連した法規や検閲標準を見ることによって、検閲当局が新聞写真をどのように捉えていたかについて把握することができるだろう。

新聞写真は、文字通り「新聞」と「写真」という媒体が融合した形態であり、「新聞」と「写真」に関連した法規や「検閲標準」をともに見る必要がある。まず新聞に関連しては、一九〇七年に法律第一号として公表された「新聞紙法」がある。「新聞紙法」の内容を見ると、「新聞紙」が安寧秩序を妨害したり風俗を乱す場合（第二一条）、新聞に記載された「事項」が皇室の尊厳を冒瀆したり、国憲を紊亂したり、国際交誼を阻害した場合（第一一条）などを規定しているだけで、新聞に掲載された写真に対する特別な規定はない。写真を広い意味での「出版物」と見るなら、一九〇九年に公布された「出版法」にも当たる必要がある。「出版法」の主な規制対象は「文書」と「図画」であるが、この場合、「図画」に写真または新聞写真が含まれるかどうかに関しては疑問の余地がある。「写真」について具体的な言及があるのは第一〇条である。

第一〇条
書簡、通信、報告、社則、引札、皇国、諸芸の次第書、全ての種類の用紙類および写真を出版する者は、第二条、第六条、第七条に拠ることを不要とする。但し、第一一条第一号、第二号、第三号に該当する場合には本法により処分される。

ここで第二条、第六条、第七条は出版前の許可、納本などに関する内容で、第一一条は国交妨害、政体改変、国憲紊乱や外交と軍事の機密に関する事項、その他の安寧秩序の妨害、または風俗壊乱の事項などについて規定している。つまり写真の場合、雑誌や単行本のように事前の許可を得なければならないわけではないが、内容が治安の妨害や風俗壊乱などに該当する場合、「出版法」によって処罰された。しかし、果たして新聞写真がこれに該当すると見ることができるだろうか。当初、出版物に対する法規定が一元化されていた西洋と違い、新聞をその他の出版物と区別し、別に「新聞紙法」という法規を作り、これの適用を受けるようにしたことは、新聞自体を強力に統制しようとした日帝の意志を反映している。つまり、新聞写真は「出版法」よりは「新聞紙法」の適用を受けたと見るべきである。

次に検閲当局が出版物を検閲する時に利用した「検閲標準」を見てみよう。「検閲標準」は一九三六年になって公開されたが、それ以前にも特定な項目の下に事例を羅列する方式で、警務局図書課発行の年報において提示されてきた(2)。三六年に公開された「検閲標準」は、まず「一般検閲標準」と「特殊検閲標準」に分かれているが、統制の対象になる内容に実質的に言及しているのは、「一般検閲標準」である。「一般検閲標準」は「安寧秩序(治安)妨害に関する事項」と「風俗壊乱新聞紙法出版物検閲標準」に区分される。「安寧秩序(治安)妨害に関する事項」の中身を見ると、「皇室の尊厳を冒瀆する憂慮がある事項」「神宮、皇陵、神社などを冒瀆する憂慮がある事項」などとともに、「事項」または「記事」として対象が規定されている。具体的に「写真」が明記されているのは「風俗壊乱新聞紙法出版物検閲標準」であり、次のような項目がある。

第二条　陰部を露出した写真、絵画、絵はがきの類い
第三条　陰部を露出してないが醜悪挑発的に表現した裸体写真、絵画、絵はがきの類い
第五条　煽情的または淫猥羞恥の情を誘発する憂慮がある男女抱擁接物の写真絵画の類い

具体的な検閲標準を見る場合、「写真」という媒体自体に関しては一種の出版物として風俗を乱すかどうかが重要であったことがわかる。「出版法」で写真について言及される方式もこれと類似している。やはり「新聞写真」をこの範疇にいれることは難しいように思える。

このように「新聞紙法」と「出版法」、それぞれの「検閲標準」などを見ると「新聞紙」や「写真」と関連した条項は探すことができるが、「新聞写真」に該当する別個の条項や「新聞紙」または「写真」関連条項のなかで別に言及されているケースはなかった。「新聞写真」は、現在「フォト・ジャーナリズム」というひとつの独立した領域にまで発展しているが、当時は日本においても韓国においてもまさにこれから台頭する時期であった。一九三〇年代に新聞写真が本格的に発達したとはいえ、記事に付属しているという認識を脱皮できるほどではなかった。したがって、検閲当局もまた新聞写真を注意しなければならないもうひとつの領域と考えるより、記事を補助する役割程度と認識したはずである。

次に検閲当局の記録と実際に削除された写真が掲載された紙面を検討することによって、検閲当局の新聞写真に対する認識に、より具体的に接近してみようと思う。

4　削除された新聞写真の類型と月報記録の特性

削除された新聞写真は紙面に明らかな痕跡を残した。この痕跡は文章による一般記事と明らかに区分される様相を帯びているが、私たちになじみのある次の紙面を見れば、その違いが明確にわかるだろう。

当時新聞社は、検閲当局が削除や押収などの処分を下すと、該当記事を鉛版から取り出し、削除して印刷を続けた。文字を鉛版から削りだすことは相対的に簡単であったが、網版法によって点で精密に刻印された写真を消すためには図1などに見られるようにノミのようなもので削るしかなかったようだ。重要なことは削除された写真が残した痕跡が一般記事と明らかに区別できるため、たとえ削除された写真に対する検閲記録がなくても紙面を見ればだいたい把握できるという点である。

しかし、削除の形態がすべて同一だったわけではなかった。大部分は図1のような形態をとったが、写真のなかの人物だけを削り取る場合もしばしば目についた（図2参照）。記録がないので写真であったのか正確に知ることはできないが、縦型の大きなレンガの形態をした削除部分も探すことができる（図3参照）。消された規模を見るとき写真が含まれていたと推測することができ、『朝鮮日報』アーカイブの記録を通じて光州学生事件と関連した記事に写真が含まれていたことを確認できた。また、一九三二年にはローラーのようなもので写真自体を消してしまった形態も発見できる（図4参照）。

削除の形態は、削除しなければならない写真の大きさや重要性によって変わったと考えることができるが、一九三〇年代からは「ローラー削除形態」が登場することから、時期によってもある程度違ったと見られる。しかし、最も頻繁な形態は図1で見たような掻き出した形態であった。

『月報』が削除された新聞写真をどのように記録していたかについて見てみよう。一九二八年九月から三〇年一二月まで、発見されていない号数を除外した全二五号について、「削除」と「押収」処分が下された『朝鮮日報』

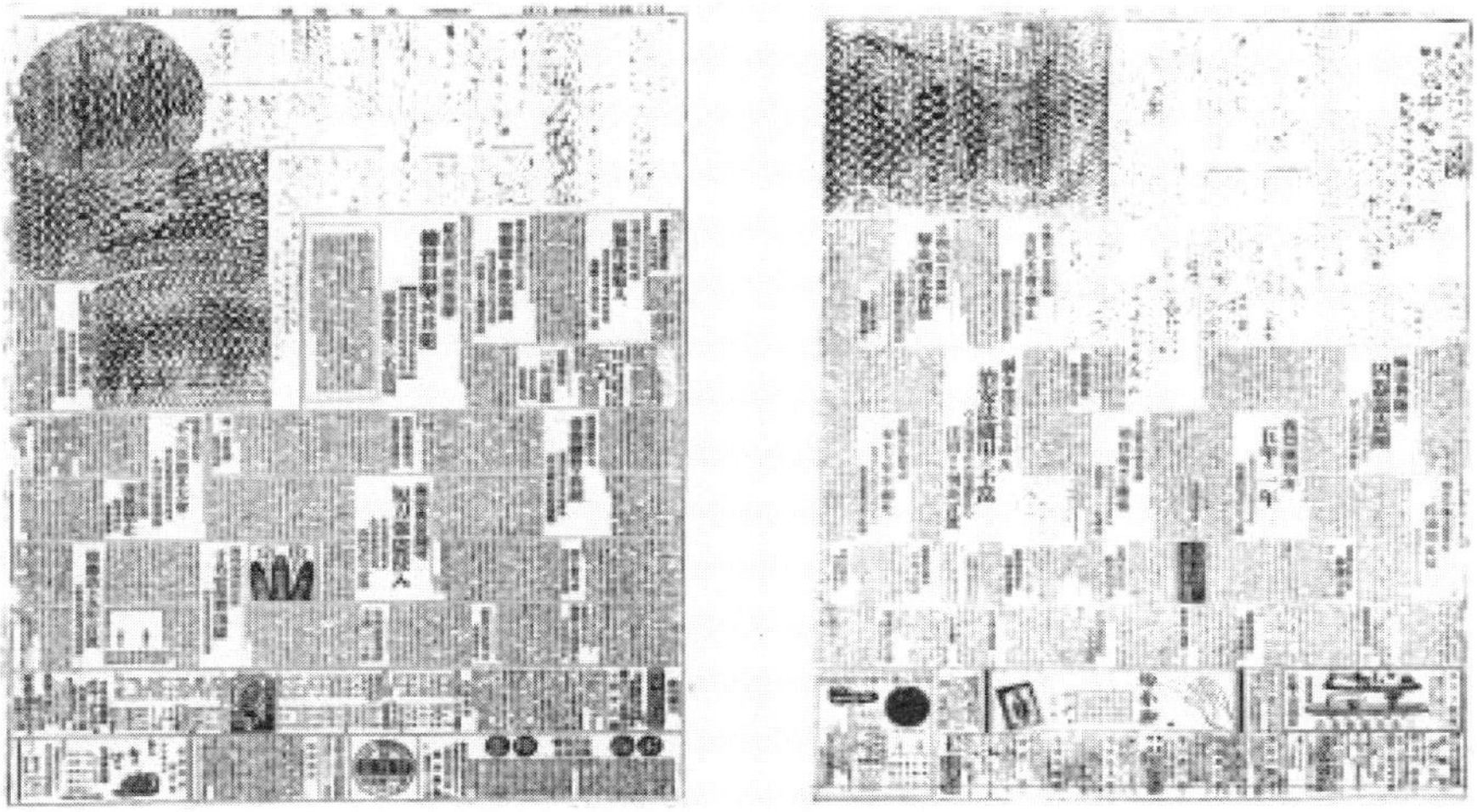

図1　文章と明確に区分できる削除形態
（『朝鮮日報』1929年12月８日付２面（左）、同日『東亜日報』２面（右））

쥐케스
釜山海岸에서

図2　人物の形だけを削除した形態
（『東亜日報』1929年４月２日３面）

図3　レンガのような削除形態
（『朝鮮日報』1929年12月28日３面）

図4　ローラーで潰した削除形態
（『東亜日報』1931年１月20日２面）

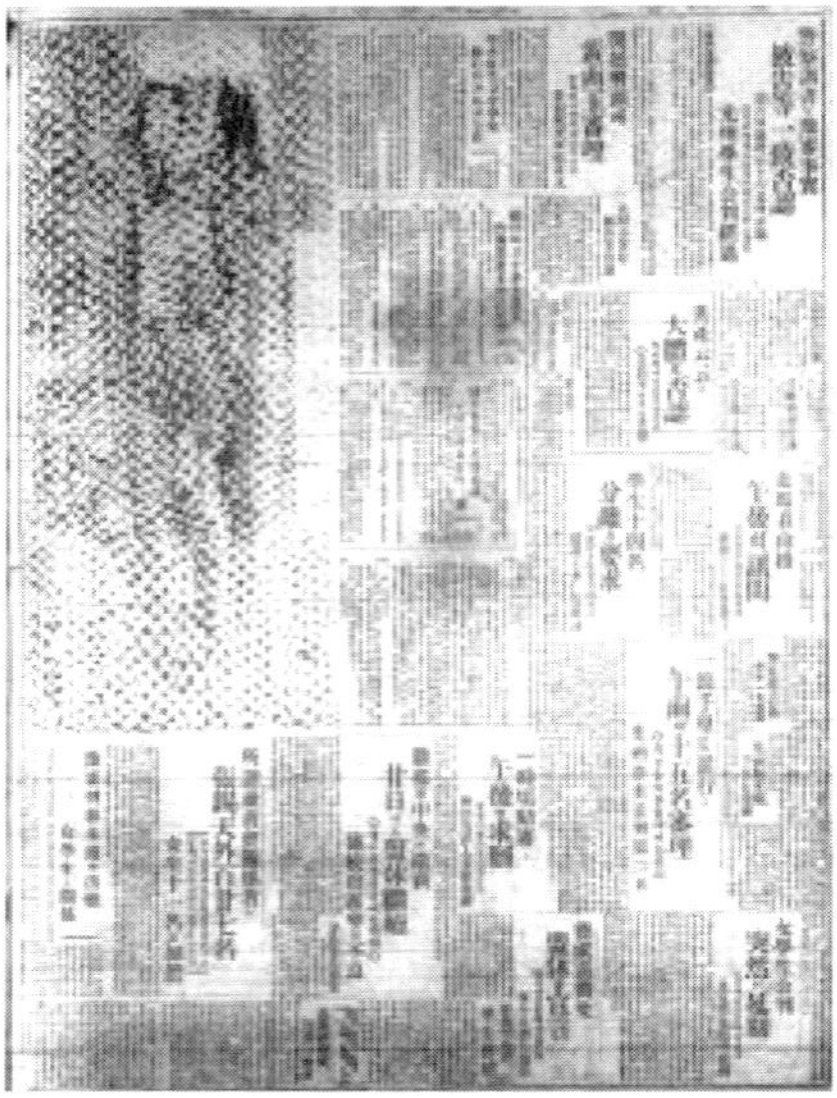

図5　削除された写真画報の記事
（『東亜日報』1930年２月21日２面）

と『東亜日報』の記事に対する記録すべてを検討し、処分された紙面を探して記録と対照させてみた。二つの新聞に対する処分件数は毎月平均六—七件に達したが、このなかで「写真」であることを明記しているものは全期間を通じてたった一件にすぎなかった。これは一九三〇年二月二一日付の『東亜日報』二面左側上段に大きく位置した記事であり（図5参照）、『月報』には「光州学生公判画報と題目がつけられた写真および説明記事」と簡略に記録されている。記事に写真が補助的に使用されたケースではなく、写真だけで構成された画報とキャプションであった。

また写真と明確に記録されているわけではないが、一九二九年一月一日付『朝鮮日報』の削除記事記録を見ると、記事用紙の最後の部分に括弧をつけて「ロシア領事チチヤエフ」と記されている。紙面を見ると記事とともに楕円形の写真が削除されていることが確認できるが、この写真に対する説明であったと見られる。

これ以外に、処分された記事が写真を含んでいるにも限らず、写真内容や写真を明記しない事例を五件探すことができる。このなかの一つが図1で提示した『朝鮮日報』一九二九年一二月八日付二面である。三枚もの写真が削除されたにもかかわらず、『月報』はただ「七日午前中警官六〇名出動、騎馬巡査まで要所要所で警戒」とだけ記され、写真一枚といくつかの記事が消された同じ日の『東亜日報』に対しては「以前と同じ記事」とだけ記されている。

『月報』が問題となった記事に対して長く説明している場合もある。『東亜日報』一九二九年一月六日付三面には、左側上段に広い範囲で削除の痕跡を見ることができる。縦の列に区画された特定の空間全体が削除されていて、痕跡からは八段に及ぶ文と二段の長さの写真一枚で構成されていたことがわかる。『月報』にはこの記事が「押収」と記録されており、二頁にわたって長く記事の内容について記述されているが、写真についての言及はない。記録された記事の題目は「新興貴族の現勢（四）」であり、革命を達成した中国と革命を起こしている植民地に関する内容であるが、抽象的な内容であるためにどういう写真かを推測することは難しい。幸い、元紙面が『東亜日報』アーカイブに収録されていて内容を知ることができた。これは「スケッチ」欄の「新興貴族の現勢（四）」というハムサンフンの記事であり、その記事は第一次世界大戦以降、力を得た勢力についてふれながら、西洋が東洋を植民地化したことを批判し、特に最後には「社会主義ロシアと植民地東洋の西洋に対する解放闘争」に言及している。写真は本文においては特に言及されていない「マザリ博士」という人物の横顔であり、記事の主張と関連のある人物のようである。

人物写真削除の典型をみせてくれるのが『東亜日報』一九二九年一一月一日付一面である。この紙面は、解禁された「第三次共産党事件」に対する記事で埋められており、左側中間から下段までがすべて一八人の顔を楕円または四角形のなかに取り込んだものであった。写真の上には「主要関係者写真」という題目とともに、右、中、左の順で人物たちの名前が羅列された。このなかで一番下の段の一人の写真が削除され、写真の説明からもこの人物の名前だけが消され、誰か確認することができない。記事の内容も、責任秘書（書記長に相当）や実務者たちの名前を姓だけを残して大部分削除されていることから、事件関連の核心人物であるように見受けられる。

『月報』の記録を探してみると、該当日時の押収記事に対し、「共産党事件記事のうち、未解禁の記事」とだけ短く記されている。共産党事件関連報道が解禁されはしたが、まだ裁判などが終わっておらず、報道が禁止された人物を描写した写真であったことを推測することができ、記事本文から削除された名前もまた同じような脈絡から消されたはずである。一九二九年三月二〇日付の『朝鮮日報』押収記事もまた、人物写真を削除したように見受けられる。二面の右側上段を見ると、文章とともに四角形の写真が削除されているが、『月報』は「慶北永川で爆弾二個押収、犯人二名の逮捕」と記録し、この内容から犯人の写真であると判断できる。このように『月報』は削除された箇所が写真だけで構成された記事でない限り、特に写真であることを明記していない。実際に大部分の場合、いくつかの記事が削除されても、代表的な記事の内容だけを簡略に記録し、記事とともに削除された写真に関しては記録を残さなかった。

『月報』が検閲により処分を受けた記事を記録するとき、代表的な記事の内容だけ簡単に記述したことは一見大きな問題がないように見える。どんな理由で記事が消されたかは、記事の要旨を通して大まかに知ることができるからである。しかし、様々なサイズの記事とは異なり、写真は一般的に紙面の大きな部分を占め、視覚的な要素を担っている。視覚の流れを考慮して配置されるため、多くの場合、紙面の左上や右上のように眼を惹く場所に掲載され、したがって一般の記事より、削除されるとより多くの視線を集めるようになる。また、たとえ一般的な記事に付属している場合でも、映像言語を使用した写真の記事の内容は、文章で出来た記事とは厳然と異なる。何よりも『月報』にすら記録されない場合、元の紙面が見つからない限り削除された写真が具体的に何を写していたのか知る由もない。

削除された新聞の写真の内容を『月報』の記録をもとに調べてみると、光州学生事件の公判、同盟休校、第三次共産党事件、朝鮮人とロシア人の友好、慶北永川での爆弾押収に関連する記事などで、主に治安妨害に該当する内容だった。すべて削除跡があるだけで元の記事を見つけることができないため、『月報』の記録を使用して大まかな内容を知ることしかできない。押収された場合は、『言文新聞差押記事収録』で記録を見つけることもできるが、やはり「写真」に関する別途記載は見られなかった。『月報』に記録された写真記事は関連記事の内容くらいは把握できるが、問題は記録すらされていない削除された新聞の写真である。これについては、次節で見ることとする。

5 記録されない削除写真

『月報』は、検閲で削除された新聞記事をすべて記録してはいなかった(3)。実際の紙面を見ると、『月報』や他の検

東亞日報

廣西派衝突

南中一大戰爭勃發

黨員一千名會集

新黨創立의第一

嚴重한警戒

図6　記録も元記事もない削除記事（『東亜日報』1928年12月24日１面）

閲の記録に記載されていない削除記事を見つけることができるからである。一九二八年九月から三〇年一二月までの期間中、『東亜日報』紙面全体をマイクロフィルムで検討してみると、当初予想していたほど多くはなかったが、やはり記録されていない写真の削除跡を見つけることができた。これらは検閲記録もなく元の紙面もないためにどのような内容だったのかわからないが、記事に付属している場合にはそこからある程度の推測が可能である。

まず、『東亜日報』一九三〇年一二月一六日二面を見ると、一面がすべて「長湖院拳銃強盗事件」を扱っている。紙面左側の中間部分に八枚の写真が掲載されているが、写真のすぐ上の「写真の説明」によると、これらは犯人キムソンハクの姿をはじめとした犯行場所、逮捕された場所、鳥致院警察署の様子などである。複数枚の写真が重なっている中心部分に小さな楕円が三つあり、楕円のなかの写真が削除されていて、この三枚に該当する図4、5、6の説明も削除されている。楕円形であることから関連した人物の肖像写真であると推定できる。

もう一つの記事は図2で説明した削除写真である。ペンネーム南溟人の「釜山の海岸で」という記事に属している写真で、先に写真の削除で説明した「スケッチ」という記事である。写真のなかの形だけを消去した形態なので、だいたい写真のなかの人物が削除されたものと推測できるが、記事の内容は文字通り海岸風景を描いたもので、具体的にどのような人物が写っていたのか知ることはできない。

このように文章と写真が一緒にある記事で、文章がそのまま残り、写真が削除された場合は、検閲記録がなく元記事を見つけることができなくても、写真記事の形態や記事の内容に基づいて、ある程度削除された写真の内容を類推することはできる。しかし、単独で掲載された写真が削除され、これに対する検閲記録も元記事も見つけることができない場合は、その写真の内容を調べる方法はない。一九二八年一二月二四日付の一面左上の社説の下の三段にまたがる写真と写真の説明が、まさにそのような例である。新聞の顔ともいえる一面の、かなり大きな部分が削除されているが、『月報』にはどのような記録も残っていない。記録がないのはもちろんのこと、元記事も見つけることができないため、この空白領域に対する疑問は解くことができない。隣に掲載されている記事が、東京で二二日にあった「新労農党」の創立記念日のものであり、これとの関連性を考えてみることもできるが、写真自体が別に区画されているのでその可能性は高くないと思われる。

もう一つは、『朝鮮日報』一九三〇年一二月一〇日四面の削除部分である。やはり『月報』に記録がないが、削除された形態から写真のものとも考えられる。しかし、削除された部分がシムフンの連載小説『東方の恋人』の一部であり、タイトルの横に作家名と一緒に「アンソクジュ画」という説明がついているという点を考慮すると、小説に挿入されたイラストであることを容易に知ることができる。これは、削除された形だけからは、挿絵と同様の削除形態を帯びているので、削除されたものが写真であるとは断定できない。もちろん記事の構成は、ある程度のルールを持っているので、前後の記事を検討してみることで、およその内容を捕捉できるが、正確ではなく、それゆえ『月報』の記録が精密でない点が残念に思われる。

6 結論

写真の視覚効果が新聞というメディアと結合されたときに発揮される大きな影響力について、現在のジャーナリストたちはほとんど疑問を抱いていないだろう。これは新聞の写真がフォト・ジャーナリズムという一つの領域に発展した原動力でもある。韓国で「新聞写真」が本格的に発展し始めたのは一九二〇年代であり、朝鮮語の民間新聞が発行され始めてからのことだった。近代的形態のメディアが韓国に導入された時期が日帝の支配と巧妙にかみ合い、韓国の近代メディアは初期から植民地支配の抵抗物として認識された。このためその成長が自由でなかったのは歴史的事実である。新聞写真も同様の屈曲を経験してきた。

本稿は、日帝の検閲により削除された新聞写真が、紙面に大きな空白を残すことによって逆に関心を引いたことに関連して、検閲当局の認識はどのようなものであり、このように残された空白領域が形成期にあった新聞写真の発達にどのような影響を与えたのかという疑問から始まった。この疑問に対して、検閲された朝鮮語の民間新聞に対する最も詳細な検閲当局の記録『月報』と、当時発行されたふたつの朝鮮語の民間新聞『東亜日報』と『朝鮮日報』の記事を中心に考察し、記録から調査して記事を検討する方法と、紙面から調査して記録を一緒に検討する方法を並用することで、新聞写真検閲の特性に具体的にアプローチしようとした。

『月報』が検閲された朝鮮語新聞について他の記録よりも詳細な記録を残しているのは事実だが、記事と写真が一緒に削除された場合は代表的な記事の内容を簡単に記述しただけで、削除された写真には説明や表記が省略された。写真だけで構成された画報の場合には、仕方なく写真の記事であることを明記したものと見られる。『月報』の記録をもとに、削除された写真記事の内容を推測してみると、独立運動や社会主義関連の事件、爆弾事件などで、主に秩序または治安妨害に関する事項だった。

一定期間の新聞紙面全体を先に検討してみると、『月報』に記録されていない削除写真も発見される。この場合は記事に付随的にともなった場合が多く、削除部分の大きさもわずかだったが、削除された部分の記録もなく元の記事もないため、削除されていない本文の内容と写真の形をもとに推測してみる以外、削除された内容を知る方法がない。記事に付属されたものではなく、写真単独でキャプションと一緒に掲載された写真の場合には、元記事がなければどのような方法でもその内容を知ることができなかった。

全般的に見ると、検閲当局は「新聞写真」を個別に認識するより、記事に付属されたものと把握して、特別な意味を見出さなかったものと見られる。新聞の写真は、一般的に記事の大部分を占めるが、検閲当局はここに注意を向けなかった。「新聞」と「写真」が融合されたメディアにおいて、とりわけ前者すなわち「新聞」の記事をもっぱら注視していたのである。「新聞写真」に適用される明確な法規や「検閲標準」がなかったことも、これと文脈をともにする。検閲当局の新聞写真についての認識がこのように初歩的な段階にとどまっているのは、一九二〇年代が韓国における新聞写真の発達初期に当たっていたということと無関係ではないだろう。検閲当局の認識がこの程度であったので、新聞写真の発達に検閲が及ぼした影響は微々たるものだった。ただし、削除された記事の痕跡が大衆に検閲権力の存在を結果的に刻印した。一般的な記事とは別の形で削除された写真が大衆にどのように認知されたのかについては、また別の議論が必要だろう。

ただ、ここまでで説明してきたように、検閲記録の存在は記事から削除された内容の復元と密接に関係している。元の記事が発見されていない削除記事の場合、検閲記録に依存してこれを把握するしかないが、記事に付属された「写真記事」は別に記録されていないため一緒に掲載された記事に依存して内容を推測することしかできず、これもない場合は元の内容を永久に知ることができない。つまり新聞写真の場合、元の記事がない場合は復元可能性が一般的な記事に比べて非常に低い。さらに、検閲の痕跡消去が実行される一九三〇年代になると、紙面から痕跡さえ見つけるのが難しくなり、記録がなければ写真記事の規制の有無さえ確認することが困難になるだろう。つまり、資料そのものが消えてしまうのだ。

研究対象期間中において削除された新聞の写真の数は期待していたほど多くはなかった。ただし、削除された新聞の写真は限られた件数ではあるが、目立つだけに、具体的な事例を考察することは意味のあることだろう。また期間を拡大すれば、より多くの事例を見つけることができると推測される。本稿は、制度や政策などを考察したマクロの研究ではなく、『月報』という特定の検閲記録と実際の新聞紙面との比較、あるいはそれぞれの検討に焦点を置いたミクロの研究を通して、日本の「新聞写真」に対する検閲を研究するための基礎的試みである。これをもとに対象期間を拡大して深みのある議論を加え、研究の内容を補足することができるだろう。

＊初出『韓国言論学法』第五七巻二号（二〇一三年四月）。

注

（1）新聞検閲過程の特性および新聞検閲テキストについては、李旻柱「日帝時期朝鮮語民間新聞の検閲に関する研究」（ソウル大学校大学院博士学位論文、二〇一〇年）を参照。

（2）鄭根埴「植民地検閲と「検閲標準」——日本及び台湾との比較から 식민지 검열과 ′검열표준′ —일본 및 대만과의 비교를 통해서」（『大東文化研究』第七九号、成均館大学校東アジア学術院大東文化研究院、二〇一二年）を参照。

（3）李旻柱（前掲、二〇一〇年）、李旻柱・鄭根埴「日帝下新聞検閲の実行と記録の間で——『朝鮮出版警察月報』と新聞紙面の対照分析」（韓国言論学会秋季定期学術大会発表、二〇一一年）を参照。

第Ⅲ部　アイデンティティの政治——検閲と宣伝の間

ペンと兵隊――日中戦争期戦記テクストと情報戦

五味渕典嗣

1　交差するテクスト

一九三八年三月号の日本語の総合雑誌は、大きく明暗を分ける結果となった。当時、東京で刊行されていた総合雑誌は、老舗の『中央公論』『改造』と、新興勢力と言える『文藝春秋』『日本評論』の四誌。『東京朝日新聞』の紙面を繰ると、一九三八年二月一九日付朝刊一面を二分して、『日本評論』『中央公論』の広告が、翌二〇日付朝刊一面には同じサイズで『文藝春秋』『改造』の広告が、それぞれ掲げられている。

雑誌の題字が異なる以外は、よく似た字体とレイアウトでよく似た企画と執筆者を並べているようにも見える四誌のなかで目を引くのは、第六回芥川賞授賞作として『糞尿譚』を掲げた『文藝春秋』であろう。「筆者は今やこの一篇を故国に残して江南の野に勇戦奮闘中なり」という文字からは、『文藝春秋』が、この作の内容というよりは作者・火野葦平に注目を集めようとしているさまが、ありありとうかがえる。

一方、対照的なのが『中央公論』である。自ら広告に「絢爛たる時代の寵児」と名乗るほどだから、よほど中身に自信があったのだろう。だが、そんな自負を自ら裏切るかのように、左上の部分に「創作に事故あり、陣容を新たにして近日発売！　それまでお待ちあれ！」という文字が控え目な大きさで刻まれている。ここで「事故」と表現されたテクストこそ、日中戦争期の日本語の文学言説が経験した最大の筆禍事件として著名な、石川達三の『生きてゐる兵隊』に他ならない。

『生きてゐる兵隊』の執筆から処分、起訴に至る過程については、すでに白石喜彦による精緻な研究がある。[1] 白石の調査を参照しつつ整理すれば、石川は、中央公論社特派員の立場で一九三七年一二月二九日に東京を出発、およそ二週間にわたって上海と南京で視察と取材を行ない、一月二三日に帰京、執筆に着手している。原稿は三月号の印刷に間に合うギリギリのタイミングだった二月一二日未明に完成、検閲による処分を恐れた『中央公論』側の配慮で「伏字、削除、能う限りの手段が講じられた」[2]。このとき、「印刷の輪転機が動き出してから幾度も、停めては削り停めては削り」したことで「いろいろ違った雑誌が出来」てしまい、しかも「削り足りない初めの部分が市販に――しかもそれが遠隔の地方から順々に割り当てて輸送された」ため、検閲逃れを疑われるという別の問題を招くことにもなった。[3] 発売前日に当たる二月一八日に内務省から発売頒布禁止の通告があり、警視庁は三月一六日に石川達三を召喚し、取調べを行なっている。

他方、一九三七年一二月から始まった杭州作戦に従軍、そのまま占領地に駐留していた火野葦平に芥川賞受賞の第一報が届いたのは、翌年二月九日の朝だった(「芥川賞⁉ 一杯奢るッ 葦平伍長は股火鉢」『東京朝日新聞』一九三八年二月一一日)。二月八日付け各紙で火野の受賞が報じられて以後、陸軍伍長としての火野葦平=玉井勝則の飾らない人柄や、火野の文学的経歴、受賞作『糞尿譚』の執筆経緯等々、多くのエピソードが紹介された。こういうときは率直な菊池寛は、『糞尿譚』への授賞が「興行価値百パーセントで、近年やや精彩を欠いていた芥川賞の単調を救い得て十分であった」と述べたが(「話の屑籠」『文藝春秋』一九三八年三月)、まさにその発言を裏付けるかのように、『文藝春秋』は芥川・直木賞決定発表に絞った宣伝活動を展開している。「敢然ペンを剣に替えて勇壮無比、赫々たる武勲を樹てつつある戦士」(広告、『東京朝日新聞』一九三八年二月一七日)としての火野を前景化するキャンペーンは、三月二七日に中国有数の名勝・西湖のほとりで行なわれた〈芥川賞陣中授与式〉へとつながっていった。この授賞式の後、第一八師団第一一四連隊所属の一分隊長であった火野は、中支那派遣軍報道部付に転属、五月の徐州作戦に参加する。有名な『麦と兵隊』は、その際の体験にもとづくテクストである。

一九三八年二月からの数ヶ月は、石川にとっては懼れと不安の、火野にとっては栄光の時間となった。そんな二人のありようと軌を一にするように、同じ「兵隊」の二字をタイトルに冠し、同じくルポルタージュ的な手法を採用した二つのテクストは、まるで正反対の道のりをたどることになる。『生きてゐる兵隊』の原稿は証拠品として押収され、日本敗戦まで、差し押さえを免れた雑誌以外では読めない作となった。『麦と兵隊』は一二〇万部を売りさばくベストセラーとなり、[4] 火野は『土と兵隊』『花と兵隊』と合わせた「わが戦記」三部作で、日中戦争期を代表する戦記テクストの書き手としての地位を不動のものとしていった。

石川の訴追と火野の登場をめぐる一連の経緯については、それぞれの作家研究のレベルで多くの知見が蓄積されてきた。近年では、松本和也が、芥川賞受賞以後の火野がメディアの場において〈戦場を描く作家〉としての到来が期待され、渇望されていった様子をあとづけている。[5] 中谷いずみは、火野のテクストが文学的に評価されたことに着目し、同時代の文学言説との接点を検証している。[6] 神子島健は、これら二つの論点を再度確認しつつ、戦場での兵士がいかに表象されたかという観点から『生きてゐる兵隊』『麦と兵隊』の双方について論じている。[7] だが、日中戦争期の戦記テクストが果たした役割について、同時代の文学・文化言説との関係を確認するのみでは明らかに不十分である。また、メディアの言説が形づくる〈期待の地平〉を追跡するだけでは、他ならぬ『麦と兵隊』というテクストが担った意義・価値が後景化してしまう。そもそも、戦記テクストとメディアとのかかわりを議論するなら、『生きてゐる兵隊』の訴追・裁判と『麦と兵隊』の生成過程との並行性にこそ注目すべきである。

当然ながら戦記テクストは、書き手やメディアの自主規制を含むさまざまな制約の下で書かれる。だが、それらの制約は単に言葉を禁止し、想像力を萎縮させることだけを目的にはしていない。戦時体制下の新聞検閲について中園裕が述べたように、戦争遂行権力は言論・出版・報道に強力に介入する一方で、「新聞の積極的利用」を行なっていたし、社会的・経済的には「新聞をはじめとする出版報道界も、戦争とともに成長し発展する特質があった」。[8] 日中戦争期の権力とメディアと書き手がある局面では互いに利用しあい、別の局面では干渉・拮抗しあっていた交渉の様相については、山本武利や佐藤卓己の一連の研究が参考になる。[9] また、米谷匡史は、日本語の総合雑誌を舞台とした言論の陣地戦を、文化＝政治に関与しようと企てたプレイヤーたちの思惑が交錯する「文化工作」

と捉える興味深い視点を提示している。(10)

以上のような議論の動向を踏まえ、本稿では、日中戦争期以後の日本語の戦記テクストの生産と受容に決定的な影響を及ぼしたテクストとして『生きてゐる兵隊』と『麦と兵隊』の並行性・連続性について検討を試みる。その際、この二つのテクストを共通の土台の上で思料する文脈として、戦争遂行権力としての軍と情報当局による情報戦・宣伝戦という観点を導入したい。戦争に商機を見てしまった二つの総合雑誌が、当人の与り知らないところで演出してしまった歴史的なすれ違いは、二人の作家・二つのテクストの運命を決定的に変えただけではなく、戦争遂行権力・メディア企業・文学テクストのかかわりとつながりを考える上で、見過ごすことのできない問題を提起しているように思うからである。

2　『生きてゐる兵隊』事件の問題性

『生きてゐる兵隊』は、いわゆる〈知識階級〉に属する人々の、戦場における〈階級移行〉の可能性を主題とした物語だと言えるだろう。捕虜の惨殺や中国人女性への性暴力を平然とやってのける、「見事な兵士であり兵士そのもの」と語られる農村出身の下士官・笠原を一方の極に置き、彼との距離感で戦場への適応ぶりが計られる仕組みになっているのである。だが、戦場における〈変身〉は、決して一様には起こらない。元小学校教員である倉田少尉は、上官が次々と傷つく戦場を生き抜くなかで「堂々たる軍人」への一歩を踏み出していく。だが、医学士の近藤一等兵、元新聞社校正係の平尾一等兵は、なかなか自意識を捨てた戦争機械にはなりきれない。人物たちの内面に自在に入り込んでいく語り手は、そんな近藤と平尾に一貫して批判的な視線を向け続ける――。

こうした作中の構図からも明らかなように、そして、すでに多くの論者が指摘するように、『生きてゐる兵隊』自体は戦争に抗うテクストとはとても言えない。この作が厳しい処分を受けることになったのは、いわゆる〈南京事件〉とのかかわりゆえである。

歴史学者の笠原十九司は、『生きてゐる兵隊』に登場する「西澤部隊」の移動ルートが、中国北部の戦線から転じて南京作戦に参加し、占領後は南京の警備に当たっていた第一六師団歩兵第三三連隊と一致していることを明らかにした(11)。白石喜彦によれば、この歩兵第三三連隊に所属した元兵士による従軍記には、『生きてゐる兵隊』の記述とまったく同じ日付で、「連隊旗手」の戦死について述べた部分がある(12)。つまり石川は、南京占領直後の戦場体験者から取材した内容を、かなり忠実に物語化しているのだ。その結果、『生きてゐる兵隊』は、南京作戦時の日本兵の言動や行動、南京城内外での日本軍の蛮行を想起させる表現を多く含み込むことになった。

一九三八年九月五日、東京区裁判所は『生きてゐる兵隊』を「皇軍兵士ノ殺戮、掠奪、軍紀弛緩ノ状況ヲ記述シタル安寧秩序ヲ紊乱スル事項」を含むテクストと認め、新聞紙法第九条・第四一条違反として、被告人石川達三と雨宮庸蔵（掲載当時の『中央公論』編集長）に禁錮四ヶ月（執行猶予三年）、牧野武夫（掲載当時の『中央公論』発行名義人）に罰金一〇〇円の有罪判決を言い渡した(13)。だが、この判決内容以上に大事なことは、戦争遂行権力が『生きてゐる兵隊』の問題性をどう認知したかである。なぜこのテクストは、より一般的な行政処分である発売頒布禁止にとどまらず、立件・起訴にまで至ってしまったのか。すでに先行論が言及した内容も含むが、残されたいくつかの資料から、構成された事件のあらましを確認しておこう。

時系列的に最も早い言及は、検閲担当部局である内務省警保局による見解である。『出版警察報』第一一一号（一九三八年二月分）「内地出版物取締状況」の執筆者は、石川のテクストを「皇軍ノ一部隊ガ北支戦線ヨリ中支ニ転戦、白茆江《はくぼうこう》ニ敵前上陸シ南京攻略参加ニ至ル間ノ戦争状況ヲ長篇小説ニ記述シタモノ」と要約しつつ、以下の六つのことがらを「殆ンド全頁ニ渉リ誇張的筆致ヲ以テ」書いたと指摘する。すなわち、（イ）日本軍将兵が「自棄的嗜虐的」に敵の戦闘員・非戦闘員を恣《ほしいまま》に殺戮する場面を記すことで「著シク惨忍ナル感ヲ深カラシメ」たこと、（ロ）日本軍が中国の南方戦線で掠奪主義を採っているという「不利ナル事項ヲ暴露的ニ取扱」ったこと、（ハ）日本兵が中国人の非戦闘員に「紊リニ危害ヲ加ヘテ掠奪スル状況」を書いたこと、（ニ）日本兵が「性慾ノ為ニ」中国人女性に「暴力ヲ揮フ場面」を書いたこと、（ホ）日本兵の多くが「戦意喪失」し、「内地帰還ヲ渇望シ」ている状況を書いたこと、(へ) 日本兵の「自暴自棄的動作並ニ心情ヲ描写記述」することで「厳粛ナル皇軍ノ紀律ニ疑惑ノ念ヲ抱カシメ」たこと、である。

続いてこの記事の執筆者は、およそ一五ページを費やし、一一の「不穏箇所」をテクストから書き写していくのだが、ここでは、検閲当局が作者の意図や作の主題ではなく、個々の場面に何がどう描かれたかを問題化したことに留意したい。というのも、石川のテクストは、日中戦争開始直後に軍や検閲当局から出されていたガイドラインを逸脱する表現を、確かに内在させていたからである。

日本ではまだこの戦争が「北支事変」と称されていた一九三七年七月二七日、陸軍省軍務局長・内務省警保局長の連名で「軍隊ノ行動ニ関スル記事取締ニ関スル件」と題した文書が発信されている(『出版警察報』一〇七号、一九三七年七月分)。この文書は、各庁府県長官を経由して新聞各社に通達されたが、そこには「新聞掲載禁止事項ノ標準」(以下、「標準」と略す)というガイドラインが添付されていた。メディア各社は、記事掲載にあたって、自主的にこの「標準」を参照することが求められたのである。加えて、検閲実務を担当する内務省警保局では、より詳細な指針として、陸軍省新聞班が作成した内部文書「新聞掲載許否判定要領」(以下、「要領」と略す)を参照していた。これらのガイドラインは、戦局の変化に即してしばしば改訂されたが、例えば「標準」には、「国防、作戦若ハ用兵ノ準備又ハ実施ニ関スル命令ノ内容」、中国・満洲での軍の「現在及将来ニ亙ル任務又ハ企図」「部署、配備、行動」を書くことは許されないという記述がある。「要領」には、将校は「可成部隊長」として取り扱い、「某部隊」とは書けるが軍の指揮系統は明示できないこと、「支那兵ノ惨虐ナル行為ニ関スル記事」は掲載を認められるが「支那兵又ハ支那人逮捕訊問等ノ記事写真中虐待ノ感ヲ与フル惧アルモノ」は許可されないことも記されていた(前掲『出版警察報』一〇七号)。

隊の規模や編成は書かずに、ただ「西澤部隊」とのみ記す『生きてゐる兵隊』は、さしあたってこうした規準を意識してはいたはずだ。しかし、作の冒頭で兵たちが次の転戦先について「ソ満国境だ!」と噂するシーンは先の「標準」に照らせば問題があるし、「北島中隊」と編成単位を明記している部分もある。また、中国人兵士や女性を含む民間人を惨殺する場面が複数あることも、これらの規準への侵犯に当たることは間違いない。

日中間の戦線拡大に際して〈世論指導〉の重要性を認識していた陸軍は、とくに影響力の大きい新聞メディアに注目していた。内務省警保局も、事変の劈頭に「国家的不利益ヲ招来」するような「国家目的ニ背馳スルガ如キ報道論議」がなされないよう、各メディアの責任者との「懇談」を通じて「当事者ノ自制心ヲ喚起」すべき旨の通牒（警保局発甲第一四号「時局ニ関スル記事取扱ニ関スル件」一九三七年七月一三日付、『出版警察報』一〇七号）を発信していた。だが、同じく新聞紙法の下にあったとはいえ、先のガイドラインは、総合雑誌には新聞の場合ほど厳格に適用されていたわけではなかった。『中央公論』は、そのわずかな空隙を狙ったのだろうが、戦場での兵士たちの様子を活写した石川のテクストは、先述の警保局通牒が要注意事項として掲げた内容「軍民離間ヲ招来セシムルガ如キ事項」「我ガ国民ヲ好戦的国民ナリト印象セシムルガ如キ記事」に該当すると判断されたことは、ひとまず疑いを容れない。

だが、ここで注意したいのは、この一件が司法レベルに移行するに当たって、新聞紙法の「安寧秩序」条項だけではなく、陸軍刑法第九九条（「戦時又ハ事変ニ際シ軍事ニ関シ造言飛語ヲ為シタル者ハ七年以下ノ懲役又ハ禁錮ニ処ス」）の適用が検討されていたことである。「書類を送局〝生きてゐる兵隊〟の処置」（『東京朝日新聞』一九三八年四月二九日）は、警視庁検閲課の取調べの結果「作者石川達三、中央公論前編輯長雨宮庸蔵、同前発行人牧野武夫、同前編輯当事者松下英麿の四名を〝陸軍刑法並に新聞紙法違反〟のかどで一件書類を東京地方検事局へ送局」したこと、とくに「造言飛語」の点で陸軍刑法に抵触したと見なされたことを伝えている。そのことは、同志社女子大学図書館が所蔵する『生きてゐる兵隊』事件にかかわる石川達三の事情聴取記録や、石川・雨宮・牧野の公判調書によって裏付けることができる(14)。

聴取書のなかで石川は、自作について「私ハ実際ノ戦争ヲ見ズ、実際殺戮ノ行ワレル場面モ目撃シナカッタ　従ッテ小説ノ構成ニ就イテハ聞得タ事ニツイテ空想的創作シタモノデアリマス」と供述している。「斯ル記事ハ造言飛語ニナルト考エナイカ」という問いかけには、次のように応じている。

小説ト云ウモノハ元来仮定ノ事ヲ実際ラシク書キ表ワス事ヲ以テ建前トシテ居ル　今回事変ニ取材シタ仮定ノコトヲ事実ラシク書イタノモ其ノ平素ノ創作方法ヲ行ッタノミデアッタ　然シ此ノ場合ニ斯様ニ事実ラシク書クコトガ造言飛語ニナルノニ気ガ付カナカッタノガ迂闊極マルトコロデアリマス

この後石川は「今更ナガラ思エバ事変ニ就イテノ小説ヲ書コウトシタコト自身ガ既ニ向ウ見ズノ考エデアッタ」とまで口にしてしまうのだが、彼の一連の発言は、単に自らの〈罪状〉を認めてしまっている点で問題があるだけではない。ジャンルとしての小説の定義を「仮定ノ事ヲ実際ラシク書キ表ワス」ものと簡潔に述べた石川は、文字通りの意味で「迂闊極マル」ことに、自身のテクストだけではなく、この「事変」を「事実ラシク書クコト」＝小説化すること自体が、「広く軍に関する虚偽の事実の外は根拠なき事実や又は誇張した事実を意味する」(15)「造言飛語」に該当する可能性を語ってしまっているのだ。

『生きてゐる兵隊』の前書きには、「この稿は実戦の忠実な記録ではなく、作者はかなり自由な創作を試みたものである。部隊名、将兵の姓名などもすべて仮想のものと承知されたい」とある。聴取の際にも石川は、恐らく取材対象者を慮って、その立場を貫いていた。しかし、この「自由な創作」「仮想」という文言が逆用され、言質に取られたのではあるまいか。取調べを担当した警視庁検閲係の清水文二は、四月二三日付「意見書」のなかで、石川が「『生きてゐる兵隊』ト題スル創作ハ我ガ軍ノ士気並ニ軍紀ニ関シテ我軍ニ不利ナルノミナラズ相手国ニ悪用サルベキ造言飛語ニ相違無キ旨自供シ居レリ」と要約しつつ、石川・雨宮・牧野と『中央公論』の他の編集者（松下英麿、佐藤観次郎）を、新聞紙法・陸軍刑法違反として「動機目的ノ如何ニ不拘酌量ノ余地ナク厳罰」に処すべき（『「生きてゐる兵隊」事件　警視庁警部　清水文二　意見書聴取書』）と具申しているのである。

先に見たように、実際の裁判では陸軍刑法の適用は見送られている。だが、石川らの起訴を伝える新聞記事が「虚構の事実をあだかも事実の如く著述せる点は安寧秩序を紊すものと断じ新聞紙法違反として処断することを決定した」(「〝生きてゐる兵隊〟の作者起訴」『読売新聞』一九三八年八月五日)と書くのは、明らかに聴取における石川の発言を受けてのものに他なるまい。だが、少し立ち止まって考えてみよう。「虚構の事実をあだかも事実の如く空想して著述する」こと、「仮定ノ事ヲ実際ラシク書キ表ワス」ことは、まさに小説の、あるいは〈文学〉の定義以外ではない。当の石川が自ら「造言飛語」となる可能性を認め、「改心」を表明している以上、その気になれば陸軍刑法違反事件を構成することはできたはずだ。にもかかわらず、この一件が新聞紙法の案件としてのみ審理されることになったのは、この戦争にかんして、映画・演劇などを含めたあらゆる〈創作〉が不可能になりかねないと判断されたからではあるまいか。さすがの戦争遂行権力もそこまでは望まなかったし、後述するように、〈創作〉自体を事実上禁じてしまうことは、戦争遂行権力にとっても不都合なことだった。

しかし当局は、そんな危険を冒してまで『生きてゐる兵隊』を追いつめた。担当検事が東京区裁判所での執行猶予判決を不服としたあたりにも、この作に対する執拗なこだわりが読みとれる。というのもこの作は、戦争遂行権力の頭を痛める、ひどく不都合な事態を招来してしまっていたのである。

3　プロパガンダとしての『麦と兵隊』

『出版警察報』第一一二号(一九三八年四―六月分)の「出版物司法処分彙報」は、「軍事関係」の「造言飛語」にかかわる案件として、『生きてゐる兵隊』に言及している。

> 『中央公論』昭和十三年三月一日附第五十三年第三号三月号に掲載された石川達三署名『生て《ママ》ゐる兵隊』は皇軍の威信を失墜し並に士気に悪影響を及す虞ある事項を掲載せるを以て行政処分としては本年二月十六《ママ》日発売及頒布を禁止し司法処分としては陸軍刑法違反並新聞紙法違反事件として石川達三外関係者四名を所轄裁判所検事局へ送致したのであるが本件について内容以外に特記すべきことは差押を免れたる一部のものが支那側

の入手する所となり『大美晩報』などは前記石川『生きてゐる兵隊』を翻訳して反日、抗日の宣伝に使用したことである。

見られるように内務省警保局は、東京での発禁処分からおよそ一ヶ月後の上海で、三月一八日から六日間にわたって、石川のテクストが「抄訳」されていたことを摑んでいた。

しかも、この『大美晩報』という媒体が問題なのだ。山本武利は、当時の上海のメディア状況について、国民党軍が上海付近から後退して以後も「英米籍の人物を発行人にすれば、日本当局は抗日、反日、侮日のコンテンツを弾圧ないし抑圧する権限」を持てなかったこと、「共同租界に地盤を置く抗日紙はかなり自由な報道を行ない、その報道は上海駐留の内外記者を通じ全中国だけでなく全世界に伝えられた」ことを指摘している。[16]『大美晩報』はアメリカ籍の夕刊中国語紙だが、『大陸年鑑』一九四〇年版（大陸新報社、一九四〇年）「最近に於ける外華字紙の動向」欄には、この新聞について「重慶派最近特に反汪精衛色化している」という記述がある。一九四一年版の年鑑（大陸新報社、一九四一年）には、発行部数は一万八千部程度で「重慶政権の財政的、人的補助を受け、反日反汪の記事や社説をその紙面に氾濫」させている英字紙『シャンハイ・イヴニング・ポスト』と「同一系統の経営」だと記されている。石川の取調べ担当官は、四月下旬の段階で、この他に英語・ロシア語に翻訳されていたことにも言及している。

日本の戦争遂行権力が、南京城内外での日本軍による性暴力事件の多発、捕虜・民間人の大量殺害といった事実をかなりの程度了知していながら、日本国内では厳格な報道管制を敷いたことはよく知られている。陸軍省はそもそも南京戦の報道を事前許可制としていたし、外務省は、東京に日本軍の南京占領を前に「国交に悪影響を及ぼす記事」の掲載を禁ずる通達を出している。内務省警保局は、列島外から移入された出版物を含め「南京虐殺を報道、掲載したものは全て発売禁止あるいは削除の処分にしていた」[17]。しかし、これほど注意を払ったにもかかわらず、『生きてゐる兵隊』は、やすやすと国境と言語を越えて流通し、〈敵〉たる中国側の「宣伝」に利用されてしまった。

つまりこのテクストは、国際的な情報戦・宣伝戦にかかわるコンテンツとなってしまったのである。鈴木正夫は、一九三八年中に少なくとも三種類の中国語訳が刊行されたことを突き止めている。[18]

この事実は、戦争遂行権力にとっても衝撃だったようだ。管見の限り、新聞・雑誌記事のレベルで外国語への翻訳の問題を伝えたものは『都新聞』一九三八年三月二九日付記事「奇怪！ 支那紙に「未死的兵」」のみである。[19]だが、先に紹介した『聴取書』では「此ノ小説ヲ外国スパイガ悪用スル虞ガナイカ其ノ場合我軍並ニ我国家ニ不利益デハナイカ」と問われた石川が「外国スパイノ悪用スル虞ノアル小説デアリ万一悪用サレタナラバ我軍ニ不利ナルコトハ勿論今後ノ外交ニモ不利ナルモノト考エラレマス」と殊勝に応じるところがある。また「非戦闘員ヲ殺戮スル場面ヲ描イテアルガ日本軍ガ国際法ヲ無視シテ居ル事ヲ裏書スルコトニナラザルカ」という問いには「ナリマス 描イタ当時ハ其ノ積リデ書イタノデハアリマセヌガ結果ニ於テ裏書スルコトニナリマス」と認めてしまってもいる。公判では、判事からの「外国ニ於テ翻訳サレテ居ル様ダネ」という質問がなされ、石川は「斯様ナ事ハ想像シマセンデシタ 此ノ点ハ自分ノ考ヘノ足リナイトコロデシタ」と反省してみせている。

河原理子も指摘しているように、『生きてゐる兵隊』中国語版の翻訳者でもあった作家の夏衍《かえん》は、一九五〇年代の半ばに石川が中国を訪問した際――一九五六年に石川が副団長を務めた〈アジア連帯文化使節団〉での訪中時だろうか――そのことを告げると石川は「眉をしかめて」「つまり、あなたがたがこの小説を翻訳したりしたせいで、ぼくは独房に坐らされたのか」と口にした、と回想している。[20]「独房」云々は聞き違いであろうが、この挿話は、この件で石川が相当に厳しく追及されたことの傍証とは言える。

ここまでの議論から、『生きてゐる兵隊』事件の歴史的意義は明白である。まず第一に、日本の戦争遂行権力は、このテクストを通じて〈文学〉の潜在的な力を思い知らされることになった。テクストが単なる情報や記録ではなく〈文学〉として登録され、〈文学〉の図書館‐収蔵庫に収められた瞬間に、そのテクストは、思いもよらぬ場所で思いもよらぬ読者に発見され、時間と空間と言語を越える可能性を手にしてしまう。そうした〈文学〉の旅を封じ込めることは、誰にもできないのである。しかも、彼らからすれば困ったことに、『生きてゐる兵隊』を掲載したメディアは、中国側も高く評価していた日本語の代表的なオピニオン誌なのだった[21]。それだけではなく、書き手とメディア企業の側にとってもこのテクストは、権力の装置が作動する境界線の存在を改めて意識させることになった。すでに示されていた規準を含め、戦争遂行権力がどこで・どのような禁止の力を作動させ、その力が書き手とメディア企業にどんな影響を及ぼすかを露わにしてみせたのである。火野葦平が満を持して発表した戦記テクスト『麦と兵隊』は、まさにこうした情勢のなかで書かれていたのだった。

改めて『生きてゐる兵隊』で問題とされたことを振り返ろう。中国軍との戦闘は原則として正規兵どうしの戦いであり、非戦闘員である民間人を傷つけたり殺したりする場面は書けない。作戦の全貌を書くことや戦況を俯瞰的に再構成することは許されないし、現地での中国人からの掠奪や力づくの物資の徴発も書けない。中国人女性に対する性暴力が書かれるはずがない。決して悪魔ではない戦場での日本兵は残虐・残酷であってはならないし、厭戦気分が蔓延する様子を語ることもできない。「虚構の事実をあだかも事実のように空想して執筆」したことが問題なら、書き手が自ら〈体験した事実〉と言えるものしか書けないことになってしまう。しかし、『麦と兵隊』は、こうした条件に見事なまでに適合するテクストではなかったか。周知のようにこのテクストは、徐州作戦に参加した陸軍報道班員・火野葦平の〈体験記〉という体裁を採っている。日付を明示した日録風のスタイル、たびたび挿入される写真や中日両軍の宣伝ビラ、「前書」にある「戦場の中に置かれている一人の兵隊の直接の経験の記録」「私が従軍中毎日つけた日記を整理し清書したに過ぎない」などの言葉も、それを強調し上書きするものだ。

加えて、そもそも『麦と兵隊』のブームには、テクスト自体の力だけではない、いくつかの作為と操作を指摘できる。例えば、火野の中支那派遣軍報道部への転属は、当初から徐州作戦に従軍させることが目的だった。中山省三郎に宛てて「軍の期待に添うだけの仕事」を「大いにやり甲斐のある仕事」「男子の本懐」と書き送っていた火野自身も、そのことを熟知していた（中山省三郎『海珠鈔』改造社、一九四〇年）。そもそも火野の転属に尽力し、報道部で彼の上官となった馬淵逸雄は、陸軍部内に数少ない情報宣伝活動の専門家として、中支方面の「派遣軍の報道・宣伝活動を実質的に主導した」人物である[22]。馬淵は、「私の兵隊たち」との別れを渋る火野に「私が君を急に欲しいと思うのは、近く、徐州会戦が始まるからだ」と語ったという。(23) こうした経緯には、南京戦を経験した戦争遂行権力にとっての〈反省〉を踏まえた、報道・宣伝戦略の方針転換を見なければならない。馬淵の著書『報道戦線』(改造社、一九四一年)は、蘆溝橋事件以後の宣伝戦・情報戦の展開を日本側の担当者の立場から捉えた興味深い書物だが、そのなかで馬淵は「南京戦の報道」について、次のように述べている。

南京には外人記者が二、三居残って、市中を巡回した形跡があった。彼等は攻略日本軍の行動を観察して、アラ、欠点を探索し第三国の対日与論を悪化せしめんとするスパイ的な存在であるので、之が行動を完封したのであるが、それにも況して悪影響の種子を蒔いたのは、米国宣教師達のデマ通信であった。恰かも入城した日本軍が鬼畜の行動を為したかの如き通信を為し、世界の対日感情を悪化せしめた。〔中略〕

作戦に並行する宣伝の重要性をつくづく感じさせられると共に、政治、外交の打つ手が逐次行われて戦果に光彩を発揮し、宣伝が百パーセント物を云うのであると云うことを痛感した次第である。

馬淵の言を借りれば、主力の北支那方面軍に中支那派遣軍が「協同」する形で企図された徐州戦は、「敵軍主力を殲滅し、事変解決の動機を作らんとするのが覘《ねら》」いであった。そこで「報道部も南京攻略戦に鑑み、グッと戦争の前面へと押し出し、積極的に報道並に宣伝を実施することゝなった」。「作戦に並行する宣伝」を意識して、陽動作戦に耳目を集める報道規制が行なわれ、日本国内に向けては、放送班のアナウンサーが空中視察の「実感放送」を行なう他、報道担当の将校が従軍記者を前線近くの根拠地まで誘導し、便宜を図った(『麦と兵隊』に登場する高橋少佐は、この誘導を担当した将校の一人である)。すなわち火野は、中国への派遣軍が新しい情報宣伝戦略を模索するなかで報道班員となり、軍による検閲と情報宣伝戦略を実践的に学習することになった。事実、火野の一時帰国に合わせて『中央公論』がセットした石川達三との対談で、記者から「対内宣伝といっては語弊があるが、ああいう小説を書く場合に、どの程度の効果をもたらすかという事を考えたか」と問われた火野は、「それは考えました」、

「文学をしばらく離れて、事変の進行に対して一の拍車となればよいという考えで書いた」と語っている。自らのテクストをめぐる一件を想起しつつ、「戦争文学というものも、もう少し大所高所から見てもらえるといいのだがね」とこぼす石川には、「自分は軍の中にいて検閲の仕事をしていたから大体その限界を知っているが、その範囲内にいっぱい書いて行こうとすることは楽じゃない」、けれどもそれが「任務だと思って、つまらないものばかりだが、書いていった」と返答しつつ、それでも「遠慮して書いたのに、またおこられて削られた」こともあったという（「火野葦平・石川達三対談」『中央公論』一九三九年一二月）。矢野貫一が指摘したように、敗戦後の火野が『麦と兵隊』に「二十四箇所」の修整があったと述べたのはいささか疑わしいとしても[24]、『麦と兵隊』が、検閲当局の立場と軍の情報戦略とを織り込んだ、高度に管理され、統制されたテクストであることは間違いない。

4　戦記テクストと情報戦

日中戦争は、日本帝国が初めて経験する本格的な情報戦争でもあった。「宣伝報道は思想戦の一分野」だと語る『報道戦線』の馬淵逸雄は、「秘密戦の要諦は、敵に情報を与えない、スパイを警戒すると云う消極的な方面よりも国民が戦争の本質を認識し、国家の使命を確認し、わが主張を世界に光被せしむるとともに、敵性ある流言蜚語跳梁の余地なからしむるところが肝要」だと書いていた。『麦と兵隊』を掲げた号の『改造』には、政府のメディア政策は「鵜の目鷹の目で悪いところを探し出し、これを取締ることのみに汲々としていて、いいものを育て、宣伝に利用するという態度に欠けている」と批判しつつ、「積極宣伝」の必要性を力説する記事も出ていた（伊佐秀雄「日支宣伝戦」『改造』一九三八年八月）。佐藤卓己は、日中戦争期の「思想戦」構想では、当初から「対外宣伝」よりも「思想国防」「防衛的国内思想戦」に重きが置かれたと論じているが[25]、このことは、決して情報戦への消極性を意味していない。日本帝国の戦争遂行権力は、〈国論〉の統一を妨げる「敵性ある流言蜚語」を排除し、苦難と苦闘の表象を通じて前線と銃後の一体感を演出することには、かなりの成果を挙げていたのである。

例えば、『麦と兵隊』の本文を読み直してみよう。「戦線に於けるこういう地味な部隊の苦労を是非書いて欲しいな」という「高橋少佐」の言葉をなぞるように、橋を架ける工兵隊、電話線を敷く通信隊、「困苦と欠乏」のなかで任務に就く鉄道警備隊の様子が綴られる。兵士たちが食糧を「徴発」する際には中国人の姿は見えず、まるで落とし物か無主物を占有していると言わんばかりだ。将校はみな思慮深く、慈愛にあふれ、温容な人格者ばかりだし、寝台の傍らに「艶本」が積まれた夫婦の寝室に入った火野は、「あやしい匂い」にいたたまれず、濃密な性の空間から「敗北者のごとく倉皇として逃げ出し」てしまう。中国で目にする「兵隊や土民」が日本人とよく似ているといかにも気遣わしげに述べる一方で、中国人農民には国家意識が欠如しており、政治には無関心で、中国軍を自分たちの軍とは思っていない旨の言葉が並べられる。日本語の新聞で火野の遭難が伝えられた曰くつきの戦闘シーンでは、自らの直近にしか目を向けないとまるで心に決めたかのように、敵は雨あられと降りそそぐ砲弾として表象され、敵たる中国兵の姿や表情が描かれることはない。戦闘時の中国兵たちは徹底して抽象化され、生々しく残酷な描写は排され、その代わりに、麦畑に象徴される中国の自然の力に拮抗する日本兵たちの「荘厳な脈動」が、「蜿蜒と進軍して行く軍隊」の「溢れ立ち、もり上り、殺到していく生命力の逞しさ」が、「祖国」への帰一として感触されていく。河田和子は、『麦と兵隊』の語りの特徴を「一兵士の体験記録が、他の兵隊の体験をも代弁して」おり、「「私」的体験、心情」が兵隊一般のそれとして「銃後の読者に享受、共有されていく」とまとめているが[26]、まさしくそれは、「国内思想戦」としての宣伝戦の目的に合致する仕掛けと言ってよい。

公判調書で「国民ガ出征兵ヲ神ノ如クニ考エテ居ルノガ間違」なので、日本兵の人間としての「真実」の姿を知らしめ、その上で軍への「真ノ信頼」を打ちたてるべきだ、と主張した石川のテクストが斥けられ、「体験記」と称しながらも、統御された言葉で戦場を描いたテクストが、戦争の現実を刻んだ一冊として、ベストセラーになっていく。だから、『麦と兵隊』について「新聞記事にも、ラジオ・ニュースにも、映画ニュースにも欠けたものを、そうして臨時の我々従軍記者達にも企て及ばなかったものを、ついに見事に我々の手許に送り届けた」ことの「戦功」を強調した三好達治の言葉（「「麦と兵隊」の感想」『文藝』一九三八年九月）は、文字通りの意味で読まれるべきなのだ。『生きてゐる兵隊』ではなく、『麦と兵隊』において戦争の現実が表象されたと見なされてきたことは、プロパガンダとしての『麦と兵隊』の有用性を雄弁に物語っている。

加えて、『麦と兵隊』がなぜ『改造』に掲載されたかも重要である。芥川賞の慣例によれば、受賞後第一作は『文藝春秋』が掲げるはずであった。火野は明らかにそのことを気にしていたし、『麦と兵隊』を〈小説ではない〉と強調するのはそのためだろうが、自分に発表媒体を決める権限はなかったと語る火野は、上官の馬淵から「司令部に行って相談し、『改造』に発表することに決定した」と告げられたと回想し、改造社の編集者だった水島治男は、軍から掲載を斡旋されたと述べている。[27] つまり、『麦と兵隊』は、執筆者も編集者も掲載を運動したわけではない、と言っているのだ。このメディアの選定に、『中央公論』に対する懲罰の意図を読み取ることは難しくない。『中央公論』とほぼ同格で競合する媒体とは、つまり掲載によって『中央公論』が最もダメージを受ける（そして、中国でも評価が高い）媒体とは『改造』である。経営危機のただ中にあった改造社が、火野の兵隊三部作を干天の慈雨のごとく受け止めたことはよく知られているが、とすれば、『麦と兵隊』を通じて軍は、経済的な意味でも改造社に恩を売ることができたことになる。[28]

『麦と兵隊』は、おそらく、『生きてゐる兵隊』とは異なる意味で、戦争遂行権力に〈文学〉の力を見せつけたのだった。戦場の現実を統制的に語らせることで、戦争をめぐる表象に歯止めを加えること。戦争の語り方を統御することで、人々の戦争観、戦争認識を一定の方向へと組織すること。〈文学〉はその点で情報戦の有用なツールであり、同じことは、その他の芸術についても言えるはずである。いみじくも、杉山平助は「「麦と兵隊」以来その後の作品は、彼がそう云われるのを好むと好まざるとにかかわらず、その生産の過程から見て明かに官製品」だと書いた（「火野葦平論」『改造』一九三九年一〇月）。事実、中支那派遣軍の〈お墨付き〉を得た『麦と兵隊』は、『生きてゐる兵隊』事件以後の戦記テクストの表現の可能性について、一定の規準を示すことにもなったのである。

『麦と兵隊』が『改造』に発表された一ヶ月後、まるでその効用を見極めたかのように、内閣情報部は菊池寛に声をかけ、来るべき武漢戦に合わせた文学者の派遣＝〈従軍ペン部隊〉の結成を慫慂する。武漢作戦は、南京攻略を行なった中支那派遣軍にとって、南京戦の汚名を挽回するために、「軍紀引き締め」に細心の注意が払われ、対外・対内宣伝の必要性がこれまで以上に意識された作戦だった。[29] 現地での情報戦を取り仕切った馬淵逸雄は、「武漢作戦では殆ど完璧に近い報道陣に加えて凡ゆる文化陣までをも総動員」し、「対内外、対支対敵宣伝にある種の自信を持つことが出来た」と書く（『報道戦線』）。〈従軍ペン部隊〉とは、当時の戦争遂行権力が蘆溝橋事件以来の経験を踏まえて構想した、情報戦の一翼を担うプランだったのである。

もちろん、どれほど管理されたテクストでも、書き込まれてしまうものはある。火野葦平は、石川達三が取材者として訪れた南京に一九三七年一二月一四日に到着、一七日の入城式に参加したあと、杭州へと転戦している。火野は、南京では「自由な外出は禁じられていた」し、「足の豆の治療をしたので、外に出ることも出来ず、私は部屋に閉じこもっていた」という（「南京」『兵隊について』改造社、一九四〇年）。だが、本当に彼は、南京で、あるいは他の戦場で、何も見てはいないのか。

『麦と兵隊』には、「どうにも形容に困るような声」で全身を震わせながら喚き声を挙げる驢馬が、あちこちに姿を見せている。表象秩序の上では農民たちと相似的な位置に排されたこの驢馬たちは、あちこちで発情し、交尾の相手を求める声を挙げている。自らが死線を彷徨った孫圩《そんう》の戦いの際にも、火野は、血まみれになりながら、死の間際まで生と性に執着する驢馬の様子を、つぶさに、執拗に描かずにはいられない。意味づけを欠いたまま投げ出されているかのように見える情景だが、このこだわりには、彼が戦地で見てしまったものが滲み出ているようにも思う。しかし、演出されたテクストとして『麦と兵隊』を迎えた歓呼の声は、こうした細部のざわめきをかき消してしまった。

付記

本稿は、第四回日韓国際検閲会議（二〇一二年九月一五日、日本大学文理学部）での報告にもとづくものである。稿者は本稿の脱稿・提出後、ここでの議論をもとに、ＮＨＫスペシャル『従軍作家たちの戦争』（ＮＨＫ総合テレビ、二〇一三年八月一四日放送）・ＥＴＶ特集『戦場で書く〜作家　火野葦平の戦争〜』（ＮＨＫ教育テレビ、二〇一三年一二月七日放送）の制作に協力した。なお、資料の引用に際しては、適宜通行の表記に改め、ルビは省略した。

注

（1）白石喜彦『石川達三の戦争小説』（翰林書房、二〇〇三年）。
（2）牧野武夫『雲か山か　出版うらばなし』（中公文庫、一九七六年）。
（3）注2、牧野前掲書。『生きてゐる兵隊』の異なる本文については、牧義之「石川達三「生きてゐる兵隊」誌面の削除に見るテキストのヴァリアント」（『中京国文学』第二八号、二〇〇九年三月）が詳しい。
（4）関忠果ほか編『雑誌『改造』の四十年』（光和堂、一九七七年）。
（5）松本和也「事変下メディアのなかの火野葦平――芥川賞「糞尿譚」からベストセラー「麦と兵隊」へ」（『intelligence』第六号、二〇〇五年一一月）。
（6）中谷いずみ「一九三八年、拡張する〈文学〉――火野葦平「麦と兵隊」にみる仮構された〈周縁〉の固有性」（『昭和文学研究』第六四集、二〇一二年三月）。
（7）神子島健『戦場へ征く、戦場から還る――火野葦平、石川達三、榊山潤の描いた兵士たち』（新曜社、二〇一二年）。
（8）中園裕『新聞検閲制度運用論』（清文堂出版、二〇〇六年）。
（9）山本武利『朝日新聞の中国侵略』（文藝春秋、二〇一一年）、同「日本軍のメディア戦略・戦術」（『岩波講座「帝国」日本の学知　第4巻　メディアのなかの「帝国」』岩波書店、二〇〇六年）。佐藤卓己『言論統制――情報官・鈴木庫三と教育の国防国家』（中公新書、二〇〇四年）、『『キング』の時代――国民大衆雑誌の公共性』（岩波書店、二〇〇二年）など。
（10）米谷匡史「日中戦争期の文化抗争――「帝国」のメディアと文化工作のネットワーク」（山口俊雄編『日本近代文学と戦争――「十五年戦争」期の文学を通して』三弥井書店、二〇一二年）。
（11）笠原十九司「日本の文学作品に見る南京虐殺の記録」（都留文科大学比較文化学科編『記憶の比較文化論――戦争・紛争と国民・ジェンダー・エスニシティ』柏書房、二〇〇三年）。同「日中戦争時における日本人の南京虐殺の記憶と「忘却」」（『季刊中国』二〇〇六年三―六月）にも同様の記述がある。
（12）注1、白石前掲書。

(13) 判決文は、「被告人石川達三外二名に対する新聞紙法（安寧秩序紊乱）違反事件第一審判決」として、『現代史資料41 マス・メディア統制2』（みすず書房、一九七五年）に収められている。

(14) 同志社女子大学図書館所蔵『「生きてゐる兵隊」事件　警視庁警部　清水文二　意見書聴取書』（一九三八年三月一六日の供述記録との記述あり）、同『石川達三　雨宮庸蔵　牧野武夫氏　刑事記録第一審公判調書』（一九三八年八月三一日、東京区裁判所の公判記録との記述あり）。いずれも謄写版の複製を製本したもので、表紙には「安永武人氏旧蔵書」寄贈資料のスタンプが捺されている。安永武人の著書『戦時下の作家と作品』（未来社、一九八三年）には、石川達三の「好意」で『生きてゐる兵隊』の公判関係資料の「全貌に接することができた」とあり、これらの資料は石川本人によって提供されたようだ。

(15) 無署名「戦時下に於ける言論統制法規の概観」（有山輝雄・西山武典編『情報局関係資料　第二巻』柏書房、二〇〇〇年）。

(16) 注9、山本『朝日新聞の中国侵略』。

(17) 注11、笠原「日中戦争時における日本人の南京虐殺の記憶と「忘却」」。

(18) 鈴木正夫「『麦と兵隊』と『生きている兵隊』の中国における反響に関する覚え書」（『横浜市立大学論叢　人文科学系列』一九九六年三月）。

(19) 石川達三の自伝的なテクスト『結婚の生態』（新潮社、一九三八年）のなかで、判決申渡しの際に「外国で翻訳され悪用された責任は負わなくてはならない」と指摘されたことなど、石川から見た『生きてゐる兵隊』事件にかかわる記述がある。

(20) 河原理子「筆禍をたどって」（『朝日新聞』夕刊、二〇一三年八月二七日―九月六日）。夏衍『ペンと戦争――夏衍自伝』（阿部幸夫訳、東方書店、一九八八年）。

(21) 井上司朗『証言戦時文壇史――情報局文芸課長のつぶやき』（人間の科学社、一九八四年）は、いわゆる「横浜事件」がフレーム・アップされた際、『中央公論』『改造』が中国側の情報源となっていることを理由に、両者の廃刊・廃業に反対する声があったことを伝えている。

(22) 注9、山本『朝日新聞の中国侵略』。

(23) 火野葦平「解説」（『火野葦平選集　第二巻』東京創元社、一九五八年）。ちなみに、中支那派遣軍における徐州作戦の開始時日は、『麦と兵隊』の記述が始まる翌日の一九三八年五月五日である。
(24) 矢野貫一「戦後版「麦と兵隊」「土と兵隊」補訂に関する存疑」(『近代戦争文学事典　第五輯』和泉書院、一九九六年)。
(25) 佐藤卓己「総力戦体制と思想戦の言説空間」(山之内靖ほか編『総力戦と現代化』柏書房、一九九五年)。
(26) 河田和子「報道戦線下における戦争の表象――火野葦平『麦と兵隊』の表現戦略」(『昭和文学研究』第四五集、二〇〇二年九月)。
(27) 注23、火野「解説」。また、水島治男『改造社の時代　戦中篇』(図書出版社、一九七六年)。
(28) 浅見淵は、火野葦平の三回忌の席上で、初代の『改造』編集長の横関愛造が、兵隊三部作は「当時にあって併せて三百万部出た」こと、「それだけの部数の印税の半分が陸軍報道部に寄附されていた」ことを語ったと伝えている(「丹羽文雄・火野葦平入門」『日本現代文学全集87　丹羽文雄・火野葦平集』講談社、一九六二年)。
(29) 笠原十九司『南京事件論争史――日本人は史実をどう認識してきたか』(平凡社新書、二〇〇七年)。

ペテロの夜明け――植民地転向小説と「感想録」の転向語り

鄭鍾賢《チョンジョンヒョン》
翻訳：金誾愛

1 倫理と思想の間――韓日両国の「転向（小説）」の読み方

新約の福音書には、ペテロがイエスを三回否認するや否や、鶏の泣き声が響くという印象的な場面が語られている。おそらく、その夜明けのペテロの内面には、逮捕による拷問と十字架刑に対する恐怖、そしてその恐怖によって神（理念）を否認する弱い自分への恥ずかしさなどが交差しただろう。私は、大祭司長の家に象徴されるローマの植民地、ユダヤの法域のなかで帝国の法を全面的に拒否したイエスに追従していたのにもかかわらず、それを否認するが、後に再びキリスト教の支柱として生まれ変わるという、ペテロの挿話を読みながら、日本帝国主義の苛酷な法体系のなかで転向した植民地朝鮮のマルクス主義転向者たちが、解放後再び、共産主義世界革命の路線に復帰するという、その行路について思い出す。大祭司長の家で相次ぐ尋問によって自分の神（理念）を否認（もしくは懐疑）するこのペテロの内面は、悪名高い植民地高等警察の取調べによって自分の理念を否定したり、あるいは懐疑したりしていた政治犯の内面と似ていただろう。本稿は、比喩のレベルで説明すると、その夜明けのペテロの内面を大祭司長の家という法域の外的システムとつなげながら検討しようする試みである。

東アジアの一九三〇年代は、日本帝国主義による大陸侵略が本格化し[1]、日本「内地」と植民地社会が総力戦体制に再編されていく時代である。そして、統制のために作られた各種の悪法を用いて、知識人の思想取締りを強化していく時期でもある。この過程のなかで、日本と朝鮮の共産主義者の多くが転向した。また多くの文人らが自分や同僚の転向を文学的なテーマとする作品を発表した。韓国と日本の文学史ではこのような一連の小説を「転向文学」(2)として範疇化している。

だとすれば、いったい「転向」とは何だろうか。「転向」を中心に戦時期の日本思想史を究明した鶴見俊輔は、転向を国家権力との関係においてあらわれる思想的な方向転換であると概念化した。彼は転向について「国家の強制力行使の結果として、個人あるいは個人の集団に起る思想の変化」であると定義し、「転向を特徴づけるためにわれわれは国家権力の性格と国家が利用する強制力、さらにこれらの強制力に対して反応する様々な個人の思考の変化を記述」しなければならない、だから「転向それ自身は本質においていいか悪いかということは、この定義によっては規定しません(3)」と述べている。このような鶴見の主張を受け入れるならば、「転向」は倫理的な裏切り行為ではなく、それ自体が一つの「思想」的な結実に向かう方向性を含んでいるということになる。実際、日本の転向文学のなかには、転向のその瞬間を思想の原点として捉えて考える文学的系譜が存在する(4)。

それに比べて、韓国における植民地知識人の「転向」問題は、「思想」の次元で理解されるよりは、倫理性の方がより強調される構図におかれていた。日本の知識人にとって転向は、ある種の方向転換になり得るが、植民地知識人にとって転向は、思想の転換というより、民族に対する裏切り行為として意味づけられているからだ。植民地という条件のもとで、転向は「親日＝民族反逆」の行為として、強い倫理性が伴う問題に変わった。したがって、これまでの韓国における「転向文学」の研究は、文学者（思想家）個々人の内面の倫理と心理問題に焦点を当てながら、その作家の行為が転向だったのか、それとも非転向（もしくは偽装転向）だったのかを問う、道徳的判断を中心とする議論が大多数を占めていた。

私はここで、転向（文学）の問題を扱う際に看過されてきた重要な物質的な条件について強調しておきたい。それは転向者の思想と内面を創出する一連の制度――警察、検察、裁判所、監獄という国家暴力の物理的な制度――が強制する転向の過程である(5)。転向の過程とは、国家権力の直接的な介入のなかで自分の思想を変えていく過程であり、その過程を通じて作られるものは、フーコー的な意味における規律化された主体であると言える。その過程を経た転向者は、生きていく社会の日常そのものも、国家の視線が遍在するパノプティコンの統制のもとにおかれることになる。

とりわけ注目すべき点は、転向者が最初の検挙段階の警察から最終の教化段階の刑務所にいたるまでの国家統制機構を経由する間、転向書を通じて転向の意思を証明しなければならなかった、その現実である。したがって、解放した文学の場における自律的なテクストとして研究されてきた「転向文学」は、実際に進行されていた一連の制度的な転向過程と、その過程のなかで産出された転向書のナラティヴとを、類比させたうえで、把握しなければならない。転向小説が扱う一連の題材——過去の社会主義者が「生活」と「家族」に復帰することや、マルクス主義との境界のうえにおかれている統制経済論、生産文学論などの反資本主義的なテーマ、民族協和に関するテーマなど——は、司法当局の統制下で行なわれた転向書の転向動機および論理、そしてそのナラティヴを再現する。

とくに、転向小説では「家族（愛）」をアリバイとしながら、現実との妥協の苦しみを不可避なものとして受け入れた上で、「職場」と「生活」の問題が語られるが、それは当局の要求と視線のもとで書かれた転向書（感想録）の核をなすものであった。このような内容面における類似性にとどまらず、それを書く主体がおかれている条件、さらにそれによって編成される語りの方法でも「転向書」と「転向小説」の間には深い関わりがあったというのが、本稿の仮説である。

したがって、実際転向している作家自身が過去に経験した転向書の書き方を規定する条件と「転向（書）の文法(6)」が、作品のなかでどのように専有（appropriation）されているのかを、合わせて考慮することによって、転向小説の語りに内在されている思想性と倫理性についてきちんと議論することができる。本稿では、まず思想犯の転向過程を制度のなかで再構成し、思想犯が国家の要求に対応する過程で編み出した転向（書）の書き方の文法を確認する。その後、転向過程に介入した広義の国家検閲機構が要求する転向書の文法に従いながらも、その文法を撹乱させ、亀裂させるという語りの戦略を取った金南天の「転向小説」をひとつの事例として分析してみたい。さらに、このような分析過程を通じて、一群の植民地文人の「転向文学」が検閲を撹乱しながら、思想と倫理を熾烈に思惟した重要な文学的な資産であったことを論証していきたい。

2 「転向」の過程と「告白」のテクノロジー

一九三二年、朝鮮共産党の再建事件の被疑者・金燦《キムサン》を逮捕した平北警部補・末永清憲は、逮捕から四五日目になってようやく「自分の犯罪を陳述」した金燦について、「従来多数の思想犯のなかで、検挙されてから四五日もかけてようやく自分の犯行について口を開いた人物は、金の他にはその例がない」[7]と感服(!)している。共産党の再建事件における検挙と取調べ中に味わった「その精神的、肉体的な苦心はどうも筆舌では表現できない」[8]という植民地高等警察の文章から逆説的に読み取れるように、日本の高等警察[9]に逮捕された政治犯が、拷問と取調べに耐えて組織の秘密をすべて守りきるということは、ほとんど不可能に等しかった[10]。拷問によって組織と同志のことを吐いてしまった経験は、一人の人間の内面と肉体を崩壊に至らしめる。ところで、取調べは拷問だけで成り立つのではない。

警察は被疑者にこれまでの行跡について繰り返し書かせる。被疑者は、国家を代行する警察の眼を意識しながら、自分自身が隠すべきこととあらわにしても良いことを分別しながら、話したり書いたりしていく[11]。取調べによって基本的な骨格が整ったら、事件は検事局に渡され、検事は再び被疑者にまた別の告白書を書くように強要する。司法当局は、まず繰り返して言わせたものや書かせたもののなかから、被疑者らの動線がずれてあらわれる地点を見つけ出し、事件の実態を構造化するために活用した。そして「告白のテクノロジー」を通じて、思想犯の反省の言語を被疑者の内面として実体化させようとしたのである。この強制的な作文を経験する過程で、書き手は国家(検閲)から要求される水位に合わせながら、自分の信念と組織が保護できる方向へと書き方の戦略を工夫したのだが、場合によっては現実の暴力から強要される方向転換を、自発的に遂行することもあった。

その後、検事局の書類と調書に基づいて予審裁判を受けることになるが、この過程においても、また異なる形態の「自己記述書（上申書、感想録など）」を提出し、被告が裁判で思想転換について直接語ることもあった[12]。審理を経て判決が下りたら、既決として刑務所に収監され、満期になったら社会へ釈放される。また模範的な受刑生活や「改善の程」など、刑期の三分の一が過ぎた囚人を対象に、記録された観察所見によって仮釈放され、社会へ復帰する場合もある。その際にも、刑務所で収監者が作成した「感想録」が仮釈放の重要な判断要件として使われる。
以上を図解にすると次のようである。

警察→検事局→裁判所（予審、覆審）→刑務所→社会

このように転向は、植民地の法体系の一連の執行過程のどこかで発生する現象である。転向は、警察の拷問によって同志と組織について白状する際に味わう自責の念のもとで作られる「悔悟録」を通じて、また思想検事の尋問中に作成される「感想録」や「供述書」、起訴猶予を前提として新聞に発表される「転向書」、裁判所で思想検事に提出する「上申書」や「感想録」などの形式を借りて行なわれる。さらに刑務所で刑期の三分の一以上を終え、仮釈放される際に残す「感想録」の形態[13]、最終的には社会へ出たあと、「大同民友会」のような転向者の集まりへの加入と、ジャーナリズムに残す各種の文章の形式を通しても行なわれる。転向の過程で注目すべきは、それが「告白」という形式を借りて、自分の内面を国家や社会に宣言するという方法をとるところである。植民地の司法機構は、被疑者に反復的かつ持続的に「自分自身」に関する文章を書かせた。そしてすべての転向者は告発的な書き方を通じて、自分の内面においた思想の変化について、当局の承認を得なければならなかった。その書く行為を通じた転向の意思表明に対する補償は、起訴、裁判、受刑過程に対応した、起訴猶予、執行猶予、仮釈放などの形態で与えられた。その書き方においては、転向の契機の妥当性を説明するために、自分の過去を構造化して見せるとともに、心からの転向であるという語りの様式を取らなければならなかった。そして、今後の生活についての決心も含まれなければならなかった。

書く行為の反復によって一つの「転向（書）の文法」が作り出されたが、このような書く行為を媒介に創出された内面を体現する人もあらわれた。そうならば、これから転向小説的な語りの見本ともいえる「感想録」の具体的な語りの構図について検討してみよう。

3 京城地方法院（検事局）編綴文書「感想録」における転向

現在残されている「感想録」は、国史編纂委員会が保管している『京城地方法院（検事局）編綴文書』の「感想録」と、国家記録院が保管している独立運動家「仮釈放関係書類」上の「感想録」の二つである[14]。本稿で扱う資料は京城地方法院（検事局）編綴文書の「感想録」である。編綴文書そのものが膨大なうえに、「感想録」という枠組みがもうけられていないために、本稿では「解題集」に提示された事件別文書名から「転向書」であると考えられる部分を見つけ出した。その資料の束から、内容と密度の面において典型的な「感想録」であると判断できるいくつかの文書に焦点を当て、議論を進めていく[15]。今日残されている「感想録」だけでは転向の契機について意味ある統計を再抽出することが難しいからである。

まず、当局が思想犯受刑者から直接調査した転向動機のアンケートを見ると、表1の通りである[16]。

朝鮮知識人の転向動機として、もっとも大きな比重を占める「拘禁による後悔」や「訓諭教誨の結果」が、何を意味するのかは明確ではないが、おそらく拘禁後に加えられた国家暴力の異なる表記として理解しても良いだろう。日本の転向動機のなかで大きな比重を占めている「国民的自覚」は、朝鮮人の転向動機としては微々たるものに過ぎない。朝鮮と日本の転向動機の比重が一致するのは、「近親愛其ノ他家庭関係」という項目である。京城地方法院編綴文書の被疑者らが残した「転向書（感想録）[17]」には、この表に数字化されている細目の具体的な内容の陳述が見られる。「転向書（感想録）」には出自と成長過程、マルクス主義に共鳴するようになった事情、そしてその思想的な誤謬を、思索と読書などを通じて理論的に克服するまでの過程などが書かれている。ここには、それまでの

表1　朝鮮と日本における転向者・準転向者の転向動機

転向動機	朝鮮（1936年6月）		朝鮮（1937年6月）		日本（1936年5月）	
	人数	%	人数	%	人数	%
拘禁ニ依ル後悔自新	113	34.6	101	31.7	25	7.7
近親愛其ノ他家庭関係	111	33.8	112	35	138	42.7
訓諭教誨ノ結果	66	20.1	65	20.4	-	-
主義理論ノ精算	14	4.3	14	4.4	40	12.3
国民的自覚	7	2.1	5	1.6	73	22.5
信仰上	6	1.8	10	3.1	20	6.2
性格健康等身上関係	3	0.9	8	2.5	24	7.4
其ノ他	8	2.4	4	1.3	4	1.2
計	328	100.0	319	100.0	324	100.0

思想を諦める上で「家族・家庭」が重要な媒介であったこと、今後「職場」や「生活」への誠実勤めを果たすことが記されているが、とりわけ結末は日本の「善良な臣民」として生きていくという誓いによって締め括られている[18]。

ここでは、大同小異な転向書（感想録）のうち、その内容の充実さと形式的な定型性がよくあらわれている見本として、延禧《ヨンヒ》専門学校（現在の延世大学校）商科の「赤色教授」事件に関わった白南雲《ペクナムン》、李順《イスン》鐸《テク》、盧東奎《ノドンギュ》の転向書を検討しておきたい。多くの感想録のなかから、この三人の感想録に焦点を当てる理由は、経済学者である彼らが「統制経済論」と「民族協和論」などを媒介とした、転向の内的論理の最高の水準を見せているからである。とくに盧東奎の感想録の場合、この表にあらわれた転向動機のすべてが網羅され、当時の典型的な「転向（書）の文法」で構成されており、当局によって転向書のモデルとして選ばれ、宣伝されている点は注目すべきである。

白南雲は、一九三九年五月、京城地方法院の予審判事に提出した「感想録」（図1）に、「現代の論者の中で、資本主義制度の弊害を認めない者はいない。しかしながら、「匡救」の方法は決して共産社会、それに限定された「特権」ではないということを信じるに至った」と述べている。「資本主義経済機構の崩壊論」についても、「最近の統制経済の土台そのものは微動もしないはず[19]」と書いている。また、白南雲はこれまでやってきた自分の研究を、マルクス主義に対する「恋愛」に喩え、「恋愛は盲目的であるといわれるように、おそらく理知的な判断力が感情的な興奮状態に陥っていた。そのため、マルクス

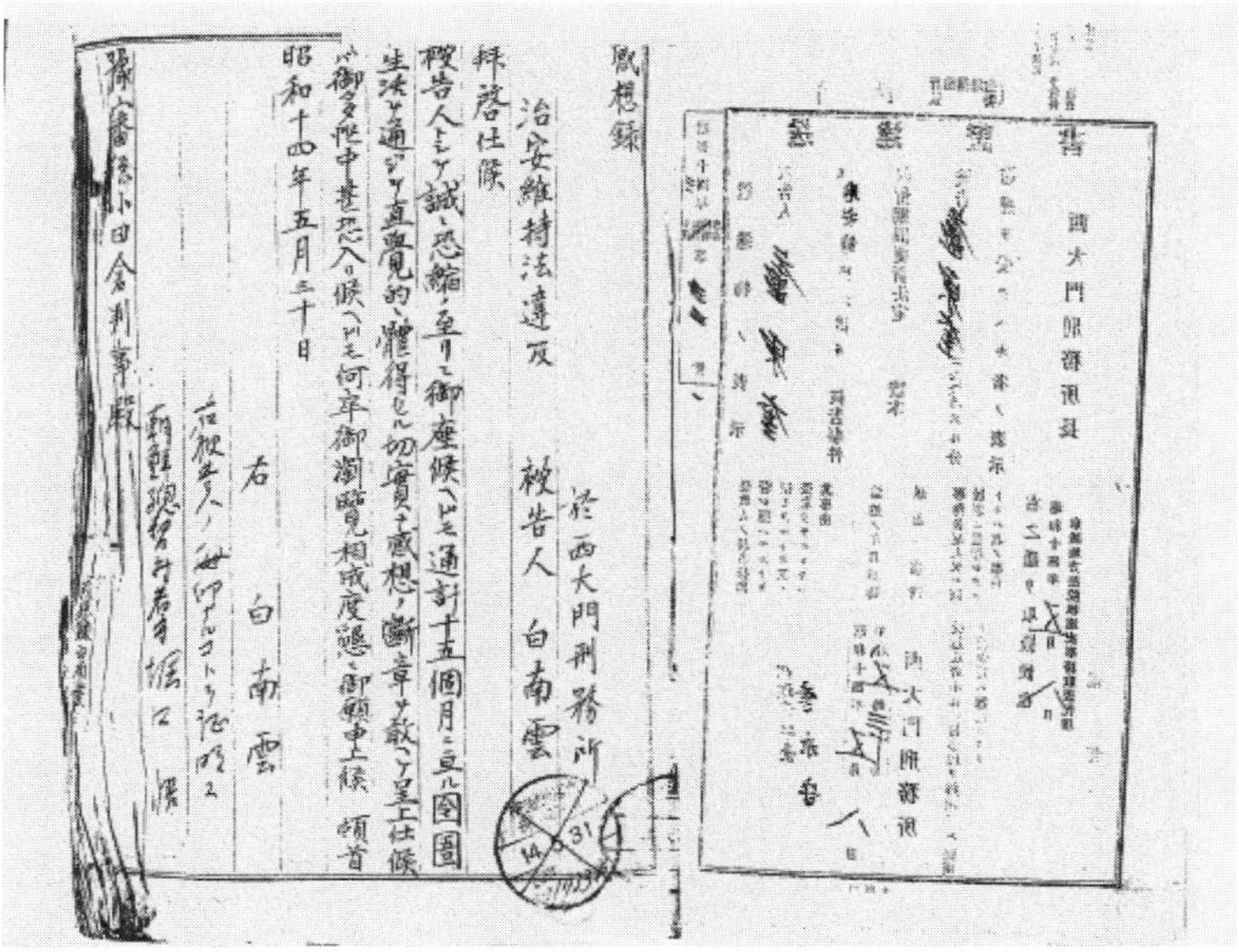
感想録

治安維持法違反　於西大門刑務所　被告人　白南雲

拝啓仕候

被告人モ今ヤ誠ニ恐縮ニ至リニ御座候ヘ共通計十五個月ニ亘ル囹圄生活ヲ通ジテ直覚的ニ體得セル切實ナル感想ノ斷章ヲ敢テ呈上仕候ガ御多忙中甚恐入候ヘ共何卒御瀏覧相成度懇ニ御願申上候　頓首

昭和十四年五月三十日

右　白南雲

右被告人ノ毋印ナルコトヲ証明ス

朝鮮總督府看守　堀口

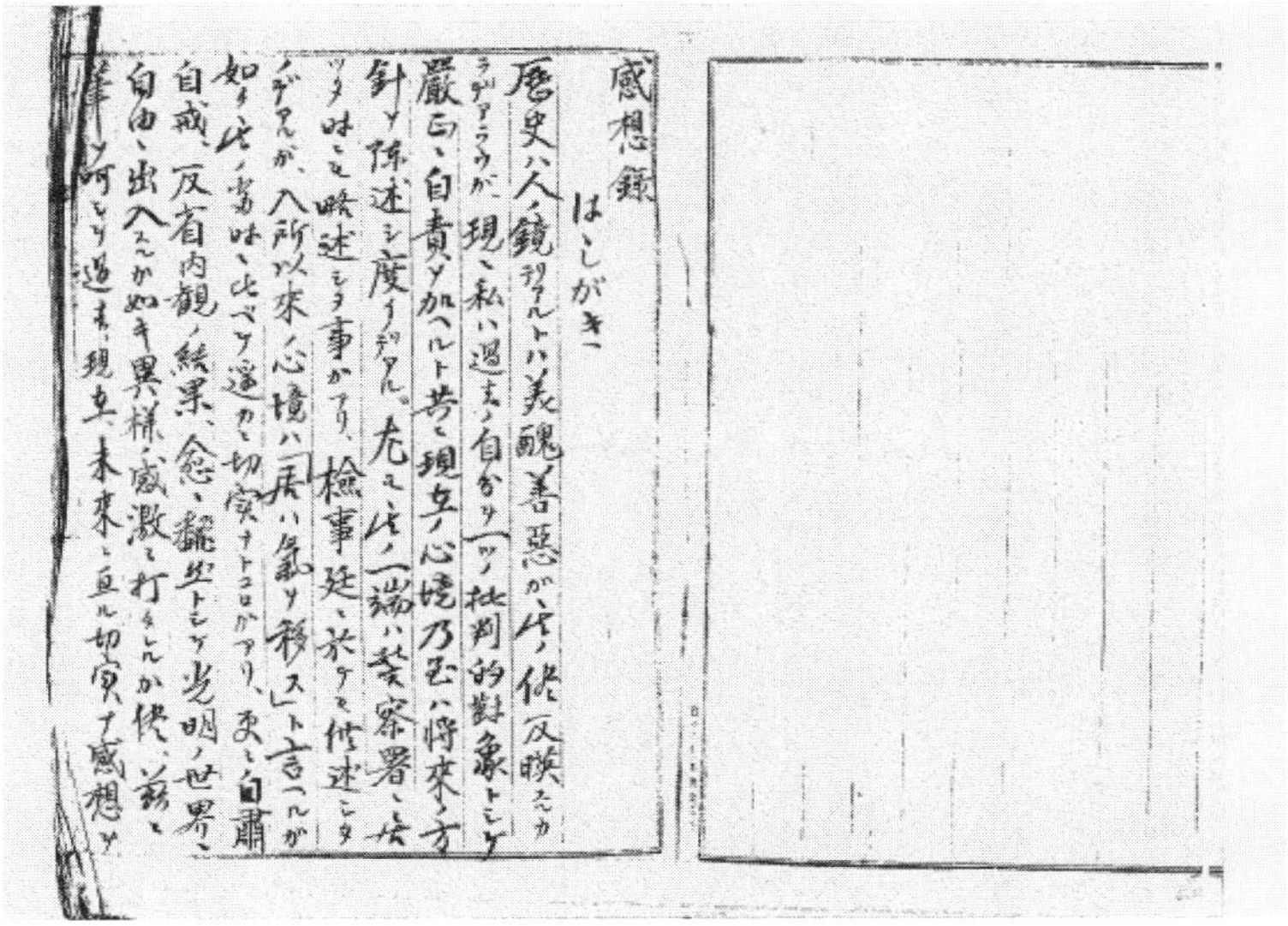
感想録

はしがき

歴史ハ人ノ鏡デアルトハ美醜善悪ガ其ノ儘反映スルカラデアラウガ、現ニ私ハ過去ノ自分ヲ一ツノ批判的對象トシテ嚴正ニ自責ヲ加ヘルト共ニ現在ノ心境乃至ハ將來ノ方針ヲ陳述シ度イノデアル。尤モ其ノ一端ハ警察署ニ於ツテ略述シタ事ガアリ、檢事廷ニ於テモ陳述シタノデアルガ、入所以來心境ハ「居ハ氣ヲ移ス」ト言ヘルガ如ク其ノ意味ニ比ベテ遥カニ切實ナトコロガアリ、更ニ自粛自戒、反省内観ノ結果、念々黙々トシテ光明ノ世界ニ自由ニ出入スルガ如キ異様ナ感激ニ打タレルガ、彼ノ茲ニ筆ヲ何トモ過去、現在、未來ニ亘ル切實ナ感想ヲ

図１　白南雲の感想録

主義の唯物史観、それ自体については、まるであばたもえくぼの如く見えるような気持ちで、批判的に読み直す余裕さえ持っていなかった」と反省している。また、歴史の「特殊性」および「制約性」が認められる限り、「マルクスの歴史理論体系に対する重大な再批判が、企てられなければならない」[20]ということばを用いて、朝鮮およびアジアの特殊性に注目する必要性を強調している。

　李順鐸は、一九三九年六月に作成した「感想転向録」で、「温情主義の発露、社会政策の実施、統制経済の強化」は、資本主義が「無産者の革命的な団結を助長する方へ流れるのを抑制」[21]していると評価した。また、民族問題についても、「民族の興亡盛衰は古代以来の支那をみ、民族の混成は現代国家である北米合衆国を眺めた時、今日文化的に低い、民族的に弱い朝鮮人が、強いて自立的にその生存を保とうとする必要はない」と述べ、「それよりはむしろ文化的にも高く、民族的にも強い日本民族の指導の下で、生存発達を遂げ、世界的に肩を並べることの出来る民族となることが、何等不合理もなく、却って有利」[22]であると説明している。ただ、この議論の終わりには「朝鮮人には伝来の朝鮮人的感情があるが、それは、長い間、歴史、言語、風俗、習慣ないし自然的環境などによって営まれてきた実生活から、自然と醸成されたものである。だから、それを一気に取除いた後、そこにすぐ日本人的な感情を埋め込むことは、容易ではない」と書き加えられている。もちろん「内鮮両民族間に共通的」[23]なところがあるため、そのような差異は克服できるという主張のもとでの言及ではあるが、ここには朝鮮の独自性についての考慮が含蓄されていると言える。白南雲と李順鐸の「感想録」の語りは、日本精神についての賛美などを表に掲げ、「統制経済論」と「民族協和論」を根幹としながら、自分らが追求していた普遍としてのマルクス主義を、「朝鮮的特殊性」に合う新たな模索として変形させる論法を取っている[24]。

　このような白南雲、李順鐸の論法は、植民地末期の韓国文学において、KAPF（朝鮮プロレタリア芸術同盟）と民族主義の系列の作家が見せていた文学的な経路を理解する鍵でもある。例えば、KAPFの最高の小説家であり、非転向が神話化している李基永《イギヨン》が、植民地末期に書いた『大地の息子』『鉱山村』『東天紅』『処女地』などの「生産文学」、満州を背景としながら作られた「東亜共同体論」を小説化した韓雪野《ハンソルヤ》の『大陸』、また反資本主義の倫理意識を形象化した金南天《キムナムチョン》の『愛の水族館』、李泰俊《イテジュン》の『青春無声』などの作品からは、過去の信念を持続しながらも帝国のイデオロギーとも矛盾しない、奇妙な接合の面貌を読み取ることができる。[25]

白南雲は、唯物史観に対する傾倒を「あばたもえくぼの如く見えた」と表現しながら、自分の思想的変化の重要な内容として、「朝鮮的（アジア的）特殊性」を強調した。このような白南雲のことばには、マルクス主義を含めた西欧的な近代性に対する再認識とともに、未熟な近代性、アジア的な停滞性の証として理解されてきた、さまざまなものに対する再評価の視点も含まれている。金南天の『大河』、韓雪野の『塔』などKAPFの作家らが、この時期に試みていた家族史を扱った小説は、開花期以来の韓国社会の変化について描きながら、既存の社会主義者の観点においては、アジア的な停滞性の表徴として、排除されたはずの土俗信仰と結ばれた生活世界、朝鮮的風俗などが、新たに意味づけられ、配置されている。

私はこうした変化について、当局による圧迫とともに、コミンテルンの教条的な国際主義共産主義路線に対する懐疑、そして朝鮮とアジア的な特殊性に対する新しい悩みが、結合されることによって生み出された、文学的な結果であったと判断している。

次に、盧東奎の「感想録（マルクス理論克服　日本精神体得記）」[26]（図2）を見てみよう。盧東奎の感想録がなぜ問題なのか、それを理解するためには、帝国主義権力の思想管理についての総体的な理解が必要だ。総督府の情報宣伝戦略は、「禁止言説の流布を防ぐ検閲」と「奨励言説の流布を積極的に勧める」という二つの側面を持っていた。行政的なレベルにおける検閲制度は、禁止言説の機能に該当する。そして、肯定的な内容の宣伝を奨励することは、積極的な形態の検閲でもあった。[27]白南雲、李順鐸が禁圧の検閲を意識しながら書いていたとすれば、盧東奎の転向書は、その検閲機構が積極的に流布しようとした、奨励言説の様相を見せている。実際、盧東奎の「感想録」は『思想彙報』の「雑録」欄に掲載され、国家が要求する転向の肯定すべき事例として公認された。[28]

盧東奎の「感想録」[29]の第一章は、敏感な感受性の持ち主であるひとりの少年の、思想遍歴について回顧しながらはじまる。ここでは、祖父からの厳しい儒教式訓育、普通・高等普通学校時代に受けた「皇国臣民」としての基礎

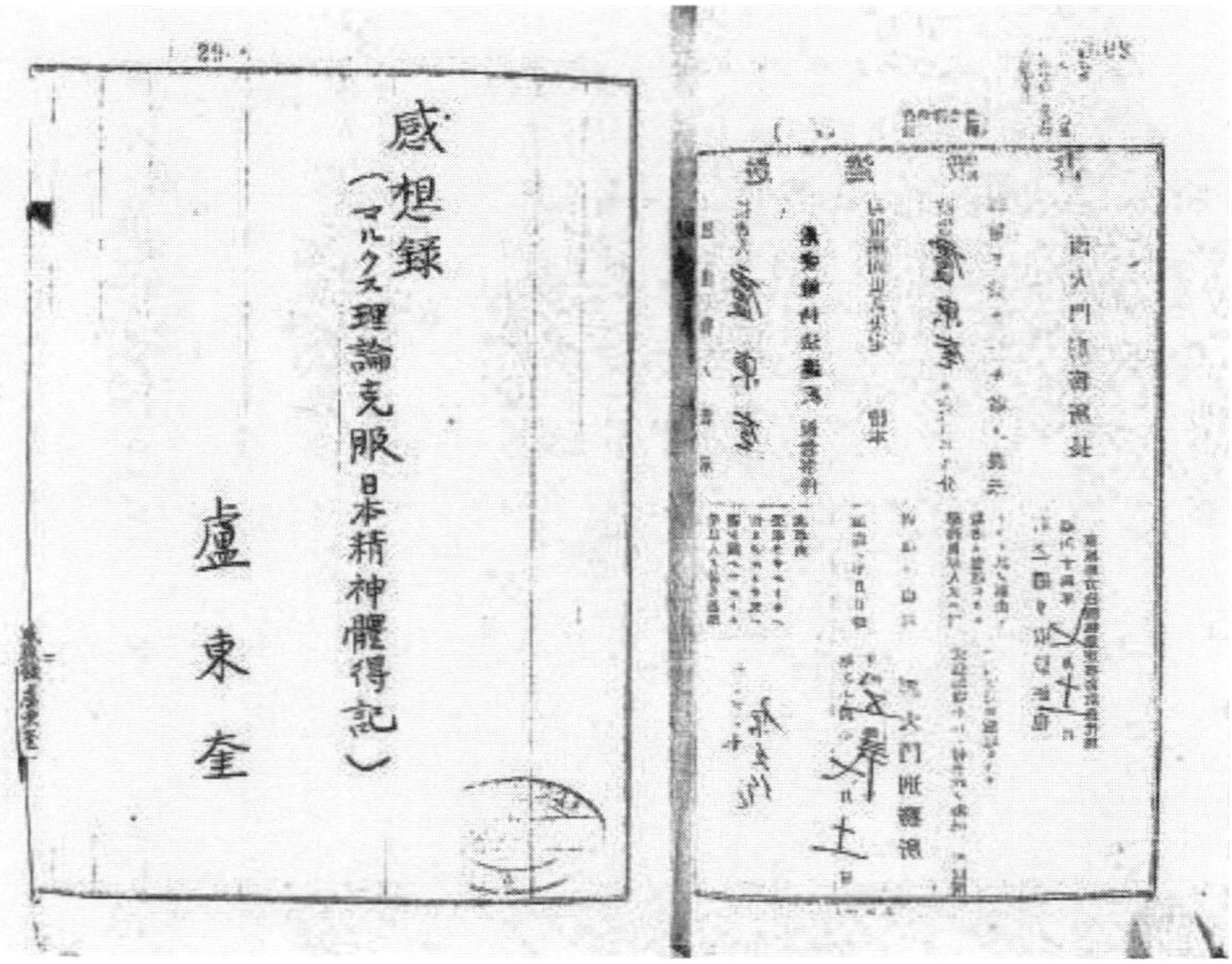
感想録
（マルクス理論克服
日本精神體得記）
盧東奎

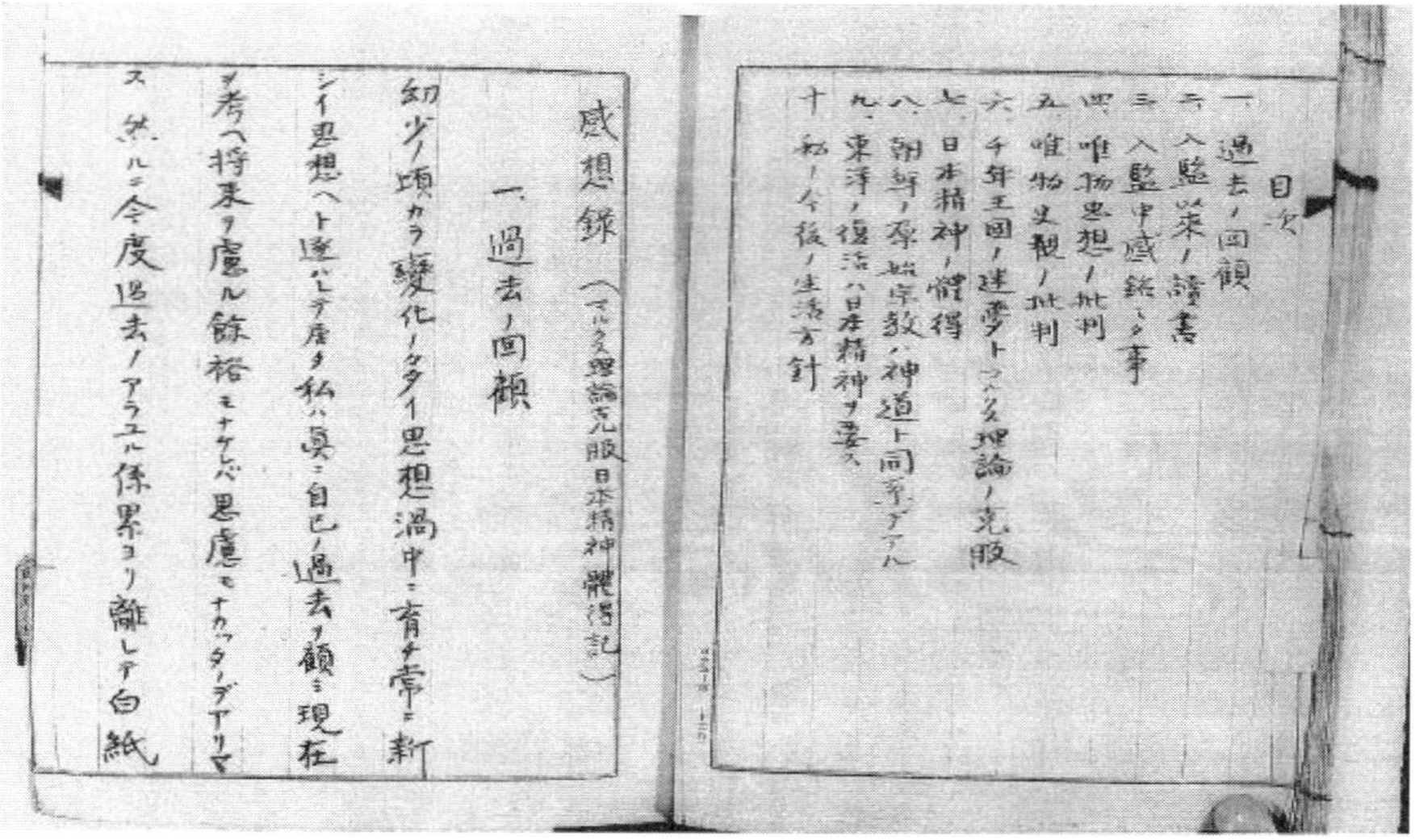
目次
一 過去ノ回顧
二 入監ノ讀書
三 入監中感銘シタ事
四 唯物思想ノ批判
五 唯物史観ノ批判
六 千年王国ノ迷夢トマルクス理論ノ克服
七 日本精神ノ體得
八 朝鮮ノ原始宗教ハ神道ト同系デアル
九 東洋ノ復活ハ日本精神ヲ要ス
十 私ノ今後ノ生活方針

感想録（マルクス理論克服日本精神體得記）
一、過去ノ回顧
幼少ノ頃カラ變化ノタダイ思想渦中ニ育チ常ニ新シイ思想ヘト逐ハレテ居タ私ハ眞ニ自己ノ過去ヲ顧ミ現在ヲ考ヘ将来ヲ慮ル餘裕モナケレバ思慮モナカッタノデアリマス 然ルニ今度過去ノアラユル係累ヨリ離レテ白紙

図２　盧東奎の「感想録（マルクス理論克服　日本精神体得記）」

教育、一六歳のときに接した「万歳騒擾（三・一事件）」と「デモクラシー」、「民族思想」による感化、トルストイの人道主義に夢中だった延禧専門時代、キリスト教の社会主義的な実践としての救世軍運動などを経て、京都帝国大学経済学部への入学後、河上肇から受けた感化によって唯物史観的な世界観に共鳴するようになった過程が記されている。そして、延禧専門学校の商科教授になってからは、左翼的な理論に基づき、アカデミズムとジャーナリズムにおける活動をおこなったが、一九三五年頃からマルクス主義に対する思想が揺れ始め、広東、漢口の陥落以後、思想的な迷夢から覚醒したと、これまでの行跡を回顧している。

第二章で、盧東奎は自分の転向に決定的な影響を与えた二冊の本を提示した。アメリカ人メイソンの『創造的東洋』（一九二八年）のなかから、「日本文明の核心である神道思想は、インドよりも精神的で、支那よりも芸術的であり、また西洋文明のように物質要素を軽視しない」という評価を、そして高階順治が書いた『日本精神の哲学的解釈』（一九三七年）からは、「東西洋の文明は、七種類に大きく分けられるが、日本精神はどこにも偏らない、有と無を包括する唯一の、全的な立場」であるという主張などを引用しながら、日本精神のすばらしさを評価している。朝鮮や中国については、「西洋流の思考とは根本的に異なるもの」であると言い、日本との共通性を強調した[30]。

この二冊の本とともに取り上げている書物の目録は、次の節で扱う金南天の転向小説と関わりがあるため、注意しておく必要がある。彼は、「唯物論哲学を克服するために有益なのは、アンリ・ベルクソンの『創造的進化』をはじめ、西田幾多郎博士の諸著書と、紀平正美博士の『行の哲学』であり、唯物史観の偏見を克服するためには、H・G・ウェルスの『世界文化史大系』と、シュペングラーの『西洋文明の没落』を読破しました。日本精神に関しては、『古事記新釋』および、紀平正美博士の『日本精神』、和辻哲郎博士の『日本精神史研究』、芳賀矢一博士の『日本国民性十講』などを読み、その他、仏教哲学や支那哲学についても、相当の書籍を読破[31]」したと述べている。

第三章では、自分の転向の決定的な契機として、二つの肉親愛についてふれた。まずは、父親との関係である。彼が送った謝罪の手紙に対する、父親からの返事には、「過去を叱っても仕方ないので、真に更生して戻って来い」という訓戒とともに、老病のため右手が使えない六〇歳の父親が左手で書いた家訓がついていた。それは、彼が一〇歳のとき他界した儒学者の祖父が書いた、「戒子孫文」[32]の一編であった。盧東奎は、紀平正美の著述を典拠に、忠と孝の関係を家族と国家の合致として理解し、人間の社会生活の核心が国家の中心である王への忠義にあると、説明する。したがって、自分が儒教的な家訓に戻るということは、東洋的な精神に戻るということであり、日本国体の精神に至る道であると説明している。二つ目の契機は、小学校六年生の長男・正完（一二歳）の伊勢神宮参拝である。自分は国家に罪を犯した者であるが、息子が朝鮮の小学生の代表として、橿原神宮と伊勢皇大神宮の参拝隊列の先頭に立って行進し、帰省後は、朝鮮全体の小学生に向かって、参拝経過について報告する放送を行なったことに、感激している。「自分が父の代わりに」参拝できてうれしかったという、息子からの手紙を読んで、感激した。その感激を契機に、新しい人、すばらしい父親になり、家に戻るから安心してほしいという手紙が書けたと述べている。

第四章から第九章までは、マルクス主義の誤謬や、日本神道と朝鮮の古い宗教の類似性に基づいた日本精神の体得についての見解などが、書かれている。これらにおける議論も興味深いものであるが、本稿が注目している転向の語りとの関連において、第一〇章の「今後の生活方針」を簡単に検討しておく。盧東奎は、「マルクス理論を完全に清算し、日本精神を体得した私の今後の生活方針は、正当な職場を見つけ、真心から自分の職に充実することによって、国恩の万分の一でも恩返しをする」ことであると述べている。そして、自分は「抽象的な人間としての立場から完全に脱却し、まず歴史的な日本人になることを自覚」し、「忠良なる皇国臣民」になると誓っている。そして、「二男四女の父」として、彼らを「第二世国民として教育するという、目前の義務」を持っているため、適当な職場に就職して、まじめに生活をすると誓いながら、文章を終える。

盧東奎はこの感想録を通じて、日本精神を「知行合一」の精神として把握し、マルクス主義を抽象主義、観念主義であると批判しながら、本来の日本精神に戻ることを誓った。盧東奎の転向語りは、儒教的な孝行の「家庭」と「職場」および「生活」によって、新たな生命を獲得する過程である。そうだとすれば、このような転向文の語りの構図が、「転向小説」とどのように接続されているのだろうか。次にそれについて考えてみよう。

4　検閲を撹乱させる不在のアイデンティティ——金南天の「転向小説」

金南天は、日本留学時代から高景欽《コギョンフム》、徐寅植《ソインシク》など、いわゆる「ＭＬ派」に、心理的、理論的に同調し、以後その一員として活動した。一九三一年六月頃に逮捕され、約七百日の未決拘留期間を経て、病気を理由に保釈された。一九三四年七月二八日、懲役二年執行猶予五年の刑を言い渡されたが、控訴審をあきらめたため、そのまま刑が確定した。彼も裁判所で転向を宣言した(33)。その金南天の書いた一連の作品が「転向小説」といわれる。その複雑な内容と形式は、ここまで見てきた法体系における一連の転向の過程と、書く行為、そしてそれを管轄する広義の国家検閲機構との関連において、解明される必要がある。

一九三〇年代における彼の文学の重要な特徴は、分裂された主体、もしくは主人公と作中人物に担わされた、作家的自我の形成であると言える。私はこれを「転向（書）」の体験と関連して理解すべきであると考えている。「転向書」を書く行為は、取調べ室、未決収容所、法廷、監獄という、社会と遮断された拘禁空間のなかで、国家を代理する警察、検事、判事、刑務所長を読者として遂行された。そして「転向小説」は、その書き手が社会へ出て、自分を注視する国家と社会大衆という、複数の読者を相手にしてパフォーマティヴに書く行為である。金南天は国家の視線と検閲を意識し、転向の文法を再演しながらも、国家によって「私」もしくは「（私の）内面」が捕獲されないようにする方法について悩んでいた。一九三〇年代における彼の文学的な実践の核心は、「転向」の内面を語りながら、「転向」の思想的な模索が、国家に回収されないようにするところにあったと考えられる。そのためには、特定の作中人物に焦点化をしない、遍在している主体を自己参照的な文脈の上に構築することが重要であった。金南天はバルザックのように、同一人物を間テクスト的に登場させる。こうしたやり方で、国家が要求する文法を言表のレベルで提示しながらも、遍在する主体を通して、ある一人の人物を拠点として発信される政治的なメッセージに亀裂を入れることができた[34]。

連作転向小説である『経営』と『麦』において、植民地の政治犯オシヒョンの転向行為は、府会議員である父親との和解で終わるが、それはまた「ほっそりした姿の道知事の娘」と縁を結ぶことで、自分の恋人チェムギョンを裏切る行為に接続される。オシヒョンが裁判法廷であきらかにした、転向の契機となった「ディルタイ―ハイデッガー―和辻哲郎―田辺元」という系譜や、「孝」を媒介とする歪曲された封建性への順応は、前章で見た盧東奎の「感想録」の語りの再現とも言える。オシヒョンの父が府会議員であることから、彼の「孝」の理念への回帰は、言い換えると「家族」と「国家」の結合、すなわち「忠」と「孝」の結合を通じて天皇へ至るという、日本精神の体現のアレゴリーである。作家は、恋人チェムギョンを裏切ったことを批判的に描写することで、「忠」「孝」によって結合された、オシヒョンの転向論理を倫理的に批判する。作家は、日本精神に回帰するという、オシヒョンの転向理論に対して、直接的には批判できない状況において、オシヒョンの人間的な裏切り行為に対する、倫理的な批判を配置させる。これは紋切型の展開かもしれないが、検閲の視線から回避できる効果的な方法であると言えるだろう。

『灯火』は、製薬会社の庶務系で働いている、転向作家チャンユソンを主人公とし、彼の内面をあらわに書き記した手紙によって構成されている。この小説では「与えられた環境の中で最善を尽くし、生きていくという誠実さ[35]」が強調されるが、とりわけ職場および自分の家庭と子供に対する愛情を形象化し、新たに生活人として生まれ変わった、転向者の内面を提示することに重点が置かれている。ここには、前節で分析した典型的な転向書の文法との共通性が見られる。この作品は、第一次的な読者である国家の期待を充足させているように見える。例えば、『灯火』が掲載された『国民文学』の編集後記で崔載瑞《チェジェソ》は「この作家が恐しく謙遜になって、人間として、国民として、又家族の人として、更に文学人として肯定的になり、生活的になったことである。それが今度の作品でよく判るのである。この作家の国民的自己錬成はもっともっと進むであらう[36]」と述べるほどであった。崔載瑞のこの評価が物語るように、この小説は生活人として、家長として誠実に生きていくべく「専業」にいそしんだ転向作家の日常と彼の誓いを示す形式を取ることで、検閲者の視線に自分を合わせ、実際に検閲を通ることができた（この作品が雑誌に掲載されたことが、まさにその証拠である）。

しかし、この小説の実態が、果たしてその通りであるかは、もう少し考えなければならない。まず、この小説は検閲を前景化し、転向書の文法に亀裂を入れるという、語りの戦略を取っている。作品冒頭の「人文社主幹貴下」に送った手紙から読み取れるように、この作品は、小説を書かない作家に「その新しい生活信念と体験から来るものを、小説化」[37]することを求める人文社主幹の要求によって書かれたものである。新聞、雑誌の統廃合以後、国家が許可した唯一の文学雑誌『国民文学』を主導する主幹・崔載瑞は、国家の要求を代行する存在でもある。金南天は、この小説創作の要求者であり、その要求を充実に遂行しているかどうかを確認する、潜在的な読者でもある国家（検閲権力）の存在を作品の内部、しかもその中心に露出させている。まさに「嘱託保護司クニモトショウケン氏と私」のエピソードがそれにあたる。

「嘱託保護司」という制度は、『灯火』を読む上で基本的な前提となる。一九三六年一二月に公布・施行された「朝鮮思想犯保護観察令」[38]は、転向者の「完全たる国民的な自覚」と「生活の確立」を目的とした法律であった。専任の保護司は少ないため、官吏や民間の有力者に保護司を嘱託した。この法律は、建前上「保護」に焦点を当てているように装っているため、検挙を目的とした治安維持法に比べて、より宥和的に見える。しかし、これは既存の行政的なメディアにおける検閲を日常のレベルに拡張させたものであり、とりわけ文人らに対しては「生活人」の方に「転業」することを強制した。さらに、作家としては、日常のなかで「保護観察」という視線にさらされ続けながら、検閲を内面化しなければならなかった。金南天が『灯火』で描いている「生活」は、このような国家の監視と暴力が遍在している生活世界である。それは、「親切」ではあるが、時局が時局だから言行に注意しろと「優しく」脅迫する。また、「まるで、一年間どれくらい変わったのかを点検するかのように、私の動静を再び見通そう」[39]とする、テミョン・コンツェルンの総帥である嘱託保護司クニモトショウケン（イチャニョン）の視線、すなわち国家の観察と監視の視線に統制され、「空腹」と「疲労」を感じざるを得ない、植民地転向者の日常である。

このように小説は、自分を「保護・観察」する視線そのものを前景化することで、自分が描いた「生活」の虚偽性と暴力性を告発する戦略を取っている。

それとともに、それぞれ異なる受信者に宛てた書簡形式を用いて、独立した嘱託保護司のエピソードと併置させている点にも、注目すべきである。「人文社主幹貴下」「文学青年の金」「文学仲間のシン」「お姉様」を受信者に設定して、それぞれ異なる「生活」と「文学」を独自に表現し、発信する。

チャンユソンは、自分の世代、もしくは昨今の文学というものが、「書きたくない雑文を書き、心が動かない通俗小説に筆を寄せ、時には新聞記者も嫌がるような名士の訪問まで[40]」する「濫作」の世界であったと定義している。自分の世代の文学についての批判とともに展開される、「生活」への強調は、文学青年「金」が信ずる通りの文学実践ができない現実において、浅薄な時局文学に染まっていくことを心配する叙述に近い。ここで「生活」は、転向語りの文法を再演したものであるが、異なる方法で文脈化される。「細いペンを蝋燭のような指の間に挟んで、十万単位から一厘にまで至る長い階段を、躊躇せずに上ったり下ったり、一分一厘の間違いもないように、合計していく[41]」幼い女子事務員の手から、「洋琴家の手」を連想する、視点人物チャンユソンは、労働の美しさと肯定性を体得するために努力する、「高い文学精神を追求する」人物として描かれる。

作家は、転向書の語りにおいて、強い「政治イデオロギー」として範疇化された「生活」と「職場」を、労働の美しさという「美的範疇」として脱政治化することで再文脈化を試みた。「金」に農場での仕事に専念するように勧めるのも、当時の生産現場での充実という、プロパガンダを再演しているようにも見えるが、それは「国策文学建設」などのスローガンや「世俗的な欲望」とは無関係の、「高い文学精神」を追求するためのものとして、独自に担わされている。

文友シンに送った手紙でも、「内鮮一体の理念を作品化するため、すぐ内鮮人の間での愛情問題や結婚問題を扱う態度」など、現在の「文学」と現実について批判している。最後に、姉を受信者とする手紙に登場する童話は、この作品を理解するための、決定的な部分である。語り手である「俺」が自分の息子チャンに聞かせている、この童話の「神様」は、「神様に追い出されて、やたら出鱈目に喋りまくる利き手」[42]を呼び出し、「地上に行け。お前が見た人間の姿、そのまま、私が充分観察できるように、裸のまま、山の上に立っていろ」と命令する。童話を聞いていた息子チャンが眠ってから「俺」は一人でつぶやく。「そのためには、地上に降りたら誰か若い女がいる所へ行って、こう言え。低い耳打ちで「俺は生きていたい」[43]」と。天から追い出され、つまらないことをしている「利き手」とは、「文学」から追い出され、会社の庶務課の購買係として働いているチャンユソンであると同時に、書けないまま、実労働の世界に転じた金南天を指す。地上で自分が見た人間の姿のまま、すなわち「裸のまま山の上に立つこと」が「利き手」の運命であり、作家金南天の運命である。

そうならば、「俺は生きていたい」という語り手「俺」の叫びは何を意味するのだろうか。「生活」「職場」「家庭」「文学」を転向の文法の文脈から隔離させ、再文脈化させたあとの「叫び」は、多義的な響きを持つ。語り手が配置させた転向の文法を、そのまま受信する者にとってこれは、現実を受け入れ、新しく生活者として生まれ変わった「国民」の誕生として読まれるだろう。また、「俺は生きていたい」ということばを、「抽象と観念と合理主義の中で青春を燃やした者が、仕事と家庭、そして子供によって、生命に目覚めるということは、新しいものの誕生を約束する[44]」と捉えた崔載瑞の批評は、国家が受信した『灯火』の意味そのものに重なるだろう。

ところが、転向の文法の再文脈化と、意味を専有する表現の隙間に寄り添いながら読み続ける読み手にとって、それは体制の主流言説に対する亀裂になりうる。このような読解に基づいて考えると、金南天の『灯火』は、既成の転向の公式言語と時局言説の堅いつなぎ目に亀裂を入れ、未来に向けて輝く、作家の内面の倫理を象徴しているとも言えるだろう。

5　ペテロのもう一つの「夜明け」

一九四五年八月一五日、日本は敗戦し、植民地朝鮮は解放された。植民地朝鮮における植民地末期は、「暗黒期」として封印された。植民地の知識人たちが悩んでいた転向の時間、「ペテロの夜明け」は、恥ずかしい記憶として清算の対象となり、帝国主義の暴力による強制性が、その恥ずかしい記憶のアリバイとなった。

しかし、この「ペテロの夜明け」の時間は、内的自発性と外的強制性のうち、どちらか一面だけでは説明し難い、思想の零点に当たる、孤独な時空間でもある。このような認識によって、日本と韓国の社会主義者が歩んだ岐路を説明できるのではないだろうか。もちろん植民地の転向者も、国家権力の強制によるものでもあったが、当時の政治情勢の変化がもたらした国際共産主義路線に対する懐疑と、思想状況の変化などに揺れていた。コミンテルンの一国一党論や、三〇年代に社会大衆党を大衆ファシズムとして規定した後、また人民戦線の政党として認めるという混乱、朝鮮的な特殊事情を容認しないという、教条的な国際主義路線に対する不満などが、植民地転向者の「感想録」から確認できる。しかし解放以降、韓国の社会主義者から、植民地期の思想的な零点の上で紡ぎだされた悩みの痕跡を見つけ出すのは難しい。それは、林房雄が宣言したように、日本の転向者たちには帰る国家があったが、朝鮮人には帰る国家が不在であったという事情とも関連するだろう。言い換えると、それは、朝鮮人転向者たちにとって、自分たちの思想の転換と模索は、そのまま民族に対する裏切り行為として置き換えられてしまったことを意味する。

周知のように、ペテロはその夜明けの恐怖から信念を否認するという、人間的な弱さを克服し、以後より強くなった信念に基づいてキリスト教の伝播に臨む。イエスの代わりに、福音を伝播する使徒として、新たな「夜明け」を迎えた。植民地朝鮮の知識人も、その「ペテロの夜明け」の時空間のなかで、懐疑し、模索した思想の痕跡を綺麗に消しながら、また異なる夜明けである「解放」を迎えて、より強固な共産主義者としてのアイデンティティを構成していった。朝鮮共産党（労働党）の党員として、彼らが歩んだ行路と残した文章を、ここで一々取り上げることは意味がないだろう。

解放以後、激しい左右対立と朝鮮戦争を媒介としながら、過去の転向の時間に芽生えた、韓国の社会主義者の悩みと思想的な模索は封印された。これは、戦後日本において転向した社会主義者が、自分の思想的な転向を新たな

「転向の思想」として維持しながら、共産党とは区別される社会党や新左翼などにその悩みをつなげていったことと対比される。その点において、韓国の社会主義知識人にとって、この「ペテロの夜明け」は、忘却しなければならない「ユダの時間」でもあったのである。

注

（1） 日本は一九二五年、反政府・反体制運動を弾圧するために、無政府主義・共産主義運動をはじめ、一切の社会運動を組織宣伝する者に重罰を加えるようにした、社会運動取締法として、悪名高い治安維持法を制定した。以後、一九三〇年代には、「朝鮮思想犯保護観察令」（一九三六年一二月）、「朝鮮中央情報委員会」（一九三七年七月）、「朝鮮防共協会」（一九三八年八月）、「時局対応全鮮思想報国聯盟」（一九三八年八月）などを作り上げた。この「思想報国聯盟」は、一九四一年一月「大和塾」に改造され、「思想犯」として指されたすべての人々を加入させて、思想転向を強要した。一九四三年現在「大和塾」は、九一の支部、会員五四〇〇人にまでのぼった。一九四一年二月には「朝鮮思想犯予防拘禁令」を作り、反日思想の持ち主であると思われる朝鮮人を、必要なときにはいつでも逮捕、収容した。

（2） 日本では、私小説的な感覚のなかで、転向文学を「転向作家の文学」として理解する方法と、転向の問題を扱った文学、すなわち共産主義者が共産主義を諦める、または共産主義者の共産主義運動からの離脱問題を扱った文学、もしくはより広い意味で、転向問題を作品制作の主な動機とする文学（本多秋五『転向文学論』未来社、一九八五年、一八七頁）と定義される場合もある。

（3） 鶴見俊輔（チェ・ヒョンオ 최형호 訳）『転向――戦時期日本精神史講義一九三一―一九四五』（ノンヒョン、二〇〇五年）二二二頁。

（4） 例えば吉本隆明は、中野重治の「村の家」などの転向文学を評価しながら、それを以前には全く考慮の対象にもならなかった「日本の封建的な優性に対する、完全な敗北としての転向」である佐野と鍋山の転向や、大衆的な動向と接触しないで、原則の論理的なサイクルを空転させた小林多喜二などの「非転向の転向」とを区別する、「日本のインテリゲンチャの思考方法の第三の典型」としての転向であると考えている（吉本隆明「転向論」『芸術的抵抗と挫折』未来社、一九五九年、一九二頁）。中野重治の転向文学は、自分の転向の原点から、転向の思想性と倫理性を問う、代表的な文学として評価されるのである。

（5）転向は共産主義運動を取り締まり、弾圧する主体との関係のなかでおこる現象として、植民地朝鮮において思想転向を強制する主体は、司法当局、具体的には思想検事に代表される検察であった。思想としての転向者の主体性が形成される過程と環境、すなわちその過程に介入する、具体的な権力との関係に注目しようとする点において、本稿は日本帝国を抽象的で理念的な存在として想定する、既存の研究とは区別されると言える。

（6）「転向（書）の文法」は、私が考えた恣意的な概念である。本稿で扱う植民地マルクス主義者の「感想録」などを読みながら、とりわけ司法当局が『思想彙報』などで、公式的に意味ある転向として選択された転向書が取った、公式化されたナラティヴ方式を、「転向（書）の文法」と命名した。（一）自分の思想が形成された過程、（二）その思想の誤りについての反省、（三）生活と家族愛についての新たな自覚、（四）職場と国家への献身を誓うこれからの覚悟、などで構成される。

（7）池中世訳・編『朝鮮思想犯検挙実話集』（トルベゲ、一九八四年）二一五頁。

（8）同上書、二一五頁

（9）いわゆる特高と呼ばれる特別高等警察は、朝鮮には設置されなかった。朝鮮では警務局や道警察府に高等警察課があり、一般に「高等系」と呼ばれた。ただし、一九三〇年代後半に警務局高等警察課に「特高系」があったという痕跡が発見されている。この特高系は、共産主義を取り締まる対象と想定していたが、それ以上に植民地高等警察の悪名は特高に匹敵するほどであった。帝国日本における特高の創設と役割、植民地における変形された特高、高等警察の拷問と弾圧の技術などについては、荻野富士夫『特高警察』（岩波新書、二〇一二年）を参照。

（10）金山《キムサン》の『アリラン』は、こうした悪名高い日本警察の拷問の実状が、よくあらわれている資料である。金山 김산、ニム・ウェルーズ 님웨일즈『アリラン 아리랑』（トンニョク、一九九四年、改訂二版六刷）二三三―二三七頁参照。

（11）金山の『アリラン』において、逮捕されたあと自分の身上書と、子供のときから現在に至るまでの自分の行跡と考えを書かされていたことが確認できる。同書、二二九頁。

（12）3節で本格的に検討する盧東奎の「感想録」は、予審判事に提出したものである。それ以前に西大門警察署における取調べの際に、盧東奎は「回顧録」という、また異なる形態の自己告白書を書かされた。また『思想彙報』には予審判事に提出した「感想文」が発表されたが、このときの「感想録」の内容が、予審判事に提出したときと差異がないとしても、公刊された雑誌に掲載されたという発表形式から考えると、異なるレベルで行なわれた、転向の告白であると言えるだろう。

（13）すべての仮釈放に「感想録」が入っていたわけではないようだ。たとえば、「印貞植全集」にも仮釈放の書類が入っているが、その書類には簡単な官憲側の評価、つまり改悛の情が見える程度の、根拠資料が添付されているだけだ。「感想録」が喪失されたのか、そもそも作成されなかったのかわかりようがないが、仮釈放の前提が必ずしも「感想録」の作成と関連すると断言することは難しい。

(14) 国史編纂委員会が所蔵している「日帝強占期」の「京城地方法院」の編綴文書資料は、国史編纂委員会編『日帝強占期社会・思想運動資料解題』一・二（タムグダンムナ社、二〇〇七／二〇〇八年）に、その目録が紹介されている。これはそれぞれの事件と関連して、残されている書類の種類を記録したが、「感想録」の部分が別に独立して、分類されているわけではない。国家記録院の独立運動家の「仮釈放関係書類」には、四二〇〇余件くらい残されている。これらの資料の現状についての紹介と全般的な検討は、キムジョンア 김정아「日帝強占期独立運動家〝仮出獄関係書類〟についての検討 일제강점기 독립운동가 〝가출옥 관계 서류〟 에 대한 검토」（『韓国独立運動史研究』第四一輯、二〇一二年）で行なわれている。キムジョンアによると、この書類は「仮釈放の件具申」、刑の執行を指揮した「執行指揮書」、「判決文」、仮釈放の前に該当監獄で記録された「行状表」、刑務所の中で本人自らが作成した「感想録」などの転向記録、そして毎月刑務所のなかで人格と作業について点数が付けられた「累進得点原簿」などで構成されている。

(15) この資料の存在を教えていただき、コピーした資料とそれをデータでまとめた目録を提供してくださった、洪宗郁さんにこの場を借りて感謝の念を申し上げたい。彼は修士論文の時から、総力戦時期の知識人の転向問題について考えていて、これまでの研究をまとめて、『戦時期朝鮮の転向者たち』（有志舎、二〇一一年）を刊行した。本稿の議論の多くは、洪宗郁さんが提供してくれた資料と研究に依る部分があることを改めて断わっておく。

(16) 出典は、「思想犯受刑者諸表」（『思想彙報』第一二号、一九三七年九月）一八五頁、池田克「左翼犯罪の覚え書」（池田克・毛利基編『防犯科学全集』第六巻、中央公論社、一九三六年）二二四頁。ここでは、松田利彦「植民地末期朝鮮における転向者の運動——姜永錫と日本国体学・東亜聯盟運動」（京都大学人文科学研究所『人文学報』第七九号、一九九七年三月）一三三頁から再引用した。

(17) 京城地方法院（検事局）編綴文書の転向書は、「上申書、供述書、感想録、陳情書、転向記、転向書、転向声明書、思想転向録、年頭所感、感想記、転向文、感想文、心境告白、心境告白書」など、多様な表題が付けられている。しかし、本稿では「感想録」というタイトルが大多数を占めるため、「転向書（感想録）」と表記した。

(18) マルクス主義者だけが「転向書」を残したわけではない。植民地末期の民族主義系列の最大の事件であった安昌浩指導の「同友会」事件においても、「感想録」と「転向書」が残されている。彼らは主に安昌浩とかかわりをもっていて、アメリカ留学などの経験を持っていた民族主義知識人のグループであった。韓国近代詩の形成に寄与し、解放以後、建国勲章を受けた詩人・金興濟《キムヨジェ》、作曲家・洪蘭坡《ホンナンパ》、解放以後活発な活動をおこなった李卯默《イミョムク》などが残した「転向書」は、『島山安昌浩全集九　同友会二』（島山安昌浩先生記念事業会、二〇〇〇年）に収録されている。この資料も、京城地方法院検査局のものである。彼らより先に転向したとされる李光洙、朱耀翰らの「転向書」は、未だに発見されてない。彼ら民族主義者の「転向書」には、マルクス主義者たちの「転向書」が持っている論理性と思想的な模索の熾烈さや緊張が存在しない。

(19) 白南雲「感想録」（一九三九年五月三〇日）『李順鐸外二名、治安維持法違反』（国史編纂委員会所蔵）二八二九頁。

(20) 同上書、二八二六―二八二七頁。

(21) 李順鐸「思想轉向錄」（一九三九年六月二三日）、前掲『李順鐸外二名、治安維持法違反』（国史編纂委員会所蔵）二八八八―二八八九頁。

(22) 同上書、二八六六―二八六七頁。

(23) 同上書、二八九八―二八九九頁。

(24) マルクス主義理念の位置に、「民族」の福利と幸福をおくこと、これは一九三〇年代の社会主義転向者らの一般的なコースでもあった。朝鮮共産党員・姜永錫の転向を分析しながら、こうした経路が日本国体論、東亜聯盟論の民族協和論に展開される過程を分析した、松田利彦の前掲論文を参照することができる。また、戦時期の朝鮮知識人の統制経済論、民族協和論は、一九三〇年代の民族統一戦線の屈折された形態の継承として、理解される場合もある。これについては注（15）の洪宗郁の研究を参照。

(25) 植民地末期のこの奇妙な接合と分裂的な面貌については、拙著『東洋論と植民地朝鮮文学　동양론과 식민지 조선문학』チャンビ、二〇一一年）を参照していただきたい。

(26) 盧東奎「感想録――マルクス理論克服　日本精神体得記」（一九三九年七月二八日）、前掲『李順鐸外二名治安維持法違反』。この文章は、高等法院検査局思想部『思想彙報』第二三号、一九四〇年六月号の「雑録」欄に、「本稿は、学内の赤化事件にかかわって、現在京城地方法院で審理中である、前延禧専門学校教授・盧東奎の手記から、予審判事に提出されたものである」という説明とともに載せられている。本稿では、『思想彙報』に掲載された、「感想録」を参照した。

(27) これについては韓萬洙《ハンマンス》「近代的な文学検閲制度について　근대적 문학 검열제도에 대하여」（『韓国語文学研究』第三九

号、二〇〇二年八月）四三頁参照。

(28) 思想検事と極少数の警察に配布された『思想彙報』を、当時の植民地大衆が読む機会は、ほとんどなかったと考えられるが、少なくとも当局が、その資料を肯定的な伝播言説の標準として選んだということは、総力戦体制のもとにおける、公式的な転向言説の一つのモデルになった可能性があったのではないかと、推論される。

(29) 盧東奎の「感想録」の目次は、次のようである。「一、過去の回顧、二、入監以来の読書、三、入監中感銘を受けたこと、四、唯物思想の批判、五、唯物史観の批判、六、千年王国の迷夢とマルクス理論の克服、七、日本精神の体得、八、朝鮮の原始宗教は神道と同系である、九、東洋の復活は日本精神を要求する、一〇、私の今後の生活方針」。

(30) 盧東奎、前掲、二二〇―二二一頁。

(31) 同上、二二二頁。

(32) 朝鮮の学者・朴世堂が自分の子孫に残した遺訓として、「常に謹慎し、一千人の後ろに踪跡を隠せ」という意味で知られている。

(33) 金南天の法廷での転向は、次の資料によって確認できる。「高景欽など四名に対する治安維持法違反事件は、二〇日午前から京城地方法院刑事部で開廷され、高景欽の長時間におよぶ転向理論が、陳述されたことは二一日であり、続き公判を二一日午前九時から開廷し、一一時までに被告四名に対する審理がすべて終わったが、高景欽、金三奎、金孝植（金南天）、三名はすべて高景欽と同様の意味において、思想転向を宣言した場合、今後家に帰ったら家事に専念すると述べたが……」（『朝鮮中央日報』一九三四年七月二二日）。

(34) 実は、それは国家との関係レベルにおいて発生しただけではない。自分自身が過去の思想にも安住できず、変化しつづけている転向の思想を、固定されたある思想に確定することができない事情からも起因したのである。「道上で」における元マルクス主義者パクヨンチャンと、「K運転手」「愛の水族館」の新世代キムクァンジュンとキムクァンホ、そしてチュ書司の周辺で、絶えず公式的な言説について皮肉っているペテン師など、否定的な人物らの言述に作家的な自我の分裂と遍在状態が投影されている。これこそ、まさに自分の声を作品のなかに吹き込んでいながらも、確定された作家の声として読まれないように操作している事例であるといえるだろう。

(35) 金南天「灯火」（『国民文学』一九四二年三月）一一一頁。

(36) 崔載瑞「編輯を了へて」（『国民文学』一九四二年三月）一九〇頁。

(37) 金南天、前掲「灯火」一〇六頁。

(38) 保護観察法の威力は、一九四一年に施行された「朝鮮思想犯予防拘禁令」と対照すると、理解しやすい。予防拘禁令は「思想が怪しい」という理由だけで「予防拘禁」できる法律であった。

(39) 金南天、前掲「灯火」一二一頁。

(40) 同上、一一一頁。

(41) 同上、一〇九頁。

(42) この小説のなかで神様から追い出された「利き手」(いわゆる利き腕の意)とは、これ以上文章を書かない作家を意味する。すなわち、このことばは作家の象徴として用いられた。

(43) 金南天、前掲「灯火」一二五頁。

(44) 崔載瑞「国民文学の作家たち」(『転換期の朝鮮文学』一九四二年)。

移動と翻訳――占領期小説の諸相

榊原理智

1　移動と監禁――占領期の地政学

日本の〈戦後〉文学は、しばしば占領を移動が禁じられた監禁状態として描き出す。たとえば〈戦後〉文学の代表的作家である大江健三郎は「人間の羊」[1]において、占領期をバスの中という空間的比喩に転換してみせた。閉じ込められた狭い空間の中で傍若無人に振る舞う外国兵たち、その膝によりかかる日本人女性、固まってそれを見ないようにしている日本人乗客たち。主人公へ与えられる暴力は、閉ざされた空間で振るわれるがゆえに、その効果を最大限に発揮する。われわれに占領空間のイメージを植え付けた作品として記憶に残るものだろう。

戦時中に「内地」と呼ばれた四つの島の中において敗戦を迎えた人々にとって、確かに占領期は地理的な移動が禁じられた監禁状態であったということができる。しかし、移動が存在していなかったわけではない。むしろ占領期は、「外地」と呼ばれた土地から人々が大量に流入する大移動の時期であった。一九四五年八月の敗戦時に「外地」にいた日本人の数は軍人・民間人を合わせて六六〇万人と言われている。[2]それから七年が経過し占領期が終了しても、未帰還者は三六万人に上っていたという報告もある。[3]一方「内地」は大量の流入者を抱え、行き場のなくなった「引揚げ者」は都会で浮浪者に仲間入りをすることになった。[4]

内地での戦争体験とは異質な、戦地・植民地の記憶を抱いて移動してきた人々。占領期に書かれた小説にはこうした人々が点在している。彼ら・彼女らの時間の感覚は、内地の人々に刻印されたそれとは異なり、空間の感覚もまた異なる。時間の例でいえば、大岡昇平の短編「八月十日」(5)は、アメリカ軍と俘虜の間で通訳をしている「大岡」と呼ばれる兵士を主人公にしているが、彼にとっては八月十五日ではなく八月十日こそ敗戦の日である。また、天皇の言葉はラジオから流れてきたものではなく、英語に翻訳された文書である。空間の例では林芙美子の『浮雲』(6)が思い起こされる。主人公の女は、戦時中に男と出会った「仏印」をユートピアとして心に浮かべて戦後の日々を生きている。「仏印」はフランス領インドシナの略称だが、一九四〇年代後半から五〇年代初頭にかけてのアジアをめぐる政治状況の変化によって〈戦後〉の言説空間では使われなくなり消えていった言葉の一つである。流れに身をまかせ、米兵相手の売春婦、いわゆるパンパンと成り果てた彼女は、将来に希望が持てないまま、今はもう存在しない「仏印」を夢見る。最後に主人公は男と屋久島にわたりそこで客死するが、その場所は彼女のユートピアに最も近い占領下日本の最南端である。主人公の想像の空間は四つの島をはるかに超えて、未だ大日本帝国の残影にさまよっている。

2　武田泰淳と上海もの

このような時間と空間についての想像力を持っていた作家の一人に武田泰淳（一九一二―一九七六）がいる。盟友で思想家の竹内好（一九一〇―一九七七）とともに自らの文学的感性を中国語と中国文学を通じて養い、その感性をもって中国大陸で兵士として戦闘に参加した。デビュー作とされる評論『司馬遷』は、この間に構想されたものであり、古典の再解釈の形を取っているものの、中国文学の研究者としての蓄積と兵士として生きた中国と接した体験を接合しようとした思考実験である。また、小説の処女作とされる「盧州風景」もこの中国滞在期間の産物である。一九四四年に再び上海にわたり中日文化協会で翻訳出版に携わっていた武田泰淳は、敗戦後もこの上海という特殊な場所で過ごすことになる。そして一九四六年二月には上海を出港、鹿児島に引き揚げる。敗戦後から引き揚げるまでは、虹口《ホンキュー》の日僑集中地区に収容され、そこで中国側が日本居留民の事業を接収する際に日本側が書く書類を作成する仕事をしていたことが知られている。後に見るように、本稿の扱う三つの小説にはこの経験が重要な形で織り込まれている。

帰国した武田泰淳は、占領期の想像力が戦後日本の領土とされた空間内に制限されていることへの苛立ちを表明すると同時に、上海から敗戦後日本への移動を小説のなかに執拗に書き込んだ。それが占領期に出された上海ものと呼ばれる中編小説の連作である。今回はそのなかの「審判」「蝮のすえ」「非革命者」(7)の三作を構成上の共通点に留意しながら取り上げる。これらは同じ「杉」という名前の主人公・語り手を持つ一人称の小説だが、それぞれに筋は異なっている。「審判」は、敗戦後の主人公の心情とともに、戦場で中国人老夫婦を殺害した経験を告白する杉の友人二郎の手紙が中心に置かれている。一方「蝮のすえ」は恋愛小説ともいえる構成になっており、主人公の恋敵の殺人事件が中心である。「非革命者」では、主人公は中国人青年の起こそうとした革命未遂事件に巻き込まれて行く。つまり、まったく異なるプロットと構造を持つ小説でありながら、主人公に共通点が多いために連作としても読めるという作品群である。

これらの作品は従来、上海という特別な場所を舞台にした小説群の流れのなかに位置づけられることが多かった。『言語都市・上海』を編集した和田博文によれば、一九世紀には限られていた上海の日本人の数は二〇世紀に入ると激増し、一九二〇年代には案内書や経済レポートも激増したという。それを追うように、村松梢風・芥川龍之介・横光利一といった作家たちが上海を舞台にした小説や紀行文を発表する。そして、こうした文学作品においては、上海は現実の都市というよりむしろ、文学上・言語上の特別なトポスとして作り出される。一九四〇年代に入って日本の軍事力の存在感が高まるにつれ、国際都市としての上海という都市としての上海は大日本帝国の都市として塗り替えられていくのだが、一九四五年八月に日本の軍政が崩壊した後にはまた新たな上海のイメージが作り出されることになる。『言語都市・上海』にはそれに貢献した作家として、堀田善衞や阿部知二と並んで武田泰淳の名前が挙げられている。(8)

むろん、武田泰淳の上海ものをそうした一連の流れのなかに位置づけることによって、見えてくるものはたくさんある。しかし今回は、上海を舞台とする静的な小説と捉えるのではなく、そこからの動的な移動をドラマとして描き込んだという点に注目して読んでいきたい。それは武田泰淳の上海ものを、堀田善衞や阿部知二の手に成る同時期の上海ものと分かつことにもなるだろう。本稿ではさらにこの移動のエージェントとして翻訳者が選ばれているという点を考慮に入れて論を進めたい。この設定のために、武田泰淳の上海連作小説は、移動をめぐるドラマであると同時に奇妙な形で言語と翻訳をめぐるドラマともなったのである。

3　〈引揚げ〉という名の移動について

これらの小説において描かれる移動は、一般に〈引揚げ〉と呼ばれる。この移動は、帝国崩壊の過程として、また脱植民地化の過程として、近年歴史学や文学研究で新たな研究が蓄積され始めている。阿部安成と加藤聖文によれば、戦後社会のなかで引揚げ者が冷遇されたのと同様に、歴史学のなかでも海外からの引揚げの研究は長らく放置されていた。その背景には、未帰還者問題が冷戦構造のなかにくるみ込まれる形で政争の具とされ、引揚げ者自身も自分たちの経験を前景化しようとする動きのなかで保守政党に飲み込まれていった過程があるという[9]。日本語の戦後文学研究においても、朴裕河《パクユハ》が述べるように、引揚げを扱った文学は内地中心の「戦後文学」の「継子」であり「戦後のわすれもの」であった[10]。近年の研究では冷戦体制に巻き込まれている東アジアの地域再編の一部として引揚げという人口移動を捉えることによって、一国民国家の歴史の枠組みを相対化する研究が目指されており、それとともに、過去の引揚げに関連する言説を詳細に検証し、一国家の歴史に押し込めてしまうような視線それ自体を問題にする研究も現われている[11]。

「大日本帝国の崩壊に伴って、植民地で生活していた日本人が日本へ〈戻って行く〉」。地政学的に安定した空間にいる現在のわれわれは帰属意識がすでに固定されているから、このように日本人が日本に戻るという言い方に違和感を覚えることはないが、地政学的空間自体が大きく変動しているとき、この移動は決して当たり前のことではない。

単純に考えても、植民地で生まれ育った人々や、何らかの理由でそこを生きる場所として積極的に選び取った人々にとって、「内地」と呼び慣らわされていた場所が、自動的に帰るべき場所であったとは考えられない。結果的に「国民の帰還」と名付けられてしまうようなものになったとしても、そこに至るまでには、自らを「日本」という場所からもともと来たのだと規定するという言語的な行為が介在する。このことが持つ意味をわれわれはいま一度考える必要があるだろう。たしかに成田龍一が言うように、引揚げとは「大日本帝国の崩壊と新たな世界秩序への移行(=帝国の再編)の人々の次元での経験」であった。[12] だがおそらく、その「経験」は二つの位相に分けて考えられねばならない。一つは物理的な空間移動という実体的な位相、もう一つはその移動に対する意味づけという言語的な位相である。前者はある人間がA地点からB地点に動くということであり、そこにはアプリオリな意味はない。しかし、出発点Aと到達点Bがそれぞれ概念化されたとき、言語的な位相において移動全体が意味を帯びるのである。「帰(属す)る」べき共同体は、「帰る」ということばの発話(意味づけ作業)以前には存在せず、移動を「帰る」と言語化することが、行為遂行的に共同体の外延を規定する。むろん地理的な境界が政治的に決定され、実体的な境界が物理的移動を妨げたり促したりすることはあるが、言語的な帰属意識の形成はそれと必ずしも連動しない。独立したものと考える方が生産的である。

私が「引揚げ」という言葉を使わず「移動」という言葉を好んで使用するのは、この第二の位相すなわち言語的位相を際立たせるためである。われわれにとって特に重要なのは、この時期さまざまに存在していたはずの可能性が、地政学的空間をある形に固定しようとする戦後的なイデオロギーの発動によって、押さえ込まれてしまった言語的な機制である。すでに幾度も指摘されていることであるが、これらの移動に「引揚げ」という言葉を当てはめること自体が、すでに〈戦後〉的な認識配置に回収させようとする機制の一部である。「引揚げ」はもともと内にいたものが一時的に外に出かけたものの、その企画が失敗して撤収するというようなニュアンスを持つ。つまり、「引揚げ」という言葉のなかには、企画の主体側から規定された本拠地(home)と外地(away)の感覚が含み込まれている。従ってそれは、「国民の帰還」という〈戦後〉的布置に簡単に回収される危険性を持つ。われわれはそれを回避する方法に敏感であるべきである。

カレン・カプランによれば、移動とそれにまつわる文彩——「本拠（home）」と「外地（away）」、「定位（placement）」と「移動（displacement）」、「定住（dwelling）」と「旅（travel）」、「居場所（location）」と「居場所喪失（dislocation）」など——は、植民地と帝国主義の研究の隆盛にともなってヨーロッパおよびアメリカの文学批評言説のなかに、ある特権的な位置を占めつつある。カプランはそうした特権性をポストモダニズムのなかに残存するモダニズム的遺産として批判を展開しているが、このことは、越境や移民や亡命といった移動の言語的な位相に関する研究が、理論的にも実証的にもまだまだ発展の余地を残していることを意味している[13]。カプランの著作は、移動と文学の問題をいわゆる「引揚げ」のみに限定することなく、一九二〇年代三〇年代の日本文学のモダニズム的移動主体の形成、四〇年代前半の帝国主義的移動主体の形成、帝国崩壊以降の脱植民地化過程におけるさまざまな移動主体の形成、という三つの問題を串刺しにする視点を提供しているといえる。これから歴史学は、一九四〇年代の東アジアにおける地政学的空間の変容と人々の移動に関する事実を掘り起こし蓄積していくことであろう。これらの実体的位相を含みこみつつ、さまざまな種類の移動とその表象を「引揚げ」という言葉に制限される時空間を越えて見渡す視点を確立するのは必須のことであると思われる。

結論を先取りすることになるが、武田泰淳の上海連作は、さまざまな可能性を提示しつつも最終的には「国民の帰還」の枠組みに収まっていくような構造を持っていると考えられる。まずは提示されている「可能性」を検証し、その上で何が捨てられているかを見ていくことにしよう。

4　小説に表われた移動の諸相

武田泰淳の上海ものにおいて、移動を意味づける位相は、いくつもの物語の可能性が葛藤を繰り広げる場になっている。引揚げ船の向かう地を home と規定して「帰る物語」を紡ぐのか、あるいは今いる上海を home として

「留まる物語」を紡ぐのか。主人公たちはこの間を激しく揺れ動き、結果的にどのような物語もうまく生成することができない。しかし、そのこと自体がさまざまな物語の可能性を小説内に胚胎させるのである。彼らが紡ぐ複数の物語を記述するために、まず移動に関連する構成上の共通点を指摘しておきたい。先述したように三つの小説は、筋が異なっているため別々の作品として読めるが、共通項を見ることで武田泰淳がどのような設定にこだわっていたかがわかるのである。[14]

まず一点目は、敗戦に伴う権力構造の転換と空間の再編成が、こと細かに書き込まれているということである。このこと自体に移動の要素はないが、権力構造の変化に主人公が敏感だということは、他人の home/away の感覚にも敏感だということであり、それは主人公が自分の居場所 home をどこに設定するかにおおいに関わってくる。

例えば三章構成の「蝮のすえ」では、各章の冒頭で権力構造の転換と空間の再編成へ、読者の注意が促される。ひなたぼっこをする主人公の耳に「日本人の品物を買いあさる中国人の声」が響いてくる。これだけならありふれた上海の光景かもしれないが、「売る方の日本人の声は低く、かつ弱々し」いのに対して、中国人の「買い手の声が余計たけだけしく」聞こえてくると描かれたとき、声はそのまま力関係の逆転を示すとともに、そこに意識を向けてしまう語りのありようが読者に伝えられる。「審判」の主人公も、小説の冒頭では敗戦後の精神的危機のなかにいる。彼は「青天白日旗の下に貼り出される新聞やビラ」に脅かされている。国民党の論理で以前の支配者である日本が攻撃される状況にあっては、主人公は弾劾される側に押し込められるほかはない。この主人公が軍の協力者であったのか、反戦主義者であったのかについて、読者は知らされない。むしろ明らかなのは、それがもう無関係な空間に主人公が放り込まれてしまったということである。「日本人、ことに上海あたりに居留していた日本人は、もはやあきらかに中国の罪人に等しい」という位置に、異議をさしはさむ余地はない。

二点目は、主人公たちに際立っている主体性の欠如である。権力構造の変容に敏感であるがゆえに、彼らはみな自ら動くよりも、波に流されて生きていくことを選ぶ。「非革命者」の主人公杉は冒頭部分で次のようにうそぶく。「私は上海ばかりではない、世界のよけい者である。終戦と同時に、それはきまった。いや、その前から、それはきまっていたのだ。この世界に、何の役にもたたない存在、ただ上海の米と酒を無意味に消費して生きている人間なのだ」。敗戦が彼らにある種の諦念をもたらし、虚脱から来る捨て鉢な気分が、どの小説の冒頭にも蔓延している。武田泰淳の初期上海ものを早くから評価した平野謙は、「人生の織りなすさまざまな劇を、人眼につかぬ窓口からじっと眺めいる無責任な一傍観者」と主人公を評し、「劇の傍観者が劇中人物にすりかわる」小説であるとしている。(15)

しかし、この「傍観者」的諦念は、移動の物語生成というわれわれの視点からみると、単なる人生に対する態度という以上の意味を持つ。なぜなら、この主人公の心情は戦中の国家的共同体には固執しないあり方であると考えることができるからである。「蝮のすえ」の冒頭で、主人公は「生きて行くことは案外むずかしくないのかも知れない」とつぶやき、こう続けるのである。「戦争で負けようが、国がなくなろうが、生きていけることはたしかだな」と。この言葉は、国という単位と不可分であるところの戦時中の言語体系に浸って来た主人公が、国は決して運命共同体ではなく、国家的な共同性に依拠しなくても生きて行くことは可能なのだ、ということを発見した素朴な驚きだと考えることができる。この主人公がユダヤ人に言及するのも偶然ではない。彼らは国家的共同性の喪失、とりわけ国土の喪失を基盤にして民族的アイデンティティを構築してきた人々だからである。この国家的共同性に依拠する必要がないという認識は、明らかに「帰る物語」の生成を邪魔することになるだろう。

5 「留まる物語」の可能性

「留まる物語」とは、主人公が現地をhomeと改めて規定し直すということであり、そのような物語を主人公が作り上げるということを意味する。共通点の三つ目として、武田泰淳がそれぞれの小説に少しずつ異なる形ではあるが、「留まる」という選択肢を入れこんでいるということを挙げておきたい。大日本帝国崩壊に伴う「引揚げ」という形で歴史的移動が語られるとき、「留まる」可能性について考えられることはほとんどないと言っていいだろう。特に移動の行程における「苦労」が、「祖国」への「帰還」あるいは「生還」するものとして語り直される場合は、なおさらそうした可能性について言及はされない。ただ、原理的には「留まる」可能性が常にあり、それは、移動を考える上では決定的なことである。武田泰淳の上海ものは、複雑な形で留まる可能性を胚胎させており、同時に後に述べるように、この可能性が決して積極的な「留まる物語」に発展せず、早産させられてしまうことが特徴的だと言えるだろう。「蝮のすえ」を留まる可能性の小説として高く評価したのは丸川哲史である。丸川によれば、ほとんどの日本人が引揚げを当たり前のもののように考え、列島規模の日本からの再出発をしたが、そのプロセスのなかでそれはいつしか「「再出発」と「復興」へとスムースに連なる一つのエピソードに過ぎない」ものとなり、引揚げざる者となる可能性についてはほとんど問題化されなかった。そういうなかで武田泰淳は引揚げが不可能になる事態の可能性をほのめかしたという点で重要だと丸川は論じている。しかし、丸川の言う引揚げが不可能になる事態は「留まる可能性」のほんの一部であるに過ぎない。さらに、「引揚げが不可能になる」という物言い自体が、実体的位相と言語的位相が混同されていることを示している。本稿は丸川の視点を継承しつつも、「引揚げ」という言葉におさまりきらない「留まる可能性」を見ていくことによって、武田泰淳が引揚げざる者の多様な形象化を模索していたことを明らかにするものである。(16)

「留まる物語」の可能性が具体的に示されるのは、「非革命者」という、時期的にはもっとも遅い作品である。プロットを祖述してみよう。題名が示すとおり、この小説は革命という政治的行為をめぐって葛藤する主人公が描かれる。革命の内実は明らかにされないが、主人公に強い印象を残す革命家の中国人青年と、彼を助ける混血女性が登場し、主人公は否応なく彼らの政治的な動きに巻き込まれて行く。自分は決して革命家になるようなご大層な人物ではない、と自己卑下を繰り返しつつも、主人公は革命家の中国人男性にあこがれを抱き、混血女性には恋愛感情を持っている。つまり主人公自身が、既存の共同体を変革して新しい共同体を作り出す営みに、ある種の羨望をもっていると考えてよい。

この小説には、主人公自身が現地に留まるための素地が十二分に用意されている。その「留まる物語」が現地の革命になんらかの形で参与するという可能性であること、すなわち新しい共同体の構築の物語になる可能性こそが「非革命者」の肝である。こうした留まる可能性が存在している分、主人公は自分の移動を輝かしい帰還として語ることなどできない。上海を去るとは、青年によって喚起された革命への欲望を青年もろとも捨て去ることを意味しているからである。「恥」の感情に苛まれる主人公に、帰る物語は最後まで生まれない。

「審判」においては、「留まる物語」は二郎という別の人物に形象化される。主人公の若い親友二郎は、戦争中に中国人老夫婦を殺害したことを忘れることができない。二郎は自分の父と婚約者を振り捨てて贖罪のために中国大陸で生きて行くことを選び取り、帰国前夜に黙って失踪するのである。主人公に自らの罪を告白した手紙を託して。武田泰淳は「審判」においてのみ、別の登場人物を通して完成された「留まる物語」を提示してみせた。ただ、これは上海をhomeとして新しい共同体を生成する物語ではないが、あまりに煩瑣になるので、ここでは武田泰淳がさまざまに「留まる物語」を変奏してみせていることを指摘するにとどめようと思う。

6　帰り着かない主人公

最後の共通点として挙げておきたいのは、どの作品にも帰還の場面が描かれないということである。「審判」では主人公杉は、すでに移動を完了しており、その時点から上海での出来事を振り返っているので、到着は小説内時間の間にすでに完了しているはずであるが、その場面は存在しない。「非革命者」では、事件の直後に主人公が乗船するか否かの決断をせまられる場面で、物語は終わっている。主人公がまだ上海に残留する可能性も残っている形で小説を終わらせているので、到着は小説内時間の外にある。到着しないことがもっとも象徴的に扱われるのは「蝮のすえ」で、主人公が鹿児島の海に停泊する船上にいるところで小説は終わっている。つまり、主人公は上海を去って船の目的地に着く直前の海上で、文字通り浮遊したままなのである。船上の主人公の耳には、「おさななじみのあの山、あの河」という「合唱」がBGMのように聞こえている。同じ船上にいる居留民の「老人や子供まで声を合せて」歌う望郷の歌は、居留民たちがすでに帰属意識をしっかりと芽生えさせていることを示している。「子供」にとっては見たこともないはずの場所が帰るべき（帰属するべき）場所になってしまっているからである。だが、主人公がその合唱に加わることはない。

「国民の帰還」の物語を描くならば、長い旅路の果てに祖国に帰り着く到着の場面は、間違いなくもっとも感傷的で劇的な場面である。だがそれが三つとも見事に排除されているのには、納得のいく小説内的理由がある。この主人公たちは誰一人として、日本への移動を「帰る」道程として意味づけることができていない。どの小説においても、決定的な事件が引揚げ船の出立前夜に起こっている。「審判」では、若い親友二郎の失踪のニュースが主人公にもたらされる。「蝮のすえ」においては、主人公が宿敵である辛島を殺害しようとして、辛島が別の誰かに暗殺される現場に遭遇するという事件が起こる。「非革命者」においては、密かに想いを寄せる革命家の女性が銃殺される。この後彼らが船に乗り込むとしても、それは決して上海と日本のどちらをhomeにするかを決定した結果としてそうするわけではなく、予期できない事件に突き動かされてそうしてしまうに過ぎない。これらの事件は突発的に起こるのも特徴的だが、極めて血なまぐさい事件であることも興味深いことである。これらの事件によって主人公たちは混乱と動揺のうちに上海を去ることになるが、彼らが逃げるようにあとにする場所が血と暴力によって彩られていることを示すからである。この点に関しては少し後に戻ってくることにしよう。

7　翻訳の表象

さて、武田泰淳が描き出した移動のドラマには、決して単線的ではないいくつもの絡み合う「帰る物語」と「留まる物語」の生成の糸があり、どれもがうまく一つの像を結ばないようにできていることが見えてきたのではないかと思う。ではここに翻訳は、どのように関わってくるのだろうか。

ポスト・コロニアル理論は、移動に関連する人々の状態——移民、難民、亡命など——を特権的に記述する言説を多く生産することによって批評性を獲得してきた。移動に注目すれば自然に彼らの言語状態――多言語状態――にも注目が集まる。（旧）植民地に関して生産される書物が多く取り上げられるようになると、多言語状態とともに翻訳が重要な媒介行為として浮上してくる。また多言語状態を記述したり評価したりする批評のなかでは、翻訳行為もまた特権化されるのであるが、その特権化は十分注意されなくてはならない。もともと植民地は、メアリー・L・プラットが言うところの接触領域（contact zones）である。[17] そしてそもそも、コンタクト・ゾーンにおいて、いわゆる多言語状態と言語間翻訳は特別な事態ではなくむしろありふれた日常の一部である。あまりにも日常的に起こっているがゆえに、ただ言語を異にする人々同士の会話を記述するだけでは媒介としての翻訳の役割やその問題点は出てこないし、そこにとりたてて批評性があるとも言えない。逆にいえば、翻訳が日々の営みのなかで透明で不可視なものとなっている――より正確にいうなら不可視にしなければ日常がうまくいかない――場所がコンタクト・ゾーンなのである。

むろん武田泰淳の描く上海もそのような場所である。その特異な歴史から、亡命者や無国籍者を含みこむ極めて複雑なコンタクト・ゾーンとなっていた上海において、日常生活を記述すればそのまま多言語のなかで暮らす人々を描くことになるのであって、それは上海の特徴であっても小説の特徴であるとは言えない。我々が取り上げてきた上海連作において特異なのは、主人公が翻訳者であり、そのことが移動についての物語の生成に影響を与えているということである。そもそも日本の近代小説は、主人公の職業を作家にするという設定を特権化してきた歴史を持っている。その流れのなかで考えると、翻訳者が主人公になっている小説は極めて珍しい。三つの作品のなかで詳しく翻訳者の位置づけが書かれているのは「蝮のすえ」のみだが、翻訳の果たす役割はすべて共通しているように思われる。三つの小説のなかで翻訳に与えられた役割。それは一言でいえば、主人公に災厄をもたらすものである。武田泰淳の上海ものにおいては、翻訳は徹底してネガティヴな行為として描かれる。ここでも三作品を貫く共通項を吟味することで、翻訳と移動の物語がどのように交錯しているかを見ていきたい。

我々はこれまで主人公を「翻訳者」と呼んできたが、実はどの作品にも翻訳という言葉は登場しない。主人公の職業は「代書屋」と呼ばれている。文字通り他人に成り代わって書く職業で、集中地区に集められた日本人居留民たちのために、中国語で中国の行政に書類を書くのが仕事である。主人公はもともとこうした職業に従事していたわけではなく、戦後になって生きるために始めたにすぎない。日本人居留民は終戦後、居住地や工場・店舗などを接収されて虹口《ホンキュー》地区に集められることになったが、主人公はそうした際の事務手続きを引き受けたのである。武田泰淳が主人公の職業にも、敗戦による権力構造の変容を刻印していることに注意しよう。どの小説においても、この職業転換によって、主人公の社会的な地位は著しく向上している。強者の言語となった中国語で書類を作成する能力は、またたくまに主人公を日僑コミュニティの最重要人物へと押し上げたのである。「蝮のすえ」の主人公は「何でもひきうけ、大胆に書類をこしらえた」だけでなく「日僑管理処の役人を泣き落とすような文句をえらび、正々堂々の議論まで並べ」、しまいには「嘘まで書いた」。そしてまさにこれが彼を優秀な代書屋にした。そしてその結果、彼は居留民たちの「信用を得」られるようになり、「懺悔や告白を聴き入れてやるカソリックの僧侶」のような精神的指導者の様相すら帯び始める。「非革命者」では、主人公は書き言葉の中国語も話し言葉の北京語や上海語も操ることができる能力を持っていて、そのことがコミュニティ内の女性を引きつける性的魅力にもなっている。

このように書くと、代書がポジティヴに描かれているように見えるかもしれない。たしかに、日僑コミュニティに貢献した点ではポジティヴなはずだが、どの作品においてもこうした地位の向上は、主人公を喜ばせないどころか逆に主人公を憂鬱にしていく。先述したように、主人公たちには傍観者的諦念といったような虚無感が漂っているが、武田泰淳はこの気質を丁寧に代書という職業に結びつけている。「私は金さえもらえばよかった。居留民の利益のためとは露ほども考えない。そんな私を頼りにする人々をあわれと感じた。これ程無責任、無能力な男が役に立つ人の世が馬鹿馬鹿しかった」(「蝮のすえ」)。

ここで行なっていることを、翻訳のそもそもの機制と関連づけて考えると興味深いものが見えてくる。翻訳はもともと、自分が自分の文章の主体にならない構造の謂いである。媒介である翻訳者は、状況が「通常」であれば透明であるはずの存在である。しかし、権力状況が流動的になるとき、翻訳者は透明でなくなるだけではなくて強者にもなりうる。まず弱者が強者に意志を伝える手段を独占するがゆえに、弱者コミュニティでは圧倒的強者になる。さらに強者コミュニティのなかでも、強者の安定がその手腕にかかっているが故に、不可欠な存在になるのである。しかもその手腕が発揮されるとき、「原文に忠実に」というような近代翻訳の倫理的規制は必要ない。むしろそれがない方が主人公のように成功するかもしれないのである。しかし、翻訳者が力を持つとき、そこには必ず英雄の誉れと裏切り者の汚れが同時につきまとう。武田泰淳は、そうした翻訳の両義的構造を、主人公たちの上に見事に形象化してみせたのだと言えるだろう。

さて、三作の共通点に立ち戻ろう。なによりこの代書屋としての主人公たちの成功は、彼らにとっての災厄――三つの決定的な事件――の引き金になっていく。「非革命者」では日僑コミュニティ内で重要人物とされたために、中国人青年から革命の補助をする話が持ち込まれる（英雄であり裏切り者！）。「蝮のすえ」ではもっとあからさまで、代書の依頼人女性を守るために主人公は殺人を犯そうとする。この彼女はこう言い放つのである。「代書商売さえやらなきゃ、こんなことにはならなかったのにね」。これらの事件は結果的に主人公たちを移動へと誘うのだが、移動の意味づけには翻訳はどう関与してくるだろうか。

この点から考えると、我々は代書を可能にしている主人公の能力が、「中国人になる」ことができる能力として描かれていることを見過ごすことはできない。先の述べたような代書の能力は、まず書き言葉としての中国語に秀でていなくてはならないが、同時にどのような言い回しが役人を「泣き落とす」ことができるのかを判断できるような知識もなくてはならない。また文書の議論を、役人に雄弁に口頭で伝えることもできなくてはならないのである。これらの能力を持つ主人公たちだからこそ、現地に留まり、「日本人を廃業する」可能性がリアルなものとして表われてくる。例えば、「審判」の主人公は、中国人から「杉さんなら中国人になれる。中国人になってしまえば心配はいらないのに」と言われている。「非革命者」ではさらに明確に、現地において革命に参与する可能性を主人公にもたらすのである。

ところが、この可能性は主人公のなかではあくまでも可能性にとどまっており、そこからポジティヴな「留まる物語」を生成することはない。これは翻訳が、決してポジティヴな行為として捉えられることがないことと連動している。代書／翻訳は常に屈辱的な行為であり、その限りにおいて、留まる可能性は常に「日本人を廃業する可能性」としてネガティヴな意味づけをその身にまとわざるを得ないからである。

8 終わりに――「再出発」「復興」「占領」

阿部安成と加藤聖文は次のように指摘している。「敗戦時に植民地や占領地にいた日本人にとっては、国内の日本人と異なり、彼らが国内に引き揚げるまではアジアとの関係は濃密なものとして存在しており、さらには、日本国内へ引き揚げる過程のなかでいち早く国共内線や米ソ対立に巻き込まれたことで、国内の日本人よりも戦後国際政治の過酷さを、身をもって体験することになった」[18]。一方、「内地」にいた日本人は、連合国とはいいながら実質的には米軍の単独占領下に置かれたため、本稿の冒頭に述べたような、監禁された空間のなかで米軍と対峙させられる状況が、リアリティを持つようになったのである。

武田泰淳の小説で言うなら、「外地」のアジアとの「濃密な」関係性は、主人公たちが取るものも取りあえず上海を去った後に残された闇であろう。先に触れたように、小説において上海が占める修辞的な布置は、贖罪（「審判」）と殺人（「蝮のすえ」）と革命（非革命者）という血塗られた過去である。それらは、主人公たちが上陸し、「引揚げ者」という名前のもとにくりこまれていくとき、そしてそれが「復興」のための「再出発」と規定されるようになるとき、抹殺されていく記憶なのである。

われわれはまた、彼らが船から上陸したあと、その船は朝鮮人、中国人、台湾人を載せて旧植民地へ向かったことも覚えておかねばならない。本稿では武田泰淳の小説に焦点を当てたために、移動を一方向に限定してしまったが、この移動は実は双方向であった[19]。移動の表象をめぐる議論は、さらにこの方向へも深められねばならないだろう。

「再出発」と「復興」は、占領者であるＧＨＱ／ＳＣＡＰの合言葉であり、同時に被占領者たちの合言葉でもあった。この二つが、占領を監禁された空間としてのみ捉える感性と繋がっていることは間違いがない。さまざまな可能性が交錯する言語的な過程として移動を考えることは、占領期と呼ばれている時期の空間的比喩の形成のされ方を問い直すことであり、アジアと呼ばれる地域における空間的感性を再構築する試みとなる可能性を持つのではないだろうか。

注

（1）初出は『新潮』一九五八年二月号。
（2）道場親信「「戦後開拓」再考――「引揚げ」以後の「非／国民」たち」（『歴史学研究』二〇〇八年一〇月）。
（3）「「引揚げ」問題の実体は何か（報告）」（『世界』一九五三年四月）。
（4）「引揚げては来たけれど（ルポルタージュ）」（『中央公論』一九四九年二月）。
（5）初出は『文學界』一九五〇年三月号。
（6）『浮雲』は一九四九年一一月から『風雪』に連載が始まり、のちに『文學界』で継続された。
（7）「審判」は一九四七年四月の『批評』に、「蝮のすえ」は一九四七年八月から一〇月まで『進路』に、「非革命者」は一九四八年五月『文藝』にそれぞれ掲載された。
（8）和田博文・大橋毅彦・真銅正弘・竹松良明・和田桂子『言語都市・上海　一八九〇―一九四五』（藤原書店、一九九九年）。
（9）阿部安成・加藤聖文「「引揚げ」という歴史の問い方（上・下）」（『彦根論叢』二〇〇四年五月、一〇月）。
（10）「「引揚げ文学」を考える」（『日本近代文学』第八七集、二〇一二年一一月）。
（11）前掲の道場論文および阿部・加藤論文の他に成田龍一「「引揚げ」に関する序章」（『思想』二〇〇三年一一月）、若槻泰雄『戦後引揚げの記録』（時事通信社、一九九一年）などがある。
（12）成田前掲論文。

(13)　カレン・カプラン『移動の時代――旅からディアスポラへ』(村山淳彦訳、未来社、二〇〇三年)。原書は、Caren Kaplan, *Questions of Travel: Postmodern Discourses of Displacement* (Duke University Press, 1996)。

(14)　これ以降の分析では、三つの小説の構造を指摘するために細かい論証を省いている。論証の詳細についてはそれぞれの小説を分析した次の拙稿を参照されたい。「帰る物語／留まる物語――武田泰淳「審判」における国家への想像力」(『国文学研究』二〇〇七年)、「ナイフの一閃、斧の一撃――武田泰淳「蝮のすえ」論」(『ポストコロニアルの地平』世織書房、二〇〇五年)、「「非革命者」試論――武田泰淳上海ものにおける国家とジェンダー」(『昭和文学研究』二〇〇九年九月)。

(15)　平野謙「武田泰淳」(『文藝』一九四八年六月)。

(16)　丸川哲史「イメージと中国の敵対――武田泰淳における経験と夢」(『ユリイカ』二〇〇三年一月)。

(17)　プラット (M. L. Pratt) は *Imperial Eyes: Travel Writing and Transculturation* (Routledge, 1992) のなかで、従来使われてきた「コロニアル・フロンティア」(colonial frontier) という用語を宗主国側からの言葉遣いであるとして廃し、より中立的な「コンタクト・ゾーン」という用語に置き換えている。この領域では常に、権力関係によって規定された植民者と被植民者の関係性が構築される。

(18)　阿部安成・加藤聖文前掲論文、一三九頁。

(19)　占領軍の対在日朝鮮人政策の概要と、この時期の人の流れに関しては、テッサ・モーリス＝スズキ「占領軍への有害な行動――敗戦後日本における移民管理と在日朝鮮人」(岩崎稔ほか編著『継続する植民地主義――ジェンダー／民族／人種／階級』青弓社、二〇〇五年)を参考にした。モーリス＝スズキはこの論文で、実際の人の流れは「双方向」よりも複雑であったことを述べている。朝鮮における状況がはっきりするまで日本に留まろうとした在日朝鮮人がいた一方で、日本を離れる意志のない者たちには将来も帰還支援を行なわないとGHQ／SCAPが明らかにしたため、とりあえず離日の意志を表明する人々や、いったん離日して再び不法入国しようとする人々もいるなど、交通は極めて複雑であった。

新たな禁忌の形成と階層化された検閲機構としての文壇

林京順《イムギョンスン》
翻訳：和田圭弘

1　新たな禁忌と植民地検閲の遺産

検閲の側面からすると、「解放」とは、過去の禁忌が解体されて社会的合意によって新しい禁忌の形成が可能になる契機であった。少なくとも心情的に、あるいは当為的にはそうであったといえるだろう。しかし朝鮮の解放が実際に置かれていた境遇は、こうした心情的当為とはまったくかけ離れたものであった。第二次世界大戦は連合軍の勝利に終わったが、終戦はただちに冷戦という新しい戦争の開始であった。枢軸国の敗戦により米ソの限定的で不安定だった連帯は崩壊し、この亀裂は、核兵器とイデオロギーはもちろん、経済、社会、文化全般の総力的な対立と経済競争である冷戦的世界秩序として全面化する。一九四五年の朝鮮の解放は、こうした亀裂のまっただ中、強大国の冷戦的世界秩序のどこかに再編されねばならない、植民地という過去を背負った東アジアの弱小国という不安定な境遇に置かれていた。半島の南側に駐屯した米軍政に期待された解放軍としての姿が占領軍としての姿をあらわすまでには長い時間を必要とせず、親日派および保守右翼を支援する者たちの政策は単独政権の樹立と戦争、分断の固着化という結果をもたらす。これにより検閲からの解放もまた、日帝から強要された禁忌を解体しうる契機とはならず、朝鮮半島に冷戦の論理を貫徹するための禁忌を形成する契機として、その姿をあらわすことになった。

これは当時の映画、言論、文学などのあらゆる領域にあてはまることであった。まず言論政策に目を向けると、米軍政は軍政法令一一号（一九四五年一〇月九日）を布告して日帝の代表的な悪法であった出版法、治安維持法、予備検束法といった七つの法律を廃止した。また、軍政法令一九号（一九四五年一〇月三〇日）の布告によって検閲を廃止し言論の許可制規定を登録制へと変えるなど、言論の自由を保障するかのように思われたが、まさに言論の許可制を規定していた日帝の新聞紙法は軍政法令一九号の内容と相容れないにもかかわらず廃止されなかった。実際のところ登録制の実施も言論の自由を保護するためのものであるというよりは、南側における言論出版の理念的傾向と構成員を把握するためのものであった。(1) 結局は軍政法令八八号の布告によって、一九四六年五月、登録制は許可制へと再転換される。これを起点として、一九四六年初頭から積極的に展開されていた言論界の左翼排斥作業は、共産主義および進歩主義の言論を徹底して排除する非常に攻撃的な政策へと拡大され、(2) 一九四六年九月から一九四七年八月のあいだに襲撃・破壊された言論機関は一一カ所、襲われた言論人は五五名、検挙された言論人は一〇五名に達した。(3) こうした事情は映画の場合も大差ない。解放直後に廃止されていた映画にたいする事前検閲が軍政法令六八号（一九四六年四月一二日）によって復活し、軍政法令一一五号（一九四六年一〇月八日）の制定により入場料の有無にかかわらず一五人以上の集会で映画を上映する際は適否が事前審査され、上映禁止はもちろん、映画フィルムの没収もありえるということになった。これは左翼集会における映画の上映を妨げんとする意図を含んだものであり、(4) 映画による政治宣伝を禁じた張澤相《チャンテクサン》〔当時、首都警察庁長〕告示（一九四七年一月三〇日）で全面化される。(5)

本稿の主題である文学検閲も左翼文学団体や文人たちに圧力を加えたという点で、検閲の全体的な方向性は他と同一のものとして進行した。ところが、新聞や映画は登録制が許可制へと転換され、事前検閲が実施されるなどの強い圧迫を受けたのに比べ、文学にたいする検閲の程度はさほど強くなかった。特に文字に留まっている文学の場合がそうであった。文字としての文学に限ってみれば、朝鮮文学家同盟から発行予定として印刷中であった詩集『人民抗争』の押収（一九四七年三月三日）と朝鮮文学家同盟機関誌『文学』の販売禁止措置（一九四七年二月）、林《イム》

和《ファ》の詩集『讃歌』の一部削除指示（一九四七年五月二四日）、李泰俊《イテジュン》『蘇聯紀行』の押収（一九四七年一一月一三日）などが、この時期に文学にたいしてなされた検閲のすべてだ。しかし、この時期の文学を文学運動と切り離して考えることはできない。それゆえ範囲を拡張すれば、その数は増大する。『朝鮮文学』主幹であった池奉文《チボンムン》の被検挙（一九四六年九月一日）、国際青少年デーでの会議で「誰がための胸詰まるわれらの若さだ？ 누구를 위한 벅차는 우리의 젊음이냐?」を朗読した兪鎭五《ユジノ》の被検挙（一九四六年九月一日）、南朝鮮労働党（南労党）文化部長であった金《キム》台俊《テジュン》の被検挙（一九四七年一〇月一〇日）、朝鮮文化団体総連盟主催の芸術祭や文化工作団の地方巡歴にたいするテロ行為などである。問題となった作品や人物はみな左翼系列であり、これは政治運動において左翼が守勢に追いやられた過程と一致する。第一次米ソ共同委員会（一九四六年三月二〇日―五月八日）の休会を起点として新聞の登録制が許可制へと転換されたのと軌を一にして、第一次米ソ共同委が休会し精版社事件（一九四六年五月一五日）が起きた直後から左翼系列の文学にたいする圧力が可視化したのである。

しかし、これは新聞や映画の場合のように、文学界全体に狙いを定めた体系的なものではなかった。もちろん文学が一人独立した空間に属しているのでないからには、左翼勢力が全般的に放逐される社会的な雰囲気は強力な影響を受けざるをえず、文化界に冷戦的秩序が形成されることへの左翼文人たちの危機感は増大しつつあった。しかし文学自体への検閲は本格的かつ体系的になされたのではなかった。このように、米軍政の検閲が他の文化領域に比べ文学にたいして緩かったのは、検閲の基本的な方向性がそうであったとか、文学が政治闘争に関与する程度が弱かったとかいう理由によるものではない。文学もやはり他の文化界と同じく、その政治的宣伝的性格は全面化されていたのであり、これは左翼系列の朝鮮文化建設中央協議会（一九四五年八月一八日）、朝鮮プロレタリア文学同盟（一九四五年九月一七日）、朝鮮文学家同盟（一九四五年一二月一三日）、朝鮮文化団体総連盟（一九四七年二月二四日）、右翼系列の全朝鮮文筆家協会（一九四六年三月一三日）、朝鮮青年文学家協会（一九四六年四月四日）、全国文化団体総連合会（一九四七年二月一二日）などの団体構成に、また個々の文人たちの政治活動や文学的言説にあらわれていた。それにもかかわらず、この時期の検閲が文学にたいして緩かったのは、文学の社会的属性による。大衆的な影響力や政治集会での効果的な利用可能性、煽動性といった側面で文学は新聞や映画に一歩譲らざるをえない。これは問題となった作品の大部分が詩だということからもわかる。解放期が詩の時代だったということもあるが、本質的には詩の煽動性、集会での朗読の可能性が問題になったのであり、文字に留まらなかった文学、文学運動が統制されたのである。これは文学界全体にたいする統制であるというよりは、映画や新聞にたいする統制と同じ脈絡のものであった。また、金台俊の被検挙や『文学』の販売禁止措置は政治的な事案に、より直接的に結びついていた。金台俊は八・一五暴動事件に巻き込まれていたし、『文学』は一〇月人民抗争を特集で扱っていた。統治機構の立場から見れば、左右の逆関係が成立している時期だったので、より急を要する事柄が多かったために文学界全般にたいする検閲は後回しにされていたというわけである。

一方で、このように他の文化領域に比べて文学が自由な状況にあったという事態は、植民地における検閲が、いかなる影響を作家たちに与えていたのかについて理解するための機会を提供する。文学検閲のみに限定するなら、制度としての植民地検閲は解放後に廃棄されたといえる。しかし長期にわたって実施された植民地検閲の影響力が一挙に消え去ることはありえない。この影響力が消え去るためには表現の自由という古典的な命題が一定の期間、ある程度は保障されるということが必要だっただろう。だが解放後の検閲の基本的な方向性は文化界を冷戦的反共主義で再編することだったので、表現の自由を享受できる時間はひどく短かった。そうしたなかで文学は他の文化領域とは異なり、いたって狭小で短期間ではあったが、文学内部に構造的検閲網が構成されうる空間を持ちえたのである。日帝という検閲の主体が消え、米軍政が文学にたいして全面的かつ体系的な検閲をおこなわないなかで、解放された民族が志向すべき文学概念をめぐって熾烈なヘゲモニー闘争が進められていたことは、つまり、制限的にではあるが、この空間が開かれていたことを意味する。この空間で進められたヘゲモニー闘争の過程において、植民地検閲が作家たちに及ぼした影響の一端があらわになる。それは検閲にたいする作家たちの認識である。

実際、事前検閲という桎梏から解放された作家たちにとって思想表現の自由は誰であれ希求し同意することのできる命題であった。しかし問題は、そう簡単なものではない。思想表現の自由という一見すると単純に思える語句

が実は複雑な内情を抱えているからである。思想表現の自由は保障されねばならないという抽象的な命題に同意することはたやすい。しかし、これを具体的な何らかの事案にまで絞って議論するとなると、自由であるべき「思想と表現の内容」は、それぞれに異なってくる。狭くは認識主体の態度によって異なるし、広くは当時の文化的風土や権力関係によって、その範囲が限定される。思想表現の自由が文字通りに貫徹される空間はどこにもなく、それは様々な要因による制限を受けたうえで姿を見せる。これは裏返せば不当な検閲と正当な検閲があるということで、「検閲」「表現の自由」という概念は政治的属性を帯びざるをえない。この点で解放期の文化的なヘゲモニー闘争の場は実際的な政治闘争と実に直接的に連関していたのであり、実際の政治空間の力学が一般的には右翼の側に有利にはたらいていたという事実が結びつくと、作家たちは二律背反的な位置に立つことになる。一方では検閲を廃止すべきだと主張し、他方では検閲を残すべきだと主張するのである。これは解放期の文人たちが身を置いた共通の状況であり、『凝香 응향』事件や李光洙《イグァンス》の『夢 꿈』出版をめぐる文壇の反応は、その状況を如実に示している。

南側〔韓国側〕文壇でのことではないが一九四七年初めに北朝鮮文学芸術総同盟が詩集『凝香』に販売禁止措置を下し、その顚末が朝鮮文学家同盟（以下、文盟）機関誌『文学』第三号で大々的に取り上げられると、右翼文壇からは個人の情緒表現に国家権力が介入することへの強い批判が巻き起こる。[6] しかし一九四七年七月、朝鮮文化団体総連合会（以下、文総）を含む右翼系列の八八団体からなる連合体の愛国団体連合会は、南労党機関紙『労力人民』の廃刊をホッジ（John R. Hodge、米占領軍司令官）に要請している。理由は言論の自由という美名の下に「われらが民族の指導者である李承晩博士と金九先生を常習的に侮辱し、反米宣伝と破壊煽動に明け暮れ」ているというものであった。[7] 検閲についての根本的な考察がないまま、対象によって検閲の不当性と正当性が選り分けられていたのであり、これは左翼文壇でも同様だった。文盟は林和の詩集『讃歌』から詩「旗を降ろそう 깃발을 내리자」が削除されると、その不当性を提起する声明書を五月二八日に発表し、[8] 朝鮮文化団体総連盟（以下、文連）傘下の各団体が軍政長官ラーチと民政長官安在鴻《アンジェホン》のもとを訪れて陳情書を提出した。[9] ここでは検閲の不当性を責めているのだが、対象が変われば、それは検閲の正当性へと転換する。文盟は安在鴻を訪ねて親日派である李光洙の

『夢』と朴英熙《パクヨンヒ》の『文学の理論と実際 문학의 이론과 실제』の販売禁止ならびに出版社への厳罰を要求する建議書を伝達し、「売国奴に言論の自由を与えるとは、とんでもないこと」だという声明書を発表しているのである。(10)これはもちろん解放後の民族的課題であった親日残滓の清算と絡みあっているために、単に検閲の問題としてのみ解釈するには問題が複雑である。しかし問題を提起している文盟も親日から自由な立場ではなく、文学界における親日問題が本格的に論じられたのでもなかった。また、文盟による発売禁止要請は右翼側からの『労力人民』廃刊要請と同日の一九四七年七月四日になされた。文盟の要請を取り上げた新聞記事の見出し「詩集『旗』は削除されても李光洙『夢』は出るべきか?」が示唆するように、親日についての問題提起というよりは『讃歌』削除への政治的対応という性格が強かったのである。

つぶさに問うてみれば、思想を出版する自由を要求する度合いが強かったのは左翼側であり、検閲要求の度合いが強かったのは右翼側であった。これは当時の状況が、文化界では左翼勢力が強かったのに比して検閲体制は一般的に右翼に有利であったために必然的なことであった。しかし検閲にたいする根本的な考察がないのは左右とも同じである。解放期の文人たちは、一方の手には検閲廃止の旗を、他方の手には検閲強化の旗を掲げる二律背反の状況を矛盾したものだとは考えなかったのである。このような矛盾した認識は、文学をはじめとする文化領域全般の検閲に溶け込んだ植民地検閲の経験に起因するものだと考えられる。つまり、各自の立場によって検閲の対象は異なるが検閲行為そのものは実に身に馴染んだものであり、ある作家や作品、媒体にたいする販売禁止などの行政措置や担当者処罰を陳情する行為が何を意味するのか、省みることができなかったのである。また、この認識は文化界を冷戦体制に再編しようとしていた軍政期の検閲の特性と結びつき、検閲の正当性と不当性を政治的な論理につながなく接続させることになる。左右双方が思想と表現の自由を主張したが、その際、自由であるべき「思想と表現の内容」は各々異なっており、それは徹底して政治的な論理に従属していた。つまり、植民地検閲の遺産と軍政期検閲の特性が結びつき、文人たちは政治的論理に従属した検閲の正当性を当然のものとして内面化したのである。もし国家建設の過程が社会的合意のもとに進められたなら、検閲と表現の自由の範囲についても合意形成が可能な機会と空間を持ちえただろう。しかしながら、この機会は単独政権樹立と戦争によってすっかり消え去る。検閲は一般的な次元での探索の可能性を喪失したまま政治的な論理にまったく従属させられ、これは正当なものであると強要され貫徹された。

2　検閲戦線の崩壊と沈黙の剝奪

文学にたいする検閲は単独政権樹立後、具体的には麗順《ヨスン》事件（一九四八年一〇月）が起きた後から本格的に実施される。麗順事件は南側の反共体制の基本的な構造と作動原理を示した分岐点だった。(11) これを起点として文学界の左派的傾向を根底から切り崩す政策が実施されはじめる。これは三種類に分けることができ、また順を追っておこなわれた。

第一は雑誌や作品の押収や販売禁止などのかたちで最初期におこなわれた処置で、一九四八年一二月から一九四九年四月に集中的になされる。まず一二月一〇日、首都管区警察庁から『文章』続刊号（通巻第三巻五号）、文盟機関誌『文学』、文盟ソウル支部機関誌『われらの文学 우리문학』、李泰俊の『ソ連紀行』と『農土』に対して販売禁止指令が下る。(12) 続いて朴文緒《パクムンソ》の詩集『小白山』の販売禁止および押収（一九四九年一月二三日）(13)、趙碧岩《チョビョガム》『地熱』の販売禁止（一九四九年二月一六日）(14)、『世界ニュース』『新世界』の押収（一九四九年四月）(15)が起こり、一九四五年九月一五日には教科書のなかの「国家理念と民族精神に違反する著者と著作物」が指摘されることで左派的性向の作品、あるいはそうした作家の作品は影をひそめることになる。

第二は文盟員および文連の関係者、南労党文化部関係者の拘禁であり、作品にたいする検閲が一段落した後におこなわれた。『文章』の販売禁止で文章社社長の金錬萬《キムヨンマン》と編集者の鄭芝溶《チョンジヨン》が一九四八年一二月に在宅送致されているが、大部分の拘禁事件は一九四九年六月から一〇月に発生している。文盟関係のアンキソン 안기성、キムドンヒ 김동희、ウジョンニョン 우종령、ペクインスク 백인숙、チェソンハ 채성하、ユスンジャ 유순자 の送検（一九

四九年六月二〇日）、金台俊の逮捕（七月二六日）、文盟仁川地区小説部長ソンジョンホ 송종호 の検挙（八月八日）、文連関係のイサンソン 이상선、ソンピルヒョン 성필현 他四名の検挙（八月九日）、文盟関係のジンヨンテ 진용태、パクヨンサン 박용상 他一九名の送検（九月二七日）、文連書記長であったキムジンファン 김진환 や演劇同盟員など四〇余名の検挙（一〇月八日）、文盟のチョイッキュ 조익규 他一七名の検挙（一〇月一七日）、南労党文化部のキムソンテク 김성택 他一三名、文連関係者など三三名の送検（一〇月二六日）などが、この時期に起こった事件である。これは政党団体にたいする登録取消し（一九四九年一〇月一八日）で一旦片づいた。政党団体にたいする登録取消しは公報処〔国務総理直属の公報担当行政機関。現・公報室（大統領直属）〕長の李哲源《イチョルウォン》が一三三政党団体にたいして登録を取り消すと発表したもので、そこには文連と文盟、朝鮮映画同盟などが含まれている。その際に適用された法条項は軍政法令五五号であり、思想関係ではない政党団体登録の行政的要件と関連している。文連や文盟の関係者たちを国家保安法で検挙後、すでに有名無実となっていた関連団体を行政的に処理したのであり、左翼系列の文化団体は南において政治的にはもちろん、行政的にも根拠を喪失することになる。

　こうした一連の処置によって文連や文盟関係の文人たちの表だった活動が不可能になるや、文人たちはそれぞれの指向と条件に従って三方式の対応を示すようになる。北側へ渡る、地下運動に身を投じる、転向意思を表明して南側での存在根拠を探すというものだ。少数の文人が越北と地下運動の道を選択し[16]、大多数の文人は南側の体制内に留まる道を選択した。麗順事件以後に本格化した文学検閲の第三の処置は、体制内に留まる道を選択した文人たちを対象としたものである。まず左翼系列にある文化人の等級分類（一九四九年一一月五日）が提示された。ソウル特別市警察局の発表による「全三級」の分類では、一級が越北した者であり、二級と三級の差異は明示されていないが、各々二九名と二二名が指示された。これらの人々は、左翼系列の自首期間として定められた期間内に自首しなければならず、もしそうしなければ既刊の書籍を全部押収し、今後も刊行や創作を不可とし、新聞社、雑誌社ならびに文化団体に名簿を配布して創作の発表、投稿、掲載等を禁じるとの指針が示された[17]。続けて越北文人著書の販売禁止（一九四八年一一月八日[18]）、転向文筆家の執筆禁止（一九四九年一一月―一九五〇年二月四日）、そして原稿審査制（一九五〇年一月二七日―四月七日）が発表された。

　これらの処置は国民保導連盟の結成を背景にするものであった。国民保導連盟（一九四九年六月）は麗順事件を契機として公布された国家保安法（一九四八年一二月）と並んで極右反共主義の勢力強化に重要な役割を担った団体であり、名目上は転向者の団体であったが、実質的には左翼思想と無関係な人々の広範な加入が強制された[19]。文人たちはこの団体に加入し、転向意思を公式表明しなければならなかった。左翼系列の自首期間内に自首すべしというのは国民保導連盟に加入し、転向意思を明かすだけで、南側で存在根拠を認めてもらえるという意味であり、多くの文人たちがこの団体に加入することになった。しかし、転向意思を表明することで状況が一段落したのではなかった。転向文筆家の執筆禁止と原稿審査制が示すように、転向文人たちは絶えず監視と疑いの対象であった。「思想的転向でもなければ世界観の転身でもない、一時的な身辺保護策としての転向[20]」という疑いがかけられ、左翼系列作家たちの表立った活動が不可能になると、すぐに検閲が内面へと入り込んできたのである。検閲が問題とするものが物的に外化した実際の行動ではない内面である限り、沈黙というグレー・ゾーンが存在する余地は消え去ってしまう。ゆえに転向文人たちは転向を明示することはもちろん、思想宣伝の場に出て自身の転向が真実であることを立証しなければならなかった。鄭芝溶は一九四九年一二月初めに開催された総合芸術祭で、北側にいる友の李泰俊に向けてソウルへ戻れと呼びかける文を朗読せねばならず、李秉岐《イビョンギ》は北側の李克魯《イグンノ》に送る手紙を書くことを要求された[21]。この他にも多くの文人が、形態はどうあれ自身の思想を立証しなければならなかった[22]。しかし、思想は言語によって立証されうるものではない。検閲が表からは見ることのできない内面を問題とするとき、その限界を設定することは不可能になる。この時期の文学検閲は統治機構の総力を挙げた物理的攻勢によって検閲への抵抗戦線を完全に崩壊させてしまい、抵抗が崩壊した状況において、作家たちが持ちうる最後の対応手段である沈黙の権利も剥奪されてしまったのである。

　この時期の検閲がこのような険しさで実施されたのは、検閲主体が政権の再創出に神経を尖らせる必要のなかった日帝や米軍政ではなく、自国民の統治機構であったためだ。李承晩政権が誕生するまで右翼諸勢力が左翼という共通の敵の前で基本的な協調関係を維持していたとすれば、政権が誕生したとたんに、この協調関係は亀裂を内包することになる。単独政権の樹立後、同伴関係にあった政府と右翼言論のあいだに亀裂が生じはじめたように、具体的な政権の誕生は、論功行賞から除外されることで政治的に不満を抱えた勢力を生むほかなかった。また李承晩政権は米軍政の後援のもとに政権を創出することができたが、そうした成立ゆえに、政権の正当性を証する宣伝の重要性は増大した。その際、宣伝は単純に宣伝に留まるのではなく、政権維持と再創出のための激烈な闘争空間と化した。また、この宣伝が実際的な内容を持ちえないとき、反政府の性向を帯びた領域への攻撃と、そこに属する人々の転向および宣伝への動員は実に有用な手段になるだろう。こうした状況では、沈黙は直ちに容共に等しい言語へと姿を変え、作家たちは最後の対応手段である沈黙する権利も失うことになったのである。

　ここで重要なのは、一群の文人たちが沈黙する権利を奪われていくとき、他の一群の文人たちは国家アイデンティティの形成に積極的な寄与をしたという事実である。実際に麗順事件以後、李承晩の反共攻勢において文学は積極的な役割を担った。麗順事件は反共民族を誕生させた重要な契機であり、反乱者は同じ民族ではないと伝えることに文人たちは実に積極的に寄与した。文総幹部と文教部長官、文教部文化局長〔文教部は日本の文部科学省に相当する行政機関〕が列席した会議で文人調査班の派遣が決定され、調査に臨んだ文人たちは言論によってある程度知られていた事実を想像力と文筆によってさらに強固にした[23]。また、麗順事件からしばらくして文総主催で開催された民族精神昂揚全国文化人総決起大会（一九四八年一二月二七日―二八日）では、具体的な雑誌と出版社が「容共地下運動の総力であり、その心臓的機関」だと名指されるなかで、反統一的非民族的機関を放置してはならないという決定書が通された[24]。事実、こうしたかたちの告発、つまり具体的な対象を名指して統治機構に行政処分を請願することは、上で見たように左右を問わず存在してきた。しかし文化界内の左派が壊滅し、地下に潜んだ状況でおこなわれたこうした告発は、以前とは異質のものであった。以前のものが左右の象徴的なヘゲモニー闘争であったとすれば、麗順事件以後の文総の告発は李承晩政権という具体的な政治権力を背景にしたものであったからである。右翼の中心的文人であった趙演鉉《チョヨンヒョン》によると、この決定書によってソウル新聞社は文壇主体勢力へと改編され、言及された雑誌は続刊が適わなくなり、出版社は門を閉じ、国語教科書の全面的な改編さえなされたという。[25] もちろん一連の出来事はこの決定書だけで引き起こされたものではなかっただろうが、こうした現実の脈絡が十分念頭に置かれていたのである。

結局、単独政権樹立以前は守勢に追いやられていた右翼文人たちが国家アイデンティティ形成への寄与というかたちで、政治権力による左翼文人の除去作業に実に積極的に協調したといえる。文学内部のヘゲモニー闘争が政治権力によって整理されたのであり、右翼文人たちは李承晩政権という具体的な政治権力の力を借りて文学内部の権力を獲得することができた。そしてこれは転向文人たちを含む南側文壇全体を包括する韓国文学家協会（一九四九年一二月。以下、文協）という単一の文人団体の結成に至った。これにより文総や文協といった南側の文壇機構は強力な親政府的性向をその特性として示すようになる。注意すべきは、冷戦的反共主義と親政府という二つの集合が巨大な積集合として重なるのは確かであっても、同一の集合ではないということだ。文学の場合、この積集合は他の分野に比べて大きかったように見える。これにより、朝鮮戦争を経つつ文壇機構は親政府的検閲者としての性格を帯びるようになる。

3　検閲者としての文壇機構

検閲の側面から見ると、朝鮮戦争〔一九五〇年六月二五日―五三年七月二七日休戦〕は事前検閲が復活した時期である。戦争が勃発すると、その日に非常戦時令および非常状態下の犯罪処罰特別措置令が公布され、七月には全国的に戒厳令が宣布され、言論出版に関する特別処置令が公布された。[26] これに従って国防部政訓局報道課長の名義で一切の出版印刷物は報道課の事前検閲を経なければならないという談話が発表された。[27] 一九五一年四月に非常戒厳が警備戒厳へと緩和されたが、検閲は解かれなかった。[28] しかし実際には戦線が移動していた時期のような検閲はおこなわれなかったようである。[29] 一九五二年五月二五日に再び非常戒厳令が宣布されるが、これは戦況によるものではなく、李承晩政権の延長を目的とした大統領直選制改憲案に伴う釜山政治〔釜山はソウル陥落後の韓国政府臨時首都〕の動揺によるものであった。非常戒厳の実施によって軍に関する記事はすべて検閲を受けるべしという告示が下達され、約半月のあいだ言論出版の事前検閲が実施されるなかで再び削除された誌面が見られるようになる。[30] 名目上の検閲対象は軍に関する記事であったが、検閲実施の理由が政権延長をめぐる政府と国会の葛藤にあったために、この「軍関連記事」という項目は広範に運用されていたと思われる。というのも、改憲案が通過して状況に区切りがつく直前の六月二七日に李承晩の声明が発表されるのだが、その内容は、主要軍事機密に直接関連しない検閲はすべて即時解除し、一部の外国刊行物と国内新聞にたいして差別的検閲をおこなう弊害を是正し、以後、検閲実施が必要であると判断される際には事前に本人あるいは公報処の許諾を受けなければならないというものであったためである。[31] 各種の暴力組織を動員した官製デモと新聞社襲撃、国会議員の拘束などによって改憲案の通過が可能になるや、この間の検閲によって生じた事態をなだめる発表をしたのである。六月二八日、新聞雑誌の検閲を厳禁するという国務総理張澤相の発表とともに言論出版にたいする事前検閲は解除された。しかし、その際も逮捕拘禁に関する事項と戒厳業務遂行に支障をきたす利敵的記事は事前検閲を要するとの例外規定を置いている。[32]

こうした全般的状況のなかで、文学は文人たちが検閲者と被検閲者に分化される道を歩み出す。まず朝鮮戦争の勃発直後、文人たちは非常国民宣伝隊（一九五〇年六月二七日）と文総救国隊（一九五〇年六月二八日）を結成して、愛国詩を朗読し、檄文を読み、反共戦争の遂行に最後まで行動を統一することを決議した。これは政府の積極的な支援と保護を受けたが、これらの活動が実際に何らかの効果を創出したわけではないようだ。例えば釜山地区戒厳司令部が文総救国隊慶南派遣隊について、開戦直後から戦闘文化を志向し、慶尚南道《キョンサンナムド》に来た際のその高潮ぶりは軍人以上のものであったので、文総関係者を避難民や無用の長物のように扱う者は警察民間を問わず高等手段によって責任を問うとの声明書を発表している。[33] これは、朝鮮戦争がイデオロギー戦争の性格を帯びていて、戦争への態度が直ちに思想検証の一形態であったということを勘案すれば、実際的な効果ではなく、行為自体が重要であり、戦争という非常状況で軍の保護網が必要であったという理由によるものだといえる。こうした特性は、文人たちの従軍活動がより体系的なものとなる従軍作家団の結成にも同様にあらわれる。従軍作家団は一月四日の後退後に大邱と釜山に集まった作家たちを中心に結成される。空軍従軍作家団（一九五一年三月九日）と陸軍従軍作家団（一九五一年五月二六日）が大邱で、海軍従軍作家団（一九五一年六月）が釜山で結成されている[34]。文人たちの加入理由は多様であり、文人自身の愛国心や共産主義にたいする敵愾心もあったが、戦時生活の必要性のためでもあった。また、ここには思想検証という項目も含まれている。保導連盟に加入したり叛逆の嫌疑をかけられたりした文人たちにとり、従軍作家団は思想的安定装置となりえたからである。

一方、開戦後の三日間でソウルが北朝鮮の人民軍に占領されるという急速な戦況の展開は、避難が遅れて人民軍治下に残留した文人たちに叛逆の嫌疑をかけることになった。戦争の勃発は、体制とイデオロギーの表象で置き換えられた南と北という空間を混ぜ合わせてしまうことで、複雑な状況を招いた。南側ではこれ以上の活動が不可能だと判断した文人たちは北から下ってきた文学家同盟に自発的に加入したり、あるいは加入を強要されたりしたのだ。釜山まで避難した政府がソウルに戻ってきて何より最初に実施したのが今度は叛逆者の審査であり、文人たちは渡江派と残留派に区分された。残留派文人の叛逆の程度を審査し処分することは文協に設置された特別委員会が受け持ったが[35]、審査の結果、処罰を受けた者はいなかった[36]。しかし、こうした結果と関係なく重要なのは、文壇内部が検閲者と被検閲者に分かたれたという事実である。実際、こうした傾向は、左翼系列作家にたいする存在根拠の剥奪と右翼文人たちによる国家アイデンティティ形成への寄与が同時進行していた時に、すでに潜在していたのであった。それが戦争によってはっきりと可視化されたのであり、叛逆文人の審査によって文壇は検閲者と被検閲者に階層化された構造を持つようになった。当時の文壇機構である文協と文総は、検閲者の位置にいる文人たちの声以外の、別の声を排除する役割を果たすようになる。これは、この時期の金光洲《キムグァンジュ》の「私はお前を嫌う 나는 너를 싫어한다」という作品が、当時公報処長であった李哲源の夫人をモデルにしたとして著者が殴打されるなどの問題が起こったときに見せた文総の反応に、鮮明にあらわれている。この事件については多数の文人が徹底した事件の究明と芸術活動にたいする行政の明確な態度を要求した。それに対して、文総は、殴ったことは間違いだった

が、その種を蒔いた作家も間違いだったとする声明書を発表し、公報処に迎合する無気力な態度は問題であるという言論の叱咤に遭う[37]。このような文総の態度表明は多くの文人の願いを度外視した組織上層部の立場を貫徹したものであり、当時の文壇機構がいかなる性格であったかをよく示している。また、『文化史概論』という書籍を文総常任委員会が唯物史観であるとの理由で押収処分手続きを受けさせたところ、出版社が自主回収したという記録[38]や、文化パルチザンを警戒せよとの声明書の発表[39]などは、文総の検閲者としての位相と権力を端的に示している。もちろん検閲の主体として存在した文人たちとて、統治機構による検閲の外側にいたのではない。彼らもまた検閲の客体として存在した文人たちと同じように被検閲者だった。しかし位置が違った。趙演鉉の『現代文学作家論』が越北作家を扱ったという理由で発売を禁止されたのは文壇内の検閲者が統治機構によって被検閲者として取り扱われた例だが、趙演鉉はこれに抗議して机を引っくり返したと述懐している[40]。これは検閲者としての自身の立ち位置に自信がない限り、取りうる行動ではない。

つまりは、当時の文壇は単純な文人たちの集団ではなく、検閲者と被検閲者で階層化された構造を備えていて、文壇機構は国家の検閲を代行する一種の親政府的な政治組織であったといえる。統治機構の検閲に積極的に協調し、そうすることで文壇の主導権を獲得した文人たちは強力な親政府性向の文壇機構を誕生させた。また、一群の検閲者たちは文学の性格を規定する重要な要素である媒体を掌握することで、一九五〇年代文学に決定的な影響力を行使することができた。このとき、これらの文人の主導権獲得と文壇および媒体掌握力が、文学内部の合理的な象徴闘争を経て得られたものではなく、統治機構の検閲行為に積極的に協調して生じたものだとすれば、一九五〇年代文学のもっとも強力な扶養者は国家あるいは政治権力だったといえる。文学を大衆的に消費したり、作家への支持を表明したりする読者集団が生成されていない状況で、検閲者たちが掌握した文壇と媒体から抜け出て文学活動をするのは容易なことではなく、一九五〇年代文学は文壇内に閉ざされていたからである。これはもちろん、この時期に大衆文学が存在しなかったとか、批判的な文学作品が創作されなかったという意味ではない。娯楽物としての文学はいつでも恒常的に存在するものだし、この時期にも批判的な文学作品は創作された。しかし、それでは文壇機構の影響力に対応しうるだけの流れを形成することはできなかった。それらの影響力の弱体化が起きるとすれば、その権力を裏付けている政権の没落によるほかなかった。解放後、文学は植民地検閲の遺産を抱えたまま、軍政期の冷戦的反共主義と単独政権樹立後の政府に対する距離感、戦争というそれ自体巨大な検閲空間を経ながら一九五〇年代へと至り、その過程で検閲戦線が崩壊してしまったことで、自力では検閲者としての文壇機構の影響力から抜け出せなかった。検閲が存在しない空間は実際にはありえないとすれば、検閲戦線の崩壊とは作家から矜持と存在意義を奪うことである。また、検閲戦線が崩壊したまま文学が長らく文壇に閉ざされているというのは、文壇内の被検閲者はもちろん、検閲者にとっても決してよいことではない。熾烈な検閲を経るなかで、ある者は検閲者へ、ある者は被検閲者へと分かたれてしまった一九五〇年代の作家たちの内面がいかに荒廃し歪んだものであったか、短いエピソードを紹介して本稿を終えようと思う。

白昼のごった返す大通りで、いわゆる芸術院会員という位置にいる評論家が女流詩人を殴打する事件が起こった。事件の発端は去る七日午後、芸術院会員であり評論家である趙（趙演鉉）さんと女流詩人の盧（盧天命《ノチョンミョン》）さんが市内小公洞《ソコンドン》の朝鮮ホテル前の路上で鉢合わせたことによる。詩人の盧さんから趙さんに「許《ホ》南熙《ナムヒ》さん、お久しぶりです。ところで、『現代公論』に書いていた匿名許南熙というのはあなたでしょう？」と投げかけた言葉が趙さんの憤激を買い、趙さんはいきなり盧さんの胸ぐらを摑んで殴りつけてから盧さんをセダン車に無理矢理乗せて鐘路《ジョンノ》の和信《ファシン》ビルにある現代公論社まで連れていった。盧さんの話によれば、和信へと向かう車中でも趙さんに叩かれ、現代公論に着いてからも趙さんは飛び掛かってきたが、事務室にいた人々の制止でやむを得ずに背広を着て去っていったというのだ。ところが問題の許という匿名について趙さんは一貫して自分ではないと否認しており、許の正体を明らかにしていないことについて盧さんの疑いはまだ晴れないでいる。『現代公論』六月号の六・二五特集には許という名前で盧さんや女流文人たちについての文章が掲載されていたのである。文壇の周期的なテロ行為だと非難した。[41]

『現代公論』五四年六月号に掲載されたこの文章は「六・二五と文化人の良心――当時の叛逆文化人を振り返って 六・二五와 문화인의 양심―그 당시 부역문화인을 돌이켜보고」という題で許南熙を筆者としている。その内容は題名通り六・二五〔朝鮮戦争〕当時の叛逆文化人たちの行動を描写しながら、六・二五のような事態が再び起これば、これまでのところは私たちの側にいる当時の叛逆文化人たちが、いかなる態度を取るのかわからなくて心配になると述べたものである。かつて叛逆嫌疑で死刑宣告を受けた盧天命と検閲者だった趙演鉉が繰り広げた一幕の活劇を思わせるこの話には、強大国の冷戦によって破片と化した解放、依然健在である植民地検閲の遺産、自国民の統治機構と同僚文人たちが行使した、生死を左右する検閲の恐怖が余すところなく盛り込まれている。文人たちの内面に沈殿した冷戦と戦争、そして分断の厚みを示す悲しい挿話というわけである。

＊本論は「検閲論理の内面化と文学の政治性（검열논리의 내면화와 문학의 정치성）」（『尚虚学報』第一八集、尚虚学会、二〇〇八年）を修正・補完したものである。

注

（1） キムヘシク 김해식『韓国言論の社会学』（ナナム、一九九四年）四八―四九頁。
（2） 金珉煥《キムミンファン》『韓国言論史』（社会批評社、一九九七年）三九一頁。
（3） 鄭晋錫《ジョンジンソク》『韓国現代言論史論』（ジョンイェウォン、一九九二年）二五四頁。
（4） 左翼系の団体である朝鮮映画同盟は大衆化運動の一環として常設映画館のない山間僻地に移動上映隊を派遣して『解放ニュース』や『民族戦線』などの映画を上映していたが、この規定は、こうした移動映写隊の活動を規制するための装置だった。チョヘジョン 조혜정「米軍政期における朝鮮映画同盟の活動にかんする研究 미군정기 조선영화동맹의 활동연구」（韓国映画史学会『韓国映画史』セミ、二〇〇三年）二五七―二六〇頁を参照。
（5） 興行会場で娯楽を口実に政治宣伝をしたり往来で政治宣伝したりすることを不法と規定し、多くの反発を引き起こした。

政治思想の宣伝禁止は、つまり芸術そのものへの禁止だとして朝鮮文化団体総同盟、朝鮮文学家同盟、演劇同盟、映画同盟、ほか八団体（音楽同盟、舞踊芸術協会、科学者同盟、社会科学研究、科学技術連盟、法学者同盟、国学院、朝鮮文化協会）では、告示取消しを要求する建議書を軍政長官ラーチ（Archer L. Lerch）に提出した。

(6) 具常《クサン》「詩集『凝香』筆禍事件顚末記」（『具常文学選』聖パウロ出版社、一九七五年）四〇六―四〇七頁。

(7) 『朝鮮日報』一九四六年七月六日。

(8) 『讃歌』削除指示は大きな反響を呼んだ。一九四七年五月二九日付の『朝鮮日報』『民報』『自由新聞』『独立新報』にそれぞれ記事が掲載された。『民報』には文盟の声明書全文が、『独立新報』には一部が掲載されている。

(9) 『民報』一九四七年五月三一日。

(10) 『ウリ新聞』一九四七年七月八日。

(11) 金得中《キムドゥクチュン》『「アカ」の誕生――麗順事件と反共国家の形成 '빨갱이'의 탄생―연순사건과 반공국가의 형성』（ソンイン、二〇〇九年）。

(12) 『朝鮮中央日報』一九四八年一二月一二日。

(13) 『東亜日報』一九四九年一月二三日。

(14) 『東亜日報』一九四九年二月二五日。

(15) 桂勲模《ケフンモ》編『韓国言論年表Ⅱ』（寛勳クラブ信永研究基金、一九八七年）七六六頁。

(16) 金在湧《キムジェヨン》「冷戦的反共主義と南側文学人の苦悩 냉전적 반공주의와 남한 문학인의 고뇌」（『歴史批評』三五号、歴史問題研究所、一九九六年）。

(17) 『自由新聞』一九四九年一一月六日。

(18) 『東亜日報』一九四九年一一月七日。

(19) カンソンヒョン 강성현「国民保導連盟、転向から監視・動員、そして虐殺へ 국민보도연맹, 전향에서 감시 동원, 그리고 학살로」（金得中ほか『死を以て国を守ろう：一九五〇年代、反共・動員・監視の時代 죽엄으로써 나라를 지키자：一九五〇년대, 반공・동원・감시의 시대』ソンイン、二〇〇七年）一二一―一七六頁。

(20) 趙演鉉《チョヨンヒョン》「解放文壇五年の回顧」（『新天地』ソウル新聞社、一九五〇年二月）二二〇頁。

(21) 金在湧（前掲、一九九六年）。

(22) 詳しい内容については李奉範《イボンボム》「単独政権樹立後の転向の文化史的研究 단정 수립 후 전향의 문화사적 연구」(『大東文化研究』第六四号、ソウル：成均館大学校大東文化研究院、二〇〇八年)を参照。

(23) 金得中(前掲、二〇〇九年)三九六―四〇五頁。

(24) 『東亜日報』一九四八年一二月二八日。

(25) 趙演鉉『残したい話たち 남기고 싶은 이야기들』(プルム、一九八一年)六〇頁。

(26) 金珉煥(前掲、一九九七年)。

(27) 『東亜日報』一九五〇年一〇月一三日。

(28) 国防部政訓局釜山分室では、一九五一年四月に非常が解除されたとして一部では戒厳の全的解除と誤解して映画や演劇などの脚本の検閲も軍から移管されるものと考えられているが、警備戒厳が実施されている地域では、戒厳法により検閲方針には何らの変化もないという指針を発表した(『韓国言論年表Ⅲ』二五頁)。

(29) 『韓国言論年表』を参照すると、四月八日以降のしばらくは削除された誌面が目に付くが、ある程度の期間が過ぎると、そうした記事はほとんど見られなくなる。

(30) 『東亜日報』一九五二年五月二七日。

(31) 『朝鮮日報』一九五二年六月二九日。

(32) 『朝鮮日報』一九五二年七月四日。

(33) 『韓国言論年表Ⅱ』七九七頁。

(34) 詳しい内容は、申永徳《シンヨンドク》『朝鮮戦争と従軍作家 한국전쟁과 종군작가』国学資料院、二〇〇二年)二七―四五頁参照。

(35) 趙演鉉(前掲、一九八一年)七九―八三頁。

(36) 盧天命と趙敬姫《チョキョンヒ》は、中央高等軍法会議で文盟に加入したことを理由として一九五〇年一〇月二七日に死刑を求刑された(『東亜日報』一九五〇年一〇月二九日)。盧天命の場合は金尚熔《キムサンヨン》、李軒求《イホング》、李健赫《イゴンヒョク》などが連名で展開した釈放運動が受け入れられ、翌年春に釈放されることになる(金容誠《キムヨンソン》『韓国現代文学史探訪 한국현대문학사탐방』國民書館、一九七三年、三四二頁)。このことについて趙演鉉は、当時処罰を受けた数名が、文総が関与した合同捜査本部を通っていたら、無視あるいははるかに軽い処罰で済んだだろうと回想している(趙演鉉、同前、一九八一年、八三頁)。

(37) 「文総に苦言 문총에 고언」『東亜日報』一九五二年二月二七日。

(38) 一九五二年九月下旬。『韓国言論年表Ⅱ』七二九頁。
(39) 一九五三年七月五日。『韓国言論年表Ⅱ』七四七頁。
(40) 趙演鉉(前掲、一九八一年)一一九頁。
(41) 「趙演鉉(評論家、芸術院会員)の盧天命(女流詩人)殴打事件」(『ソウル新聞』一九五四年九月一八日)。

「原爆詩人」像の形成と検閲／編集
——峠三吉のテクストが置かれてきた政治的環境

鳥羽耕史

1　原爆と検閲

原爆の表象は、そのはじまりから検閲とともにあった。一九四五年八月六日午前八時一五分、広島に原爆が投下されたが、日本の陸軍報道官はその午後、新聞社や通信社に対してニュースを目立たないものにするよう命令した。[1]それにより翌日の紙面はきわめて控えめなものとなり、八日になって「新型爆弾」についての報道がなされる。しかし「敵は新型爆弾使用開始とともに各種の誇大なる宣伝を行ひ、既にトルーマンのごときも新型爆弾使用に関する声明を発してゐるが、これに迷ふことなく各自はそれ〴〵の強い敵愾心をもつて防空対策を強化せねばならぬ」という同日の『朝日新聞』記事の結びに見られるように、被害を過小に見せて戦意喪失を防ぐ形のものとなった。玉音放送翌日の八月一六日の同紙にはようやく六日のトルーマン大統領声明が、仁科博士談の科学的解説とともに掲載されるに至ったが、それまで詳細な報道はなされなかった。

一方、国策企業としてニュース映画を作っていた日本映画社の大阪支社駐在カメラマンであった柏田敏雄は、七日朝に新型爆弾のことを知った瓜生忠夫の判断によって広島に急行し、まだ燃えている広島の惨状を記録した。しかし参謀本部で検閲を受けたそのフィルムのプリントは没収されて戻らなかった。製作部長の土屋斉はネガを本社内で保管していたが、敗戦直後の八月末か九月初め頃、ＧＨＱがその事実を知って没収したという。(2)このフィルムをめぐる経緯は、原爆表象と検閲の関係を象徴的に表わしている。瓜生が語った通り、「原爆の報道の場合、日本の政府・軍部とＧＨＱから、二重に検閲されていた」(3)のである。

ジャーナリズムの報道に関しても、陸軍が行なったような検閲は、ＧＨＱによって引き継がれた。九月一四日に同盟通信社が受けたニュース配信禁止処分、一八日に『朝日新聞』が受けた二日間の業務停止処分は、それぞれ「原爆さえなければ日本は勝っていただろうということ、そして原子爆弾はあまりにも恐ろしい兵器で、野蛮人でなければ使えない」という文章、そして「〝正義は力なり〟を標榜する米国である以上、原子爆弾の使用や無辜の国民殺傷が病院船攻撃や毒ガス使用以上の国際法違反、戦争犯罪であることを否むことは出来ぬであらう」という鳩山一郎の談話を報道したためのものだった。(4)こうした報道規制は、ジョン・ハーシー『ヒロシマ』の華々しい成功の影で目立たぬながらも、米国内においても行なわれていたという。(5)

こうした状況下、原爆を描いた文学も、当然ながら検閲との緊張関係のなかにあった。例えば夫と共に戦前からのアナーキストであった栗原貞子は、軍属として徴用されて上海での日本軍人の残虐行為を目撃した夫が、帰国後にそれをバスの中で批判的に話しただけで密告され書類送検された、といった経験を持っている。(6)そうした見聞を密かに反戦の詩や短歌として書いていた彼女は、広島の爆心から四キロの自宅で被爆して戦後を迎え、「これで長い戦争の抑圧から解放されるというほっとした気持ちと、これからは自由に創作できるというよろこびの気持ち」(7)とで文化運動をはじめた。九月一七日に発令された占領軍のプレス・コードも知らぬまま一二月に中国文化連盟を結成した彼女たちは、福岡の検閲局で事前検閲を受けた後、翌一九四六年三月、雑誌『中国文化』創刊号を原子爆弾特集号として刊行した。ところがＣＩＣ（民間情報部）による事後検閲で栗原の夫が呼び出され、「原爆の惨禍が原爆以後もなお続いているというような表現は、いかなる意味でも書いてはならない」と厳重注意を受けることになった。さらに七月、戦時下の反戦詩と原爆詩を集めた詩集『黒い卵』を出そうとゲラ刷りを検閲局に送った彼女は、削除する部分にいくつも赤線を引かれた形で許可を受けて出版することになったのである。(8)栗原は敗戦直後、および朝鮮戦争開戦当時の検閲の恐怖から、戦争末期のノートを焼いて処分したことについて、「それは恐ろしかった……。怖くて、怖くて、持っていない方が良いと思って、処分したんです」[9]と語っている。

同じく原爆についての歌集『さんげ』を一九四七年一二月に出版した正田篠枝も、検閲についての恐怖を次のように述べている。


原子爆弾という名前を知らされました。このために即死され、またあとから亡くなられたひとを、とむらうつもり、生き残って歎き悲しみ、苦しんでいる人を慰めるつもりで歌集『さんげ』を作りました。その当時はGHQの検閲が厳しく、見つかりましたなら、必ず死刑になるといわれました。死刑になってもよいという決心で、身内の者が止めるのに、やむにやまれぬ気持で、秘密出版をいたしました。無我夢中で、ひそかに泣いている人に、ひとりひとり差し上げさせていただきました。[10]

検閲を通さない秘密出版とはいえ、『さんげ』収録歌九九首のうちの原爆歌三九首は、一九四六年中にガリ版刷りの歌誌『不死鳥《ふしどり》』に発表済みで、検閲をパスしていたという。堀場清子は、「それでいて、「死刑になっても」とまでいう恐怖心がどこから来たか」と問い、彼女の歌の師であり、歌誌『晩鐘』に正田の歌も載せた山隅衛の検閲をめぐる苦難を身近に見たことが原因ではないかと推測している。[11]いずれにせよ、一九四六―四七年に原爆についての文学作品を出版しようとした広島の人々に、こうした恐怖は広く共有されていたということができるだろう。

ジャーナリズムの中心であった東京においては、広島におけるような恐怖は薄かったが、出版の困難は同様だった。一九四五年末に、原民喜から「原子爆弾」と題された小説の原稿を送られた佐々木基一は、総合雑誌に分類されていた『近代文学』で原子爆弾についての記事が禁止されて、「とても検閲がうるさかった」ので慶應義塾大学の文学雑誌『三田文学』一九四六年一二月号に載せることになった経緯を回想している。[12]その掲載にあたっても、佐々木は題名を「夏の花」という「さしさわりのない題にして、そっと出してみた」という。さらに原は誰かのコメントに拠ったのか、部分的に原稿を削除した上で掲載したということなので、検閲のプレッシャーが、この種の自主規制を生んでいったことになる。

一方、総合雑誌『改造』の編集に携わった松浦総三は、一九四九年になって、原爆出版に関する検閲が緩んだことを記録している。

この昭和二四年という年には、『長崎の鐘』と永井隆ブームの年であり、もっとリアルに描かれた大田洋子の『屍の町《ママ》』も出版が許可され、それまで占領軍に翻訳許可されなかったジョン・ハーシーの『ヒロシマ』が出版されたのもこの年である。

昭和二四年という年は、ソ連の原爆の所有が明らかになった年であり、占領軍にとっては、もはや原爆を秘密にすることの意味もなくなった年であった。だから、占領軍としては、一方では原爆の恐ろしさを日本人に知らせて威嚇しながら、一方ではアメリカは平和のために原爆を投下したということを宣伝しつつ、原爆にかんする出版を部分的に許可したのであろう(13)。

しかしながら、翌一九五〇年六月にはじまった朝鮮戦争下、原爆使用も検討される情勢のなかで、占領下の言論は再び厳しい状況に置かれることになる。次節では、そのなかで『原爆詩集』（新日本文学会広島支部・われらの詩の会、一九五一年）を発表するに至る峠三吉の軌跡を検討してみたい。

2　峠三吉と検閲

のちに原爆詩人として知られるようになる峠三吉は、戦前・戦中には主として抒情的詩歌を書いていた。しかしそれは彼が政治的な問題と無縁だったことを意味するのではない。五人兄弟の末っ子だった彼の兄姉は、それぞれの仕方で日本の国家権力と対立していた。長姉の嘉子はプロテスタントのクリスチャン、長兄の一夫は三高在学中からの社会主義者で、放校処分後に治安維持法違反で一五回も逮捕された。次兄の匡も共産党員となったが、入獄中にかかった肺結核のため出獄後二二歳で亡くなり、次姉の千栄子も日本の中国侵略に反対して反戦運動に加わり、共産青年同盟に入ったという。(14)

そうした環境でうたわれた峠三吉の歌には、例えば「うから(同胞)をば次々と奪う魔物なりと箱詰めにされし主義の本かな」(一九三九年)や、「拷問に手足の爪を失うと噂されたる兄と入る風呂」(一九四二年)などがある。戦時下に徹底的に弾圧された社会主義者の肉親として、兄姉の動静を間近に見ていた峠ならではの実感のこもる短歌である。また、「独房に灯静かならん大晦日」(一九三七年)や「もの言えぬままに死ぬのか霧は銀」(一九四〇年)といった俳句もあり、刑務所の兄に想いを馳せ、社会主義者ではない自らも十分な表現をなし得ない状況への詠嘆が見える。峠は長姉の影響もあって一九四二年一二月に洗礼を受けてクリスチャンとなるが、一九三五年に肺結核を発病してから入退院を繰り返していた状態で、戦後に至るまで社会主義には近づかなかった。

広島の爆心地から三キロの自宅で原爆に遭った峠は、一九四五年の正月から書いていた日記ノートと、古い日記帳を用いたメモの二種類で、被爆後の状況を記録している。そこに記録された生々しい被災の様子が六年後の『原爆詩集』に結晶していくことになるわけだが、ここでは別の面を見てみよう。前者のノートのなかで彼は、敗戦から一ヶ月後の九月一六日に次のように記している。

ラヂオニュース中にて比島に於ける日本将兵の人民又婦女子らへの聞くに耐へぬ惨虐暴行行為をこく明に放送する。胸間苦悶、ラヂオを叩き毀したく覚ゆ(事を疑ふこういふニュース皆がだまってきいてゐる……)我にも或ひはそのやうな行為ありしならむ。然し敵方にも必ずや無しとは云へぜる《ママ》べし、これ如何とも防ぐあたはざる戦争の通例なり、単なる勝者の得手勝手なり。

しか思へども、心底更に声ありていふ、敵もしたからとて我方の行為が悪くないい《ママ》ふ事が出来るか……

戦争、戦争だとて兵士の一人一人に至る迄高度の文化と高貴然して曇り無く高き指導精神が滲み込んでゐたならかゝる事は起さずに済ませられぬ《ママ》はせぬか……

即ちひいては八紘一宇の耽なる理念の一皮下に暗黙のうちにひそむ在来の低俗な帝国主義、民族的利己心の存在を証明し或ひは日本民族の実は未だ野バン妄マイの境を脱せぬことの証明ともなるに非ずや……

又思ふかゝる放送が子供達の柔い耳に入った場合如何にその魂を無惨に傷付けるかを。

かゝる放送をなさしめる彼らのやり口のいかに底深く陰険なるかを。(15)

ここには、いわゆる「ウォー・ギルト・インフォメーション・プログラム」の一環としてCIEによって制作され、一九四五年一二月から翌年二月にかけて放送された「真相はかうだ」以前に放送された、同種の番組に関する峠の感想が書き込まれている。この番組は、翌日GHQによって公表された「日本人再教育プラン」五項目の第二項に掲げられた「日本の敗戦の事実を明らかにし、日本国民に戦争の責任、日本軍の犯した残虐な行為および日本指導者の戦争犯罪を熟知せしめる」という文言通りの内容と言えるだろう。(16) 戦時下に社会主義者の兄姉の苦境を眺めてきた峠は、戦後に至ってもやはりGHQが主導した言論の誘導に敏感に反応していたのである。

峠自身は、戦時下に童話にも手を染め、二年ほど習作を書いた。義兄のいる横浜で一九四五年四月に遭った大空襲の直後に「百足競走」、原爆症での入院を経た退院後の一一月に「お爺さんと娘」をノートに書き、前者は一九四七年の『銀の鈴』に掲載された。書かれた状況にかかわらず、両者とも空襲や原爆の影のないお話であり、プランゲ文庫に残っていないため検閲削除の有無は不明であるが、特に問題にはならなかったのだろうと思われる。原爆についての最初の作品化は、(昭和)「二十・八」の年月を付して書かれた詩「絵本」であり、そこでは負傷者収容所で絵本を広げながら死んでいく母子の姿が描かれている。これは日記帳に書かれた後、他のノートや原稿用紙に数回転記されているが、占領期の発表は確認できない。広島青年文化連盟機関誌に山下誠のペンネームで書かれた小説「遠雷」(『探究』二―五号、一九四六年)も、やはりプランゲ文庫に入っていないため検閲処分の有無は不明である。

戦後のメディア上で、峠と検閲の関係が確認できる最初のものは、「一九六五年のヒロシマ」(『中国新聞』一九四六年八月一―四日)である。これは「ユートピア広島の建設」というテーマの懸賞論文募集に応じて兄の一夫が当初は谷村進というペンネームで書いた論文が、峠三吉の名義で一等入選したものだ。「20世紀メディア情報データベース」では、その掲載紙の最終回に検閲があるとされていたが、まわりの見出しに「共」の字が沢山書かれているだけで、この記事自体への検閲の痕跡はなかった。しかし、そのように検閲の書き込みに包囲されたところから、峠の占領期メディアとの関係がはじまったことは、その後の峠の歩みを予告するようなものだったと言えるだろう。兄が書いて自分名義で当選したこの記事の、顔写真入りの「当選所感」で峠は次のように述べている。

今の日本にはどのやうに、これまで思ひもしなかつた変革が、被占領地としての他動的な世界連環性の上に成し遂げられつつあるか、この激しい時代の変革にマツチしてゆく為にはおよそどれ位の正確な見通しに立つた飛躍性が認められるか、といふことを思ふ時、特に敗戦のキイポイントのやうになつて世界の注目を受けてゐる広島の復興計画など何ものにも煩はされず思い切り奔放な心組みで描いても今の日本の社会指導層の良識といふものの性質上恐らく出来上りは時代に先立つどころか、時代に追ひつくことも難しいやうなものになるのではないかと危ぶまれる、この危懼と夢を解放する意図の愉快さに誘はれ資料もなくすべて記憶と考察によつて筆を進めた、夢を失つた人間が哀れであるやうに有機体である都市もその頭脳に夢を喪つてはみじめである、私は今後さらにユートピアを夢み、いはゆる文化的教養なるものの質的な脱皮をはかる運動に同志と共に微力を捧げてゆく

前月に広島青年文化連盟の委員長に就任した峠の、「被占領地」の意識を持ちながら文化運動を進めていく決意の表われた文章である。実は峠は、兄と同じこの懸賞論文向けに別に書いて送っていたが、自分の分は落選してい

た。増岡敏和は落選した論文を「突飛な空想話し」として、次のようにまとめている。

二十年後の広島はまさに夢の楽園として描かれている。社会主義社会においてもそう簡単にはゆかないような広大な構想を描いている。しかし実に三吉らしいことには、広島はいうにおよばず尾道あたりから倉橋島、能美島、江田島も含めた一大都市圏構想で、島々は世界的果樹園とし、高原は大酪農地帯、広島市のまわりは果実蔬菜瓶詰工業、水産加工業、食品工業、酪農家工業などの諸工場をたちならべさせている。そしてその工場にはたらくものの九割は女性にしている。また、広島市は平和公園を中心に図書館、博物館、動物園、水族館、音楽堂などにとりかこませ、幹線道路の両側の住宅街は畑と木立につつまれ、どの家の菜園にも瓜類を累々と実らせ、菊やコスモスを咲き乱れさせている。無責任な気のいい夢をならべているのである。しかしここには、三吉のやさしい夢がいつわりなくくりひろげられている[17]。

「二十年後のヒロシマ」としてノートに書かれたこの草稿は、現在インターネットで公開されているが、画質の悪いモノクロの電子化のため、判読困難な個所も多い[18]。しかし、増岡の要約から大きく外れたものでないことはわかる。そして、このような夢の構想が落選し、もっと現実的な兄の構想が当選した後にも、あたかも自分の論文であるかのように紙面に登場し、決意表明の舞台として利用する峠の、ナイーヴな夢とは対照的なしたたかさも同時に窺えるのである[19]。この翌年からは、実際に峠の論文が検閲で処分される事態も起こってくる。

「青年運動のゆく道」(『新椿』一九四七年三月)というその論文の検閲資料においては、批判的に言及している「聖戦」に線が引かれて「holly《ママ》 is wrong」と書かれ、次の段落がチェックされて「Occupation Policy」と書かれている。次に引用する段落は、まるごと削除された可能性がある。

それが現時にも災ひして、真に日本が民主的改革を断行しなければならぬ所以を考へ、街頭に占領軍のジープが往き交ひ、日本管理委員会が我々の思想、政治、経済、社会の全面が平和的変革を遂げるのを監視してゐる事態を直視し、賠償の問題、貿易再開の問題が一日も早く片付かねばいよ〳〵日本は破滅の危機に直面してゆく現実を理解し、純真な情熱を燃してその解決にぶつ、かつてゆかうとする青年が果してどれだけゐるであらうか、と疑はれる実状なのである。

必ずしも占領軍批判とは言えない文脈だが、「ジープ」や「監視」といった文言が検閲官を刺激した可能性はあるだろう。完成版の掲載誌が発見されていないため、実際に削除があったかどうかは不明だが、こうした書き込みがあるということは、峠や編集者とＣＣＤ（民間検閲部）の間で何らかのやりとりがあった可能性は高い。

峠は一九四九年二月二二日に新日本文学会に入会し、その日の日記に「芸術、特に詩に於いての民主主義革命への寄与、これをもって余の進路と定めようと決意する」[20]と記した。そして三月末から喀血が続くなか、四月一一日、死も覚悟した峠は「はっきり自分を定めておきたい」[21]ために妻の和子とともに共産党入党手続きを行なうのである。何とか健康を回復した峠は、それ以降、文化運動だけでなく、かつての兄姉のように社会的な運動に携わっていくことになる。

入党二ヶ月後の六月に起こった日鋼広島事件で、大量馘首と工場閉鎖に抗して工場に立てこもった労働者たちを、二千名以上の警官が暴力をもって排除した場面に立ち会った峠は、一時帰宅して「怒りのうた」を書く。「きのうまで　ミシンや車両を生んでいた機械はとまり、労働者らは追われ／きょう、鎖された工場の屋上に／にくむべき警察のはたはひるがえる」[22]とはじまるその詩は、二日後には闘争現場で朗読されて涙ぐむ労働者もあったので、峠もそのことに感銘を受ける。峠は一〇月に発足した労働者と文化人による詩サークル〈われらの詩の会〉の代表を務め、翌月の創刊号には「われわれの抵抗はおのずから人民の魂にその唇を求めねばならなくなった」という「ことば」[23]を書いた。「抵抗詩」は、一九五四年に関根弘によって空疎なパターンとして批判されることになるものだが、争議の現場や占領軍の検閲を体験した峠にとってはリアルなものだったのだろう。

翌一九五〇年六月九日、朝鮮戦争開戦直前に発行された『平和戦線』という新聞に、峠は「八月六日」という詩を発表したが、この新聞は「六月六日のコミンフォルム批判と占領軍および国家権力により事実上の非合法化されていた日本共産党が、占領軍によって禁止されていた原爆被爆の写真を真正面からつきつけ掲載した非合法新聞」(24)であり、峠はその写真に添えて詩を発表したのだという。また、〈われらの詩の会〉が中心になった反戦詩歌人集団準備会によって、同じ年の原爆記念日である八月六日に発行された『反戦詩歌集　第二集』では、田中鉄也のペンネームで「題のないうた」を書き、占領期の検閲ではタブーだった伏字を用いた表現を行なっている。

××のニユースをのせた新聞が発禁になつた。
東大の平和祭が警官隊に蹴ちらされた。
反戦ビラをバスの座席においた男が
けうも逮捕された。

俺たちはもう卑怯ではない
こんどこそは怖れずにやるぞ
せんそうをするな、
せんそうは反対だ、
お、なんとでもしてせんそうはやめさせてみせるぞ！

軍隊をすてたはづのこの国に
また警察が七万五千ふやされた、
ピストルと棍棒が

いまに装甲車とキカン銃にならんともかぎらぬ、
おまけに
その銃口はだれへ向けられるというのだ

みたか?駅へ行つて
列車が日に幾度となく引込線にのけられると
××を満載した貨車が
轟々と西へ通過するのを

この二つの伏字を増岡は「朝鮮」と「兵器」だとし、「みずから××と伏字にせざるをえないほど直截なものであった」と書いているが、[25]むしろ占領軍が忌避したのは、検閲の存在を明示する伏字のスタイルの方だっただろう。既に事前検閲は終了した時期で、プランゲ文庫などの資料はないが、同時期に「失われた腕に」という詩を書いた御庄博実は政令三二五号違反で逮捕され、同じく〈われらの詩の会〉の詩人の「深川宗俊もあいついで、政令三二五号違反被疑事件で家宅捜査を受けることに」なったという。[26]政令三二五号とは一九五〇年一〇月三一日に交付された占領目的阻害行為処罰令のことで、「朝鮮戦争のもとで、団体等規正令とともに日本共産党への弾圧法として大きな役割を果たした[27]」ものである。言論への弾圧は、より直接的なものとなっていった。しかし一一月三〇日、アメリカが朝鮮での原爆使用を考慮中であるというトルーマン大統領の声明に接した峠は、『原爆詩集』の刊行を決意する。翌一九五一年八月六日に詩集がガリ版刷で発行されるまでのプロセスを見ていた〈われらの詩の会〉メンバーの且原純夫は、これが「戦争反対・原爆反対を叫ぶ峠三吉が、要注意人物として、国立病院に入院中の厳重な監視下にひそかに書きつがれたものである」ことを述べている。且原はまた、「『われらの詩の会』の活動も激しくはあったけれども、たかだか詩のサークルにすぎない会に対しても公安警察の策動がなされ、スパイ容疑者事件の発生した激動の時代であった」とも述べており、[28]共産党員の峠を中心とする会が大いに警戒されていた様子がうかがえる。一九五一年に峠が『新日本文学』で日付を省いて公開した日記にも、そうした状況が表われている。

×日　鈴木、宅、園部三氏の音楽会が会場拒否にあう。一応貸しておきながら毎日、朝日両新聞社が後援の取消をしたのを理由に会場を断つて来たとのこと。新聞社は一々電話で警察に伺いを立てている。園部氏の「音楽と人間愛について」という挨拶がいけないのだそうだ。どうして人間を愛するのがいけないのか？　広島で人間愛をとくと必ず原爆に触れてくるからだという。〔中略〕

×日　新日本文学会の講演会は全部禁止された。ウイロビー書簡が理由、しかしそれを文書で示すことはしない。講師が不適当だという所もある。T氏が、では逮捕したらどうかというとそれもなしえない。

謝礼とまではゆかなくてもT氏の旅費、現在までの通信費、活動費をどうするか。個人の金も支部結成以来県協議会、ブロック会議など矢つぎ早な活動で出しつくし、はたらき手はすべてパージで食事も満足に食つていない。[29]

『知られざる日本占領――ウィロビー回顧録』（番町書房、一九七三年）などで知られるチャールズ・ウィロビーは、GHQ参謀第二部長として反共政策をすすめた人物であり、ここでもその力によって峠たちの計画した会合が次々に禁止された様子がうかがえる。また、レッド・パージによって職場を追われた共産党員たちが困窮していたことも書かれている。『原爆詩集』に収録された詩「一九五〇年の八月六日」に描かれた、福屋百貨店屋上からの反戦ビラ配布事件に「二台　三台　武装警官隊のトラックがのりつけ」、「外国の高級車が侵入し／デパートの出入口はけわしい検問所とかわる」光景も、まさにそうした政治情勢の産物であった。

しかし、この時代の困難はこのような共産党の外部からの圧力ばかりではなかった。むしろ後世に至るまで大きな問題となって行くのは、一九五〇年の最初に発表されたコミンフォルムによる日本共産党平和革命路線への批判とそれに対する「所感」により、共産党が所感派（主流派）と国際派に分裂し、〈われらの詩の会〉メンバーなど広島の党員の多くが国際派の側に立って、増岡敏和ら少数が所感派として対立する形となったことだろう。増岡は峠没後の追悼集のなかでそのことに触れ、「その混乱の支柱となつた分派（国際派）は帝国主義打倒の詩を画一般《ママ》に要求し、文学サークルを直ちに政治斗争に向けようとする愚をおかしたが、これは小ブル的宗派的ひとりよがりの考え方であるし、正にサークル運動をつぶしてゆく思想であつた」とし、新日本文学会広島支部長でもあった峠が「サークル運動の指導者として、このときのことたたかうことに不充分であつた」と評価した(30)。しかし増岡は四半世紀後の峠の伝記においては、官憲に追われて広島を離れ、島根県松江の〈うんなん詩の会〉に所属して「いぜき・みちお」名義で発表した増岡の作品を峠が積極的にとりあげて批評してくれたことを語っている。峠と増岡は「いつか統一がかえってくると信じる予感で結ばれていた」とし、かつての評価について「全面的に訂正し撤回しなければならない」とした(31)。

また、黒川伊織は被爆死した小学生への鎮魂の詩として名高い『原爆詩集』の詩「墓標」にも、朝鮮戦争への「反戦」の希いや、国際派の主導のもとで展開されていた原水爆禁止を訴えるストックホルム・アピール署名運動との連関を示唆する部分があることを指摘している。特に峠が「朝鮮のお友だち」を書いたことに黒川は注目し、そこには「被爆地広島における朝鮮戦争下での日本共産党と朝鮮人の「共闘」による「反戦」／「反米」闘争の経験」が描かれていたが、一九五五年の在日朝鮮人運動の路線転換と日本共産党六全協以降、忘却されることになったという。それは自然な忘却というより、「一九五〇年の「反戦」闘争が国際派によって、一九五二年の「反米」闘争が所感派によってそれぞれ担われたという「五〇年分裂」の直接的影響が，当事者をしてこの経験を語らしめることを封印させた」のだというのが黒川の分析である(32)。

このように、朝鮮戦争下の峠たちの文化運動や詩作には、共産党内外からの同時代的な圧力があり、また、事後的にはその生々しい経験を忘却させようとする力が働いたとみることができるだろう。一方、同時代的にも、広島の内外で、「原爆文学」への評価の対立が生まれていた。山本健吉は、広島文学協会の機関誌である『広島文学』

について、「広島から出される雑誌としては、何か一本クサビが抜けてゐるやうな気がする」とし、「これでは何処で出されたつて、いつかう構はない雑誌だ」と評価する。つまり原爆体験を描いた作品が載っていないことへの不満の表明である。そして「光栄ある落選者の中には、「原爆詩集」で高名な峠三吉氏の名も見える。よほど厳重な銓衡であるらしい」と注意を促した上で、峠の「呉の街にて」や原爆文学を掲載した『新世代』を高く評価している。(33)

ここには二つの問題が表われている。一つは広島のなかで、世代的・文学観的な違いから、いつまでも原爆文学ばかりを続けるべきではないという立場が現われ、そうしたスタンスで編集された『広島文学』から峠の詩が排除されたという問題である。もう一つは、そうした広島内部での議論とは無関係に、常に広島を被爆地としてまなざし、被爆体験に根ざした文学のみを期待する中央からの視線の問題である。一九五三年三月一〇日、肺葉摘出手術中の峠の死去の後、このような共産党内外、広島内外の様々な立場から、峠のテクストは利用され、編集され、あるいは抑圧されていくことになる。

3 没後の峠三吉テクストの編集と政治

今日でも峠の名声を高からしめている第一の要因は、彼の詩が広島を中心とした平和教育の教材として使われつづけている、という点にあるだろう。こうした形での峠のテクストの利用は、彼の死去直後からはじまっていた。松島栄一・菅忠道編『少年少女日本歴史小説集　日本歴史文庫50』(アルス、一九五三年)に収録された峠三吉「墓標」の無署名解説は、「広島でピカドンにあった先生は、この詩集を残して、原爆症でなくなりました。先生が心から願っていた平和は、わたしたちの願いでもありますが、その平和こそ、現代の歴史でいちばん大きな問題なのです」と述べる。鈴木三重吉「牛かい、馬かい」をはじめとする「歴史小説」の末尾に収録された峠の詩は、先の黒川が分析したような重層性はもちろんのこと、テクストの細部に注目されることもなく、ただ「平和」のためのメッセージとしてのみ受容されることになった。

それはまた、峠のテクストがいわゆる〝純文学〟の作品というよりも、〝平和教材〟や〝原爆文学〟という別の範疇に押し込められることをも意味していた。一九五〇年代から六〇年代にかけては、第二次円本ブームとも呼ばれる、〝純文学〟の名作を集めた文学全集の出版ブームが起こったが、そこに峠の作品をはじめとする原爆文学が収められることは稀であった。この現象について、先に『黒い卵』の詩人として紹介した栗原貞子は、原爆投下後の「記憶の抹殺」であるとして、「ヒロシマは二度殺された」と表現している。むしろ大江健三郎『ヒロシマ・ノート』（岩波書店、一九六五年）や井伏鱒二『黒い雨』（新潮社、一九六六年）など非体験者による作品の方が、文学作品として広く迎えられることとなったのである。[34] ここには純文学のカノンを定めていく制度によるテクストの抑圧があると言えるだろう。

一方、先に見たような文字通りの政治の問題、つまり共産党内部の派閥争いに起因する問題は、その後も長く尾を引き、峠のテクストの管理の問題に影を落とした。一九八三年には『原爆詩集』の他、峠の詩を収録した『われらの詩』第八号と『反戦詩歌集』第二集が復刻されたが、この復刻を企画した「峠三吉没後三〇年記念事業委員会」について、且原純夫は「古くさい政党ひきまわしのカモフラージュ」であり、その中心になった深川宗俊や増岡敏和が当時、峠とは別の立場にあったことを問題提起する文章を書いている。[35] もちろん、このように書く且原自身もその政治的スタンスから発言しているし、完全に中立公正な立場などあり得ないわけで、この復刻自体に大きな問題はないだろう。しかしこうした対立は、さらに峠のテクストの管理にまで及んでいた。

好村冨士彦は、且原純夫が編集した『峠三吉全詩集　にんげんをかえせ』（風土社、一九七〇年）と増岡敏和が編集した『峠三吉作品集』（上下二巻、青木書店、一九七五年）を比較し、出版時期が遅く全集に近い性格を持つ後者がより慎重な校訂を経たテクストであるべきなのに、その期待を裏切っていることを批判した上で、次のように述べている。

とくに日記に関してはスペースの関係で全部を載せられないのはやむをえないとして、その取捨には多分に編者の恣意的な選択が見られ、そのやり方のひどさには怒りを感じるよりも、あきれてしまう。その一番典型的な例をあげれば、峠の日記の一九五〇年一〇月七日、八日には丸木位里、俊子（当時赤松姓）夫妻の『原爆の図』展が初めて広島で開かれたことについての記述があるにもかかわらず、これを全く載せていないことである。この広島での展示は峠のイニシアチヴで実現されたもので、七日に丸木夫妻が来広することになっているところへ、さらに詩人の壺井繁治も急に広島へやって来て、峠の家に皆が集まり三人を囲んで歓談したことが、峠の日記には書かれている。なぜ広島の文化運動にとっても、平和運動にとっても重要なこれらの日々を削除したかを推測すれば、当時峠と同じように共産党員だった丸木夫妻はその後共産党を出ていることがその原因であろう。つまり反党分子のために峠が身を粉にして尽くしたことなどは載せられない、と考えたのだろう。しかしこの三人を囲む夕べには増岡自身も出席しており、新資料の中にあった記念写真にちゃんと写っているのだから、頭かくして尻かくさずである。

また同じく日記で増岡自身の名前の出ているところは、何の重要性もなくても漏れなく収録し、増岡以上に峠と親しく、峠に信頼されていた且原純夫の名の出ているところは出来るだけ削除して、自分の方をより印象づけようとしているなど、編者としての適格性が疑われても仕方のないことが平気でなされている。[36]

つまり、一九八六年から峠の遺品を管理することになる増岡は、先の且原が批判したような党派性をむき出しにして、初めて出版される日記の内容の取捨選択を行なった、ということである。好村がこれに続けて「このような狭い党派性の上に立った資料の隠匿や改ざんは、峠の真の姿をゆがめて、峠の人間と思想性を卑しめることにしかならない」と批判している通り、これは問題の多いやり方だと言えるだろう。

この対立に加え、今世紀に入ってもう一つの問題が生じた。二〇〇三年五月一日に下関原爆展事務局によって発行された『峠三吉原爆詩集』である。[37] 松重美人による一九四五年一一月の爆心地の写真を表紙にあしらったこの詩集は、扉に峠三吉の肖像写真を入れた他、一九五〇年広島メーデーでの〈われらの詩の会〉の集合写真、横川駅前の救護活動の写真、『原子雲の下より』出版記念会の集合写真など、戦後の広島を記録した写真を詩の間に配置した。さらに、青木文庫版で入れられた「その日はいつか」と、原爆を体験した子供の詩を集め、やはり一九五二年に青木文庫から出た『原子雲の下より』に収められるはずが日の目を見なかった「すべての声は訴える」をも収録した。後者は広島文学資料保全の会によって一九八七年に発見され、一九八八年七月二九日―八月五日の峠三吉文学資料展「愛と平和のバラード」（広島市中央図書館）で公開された後、広島文学資料保全の会編『行李の中から出てきた原爆の詩』（暮しの手帖社、一九九〇年）に収められたものである。

これに対しては、二〇〇三年七月二二日、峠三吉没後五〇年の会（共同代表：水島裕雅・海老根勲・御庄博実）と広島文学資料保全の会（代表幹事：古浦千穂子）の連名で「海賊版『峠三吉・原爆詩集』について抗議する」という抗議文が発表された[38]。同書は文学資料保全の会ならびに中央図書館の諒解を得ずに行なわれた一方的盗用であり、部分的な改ざん・加筆さえ行なって『原爆詩集』の価値を冒瀆しているので、ただちに回収し、関係者に謝罪するよう求めるという内容である。さらに、翌日付で記者向けに発表された声明においては、扉の献辞が初版本からの無断複写であること、出版契約などの手続きを無視していること、写真の無断借用の疑いが色濃いことなどが問題視されている[39]。

一方、下関原爆展事務局からは、事務局長・杉山真一と事務局員担当・竹下一の連名での見解が同年八月八日付で発表された[40]。広島文学資料保全の会の好村富士彦からは了解が取れており、「改ざん」とされた部分も鉛筆などの書き込みを生かしたものであって問題なく、むしろ『行李の中から出てきた原爆の詩』にあった欠落を含めて検討すべきである。著作権上の没後五〇年は死んだ翌年から起算するという条文には理解がなくて非があったが、遺族や青木書店からの了解は取ったという内容である。

表面的には、ここで争われているのは著作権上の問題と本文校訂の問題であるように見える。しかし党派的に見れば、一九五五年に『長周新聞』を創刊し、一九六九年までに日本共産党と対立、日本共産党（左派）を結成して議長に就任した福田正義の流れを汲む下関原爆展事務局に対し、先の増岡の流れにある峠三吉没後五〇年の会と好村の流れにある広島文学資料保全の会とが共同して糾弾したという構図である。没後五〇年を経過しても続く党派的な政治問題が、またしても峠のテクストに影響を及ぼしているのである。

幸い、好村らの努力が実って、現在では峠三吉の草稿類はインターネットで見ることができる。広島市立図書館内の広島文学資料室に収められた資料については、その目録といくつかの資料のカラー画像がWeb広島文学資料室の峠三吉画像アーカイブとして公開されている。[41] また、広島大学所蔵の資料は、全体のモノクロ画像が、広島大学学術情報リポジトリの広島大学図書館峠三吉自筆草稿コレクションとして公開されている。[42] 先に「二十年後のヒロシマ」について述べたように、判読の困難な画像も含まれるし、問題の日記は被爆前後のものしか見ることができないが、限定つきにせよ、これらによって編集前の峠のテクストを検証することが可能となった。

先の「すべての声は訴える」も後者のモノクロ画像で確認することができる。[43] 大まかに見れば、広島版（『行李の中から出てきた原爆の詩』）は詩としての読みやすさや完成度を高めるような編集を行ない、下関版（『峠三吉原爆詩集』）はより原稿に忠実な方向での編集を行なったと言えるだろう。しかし、註などでの表記の揃え方や、三一頁の「「原爆の子」の　君」という空欄に伊藤久人という名前を入れた処理など、下関版には明らかに広島版を踏襲した部分も数多く見受けられ、海賊版と非難される要素がないとは言えない。しかし、こうしたことが検証可能になれば、峠のテクストが恣意的な編集で改変されたまま流通することを防ぐことができる。これまで『全詩集』と『作品集』に拠るしかなかった峠三吉の研究も、これらによって新しいステージに入ることになったと言えよう。

日本の内務省や軍部と米軍のCCDによる「二重の検閲」からスタートした原爆文学のテクストは、レッド・パージ、〝平和教材〟への縮減と純文学の「記憶の抹殺」などの困難のなかで、様々な政治的な力をこうむってきた。共産党の分派抗争とその後の余波の影響をも受けつづけた峠三吉のテクストは、多くの原爆文学のなかでも最も多様な力にさらされたものであったと言えるだろう。検閲は戦中・戦後の言論に対する可視化されやすい暴力だが、暴力には他にも様々な種類があり、その主体も国家権力ばかりではないのだ。

注

（1）F・ニーベル、C・ベイリー『もはや高地なし――ヒロシマ原爆　投下の秘密』（笹川正博・杉渕玲子訳、光文社、一九六〇年）二〇八―二〇九頁。
（2）瓜生忠夫『戦後日本映画小史』（法政大学出版局、一九八一年）四―九頁。
（3）松浦総三『増補決定版　占領下の言論弾圧』（現代ジャーナリズム出版会、一九七四年）一七〇頁。
（4）モニカ・ブラウ『新版　原爆報道はどう禁じられたのか』（繁沢敦子訳、時事通信社、二〇一一年）一一六―一一七頁。
（5）繁沢敦子『原爆と検閲――アメリカ人記者たちが見た広島・長崎』（中央公論新社、二〇一〇年）一六七頁。
（6）栗原貞子『黒い卵（完全版）』（人文書院、一九八三年）一三五―一三六頁。
（7）同前、一一五頁。
（8）同前、一一八―一二四頁。
（9）堀場清子『禁じられた原爆体験』（岩波書店、一九九五年）四三―四四頁。
（10）正田篠枝『耳鳴り』（平凡社、一九六二年）一〇頁。
（11）堀場清子「原爆作品と検閲」（『占領期雑誌資料大系　文学編Ⅲ月報3』岩波書店、二〇一〇年）。
（12）佐々木基一・大久保房男・遠藤周作「鼎談　原民喜」（『定本原民喜全集　別巻』青土社、一九七九年）。
（13）松浦総三、前掲書、一九〇頁。
（14）増岡敏和『八月の詩人――原爆詩人・峠三吉の詩と生涯』（東邦出版社、一九七八年）一一一―一一四頁。
（15）池田正彦・松尾雅嗣編『峠三吉被爆日記（写真版）』（広島大学ひろしま平和コンソーシアム・広島文学資料保全の会、二〇〇四年）。http://home.hiroshima-u.ac.jp/bngkkn/database/TOGE/TogeDiary.html
（16）竹山昭子『ラジオの時代――ラジオは茶の間の主役だった』（世界思想社、二〇〇二年）三〇四―三一二頁。
（17）増岡敏和、前掲書、一九六―一九七頁。
（18）峠三吉「二十年後のヒロシマ」。http://ir.lib.hiroshima-u.ac.jp/metadb/up/toge/T0836.pdf
深川宗俊「幻の峠三吉論文」（『中国新聞』一九七八年七月三一日、八月一日、八月三日）によれば、これは「ちちははの鐘（二十年後のヒロシマ）」として『文化聯合』第一巻五号終刊号（一九四六年一二月）に掲載されたということだが、掲載誌未見である。

(19) なお、二〇一四年一月三日の『毎日新聞』、同月六日の『中国新聞』、同月一四日の『読売新聞』の報道では、「一九六五年の広島」の草稿と推定される「二十年後のヒロシマ」の別バージョンと「二十年後のユートピア広島市」が新たに見つかったという。後二者の記事では池田正彦が兄の一夫執筆説を退けて三吉本人の作と見なすコメントをしているが、まだ全貌が公開されておらず、現時点では判断しがたい状態である。なお、これらの報道や前掲の深川宗俊の記事などについては、川口隆行氏と宇野田尚哉氏のご教示を得た。

(20) 増岡敏和、前掲書、二三〇頁。

(21) 増岡敏和、前掲書、二三一頁。

(22) 増岡敏和、前掲書、二三六頁。

(23) 関根弘『狼がきた――サークル詩の前進のために』(書肆ユリイカ、一九五五年)三頁。

(24) 且原純夫「解説」、峠三吉『峠三吉全詩集』(風土社、一九七〇年)五〇二頁。

(25) 増岡敏和、前掲書、二六四頁。

(26) 深川宗俊「峠三吉没後三十年記念「詩誌」復刻によせて」(『原爆詩集・われらの詩8号・反戦詩歌集2号(復刻版)』峠三吉没後三〇年記念事業委員会、一九八三年)。

(27) 山田敬男「政令三二五号」(『日本大百科全書』小学館、一九九四年)。

(28) 且原純夫「解説」(峠三吉『峠三吉全詩集』風土社、一九七〇年)五〇三頁。

(29) 峠三吉「たえまない闘いのなかで　広島平和大会ルポルタージュ」(『新日本文学』一九五一年一〇月)。

(30) 増岡敏和「峠三吉氏の生涯　その活動と自己改造について」(峠三吉追悼集編纂委員会・われらの詩の会編集兼発行『風のように炎のように　峠三吉追悼集』一九五四年二月)。

(31) 増岡敏和、前掲書、二五七頁。

(32) 黒川伊織「日本共産党「50年分裂」と在日朝鮮人—広島の事例—」第三一三回在日朝鮮人運動史研究会関西部会(二〇〇九年七月一二日)http://www.ksyc.jp/sb/20091001geppou.htm

(33) 山本健吉「同人雑誌評」(『文学界』一九五二年九月)。

(34) 『朝日新聞』一九九八年七月九日朝刊。

（35）且原純夫「反核の志――峠三吉が問うたもの」（『新日本文学』一九八三年一一・一二月）。
（36）好村冨士彦「原爆詩人峠三吉の文学資料保全の試み」（『広島平和科学』第一三号、一九九〇年）http://ir.lib.hiroshima-u.ac.jp/metadb/up/kiyo/hps/13/hps_13_1.pdf
（37）この詩集をめぐるトラブルは、既に拙稿「二十一世紀のガリ版刷『原爆詩集』平和運動と「海賊版」」（『本の手帳』第一〇号、二〇一一年一月）で書いたものである。
（38）http://home.hiroshima-u.ac.jp/bngkkn/TOGE-memorial/KaizokubanKougi.html
（39）http://home.hiroshima-u.ac.jp/bngkkn/TOGE-memorial/KaizokubanSeimei.html
（40）http://www.h5.dion.ne.jp/~chosyu/simonosekigenbakutennjimukyokugakennkai.htm
（41）http://www.library.city.hiroshima.jp/touge/archive/index.html
（42）http://ir.lib.hiroshima-u.ac.jp/portal/index.html
（43）http://ir.lib.hiroshima-u.ac.jp/00021964（以上のホームページはすべて二〇一四年六月一一日にアクセス確認）

ある『政治学概論』の運命――ポスト植民地国家と冷戦

藤井たけし

1　歴史の語りと普遍主義

誰が歴史を語るのか？　最近韓国で繰り広げられている歴史教科書をめぐる葛藤は、歴史の語りと国家との関係について改めて考えざるをえない状況を生み出している。十年前に韓国で「歴史教科書問題」といえば、それは日本の歴史教科書に関する問題を指すものであったが、二〇一四年現在、韓国における歴史教科書問題とは、他ならぬ韓国の韓国史教科書における近現代史叙述をめぐる葛藤を意味しているのである。

韓国において「自虐史観」という、どこかで聞いたような言葉とともに歴史教科書への攻撃が始まったのは二〇〇四年末から二〇〇五年にかけての時期であった。韓国では〈韓国近・現代史〉という科目[1]が二〇〇四年から選択科目として高校に新設されたのだが、検定を経て採択された教科書には八〇年代後半から民主化運動とともに歩んできた近現代史研究の成果が大幅に反映され、とりわけ現代史に関しては既存の冷戦的な観点を脱し統一志向的な観点から分断や独裁の問題が大きく扱われることとなった。ところが、これによって高校生たちが大韓民国という存在そのものを批判的に見るようになることに保守層は危機意識を抱き、現行の教科書が大韓民国を否定する「自虐史観」に基づいたものであるとの攻撃を開始した。「自虐史観批判」の開始された当初、盧武鉉《ノムヒョン》政権の下においては「自虐史観批判」を行なう勢力は野党、あるいは在野勢力に過ぎなかったが、新自由主義を掲げて二〇〇八年に誕生した李明博《イミョンバク》政権は当初から「左偏向の歴史教育の見直し」を語っており、政権交代以降、既存の教科書に対して政府レベルで修正を強制するなど官民合同による本格的な教科書攻撃が開始された。朴正熙《パクチョンヒ》元大統領の娘である朴槿恵《パククネ》が大統領に就任した二〇一三年には露骨な冷戦史観で叙述された高校〈韓国史〉教科書が誤謬だらけであるにもかかわらず検定を通過する事態にまで至っている。

　実のところ二〇〇〇年代後半からこれほどまでに教科書が攻撃された背景には分断の責任や独裁政権に対する支持という問題を通して反米意識が拡散することへの怖れがあったが、そこに民族主義に対して批判的な立場をとる政治学者や社会学者、経済学者らが積極的に関与することで近現代史に対する再評価という問題が学界をも巻き込んで急速に浮上することとなった。「ニューライト」を自称するこれらの知識人たちは、「教科書フォーラム」という団体を組織して既存の教科書を批判するとともに、八〇年代後半以降の近現代史研究に大きな影響を及ぼしていた『解放前後史の認識』というシリーズの歴史認識を批判する『解放前後史の再認識』という本を刊行するなど、その根幹にある歴史認識に対する批判活動を展開し始め、二〇〇八年には正式の教科書ではないものの「代案教科書」と銘打った『韓国近・現代史』を独自に編纂し発行するに至った。教科書フォーラムを中心とする知識人らは、植民地における収奪と抵抗、独裁と民主化といった二元論的構図での近現代史理解を批判し、植民地期も含めて資本主義経済の発展という「文明史的」な観点からの一元的歴史理解を唱える[2]。そこから結果する歴史認識は、経済成長を成し遂げた大韓民国の歴史が経済難にあえぐ北朝鮮とは対極をなす「成功の歴史」であるという「勝ち組史観」に過ぎない。要するに結論は「大韓民国万歳」という旧態依然としたものであるわけだが、この時期に登場した論理が過去の右派の歴史認識とは大きく異なっている点には注意する必要がある。

　二〇〇〇年代後半から始まった事態の「新しさ」を示す端的な例として、二〇〇八年一〇月に文化体育観光部が作成し配布した小冊子『建国六〇年偉大なる国民——新たな夢』をめぐって繰り広げられた事態を挙げることができる。この小冊子は教科書フォーラムの代表である朴孝鍾《パクヒョジョン》をはじめ全相仁《チョンサンイン》、金一榮《キムイリョン》ら教科書フォーラムのメンバーが大部分を占める執筆陣によって書かれたものであるが、大韓民国の建国過程を扱う箇所では独立運動勢力をほぼ無視し、米ソ冷戦を背景に李承晩の手腕によって大韓民国が建国されたという語りになっている。これに対して、独立運動家とその遺族らによって構成されている光復会が大韓民国臨時政府を無視したとして激しく抗議するなど、既存の右派勢力からも批判を浴びることとなった。かつての右派の歴史認識は、左派の階級的な観点からの理解に抗して大韓民国臨時政府を中心とした右派民族主義系列の抗日活動を強調するものであり、左派が労働運動や農民運動など組織的な闘争を強調する一方で、右派はむしろ個別的な要人テロなどといった武装闘争を強調する傾向が強かった。民主化以前においては現代史は一種のタブーであり、歴史として扱われることはほぼなかったものの、少なくとも近代史に関しては、それを対外的な支配と抵抗の歴史として描き出そうとする傾向はむしろ右派において顕著であった。ところがニューライトが示した歴史認識は、完全にこれとは断絶しているのである。

大韓民国の歴史的正統性を主張する際の重要な根拠であった大韓民国臨時政府などの抗日独立運動までも無視する李明博政権―ニューライトの歴史認識を理解する鍵を、教科書フォーラムのメンバーの一人である経済学者、李《イ》大根《デグン》の発言が提供してくれる。彼は、二〇〇五年一月の教科書フォーラム創立シンポジウムの綜合討論において次のような発言を行なっている。

一九八九年にベルリンの壁が崩壊し社会主義が解体したというのに、この地ではなぜ栄えたのか、時代的逆行なのかという問題に関わって日頃考えていた点を一つ申し上げたいと思います。この間わが社会に蔓延していた民族主義の本質であるといえる反日民族主義が間違っていたのです。そこからこのような現象が起こったのではないかと考えました。反日民族主義者たちは相手が反米民族主義を掲げて現われる際、理論的にも現実的にも対処することができませんでした。

そのような矛盾葛藤関係が今日のこのような現象を引き起こしたと捉え、これは単純に解放直後の左右対立でなく、はっきり言って社会主義に対するものでなく民族主義に対する対決であると考えています。これを解決しうる方法も民族主義から完全に離れて国際主義、グローバリズムへと舵を取るときにのみ可能なのではないかというのが日頃の私の考えです。(3)

一九八〇年代には韓国社会構成体論争の一方の論客として、また現代経済史の研究者として従属論的な立場から「第三世界連帯」を語っていたかつての李大根の姿を思うと、この極端なまでの変わりようには感慨を禁じえないが、このような表向きの変化にもかかわらず彼の主張の根底には、ある変わらないものがある。すなわち民族主義を通した歴史認識というものが常にある種の敵対性を呼び起こさざるを得ないという認識である[4]。とりわけポスト植民地国家である韓国において、民族主義というものが被支配の記憶を呼び覚ましてしまうことで統治の表面に亀裂を走らせうることを、第三世界主義者であった彼はよく知っている。グローバル資本主義の時代において、抑圧すべきはいまや社会主義ではなく民族主義なのだ。李大根が正直に語ってしまっているように、ニューライト勢力が何よりも恐れるのは反米主義、言い換えるならアメリカ合州国を中心とした世界秩序が支配関係に他ならないことに人々が気づいてしまう事態である。そのため近現代史が民族主義を媒介に支配と抵抗の歴史として描かれることに彼／彼女らは極度の警戒を示し、これを市場経済という「普遍的な文明」が広まっていく過程として描こうとする。

ニューライトが恐れる、民族主義を媒介に歴史を敵対性を軸として捉える言説は、ミシェル・フーコーが「政治的歴史主義」（historicisme politique）と呼ぶもの、つまり一六、一七世紀にイギリスとフランスに登場した、人種間闘争として歴史を認識する言説の系譜に属するものであると言えるだろう。フーコーは、権力関係というものが法／権利や主権のなかにあるのではなく歴史的な支配関係のなかに存在するものであることをあらわにする言説としてこの政治的歴史主義を説明し[5]、またこのような諸人種間の闘争の歴史としての歴史言説を「対抗史」（contre-histoire）として高く評価するとともにこれが階級闘争という概念の原型であることを論じている[6]。フーコーは基本的に西欧の話しかしていないが、元々西欧においてこのような言説が可能となった一つの契機が植民地であり[7]、またラテンアメリカなどにおいても同型の言説を見出すことができるように、こういった言説は一六、一七世紀の西欧に限られるものではない。むしろ二〇世紀における反植民地闘争、民族解放闘争の言説はまさにこのような政治的歴史主義の系譜を引き継ぐものでもあったと言えるだろう。だが韓国のニューライトの歴史認識を考える上でフーコーの分析が役に立つのは、そのような政治的歴史主義が国家によって捕獲されていく過程についての分析である。

フーコーの分析によれば、一七世紀末に上記のような歴史の主体＝主題として民族（nation）というものが登場することとなったのだが[8]、フランス革命の過程で現われたブルジョアジーの言説は、この民族を過去ではなく未来に関わるもの、もう少し精確にいえば国家を構成する能力に関わる潜在性として規定し直す。そしてそれを通して、他民族との水平的な関係のなかに捉えられていた民族は潜在性から現実性へと向かう垂直的な関係のなかに設定し直されることとなる[9]。つまり民族問題というものが設定される場が、外的な力関係によって織りなされる歴史の場から内的な能力の発展段階へと転位されるのである。一八世紀末から一九世紀初頭にかけて構成されたいわゆる「近代的な知」というものが分析の空間を表層から深層へと転位させるものであったように[10]、歴史の問いを構成していた複数の民族／人種の拮抗する力関係によって織りなされる空間は、ベンヤミンの表現を借りるなら「均質で空虚な時間」によって枠づけられた「普遍史」（Universalgeschichte）[11]へと変形される[12]。ローマという普遍への挑戦者として現われた民族は、このようにして普遍の担い手へと生まれ変わるのである。ニューライト勢力による歴史の書き直しが目指しているのもまさにこのような「普遍」による民族の捕獲であるといえるだろう。

本稿は、このように歴史の語りの争点として現われた民族主義の問題が、冷戦によって生まれた分断国家であると同時にポスト植民地国家である大韓民国という国家の性格に関わって極めて本質的な問題であることを歴史的に描き出そうとする試みである。植民地支配から解放され新たに独立国家を形成することとなった韓国が米国に対して従属的な位置を受け入れていくことは、決して自然な過程ではないからである。「大東亜共栄圏」建設を掲げ「白人帝国主義」によるアジア支配という一つの現実を明確に可視化させていた日本の政治的歴史主義がいかに抑圧され馴致されていったかについては最近多くの研究が蓄積されつつあるが[13]、敗戦国である日本とは異なり韓国においては、植民地支配を受けつつ形成された民族主義が否定されるべき理由は存在していなかった。またこの点がしばしば見逃されがちであるのだが、反共であるからといって親米である必然性があるわけではない。わたしたちは反共＝親米という図式を当然のものであるかのように受け入れているが、このような図式こそが冷戦によって規定されたものなのである。このような図式から自由になるためには、まずこの図式が形成された過程へと遡らなくてはならないだろう。

2　政治的歴史主義の時代――一民主義と『現代政治学概論』

一九四八年八月に樹立された大韓民国の李承晩《イスンマン》政権は、一般に冷戦の結果として生まれた親米政権として知られている。もちろん個人としての李承晩という人物が親米的であったことには疑いの余地がないが、李承晩個人でなく李承晩政権がその初期に掲げていた理念を実際に検討してみれば、このようなイメージが、それこそイメージに過ぎないことがわかる。初期に李承晩政権が掲げていた理念は「一民主義」と呼ばれるものであるが、単一民族であること強調しつつ民族内での平等を掲げた一民主義は、初代国務総理兼国防部長官であった李範奭《イボムソク》を中心とする「族青系」[14]と呼ばれる派閥に属する初代文教部長官安浩相《アンホサン》、連合新聞社長で一九五〇年からは国会議員も務めた梁《ヤン》又正《ウジョン》らによって体系化されたものであり、共産主義と同時に資本主義をも強く批判しているところにその特徴がある。安浩相の場合は民族の純粋性・一体性を守らなければならないという人種主義的な見地から外来のものとして資本主義、共産主義といったものを批判していたが、植民地期に社会主義運動の経験もある梁又正は民族を否定するものとして共産主義を批判し、資本主義に対しては同じ民族に属する同胞を搾取するものとして、さらには必然的に帝国主義化するものとしてこれを批判している。梁又正はまた李承晩政権の理念が社会民主主義であると語ってもいるが、「族青系」によって体系化された指導理念としての一民主義は反帝国主義を基調とし民族主義と社会主義を融合させたものであった[15]。朝鮮戦争の勃発後は一民主義という言葉はあまり用いられなくなっていくものの、一九五一年に文教部の傘下に設置された国民思想指導院という国家機関が発行した小冊子や、その機関誌として一九五二年八月に創刊された月刊誌『思想』の論調を見ても、その基調は全体主義的な民族主義であり、そこでは個人主義や功利主義への批判が声高に語られているのを見ることができる(16)。

これはもちろん李承晩政権が実際に社会主義的であったり反帝国主義的であったということを意味するものではない。統治のためのイデオロギーが作動することとなる言説空間における地形が、つまり統治の対象となる人々の認識がそのようなものであったことを、これは意味しているのである。米国による戦後世界秩序構築の過程で抑圧されていったファシズムに含まれる政治的歴史主義が、逆説的にも冷戦の最前線である韓国において依然として言説空間を強く規定していたのだ。

このような時代の雰囲気を典型的に示している例として、政治学者姜尚雲《カンサンウン》によって書かれた『政治学概論』を取り上げてみよう。姜尚雲は本名を姜周鎮《カンチュジン》といい、一九一一年に慶尚北道の尚州郡に生まれている。一九三〇年代に日本に留学し、一九四一年に東京の杉並商業学校を、一九四三年に中央大学（東京）の法科を卒業している。同年には治安維持法違反の疑いで逮捕され巣鴨拘置所に収監されたが、一年余りの後に起訴猶予で釈放されている。釈放後朝鮮に戻り京城日報社調査部に入社するがすぐに解放を迎え、京城商工学校教師、大韓出版文化協会事務局長などを経て一九四八年九月に中央大学（ソウル）の講師となり一九五〇年には教授となっている。以後他大学でも講義をしつつ新聞の論説委員などを務め、一九六三年から一九七三年までは韓国国会図書館の館長を務めた(17)。

姜尚雲が一九四八年九月に刊行した『現代政治学概論』は、「解放前後を通して政治学に関する最初の著書」と評されたように(18)、解放後に現われた政治学の概説書のうち翻訳書でなく韓国人によって直接執筆されたものとしては最初期の部類に属するものである。同書は一九四八年に文芸書林から初版が刊行され一九四九年に第二版が出た後、版元を文研社に移し一九五二年九月の第四版に至るまでほぼ同一の内容で版を重ねている。この時期に刊行されていた政治学の概説書は翻訳書を含めても数種に過ぎず、姜尚雲が大学で教えていたことも考え合わせれば、政治学の教材として活用されていたであろうことは想像に難くない。

『現代政治学概論』における情勢認識と問題意識を、一九四八年八月一五日の日付を持つ「序文」を通してまず確認してみよう。姜尚雲は「序文」を「朝鮮有史以来、今日のようにわが民族の自覚と決意と自己犠牲を要求する時代はなく、そしてこれはわが先祖たちが過去に犯した過誤をいま我々が償っているに過ぎないのである」[19]と書き出している。続けて「南北朝鮮の完全自主独立国家の建設こそ怠慢な先祖に対する償いでありかわいい子孫に対する義務である。このように重大な統一国家建設にはもちろん国際的協調が必要なのであり、この国際的協調はまた同族の結束によってのみ招来することのできるものなのであるから、我々はまず同族同士の協調を図らなければならないだろう。言語・風俗・感情・土地・血統・生活をともにする同族協調をたやすく断念しつつ、これを異にする外人との国際協調に頼むというのは独立運動の捷径であるとはいえないだろう。／よい政治上の思想と主義を吸収し採用するというのは、これを吸収し採用する主体の存在を必要とするのであり、主体の存在を否認する思想と主義はすなわち精神的な侵略なのである。したがって我々は意識している侵略よりも意識しえない侵略の方が恐ろしいのである」（三頁）と、南北朝鮮にわたる自主的統一独立国家の建設を課題として示しつつ、そのためには何よりも民族主義が必要であることを強調している。このような立場を踏まえて「解放以後に堰を切ったように現れた扇動的で皮相な思想書籍は無条件に無批判的に吸収され、形式的な政治運動に応用されて思想運動と政治運動を混同させ、善良な愛国同胞をして左右両路に彷徨させたのであるから、その罪は当然指導者階級にあるといえようが、その実は国民の政治学的知識教養が欠乏していたためである。／このような彷徨と混乱線が交錯する悲惨な現実に照らしていささかなりとも政治界に役立ち、政治学を研究する青年学徒たちに役立つと同時に一般政治に関する教養として著したのがこの本」（四頁）であると、執筆の意図を明らかにしている。

一民主義について上述したように、当時の大韓民国において見られた言説地形を念頭に置くなら、国際協調に先立つものとして同族同士の協調を説くこのような立場はむしろ平凡な部類に属すると言えるだろう。だが、「政治学」というものについて説明するなかで、姜尚雲の個性が現われ始める。「序論　政治学の概念」の最後の部分において、「現代政治学の重要課題となる三種の政治学類型」について彼は説明している。

> （一）第一の観念は、すべての団体がそれ自体の存在のために必要な公共的で、統一的かつ指導的で、支配的なものであるというものであるが、いわゆる自由民主的政治観念である。
>
> （二）第二の観念は、搾取権力支配の構成として行なわれる階級的搾取形態であるというものであるが、これはマルクシストの政治観念である。
>
> （三）第三の観念は、民族の相互間の生存競争乃至協調を土台として民族の対外的闘争をなすために民族の対内的統一作用がすなわち政治観念であるというものであるが、いわゆる民族主義でありつつも全体主義的な政治観念である。
>
> 　これを言い換えるなら、民族や階級を度外視して個人のみを土台とするものと、個人や民族を度外視して階級のみを土台とするものと、または階級や個人を度外視して民族のみを土台とするものであるが、第一は世界を個人の優勝劣敗的な競走場と見るのであり、第二は世界を階級闘争場と見るものであり、第三は世界を民族の生存競争場と見るのである。（一五頁）

現代政治をこういった三類型において捉えるのは、世界大恐慌などによる「西欧の没落」という意識の拡散とファシズムの本格的台頭を見た一九三〇年代以降に一般化した視点であり、さらにいうならばこの三類型は自由民主主義／資本主義の没落を前提に共産主義かファシズムかの二者択一を論じる際に主に用いられていた構図である。このような姜尚雲の認識は、「一般政治学」と題された「前編」ではあまり表立っていないが、「現代政治学」と題された「後編」において本格的に扱われることとなる。ここでまず簡単にこの本の構成を見ておこう。

まず「前編　一般政治学」があり、「第一章　国体論」「第二章　政体論」「第三章　政党論」「第四章　議会論」「第五章　選挙論」の五章で構成されている。「後編　現代政治学」は「第一章　資本主義的帝国主義論」「第二章　独裁政治論」「第三章　民族社会主義と国家社会主義論」「第四章　社会主義論」「第五章　その他」の五章で構成され、その後に「資料編」と題してフランス人権宣言、米国独立宣言書、中華ソビエト憲法、国民社会主義ドイツ労働《ママ》党の政綱の四つが収録されている。

「後編　現代政治学」の冒頭に置かれた「第一章　資本主義的帝国主義論」は、「現代政治を論ずる者は必ず帝国主義について深い認識がなければならないだろう。この帝国主義を理解することで共産主義を理解することができ、また資本主義も理解することができるのである」（八六頁）と書き出されている。また帝国主義を単なる侵略とは区別し「一定の経済的条件が備わっていない侵略はこれを帝国主義といわないのが現代の我々の常識であり、一定の経済的発展過程において必然的に侵略をすることとなりまた外交政策が侵略として具現化するようになるのをいわゆる帝国主義という。したがってローマ帝国主義の侵略戦争であるとか韓日合併当時の日本の侵略というものは一種の国家主義戦争に属するものであり帝国主義戦争に属するものではない」（八八頁）と、帝国主義を基本的に資本主義の問題として認識する姿勢を示している。このような観点から第一章ではカウツキー、ヒルファーディング、そしてレーニンの帝国主義論がそれぞれ紹介される。ここでの姜尚雲の観点は帝国主義を「資本主義の末路」（一〇三頁）と見るものであり、これが「現代政治学」を論ずる部分の冒頭に置かれている意味は小さくない。つまり彼は依然として現代を帝国主義の時代と見ているのであり、これは上述した政治学の三類型とともに、東西冷戦という二極構造に収斂されえない問題系のなかで彼が思考していることを示している。

第二章の「独裁政治論」は、まずカール・シュミットなどによりつつ独裁政治というものをめぐる議論の流れを整理したうえで、マルクス、エンゲルス、レーニンらの著作によりつつ「プロレタリア独裁」「ブルジョア独裁」などが論じられる。ここで興味深いのは現実的な問題として「プロレタリア独裁」と「ブルジョア独裁」というものが扱われている点である。少し長いがその部分を引用してみよう。

ここで我々は現代資本主義体制下において民主主義というものは、結局国民の多大数《ママ》の投票により選出された代議士によって運営されていくといえども、その政治にはブルジョアの支配力が強力に行われるということがわかり、同時にこれよりも広範に大衆的プロレタリア民主主義が施行されて少数の支配よりも多数のプロレタリアが支配をすることになるならば、プロ民主はブル民主よりも一層民主的であるということは認めなければならないだろう。なぜならば民主主義とは多数の支配であり少数の支配ではないからだ。そして万一プロ独裁が非常過渡的な権力的支配の意味をもち、また大衆の基礎の上で行われるとするなら、立憲民主主義下において合法的な特命的独裁が行われうるように、プロ独裁もまた民主主義の基礎において行われえないとする理由はない。このような点において、カウツキーが立憲議会主義に立脚した近代民主主義のみを民主主義の形態と誤認し、立憲政治下においてもやはり「時に」独裁政治が、それも合法的に、行われるということを忘却したということを認めることができるのである。しかしここにおいて民主主義というのは、新たに検討されるべき点がある。民主主義は、民権の発達を前提として個人の人格の擁護、自由の保護及び幸福を主目的とするものなのであって、盲目的に多数を至上とするものではないだろう。これは民主主義の発展原因とその過程を検討して見れば誰でもわかるだろう。プロレタリアが多数でブルジョアが少数であるため中身を問わずにプロ独裁が民主的であり、民主的であるから至上主義であり、ブル抑圧及び民主が少数の支配であるから盲目的に無条件に排斥すべきという理論は、少し再検討すべき問題であると考える。（一三七—一三八頁）

このような論理を通して、彼はプロレタリア独裁の論理に立ち向かうには、単純な多数決原理としての民主主義では不充分であることを論ずる。そしてこの引用部分に続くのが第二章の第五節にあたる「ファシズム全体主義と政治理論の発達」である。ここで彼は一八世紀からの歴史的な流れとして、君主政治に対抗するものとして個人主義が台頭し、これをもとに自由主義が発展した結果貧富の格差が生じ、次にこれを是正するものとして平等主義が台頭し、それが社会民主主義や共産主義として結果したと整理する。そのうえで「この共産主義に反対し、また旧資本主義に反対して個人主義の行き詰まりである共産主義を克服するために新たに生じたものがすなわちファシズムである。人類の生存のために旧自由を破壊し新自由を建設するために必ずや起こるべき政治現象である」（一四〇頁）とファシズムの歴史的必然性を論ずる。帝国主義に対してもそうであったように、彼はこういった政治現象を常に歴史的なものとして捉えている。そのためファシズムと国家主義の差異についても彼は強調することを忘れない。「このファシズムは個人主義の弊害に対して発生したものであるが故に国家主義の一種には違いないが、これが従来の国家主義と異なる点は一種の社会主義的色彩をもった国民全体的傾向を帯びるようになるが故に、人々はこれを指して全体主義と称する。／故にこの全体主義は、従来の国家主義のように国家という一実在をもって主体とするのでなく、国民全体に立脚してこれを主体とするのである。従来の国家概念のように権力・国土・人民を含んで権力を主とする総括的な国家概念でなく、新しい全体主義は権力と国土と人民の三者を総括するものの、とりわけ第三の人民に重点を置き、これを主体とするのである」（一四一頁）。だが彼の全体主義認識において最も興味深いのは次の点である。

このように言うとこの全体主義はただ国民の物質的利益のみを目的としているとして、これへの非難があるだろうが、それは誤った非難である。国民全体というのは、ただ現在の国民のみをいうのでなく、過去、現在、未来の国民までも含んで指すものである。そもそも国家というものを空間的に考えると、誤って唯物的に考えやすいものである。しかしこれを時間的に観察して見る時は精神的・文化的要素が介入することになるのである。例えば、一九一四年、ドイツがベルギーに対して最後通牒を発した際にベルギー国民はドイツの国土通過の要求を一蹴して「ベルギーの国家は現在のベルギーの人民だけでなく過去のベルギー人、未来のベルギー人の国家である。したがって現在のベルギーは先祖のために、また子孫のために生死をおしてベルギーの独立を守らなければならないと《ママ》」答えたという。以上のように国家を時間的に、空間的に国民全体と捉える観念は、いわゆる全体主義であるということができるが、要約すれば歴史的な人民を主体とする一種の国民主義であると考えることができるのである。（一四一―一四二頁）

ここにおいて歴史は、単にファシズムの台頭を必然のものとする外部装置に留まらず、全体主義そのものに内属している。つまり国民という全体を語ろうとする構えそのものが歴史を呼び起こしてしまうのである。ここにはフーコーが政治的歴史主義と呼んだものと同型の論理が見て取れる。

このような認識をもとに引き続くのが「第三章　国家社会主義と民族社会主義論」である。ここで姜尚雲は再び資本主義の問題点と共産主義がそれを打倒すべく登場した流れについて簡単に叙述したうえで、「しかし歴史的発展過程はこの二大勢力に反旗を翻し、国内的に資本主義の矛盾を完全に清算し国際的に世界革命に反対して第三の何らかの方法はないのかというところから、この国家社会主義または民族社会主義が台頭することとなったのである。これは一国家的に見てそうであるばかりでなく、また世界思潮も自由主義から全体主義へ、議会政治から指導政治へと流れている。最近朝鮮においてもこれについての議論が台頭しつつあり、民衆もまた指導政治を要望しているようであるから、しっかりと検討する必要があるのだと考える」（一五七―一五八頁）と、現在の問題として「国家社会主義または民族社会主義」を扱う姿勢を示している。この点は少し後で、「元々東洋的な思想が全体主義に近く個人主義と離れているのも事実である。大義であるとか愛国的精神であるとか古典に孝に力を尽くし忠（愛国）には命を尽くすという思想は全体主義的思想に胚胎するものであるといえる。だが最近のわが国のいわゆる知識階級の指導者たちのなかには多元的国家論をのみ過信し一元的全体主義思想を過小評価する傾向が多い」（一六四頁）という現状判断を示していることからも確認される。ここで一つ注意すべきは、姜尚雲が「国家社会主義」というとき、現在の日本（この点については現在の韓国も同様だが）において一般的に想起されるようにナチズムが念頭に置かれているのではないという点である。国家社会主義について姜尚雲は二つの解釈があるとして、一つはビスマルクの取った社会政策ないし社会改良主義を、もう一つは集産主義を挙げている（一五八頁）[20]。その上で国家社会主義の本質を国家主義にあるものとして、「国家主義に立脚して個人主義に対立し、資本主義を撤廃し、社会主義を確立すると同時に国家の存在を強調するのがすなわち国家社会主義」（一六四頁）であると整理している。

続いて扱われるのが「民族社会主義」である。少々長くなるが、この部分は全文を引用しよう。

民族社会主義というのは西洋において既に国民社会主義という名称で一般に知られた概念である。ドイツにヒトラーの国民社会主義ドイツ労働党の樹立以来、一時西洋を風靡し、また多くの衝動を与えたのも既に記憶に新しい。ヒトラーが第一に失策を犯したのは社会労働党の政綱の施策を実施するに当たって独裁で君臨したことであり、また無期間に総統の地位にいたためである。大体において西洋の国民社会主義は東洋の民族社会主義と同一である。民族社会主義というのは畢竟民族主義の基盤の上に社会主義を結合させたものである。ゆえに民族主義の概念をはっきりさせればすなわち民族社会主義の本質も理解することとなるであろう。この民族主義というものをいま簡単に説明するなら、祖国至上という観念に帰着するであろう。「祖国のために」という最高理念が民族主義者に共通の心情であるだろう。祖国の伝統を擁護し祖国の文化を宣揚し祖国の自由を確保し祖国の栄誉を発揮せんとするのが民族主義者の最大の関心事である。フランス人のパトリ（patrie）、ドイツ人のファデルラント（Faderland）、日本人の皇御国《すめらみくに》は、みなこのようなものを同じく叫ぶ表象である。ゆえに民族主義の思想及び運動は、一国家及び民族が如何なる点においてであれ他国の脅威・圧迫・侵略を受ける場合に特に勃発するのである。

この圧迫と侵略は必ずしも武力的、政治的なものだけでなく、経済的で思想的で宗教的な場合もあるのである。ともかくこのような圧迫などで祖国の伝統・文化・自由・栄誉が危殆に陥り国家的または民族的自尊心が傷つき、よからぬ他国の影響に害毒を受ける場合に自己の祖国のものを一切擁護しようとするのがすなわち民族主義だというのである。したがって一つの危険性は往々にして排外思想と結託する可能性が濃厚な点であり、また主戦論を煽動する原因にもなりやすい。愛国心と敵愾心とは常に民族主義の基調となるのである。自己について考えすぎるあまり必然的に他人を無視することになるのである。ヒトラーがイギリスと開戦したのは一つの意味で妥当であるがソ連を攻撃することとなったのは、その敵愾心が原因となったのだと見ることができるであろうし、また失敗することとなった一大原因であるだろう。

民族主義はまた経済的にも外国資本の排斥、輸入品の防止、国産品の愛用、外国移民の禁止などの運動として現われる。宗教的には自国民の伝統的な信仰の擁護として現われることとなるである。フランスの民族主義運動が必ずカトリック教運動と結合し、日本の民族主義運動が必ず神教と結合し、朝鮮の民族主義運動が必ず天道教ないし大倧教と結合することとなるのである。また同じ思想が文芸上では自国の古典を尊重する基盤となり、学術上では外国思想及び外国語の排斥となり、教育上では祖先崇拝、民族的英雄崇拝の鼓舞となるのである。ゆえに国家がなく、または侵略された国家が国権を回復しようとするなら、すなわちユダヤ人のシオニズム運動、インド人のブーダン（Bhoodan）・スワラジ（Swaraj）運動その他中央アジア、近東の諸民族の熱烈な独立運動などのように全てこの民族主義的思想の発露によって展開されるのである。それは他国の支配下に何らかの自己の伝統・文化・自由を不自然なところから自由に回復しようという運動であるからだ。したがって大概以上のように超階級的で民族至上を高唱し民族全体の福利を主体とする社会主義を民族社会主義という。（一六五―一六七頁）

このようにNationalsozialismusの訳語であると言っていいであろう民族社会主義を姜尚雲は基本的に民族主義として理解している。それも基本的には抵抗民族主義に関わるものとして理解している点には注目する必要があるだろう。国家主義を個人主義に対立するものとして捉える一方、民族主義を国際主義に対立するものとして把握しているところにも現われているように（一六七頁）、民族主義とは第一義的には国内的な統合のためのものではなく、対外的な、国際関係に関わるものとして設定されるのである。そのため国家社会主義と民族社会主義の差異は次のように説明される。「国家社会主義というのは大体において国家至上主義といえるであろうし、民族社会主義は大体において祖国至上主義であるといえる。ともに至上主義であるとしても、前者は個人あるいは階級に対して国家の優越性・本源性を主張するのであり、後者は諸外国に対して自国の優越性・自主性を要求するのである」（一六九頁）。このような認識は「後編」の冒頭にある「帝国主義論」と同一の平面にあると考えていいだろう。

このように「第三章　民族社会主義と国家社会主義論」は一五頁ほどの分量を割いて比較的詳細に論じられてい

るが、続く「第四章　社会主義論」はその半分にも満たない分量でありかつ内容も極めて一般的なものに過ぎない。ここから姜尚雲が社会主義一般に対してはさほどの重要性を感じていないことが読み取れる。つまり重要なのは民族主義なのであり、それと結びつく限りにおいて社会主義は重要性を帯びるのである。

以上、おおよその内容を紹介してきたが、この本において何よりも注目すべきは姜尚雲個人の政治的志向性ではなく、自由民主主義／資本主義の対案として共産主義と全体主義が登場しているという構図の下に現代の政治を考えようとしているという、その世界認識の枠組みそのものであろう。姜尚雲個人についていうなら、「序文」の末尾に姜世馨《カンセヒョン》という、植民地期には日独文化協会で活動し解放後には「族青系」の土台となる朝鮮民族青年団の結成にも関わった親ナチ的な人物への謝辞があることから、彼が個人的にナチズムに好意的であったであろうことは推測される。しかし当時の知識人の世界においてこのような認識は決して姜尚雲に限られたものではなかった。姜尚雲より八歳年上の政治学者である韓太壽《ハンテス》は、一九五二年五月一〇日の日付をもつ『政治思想史概説：新政治原理の構想』の「序」に次のように記している。

世界第二次大戦の終結とともに全体主義政治思想が一時に姿をくらましてしまった。個々人の心のなかには何が息づいているのか知りようもないが、少なくとも表面的には全体主義を論じる者はいないのが事実である。しかし、かといって個人主義を公然と讃える者がいるかといえば、そうでもないのである。では果たして人々が信奉する指導理念は何なのか？　ただ懐疑のみであるかのような感を与えるのが今日の現実である。論者のうちには、あるいは自由主義を讃える者がいる。自由主義は統制主義に対立する語句だといえよう。要するに全体主義に立脚した統制が嫌だということであるから「わたしは自由を選択した」というのが時代的憧憬となっているのである。しかし自由主義の土台は個人主義であることを忘れてはならない。個人の権利と自由を保障するのが国家の義務となっているのが近代民主政治の原理ではないのか？　このような政治理念と実践の下に成立した自由主義経済がいわゆる資本主義経済なのである。だがこの資本主義経済が招いた人類社会の不平等を自由主義者は当然のものとして肯定するのか？　これに彼らは答弁をなしえないのである。漠然とした自由の賞賛は一時的な気分の満足であり、新時代の指導原理にはなりえないのである。ここにインテリは悩む。この知性の苦悶を何によって克服せんとするのか？　これが今日の課題なのである。

共産主義は個人主義に立脚した近代民主政治の欠陥を余地なく指摘し、新たな理想社会の建設を提唱してその方法として階級闘争による革命を論ずる。しかしわれわれはその唯物史観によって倫理の破綻を招き、民族を分裂させたところに大いなる欠陥を見出すのであり、したがって新たな政治理念としてファシズムとナチズムが提唱されたのである。しかしこの二つの理念もまた行き過ぎた機械的全体主義に陥って個性を全然無視したところにその失敗の原因があったのであるから、世界第二次大戦において武力的に敗北すると同時にその指導理念としての資格を喪失してしまったのである。そこで著者は新たな政治原理が構成されなければならないことを切実に感じるものであり、この課業を完遂するためには全人類史の発展過程を細密に再検討すべきであることを考えるのである(21)。

朝鮮戦争の最中においても知識人にとって近代批判は依然として重要な課題であり、その際の参照項として全体主義は決して廃棄されてはいなかったのである。

一九二〇年代から四〇年代にかけて盛んに論じられていた「西欧の没落」「近代の超克」といった言葉に象徴される資本主義批判、近代批判は、民族主義と結びつくことによって第二次世界大戦後にも生き延びていた。しかしこのような認識は米国を中心とする「自由世界」の理念とは当然にも相容れないものであった。

3　「民主主義」の時代——民族主義の「消失」と『新稿政治学概論』

韓国において政治的歴史主義が一時的に姿を消す事態は米国の介入によってもたらされた。朝鮮戦争中の一九五二年に大統領直選制改憲をめぐって引き起こされた釜山政治波動は、臨時首都釜山に戒厳令を施行し野党国会議員を逮捕するなど強硬な手段で改憲を行なった事件であるが、政権延長のために議会制民主主義のルールを踏みにじるこのような事態は、「民主主義の擁護」のために戦争を行なっている米国の立場を窮地に追い込むものであった。そのため一時は李承晩の排除までも考慮した米国であったが、結局は有効な対案が見つからず、その背後勢力として認識された李範奭の除去を選択する。最終的な除去は朝鮮戦争停戦後の一九五三年後半となるが、釜山政治波動の直後から米大使館の工作などによって李承晩に次ぐ位置から李範奭は遠ざけられることとなった(22)。

一民主義を掲げ、与党である自由党の中心勢力をなしていた「族青系」はこうして没落していくこととなるのだが、ここで重要なのはこれが単なる権力闘争というレベルに留まるものではなかったところにある。釜山政治波動の直後、米国は韓国で発行されている雑誌に介入し始めるが、上述した『思想』もその対象の一つであった。米国の文化的出先機関である米国広報文化交流局（ＵＳＩＳ）は雑誌への用紙供給を提案しつつ『思想』の編集者と接触を図り、実際に用紙の供給を受け始めた第三号から『思想』の内容は劇的に変化する。上述した通り第一・二号においては全体主義的な民族観が雑誌の全体を貫いていたが、第三号においては突然民主主義が強調され民族主義はほとんど姿をくらましてしまったのである(23)。これは『思想』だけに限ったものではなく、五〇年代半ばの韓国の言説空間からは民族主義的な言説そのものがほとんど消え去ることとなる。

このような変化は姜尚雲にも訪れた。『現代政治学概論』が改作され、一九五四年八月に『新稿政治学概論』として刊行されたのである。一九五四年六月一五日の日付のある「序言」は「八・一五解放を契機として国権の回復、民主国家の樹立など実に数多くの革命的な事実が我々の前に展開されたが、そのなかには学問の解放…《ママ》とりわけ政治学の研究も外せない重大な事実だ」と書き出され、「民主政治を運営する国民に政治学的基礎知識を持たせる」のに役立つことを望むと記されている(24)。『現代政治学概論』の「序文」が民族主義的な立場からある種の歴史的使命感に燃えた文体で記されていたのとは対照的に、この「序言」には「民族」という言葉は一切登場してさえいない。その代わりに繰り返されるのは「民主国家」「民主政治」といった言葉である。また『現代政治学概論』にお

	現代政治学概論	新稿政治学概論
目次	序文 前編　一般政治学 第一章　国体論 第二章　政体論 第三章　政党論 第四章　議会論 第五章　選挙論 後編　現代政治学 第一章　資本主義的帝国主義論 第二章　独裁政治論 第三章　民族社会主義と国家社会主義論 第四章　社会主義論 第五章　その他 資料編 フランス人権及び国民権宣言 米国独立宣言書 中華ソビエト憲法（一九三一年） 国民社会主義ドイツ労働党の政綱	序言 第一章　基礎論 第二章　国家論 第三章　国体及び政体論 第四章　政府形態論 第五章　政党論 第六章　議会論 第七章　選挙論 第八章　独裁政治論 第九章　民主政治論 付録　文献紹介

表　『現代政治学概論』（1948年）と『新稿政治学概論』（1954年）の目次比較

いては「政治」を論じようという意識が強烈に滲み出ていたのに反して、『新稿政治学概論』の対象はあくまでも「政治学」という学問である。このような変化は「序文」ばかりでなく『新稿政治学概論』の全体を貫いている。上の表の目次を比較してみればわかるように、『現代政治学概論』の前編として配置された「一般政治学」の内容は基本的にそのまま継承されている一方、同書を特徴づけていた後編の「現代政治学」の部分からは「独裁政治論」を除いてすべてが削除され、それに代わるように冒頭の「基礎論」と「国家論」そして末尾の「民主政治論」が新たに追加されている。

第一章に置かれた「基礎論」はその名のとおり政治学の基礎に関わる内容であるが、「基礎論」の第一節「政治の概念」は「政治学とは何かということを知る前にわれわれはまず政治とは何かを解き明かさなければならないだろう」としつつ、「しかし政治というものは具体的な物体や現象ではないため、これを明確に規定することが難しいだけでなく、政治または政治現象というそれそのものに対してもこれを一般が普遍的にまたは合理的にたやすく納得することのできるよう説明することが難しい」と政治を規定することの困難さから説き起こされている（一頁）。そして政治の概念をめぐる様々な学説を紹介したうえで、姜尚雲は政治について「政治は人間の集団生活を効果的に運営するために行われる相互作用の総体」と定義し（一一頁）、政治学についても様々な学説を紹介した後「政治学は人間の集団がいかにしてその集団の秩序を形成し維持しまた発展させてきたのか、いかなる組織と支配と運営を経て今日の国家社会をなし、またいかなる条件と改善を造成し遂行すれば人間の集団が合理的に運営されるのかという理論と方法を科学的に研究する学問」と説明する（二二頁）。このいかにも教科書的な説明は、『現代政治学概論』の序論である「政治学の概念」の冒頭に置かれた「政治学というのは人類の生活の一部門としての国家の本体および作用について総括的な理法を研究しようという学問である」という断定的な一文と好対照をなしている。もちろんこれを政治学という「学問」の問題として見るなら、この政治学の定義ははるかに洗練されたものだと言えるだろう。しかし重要なのは、このように国家を相対化する政治学の姿が大韓民国という国家の位相とパラレルであるという点だろう。これは「基礎論」に全く民族主義が登場しないこととも関わっている。

民族主義を不必要なものとする論理は、第一章第六節「国内政治と国際政治」と題された部分の次のような言及に明確に現われている。「国際政治を純然たる「力」によって動くものと見るのは間違ったものである。それだけでなく国際政治にも、そこには古くから国際的道義というものが厳然と存在しているのである。国際政治が純然たる「力」の原理に〔よって〕動くとするならこのような国際政治は一般政治とその本質を異にする別の現象になってしまうであろうからいわゆるマキャベリズムの政治観である権謀術数の政略と政治の本質とは混同してはならないだろう」（三九頁）。つまり国際政治が力の原理によって動くものでない以上、あえて民族主義のようなものを持ち出す必要はないのだ。そしてこの民族（主義）の消失は同時に歴史の消失でもある。『新稿政治学概論』においては政治学の「学説史」のようなものは登場しても政治というものを規定する枠組みそのものの持つ歴史性は見事に消え去っているのである。これは『現代政治学概論』が民族主義というものを通して強い歴史意識を示していたことと鮮やかな対照をなしている。

ここからは何よりも米国の政治学の影響というものを見て取らなければならないだろう。第二次大戦後に日本や韓国などで強い影響力を発揮することとなる米国の政治学は第二次大戦およびそれに引き続く朝鮮戦争などにおける米軍の心理戦にも大きく関与し、そのなかで形成されたといっても過言ではないが、そもそもこの「心理戦」(psychological warfare)というもの自体が「思想戦」(ideological warfare)に取って代わるものとして現われたことに端的に示されているように、ファシズムやコミュニズムにイデオロギーとして対抗するのではなく、心理学的なレベルでこれを捉え分析しようとする傾向を見せていた。[25] こういった流れを代表する政治学者の一人が戦後日本の政治学にも大きな影響を及ぼしたハロルド・ラスウェル(Harold D. Lasswell)であるが、彼は政治分析に一種のフロイト主義を導入することによって、ナチズムなどの政治現象を個々人の心理に関わるものとして認識した。[26] これはナチズムや、とりわけ日本の京都学派が掲げていた「世界史の哲学」などに典型的に見られる、理念としての〈歴史〉というイデオロギーが帯びていた政治的歴史主義を根本的に否認する言説であった。[27] このような政治認識の変化のなかに姜尚雲の著作の変化もあったのである。

だがこのように言いつつも実際の叙述がこういった前提を裏切っている部分も目につく。大幅に加筆修正された「議会論」の「議会主義の危機と展望」と題された部分では、立憲主義＝議会制度が階級問題などを解決し難かったため労農ソビエト制度と権威主義に立脚した獨伊両独裁指導政治の挑戦を受けるようになったと、旧著での立場と同様の指摘を行なった後、「しかし幸いと言おうか第二次大戦において独伊両陣営が民主陣営に敗北することで権威主義に立脚した指導政治はその根本牙城が崩れることになることで敗退し再び議会主義に立脚した民主政治が旧面目を回復することとなったのは事実である」(一七二─一七三頁)、「その理念を理念として没落させたのでなく権力によって没落させたのであるだけにやはり民主政治に対する権威政治の論争はいまだ完全に解消されてはいないだろう。いわんやいまだに民主陣営と激烈な闘争を続けている労農ソビエトがあって現下の世界を混乱に陥れており、またこの対立が冷戦と熱戦を兼ねているだけに、労農独裁主義と自由民主主義は理念上にその勝敗がかかっているのではなく、ただ実力による屈服のみでその勝敗が決定されることになっている」(一七三頁)と記している。

この記述から読み取れるのは、国際政治は結局理念ではなく力で動いているということではないだろうか。「現代民主政治の類型」と題された部分で、東欧の民主政治と西欧の民主政治についてそれぞれが自分の方こそが真の民主主義を実践していると主張していることを指摘した上で記される「もちろんこのような東欧型と西欧型には一長一短があるものと斟酌されるが、我々としては西欧のそれを真の民主主義であると解釈せざるを得ない」（二九一頁）という言葉も上記の認識とつなげて読む必要があるだろう。また米国の民主政治を扱った部分において、それが「現在世界の民主政治のなかでも最も典型的な形態の一つ」であり「多くの後進民族国家の民主政治によき先例」（二九四頁）となっていると語りつつも一般論以上のことが言えていないのは、おそらく彼自身も納得しえていないからではないのか。その点において同書の結びの言葉は極めて示唆的である。「以上のようなソビエト的東欧民主政治の形態以外にもファシスト及びナチス的全体主義形態を別に取り上げて説明するのが当然であると考えるが、そのような形態は既に現実的意義を喪失したとも見ることができ、また本著書の紙面の制限もあるため次の機会に譲ることとする」（三〇五頁）。

ここには明らかな留保が見て取れる。全体主義は「現実的意義を喪失したとも見ることができ」るに過ぎないのであって、本人がどう考えているかは明らかにされていない。『現代政治学概論』から『新稿政治学概論』への変化は、決して彼の内的な変化によるものではなく、それこそ「権力によって没落」させられたものなのだ。一九五〇年代半ば以降米国は親米エリート養成のために韓国の政治家や知識人らを積極的に米国に留学させる政策を採っており[28]、年譜によれば姜尚雲も五〇年代半ばに二度にわたって米国の大学で修学しているが、彼は米国に対して批判的な姿勢を失うことはなかった[29]。まだ彼の民族主義を捕獲するだけの装置が当時の米国には備わっていなかったのだろう。

4　歴史の回帰

年譜では伏されているが姜尚雲は、一九六一年の「五・一六軍事クーデタ」によって権力を掌握した朴正熙を筆頭とする軍人グループが一九六三年の民政移管にあわせて組織した政党である民主共和党の母体となった「新党発起人会」に名を連ねている[30]。当時クーデタ勢力に対して多くの知識人たちが好意的であったのはそこに民族主義を見たからであったが、姜尚雲もおそらくはそのような考えからそこに加わったのであろう。だが政権の座に着いた朴正熙らの民族主義は決して姜尚雲の望んでいたようなものとはならなかった。『新稿政治学概論』が書かれた頃はまだ明確ではなかった近代化論がケネディ政権の登場とともに米国の対外政策をも規定するものとして働くようになっており、近代化論を受け入れた朴正熙政権の民族主義も「祖国近代化」という「普遍的」目標に従属する内向きの動員イデオロギーと化していったのである[31]。その結果韓国は、民族主義が支配的な言説でありつつも八〇年代に至るまで表立った反米主義の存在しない奇妙な国家の一つとなった。

こうして見てくると、ニューライト知識人たちの動きが決して目新しいものでないことは明らかである。とりわけ近代化論という文脈から考えるなら、「教科書フォーラム」を構成する知識人グループのなかで中心的な位置を占めているのが「植民地近代化論」を唱えるグループであることは注目に値する。植民地近代化論とは、簡単にいえば一九三〇年代から始まった植民地工業化が後の経済発展の基礎をなしたというものであるが、これは国民国家を単位に考えられていた近代化論をグローバルな文脈に置き直したものであると言えるだろう。植民地近代化論が、冷戦構造が解体しグローバリズムというものが誰の目にも明らかな趨勢となりつつあった九〇年代中盤頃から本格的に登場し始めたのは決して偶然ではない。かつて第三世界の民族主義を捕獲する機能を遂行していた近代化論がグローバル化時代にあわせて再登場したのである。

しかしこのような流れにも変化は生じている。二〇一三年に「ニューライト教科書」として問題となった高校

〈韓国史〉教科書は、実際にはニューライトの示していた経済成長一元論的な立場であるというよりはむしろ古典的な冷戦史観への回帰を示していた。教科書フォーラムの主要メンバーがこの教科書執筆に関与していないことに端的に現われているように、歴史の語りは再び変化のきざしを見せつつある。李明博政権に代わって登場した朴槿恵政権が新自由主義への反動として民族主義的な要素を微妙に含み持っているように、すでに微妙な方向修正は始まっているのである。これは一九六〇年代に「祖国近代化」を推し進めた結果生じた階級的敵対を押さえ込むべく七〇年代に再び民族の一体性や自主性が強調されるようになったことを思い起こさせる。そしてその民族主義が近現代史への関心を刺激し、『解放前後史の認識』に代表される新たな政治的歴史主義を生み出していったということも。歴史の語りが国家によって捕獲されきることはありえないのだ。

＊本稿は『異文化研究』第三号（山口大学人文学部異文化交流施設、二〇〇九年）に掲載された同名の論文を加筆修正したものである。

注

（1）このような科目が新設された背景には、「新しい歴史教科書をつくる会」に代表されるような日本の歴史教科書問題にきちんと対応するための近現代史教育の重要性が強調されたことがある。

（2）韓国における「自虐史観批判」の流れに関しては、藤井たけし「国境を越える「自虐史観批判」」（『神奈川大学評論』第五二号、神奈川大学、二〇〇五年）参照。

（3）教科書フォーラム編 교과서포럼 편『韓国現代史の虚構と真実 한국 현대사의 허구와 진실』（トゥレシデ、二〇〇五年）二一一頁。

（4）李大根の知的歩みについては、藤井たけし「もう一つの「教科書問題」」『季刊ピープルズ・プラン』第三一号（ピープルズ・プラン研究所、二〇〇五年）五九—六三頁参照。

（5）Michel Foucault, 《*Il faut défendre la société*》, Paris: Gallimard, 1997, p. 96.

（6） *Ibid.*, p. 57-73.
（7） *Ibid.*, p. 89.
（8） Ann Laura Stoler, *Race and the Education of Desire*, Durham : Duke University Press, 1995, p. 69.
（9） Foucault, *op. cit.*, p. 117.
（10） *Ibid.*, p. 199-200.
（11） この点については、ミシェル・フーコー『言葉と物』（渡辺一民・佐々木明訳、新潮社、一九七四年）、とりわけ第八章を参照のこと。
（12） Walter Benjamin, "Über den Begriff der Geschichte", *Gesammelte Schriften* Band I·2, Frankfurt am Main : Suhrkamp, 1974, S. 702.
（13） ジョン・W・ダワーによる研究をはじめ複数の研究があるが、さしあたり酒井直樹『希望と憲法』（以文社、二〇〇八年）を参照。
（14） 「族青系」とは、一九四六年に李範奭が組織した朝鮮民族青年団の略称である「族青」の系列に属する（と目された）人々を指して用いられた、当時の用語であるが、「族青系」が解放後の南朝鮮において形成され韓国の中央権力において核心的な役割を演じ、ついに朝鮮戦争停戦の年である一九五三年に没落するに至る過程については、藤井たけし 후지이 다케시『ファシズムと第三世界主義のはざまで 파시즘과 제3세계주의 사이에서』（歴史批評社、二〇一二年）を参照。
（15） 一民主義については、藤井たけし 후지이 다케시、同上書、二二五―二六五頁が詳しいが、日本語文献としては、藤井たけし「ファシズムと第三世界主義のはざまで：冷戦形成期における韓国民族主義」（『歴史学研究』第八六八号、青木書店、二〇一〇年）二〇―二二頁参照。
（16） 藤井たけし 후지이 다케시「第一共和国の支配イデオロギー 제1공화국의 지배이데올로기」（『歴史批評 역사비평』第八三号、歴史批評社、二〇〇八年）一三一―一三五頁。
（17） 姜尚雲の経歴については、尚雲姜周鎮博士華甲紀念論文集刊行委員会『尚雲姜周鎮博士華甲紀念論文集』（尚雲姜周鎮博士華甲紀念論文集刊行委員会、一九七九年）に収録された「尚雲姜周鎮博士年譜抄」を参照のこと。
（18） 『東亜日報』（一九四八年一一月五日）。
（19） 姜尚雲『現代政治学概論』（文研社、一九五二年）三頁。引用は基本的に一九五二年九月に刊行された第四版から行なうこととし、以下は本文中に頁数のみを表記する。

(20)「国家社会主義」という言葉を、主にビスマルクの社会政策から派生したStaatssozialismusの訳語として用いるのは姜尚雲に限った話ではなく、一九五〇年代の韓国においてもNationalsozialismusが「国家社会主義」と訳されることはむしろ少なく、一九六〇年に初めてヒトラーの『わが闘争』が翻訳出版された際にも訳語は「国民社会主義」であった。日本においても敗戦以前まではNationalsozialismusの訳語は基本的に「国民社会主義」であり、独自に「国家社会主義」を自称する集団は複数存在していたが自らをナチズムと同一視しているわけでもなかった。ここにも一種の忘却が存在している。

(21) 姜世馨については、藤井たけし 후지이 다케시、前掲書、四八―四九頁参照。

(22) 韓太壽『政治思想史概説：新政治原理의構想』(修文館、一九五三年再版) 三―四頁。

(23) 詳細な過程については 藤井たけし 후지이 다케시、前掲書第五部、あるいは李鍾元「米韓関係における介入の原型(一・二)」(『法学』五八巻第一号・五九巻第一号、東北大学法学会、一九九四・一九九五年) 参照。

(24) 藤井たけし 후지이 다케시、前掲論文、一四〇―一四一頁。

(25) 姜尚雲『新稿政治学概論』(唯文社、一九五四年) 一―二頁。以下は本文中に頁数のみを表記する。ただし「序言」から「目次」までの頁とは別に、本文の第一章第一節から再び一頁が始まっているため頁数が重複する場合があるが、以下に引用されるのはすべて本文の頁である。

(26)『現代政治学概論』一三頁。

(27) Ron Robin, *The Making of the Cold War Enemy*, Princeton : Princeton University Press, 2001, pp. 94-101.

(28) *Ibid.*, pp. 64-69.

(29) 許殷《ホウン》 허은『米国のヘゲモニーと韓国民族主義 미국의 헤게모니와 한국 민족주의』(高大民族文化研究院、二〇〇八年) 二〇四―二四四頁。

(30) 同上、四〇四―四〇五頁。

(31)『民主共和党四年史』(民主共和党企画調査部、一九六七年) 三四頁。

(32) 黄秉周《ファンビョンジュ》 황병주『朴正熙体制の支配言説 박정희 체제의 지배담론』(漢陽大史学科博士学位論文、二〇〇八年) 参照。

あとがき（日本語版刊行に寄せて）

二〇一四年は甲午（きのえうま・こうご）の年である。以前の二度の甲午年は東アジアの地域秩序を決定付けた重要な年であった。一二〇年前の一八九四年、日清戦争あるいは甲午戦争と呼び習わされる東北アジア戦争が勃発した。この戦争を経て中華帝国は解体され、日本という近代帝国が姿をあらわした。

興味深いことに、韓国近代小説の嚆矢である李人稙《イインジク》の『血の涙』（一九〇六年）は、この戦争の惨状から物語を始めている。しかし、その年に犠牲になった朝鮮の東学農民軍や中国旅順の農民たちの声は、いまだ私たちには聞こえてこない。これらの人々には自分たちの声を伝えるいかなる媒体も、その人たちを代弁するいかなる公的な議論の場も与えられなかった。

六〇年前である一九五四年は、停戦会談によって終結した朝鮮戦争の始末を付けるためにジェノヴァ会談*が開かれた年であった。朝鮮戦争は朝鮮半島の分断を強固なものとし、東アジアの冷戦を構造化した。ジェノヴァ会談は朝鮮半島と東北アジアに真の平和をもたらすことはできなかった。東アジアの冷戦体制は新しい方式の思想統制と検閲制度を定着させ、その権威に挑むあらゆる人々の声を沈黙させた。

二度の甲午年のあいだに日本帝国の検閲制度と実践が横たわっている。この期間に日本では大衆メディアと近代文学の形成・発展があり、近代的検閲が具体化された。メディア‐文学‐検閲のこうした相関関係は時間差を伴いつつ植民地朝鮮で再演された。だが朝鮮で施行された検閲制度は日本のそれとは顕著に異なっていた。差別を前提とする別途の法律と体系が作動したせいである。

帝国の検閲は「内地」と「外地」の偏差と差別の問題に限定されるものではなかった。それは帝国の境界の内外で醸成されていた東アジア文化圏の活性化にたいする圧力と統制という意味も同時に帯びていた。日本と中国、植民地朝鮮のあいだで合法と非合法とを横断しながら活発に情報や知識が飛び交っており、そうした情報や知識の交流に網をかけなければならないという憂慮と危機感が急増したからである。それゆえ帝国の版図全体を統御する出版警察システムが出現した。「出版警察」の活動の様相という観点から帝国の文化支配の性格を分析する作業は、私たちの前に置かれている差し迫った学術的課題である。

日本の敗戦は韓国において植民地検閲による抑圧を終息させた。しかし、すぐさま米軍政の検閲が発動した。占領と軍政、それに続く分断国家の形成過程には常に検閲という国家統制の手段が伴った。冷戦検閲の時期が到来したのだ。帝国／植民地検閲と冷戦検閲は断絶的であると同時に連続的である。その継続と変化の様相を追跡することは韓日の学界に共通の関心事である。この間に韓国では冷戦期の文化構造を対象とした研究が進んでいる。それらの研究で検閲の問題が重要な焦点となっていることを大いに励みに感じている。

検閲に関する韓国学界の努力は『植民地検閲――制度・テクスト・実践』（検閲研究会編、二〇一一年）に集約されている。折よく、同書が刊行される直前の二〇一〇年から、検閲を主題として韓日の学者たちのあいだに研究会が組織された。それまで相互に連結されてはいなかったが同様の問題に頭を悩ませていた人たちが、自然と意気投合したのである。この集まりはソウルと東京を行き来しながら数度にわたって続けられた。活動を続けるなかで共同の研究目標が生じ、参加した人たちの友誼は厚いものとなった。『検閲の帝国――文化の統制と再生産』は、こうした過程を経て成し遂げられた本である。

この場をお借りして、長い旅程を先導してきた紅野謙介、高榮蘭のお二方に心を込めて感謝の言葉を申し上げる。五味渕典嗣、小平麻衣子、金子明雄のお三方の厚意と協力も、長く忘れがたきものとなるだろう。

過去一〇年間に達成された韓国の検閲研究は民主化と脱冷戦の波が学界にもたらした産物であった。しかし近頃の新冷戦と保守化の兆しは私たちを不安にさせる。二〇一四年、東アジアの社会は思いがけない激動の状況に直面している。中国とアメリカの葛藤、日本と中国による領土紛争の流れは容易ならないことだ。憲法を再解釈し、戦争の遂行が可能な「普通の国家」へと進んでいこうとする日本の動きも予測不可能の状態である。朝鮮半島南北は先の政権から続く極限の対立の陥穽から抜け出せないでいる。

しかしながら、国家間の関係が悪化するほどに学界と市民社会の交流はなおのこと重要となる。本書が学術的関心の領域を越えて、韓国と日本、ひいては東アジアの現在と未来を思い悩む方たちにとり小さな助けとなりうることを願うばかりである。

二〇一四年五月一八日　三四年前の光州を思い返しながら

鄭根埴・韓基亨・李惠鈴

（翻訳：和田圭弘）

＊一九五四年四月から六月の間に、朝鮮戦争の参戦国をはじめとする一九ヶ国の外相が朝鮮半島の平和的統一を模索するために開催した国際会談。米国・韓国、中国・北朝鮮の立場の差異によって決裂し、朝鮮半島は長期の分断状態に陥る契機となった。

（編者注）

日韓検閲年表（日本編：尾崎名津子作成、韓国編：孫成俊作成、翻訳・高橋梓）

年	日本	韓国
	凡例 1 作品名・記事論文名・単行本には『 』、雑誌・新聞には「 」を用いる（日本・韓国ともに）。 2 検閲による処分を受けた単行本にのみ、出版社名を付す。 3 処分理由が明白、確実なものにつき、安寧秩序紊乱に関わるものは【安】、風俗壊乱に関わるものは【風】と付す。 4 法令に関しては原則として公布・布告された時期に記載する。 5 時期を遡って処分されたものは、原則として発表・刊行年に記載する。 6 日本における実質的な検閲制度は、一八六八年以前に出版文化が盛んであった江戸期にも存在する。しかし、ここでは近代的な法制度における検閲を対象としたため、明治政府の成立をひとまずの起点とした。 7 制度的には大日本帝国期、敗戦後の連合軍占領期、一九五二年以後の占領後の時期に分かれ、現在にいたる。しかし、サド裁判、『宴のあと』のプライバシー裁判などをへて歴史学者の家永三郎らによる検定をめぐる教科書裁判をメルクマールとして、ひとまず一九六五年までとした。	**凡例** 1「韓国」という表記は、大韓帝国期を示すものを除き、すべて「朝鮮」にした。 例：韓国戦争→朝鮮戦争、韓国の→朝鮮の 2「韓日」「中日」という用語は、適宜「日韓」「日中」に改めた。 例：第一次韓日協約調印→第一次日韓協約調印 3 解放後の「南韓」「北韓」という表記は適宜「（朝鮮）南部」「（朝鮮）北部」に改め、その用語がなくても通じる部分については、可能な限り省略した。 4 韓国における検閲は、日本による植民地化の過程で具体化し、植民地期を通して制度的に成立した。よって本年表は、日本の朝鮮進出と関連した近代最初の事件である「日朝修好条規」をその起点とする。 5 解放以降、韓国は複雑多岐な政治史的な屈曲に直面する。特に五・一六軍事クーデター以降の検閲の性格の変化は、それ自体が問題的である。本年表は軍部統治期の検閲の様相と、朴正熙が打ち立てた民政移譲公約移行をめぐる事件を含むが、民間自律機構の審議が強まるなど新たな局面が起きた第三共和国の検閲については、また別の議論の場が必要であると考える。よって、本年表は一九六三年一二月の「第三共和国の出帆」までとした。 6 限られた紙面では、検閲と関連した歴史的事件および被検閲の事例のすべてを網羅するのは困難である。そのため、本年表に収録した項目と同じ位重要な事件・事例だとしても、抜け落ちている場合があるということを、ここに明記しておく。今後、補完していきたい。一方で、歴史の局面において時事的な事件の場合、検閲と大きな関連性がなくても加えることにした。
一八六八（明治元）年	**【大日本帝国期】** 4月、井上文雄の短歌が王政維持を風刺したとみなされ、「諷歌新聞」が発禁。 6月、新政府、書籍出版に関わる太政官布告を発令し、出版の無許可発行を禁止。 9月、明治と改元、一世一元の制を定める。	**【朝鮮後期および大韓帝国期】**

一八六九（明治二）年	3月、新聞紙印行条例制定。 6月、新政府、諸藩に版籍奉還を許可。大村益次郎の建議により東京九段に招魂社創建、戊辰戦争などの政府軍戦死者を祀る（以後、各地招魂社の国事殉難者を合祀、七九年に靖国神社と改称）。 同月、出版条例制定。出版許可制、政法誹謗や風俗壊乱の禁止、版権保護などを規定。 『旭廓土産　美人の面影』、禁止【風】。
一八七〇（明治三）年	1月、大教宣布の詔が発せられる。 9月、外務権少丞吉岡弘毅らを朝鮮に派遣。外務卿の国交を求める書翰を伝達しようとするも拒絶される。 12月、子安峻ら「横浜毎日新聞」創刊（日本初の日刊紙、本木昌造の活字を使用）。
一八七一（明治四）年	7月、廃藩置県の証書が発せられる。 10月、外務卿岩倉具視を特命全権大使、参議木戸孝允・大蔵卿大久保利通・工部大輔伊藤博文・外務少輔山口尚芳を副使として欧米各国に派遣（岩倉遣外使節）。
一八七二（明治五）年	2月、「東京日日新聞」創刊（「毎日新聞」の前身）。福沢諭吉『学問のすゝめ』刊（七六年一一月完結）。 6月、「郵便報知新聞」創刊（使用漢字を制限）。 8月、学制を頒布。 9月、新橋—横浜間で鉄道開業。 11月、太陽暦が採用される。
一八七三（明治六）年	1月、徴兵令を公布。常備三年、常備兵定員三万千六百八十人。 11月、内務省を設置。大久保利通が内務卿に就任。
	＊この年、明六社創立（正式の発足は七四年二月）。また徴兵令反対などを主張し岡山などの諸県下で農民騒擾発生（総件数五六件）。
一八七四（明治七）年	2月、成島柳北『柳橋新誌』第二篇、禁止【風】。

3月、「明六雑誌」創刊。

4月、台湾出兵。一〇月に清と和議成立。

9月、「朝野新聞」創刊。主宰成島柳北、初めて論説欄を常設。

11月、「読売新聞」創刊。総ルビつきの初の庶民向け小新聞。

一八七五（明治八）年

4月、服部誠一『東京新繁盛記』（山城屋）、禁止。

5月、樺太・千島交換条約調印。

6月、新聞紙条例・讒謗律が発令。言論弾圧が激化。

8月、「郵便報知新聞」新聞条例誹毀により禁止。「東京曙新聞」編集長だった末広鉄腸、新聞紙条例を批判した投書を掲載したため投獄、罰金二〇円。

9月、江華島事件。日本の軍艦が江華島砲台と交戦。

同月、出版条例が改正され、出版に先立ち草稿の提出を求める場合があることを規定。
＊検閲の担当部局が、文部省から内務省に移る。『造化玉手箱初篇』、出版条例に抵触するとして禁止。セクソロジー書として初めて発禁処分を受ける。

一八七六（明治九）年

2月、日朝修好条規（江華条約）に調印。日本は江華島事件による損害賠償を取り下げる一方、日本の領事裁判権などを規定。

同月、成島柳北、禁獄。

3月、廃刀令。

同月、植木枝盛、「郵便報知新聞」（二月一五日）に掲載の『猿人政府』のため、新聞紙条例により禁獄を宣告される。

「評論新聞」（集思社）、第一〇九号で発行禁止。

7月、新聞・雑誌で、国安を害すると認められたものは、内務省に於いて発行を停止、または禁止を命じる太政官布告を公布。これにより新聞紙条例が強化される。

8月、成島柳北『柳橋新誌』、服部誠一『東京繁盛記』禁止【風】。出版者の出願により年内の販売を許可。

10月、熊本で神風連の乱、福岡で秋月の乱、山口で萩の乱が

2月、日朝修好条規では、釜山・元山・仁川の開港と日本人の治外法権などが明示される。

	それぞれ起こる。	
一八七七（明治一〇）年	2月、西南戦争開始。 3月、「団団珍聞」創刊。狂歌・漫画などによる社会政治批判を展開。 8月、第一回内国勧業博覧会、東京上野公園で開場。	
一八七八（明治一一）年	5月、パリ万国博覧会に参加。大久保利通、東京の紀尾井坂で暗殺される。 同月、「朝野新聞」大久保利通暗殺の記事と「斬奸状」掲載により五月一五日から一週間発行停止。 10月、久米邦武編『特命全権大使米欧回覧実記』五巻刊。	
一八七九（明治一二）年	1月、「朝日新聞」創刊。社主村山龍平、絵入りふりがなつき。 2月、仮名垣魯文『高橋阿伝夜刃譚』連載（—四月）。 3月、柳水亭種清『五人戯苦魔物語』全九冊（桜沢堂）、禁止。豊後森藩主久留島通靖のお家騒動を描くが、久留島家遺族に訴えられた結果。 4月、琉球処分。 ＊全国的にコレラが流行。同年中の死者一〇万人超。各種流言おこる。	
一八八〇（明治一三）年	3月、三宅虎太編『日本国会纂論』（自費出版）、禁止【安】。民撰議員設立に関する論文集。 4月、集会条例発令。言論集会の取締り。 7月、刑法布告、八二年施行。第二五九条で風俗壊乱に対する処罰の規定。「団々珍聞」（団々社）第一七一号、禁止【安】。編集名義人の岩崎好正は禁獄。 9月、中島勝義『通俗　国会之組立』（漸進堂）、禁止【安】。 ＊自由民権運動が全国的に拡がる。この年、政府に提出された国会開設上願書・建白書が五〇件超、賛同署名は一三万人以上となった。	
一八八一（明治一四）年	4月、桑野鋭『手無娘』（「東京新誌」四月九日号、九春社）、	4月　朴定陽、日本に派遣された紳士遊覧団（朝士視察団）

	浅草奥山の娘芸人を描写して禁止【風】。 8月、植木枝盛、日本国国憲案を起草。 10月、明治一四年の政変。参議大隈重信の免官、開拓使官有物払下げの中止を決定。自由党結成。 11月、内務省、加藤弘之の絶版届により『真政大意』『国体新論』の販売を禁止。	において、日本の内務省の研究調査を担当。図書局（図書事務を担当）、警報局（警察事務を担当）など、出版物統制業務について報告。
一八八二（明治一五）年	5月、桑原徳勝『男女交合得失問答』第三編（由巳社）、禁止【風】。 7月、壬午事変。朝鮮漢城で兵士反乱、日本公使館を襲撃。 同月、『高知新聞』発行禁止、発禁号を納棺し葬儀を挙行。 同月『高知自由新聞』も発禁となり、再度葬列が市内を行進、見物人数万。 8月、外山正一・矢田部良吉・井上哲次郎『新体詩抄』初篇刊。 9月、西河通徹訳『露国虚無党事情』（競錦堂）、禁止【安】。バクーニン、クロポトキン、マルクスらを紹介。 12月、福島県自由党員の政府転覆計画発覚（福島事件）。	7月、壬午事変。
一八八三（明治一六）年	3月、景山英子が岡山に蒸紅学舎を創立。婦女教育に尽力するも翌年県令が差し止め、閉鎖。 4月、新聞紙条例改正。保証金の供託を求めると共に、内務大臣に発行禁止・停止する権限が付与される。 6月、出版条例改正。言論弾圧が強化。 9月、夢想居士『内幕想誌二篇　芸者内幕』（九春社）、禁止【風】。箕輪勝編『福島奇聞　自由の夜譚』、禁止【安】。福島事件の経緯から公判宣告までを綴る。 同月、川上音二郎、集会条例違反により一年間演説禁止。 11月、東京麹町に鹿鳴館開館。	10月、朝鮮最初の新聞「漢城旬報」創刊。
一八八四（明治一七）年	7月、三遊亭円朝述・若林玵蔵筆記『怪談牡丹燈籠』刊。 10月、埼玉県秩父地方の困民党・在地自由党員らが武装蜂起（秩父事件）。	4月、「漢城旬報」の記事（一月三〇日、二月七日）において、清の兵士（ソウル駐屯）による殺人事件が報道されたのを受け、清が朝鮮政府に外交圧力を加える。その後、約一ヶ月間に渡り、朝鮮政府と清の間で公式文書が取り交わされ

	12月、朝鮮漢城で金玉均ら親日派、公使竹添進一郎と密議の上クーデターを起こし、日本軍が王宮を占拠（甲申事変）。	る。 5月、「漢城旬報」発刊に参与した井上角五郎、筆禍事件（四月）により帰国。 12月、甲申政変により、「漢城旬報」発行所である博文局が火災。刊行中断。
一八八五（明治一八）年	1月、漢城条約に調印、朝鮮側は甲申事変に関し国書による謝罪・犯人処罰・日本公使館の再建などを承認。 2月、尾崎紅葉・山田美妙ら、硯友社結成。 9月、坪内逍遥『小説神髄』刊行（八六年四月完結）。 11月、大井憲太郎ら、朝鮮の内政改革などを目指す挙兵計画が発覚し、逮捕（大阪事件）。 12月、太政官制度を廃止し、内閣制度創設。第一次伊藤博文内閣成立。 同月、福島幾多郎編『今浄海六波羅譚』（稗史館）、主人公のモデルが岩崎弥太郎だったが、岩崎家からクレームが付き禁止。宮崎夢柳訳『虚無党実伝記　鬼啾啾』（秘密出版）、禁止。夢柳は安寧秩序紊乱により投獄、実刑。	
一八八六（明治一九）年	2月、宮武外骨「絵入時事新報」、『春霞浮名の立川』掲載により発禁【風】。 3月、帝国大学令を公布。 4月、師範学校令・中学校令・小学校令を公布。 10月、ノルマントン号事件。	1月、「漢城周報」創刊（—一八八八年七月）。
一八八七（明治二〇）年	2月、徳富蘇峰、民友社を創立、「国民之友」を創刊。 6月、二葉亭四迷『浮雲』第一篇刊行。 10月、高知県代表片岡健吉ら、「三大事件建白書」を元老院に提出し、地租軽減・言論集会の自由・外交失策の挽回を求める。 同月、著者・出版社不明『西哲夢物語』、憲法草案を曝露、弾劾し発禁【安】。 12月、新聞紙条例・出版条例ともに改正公布。戦前検閲制度の基礎が固まる。発売に先立ち完成本の提出が求められるよ	

	うになる。同月、保安条例（秘密の結社集会の検視、屋外の集会運動の制限、危険人物への退去命令などを規定）が公布、即日施行。尾崎行雄、中江兆民らが東京から追放される。
一八八八（明治二一）年	1月、東京に時事通信社創立。日本初の営利的通信社。 4月、枢密院が設置され、伊藤博文は首相を辞任し自ら議長となる。 9月、森鷗外、ドイツ留学より帰国（八四年出発）。 ＊福地桜痴『焼芋の煙』（『東京日日新聞』）、禁止【安】。
一八八九（明治二二）年	1月、山田美妙『胡蝶』（『国民之友』）、口絵の裸体画により禁止【風】。 2月、大日本帝国憲法発布。「法律ノ範囲内ニ於テ」言論の自由が保障される。宮武外骨「頓知協会雑誌」（頓知協会）、憲法批判により禁止【風】。不敬罪に問われ起訴、五月に結審、重禁錮三年罰金百円監視一年。発布当日、文相森有礼が襲われ、翌日死去。 10月、「しがらみ草紙」創刊。主筆森鷗外。 11月、春画類などの販売を禁止する内務省布告が出される。 同月、福地桜痴ら、演劇改良を企て東京木挽町に歌舞伎座を開場。
一八九〇（明治二三）年	2月、「国民新聞」創刊。主宰徳富蘇峰。 7月、第一回総選挙。 10月、教育勅語発布。 11月、浅草に遊覧所凌雲閣開場。別名十二階、日本初のエレベーター設置。
一八九一（明治二四）年	1月、第一高等中学校始業式において、内村鑑三が教育勅語奉読の際に拝礼しなかったとして問題化される（内村鑑三不敬事件）。 4月、依田学海・川尻宝岑『夢野道鏡花水月』（春陽堂）、禁止【風】。

	5月、滋賀県大津で巡査が来日中のロシア皇太子に斬りつける（大津事件）。 同月、藤本藤陰『淫婆』（「都の花」）、禁止【風】。 11月、文部省、道府県に対し管内学校へ下付された「御真影」と教育勅語謄本を、校内一定の場所に「奉置」させるよう訓令（奉安庫・奉安殿の始まり）。 12月、斎藤緑雨『酒の上』（鈴木得知・宮崎三昧編『後の月かげ』春陽堂）、禁止。	
一八九二（明治二五）年	1月、巌谷小波『緑源氏』（「読売新聞」）連載禁止【風】。 2月、第二回臨時総選挙。内務大臣品川弥二郎らの選挙大干渉により各地で政争激烈。出口ナオ、京都府綾部で大本教を開く。 3月、尾崎紅葉『三人妻』（「読売新聞」）連載禁止【風】。久米邦武『神道は祭天の古俗』（「史学会雑誌」）、禁止【安】。 ＊山田美妙『大恥辱』禁止。	
一八九三（明治二六）年	1月、「文学界」創刊。同人北村透谷・島崎藤村ら。 4月、出版法、版権法公布。集会及政社法改正。取締りを若干緩和。 8月、『梅暦・春告鳥』（帝国文庫・博文館）刊行、一九一一年に禁止【風】。 10月、文官任用令・文官試験規則各公布。	
一八九四（明治二七）年	5月、クラフト・エビング著、日本法医学会訳『色情狂編』（日本法医学会）、禁止【風】。翌月にかけて『西鶴全集』上巻・下巻（帝国文庫・博文館）刊行、七月に禁止【風】。 7月、日英通商航海条約調印。 8月、日清戦争勃発。 10月、明治美術会第六回展で黒田清輝が『朝妝』を発表、「裸体画事件」起こる。	2月、古阜で民衆の反乱が起こり、東学農民運動へとつながる。 5月、甲午農民戦争。 7月、甲午改革始まる。日本の要求をきっかけとする内政改革。一八九六年二月まで続く。 8月、日清戦争勃発。
一八九五（明治二八）年	1月、樋口一葉『たけくらべ』（「文学界」、九六年一月完結）発表。「太陽」（博文館）創刊。	2月、日本人発行の新聞「漢城新報」創刊（隔日発行、一・二面は朝鮮語、三・四面は日本語）。

	4月、日清講和条約（下関条約）に調印。朝鮮が清との冊封体制から離脱。三国干渉。 10月、江見水蔭『雛子と赤子』（「中央新聞」）、禁止【風】。 同月、乙未事変。閔妃殺害される。大院君を擁して親日政府を策動。 ＊第四回内国勧業博覧会における黒田清輝『朝妝』の是非をめぐって論争が起きる。	5月、井上馨日本公使、日本の外務大臣に要請し、朝鮮で刊行された日本の新聞の取締りに、日本の新聞紙規則条例（勅令第一三四号、一八九四年八月四日）を適用する決定を下す。 10月、己未事変。
一八九六（明治二九）年	6月、山県・ロバノフ協定。朝鮮問題に関する日露議定書調印。三陸地方に大津波、死者二万七千百二十二人。 同月、「二十六世紀」に掲載の『新華族と宮内大臣以下当該官の責任』により、同誌は発行停止。 9月、小栗風葉『寝白粉』（「文芸倶楽部」）、禁止【風】。 10月、「二十六世紀」一二号、『宮内大臣』を掲載（宮相土方久元が伊藤博文と結託し宮中に権勢を張っていると攻撃）。 栃木・群馬の五十一人、群馬県邑楽郡渡良瀬村にて鉱業停止誓願事務所を設立。足尾鉱毒に対する大衆運動の始まり。 11月、「二十六世紀」に発行禁止、『宮内大臣』転載の新聞「日本」とこれを支持した「万朝報」「国民新聞」に発行停止処分。「二十六世紀」編集発行人野村治一良が官吏侮辱罪容疑で告発され、大審院で有罪判決を受ける（二十六世紀事件）。 同月、神戸の神港倶楽部でキネトスコープ初公開。	2月、高宗、ロシア大使館に移る（露館播遷、一八九七年二月まで）。 4月、朝鮮最初の純ハングル新聞「独立新聞」創刊（週三回発行、一八九八年七月一日より日刊）。 同月、「漢城新報」、露館播遷をめぐり嘲弄を含んだ王室卑下動揺報道を行なう。「不敬罪」によりこの新聞を配達した新聞配達員の逮捕が試みられる。 7月、徐載弼ら三〇名余り、独立協会結成。
一八九七（明治三〇）年	1月、尾崎紅葉『金色夜叉』（「読売新聞」）連載開始（一〇二年五月）。 3月、議会で新聞紙条例改定。規定内容が緩やかになる。 4月、帝国図書館官制公布、開館。八九年の東京図書館官制を廃止し、設備を充実。 5月、斎藤緑雨『色道論』（東華堂）、禁止【風】。 7月、村井弦斎『飛乗太郎』（春陽堂）、禁止【風】。 8月、島崎藤村『若菜集』刊行。 10月、貨幣法施行、金本位制確立。台湾総督府官制公布。	

	＊李氏朝鮮、大韓帝国に国名を改める。	
一八九八（明治三一）年	2月、三井富岡製糸場の女工七四三人、労働条件改定に反対し同盟罷業。女工側の譲歩により妥結。 7月、『男女必読　恋のひみつ箱』（名古屋金城堂）、禁止【風】。 8月、文相尾崎行雄が帝国教育会の茶話会で拝金熱の風潮を批判し共和政治に言及、貴族院などで非難起こる（共和演説事件）。 10月、片山潜・幸徳秋水ら、東京基督教ユニテリアン教会で社会主義研究会を結成。	4月、培材学堂協成会、最初の日刊紙「毎日新聞」創刊。 5月、「毎日新聞」と「漢城新報」が、ロシアとフランスの利権要求の内容を暴露したことについて、ロシア公使マチューニン（N. Matyunin）とフランス公使プランシー（V. Collin de Plancy）が抗議公文を送り、新聞規制の規定を迫る。その後、ロシアとフランスは九月まで数度に渡り抗議文を送った。 6月、農商工部は、ロシアとフランスの抗議を受けてある程度非を認め、二つの新聞の社員を諭すと回答。 8月、純ハングル新聞「帝国新聞」創刊。 9月、「皇城新聞」創刊。 10月、駐韓日本公使加藤増雄、新聞が外交文書を報道しないことを要求する公文を送る。 同月、高宗の五ヶ条詔勅、農商工部による新聞紙条例の制定をめぐる命令を含む。 11月、独立協会幹部一七名拘束。 12月、万民共同会と独立協会、解散させられる。
一八九九（明治三二）年	1月、「中央公論」創刊（「反省雑誌」を改題）。 3月、著作権法公布。死後の著作権三十年継続などを規定。 北海道旧土人保護法公布。 4月、横山源之助『日本之下層社会』刊行。 7月、軍機保護法公布。軍事秘密を探知収集・漏洩・伝説した者の処罰を規定。 10月、『続帝国文庫　脚本傑作集』上巻（博文館）、禁止【風】。 村井知至『社会主義』（社会叢書第二巻・労働新聞社）、禁止【安】。 同月、黒沢正直・幸徳秋水ら、東京に普通選挙期成同盟会設置。翌年普通選挙同盟会と改称。	1月、「独立新聞」、新聞紙条例の制定に反発する論説を掲載。結局、新聞紙条例は途中で廃案になる。 8月、大韓国国制頒布。
一九〇〇（明治三三）年	3月、治安警察法公布。集会及政社法の全面的改正。集会・	

結社・言論の制限と社会運動の取締りを規定、女性と未成年者の政談集会への参加禁止。

同月、リギヨル著、前田長太郎訳『秘密結社』（大倉分店）、禁止【安】。秘密結社の歴史をたどり、社会運動について考察したもの。

4月、「明星」創刊。

5月、陸軍省・海軍省官制各改正（軍部大臣現役武官制）。

8月、日本軍、各国連合軍と共に北京占領開始（北清事変）。

9月、立憲政友会発会式挙行。総裁伊藤博文。

11月、「明星」、一条成美の裸婦像をカット絵に掲載し、禁止【風】。

12月、青柳有美『恋愛文学』（春陽堂）、発売日二日前に押収され、全冊裁断【風】。

一九〇一（明治三四）年

1月、内田不知庵（魯庵）『破垣』（「文藝倶楽部」）、禁止【風】。当時の内務大臣末松謙澄男爵に関し、モデル問題が生起。

2月、官営八幡製鉄所の第一溶鉱炉火入式。

3月、青柳有美『新恋愛文学』（春陽堂）、禁止【風】。

5月、片山潜・安部磯雄らの社会民主党が結党翌日に結社禁止の処分を下される。

8月、与謝野晶子『みだれ髪』刊行。

10月、白馬会第六回展で黒田清輝が『裸体婦人』を発表。ラファエル・コランの裸体画と併せ、当局は風俗壊乱に当たるとして布で下半身を覆って出陳。正岡芸陽『嗚呼売淫国』（新声社）、伊藤博文批判を行ない禁止【安】。

12月、田中正造、天皇に足尾銅山鉱毒問題を直訴。
＊ジューマ著、長田秋濤訳『椿姫』（「万朝報」）、禁止。＊齋藤緑雨『色百種』禁止。

一九〇二（明治三五）年

1月、日英同盟協約、ロンドンで調印。

2月、幸徳秋水『長広告』（人文社）、禁止【安】。

9月、『夜の東京』（「文学界」）、禁止【風】。幸田露伴『夜の

	隅田川』、国木田独歩『夜の赤坂』などの掲載によるものか。 11月、島崎藤村『旧主人』（『新小説』）、禁止【風】。木村熊二夫妻の家庭生活がモデル。 12月、教科書疑獄事件。小学校教科書売込み競争に伴う汚職事件の一斉検挙開始。 ＊東北地方大凶作。	
一九〇三（明治三六）年	1月、夏目漱石、英国留学から帰国（一九〇〇年出発）。 4月、国定教科書制度成立。 5月、第一高等学校生徒藤村操、日光華厳の滝で投身自殺。 8月、『西鶴名著集』上巻（博文館）、禁止【風】。 9月、児玉花外『社会主義詩集』（金尾文淵堂）、禁止【安】。 11月、正岡芸陽『それでも女か』『これでも女か』（新声社）、禁止【風】。 同月、幸徳秋水、堺利彦ら、平民社を結成。 ＊日露開戦必至の情勢下で非戦論が盛ん。	1月、日本公使、「皇城新聞」の「密談掲載に対する釈明」を要求（公文九八号）。「新聞流言取り消し」を要望（公文一〇八号）、「皇城新聞の誤報訂正を要請」。
一九〇四（明治三七）年	2月、日露戦争開始。日韓議定書調印。 3月、幸徳秋水『嗚呼増税！』（『平民新聞』第二〇号）、禁止【安】。同紙発行人兼編集人の堺利彦は禁錮二ヶ月。 4月、ゾラ著、堺枯川訳『労働問題』（春陽堂）、禁止【安】。 7月、朝鮮で日本軍による事前検閲制度実施。 8月、第一次日韓協約調印。韓国は日本政府推薦の日本人財務を任用すること等が定められる。 9月、与謝野晶子『君死にたまふことなかれ』（『明星』）発表。 11月、「平民新聞」が『共産党宣言』を訳載（第五三号）、即日禁止【安】。罰金八〇円。 12月、日本軍が旅順総攻撃の末、二〇三高地を占領。	2月、「皇城新聞」の日韓議定書調印の内容をめぐる紙面削除。検閲による、いわゆる「煉瓦新聞」（検閲の結果、活字をひっくり返して印刷された記事が、煉瓦を積み上げたように見えるためこのように呼ばれる）が初めて登場する。 3月、日本公使林権助、韓国の新聞が日本軍の動向を報道し、軍事機密を漏洩すると指摘し、法によってこれを禁止することを要請。 4月、日本公使林、「皇城新聞」の記事について言及し、韓国の新聞における日本の軍事行動の報道禁止、および検閲官の選任を要求。大韓帝国政府は「皇城新聞」「帝国新聞」における軍事関連の記事の検閲を約束する。 6月、日本公使林、秘密を要する公文書には「秘」の文字を記し、許可を得た官吏のみ閲覧できるようにすることを要求し、政府はこれを認めた。 同月、日本、「帝国新聞」の新聞記事を問題とし、外交文書機密漏洩の責任者処罰を要求。

7月、「大韓毎日申報」創刊。

同月、日本憲兵司令部の司令官原口兼済が「軍事警察訓令」を発表。新聞は発行前に軍司令部の事前検閲を受けることになる。

8月、日本人経営の朝鮮語新聞「大東新報」に最初の停刊命令。

同月、日本憲兵司令部、「皇城新聞」「帝国新聞」の主務者を呼び、新聞における軍事事項掲載の禁止と、事前検閲を通告。

同月、第一次日韓協約調印。外国人顧問傭聘に関する協定書締結。顧問政治が始まる。

10月、日本憲兵司令部によって「軍政施行に関する内訓」が言い渡され、集会・新聞・雑誌・広告などが治安を妨害した場合、これらを解散・停止・禁止することが可能になった。

同月、「帝国新聞」に最初の強制停刊命令（軍事および治安妨害）。

12月、外交顧問として親日の外交官アメリカ人スティーブンスが任命される。外交官・領事館制の廃止および駐在公使の撤収命令。

同月、統監府及び理事庁官制が発表される（一九〇五年三月、一〇ヶ所の理事庁が置かれる）。

一九〇五（明治三八）年

1月、「平民新聞」発行停止。夏目漱石『吾輩は猫である』（「ホトトギス」）連載開始（―〇六年八月）。

7月、桂太郎首相、タフト米陸軍長官とフィリピン・韓国支配につき秘密覚書に調印（桂・タフト協定）。

同月、松岡荒村『荒村遺稿』（平民社）、禁止【安】。

9月、日露講和条約（ポーツマス条約）調印。日本、朝鮮に対する排他的指導権を獲得する。日比谷焼き討ち事件。

11月、第二次日韓協約（乙巳保護条約）を結ぶ。統監政治により大韓国を保護国化。

12月、韓国統監府および地方理事庁設置、伊藤博文韓国統監就任。


1月、日本公使林、ソウルおよび周辺の治安警察権を韓国駐箚日本軍司令部が担当すると通告。一九項目の「告示軍令」と五項目の「軍事警察施行に関する内訓」を宣布、言論規制および処罰規定を明らかにした。

2月、東京警視庁の丸山重俊、韓国政府と契約を結び、警務顧問になる。

同月、古河松之助（検閲官として確認できる最初の人物）を補佐官として帯同する。警務庁に事務室を開設し、新聞の事前検閲を担当。

4月、警務使官房傘下の文書課の事務として「図書および書類刊行保管に関する事項」を規定。

		11月、第二次日韓協約（乙巳保護条約）調印。統監政治の実施および外交権の剥奪により、韓国の保護国化。 同月、「皇城新聞」主筆張志淵、論説『是日也放声大哭』により拘束（一九〇六年一月二四日釈放）、「皇城新聞」停刊（一九〇六年二月解除、二八日復刊）。
一九〇六（明治三九）年	2月、日本平民党と日本社会党が合同、第一回日本社会党大会開催。 同月、坪内逍遥・島村抱月らにより文芸協会発会。 3月、鉄道国有法公布。島崎藤村『破戒』（緑陰叢書）刊行。 4月、朝鮮で「保安規則」施行。 11月、大杉栄、新聞「光」に『新兵諸君に与ふ』を訳載し、安寧秩序紊乱のかどで軽禁錮四ヶ月。翌年五月から入獄。 11月、南満州鉄道株式会社設立。 12月、生田葵山『富美子姫』（佐久良書房）、「破倫」との理由で全冊没収【安】。	2月、統監府、内部官制の変更として、分課規定を改正。警務局警報課が、図書出版に関する事項を担当するようになる。 3月、「帝国新聞」、『時事寸言』に対する削除命令に応じず、三日間の停刊処分。社長李種一、取調べを受ける。 4月、保安規則（日本人に適用）、統監府令第一〇号として頒布。 6月、統監府、法務院の官制を改正し、司法権を掌握。 同月、天道教系の日刊紙「万歳報」創刊。 7月、大韓自強会機関紙「大韓自強会月報」創刊。
一九〇七（明治四〇）年	1月、東京株式相場暴落（日露戦争後の恐慌の端緒）。 2月、足尾銅山で坑夫が職員と衝突、大暴動となる。 3月、大杉栄、「平民新聞」にクロポトキン『青年に訴ふ』を訳載。朝憲紊乱のかどで軽禁錮一カ月半。 4月、幸徳伝次郎『平民主義』（隆文館）、禁止【安】。朝鮮で「新聞紙規則」発布。 5月、藤村操（偽筆・岩本無縫）『煩悶記』（也奈義書房）、禁止【安】。熊谷千代三郎『西鶴好色本』禁止【風】。 6月、ハーグ密使事件。高宗の密使が第二回平和会議への参加を拒まれる。 7月、第三次日韓協約（丁未七条約）。統監が日本人官吏を次官として任免できる監督権を得る。朝鮮で「保安法」「新聞紙法」公布。 8月、荒畑寒村『谷中村滅亡史』（平民書房）、禁止【安】。 9月、田山花袋『蒲団』（「新小説」）発表。 12月、生田葵山『虚栄』前・後編（易風社）、禁止【安】。	2月、「帝国新聞」、二月五日付の記事が問題となり二日間の停刊命令。 4月、日本外務省、駐日英国大使館に対して大韓毎日申報社長ベッセル（Bethell）の処分を強く要求。 5月、「大韓毎日申報」、純ハングル版を発刊。 6月、「朝鮮新報」、新聞条例の制定をめぐる記事を掲載。 7月、「大韓新聞」創刊（「万歳報」買収）。「朝鮮新報」に取消し線による検閲。二五日、検閲による削除が見られる。 同月、第三次日韓協約（丁未七条約）調印。次官政治始まる。韓国における日本の内政監督権確立。同じく、光武新聞紙法、韓国政府の法律第一号として公布（附則三ヶ条を含む、全三八ヶ条により構成）。保安法、法律第二号として制定。 同月、「皇城新聞」、「公立新報」の記事『大呼国魂』を転載し、「新聞記事抹殺の件」と表現。 9月、「帝国新聞」、新聞紙法において明示された補償金を出

＊小林鶯里『西鶴好色文』禁止。

すことができず、一時廃刊。10月、「皇城新聞」、新聞紙法について、言論の自由と国内新聞の弾圧のために制定されたものだとし、強く批判。抗日的な論調の記事を掲載した「大韓毎日申報」社長ベッセルの一次裁判。日本と大韓帝国の間で、警察事務執行協約が締結される。日本官憲の指揮の下に、韓国の警察官が置かれる。

12月、勅令第三七号、内部官制公布。「図書出版および著作に関する事項」を警務局が担当。

一九〇八（明治四一）年

2月、生田葵山『都会』（「文芸倶楽部」）、禁止【風】。

3月、草野柴二訳『モリエール全集』中巻（金尾文淵堂）、川崎安『人体美論』（降文堂）、禁止（ともに【風】）。

3月、森田草平と平塚らいてう、心中未遂（煤煙事件）。

4月、小栗風葉『小説　増補恋ざめ』（新潮社）、禁止【風】。朝鮮で「新聞紙法」改正公布。

5月、ゾラ原作、飯田旗軒訳『巴里』後編（共同出版株式会社）、禁止【風】。

6月、「京城新報」発行停止処分。荒畑寒村ら「赤旗事件」で検挙される。

8月、添田平吉『社会党喇叭節』、禁止【安】。

9月、石川三四郎『虚無の霊光』（世界婦人社）、禁止【安】。夏目漱石『三四郎』（「朝日新聞」）連載開始（―一二月）。文部省、学生生徒の風紀取締を強化し、同人誌編集・観劇・読書傾向の統制強化。

10月、戊申詔書発布。民心の統一と節約・勤労を強調。「アララギ」創刊。

12月、木下杢太郎、北原白秋ら、パンの会を結成。

＊佐藤紅緑『復讐』（服部書店）、禁止。＊白柳秀湖『鉄火石火』、禁止。＊この年以降、風俗壊乱への警戒が激しさを増す。

1月、日本人発行の新聞「朝鮮日日新聞」、韓美電気会社の運賃引き上げを非難した記事で発行停止。

4月、日本語新聞「朝鮮タイムズ」発行停止命令。

同月、新聞紙法改正案が内閣で可決。外国人が韓国で発行する新聞と、朝鮮人が外国で発行する新聞についても処罰規定が設けられる。改正と同時に「大韓毎日申報」「公立新報」押収措置。

同月、新聞紙規則制定（日本人に適用）、統監府令第一二号。

5月、出版規則制定（日本人に適用）、統監府令第二〇号。

6月、「合成新報」の論説『痛論新報律改正』において、新聞紙法改正について直接批判。

同月、「大韓毎日申報」社長ベッセルの二次裁判。

7月、「大韓毎日申報」総務梁起鐸、拘束される（国債報償義損金）。裁判（八月）により無罪放免。

8月、韓国著作権令施行。

同月、私立学校令（勅令第六二号）公布。教科用図書統制に関する条項明示（第六条）。

同月、学会令（勅令第六三号）公布。

9月、教科用図書検定規定（学府令第一六号）が設けられる。

10月、統監府内部警務局長松井茂、統監府外務部長に送った事務報告書に押収記事をめぐる事後の検閲基準（凶行先導・日韓国交底意・暴徒煽動・秩序紊乱）を提示。

12月、警務局、「大東共報」と「合成新報」の取締り問題で統監府外務部長に協力要請。

一九〇九（明治四二）年

1月、「スバル」創刊。主筆森鷗外。

3月、永井荷風『ふらんす物語』（博文館）、納本手続きと同時に禁止【風】。

4月、徳田秋声『媒介者』（「東亜文芸」）、禁止【風】。日糖疑獄事件の検挙開始。多数の代議士が有罪。

5月、新聞紙条例を廃止、新聞紙法公布。内務大臣に発売禁止権を与える。永井荷風『祝杯』（「中央公論」）、禁止【風】。

6月、森鷗外『魔睡』（「スバル」）、モデル問題を取り沙汰される。小栗風葉『姉の妹』（「中央公論」六月号）、禁止【風】。「中央公論」は翌月号で処分への批判を展開。

7月、森鷗外『ヰタ・セクスアリス』（「スバル」）、禁止【風】。

8月、「新聞紙規則」を改正、朝鮮に流入される内地新聞にも適用。

9月、永井荷風『歓楽』（易風社）、禁止【風】

10月、トルストイ作、神崎沈鐘訳『人間生活』（「新声」）、アンドレーエフ作、昇曙夢訳『深淵』（「新小説」）、禁止（ともに【風】）。伊藤博文がハルビンで安重根に射殺される。

11月、「趣味」に談話筆記『発売禁止について』掲載。警保局長のインタビュー。

12月、永沢信之助編『東京の裏面』（金港堂）、禁止【風】。黒白道人『東京市政の裏面』が直接的な原因か。
＊宮崎湖処子『細君の自白』、禁止。＊内田魯庵『シェンキウィッチ　二人画工』（文淵堂）、禁止。

1月、「朝鮮新聞」、記事『出版と検閲』において出版法を紹介。

2月、法律第六号、ハングルによる新聞・雑誌に関する「出版法」制定。定期刊行物と一般書籍に対する原稿事前検閲の実施（年末までに五七六六七冊押収）。

5月、『越南亡国史』『幼年必読』など出版物八種、出版法第一六条により販売頒布禁止。

7月、安国善『禽獣会議録』押収。政府記録保存所資料に問題句節が示される。

同月、日本の閣僚会議にて「韓国併合施行に関する件」議決。司法および監獄事務を日本に委任する覚書に調印（司法権剥奪）。

9月、学府次官俵孫一、全国警察部長会議演説で「有害唱歌の使用を禁」じると表明。

10月、李源『東国文献補遺』発売頒布禁止。

同月、安重根、伊藤博文を狙撃。

12月、「皇城新聞」に煉瓦広告（二件）。

「機密警察月報」において、押収された記事が告知される。

統監府内部警務局、警察資料年報『隆熙三年警察事務概要』刊行。

一九一〇（明治四三）年

1月、宮武外骨『裸体画苑』（「此花」）、禁止【風】。

2月、水野葉舟『旅舎』（「中央公論」）、禁止。

3月、森鷗外『青年』（「スバル」、～翌年八月）発表。

4月、「白樺」創刊。

5月、大逆事件の大検挙始まる。ハレー彗星が地球に最接近、様々な流言が生まれる。朝鮮で「出版規則」公布。在京

1月、統監府内部警務局、警察資料年報『押収新聞記事摘要・隆熙三年七月一日から同年一二月末まで』刊行。政治・社会・教育方面の各基準提示、不検定教科書押収。

3月、学府、教科用図書検定方針を発表。統監府、内部警務局、警察資料年報『顧問警察小誌』刊行。

同月、安重根、旅順の監獄で死刑。

城日本記者団、言論弾圧に対する抗議声明発表。

6月、「京城日報」、在鮮日本憲兵隊動向記事を掲載し、発行停止処分を受ける。柳田国男『遠野物語』刊行。

7月、朝鮮で「新聞紙法」公布。

8月、水野葉舟『おみよ』前編（光華書房）、高村光太郎による裸婦素描を表紙に用いて禁止【風】。「The Seoul Press」発行停止処分を受ける。李完用と寺内正毅、日韓併合に関する日韓条約に調印。大韓帝国を朝鮮と改称、朝鮮総督府設置。漢城を京城と改称。

9月、小山内薫『反古』（「新思潮」）、禁止【風】。木下尚江『火の柱』（平民社）、一九〇四年刊行をさかのぼって禁止【安】。

11月、谷崎潤一郎『刺青』（「新思潮」）発表。

12月、大逆事件第一回公判を開廷（傍聴禁止）。
＊昇曙夢『露西亜現代々表的作家六人集』（易風社）、水野葉舟『陰』（「中学世界」六月号）、小山内薫『笛』（春陽堂）、木下尚江『良人の自白』『乞食』『飢渇』『霊か肉か』、いずれも禁止。この年、刊行時期を遡っての禁止が九〇件を超える。また、発禁図書の官報掲載が取りやめられる。

6月、警察事務委託に関する日韓覚書調印（警察権剥奪）。韓国警察官制度廃止、憲兵警察制度実施。

7月、内部警務局および警視庁に納本されていた新聞と雑誌、統監府警務総監部に移管。統監府警務総監部、「警察月報」発刊。

8月、「著作権法などを朝鮮に施行する件」（勅令第三三五号）、「著作権法を朝鮮に施行することに関する件」（勅令第三三八号）公布。総監府の英文版機関紙の役割をしたThe Seoul Press（ソウルプレス）停刊（一〇日解除）。

同月、「韓国併合に関する条約」調印。日本人発行の「平壌新聞」発行停止（二日間）。警務総監部、雑誌『少年』停刊措置。のち同年一二月解除。その後、同誌は四ヶ月後に再び発行停止処分。一九一一年第二号（通巻第二三号）で終刊。

【植民地期】

同月、「韓国併合に関する条約」公布、朝鮮総督府設置。

同月、「大韓毎日申報」、「毎日申報」に改題し存続。

9月、「帝国新聞」「皇城新聞」廃刊。日本人発行の「京城新報」、警察権の拡大を警戒。日本人発行の「朝鮮日報」発行停止（三日間）。

10月、初代総督寺内正毅、植民地統治に有利な言論界改編の方法として、「新聞統一政策」を発表（朝鮮人発行の新聞は「毎日申報」に、日本人発行の新聞は「京城日報」に統合）。二つの新聞の監督として徳富蘇峰を委嘱するという「新聞整理に関する取極書」が徳富に伝えられる。

同月、日本人発行の「朝鮮通信」発行停止（四日間）。その後、一二月二四日―二八日に再び発行停止。

11月、「朝鮮総督府官報」第七二号、一次押収書籍五一種を発表（安寧秩序妨害）。日本人発行の「京城新報」発行停止（五日間）。

12月、朝鮮光文会発足。会社令公布。犯罪即決令公布。

一九一一（明治四四）年

1月、大審院、幸徳秋水ら大逆事件被告二四人に死刑判決。一二人が処刑される。有島武郎『或る女のグリンプス』（「白

1月、黄海道一帯における民族主義者の一斉検挙始まる（新民会事件、安岳事件、一〇五人事件）。大韓毎日申報社出身

	棒」）連載開始（―一三年三月）。 2月、日米新通商航海条約調印。初めて関税自主権を確立。 5月、青柳有美『有美全集』春夏の巻（興文館）、水野葉舟『壁画』（春陽堂）、禁止（ともに【風】）。 6月、平塚らいてうら、青鞜社発起人会開催。 8月、警視庁に特別高等課を設置（特別高等警察の最初）。 10月、谷崎潤一郎『飈風』（「三田文学」）、禁止【風】。 ＊堺利彦『楽天囚人』、禁止。＊佐藤紅緑『三十八年』（「新聞日本」）禁止。	の梁起鐸、林蚩正（それぞれ懲役二年）、玉観彬（一年六ヶ月刑）ら、保安法違反嫌疑で拘束起訴。日本人発行の「朝鮮時報」発行停止。 同月、日本人発行の「鎮南浦新報」「京城通信」発行停止（四日間）。 4月、日本人発行の「京城新報」発行停止（八日間）。その後、四月二六日―五月一五日に再び発行停止。 6月、雑誌「朝鮮」主宰釈尾東邦、憲兵警察に言論出版をめぐる統制緩和を要求。「東京朝日新聞」、朝鮮総督府の言論弾圧政策を批判（「朝鮮の新聞政策」）。 7月、「京城新報」、憲兵警察制度を批判。警察権を道長官に付与することを要求。 同月、総督府警務局、『瑞士建国誌』などを発売禁止。 8月、朝鮮教育令公布。 9月、一〇五人事件裁判。梁起鐸ら新民会メンバーら民族主義者数百名検挙。梁起鐸、林蚩正（それぞれ一〇年刑）、玉観彬（六年刑）、のち大邱覆審法院の控訴審で梁起鐸、林蚩正は六年刑、玉観彬は五年刑へ。「京城新報」発行停止（八日間）。その後、一一月三〇日―一二月二日に再び発行停止。 11月、日本人発行の「日本電報通信」発行停止（三日間）。
一九一二（明治四五／大正元）年	1月、「変態心理」（日本精神医学会）、禁止【風】。 4月、伊庭孝『接吻』（「演劇評論」）、岩野清『暗闘』（「青鞜」）、禁止（ともに【風】）。 7月、明治天皇崩御。 8月、岩野泡鳴『発展』（実業之世界）、禁止【風】。 9月、陸軍大将乃木希典と妻静子、自宅で明治天皇に殉死。 ＊堺利彦『ルソー　赤裸の人』、禁止。米価急騰、生活困窮者が続出し、一家離散も増加する。	2月、「京城新報」廃刊。 4月、「警務月報」、「警務彙報」に変更。 8月、「京城日報」発売禁止および押収。土地調査令および施行規則公布（土地調査事業完了：一九一八年六月一八日）。
一九一三（大正二）年	1月、青柳有美『かくあるべき女』（「中央公論」）、禁止【風】。 2月、青柳有美『性慾哲学』（東亜堂）、禁止【風】。福田英	警務総監部に映写機設置、映画検閲始まる。 10月、「京城日報」発行停止処分（二日間）。

『婦人問題の解決』（「青鞜」）、禁止【安】。護憲運動の高まりに伴い、護憲派の民衆が政府系新聞社や交番を襲撃、第三次桂内閣が総辞職。

4月、平塚明子『世の婦人達に』（「青鞜」）、禁止【安】。小笠原貞子『濁血』（「女子文壇」）、禁止【風】。

5月、平塚明子『円窓より』（東雲堂書店）、禁止【風】。「女學世界」五月号、禁止。

6月、「白樺」、モリス・ドゥニーの裸婦の挿絵により禁止【風】。内務省宗教局を文部省に移管、宗教行政と神社行政の分離を徹底。

7月、本間久訳『ゾラ　女優ナナ』（東亜堂）、禁止【風】。宝塚唱歌隊設立（一九一九年、宝塚音楽歌劇学校に改組）。

8月、岩波茂雄、岩波書店を開業。

9月、平出修『逆徒』（「太陽」）、禁止【安】。

11月、白雨楼主人『きむすめ論』（神田書房）、近松秋江『疑惑』（「新小説」）、禁止（ともに【風】）。
＊土岐哀果『トルストイ　隠退』、岸田劉生『ある夫婦』（「美の廃墟」十月号）、水上齋『マダム・ボバリー』、永井荷風『恋衣花笠森』（「三田文学」一二月号）、禁止。谷崎潤一郎の戯曲『恋を知る頃』が上演禁止される。

一九一四（大正三）年

1月、日本海軍高官の収賄事件が暴露される（シーメンス事件）。

2月、広津和郎訳『モウパッサン　女の一生』（植竹書院）第五版で伏せ字を追補したため発禁【風】。

4月、夏目漱石『心』（「朝日新聞」）連載開始（―八月）。

6月、田山花袋訳『マダム・ボワリー』（新潮社）、森田草平『下画』（「反響」）、禁止【風】。

7月、第一次世界大戦勃発。大審院、桃中軒雲右衛門の海賊版レコード著作権法違反事件につき、浪花節は音楽に非ずとして被告に無罪判決。

8月、日本、ドイツに宣戦布告し、第一次世界大戦に参加。

9月、室生犀星『急行列車』（「創造」）、禁止【風】。


1月、日本人発行の「群山日報」発行停止（二日間）。「全北日日新聞」発行停止（二日間）。

9月、ロシア、日本の要求でウラジオストクの朝鮮人を国外に追放（勧業会など独立運動団体解散、新聞発行禁止）。

	10月、再興第一回院展、第一回二科展開催。 ＊森田草平『サッホー』、徳田秋声『ベル・アミー』、禁止。	
一九一五（大正四）年	1月、永井荷風『夏すがた』（籾山書店）、禁止【風】。中華民国袁世凱大総統に二十一カ条の要求を提出。第五号以外の要求を受諾させる。 2月、荒畑寒村『楠山正夫に與へて明答を求む』（「生活と芸術」）、禁止【安】。 6月、原田皐月『獄中の女より男に』（「青鞜」）、禁止【風】。 8月、大阪朝日新聞社主催、第一回全国中等学校野球大会開催。 11月、京都紫宸殿で天皇、即位礼を挙行。 12月、与謝野晶子『貞操に対する疑ひ』（「淑女画報」）、禁止【風】。 ＊谷崎潤一郎『華魁』、禁止？ ＊三上於兎吉『春光の下に』、禁止。株価高騰、大戦による好況期に入る。	3月、雑誌「青春」（第六号）停刊。二五ヶ月間の停刊処分（―一九一七年四月）。一九一七年五月（第七号）復刊。 5月、「学之光」発売禁止。
一九一六（大正五）年	1月、吉野作造『憲政の本義を説いて其有終の美を済すの途を論ず』（「中央公論」）発表。民本主義を提唱。 2月、芥川龍之介『鼻』（「新思潮」）発表。 3月、大杉栄『労働運動の哲学』（生活と芸術叢書・東雲堂）、禁止【安】。谷崎潤一郎『恐怖時代』（「中央公論」）、禁止【風】。 4月、久米正雄『醜男』（「帝国文学」）、禁止【風】。 6月、有島生馬『南欧の日』（新潮社）、禁止【風】。所収の短篇『鳩飼ふ娘』のため。中村星湖『ボワリー婦人』（早稲田大学出版部）、禁止【風】。 9月、河上肇『貧乏物語』を「大阪朝日新聞」に連載（―一二月）。 11月、大杉栄、神近市子に刺される（日陰茶屋事件）。 12月、トルストイ著、西宮藤朝訳『愛と暴行』（トルストイ協会）、禁止【風】。 ＊戸川秋骨『ボッカチオ　十日物語』、小山内薫『移り行く	

恋』（「文藝倶楽部」四月号）、谷崎潤一郎『亡友』（「新小説」九月号）、小山内薫『伯林夜話』、禁止。
＊チャップリンの喜劇映画がつぎつぎに公開され、人気を集める。

一九一七（大正六）年

1月、石川巌校訂『男色大鑑』（浮世草紙刊行会）、禁止【風】。日本興業・朝鮮・台湾三銀行が中国交通銀行に五〇〇万円借款供与の契約締結（最初の西原借款）。

2月、萩原朔太郎『月に吠える』（白日社）、所収の二詩『愛憐』『恋を恋する人』が風俗壊乱として発禁の内達を受け、該当部を削除して出版【風】。

4月、谷崎潤一郎『人魚の嘆き』（春陽堂）、禁止【風】。

5月、江口渙『二種の微笑』（「大学評論」）、禁止。長與善郎『誰でも知つている』、近藤経一『ルクレシヤ』（ともに「白樺」）、禁止。

11月、石井・ランシング協定調印。中国の独立と門戸開放を承認。

12月、近松秋江『忍ぶ夜』（「新日本」）、禁止【風】。
＊ロシアで二月革命、十月革命が起き、ソヴィエト政権樹立。

1月、李光洙の長篇小説『無情』、「毎日申報」で連載開始。

3月、京城高普教員養成所内の秘密結社朝鮮産織奨励会が発覚し、一三〇名が逮捕される。

4月、「朝鮮文芸」創刊（一九一八年一〇月、通巻二〇号で終刊）。

7月、間島地方の朝鮮人対象の警察権が中国官憲から日本官憲に移管。

一九一八（大正七）年

1月、里見弴『彼女と青年』（「黒潮」）、禁止【風】。

2月、大戦による好景気で米価が急騰。

4月、志賀直哉『或る朝』（春陽堂）刊行。『濁った頭』の描写が問題になり、六月五日付で禁止【風】。

6月、岩野泡鳴『入れ墨師の子』（「新小説」）、禁止【風】。

7月、岩野泡鳴『青春の頃』（「雄弁」）、禁止【風】。富山県魚津町の漁民主婦、米価高騰防止のため米の汽船移出停止を要求し、海岸に集結（米騒動の始まり）。

8月、賀川豊彦『労働者崇拝論』（「解放」）、禁止【安】。米騒動が全国に広がる。政府、シベリア出兵を宣言。

11月、春画・淫本の差押権限が、内務大臣から地方庁に委譲。第一次世界大戦終結。武者小路実篤ら、宮崎県に「新し

9月、「毎日申報」鮮于日退社。問題記事は、八月二〇日付社説『貧民救済について　貴族富豪よ』。

11月、重光団人士三九名、満洲で大韓独立宣言書を発表（戊午独立宣言）。

	き村」を建設。 ＊小山内薫『延命院』（「演藝画報」五月号）、豊島與志雄『恋の犯罪』、江口渙『二つの虚偽』（ともに「文章世界」十月号）、田山花袋『燈影』、禁止。	
一九一九（大正八）年	2月、普通選挙運動が各地に広がる。 3月、三・一独立運動起こる。非暴力抵抗の示威運動が朝鮮全土に広がる。 4月、「改造」創刊。 5月、北京の学生が山東問題に抗議し示威運動（五・四運動）。 8月、内田魯庵『ボルシエヴヰズムとウイルソニズム』（「改造」）が削除処分。友愛会が大日本労働総同盟友愛会と改称。労働組合の連合組織となる。 9月、島崎藤村『新生』後編（「東京朝日新聞」）連載中第一三三回が禁止【風】。山川均『労働運動の戦術としてのサボターヂュ』により「改造」が発売頒布禁止。 11月、堺利彦『火事と半鐘の関係』（「解放」）、禁止【安】。	2月、東京の朝鮮人留学生（六〇〇名余り）、二・八独立宣言。 3月、三・一独立運動起きる。廉想渉、「独立宣言書」を作成し大阪天王寺公園での集会を準備しているところを逮捕される。 4月、独立運動家ら三〇名余り、上海で大韓民国臨時政府樹立。制令第七号公布（「政治に関する犯罪処罰の件」）。 8月、総督府官制改革。警務総監部、警務局に改編（警務課、高等警察課、保安課、衛生課を下に置く）。憲兵警察制度廃止。 9月、新しく赴任した総督斉藤実、文化政策を公布。以後一九二五年まで、言論統制の主務部署は警務局高等警察課が担当。総督府、全国一三道の朝鮮人代表五二名を中枢院に召集し、会議を開く。 12月、上海臨時政府、咸北連通制が発覚し、五四名が逮捕される。日本語新聞六紙が認可される。
一九二〇（大正九）年	1月、島田清次郎『地上』第二部「地に叛くもの」（新潮社）、発売直前に当局から注意を受け、字句を訂正して刊行。東京帝国大学経済学部助教授森戸辰男、「経済学研究」創刊号に『クロポトキンの社会思想の研究』を掲載したため休職。起訴され有罪判決。 2月、ニコライエフスクでパルチザンが日本人捕虜を殺害（尼港事件）。 3月、ウィリアム・モリス著、堺利彦訳『理想郷』（アルス）、神近市子『クロポトキンと話した青年に聴く』（「新小説」）、禁止（ともに【安】）。室生犀星『蒼白い巣窟』（「雄辯」）、禁止【風】。東京株式市場の未曾有の株価大暴落。戦	1月、総督府、朝鮮語民間紙（「朝鮮日報」「東亜日報」「時事新聞」）を許可。 3月、「朝鮮日報」創刊。 4月、「東亜日報」「時事新聞」創刊。「東亜日報」最初の押収処分（平壌における万歳騒擾関連記事）。「朝鮮日報」最初の押収処分（日本の政略結婚により英親王李垠との婚約が破棄になった閔氏を探訪した記事）。会社令改正（許可制から申告制へ）。 6月、鳳梧洞の戦闘。雑誌「開闢」創刊。 7月、光復団事件（総督暗殺計画、官公署爆破計画などにより、二七名が検挙される）。

後恐慌始まる。

4月、「朝鮮日報」最初の押収事件。

10月、第一回国勢調査実施。

12月、第一次「朝鮮情報委員会」会議、委員長は水野錬太郎政務統監。
＊クロポトキン文献が多数処分を受ける。広津和郎『モウパッサン全集（1）美貌の友』、禁止。

8月、「朝鮮日報」第一次停刊（—九月二日）。問題記事は『自然の化』。

同月、日本人発行の「朝鮮新聞」、「朝鮮日報」の発行停止事件を取り上げながら「朝鮮日報」の報道態度を問題視してきた検閲当局の肩を持つ。

9月、「朝鮮日報」第二次停刊（—一一月二四日解除、続刊一二月二日）。問題記事は『愚劣な総督府担当者よ、何故われわれの日報を停刊したのか』。

同月、総督府高等警察課長兼保安課長山口安憲、各新聞の記者を召集し、検閲方針（新聞取締方針）を発表する。全朝鮮記者大会（日本人言論社記者だけで構成）において、新聞紙規則改正が議論される。各新聞社代表、総督府との会合にて新聞紙規則について日本における適用と同等にするよう、四点において改正を要求（名誉毀損罪、発行・編集人の署名捺印、発行停止、保証金）。

同月、「東亜日報」第一次停刊（—一九二一年一月一〇日解除、続刊二月二一日）。問題記事は『祭祀問題を再論せよ』『大英と印度』。

10月、庚申惨変（日本軍による在満朝鮮人虐殺事件、一一月まで）。青山里戦闘。

12月、総督斎藤実、政策広報機構「情報委員会」設置。青年運動の台頭として、一〇〇余りの団体を選別し構成された「朝鮮青年会連合会」発足。

一九二一（大正一〇）年

1月、志賀直哉『暗夜行路』（「改造」）発表開始（—三七年）。

2月、不敬罪・新聞紙法違反で、出口王仁三郎ら大本教幹部一斉検挙（第一次大本教事件）。

3月、H・エリス著、鷲尾浩訳『性の心理』第一、二巻（冬夏社）、禁止【風】。

4月、河上肇『断片』により「改造」が発売頒布禁止【安】。度量衡法改正公布。メートル法を採用。

10月、「種蒔く人」創刊号、発売後直ちに禁止。


3月、漢城図書株式会社出版部長・張道斌、原稿検閲制に不当性を提議（「東亜日報」の『大問題の出版法』）。

11月、朝鮮人記者であることを会員資格とした言論団体「無名会」設立。「言論自由の伸長と会員の権益」を主張。

11月、原敬首相暗殺される。

12月、賀川豊彦・白鳥省吾他『日本社会詩人詩集』（日本評論社）、禁止【安】。太平洋方面における島々の領地に関する日英米仏四国条約調印（日英同盟廃止）。

一九二二（大正一一）年

1月、ホイットマン他『泰西社会詩人詩集』（日本評論社）、禁止【安】。

2月、ワシントン会議条約調印。3月、全国水平社創立大会が京都で開催される。マーガレット・サンガー来日、内務省、産児制限の公開講演禁止を条件に上陸を許可。

4月、中勘助『犬』（「思想」第七号、岩波書店）、禁止【風】。治安警察法改正公布（女子の政談集会への参加と発起を許可）。

7月、日本共産党結成（一一月にコミンテルン大会で日本支部として承認）。

9月、武林無想庵『無想庵無語』（改造社）、室生犀星『きれぎれによく見る夢』（「新潮」）、禁止（ともに【風】）。「種蒔く人」九月号、前田河広一郎『変な客人』により禁止【安】。
＊賀川豊彦『日本社会詩人詩集』、「暗殺から自殺へ」（「国民新聞」一〇八四三号）、室生犀星『かげ絵にそひて』（「新小説」一二月号）、禁止。

1月、無名会、第一回月例会兼臨時総会開催。「新聞と雑誌に対する検閲および許可制度を撤廃するよう」努力することを確約。

2月、平安南道、全文四四ヶ条の「興行取締規則」公布（道令第二号）。

3月、全朝鮮記者大会開催、六項目の決議文提案（五番目が、新聞規則改正要望の件）。

4月、「興行場及興行取締規則」、朝鮮総督府京畿道令として公布される。劇場建築事項および未許可興行物処罰、公安および風俗阻害興行物処罰などの内容で構成される。京畿道警察部保安課に映写室が設置され、映画検閲実施。

5月、李光洙、「開闢」第二三号に『民族改造論』を発表。「東亜日報」、論説『言論圧迫がひどい』で思想の自由を擁護。

7月、新聞紙法と新聞紙規則を統一しようとした最初の新聞紙法改正案、法務局と合意に至ったが保留。

8月、警務局長丸山鶴吉、各新聞社の責任者を召集。過激思想と共産主義を扱う言論について、司法処分と行政処分を分けて処罰すると警告。「東亜日報」、警務局長の警告に対し、論説『警務局長の警告について』で反駁。

同月、忠清北道、「興行取締規則」公布（道令第一二号）。

9月、「開闢」「新生活」「新天地」「朝鮮之光」「東明」「現代評論」など六種の雑誌、光武新聞紙法により発行許可。

11月、二度目の新聞紙法改正案（朝鮮出版令）脱稿。新聞紙法規及び出版法規などの四つの法令を一つに統合しようとしたが、保留。

同月、「新天地」への捜査始まる。主幹白大鎮、新聞紙法および制令第七号違反で起訴、張在洽起訴猶予。問題記事は

		『日本為政者に告ぐ』。一九二三年一月三一日、白大鎮は六ヶ月の体刑が決定。 同月、「新生活」筆禍事件。社長朴熙道、印刷人盧基禎ら鍾路警察署に収監。問題記事は、一一月号と一二月号のロシア革命記念特集。一一月二八日、発売禁止処分。一二月一二日、検事局は社長ら四名を新聞紙法および制令第七号違反で起訴。
一九二三（大正一二）年	1月、「文藝春秋」創刊。 4月、江戸川乱歩『二銭銅貨』（「新青年」）発表。 6月、堺利彦ら共産党員、検挙される（第一次共産党事件）。有島武郎、死去。 9月、関東大震災起こり、関東に非常徴発令、戒厳令が適用。朝鮮人、中国人、労働運動指導者が多数逮捕、殺害される。内務省ではこの時以前の発禁本が焼失。 10月、泉芳璟訳『印度古典　カーマスートラ』（印度学会）、禁止【風】。 12月、難波大助、摂政裕仁親王を狙撃（虎の門事件）。	1月、警務局、「新生活」発行禁止（廃刊）処分。「新生活」関連人物の結審公判。社長朴熙道は懲役二年六ヶ月、主筆金明植は懲役二年、記者辛日鎔・兪鎮熙は懲役一年六ヶ月が言い渡される。印刷機没収。 3月、「東亜日報」「朝鮮日報」「毎日申報」の代表、各雑誌社と出版社の代表、弁護士ら二五名「新聞紙法出版法改正期成会」を組織。同会交渉委員三名、警務局長丸山に朝鮮人と日本人差別に対し是正を要求する四ヶ条の「新聞紙法と出版法改正建議案」提出。 同月、「朝鮮日報」記事、朝鮮人に対する予約出版法適用を要求し、新聞紙法および出版法改正を要求。 4月、京畿道警察部保安課、活動写真常設館の主人らを警察部に召集し「活動写真改善会」を開く。秘密結社および陰謀団活動に関する内容について注意を強調する。「興行場及興行取締規則」改正。「朝鮮日報」、映画検閲改正に関連し、批判的な記事を掲載。記事名は『活動写真取締について、自然な思潮の流露を人為的な策略によって防ぐことはできないだろう』。 5月、雑誌「新生活」発行停止後に新生活社が準備した「新社会」創刊号のすべての原稿が押収。続いて第二号の原稿もすべて押収される。 6月、朝鮮記者協会第一回大会、「朝鮮現行新聞記事取締に関する法規改正の促進を要望」決議文可決。 9月、「新天地」社長呉相殷ら四名拘束。雑誌二〇〇〇部余り押収。問題記事は『弱小民族に呼びかけて団結を急ぐ』。

		公判では朴済鎬、兪炳璣それぞれに一年刑が宣告される。朴済鎬は二四年六月、健康悪化により仮出獄したが、死亡。 10月、全朝鮮新聞記者大会、「新聞規則は旧韓国時代の法であり、時代錯誤であるため早急な改正・実現を要望」するという議案可決。
一九二四(大正一三)年	1月、清浦奎吾内閣成立に伴い、各政党を中心に第二次護憲運動が展開される。 2月、萩原朔太郎『ある野戦病院に於ての出来事』(「新興」)、禁止。 3月、水島爾保布『新東京繁盛記』(日本評論社)、禁止【風】。 4月、秋田雨雀『骸骨の舞踏』(「演劇新潮」)、禁止【安】。関東大震災時の朝鮮人虐殺を取り上げたため。宮沢賢治『春と修羅』刊行。 5月、高橋貞樹『特殊部落一千年史』(更生閣)、禁止【安】。綿貫六助『私の変態心理』(「変態心理」)、禁止【風】。京城帝国大学を設置。 6月、谷崎潤一郎『痴人の愛』(「大阪朝日新聞」)、当局の警告により連載中止。一一月より「女性」誌上で再開。小山内薫らにより築地小劇場開設。 7月、アメリカで排日移民法が実施。日本で反米意識高まる。大アジア主義の主張が勢いを得る。 11月、「キング」創刊。	3月、「東亜日報」は三〇日および四月二日の社説において、「各派有志連盟」など親日団体を糾弾。同連盟側による東亜日報社長宋鎮禹と社主金性洙への暴行事件発生。その後、「東亜日報」と「毎日申報」の論戦攻防へとつながる。 同月、「時代日報」発刊(以後「中外日報」「中央日報」「朝鮮中央日報」に改題)。 4月、「興行場及興行取締規則」改正案施行(脚本事前検閲および興行時間短縮)。「言論集会圧迫弾劾会」という抗日闘争が始まる。「開闢」第四六号、ロシアおよび世界革命紹介記事など六篇削除。 6月、三一の言論団体の代表一〇〇名余りが集まり、弾劾会結成。 9月、各地警察部長会議、映写機が配置された京畿(ソウル)、慶南(釜山)、平北(平壌)で検閲が許可された映画については、他の道での検閲が省略されることを決定。映画検閲基準二四項目提示。三度目の新聞紙法改正案、参事官室審議まで経たが、警務局長丸山鶴吉の更迭により差し戻しになる。 11月、社会部記者ら、「鉄筆倶楽部」結成。
一九二五(大正一四)年	1月、日ソ基本条約調印(日本は北樺太の石油・石炭利権を与えられる)。 3月、普通選挙法成立、五月公布。東京放送局仮放送開始。 5月、治安維持法施行、発売頒布禁止処分相次ぐ。 9月、倉田百三『或警察署長の死』(「改造」)、禁止【安】。 10月、朴烈・金子文子夫妻を大逆罪容疑で起訴。翌年三月に死刑宣告、四月無期懲役に減刑、七月金子が獄中自殺。	4月、無名会と鉄筆倶楽部主幹、「全朝鮮記者大会」開催(―一七日)。三日間で約六〇〇名参加。「新聞およびその他出版物に関する現行法規の根本的改新を期する」という決議文を採択。朝鮮共産党結成。 5月、治安維持法(勅令第七五号)公布、施行(一一日)。 「東亜日報」の記者、集団退社。 6月、総督府警務局長、警察庁長と在満朝鮮人の取締り強化

11月、夏金畏著、山田正文訳『全訳　金瓶梅』（文正堂）、禁止【風】。

12月、菊池寛『第二の接吻』（改造社）、禁止【風】。のちに『京子と倭文子』と改題し刊行したが、それも禁止。
＊アプトン・シンクレア著、前田河広一郎訳『ヂヤングル』、禁止。

協定。

7月、李泰俊のデビュー作『五夢女』、検閲を意識し投稿雑誌「朝鮮文壇」ではなく「時代日報」に掲載される。

8月、在東京朝鮮人発行の雑誌「朝鮮労働」創刊（在日本朝鮮労働総同盟機関紙）。「開闢」発行停止（―一〇月一五日）。問題記事は『外にあるこの考え―異域風霜においてもお元気ですか』（目次では「今思い出す友人」となっている）特集で、独立運動家を含む在外朝鮮人人士が取り上げられていた。朝鮮プロレタリア芸術家同盟（ＫＡＰＦ）結成。

9月、在東京朝鮮人発行の雑誌「新朝鮮」創刊（日本語）。「朝鮮日報」第三次停刊（―一〇月一五日解除、一〇月二〇日続刊）。輪転機差し押さえ。停刊解決過程で社会主義性向の記者を中心に一七名解雇、金炯元懲役三ヶ月。問題記事は『朝鮮とロシアの政治的関係』。

11月、第一次朝鮮共産党事件（新義州事件をきっかけに、朝鮮共産党幹部金若水、朴憲永ら多数検挙）。

12月、報道が禁止されていた羅錫疇義士鐘路警察署爆弾投擲事件を掲載したことを理由に、The Seoul Press（ソウルプレス）停刊（二週間）。高等警察課長田中武雄、『朝鮮事情』刊行、「諺文新聞紙差押事項」には大きく五つに分類された検閲基準が提示され、さらにその下に一四の細かい項目による検閲基準が提示された。

一九二六（大正一五／昭和元）年

1月、森田草平『輪廻』（新潮社）、禁止【風】。文藝家協会発会。京都学連事件（最初の治安維持法適用事件）。

3月、大阪で労働農民党結党式。無産政党の再組織運動の結果。

7月、藤森成吉『犠牲』第三〜五幕、倉田百三『赤い霊魂』により「改造」が発売頒布禁止【風】。『犠牲』は有島武郎の情死を素材にしており、九月の「改造」には山本有三や美濃部達吉らの抗議が掲載された。この月は「解放」「文藝戦線」「郊外」なども発売頒布禁止となる。朴烈と金子文子の怪写真事件により、治安当局への信頼が揺らぐ。


1月、「朝鮮日報」、一面がすべて削除されたまま発行。各新聞に新聞紙法、出版法改正要旨一斉掲載（保証金増額、掲載禁止事項の列挙注意、出版物違反事項の指摘、発行禁止処分の制限、編集責任者改正、正誤掲載欄指定など）。「時代日報」、改正案の曖昧さ、適用する上で予想される副作用、名誉毀損罪に対する救済条項の不在を指摘（「新聞及出版法の改正要旨」）。

3月、新聞・雑誌の許可主義を採択した四度目の朝鮮出版物令改正案、審議室に回される。しかし日本出版物令（申告主義）との統一性が問題になり、法制局提出保留。「東亜日報」

9月、井上哲次郎『我が国体と国民道徳』（二五年刊）が不敬だとの抗議が展開される。井上は一一月に貴族院議員を辞職。

11月、日本プロレタリア文芸連盟、日本プロレタリア芸術連盟と改称。アナーキストなどと分離し、思想統一。

12月、大正天皇崩御。
＊三上於兎吉『黒髪』、禁止。＊石川巌『西鶴全集』（全五冊）、禁止。

第二次停刊（一一九二六年四月一九日解除、四月二一日続刊）、宋鎮禹懲役八ヶ月、金鐵中禁錮四ヶ月。問題記事は『国際農民本部から朝鮮農民へ（電報）』。

4月、警務局、三つの民間紙新聞社代表を召喚し歓談会を開く。日本を外国とみなしたり、日本に批判的な論調を用いないことを誓約させられる。警務局機構改編、図書課（出版物と映画・音盤担当）新設。高等警察課は保安課（政治思想運動担当）に変更。

警務局図書課初代課長近藤常尚、検閲関連年報発行開始。以後、年報は『大正一五年・昭和元年新聞紙要覧』（一九二七年）、『昭和二年度植民地出版物要項』（一九二八年）、『朝鮮における出版物概要』（一九二九―一九三二年）、『朝鮮出版警察概要』（一九三四―一九四〇年）など、名称を変えながら発行されていった。

5月、警務局図書課朝鮮人検閲官魏鍾冀、「時事評論」に「朝鮮出版界の推移について」を掲載。

6月、在東京朝鮮人発行の「大衆新聞」創刊（一月会系列蛍雪会の機関紙）。六・一〇万歳運動。第二次朝鮮共産党事件（六・一〇万歳運動を契機に多数検挙）。

7月、「活動写真フィルム検閲規則」（総督府令第五九号）公布。八月一日から図書課が映画検閲を担当（総督府五階に映写室設置）。

8月、「開闢」、安寧秩序妨害を理由に廃刊。文化政治期における総督府の最初の廃刊処分。問題記事は第七二号論説『莫斯科（モスクワ）に新しく開かれた国際農村学院』。在東京朝鮮人発行の雑誌「青年朝鮮」創刊（東京朝鮮青年同盟機関誌）。在東京朝鮮人発行の雑誌「新運動」創刊（日本語）。「東亜日報」コラム「横説竪説」の筆者崔元淳、保安法違反起訴（懲役八ヶ月求刑）。発行人金鐵中、新聞紙法違反起訴（禁錮六ヶ月求刑）。

10月、団成社にて、映画「アリラン」が開封。広告物押収。

11月、「朝鮮之光」、週報から月刊誌に体制改編（紙面拡大）。

開闢社「別乾坤」創刊。民族運動団体と社会運動団体の統一を主張（正友会宣言）。

12月、「京城日報」筆禍事件。大正天皇の死亡記事の誤報で第一版販売禁止。（一九二七年二月二日裁判、「新聞紙記事」第一〇条第一号「皇室の尊厳冒瀆」項目適用）。

一九二七（昭和二）年

1月、斎藤昌三『変態崇拝史』（文芸資料研究会）、禁止【風】。井上哲次郎『我が国体と国民道徳』（広文堂書店）、二五年九月刊行をさかのぼって禁止【安】。

3月、片岡直温蔵相の失言を契機に金融恐慌が始まる。

4月、田中義一内閣成立。

5月、中国の在留邦人保護を名目とし、第一次山東出兵。

6月、内務省、内閲制度の廃止を決定する。

7月、岩波文庫創刊。菊池寛、山本有三、山本実彦ら「検閲制度改正期成同盟」を結成。出版法・新聞紙法の改正を目指す運動を開始した。芥川龍之介、自殺。内務省、九月以降、処分対象の「分割還付」を実施することを発表。

9月、中里介山『夢殿』を掲載した「改造」九月号が切取削除処分を受ける。

11月、「キング」掲載のコラムの一節が「皇室の尊厳」を冒瀆すると右翼から攻撃され、講談社編集部が自発的に切取削除を行う。水平社の北原泰作二等兵が軍隊内差別の撤廃を天皇に直訴し、逮捕される。

12月、向坂逸郎、山川均、荒畑寒村、大内兵衛ら政治雑誌「労農」を創刊。
＊前年よりの円本ブームがピークを迎える。「マルクスボーイ」や「モボモガ」という言葉が流行する。

1月、洪命熹ら三〇名余り、新幹会発起および創立。

同月、図書課長近藤、「朝鮮」に「出版界から見た朝鮮」を掲載。

同月、在東京朝鮮人発行の雑誌「女子界」創刊（女子学興会機関紙）。

2月、新幹会発足。

3月、八道高等課長会の開催、思想警察五〇〇名増員案の具体化。

同月、在東京朝鮮人発行の雑誌「新興科学」創刊（新興科学研究会機関紙）。

5月、警務局長浅利三郎、新聞社（朝鮮語新聞発行）幹部を一同に集める。新聞の論調および態度について厳重警告。

6月、京城朝鮮人弁護士会、全朝鮮弁護士大会に上程する議案の一つとして新聞紙法と出版法の改正を決議。

7月、在東京朝鮮人発行の雑誌「自由社会」創刊（黒風会（黒友会）機関紙、日本語）。「朝鮮私論」刊行人首藤雄平、警務局図書課長近藤常隆および朝鮮総督宇垣一成を「不敬罪」の主犯と従犯として、京城地方法院検事局に控訴（押収された雑誌に天皇の勅語が収録されていたことを理由とする）。

8月、総督府、各地検事局に思想犯を担当する思想専門検事配置計画を立て、高等警察の人員拡充を図る。

10月、総督府官房文書と資料集、『朝鮮の言論と世相』発行（一三四の記事を四つに分類、押収および未押収の記事含む）。カップ東京支部、新幹会東京支部会の創立会議において「検閲制度改正期成同盟に加盟の件」を議論。一〇月二四日「加盟員総出動」。

11月、「朝鮮日報」、『出版物取締に朝鮮の事情が全く相違する』を掲載。

警務局図書課、映画検閲内部資料集『活動写真フィルム検閲概要』刊行。警務局図書課、検閲年報『大正一五年・昭和元年新聞紙要覧』（一九二七年）刊行（一九二六年検閲記録）。主な内容として「朝鮮内発行新聞紙とその他出版物取締について」。刊行物行政処分標準一九項目を提示。

一九二八（昭和三）年

2月、第一回普通選挙実施。菊池寛が衆議院議員選挙に社会民主党の公認を得て立候補するも、落選。

3月、共産党員の全国的大検挙（三・一五事件）。

6月、張作霖爆殺事件。治安維持法改正、死刑・無期刑が追加。

7月、田中内閣が特高課を全国に設置、内務省に保安課（思想取締のための特別高等警察）が新設。憲兵隊に思想係が設置される。

10月、花房四郎『男色考』（文芸資料研究会編集部）、禁止【風】。

11月、「文芸戦線」（一一月号）、ジョン・リード『世界を震撼させた十日間』、葉山嘉樹『小作人の犬と地主の犬』などを掲載し、禁止【安】。
＊司法省の思想係検事の設置、警察における特別高等課の全国展開。

1月、映画検閲官高安彦、「朝鮮」に『フィルム検閲雑感』を掲載。共産党大検挙（第三次朝鮮共産党事件、ML党事件などにより、金俊淵ら多数拘束）。カップ東京支部、「現行検閲制度反対週間（―二四日）」開催。「朝鮮日報」発行人安在鴻、編集人白寛洙拘束起訴。問題記事は『保釈遅延の犠牲、共産党事件の実例を見よ』。

2月、京城覆審法院伊藤憲郎判事、思想関係事件を担当。第四次朝鮮共産党の第三次大会、「朝鮮之光」を党機関紙と可決。京城地方法院検事局、中外日報社首席・主幹李相協と論説記者李晶燮を留置（三月二日付起訴）。問題記事は『世界一周紀行―朝鮮から朝鮮へ』。

3月、警務局図書課朝鮮人検閲官魏鍾冀、「朝鮮」に『族譜廃止是非論について』を掲載。

4月、魏鍾冀、「時事評論」に『最近の朝鮮文刊行物概観』を、「朝鮮」に『最近の朝鮮普通出版物概観』を掲載。

5月、政務総監池上四郎、朝鮮新聞紙法令は改正する必要がないと宣言。京城地方法院検事局に森浦藤郎、最初の思想検事として赴任。「朝鮮日報」第四次停刊（―九月一九日解除、九月二一日復刊）。問題記事は『済南事変の壁上観』。

6月、鐘路警察署、朝鮮之光社を包囲し、朝鮮共産党関連者逮捕。

7月、雑誌「現階段」創刊（在東京朝鮮人左翼団体の機関誌）。沈薫、『われわれ民衆はどのような映画を要求するか?』（「中外日報」一九二八年七月一一―一三日）を通して検閲制度の暴力性を赤裸々に表現。第四次朝鮮共産党事件、一〇月までに一七〇名余りが検挙される。

9月、京城学校細胞事件。第三次朝鮮共産党中央委員出身金復鎮検挙、六年間収監。総督府警務局図書課、内部検閲記録刊行物「出版警察月報」発行開始（一九三八年一月、全一二三号）。朝鮮総督府令第六五号、映画検閲料減下（フィルム一mあたり一銭（これまで三mあたり五銭）、再検閲は一m当たり五厘（これまで三m当たり二銭））。

10月、京城朝鮮弁護士会、一〇月八日全朝鮮弁護士大会提出案件討議において、制令第七号保安法および集会取締令、新聞紙法および出版法改正などを議題として選ぶ。

12月、「中外日報」第一次停刊（一九二九年一月一八日解除、続刊二月一二日）。問題記事は『職業化と醜化』。コミンテルン、朝鮮共産党承認取消しおよび再建命令（一二月テーゼ）。治安維持法改正（思想運動の取締り強化により、以後一〇ヶ月間で三〇〇〇名余りが検挙される）。

　警務局図書課、検閲年報『昭和二年度新聞紙出版物要項』（一九二八年）刊行（一九二七年検閲記録）。「刊行物行政処分標準」に「風俗壊乱」項目が含まれる。

一九二九（昭和四）年

2月、中野重治『雨の降る品川駅』（「改造」）発表。

4月、小林多喜二『一九二八年三月十五日』（戦旗社）、禁止【安】。共産党に対する全国的弾圧（四・一六事件）、共産党は壊滅的打撃を受ける。

5月、渡辺順三ほか『プロレタリア短歌集』（紅玉堂書店）、禁止【安】。文芸家協会編『日本小説集』（新潮社）、禁止【安】。米国の本格的トーキー映画、東京新宿武蔵野館で封切。

6月、小林多喜二『蟹工船』（第五章以下）と徳永直『太陽のない街』（連載第一回）掲載の『戦旗』六月号、禁止【安】。

7月、浜口雄幸内閣成立。井上準之助蔵相による緊縮財政はじまる。

8月、「無産者新聞」発行禁止。この処分を受けたものとし

1月、被圧迫民族の独立を扱った映画『ベン・ハー』、異例的に検閲を通過し、盛況裡に上映。

3月、元山警察署、羅雲奎の映画「元気で」上映現場にて禁止措置。

4月、警務局図書課調査資料第八集『赤裸の魯西亜（ロシア）』刊行。

6月、第五次朝鮮共産党検挙（印貞植ら五〇名余り）。警務局図書課、検閲年報『朝鮮における出版物概要』刊行。

7月、カップ東京支部プロレタリア劇場、朝鮮巡回公演を企画するも検閲で霧散。

10月、図書課調査資料第一四集『併合二〇周年記念に関する不穏文書』刊行。

11月、光州学生運動勃発。警務局、光州学生運動から波及した各地の抗日運動について報道禁止処分（一二月二八日光州

ては最後。

9月、小林多喜二『蟹工船』（日本プロレタリア作家叢書第二篇、戦旗社）、禁止【安】。

10月、ニューヨーク株式大暴落、世界恐慌始まる。

11月、小林多喜二『蟹工船』改訂版（戦旗社）、禁止【安】。
＊地下本を刊行する珍書屋・秘本屋の隆盛。この年三〇数社をかぞえる。

学生運動報道禁止処分解除）。光州学生運動に関連し、「東亜日報」編集局長朱耀翰拘束、社長宋鎮禹起訴猶予処分。

12月、民衆大会事件（警察による新幹会本部急襲、幹部四四名検挙）民謡「アリラン」禁止令。

警務局、『年度別・種別朝鮮文出版物許可件数』調査発表。

一九三〇（昭和五）年

1月、金輸出解禁を実施。

3月、小林多喜二『蟹工船』改訂普及版、刊行。

4月、ロンドン海軍条約調印。統帥権干犯問題が起こる。

9月、横光利一『機械』（「改造」）発表。米価・生糸大暴落。

11月、ヴァン・デ・ベルデ著、滑川鋭雄・平野馨共訳『完全なる夫婦』（平野書房）、禁止【風】。黒島伝治『武装せる市街』（日本評論社）、禁止【安】。堀辰雄『聖家族』（「改造」）発表。浜口首相、東京駅で狙撃され重傷。


1月、図書課長上内彦策、「朝鮮」に『総督府キネマ状況』を掲載。麗水水産学校の学生の家宅捜索。多くの学生が退学および停学に反発し、同盟休校。九月、麗水水産学校の秘密読書会が発覚し、一四名が裁判にかけられる（尹炅鉉、李容起は懲役二年、ほか全員懲役判決）。

2月、羅雲奎の映画『アリラン』、上映現場（光州）で臨席の警官によって禁止措置が取られる。

4月、平安北道警察部、満洲の安東県に新聞検閲所設置。朝鮮から輸入した四〇種余りが検閲される。「東亜日報」第三次停刊（―九月一日）。問題記事は『朝鮮の現状において貴報の使命は重大』（アメリカの雑誌「ネイション」主筆「ビルラス」氏の祝辞、四月一六日付の記事）。「中外日報」、『東亜日報停刊』という記事で総督府を批判、押収処分。

5月、警務局図書課、検閲年報『朝鮮における出版物概要』刊行。主な内容として「朝鮮文刊行物行政処分例」がある。

同月、間島五・三〇事件（中国共産党の指示による在満洲共産党員の反日暴動。二〇〇〇名余りが検挙される）。

6月、総督府調査資料第二〇集『諺文新聞の詩歌』発行。

10月、沈薫の「朝鮮日報」連載小説『東方の愛人』、検閲により連載中断。

一九三一（昭和六）年

2月、江口渙・貴司山治編『プロレタリア文学集』（現代日本文学全集・改造社）、禁止【安】。

3月、橋本欣五郎ら一部将校が宇垣一成内閣樹立を計画、未遂（三月事件）。


1月、図書課長立田清辰、「警務彙報」に『一九三〇年の朝鮮出版界の回顧』を掲載。

3月、映画検閲主任岡稠松、「朝鮮」に『朝鮮における映画の検閲に関して』を掲載。開闢社（車相瓚）、東光社（朱耀

4月、重要産業統制法公布。重要産業各部門のカルテル行為を法的に認める。

6月、著作権法改正公布。映画・放送の著作権保護、新聞雑誌記事転載手続きなどを規定。

9月、柳条湖事件により満州事変勃発。

10月、『中野重治詩集』（ナップ出版部）、江口渙・貴司山治編『ナップ傑作集』（改造社）、禁止（ともに【安】）。橋本欣五郎らによる軍部内閣樹立計画が再び発覚、首謀者逮捕（十月事件）。

11月、清朝廃帝溥儀、関東軍特務機関の手で大連に向かう。


翰）、三千里社（金東煥）、全朝鮮農民社（李晟煥）、新生社（李殷相）、東亜商工社（金英喆）ら代表、図書課長（立田）および警務局長（森岡）を訪問。出版物検閲制度の迅速な制限撤廃を要求。四つの要求事項を決議（骨子は、原稿検閲制度の廃止と、新聞紙法による雑誌許可範囲の拡張）。

同月、『出版警察月報』、ガリ版作成から活字印刷に変更。

5月、新幹会解体決議。

6月、第一次カップ検挙。朴英熙、金基鎮、林和、金南天ら朝鮮プロレタリア芸術同盟員七〇名余りが検挙される。

9月、満洲事変勃発。

11月、警務局図書課、検閲年報『朝鮮における出版物概要』刊行。京城帝大生が中心となって構成された反帝同盟、多くの学生が検挙される。『カップ詩人集』（集団社）刊行。

12月、沈薫の「朝鮮日報」連載小説『不死鳥』、検閲により連載中断。図書課、映画検閲年報『活動写真フィルム検閲概要―一九二六年八月から一九二七年七月まで』刊行。

一九三二（昭和七）年

1月、第一次上海事変。

3月、満州国建国。血盟団事件。

4月、中野重治・蔵原惟人・中条百合子らナップ関係者多数検挙される。

5月、五・一五事件。日本海軍青年将校らが犬養毅首相を暗殺する。

6月、ケッセル著、堀口大學訳『昼顔』（第一書房）、禁止【風】。

10月、滝川幸辰の講演が問題化。

11月、『日本資本主義発達史講座』（岩波書店）、長谷川如是閑『日本ファシズム批判』（大畑書店）、禁止（ともに【安】）。


1月、間島共産党事件、二年間で四七件、五六七名が京城地方法院に送られる。

2月、警察、一〇〇〇名増員のための予算確保（出版検閲要員確保予算を含む）。

同月、忠清南道公州地域の赤色読書会事件、李瑢夏（二年）、李秀峻と尹明在（一年六ヶ月）の懲役が宣告される。

3月、朝鮮総督府保安課長田中武雄、「朝鮮及満洲」に『朝鮮における思想問題』を掲載。

4月、李孝石、警務局図書課に採用された後、一〇日間で辞職（娘李奈美の回顧による）。

6月、警務局図書課調査資料第三一集『諺文新聞差押記事集録』（『時代日報』、『中外日報』押収記事）刊行。

9月、沈薫の詩集『その日が来れば』、検閲により発刊霧散（一九四九年に遺稿集として出版される）。

同月、警務局図書課調査資料第二九集『諺文新聞差押記事集録』（『東亜日報』押収記事）刊行。

同月、金東仁、「東光」に連載していた『論介の還生』について、検閲制度を理由に連載中断を宣言。

10月、朝鮮之光社、「朝鮮之光」に代わり「新階段」刊行開始（「新階段」創刊号および二号の原稿は、ほとんどの部分が掲載不許可）。

11月、警務局図書課調査資料第三二集『満洲国問題に関する外国語新聞の論調』刊行。

12月、警務局図書課調査資料第三〇集『諺文新聞差押記事集録』（『朝鮮日報』押収記事）刊行。

一九三三（昭和八）年

1月、三木清『現代階級闘争の文学』（岩波講座日本文学・岩波書店）、禁止【安】。

2月、小林多喜二が検挙され、築地署で拷問死する。

3月、日本、国際連盟より脱退。

4月、滝川幸辰『刑法講義』（弘文堂、二九年刊行）、『刑法読本』（大畑書店、三二年六月刊行）、禁止【安】。『刑法講義』は当時絶版。

5月、内務省警保局図書課の人員拡充。警視庁特高警察部における検閲課の拡張（三二年）に合わせた動き。

7月、林房雄『青い花束』（改造社）、禁止【風】。

10月、小林秀雄らの「文學界」創刊。

11月、渡辺順三・篠田太郎・神畑勇編『正岡子規研究』（楽浪書院）、禁止【安】。昭和研究会が正式発足。
＊滝川事件で旧自由主義者が非難される。治安維持法による検挙者数が戦前最高となる。

4月、映画検閲主任岡稠松、「朝鮮及満洲」に『映画検閲雑感』を掲載。

同月、警務局図書課、全朝鮮警察部長会議において出版物・レコード・映画差押関連指示事項を下達。

5月、「朝鮮文学」創刊、カップの機関紙の役割を担う（休刊および続刊を経て、一九三九年六月一日通巻一九号で廃刊）。

同月、「蓄音機レコード差押規則」（総督府令第四七号）公布（六月一五日施行）。

6月、映画および音盤検閲官岡田順一、「警務彙報」に『蓄音機レコードの取締に関して』を掲載。

同月、劇団新舞台、「黄金狂騒曲」を団成社にて公演。一五日、俳優一二名が風俗壊乱罪により検束。

8月、総督府、ハングル定期発行物の原稿検閲制度を、校正刷検閲制度に変更。

9月、検閲官西村眞太郎、出版法による検閲方法を一部緩和するという警務局方針を発表。

10月、総督府、図書課に発声映画検閲所設立。映画普及事態を調査。

同月、朝鮮人検閲官金澤源、「警務彙報」に『諺文定期刊行物出版許可申請手続改正』を掲載。

11月、「出版警察月報」（一〇月分）、「風俗壊乱」の項目が固

		定化された分類として提示される。 12月、総督府、映画検閲のための建物を新築。 図書課調査資料第三三集『民族主義者の主張と共産主義者の論駁』刊行。
一九三四（昭和九）年	3月、文藝懇話会設立。 4月、帝人事件。 5月、出版法改正公布。皇室の尊厳冒瀆・安寧秩序妨害などにつき取締強化。八月施行。ジェイムス・ジョイス著、伊藤整・永松定・辻野久憲共訳『ユリシイズ』下巻（第一書房）、禁止【風】。のちに分割還付版を発売。 6月、東京地下鉄道浅草—新橋間全通。 9月、室戸台風、四国・関西に上陸。 12月、政府がワシントン条約廃棄をアメリカに通告。	1月、警務局図書課調査資料第三七集『不穏刊行物記事集録』発行（独立運動家の文庫、遺稿、伝記などを通して集められた遺言、檄文などを賞賛する文章が集められた）。 3月、警務局図書課、新田式トーキー映写機を東京から購入（予算三〇〇〇円）。 5月、第二次カップ事件。李箕永、白鉄、朴英熙ら六〇名余りが検挙される。以後、二三名起訴。 8月、「活動写真映画取締規則」（総督府令第八二号）公布。事前検閲を受けない映画は上映禁止。 同月、朴泰遠『小説家仇甫氏の一日』（『朝鮮中央日報』連載分）、軍人の描写部分が検閲により修正される。 9月、映画統制案施行。 11月、警務局図書課、検閲年報『朝鮮出版警察概要』刊行。
一九三五（昭和一〇）年	1月、「文藝春秋」誌上で芥川賞・直木賞設立の正式発表。 2月、貴族院で美濃部達吉の天皇機関説が問題視される。衆議院議員江藤源九郎、美濃部の著書を不敬罪にあたるとして告発。三月にかけて共産党中央委員会壊滅。 3月、「日本浪曼派」創刊。 4月、美濃部達吉『憲法撮要』（有斐閣）、『逐条憲法精義』、『日本憲法の基本主義』、禁止【安】。 8月、永田鉄山少将、皇道派の相沢三郎中佐に斬殺される。 11月、日本ペンクラブ創立（会長島崎藤村）。島崎藤村『夜明け前』完結。 12月、大本教第二次不敬事件、出口王仁三郎ら幹部三〇余人を不敬罪・治安維持法違反容疑で逮捕。	5月、中央高普生反帝同盟事件。三六名が検挙される。 6月、金基鎮、林和ら「カップ解散届」を提出。 12月、警務局図書課、検閲年報『朝鮮出版警察概要』刊行。
一九三六（昭和一一）年	2月、二・二六事件。斎藤実内大臣、高橋是清蔵相ら暗殺。 3月、内務省、大本教に解散命令。	3月、李泰俊の『聖母』、検閲により単行本の出版が認可されず（問題部分は朝鮮語の重要性を説破する部分など）。

4月、美濃部達吉『法の本質』（日本評論社）、禁止【安】。

5月、モーパッサン著、小林秀雄訳『ロックの娘』（河出書房）、禁止【風】。思想犯保護観察法公布。陸海軍大臣現役武官制復活。

6月、不穏文書臨時取締法公布。

7月、内閣情報委員会設立。平野義太郎ら「講座」派学者一斉検挙（コム＝アカデミー事件）。

8月、朝鮮に「不穏文書臨時取締令」を施行。

8月、「東亜日報」、オリンピック特集記事で孫基禎選手の胸の日の丸を消して写真掲載。翌日、運動部主任記者の李吉用が逮捕され、「東亜日報」は無期限停刊処分を受ける（日章旗抹殺事件）。中国四川省成都で、日本人新聞記者二人が殺害される（成都事件）。

11月、日独防共協定。


同月、林和、「朝鮮中央日報」に『朝鮮語と危機下の朝鮮文学』連載（三月八日─二四日）。

6月、映画および音盤検閲官岡田順一、「警務彙報」に『映画検閲の概況』を掲載。同じく検閲官広瀬四郎、同誌に『諺文新聞の歴史と現況』を掲載。

7月、検閲官川尻忠、「警務彙報」に『検閲上に見る出版物の趨勢』を掲載。総督府検閲許可を受けた映画『洪吉童伝』、大阪警察により上映禁止。

8月、日章旗抹消事件。「東亜日報」第四次停刊（─一九三七年六月一日解除、六月二日続刊）。東亜日報社雑誌「新東亜」「新家庭」停刊。社長宋鎮禹以下多数の幹部及び記者退任。「朝鮮中央日報」第二次停刊（─一九三七年一一月五日、発行許可の効力を失い廃刊）。

9月、検閲官兼田要、「警務彙報」に『新聞の取締に関して』を掲載。

同月、河明植と金宗熙、共産主義の社会実現を目的としたプロレタリア文芸研究会を結成。

10月、警務局図書課、検閲年報『朝鮮出版警察概要』刊行。「一般検閲標準」（安寧秩序妨害（治安妨害）事項二八項目、風俗壊乱新聞紙出版物一一項目）、「特殊検閲標準」六項目など四五項目を掲載。

同月、朝鮮共産党再建京城準備グループ機関紙部、「赤旗」発行。

12月、朝鮮思想犯保護観察令公布。

一九三七（昭和一二）年

2月、石坂洋次郎『若い人』前編、一二月後編（改造社）、右翼団体が不敬罪、軍人誣告罪で告訴。のちに不起訴。

5月、文部省編纂『国体の本義』刊行。

6月、第一次近衛文麿内閣成立。島木健作『再建』（中央公論社）、禁止【安】。フラアケ著、式場隆三郎・富田幸共訳『マルキ・ド・サド』（昭森社）、禁止【風】。

7月、盧溝橋事件。日中戦争勃発に伴い、文芸懇話会が帝国芸術院に服する形で解散。内閣情報委員会設立。


2月、李箱、東京で「不逞鮮人」として警察に検挙される（下宿捜索で不穏書籍発見、三四日間拘留された後、すぐに死亡）。

5月、警務局図書課、『諺文新聞差押記事集録』（一九三三─三六年の三つの民間紙押収記事）発行。

6月、修養同友会事件（安昌浩ら一五〇名余り、治安維持法違反で検挙され、一九四一年の最終裁判で全員無罪判決）。

7月、日中戦争勃発。総督府、ソウル発行新聞社代表および

9月、萩原朔太郎『無からの抗争』（白水社）所収の「歴史教育への一抗議」、削除【安】。内閣情報委員会が改組、情報局となる。

12月、治安維持法違反のかどで労農派幹部ら四百余人を一斉検挙（第一次人民戦線事件）。
＊矢内原忠雄の論文が相次いで発禁処分を受ける。
＊この年、帝国図書館が発禁本の「副本」を受け入れるようになる。内務省内のみでの保存を避けるため。

支局長五〇名余りを図書課に召集。時局喚起および言論機関の協力要求。

8月、通訳検閲官安倍幸市、「警務彙報」に『在住外国人発行朝鮮出版物概況』を掲載。9月、言論統制強化を目的に「内閣情報部官制」（勅令第五一九号）を公布、情報委員会を「内閣情報部」に改編。

10月、総督府、「皇国臣民の誓詞」制定、全国施行命令。

12月、警務局図書課、検閲年報『朝鮮出版警察概要』発刊。

一九三八（昭和一三）年

1月、女優岡田嘉子と杉本良吉、樺太国境からソ連に亡命。

2月、大内兵衛ら「労農派」の教授グループ検挙（第二次人民戦線事件）。

3月、石川達三『生きてゐる兵隊』（『中央公論』）、禁止【安】。石川と中央公論社員ら計五人は、日本軍の描写によって告発を受ける。

4月、国家総動員法公布。戦時に必要な場合、勅令によって出版物の掲載をコントロールする旨を規定。

8月、商工省、新聞用紙制限を指令。

9月、陸軍従軍作家、漢口作戦参加のため出発。

10月、河合栄治郎『ファシズム批判』など、禁止【安】。内務省「児童読物改善に関する指示要項」により、子ども向けマンガの規制が本格化。
＊岩波文庫『空想より科学へ』以下左翼関係の白帯もの三〇数点に増刷禁止命令。田山花袋『一兵卒』（岩波文庫）に一部削除が強制される。

1月、総督府、国民に日本語講習指示。

同月、李泰俊の『浿江冷』（『三千里』）、検閲を迂回し申采浩の詩『白頭山途中』一部引用。

2月、総督南次郎、御用団体朝鮮春秋会結成を指示。日刊新聞統制の窓口を単一化する。

同月、映画検閲官池田国雄、「朝鮮」に『検閲上にあらわれた朝鮮の最近の映画界』を掲載。

4月、第三次朝鮮教育令実施。朝鮮語教育を廃止。日本語を用いる朝鮮人の養成を目的とする。

同月、「陸軍特別志願兵令」（勅令第九五号）実施。総督府、言論界代表と編集責任者を召集。歓談会にて、記事で扱う内容についての注意事項と、対外宣伝の要旨を説明。一〇月にも再度実施。

5月、一九二八年八月にソ連に亡命した作家趙明熙、日本のスパイ嫌疑によりハバロフスク監獄で銃殺される。キリスト教系の抗日団体興行倶楽部会員一〇〇名余りが検挙される。

6月、千成煥、金宗熙、黄東淵ら、朝鮮独立を目的とした「民族文学研究会」結成。

7月、国民精神総動員朝鮮連盟創立。総督府朝鮮史編修会、『朝鮮史』（全三五巻）刊行。

一九三九（昭和一四）年

1月、東京帝国大学総長、河合栄治郎らの休職処分を文相に上申。

2月、河合栄次郎、既に発禁処分を受けた五著書のために改

2月、「文章」創刊（編集兼発行人金錬萬、一九四〇年七月号より李泰俊、一九四一年四月一日通巻二六号で廃刊）。

4月、総督府、全国警察部長会議において言論機関指導と助

めて起訴される。四二年に有罪確定。

3月、軍用資源秘密保護法公布。

4月、武者小路実篤『その妹』(岩波文庫、一九年刊)「廃兵とその妹の悲運な生活描写」との理由で、一部削除。徳冨蘆花『自然と人生』(岩波文庫、三三年刊)「大元帥陛下の御凱旋と国民の困窮とを対比」したことにより一部削除。

5月、満蒙国境ノモンハンで満・外蒙両軍が衝突(ノモンハン事件の発端)。

7月、国民徴用令公布。

11月、朝鮮人の氏名に関する件公布(創氏改名、翌月朝鮮総督府公布)。

12月、丹羽文雄『西門家の人々』(「大陸」)、連載七回で自発的に中断。
＊朝鮮総督府、新聞統廃合開始。

成、出版物・蓄音機・レコードなどの取締りのための出版警察の機能拡充などを議論。

7月、総督府、釜山をはじめとした南朝鮮各道の新聞通信雑誌発行編集者と、日本の山口県、福岡県において発行された新聞編集責任者を召集し、歓談会を開く。同月、朴泰遠の『路地の中』(「文章」)、総督府の入試制度変化について戯画化した批判を挿入。

6月、金宗煕、朴龍徳、キムドンガら、朝鮮伝統および朝鮮語文学復興を目的とする朝鮮文芸復興社設立を協議。

9月、高城地域の秘密結社「民族文学研究会」摘発(四〇年一月、関係者五名実刑宣告)。

10月、「人文評論」創刊(編集兼発行人崔載瑞。四一年四月、通巻一六号で廃刊)。

同月、国民徴用令が実施される(一九四五年まで四五万名を動員)。

11月、朝鮮総督府、「朝鮮民事令」改正(勅令第一九号)。朝鮮においても神社参拝、創氏改名などのための法令が作られた。

12月、総督府、各地(平壌、ソウル、大邱など)の言論機関責任者を集め歓談会を開き、取締方針と対外宣伝要旨を説明した。

同月、朝鮮人予約出版法施行。警務局図書課の関連文『朝鮮人の予約出版について――警務局図書課』が「博文」に掲載された。

一九四〇(昭和一五)年

2月、津田左右吉『古事記及日本書紀の研究』(岩波書店、二四年刊)、林房雄『獄中記』(創元社)、禁止【安】。

3月、出版法違反で津田左右吉と岩波茂雄が起訴される。内務省、ミス＝ワカナ・藤原釜足ら芸能人一六人に改名指示。

5月、新聞雑誌用紙統制委員会設置。

9月、日本軍、北部仏印進駐。近衛内閣は閣議で国土計画設定要綱を決定。織田作之助『夫婦善哉』(創元社)一部削除【風】。


1月、総督府令制令第一号「朝鮮映画令」公布。映画を「文化戦の弾丸」とするという意思を主張。「毎日新報」金晉燮筆禍事件。問題記事は『まだ心配ない』(反戦思想を含む)。学芸部長趙容萬、編集局長金炯元、社会部長金基鎮の解任および退社。発行人李相協、編集人金善欽、当時の検閲担当者、始末書。

2月、創氏改名実施。

5月、「少年朝鮮日報」、趙英喜『米』(児童の作文)削除。

10月、大政翼賛会発会。初代文化部長に岸田国士が就任し、地方文化運動に力を入れる。文芸家協会、日本ペンクラブなどの団体が集まり、日本文芸中央会が結成。

11月、紀元二千六百年式典挙行。大日本産業報国会創立。日本出版文化協会発足（四三年に日本出版協会に改称）。

12月、文化統制強化をねらい内閣情報局発足。内閣情報部が格上げされたもの。内務省警保局図書課は同検閲課に改称されるとともに、情報局第四部第一課へと組み入れられる。


6月、図書課が放送プログラムの検閲を担当。

7月、総督府令第一八〇号朝鮮映画令施行の件、総督府令一八一号朝鮮映画施行規則が発表される。

8月、図書課、『諺文新聞紙差押記事集録』（一九三七―三九年八月の間の三つの民間紙の押収記事掲載）発行。

同月、「朝鮮日報」「東亜日報」同時廃刊（報道の統一と資源の枯渇が理由）。

『一九三九年における朝鮮出版警察概要』において二八項目の検閲標準提示。

一九四一（昭和一六）年

1月、新聞紙等掲載制限令公布。大政翼賛会文化部、『地方文化新建設の根本理念及び当面の方策』を発表。

3月、国防保安法公布、治安維持法改正。治安維持法では予防拘禁制が追加。

4月、企画院事件。国民学校発足。日ソ中立条約調印。

6月、里見弴『愛と智と』（実業之日本社）「不敬にわたる記述」を削除。

7月、徳田秋声『西の旅』（豊国社）、林芙美子『初旅』（実業之日本社）、禁止【風】。

8月、丹羽文雄『中年』（河出書房）、織田作之助『青春の逆説』（萬里閣）、禁止【風】。

9月、徳田秋声『縮図』（「都新聞」）連載第八〇回より連載中止【風】。内閣情報局が一貫してゲラ刷り全体に赤インキで削除命令をつけて返却したため。

10月、ゾルゲ事件。

11月、朝鮮総督府総務局内に「情報課」新設。

12月、真珠湾攻撃により太平洋戦争勃発。新聞事業令、言論・出版・集会・結社等臨時取締法公布。大政翼賛会文化部主導の文学者愛国大会開催。
＊七月の婦人雑誌の整理を皮切りに、物資統制を名目とした雑誌出版の一元化が始まる。
＊紙の配給始まる。

1月、総督府警務局、『朝鮮総督府禁止単行本目録』発行。

2月、朝鮮思想犯予防拘禁令公布（三月一〇日施行）。

5月、朝鮮春秋会解散、「朝鮮新聞会」に改称し、言論統制の連絡担当機構として発足。

11月、総督府機構改編、情報課新設（宣伝を通した戦争遂行効率化を計画）。

一九四二（昭和一七）年	2月、衣料切符制実施。日本軍、シンガポール占領。 4月、翼賛選挙実施。 6月、日本文学報国会創立（会長徳富蘇峰）。ミッドウェー海戦。 9月、細川嘉六『世界史の動向と日本』（「改造」）が陸軍情報部により共産主義の宣伝と指摘され、禁止。細川は検挙。「横浜事件」の直接的契機。 10月、太宰治『花火』（「文芸」一〇月号）発売後に削除命令を受ける。「一般家庭人」に「悪影響」とされる。独立運動容疑で朝鮮語学会会員の大量検挙を開始（朝鮮語学会事件）。 11月、日本文学報国会、第一回大東亜文学者大会開催。「愛国百人一首」選定発表。	10月、朝鮮語学会事件（一九四三年一月まで三三名検挙）。治安維持法内乱罪適用。全員懲役刑。 同月、警務局図書課職員岸加四郎、「朝鮮」に『朝鮮出版文化小観―検閲を通して見る』を掲載。 同月、朝鮮総督府傘下皇道映画協会内に映画企画審議会設置。
一九四三（昭和一八）年	1月、中野正剛『戦時宰相論』（「朝日新聞」）、東条英機首相批判のかどで禁止。 2月、出版事業令公布。日本軍、ソロモン諸島ガダルカナル島から撤退開始。 3月、日本出版会創立。 5月、アッツ島の日本軍全滅。火野葦平『青狐』（六興商会出版部）、削除【安】。所収の詩『兵隊』『白木蓮花』による。神奈川県の特高警察が、中央公論社や改造社の編集員ら一八名を一斉検挙。 6月、谷崎潤一郎『細雪』（「中央公論」）、連載三回目が差し止めとなり、中止【風】。陸軍情報部の干渉による。 7月、尾崎士郎『烽煙』（生活社）、禁止【安】。 8月、日本文学報国会『辻小説集』刊行。第二回大東亜文学者決戦会議開催。 9月、上野動物園で空襲にそなえライオンなどの猛獣を殺害、供養式を行う。 10月、文部省主催出陣学徒壮行会、明治神宮外苑で挙行。	3月、徴兵制公布（八月施行）。 6月、総督府、「学徒戦時動員体制確立要項」を発表。 7月、詩人尹東柱、京都において思想犯として逮捕される（四五年獄死）。 9月、震檀学会、解散。 12月、総督府機構改編。図書課廃止、検閲業務が保安課に移管される。 同月、短波放送受信事件。「アメリカの声（VOA）」と重慶臨時政府放送を通して戦況と国際情勢を聴取し、それらを広めた人びとが多く投獄される。そのうち「朝鮮日報」営業局長出身の文錫俊（一九四四年一月二一日）および「東亜日報」政治部記者出身の洪翼範（一九四四年一二月一九日）獄死。
一九四四（昭和一九）年	1月、細川嘉六の治安維持法違反容疑に関連して「中央公論」「改造」の編集者検挙。	4月、総督府、「学徒動員体制整備に関する訓練」公布。 5月、朝鮮興行等取締規則（総督府令）制定。

年	日本	朝鮮
	2月、「毎日新聞」の『竹槍では間に合はぬ、飛行機だ』の記事（二三日）に東条首相激怒、内務省が新聞差押処分通達。 6月、龍肝寺雄『アパアトの女たちと僕とその他』（改造社、三〇年）、禁止【風】。マリアナ沖海戦。昭和新山発生。 7月、中央公論・改造両社に廃業命令。サイパン島の日本軍守備隊が全滅。 10月、レイテ沖海戦。神風特別攻撃隊初出動。 11月、第三回大東亜文学者大会開催。 12月、東南海地震発生、津波を伴う。 ＊学童疎開はじまる。	9月、「臨時電信電話規則」（府令三三七号）公布（一〇月実施）、電報および電話検閲法制化。 10月、「学徒勤労令」公布。
一九四五（昭和二〇）年	6月、沖縄守備軍全滅。 8月、広島・長崎に原爆投下。日本、無条件降伏。朝鮮の植民地支配終わる。 **【敗戦後】** 9月、連合国軍総司令部（GHQ）設置。三木清獄死。アメリカ占領軍の「言論及ビ新聞ノ自由ニ関スル覚書」によって従来の検閲が禁じられ、「プレス・コード」等によるGHQの検閲が始まる。 11月、雑誌「新生」創刊。 12月、新日本文学会創立大会。NHKラジオにて「真相はかうだ」の放送開始。CIEラジオ課の企画・脚本。 ＊黒島伝治『武装せる市街』（十月書房）、占領政策により出版不許可。谷崎潤一郎の戦後第一作『A夫人の手紙』、CIEの検閲による全文「delete」の処分。	4月、朝鮮総督府訓令第一八号第六項、活動写真フィルムの検閲および取締りについて、責任を全警務局検閲課に付与。 5月、「戦時教育令」公布。 6月、朝鮮言論報国会結成。 8月、一五日、天皇の玉音放送。 **【解放以降】** 8月、建国準備委員会発足。一七日、中央組織完了（新聞・放送掌握、全国に人民委員会組織）。「長安派共産党」結成。朝鮮文化建設中央協議会結成。「再建派共産党」結成。朴憲永、「現情勢とわれわれの任務」、いわゆる八月テーゼ提示。「朝鮮共産党再建準備委員会」構成。 9月、マッカーサー、北緯三八度線を境に米ソ両軍による分割占領を発表。建国準備委員会、朝鮮人民共和国樹立を発表。米極東司令部、朝鮮南部に軍政宣布（布告令第一号）。アーノルド少将、米軍政府長官に就任。再建派共産党、長安派共産党を吸収し、正式に朝鮮共産党再建。小等学校再開。米軍政府、総督府および日本人の財産を米軍政府所有と宣言。米軍政府、法令第六号「教育に関する措置」公布。 10月、米軍政府、「週刊ダイジェスト」製作、無料配布。建国準備委員会解体。米軍政府法令第一一号、一九〇九年制定

の出版法廃止。ほかに廃止されたものとして、政治犯処罰法（一九一九年四月一五日）、予備検束法（一九四一年五月一五日）、治安維持法（一九二五年五月八日）、政治犯保護観察令（一九三六年一二月一二日）、神社法（一九一九年七月一八日）など。朝鮮北部、朝鮮共産党北朝鮮分局設置。法令第一九号、新聞およびその他出版物の登録制規定。

11月、「朝鮮日報」復刊。朝鮮人で構成された教育諮問機構朝鮮教育審議会、活動開始。軍政律法第二一号、「以前法令等の効力に関する件」制定。林和、「文化戦線」創刊号に『現下の情勢と文化運動の当面任務』を掲載。米軍政府、部署改編。情報課が「公報課」に転換（検閲と宣伝活動は主務課）。「毎日新報」停刊、「ソウル新聞」に改題し続刊。

12月、「東亜日報」復刊。米軍政府、日本人所有の土地および財産を没収。朝鮮文学家同盟結成（中央執行部委員長に洪命熹）。

一九四六（昭和二一）年

1月、「近代文学」創刊。

2月、金融緊急措置令施行（預貯金封鎖、旧円を新円と交換）。

4月、坂口安吾『堕落論』（「新潮」）発表。

5月、メーデー復活。吉田茂内閣成立。

6月、太宰治『冬の花火』（「展望」）、ＧＨＱの意向で禁止。

10月、在日朝鮮人居留民団結成（四八年に在日大韓民国居留民団と改称）。

11月、日本国憲法公布。翌年五月施行。

12月、太宰治『冬の花火』の新生新派による上演が、ＧＨＱの意向で禁止。
＊戦前に禁止処分を受けたヴァン・デ・ヴェルデ『完全なる結婚』（大洋社、ふもと社。戦前のタイトルは『完全なる夫婦』）刊行。
＊原民喜『夏の花』、「hold」とされる。四六年初頭のことか。

1月、ソウル新聞社、「新天地」創刊（一九五四年一〇月一日通巻六九号で廃刊）。米軍政府公報課、公報局に昇格。

2月、軍政長官ラルケ（Lerche. A. L.）、記者会見において、放送局検閲について言及。米軍政府、「劇場及興行取締令」制定（京畿道警察部長名義）。劇団公演の中止、脚本の検閲による削除始まる。朝鮮文学家同盟、組織が拡大し全国文学者大会に。「漢城日報」創刊（社長安在鴻）。二四日、朝鮮文化団体総連盟（文連）設立（二五の文化芸術団体の連合）。

3月、米軍政府、行政機構改編（学務局から文教部に、法務局から司法部に、交通局から運輸部に、軍務局から国防部に改編）。朝鮮文化団体総連盟、「劇場および興行取締令」の実施反対と撤廃を要求する声明書を発表。米軍政府ハッジ中将、米ソ共同委員会開催前に声明書を発表。言論・集会・信仰・出版の自由を尊重することと、出版検閲をしないという意思を表明。朝鮮新聞協会創設（二〇余りの新聞・通信社で構成される）。北朝鮮芸術総連盟結成（一〇月、北朝鮮文学芸術総同盟に改編）。

4月、法令第六八号「活動写真の取締」公布、映画事前検閲制の復活。朝鮮新聞協会主管による全国新聞記者大会を開催。米軍政府と民族陣営を糾弾。

5月、朝鮮文化団体総連盟と朝鮮映画同盟所属の映画団体、軍政当局に検閲手続緩和について建議書を提出。米ソ共同委員会決裂後、法令第七二号公布、軍政違反犯罪規定八二項目列挙（一ヶ月後、事実上撤回。一九四八年四月八日法令第一八三号により公式的廃止）。公報局、公報部に昇格。公報局長金吉俊就任。朝鮮共産党、偽装紙幣を流通させたという罪目で起訴される事件（いわゆる精版社事件）発生。以後、弾圧強化。法令第八八号「新聞およびその他定期刊行物許可に関する件」、法令第一九号における登録制から許可制へ転換。

6月、李承晩、南部単独政府樹立を主張。「朝鮮文学」主幹池奉文検挙される。

7月、朝鮮共産党、「正当防衛の逆攻勢」という新戦術によって、米軍政府に圧迫を加える。北朝鮮労働党創設（北朝鮮共産党と新民党が合党、委員長金日成）。

9月、国際青年デー会議において「誰のための活気溢れる若さか」を朗読した兪鎮午が検挙される。金元鳳部隊の抗日運動記録映画「朝鮮の勇隊」、上映不許可処分。米軍政府、一九名の朝鮮人部署長に行政権移譲。朝鮮共産党と朝鮮労働組合全国評議会（全評）の主導の九月総ストライキ、全国に拡大。二五日よりソウル市内各新聞社の従業員による同盟ストライキ、二六日より新聞発行の中断。

10月、大邱一〇月抗争（朝鮮南部各地において、労働者・市民が警察と衝突）勃発。左派検挙が加速する。朝鮮文学家同盟作家（林和、金南天ら）の一〇月抗争をめぐる詩が検閲される。法令第一一五号「映画の許可」公布（総督府令制令第一号「朝鮮映画令」（一九四〇年一月四日）、総督府令第一八〇号朝鮮映画令施行の件（七月二五日）、総督府令第一八一号朝鮮映画施行規則などが廃止される）。朝鮮映画同盟および文化芸術八団体、法令第一一五号の映画検閲方針撤廃要求共同声明書を発表（一〇月三〇日、ラルケ軍政長官の説明）。

11月、新聞紙法第三七条違反により、金光洙、軍政法廷で八ヶ月求刑、二年執行猶予宣告。

同月、朝鮮人民党・南朝鮮新民党が合党し南朝鮮労働党結成。

一九四七（昭和二二）年

1月、皇室典範公布。「猟奇」第二号（茜書房、四六年一二月号）、刑法第一七五条の猥褻文書に該当するとして摘発。二・一ゼネストが直前で中止。

2月、日本ペンクラブ再建（会長志賀直哉）。

4月、参議院議員初選挙。第二三回衆議院総選挙。

6月、原民喜『夏の花』（「三田文学」）、発表。

9月、小中学校で社会科の授業開始。

12月、内務省解体。『荷風全集』第四巻に収録予定だった『異郷の恋』がＣＩＥによりアメリカ批判と見做され、収録不可能となる。


1月、米軍政府警察総監張澤相、「芸術を口実にした政治宣伝の全面禁止」を特別告示。朝鮮文化団体総連盟、映画同盟など左派一二団体、「張澤相告示」の撤回を要求する建議書を軍政長官に提出。

2月、全国文化団体総連合会（文総）設立。左翼系文化団体に対抗する立場が結集。ソウルの日刊新聞および通信社編集局長ら、淡水会を創立。

3月、済州島の三・一節記念集会において米軍政警察が発砲し、済州島民六名死亡。文学家同盟において印刷中だった詩集『人民抗戦』押収。文学家同盟機関誌「文学」発売禁止措置。公報部令第一号「定期刊行物許可停止に関する件」公布。

4月、咸世徳、朴憲永の八月テーゼに立脚し改作した『当代ノルブ伝』を発表（「文学」）。米軍政府当局に台本検閲を依頼し、八月二九日上演許可を得る。

5月、五・一〇総選挙実施。米ソ共同委員会再開を契機に、南朝鮮労働党、大衆化運動に積極的攻勢。大法院刑事部、新聞紙法の一部有効判決。林和の詩集『讃歌』に収録された「旗を降ろせ」が削除を命じられる。

6月、米軍政府、「世界ニュース」配布（初期五万部を製作、一一月以降三〇万部に増加）。

7月、南朝鮮労働党、文化工作隊を派遣し、国政当局と直接対立。北朝鮮芸術総連盟、「文化戦線」創刊（「文学芸術」の前身）。

8月、一〇〇〇名余りの左翼が検挙される。右翼言論人を中心とした朝鮮新聞記者協会創立（委員長・高在旭）

9月、米軍政府、過渡立法議院に「新聞その他定期刊行物法」制定要請。

10月、南朝鮮労働党文化部長金台俊、検挙される。

11月、李泰俊『ソ連紀行』押収。首都庁、東大門警察署を通して「無許可」書籍を取締る。左翼書籍七五種五〇〇冊余りを押収。

一九四八（昭和二三）年

1月、帝銀事件。五五年、平沢貞通の死刑確定。

6月、太宰治、玉川上水で山崎富栄と心中。一九日に遺体発見。

7月、GHQが新聞の事前検閲廃止。

8月、大韓民国成立。初代大統領に李承晩。金阜山人（永井荷風）『四畳半襖の下張』（三希洞文庫）、猥褻文書として摘発。東京地裁で有罪判決。荷風『断腸亭日乗』には、この年五月に警視庁の事情聴取を受けた旨の記述あり。

9月、朝鮮民主主義人民共和国成立。初代首相に金日成。

10月、石坂洋次郎『石中先生行状記』（「小説新潮」）連載第九回により、石坂が検察送致となる。結果は不起訴処分。

11月、極東国際軍事裁判判決（東条英機ら七名が絞首刑、木戸幸一ら一六名が終身禁固刑）。
＊前年五月に貴族が爵位を奪われ、同一二月刊行の太宰治『斜陽』がこの年のベストセラーになるに伴い、「斜陽族」が流行語となる。

1月、公報部、許可された映画への再検閲措置。国民文化映画社制作『民族の絶叫』第二編、一部削除。

4月、済州島四・三事件勃発。法令第一八三号公布（植民地期の法令七つを廃止）

6月、朝鮮言論協会創立。

7月、首都庁、警友会が朴基采監督に依頼して製作した映画「夜の太陽」、強制購買と新聞記者を冒涜する場面が問題になる。首都庁出入記者団が抗議書提出。公報局長金珖燮が遺憾を表明する。文化言論人三三〇名宣言。大韓民国憲法公布。言論出版の自由を初めて規定した。

8月、大韓民国樹立。

9月、「世界日報」、社説で「言論界の親日派」を批判し、親日派言論人が活動し続ける状況に遺憾を表明。総督府検閲室でも、依然として活躍していると言及。

同月、朝鮮民主主義人民共和国樹立。

同月、政府、言論社に七つの取締条項を通告（大韓民国の国是国策に違反する記事、政府を謀略する記事、共産党と北の政権を認証および擁護する記事、虚偽捏造煽動記事、友邦との国交を阻害および国威を損傷する記事、刺激的な論調で民心を激昂および悪影響を与える記事、国家機密を漏洩する記事）。憲法制定国会の特別機関として「反民族行為特別調査委員会（反民特委）」設置。

10月、公報処、軍政庁および米軍政下の南朝鮮過渡政府によって検閲された映画すべてに再検閲を実施。検閲基準、強化。言論取締条項により、新聞記者四〇名が検挙される。「朝鮮通信」「国民新聞」廃刊。麗順（麗水・順天）事件勃発。李承晩政権の反共主義路線強化。新聞紙法草案により、新聞紙法制定論争が起きる。

11月、言論三団体（淡水会・朝鮮言論協会・朝鮮新聞記者協会）、政府の言論弾圧に対し抗議文を発表。文化団体総連合会、文教部と協力し、麗順事件に関連した文学者に対する調査班を派遣。公報処に映画課設置、映画検閲を担う。首都警察庁、政界と言論界の人士七〇〇名余りを「暴動陰謀嫌疑」で検挙。三長官会議、興行取締規定に関する一切の興行取締関係事務を文教部に移管。言論三団体、新聞紙法制定に反対する共同声明書を発表。宣伝対策中央協議会、大統領令により実施。

12月、国家保安法公布。公報庁、九つの記事掲載禁止基準を明示。国会議員を取り上げた記事が原因で、「大韓日報」と「民衆新聞」発行許可取り消し。権承烈が起草した新聞紙法草案、国務会議で通過。中央庁記者団、新聞紙法撤廃建議。李承晩大統領、「言論の自由は保証するが、新聞紙法廃止の問題は未だ不明」と回答。文化団体総連合会主催、「民族精神高揚全国文化人総決起大会」開催（一二八日）。雑誌「新天地」「民声」「文章」「新世代」と出版社白楊堂、雅文閣が告発される（該当雑誌および出版社事業終了）。その後、ソウル新聞社は政府の機関紙と化す。文教部は国語教科書を全面改編し、越北作家の作品は排除された。

一九四九（昭和二四）年

5月、出版法・新聞紙法が廃止される。

7月、三島由紀夫『仮面の告白』刊行。下山事件、三鷹事件発生。

11月、湯川秀樹が日本人初のノーベル賞（物理学賞）受賞。新聞の夕刊が復活（「夕刊神戸」）。同月下旬に「朝日」「毎日」「読売」も復活。


1月、商工部貿易局、外国映画輸入を許可。体刑の代わりに罰金引き上げを取り込んだ修正新聞紙法案、国務会の通過。反民特委、和信財閥総主朴興植を検挙。反民特委、暗殺陰謀を発表。

3月、「世界日報」（日韓通商条約の情報と法案草案を許可なしに報道）と「国際新聞」（大邱一〇月抗争に関して破壊分子の乱暴を擁護する態度による編集）廃刊。この時期までに廃刊になった定期刊行物は五三件（公報府令第一号による三八件、光武新聞紙法による一五件）。文教部文化局芸術課、演劇脚本検閲実施。雑誌「以北通信」（第四巻第四号）、『洪命熹の南北統一論』三分の一以上の部分が削除されたまま発

年	日本	韓国
		行。 4月、本格的な転向政策施行。国民保導連盟結成。多数の文学者たち、同連盟に加入。 5月、国会フラクション事件発生。 6月、「ソウル新聞」停刊（安寧秩序紊乱および新聞紙法違反）。日本語字幕の映画は上映しないことが決定される。過去に左派組織（朝鮮文学家同盟など）に参与した作家に対する大々的な検挙が始まる（一〇月にかけて）。金九、安斗煕によって暗殺される。軍事顧問団を除いた米軍撤収完了。 7月、演劇脚本検閲事務が公報処に移管。 8月、ソウル市警察、南朝鮮労働党中央特殊組織部情報局事件を発表（前現職記者一七名、スパイ活動を理由に起訴される）。ソウル市警察、反民特委庁舎を包囲し、特警隊員を強制連行。反民特委廃止案、国会通過。 9月、国務総理、公報処において演劇脚本を検閲するという内容の公文を、関係部署に発送。 10月、一六の政党および一一七の社会文化団体、登録削除。左派の文化および芸術団体解散。麗順事件に関連した文学者に対する調査班と右派作家が、宣伝対策中央協議会啓蒙事業に参与（一一月にかけて）。 11月、「越北文人著書発売禁止」措置。臨時郵便取締法により、米軍政府通信検閲が大韓民国政府の逓信部に移管。転向文筆家の執筆禁止および原稿審査制施行。 12月、公報処、朝鮮語字幕がない輸入映画と、録音不完全な国産映画については、検閲申請を受け付けないとした。「文章」販売禁止、社長兼編集者鄭芝溶、不拘束送致。国家保安法改正。報道拘禁制が設けられ、報道拘禁所が設置される。
一九五〇（昭和二五）年	1月、ノーマン・メイラー著、山西英一訳『裸者と死者』上巻（改造社）、摘発を受けるがGHQの意向で十日後に自由出版。 6月、朝鮮戦争始まる。警視庁、検察庁の協力を得て出版物	1月、李哲源公報処長、国産映画に対する事前脚本審査方針を明らかにする。 2月、政府、国会に新聞紙法案提出。記者団、新聞紙法案撤回を建議。

	風紀委員会を発足。最高検察庁、D・H・ロレンス著、伊藤整訳『チャタレイ夫人の恋人』（小山書店）の摘発押収を全国の警察に指令。七月八日に発禁処分。 7月、レッド・パージ始まる。 8月、警察予備隊令公布。 9月、東京地検が『チャタレイ夫人の恋人』の発行者と訳者を起訴。 12月、松川事件で福島地裁、五人に死刑など全員に有罪判決。	4月、米軍政府布告令第二号廃止。左翼系の文化人に対する原稿事前検閲措置施行。 5月、宣伝対策中央協議会、「選挙促進防共防諜」キャンペーンを主導。 6月、朝鮮戦争勃発。政府、非常事態宣布。特別措置令、戒厳令、言論出版に対する特別措置令を下す。 7月、戒厳令宣布、言論出版に関する特別措置令を公布。 8月、『大邱毎日新聞』、「李大統領」を「李太統領」と誤植。社長李相祚は二ヶ月間拘束され、新聞は無期停刊処分を受ける。 12月、大韓新聞記者協会創立（初代会長・呉宗植）。
一九五一（昭和二六）年	2月、安部公房『壁』（「近代文学」）発表。 4月、マッカーサー解任。リッジウェー総司令官着任。 5月、チャタレイ裁判始まる。 6月、国際労働機構（ＩＬＯ）・ユネスコに日本が加盟。 8月、警察予備隊員、第一回七〇〇〇人入隊。 9月、サンフランシスコ講和会議開催。対日講和条約調印、日米安全保障条約調印。	3月、朝鮮民主主義人民共和国、文学者と芸術家を組織し、朝鮮文学芸術総同盟を発足。 4月、編集記者会創立総会。 10月、大韓新聞協会発足。 11月、「東亜日報」筆禍事件。
一九五二（昭和二七）年	1月、チャタレイ裁判第一審判決。訳者無罪、発行者罰金二五万円。金達寿『玄界灘』（「新日本文学」）連載開始（―五三年一一月）。 4月、対日講和条約と日米安保条約の発効に伴い、連合国軍総司令部の解消発表。以降は「在日米軍」と呼称されることになる。 5月、メーデー事件、「アカハタ」復刊。 7月、破壊活動防止法公布。 10月、石川県議会、在日米軍の軍用地調達反対を満場一致で決議（内灘闘争）。 12月、チャタレイ裁判控訴審、東京高裁で訳者にも罰金一〇万円を科す判決。	2月、公報処、月刊雑誌「自由世界」創刊号を押収措置（雑誌に収録された金光州の小説『私はお前が嫌いだ』が公報処長李哲源の妻をモデルとしたという理由による）。 3月、新聞紙法（一九〇七年制定）公式廃止。 10月、「越北作家歌曲の歌唱禁止およびそれらを収録した流行歌集の販売禁止」措置。 11月、文教部から学生推薦映画として選定されたイギリス映画『ヘンリー五世』、公報処を通過したにもかかわらず、厭戦思想を理由に国防部によって再検閲される。多くの部分が削除された後、再び公開される。軍検閲隊、映画『旅愁』『ヨーロッパの何処かで』の上映を禁止。

一九五三（昭和二八）年	2月、NHK東京テレビ本放送開始。 7月、朝鮮休戦協定調印。	4月、張俊河主宰の月刊総合雑誌「思想界」創刊（金芝河『五賊』の筆禍事件により一九七〇年五月廃刊処分）。 12月、趙演鉉の『韓国現代作家論』、越北作家を扱ったという理由で販売禁止に。趙演鉉の反駁により条件付きで発禁解除。
一九五四（昭和二九）年	3月、ビキニ水爆実験で第五福竜丸被爆。 5月、原水爆禁止署名運動杉並協議会発足（原水禁運動）。十月には署名が一千万を突破。 6月、斎藤昌三編『好色三大伝奇書』（美和書院、五二年刊）、摘発。 12月、鳩山一郎内閣成立。 ＊「週刊朝日」「サンデー毎日」が百万部を突破。	1月、鄭飛石『自由夫人』（「ソウル新聞」連載、一月一日―八月六日）、性倫理をめぐる論争を引き起こす。 4月、文教部令第三五号、教育課程時間配当基準令告示。毎週一時間以上ずつ道義および反共防日を内容とする道徳の授業を施行。
一九五五（昭和三〇）年	8月、第一回原水爆禁止世界大会、広島で開催。反対署名全世界で七億。 9月、沖縄で米兵が幼女を暴行・殺害する（由美子ちゃん事件）。 11月、日米原子力協定調印。自由民主党結成。 ＊各地のPTAを中心に悪書追放運動が展開される。 ＊「太陽族」ブーム。	1月、検閲強化のための「出版物臨時取締法」制定をめぐり、言論界の対立勃発。ソウル市警局長尹箕炳、「韓国日報」討論記事において、日本書籍が市場に氾濫していることと、赤色雑誌の流通問題の深刻さを提起。 2月、政府組織法と文教部職制の改正。映画の検閲をめぐる業務は文教部に移管される。 3月、文教部、「映画および演劇脚本検閲に関する件」を発表。野党議員の家に不穏文書が投入された、いわゆる「不穏文書投入事件」をめぐり、国会本会議において質疑戦が繰り広げられる。 4月、文教部、文化行政全般に対し、本格的に管理を始める。検閲事務、文教部文化局芸術課に一元化。文教部「映画検閲要項」「外国映画政策方向提示」を発表。 5月、文教部「映画検閲基準草案」「外国映画輸入に関する臨時措置法案」を発表。「ソウル新聞」の連載小説『人間譜』（李鍾桓）連載中止（米兵への女性の売買春を扱ったため）。朴仁秀事件（七〇名余りの女性を籠絡したという理由で検挙）が社会問題になる。 8月、映画「ピアコル」、パルチザンを人間的に描いたとい

		う国防部の指摘と内務部の発議により、上映許可取り消し。 9月、「大邱毎日新聞」、中高生を政府が街頭行列などに動員したことを批判した社説を掲載。自由党および国民会幹部の指示のもと、怪しい男が大邱毎日新聞社にテロを起こす。主筆崔錫采、国家保安法違反嫌疑で拘束される。 10月、文教部、「国産レコード制作および外国輸入レコードに対するレコード検閲基準」を発表。
一九五六(昭和三一)年	1月、万国著作権条約公布。石原慎太郎『太陽の季節』の芥川賞受賞により、同賞の知名度が上昇。 5月、水俣病、水俣保健所に初の届け出。 7月、『経済白書』、「もはや「戦後」ではない」と発表。 10月、三島由紀夫『金閣寺』刊行。日ソ共同声明。 12月、国連総会、全会一致で日本加盟を可決。	6月、「ソウル新聞」の連載小説『群雄』(金八峰)、新聞社の一方的な通告により連載中断。文学者ら六〇名、声明書を発表し、「ソウル新聞」に対して執筆拒否を宣言。その後、ソウル新聞社文化部長が更迭され、連載再開。 7月、文教部、告示二四号(映画および演劇等の公演許可規準)と二五号(映画公演許可事務取扱要項)を発表。二四号の公演物検閲細則は〈1国家法律、2宗教教育、3風俗、4性関係、5残虐性、6その他〉を範疇として区分。
一九五七(昭和三二)年	2月、岸信介内閣成立。 3月、チャタレイ裁判、最高裁は上告を棄却し有罪判決確定。 8月、大江健三郎『死者の奢り』(「文学界」)発表。原子の火、茨城県東海村で初点火。 12月、萩野昇医師、イタイイタイ病は、三井金属鉱業神岡鉱業所の排水が原因と発表。	3月、文教部、「国産映画および文化映画奨励策」を発表。シナリオ事前検閲、劇場への命令権行使などの統制策を含む。国務会議におけるハングル専用決議以降、映画字幕に漢字や外国語が混じった場合に上映許可が取り消されるという方針が打ち立てられる。 4月、政府の言論統制強化に対処し、全国の新聞社と通信社の編集局長級以上の言論人ら韓国新聞編集人会を結成。 6月、韓国日刊新聞発行人協会創立。 7月、韓国通信協会創立。 8月、外国図書印刷物推進基準を発表。敵性国家の書籍および日本の書籍に対する厳しい排除。 同月、官制の映画検閲に対し、防御的な次元から民間自律機構映画倫理委員会が設立される。
一九五八(昭和三三)年	2月、韓国から抑留漁師三〇〇人、第一次帰国。 4月、遠藤周作『海と毒薬』刊行。売春防止法施行。 12月、東京タワー完工。	1月、ソウル市警察、金星煥の連載漫画『コバウヨンガム』(「東亜日報」)に対し四五〇ウォンの過料を求める(警務隊を登場させた連載分について、虚偽事実の掲載による軽犯罪

		違反）。 同月、民議院選挙法、参議院選挙法改正公布。言論における選挙報道萎縮の憂慮が増大。 7月、軍政、「旧法令整理特別措置法」を制定し、内閣に整理委員会を設置し活動。 8月、『考える民であってこそ生き得る』（「思想界」）、国家保安法違反嫌疑で筆者咸錫憲を拘束（国体否認）。 12月、国家保安法改正案通過および公布。言論規制の根拠が大幅に強化される。
一九五九（昭和三四）年	1月、第三次南極観測隊、昭和基地に一年間放置の樺太犬、太郎と次郎の生存確認。 4月、皇太子成婚。 5月、北見洋子（清水正二郎のこと）『ちょっと愛して』（光書房）刊行。七月に禁止。 7月、清水幾太郎ら学者や評論家が安保問題研究会を結成。 12月、北朝鮮帰還第一船、新潟出港。	4月、米軍政府、法令八八号適用、虚偽事実報道等の嫌疑で「京郷新聞」を廃刊処分。 6月、ソウル高等法院、京郷新聞社の行政処分の仮処分申請を受け入れ、廃刊措置を取り消し無期停刊処分に変更。
一九六〇（昭和三五）年	1月、日米新安保条約調印。六月二三日発効。 4月、警視庁、サド著、澁澤龍彦抄訳『悪徳の栄え（続）』（現代思潮社、前年刊行）を「猥褻」との理由で摘発、押収。 5月、太平洋岸にチリ地震津波襲来、北海道・三陸などで死者一三九人。 10月、浅沼稲次郎社会党委員長刺殺。 11月、深沢七郎『風流夢譚』（「中央公論」一二月号）発表。宮内庁、日本愛国党などから抗議が起こる。 ＊前年から続く三井三池争議、九月六日に事実上終結。	1月、文化保護法改正、これによる文化人の選挙権剥奪について文総が建議書提出。 3月、三・一五不正選挙。 4月、四・一九革命勃発。非常戒厳令宣布（―五月二七日）、言論・出版の事前検閲実施。李承晩、下野することを表明。大法院、「京郷新聞」の発行停止処分の執行停止を判決。 5月、鄭飛石『革命前夜』筆禍事件発生。三回目の連載分における延世大生の描写が発端となり、延世大生数百人が鄭飛石の自宅と小説を連載した韓国日報社に赴き抗議した。二二日、掲載中断を公示および解明書を掲載。自由文学家協会、臨時総会で解体を決定。戦後文学人協会創立。 同月、国家保安法改正。言論制限条項の削除。 6月、韓国小説家協会創立。憲法改正、内閣責任制の改憲案通過。以前の憲法の言論・出版・集会・結社の自由をめぐる

留保条項が削除された。法律五四九号（新国家保安法）公布、言論取締りの緩和。国会議員選挙法改正、言論取締条項の削除。

7月、新聞および政党等の登録に関する法律公布。公報局、純粋に公報業務と新聞通信の登録の事務のみを処理する機構へと縮小。総選挙実施。民主党政権、出帆。定期刊行物登録制施行令公布、許可制がなくなり各種刊行物発刊が激増する。

8月、金洙暎、二ヶ月の間に三篇の詩の原稿を突き返されたという回顧を発表（政府、政党など当時の政治を揶揄した詩）。映画界の統合自律審議機構、映画倫理全国委員会の出帆。民議院・参議院の合同会議、大統領に尹潽善、国務総理に張勉が選出される。

同月、内閣責任制、第二共和国出帆（初代総理・張勉）。文教部「映画事務要項」告示。全ての上映映画について申告証書制と洋画の輸入推薦制を導入。映画検閲の復活を憂慮した映画界の反発が起きる。

10月、映画倫理全国委員会で通過した映画『恋人たち』、裸体の場面などが社会的物議を醸した。文教部の洋画輸入推薦制の名分が強まった。

一九六一（昭和三六）年

1月、サド『悪徳の栄え』の発行者と訳者が東京地検により起訴される。大逆事件生き残りの坂本清馬、東京高裁に再審請求。六六年七月、最高裁が却下。

2月、深沢『風流夢譚』の件につき、「中央公論」三月号に中央公論社が謝罪文掲載。同月、大日本愛国党の少年が中央公論社社長宅を襲撃、家政婦が殺害される。

3月、三島由紀夫『宴のあと』（「中央公論」）、モデル側の元外相有田八郎がプライバシー侵害で告訴。損害賠償と同書を絶版とする旨の謝罪広告を請求。大江健三郎『セヴンティーン』（「文学界」一、二月号）、右翼団体から抗議が起こり、「文学界」は謝罪文を掲載。同作第二部『政治少年死す』は以後活字化されず。

3月、「民族日報」事件発生。ソウル新聞社が政府の圧力により印刷の契約が不履行になり、三日より三日間「民族日報」発行できず。

4月、兪賢穆監督の映画『誤発弾』（原作・李範宣『誤発弾』、「現代文学」一九五九年一〇月）、陰鬱な雰囲気と「行こう！行こう！」というセリフが北を連想させるという理由などで、上映保留処分。

5月、五・一六軍事クーデター勃発。非常戒厳令宣布、言論・出版の事前検閲実施。ソウル市警察局、戒厳法一三条および布告令一号違反（流言飛語捏造流布）嫌疑で「民国日報」社会部長李蕙馥を拘束。戒厳司令部、「特殊犯罪処罰に関する特別法」違反嫌疑で「民族日報」を廃刊、幹部一三名

4月、ライシャワー新駐日米大使着任。『宴のあと』をめぐるプライバシー裁判初公判。

5月、韓国で軍事クーデターが起き、朴正煕政権樹立。

11月、池田勇人首相、朴正煕と会談。

12月、「思想の科学　天皇制特集号」（六二年一月号）、発行元の中央公論社が直前に発売中止、裁断破棄。竹内好らが中央公論社への執筆拒否宣言。


は裁判にかけられる。このうち民族日報社社長趙鏞壽の死刑が執行される（一二月二一日）。布告令一一号、施設不完全として定期刊行物一二〇〇種余りを廃刊。六月にかけて軍事政府の言論浄化作業。九六〇名の言論人を拘禁。言論社に対する一斉整備断行、新聞のうち中央紙四九紙、地方紙二四紙が消え、それぞれ一五紙、二四紙が残った。

6月、国務総理室国務院事務処傘下の公報局、政府の部処の一つである公報部として格上げ。以降、情報・法令および条約の公布、言論・報道・定期刊行物・宣伝・報道宣伝のための映画および芸術と放送業務を公報部が管掌。「東亜日報」、尹潽善大統領の民政移譲を促した会見を報道。編集局長金永上・政治部長李万燮を連行。国家再建非常措置法公布、国民の基本権を革命課業に抵触しない範囲に限定。文化団体代表者会議開催。法律第六一九号により国家再建最高会議直属の情報・操作機関中央情報部、略称中情発足。月刊雑誌編集人会議開催。最高会議の言論政策発表。言論の企業化を導く。

7月、全文一六条の反共法公布（法律六四三号）。新聞人達の自律的新聞救済機構、新聞倫理委員会設立。文教部、誠実さを欠く出版社三六六ヶ所の登録取り消し。

9月、興行物検閲事務要項制定、七つの検閲事項提示（1国家と社会、2宗教と教育、3法と犯罪、4性と教育、5卑俗と猥褻、6習俗と衣装、7その他）。〈出版社登録に関する規定〉制定、公布。出版社設立時に文教部長官に登録を申請し、出版物頒布の一週間前に申告証明書の交付を施行。

11月、「東亜日報」に連載中だった朴啓周の小説「旅愁」、反共法抵触の嫌疑。連載内容と東亜日報社の見解が違うという理由で会社側から連載中断が通告される。

12月、韓国文人協会創立。

一九六二（昭和三七）年

2月、東京都の推計人口が一〇〇〇万人を超え、世界初の一〇〇〇万都市になる。

5月、帝銀事件につき最高裁が第九次再審請求を棄却、平沢貞通の死刑が確定する。


1月、映画法公布。第一次経済開発五カ年計画施行（一九六二〜六六年）。韓国芸術文化団体総連合会（芸総）創立。遞信部が発表しなかった記事について取材し報道した理由で「京郷新聞」記者が遞信部出入り禁止になる（記者たちの強

8月、三宅島の雄山が大噴火し、地震が頻発する。

10月、サド裁判、第一審で無罪判決。


い反発により一九日に禁止解除）。『強化した革命外交』を書いた「東亜日報」の記者李揆行が拘束される（三月、懲役一年が宣告される）。

3月、政治活動浄化法施行、既存の政治人および軍内反対派の活動封鎖。

7月、中央情報部、社説『国民投票は決して万能ではない』（「東亜日報」一九六二年七月二八日）を書いた黄山徳を連行し審問捜査（八月、臨時特例法虚偽事実流布違反嫌疑で拘束起訴）。

10月、韓国新聞発行人協会創立。新聞経営の共同利益を企図。

11月、『新党、社会労働党（仮称）に』（「韓国日報」一九六二年一一月二八日）によって韓国日報社社長ら関係者拘束起訴、一二月二日より三日間自主休刊。

12月、国民投票により憲法改正案通過。大統領中心提議が新たに設けられる。

一九六三（昭和三八）年

3月、東京・入谷で村越吉展ちゃん誘拐、身代金奪われる。六五年七月に犯人逮捕、遺体発見。

5月、狭山事件発生。

8月、サド裁判の第一審を記録した『サド裁判』（現代思潮社）刊行。

9月、最高裁、松川事件につき検察側の上告を棄却、被告全員の無罪確定。

11月、初の日米テレビ中継、ケネディ大統領暗殺を速報。サド裁判、第二審で有罪判決。チャタレイ裁判の最高裁判例に基づく。発行者に罰金一〇万円、訳者に罰金七万円。六九年に最高裁で上告棄却、有罪が確定。
＊少年・少女週刊誌の創刊相次ぐ。

1月、民間人の政治活動が許容される。

2月、朴正熙、政局収拾宣誓式を通して民政に参加しないことを約束。

3月、第一次改正映画法公布。洋画輸入を制限。

同月、五年間の軍政延長を国民投票によって問うという、三・一六声明を発表。非常事態収拾臨時措置法公布、政党活動停止および言論・出版・集会・結社の自由制限措置。各新聞、社説を二週間掲載しないことで抗議を示す。

4月、張俊河、「思想界」の軍政延長反対特集号発行。咸錫憲『民衆が政府を罰しなければならない』（「思想界」）において、朴正熙が民政移譲公約を繰返し変更したことを激烈に批判。

同月、四・八声明発表。軍政、延長を撤回および臨時措置法を廃棄。

5月、朴正熙、共和党第二次全党大会において大統領候補として指名される。

		10月、大統領選挙施行。朴正熙候補、尹潽善候補に一五万票差で当選。 12月、朴正熙、大統領に就任。第三共和国の出帆。
一九六四（昭和三九）年	4月、日本、OECDに正式加盟。 8月、松川事件、真犯人不在のまま時効。 9月、『宴のあと』裁判で東京地裁はプライバシー権を認め、作者と出版社に有罪判決。損害賠償八〇万円の支払いを命じる。六六年一一月、有田の死去により和解。 10月、東京オリンピック大会開催。翌月にはパラリンピック東京大会開催。 11月、佐藤栄作内閣成立。開高健が朝日新聞特派員として初めてベトナムへ向かう。	
一九六五（昭和四〇）年	4月、「べ平連」主催の初のデモ。 6月、韓基本条約および付属協定に調印。併合条約を無効とし、大韓民国を朝鮮における唯一の合法政府と認める。日韓国交回復。 同月、家永三郎、教科書検定を違憲とし、国に対し損害賠償請求の民事訴訟を起こす（家永教科書裁判）。（九七年八月、教科書検定が違憲か否かの判断を回避したまま、検定の一部違法の判決。） 6月、警視庁、映画『黒い雪』（武智鉄二監督）、わいせつ罪容疑で押収。六七年七月、無罪判決。 8月、東京12チャンネル「戦争と平和を考える」徹夜のティーチ・イン実況中継が途中で中止され、問題化。	
	【参考文献】 斎藤昌三『現代筆禍文献大年表』（粋古堂書店、一九三二年） 馬屋原成男『日本文芸発禁史』（創元社、一九五二年） 小田切秀雄・福岡井吉編『昭和書籍／雑誌／新聞発禁年表』（明治文献、一九六五年―六七年） 城市郎『発禁本百年』（桃源社、一九六九年） 李錬『朝鮮言論統制史――日本統治下朝鮮の言論統制』（信山社出版株式会社、二〇〇二年）	**【参考文献】** 鄭晋錫『韓国言論史』（ナナム、一九九五年） 金珉煥『韓国言論史』（社会批評社 一九九六年） 『植民地検閲体制の歴史的性格』（成均館大学校東アジア学術院年例学術会議資料集、二〇〇四年） 鄭晋錫『言論朝鮮総督府』（コミュニケーションブックス、二〇〇五年） 『植民地期検閲と韓国文化』（東国大学校韓国文化研究団年例学術会

『國文學　解釈と教材の研究　発禁・近代文学誌』（學燈社、二〇〇二年七月臨時増刊）
城市郎『定本　発禁本　書物とその周辺』（平凡社、二〇〇四年）
加藤一夫・河田いこひ・東條文規『日本の植民地図書館　アジアにおける日本近代図書館史』（社会評論社、二〇〇五年）
『戦後史大事典　増補新版』（三省堂、二〇〇五年）
紅野謙介『検閲と文学——１９２０年代の攻防』（河出書房新社、二〇〇九年）
片野次雄『日韓併合——李朝滅亡・抵抗の記憶と光復』（彩流社、二〇一〇年）
ジェイ・ルービン／今井泰子ら訳『風俗壊乱——明治国家と文芸の検閲』（世織書房、二〇一一年）

議資料集、二〇〇五年）
『日帝下韓国と東アジアにおける検閲に関する新たな接近』（ソウル大学校奎章閣韓国学研究院国際ワークショップ資料集、二〇〇六年）
鄭晉錫『極秘朝鮮総督府の言論検閲と弾圧』（コミュニケーションブックス、二〇〇七年）
韓国新聞協会50年史編纂委員会編『韓国新聞協会五〇年史：一九五七—二〇〇八』（韓国新聞協会、二〇〇八年）
『植民地検閲と近代テクスト』（成均館大学校東アジア学術院学術会議資料集、二〇〇九年）
『近代の検閲と東アジア』（成均館大学校東アジア学術院国際学術会議資料集、二〇一〇年）
東国大学校韓国文学研究所『植民地期の検閲と韓国文化』（東国大学校出版部、二〇一〇年）
『脱植民冷戦国家の形成と検閲』（成均館大学国東アジア学術院学術会議資料集、二〇一一年）
検閲研究会『植民地検閲：制度・テクスト・実践』（ソミョン出版、二〇一一年）
『近代の検閲と東アジア（Ⅱ）』（成均館大学校東アジア学術院国際学術会議資料集、二〇一二年）
『非常時の検閲—宣伝の時代1940～1950：二つの戦争、帝国、国家の間』（成均館大学校東アジア学術院学術会議資料集、二〇一三年）

鄭鍾賢（ちょん じょんひょん） 成均館大学校東アジア学術院 HK 研究教授。韓国近現代文学。著書に『東洋論と植民地朝鮮の文学』『帝国の記憶と転有』ほか。

榊原理智（さかきばら りち） 早稲田大学国際学術院教授。日本近代文学。著書に『ポストコロニアルの地平 文学年報２』（共著），*Textuality, Linguistic Theory, and Literary Studies in Japan*（共著）ほか。

林京順（いむ ぎょんすん） 成均館大学校東アジア歴史研究所研究員。韓国近現代文学。論文に「南廷賢小説における性——女性と倫理，そして反共主義」「内面化された暴力と語りの分裂 李文求の『長恨夢』」ほか。

鳥羽耕史（とば こうじ） 早稲田大学文学学術院教授。日本近代文学・戦後文化運動。著書に『1950年代「記録」の時代』『安部公房 メディアの越境者』（編著）ほか。

藤井たけし（ふじい たけし） 成均館大学校史学科 BK21プラス研究教授。朝鮮現代史。著書に『ファシズムと第三世界主義の間で』『死を以て国を守ろう 1950年代 反共・動員・監視の時代』（共著）ほか。

尾崎名津子（おざき なつこ） 日本大学非常勤講師。日本近代文学。論文に「〈大阪〉という場の機能——織田作之助「世相」を中心に」「織田作之助『世相』成立に関する一考察——大阪府立中之島図書館織田文庫蔵「織田作之助宛木村徳三書簡」を視座として」ほか。

孫成俊（そん そんじゅん） 成均館大学校東アジア学術院 BK21プラス PD 研究員。近代東アジアの比較文学。論文に「翻訳と伝記の‘縦横’——1900年代小説認識の韓国的特殊性」「テクストの時差と空間的再脈絡化——廉尚燮のロシア小説翻訳が意味するもの」ほか。

訳者紹介

金泰植（きむ てしく） 獨協大学非常勤講師。社会学／韓国研究。著書に『コリアン・ディアスポラと東アジア社会』（共著）。論文に「韓国のナショナリズムと在日学徒義勇軍——戦争記念碑からみた英雄化と記憶の政治」ほか。

高橋梓（たかはし あずさ） 東京外国語大学大学院博士後期課程。朝鮮文学。論文に「金史良の二言語作品における表現の差異をめぐる考察」「「反復」と「差異」——1940年代前半期における植民地の「国民文学」尹大石『植民地国民文学論』を読む」ほか。

金誾愛（きむ うね） 東京外国語大学大学院博士後期課程。文化運動史。論文に「「戦後」沖縄社会における演劇集団「創造」の意義について一考察——『人類館』を中心に」ほか。

和田圭弘（わだ よしひろ） 延世大学校大学院国語国文学科博士課程。朝鮮文学／比較文学。論文に「金石範の文学論について——一九六三年から一九七二年まで」ほか。

執筆者紹介

鄭根埴（ちょん ぐんしく） 編者。ソウル大学校社会学科教授。歴史社会学。著書に『植民地の遺産，国家形成，民主主義』（編著）『社会転型 中韓両国的考察』（中国語，編著）

紅野謙介（こうの けんすけ） 編者。日本大学文理学部教授。日本近代文学。著書に『投機としての文学』『検閲と文学』『物語岩波書店百年史１』ほか。

韓基亨（はん きひょん） 編者。成均館大学校東アジア学術院教授。韓国近現代文学／文化。著書に『植民地検閲 制度・テクスト・実践』（編著）『廉尚燮文章全集』（共編）ほか。

十重田裕一（とえだ ひろかず） 早稲田大学文学学術院教授。日本近代文学。著書に『岩波茂雄』『〈名作〉はつくられる――川端康成とその作品』『占領期雑誌資料大系 文学編』全５巻（編著）ほか。

李鍾護（い じょんほ） 成均館大学校比較文化研究所研究員。韓国近現代文学。著書に『戦争する臣民，植民地の国民文化』（共著）『資本のコミュニズム，我々のコミュニズム』（共著）ほか。

高榮蘭（こう よんらん） 編者。日本大学文理学部准教授。日本近代文学。著書に『「戦後」というイデオロギー』『岩波講座 日本の思想３ 内と外』（共著）ほか。

金子明雄（かねこ あきお） 日本大学文理学部教授。日本近代文学。著書に『ディスクールの帝国』（編著）『前田愛対話集成Ⅰ・Ⅱ』（編集解説）ほか。

李惠鈴（い へりょん） 編者。成均館大学校東アジア学術院教授。韓国近現代文学／文化。著書に『韓国近代小説とセクシュアリティの語り』『廉尚燮文章全集』（共編）ほか。

内藤千珠子（ないとう ちずこ） 大妻女子大学文学部准教授。近現代日本語文学・ジェンダー研究。著書に『帝国と暗殺』『小説の恋愛感触』『文化のなかのテクスト』（編著）ほか。

李承姫（い すんひ） 高麗大学校民族文化研究院研究教授。韓国近代演劇史。著書に『韓国写実主義戯曲，その欲望の植民性』，論文に「興行場の政治経済学と暴力の構造，1945～1961」ほか。

小平麻衣子（おだいら まいこ） 日本大学文理学部教授。日本近代文学・ジェンダー研究。著書に『女が女を演ずる』『尾崎紅葉 女物語を読み直す』『書いて考えるジェンダー・スタディーズ』（共著）ほか。

李旻柱（い みんじゅ） 極東大学校言論弘報学科助教授。言論史。著書に『日帝時代における朝鮮語民間新聞の検閲に関する研究』『アジアイベント――（お互いに異なる）アジアの競合』（共著）ほか。

五味渕典嗣（ごみぶち のりつぐ） 大妻女子大学文学部准教授。近代日本語文学・文化研究。著書に『言葉を食べる――谷崎潤一郎』『DVD版 山本実彦旧蔵慶應義塾図書館所蔵 改造社出版関係資料』（共著）ほか。

新曜社

検閲の帝国
文化の統制と再生産

初版第1刷発行　2014年8月8日

編　者　紅野謙介・高榮蘭・鄭根埴
韓基亨・李惠鈴

発行者　塩浦　暲

発行所　株式会社　新曜社
〒101-0051　東京都千代田区神田神保町3-9
電　話(03)3264-4973・FAX(03)3239-2958
e-mail　info@shin-yo-sha.co.jp
URL　http://www.shin-yo-sha.co.jp/

印刷所　星野精版印刷

製本所　イマヰ製本所

ISBN978-4-7885-1401-0 C1090